新曲綫 New Curves | 用心雕刻每一本......
http://site.douban.com/110283/
http://weibo.com/nccpub

用心字里行间　雕刻名著经典

MICROECONOMICS

Nineteenth Edition

Authors

PAUL A. SAMUELSON

Institute Professor Emeritus

Massachusetts Institute of Technology

WILLIAM D. NORDHAUS

Sterling Professor of Economics

Yale University

Translator

CHEN XIAO

Professor of Economics

Peking University

微观经济学

第 19 版

［美］保罗·萨缪尔森　威廉·诺德豪斯　著
萧　琛　主译

人民邮电出版社
北　京

图书在版编目（CIP）数据
微观经济学：第 19 版 /（美）萨缪尔森（Samuelson, P.A.），（美）诺德豪斯（Nordhaus, W.D.）著；萧琛 主译 .
—北京：人民邮电出版社，2012.1（2025.11 重印）
高等学校教材
ISBN 978-7-115-26816-7
I. ①微… II. ①萨… ②诺… ③萧… III. ①微观经济学 – 高等学校 – 教材 IV. ① F016
中国版本图书馆 CIP 数据核字（2011）第 230607 号

Paul A. Samuelson, William D. Nordhaus
Microeconomics, 19th Edition
ISBN 978-0-07-334423-2

微观经济学（第 19 版）

◆ 著 [美] 保罗・萨缪尔森 威廉・诺德豪斯
译 萧 琛 主译
策 划 刘 力 陆 瑜
责任编辑 颜林柯 王润秋
装帧设计 陶建胜

◆ 人民邮电出版社出版发行 北京市丰台区成寿寺路 11 号
邮编 100164 电子邮件 315@ptpress.com.cn
网址 http://www.ptpress.com.cn
电话（编辑部）010-84931398 （市场部）010-84937152
三河市少明印务有限公司印刷

◆ 开本：850 × 1092 1 /16
印张：24.25 2012 年 1 月第 1 版
字数：680 千字 2025 年 11 月河北第 21 次印刷
著作权合同登记号 图字：01-2011-6996

定价：88.00 元

本书如有印装质量问题，请与本社联系 电话：(010) 84937152

作者简介

保罗·萨缪尔森和威廉·诺德豪斯

保罗·萨缪尔森（Paul A. Samuelson），毕业于芝加哥大学和哈佛大学，是麻省理工学院经济学系的创始人。他的许多著作使他在年轻时就赢得了世界性的声誉。他于1970年获得诺贝尔经济学奖，是美国第一个获得此项大奖的经济学家。萨缪尔森教授曾长期为美国《新闻周刊》的经济学栏目撰稿，曾担任美国总统约翰·肯尼迪的经济顾问，属于那种能够同普通民众进行交流和沟通的为数极少的科学家之一。萨缪尔森常出席国会听证，并为联邦储备、财政部、许多私人机构和非营利机构担任咨询专家。除了在麻省理工学院做研究工作和经常打网球之外，萨缪尔森教授还是纽约大学的客座教授。他的6个孩子（包括一次三胞胎）为萨缪尔森家族衍续了15个子孙。

威廉·诺德豪斯（William D. Nordhaus），美国杰出经济学家之一，出生于新墨西哥州的阿尔布开克。本科就读于耶鲁大学，经济学博士学位在麻省理工学院获得。现任耶鲁大学斯特林经济学教授，考尔斯经济学研究基金会理事，国家经济研究局（NBER）研究员。诺德豪斯的经济学研究范围很宽，包括环境、能源、技术变革和经济增长，以及利润和生产率的增长趋势。此外，对经济政策研究非常感兴趣。1977~1979年是卡特总统经济顾问委员会的成员，曾多次出席政府顾问委员会的会议，不时为《纽约图书评论》和其他报刊撰文。在耶鲁大学他主讲经济学原理课程。诺德豪斯教授与妻子芭芭拉居住在康涅狄格州的纽黑文市。教学写作之余，他喜欢音乐、旅游、滑雪，和家人在一起。

本书翻译团队与主译人简介

《经济学》第 16 版的主译人萧琛和其他译者在学术顾问胡代光教授家中庆贺先生的八十寿辰。从左到右，依次为曾刚、冯娟、蔚兴华、金曦、胡代光、萧琛、胡冰、卢莹。

《经济学》第 17 版的译者：前排从左到右：谢辉、孙嘉弥、萧琛、王琳、任小琛、杨丽花；后排从左到右：杜兵、蔡玮菁、多拉、钱艳琼、方晋。

《经济学》第 18 版译注者：从右到左（不分排）依次为张宁、乔乐、张娴、胡翠、黄丽真、张薇、萧琛、韩京艳、黄宏兴、崔婧、萧剑犁、潘醒东、李淑萍、陈志杰、杨丽花、陈敏杰、阿伯特、蒋景媛、朱至瑜和蒙得利。

第 19 版《经济学》译者团队：第一排从左到右依次为苏淑卿、黄雪贞、胡梦若、王睿、陈凤平、赵恩娇、倪耘；第二排从左到右依次为杨镇瑀、刘叶、萧琛、杜月、翟菲菲；后排从左到右依次为王德显、杜文凯、韩鹏飞、刘博、张宪尧、高明星、韩奕、姜昊求。

第 19 版主译人萧琛教授简介

北京大学经济学院教授、博士生导师。1978~1985 年在北京大学经济学系获学士和硕士；1987~1989 年获世界银行全额奖学金，在美国马里兰大学经济学系攻读博士课程，曾应聘任世界银行顾问（consultant）；1991 年回母校任教，1992~2004 年担任国际经济系主任；现任北京大学社会科学学部学术秘书、《北京大学学报》编委会委员并主任助理、北京大学经济学院 EDP/EMBA 中心主任、北京泛亚太经济研究交流中心主任、联合国教科文组织转轨经济教育顾问。讲授《世界经济》、《美国经济》、《公共部门经济学》、《市场企业和产业组织》等课程。曾参译《国外经济学论文选》和《帕尔格雷夫经济学大辞典》，曾主译《美国总统经济报告》和萨缪尔森第 16、17、18 版《经济学》。著有《美国微观经济运行机制》、《全球网络经济》、《信息网络经济的管理与调控》、《世界经济转型与中国》、《"新经济"求索与应对》、《论中国经济改革》、《效率、公平与深化改革开放》、《财税政策模型与数据库》等。

To our families, students, and colleagues

内 容 提 要

本书是当代经济学泰斗、1970 年诺贝尔经济学奖得主萨缪尔森的不朽经济学著作，自 1948 年问世以来就广受赞誉，先后被翻译成 40 多种文字出版，是有史以来发行量最大、至今在全球范围内仍然被广泛采用的经济学教科书。第 19 版为 2010 年修订的最新版，也是作者所称的“所有 19 个版本中最为出色的一版”，或曰“精华版”。它仍在进一步倡扬现代混合经济的价值：能将严厉冷酷的市场运作规律与公正热心的政府监管机制巧妙地糅合成一体。

全书共 4 编 18 章，包括基本概念，供给、需求和产品市场，要素市场，政府税收和支出、国际贸易和环境等内容，囊括了微观经济学领域的大部分知识。在保持“把注意力始终放在经济学的基本概念和核心理论”这一风格的前提下，对现代混合经济、不确定性经济学、环境经济学和国际贸易进行了重点论述或重写。

本书适合于高等院校经济学专业、财经类专业本科生及教师，MPA、MBA、iMBA、EMBA 学员及教师，理论研究者，政府工作人员，企事业管理者及一般读者学习和研究之用。

简要目录

目 录

译者序[1]

世上最难得的一位“经济学通才”，美国首位诺贝尔经济学奖得主，于2009年12月13日与世长辞，享年94岁。作为宗师教科书的第16、17、18和本版的主译人，作为这位泰斗的最多受益者之一，我的手机在当天十多个小时内几乎被打爆。《东方早报》、《华夏时报》、《中国证券报》、《21世纪经济报道》、新华社《国际先驱导报》、《每日经济新闻》等多家媒体的稿约，一个比一个“更加十万火急”！以至于那天下午我在北大电教104阶梯教室授课告一段落的时候，一个欲起身提问的同学竟然无端地被其他几个同学“打住”：“…… 还是让老师去忙吧！”

随后一周，采访的倾盆大雨和追悼的文论、鲜花一直在日夜兼程地洒遍神州各地。中国媒体记者的敏锐、才智、执著和高效，中国经济学人的诚挚、感慨、激情与追思，在一位远在万里的教授悄然离世的时候，竟然能够表现得如此淋漓尽致！而笔者本人也总算着实地体味了一把“怎样才叫真正的学者”：当你离开这个世界的时候，全球每个角落的同行都会同时因你而拨冗奔忙！

一、萨缪尔森：“让‘沉闷的科学’变成诱人的富于激情的学科”

萨缪尔森《经济学》（英文版）教科书第19版近年已在美国麦格希出版公司（McGraw-Hill）问世。该书首版发行是在1948年，之后大约每三年更新一次，迄今已经有了19个版本。半个多世纪以来，这部西方世界的“经济学圣经”，早已被译成了40余种文字，销售总量已超过一千万册。[2]

萨缪尔森《经济学》教科书长期广泛流行，是一件值得思索和回味的事情。萨缪尔森早在而立之年就在西方经济学界赢得了盛誉。他在30岁时出版的一项高级研究成果《经济分析基础》，在25年之后为他带来了诺贝尔经济学奖，并使他成为美国经济学家中第一个享此殊荣的人。

---

[1] 本序言修改自主译人萧琛纪念萨缪尔森先生的文稿：“经济学的阳光与希望的田野 — 分享一代宗师萨缪尔森的风范与睿智”。该文曾发表于2009年12月19日《华夏时报》第26整版。

[2] “胡代光序”第1页，萨缪尔森和诺德豪斯：《经济学》第16版中译本，华夏出版社，1999年。

一个顶尖的学者为什么会很早就投身于普及性教育事业并取得了如此显赫的成就?

首先，萨缪尔森有一种经世济民的心胸和博学睿智的头脑。在二战后百废待兴、憧憬无限的氛围中，作为一名教师，他所看到的是年轻学生们失望于传统教科书的茫然的眼神，他感到“探讨普及经济学的革命性方法的时机业已成熟”。[1]“为了影响一代人的思想”,[2] 萨缪尔森长期竭尽心血，甘之如饴。在诺贝尔颁奖致辞中，瑞典斯德哥尔摩经济学院教授阿沙·林贝克曾经这样评价：“萨缪尔森在提高经济学分析水平方面的贡献，已超过当代任何一位其他的经济学家。他事实上是重写了经济学理论的许多领域。”[3]

其次，萨缪尔森博采众长、善于折衷，是一位海纳百川的高手。在本书第19版教科书中，萨缪尔森还在卷首加上了一个异乎寻常的声明，精准地选用了“折衷”一词总结概括了自己的经济学生命。萨缪尔森一直认定，现代资本主义经济是一种“混合经济”，由私人经济和公共经济两部分构成，前者可以用微观经济学加以分析，后者则可用宏观经济学进行论证。“萨缪尔森的开拓性的教科书的功绩在于：它第一次成功地把（当时）新的凯恩斯主义经济学和传统的微观经济学结合在一起。萨缪尔森使用了新古典综合派的概念，即一旦经济被恢复到充分就业状态，原有的古典学派的原理便能够适用。”萨缪尔森意欲为宏观经济学提供一个同微观经济学相一致的分析框架。[4] 一个基本的事实是：“宏观经济学”一词，在萨缪尔森的教科书问世之前，甚至还不曾出现在西方经济学的词典中。[5] 在微观经济学领域，萨缪尔森所采用的一整套市场分析方法，如供给曲线、需求曲线和成本曲线等，迄今仍是经济学界的共识和典范。[6]

再次，萨缪尔森具有博爱的师长情怀和非凡的沟通才能。萨缪尔森的第16版、第17版和第19版的书前都有一句看似平常却意境迥远的题辞：“献给我们的孩子和学生。”萨缪尔森不仅桃李满天下、读者千百万，而且还是一位6个孩子（含三胞胎）的慈父和15个子孙的家长。萨缪尔森深感：“若要让‘沉闷的经济学’变成激动人心的学科，以恢复它的本来面目，那么，即

---

[1] “金色的诞辰”，第2页，萧琛译，萨缪尔森和诺德豪斯:《经济学》第16版中译本，华夏出版社，1999年。

[2] 萨缪尔森：《保罗·萨缪尔森科学论文集》第4卷，MIT出版社，1977年出版，第870页。

[3] “胡代光序”第2页，萨缪尔森和诺德豪斯：《经济学》第16版中译本，华夏出版社，1999年。

[4] “Play it again, Samuelson”, *The Economist*, August 23rd,1997, p.58.

[5] “金色的诞辰”，第2页，萧琛译，萨缪尔森和诺德豪斯:《经济学》第16版中译本，华夏出版社，1999年。

[6] “Play it again, Samuelson”, *The Economist*, August 23rd,1997, p.58.

使是很一般的经济学图表，也都需要重新加以设计。”萨缪尔森还专门附加了一章“如何读图”。为了更恰如其分，他甚至踏破铁鞋地采撷了一句很有点鲜见的中国谚语，来作为该章的题头格言。在讨论国际贸易的时候，他曾独具匠心地绘制了一幅特别的“世界地图”。在该图中，各国的位置性状仍赫然可辨，但版图大小却不再取决于疆土面积、而是取决于贸易份额！这样的图读起来，怎能不让年轻的学生为之心动并奋发图强？

最后，萨缪尔森既是语言巨匠，也是幽默大师。[1]在缜密漫长的理论思辨和沉闷枯燥的逻辑推理中，《经济学》教科书的读者总是有幸能不时地为作者的语言艺术所感染，不时地为一种自然幽默的风格所触动。例如，在讨论“边际价值决定价格”的时候，萨缪尔森会提醒你应当切记，是“狗尾巴在摇动狗身子。”又如，在讲解国际贸易政策时，他将“关税”比作“撒在轮船发动机里的沙子”；而在讨论投资乘数效应的时候，他又用“拨动小提琴弦”加以类比。此外，在介绍马克思的专栏中，他引用了马克思的名言：“让旧世界在共产主义革命面前发抖吧”，而后又加以呼应：“统治阶级确实在这位伟人的影响下颤抖了一个多世纪！”

二、萨缪尔森：让《经济学》持久地“站在时代的潮头和经济学的锋刃之上”[2]

萨缪尔森《经济学》教科书“的确开创了一个崭新而持久的典范”。[3]研究经济学的历史学家，像那些研究地球上骨骼与化石的古生物学家一样，通过考证《经济学》的第 1 版如何修订成第 2 版，并最终成为今天这个版本的，来确定各种经济学观点的盛衰年代。

尽管如此，随着岁月的流逝，“凯恩斯革命”的局限性逐渐暴露，萨缪尔森的教科书也遭致了许多批评。在 20 世纪 60 年代，曾有一本评论性专著《批萨缪尔森》[4]指责他过于为自由放任的市场制度辩护，其篇幅竟然等同于萨缪尔森的教科书。而到 1997 年第 16 版推出之前，美国评论界又有人认为萨缪尔森过于追随凯恩斯，其 15 个版本的教科书基调“体现了一种对政府干预功能的

[1] “Play it again, Samuelson”, *The Economist*, August 23rd, 1997, p.58.

[2] “萨缪尔森致中国读者”第 1 页，萨缪尔森和诺德豪斯：《经济学》第 16 版中译本，华夏出版社，1999 年。

[3] “金色的诞辰”，萧琛译，萨缪尔森和诺德豪斯：《经济学》第 16 版中译本，华夏出版社，2003 年第 7 次印刷，第 3 页。

[4] 林特：《批萨缪尔森》，1974 年德文版，1977 年英文版。

信任和对市场运作后果的担忧”。该文还指出，“由于总是着眼于短期总需求，《经济学》低估了探讨长期经济增长的源泉的重要性。又由于凯恩斯所担心的问题，即‘人们往往会储蓄过多，从而导致经济紧缩’，《经济学》的许多版本都隐含着一种‘反储蓄’的基调。直到1989年发行的第13版，萨缪尔森和诺德豪斯才深感美国的储蓄率已经过低，才开始提请人们关注储蓄水平和经济增长之间存有密切的关系。”[1]

近年，釜底抽薪式的挑战应该说来自斯坦福大学的教授斯蒂格利茨。他写道：“在实质上，这（指新古典综合体系）就是把经济学分为两个不同的部分。在一个部分中，当社会的经济资源没有达到充分就业时，宏观理论便能够适用；在另一部分，当社会的资源达到充分就业时，微观理论就发生作用。这种二者相互独立而很少关联的理论体系在教科书的写作和课程的教学上得以反映出来。先讲微观、后讲宏观，或者把次序颠倒过来都是无所谓的事情。在过去的数十年中，经济学者们已经对微观经济学和宏观经济学的分割提出了疑问。整个经济学界已经相信，宏观的变化必须以微观经济学的原理为基础；经济学只有一套，而非两套。然而，这一观点却没有在现有的任何教科书中被反映出来。”[2]

不满是向上的车轮，竞争是创新的动力。早在20世纪70年代，当“滞胀”这个经济学难题出现之后，经济学界已深感“新古典综合派”的解释力已经达到极限，并呼吁要“寻找一个新的凯恩斯，他的突如其来的洞察能力将会发展出一个理论，来解释今天所发生的事情”[3]。到了20世纪90年代，当“不停滞又不膨胀”的“新经济”展现之后，西方经济学家则更是大声疾呼：“需要超过马歇尔和萨缪尔森的原理”。萨缪尔森第15版《经济学》发行之后，一些评论家已经委婉地挑明：“其流行势头似成强弩之末”[4]。同期，斯蒂格利茨和曼昆的教科书都已经开始在国内外引起轰动。威廉·鲍莫尔（William Baumol）的教科书的呼声也很高，截止到1997年已经出了7版，而更早的理查德·利普西（Richard G. Lipsey）的教科书，在1981年就出到了第6版。

令人困惑、感叹与折服的一点是，1998年萨缪尔森教科书的第16版，也即50周年金版诞生后，其人气指数又再度如日中天。加里·伯克曾评论道：“凯恩斯曾不无自嘲地说过，‘长期看，我们都属于死亡。’在经济学第16版问世

---

1 “Play it again, Samuelson”, *The Economist*, August 23rd,1997, p.58.

2 斯蒂格利茨:《经济学》中译本上册，姚开建等译，高鸿业等校，中国人民大学出版社，1998年，第17页。

3 美《商业周刊》1974年6月29日第50页。

4 “Play it again, Samuelson”, *The Economist*, August 23rd,1997, p.58.

的今天，我对此似乎不敢苟同。看来，我们的脉搏依然相当强劲。”而萨缪尔森本人甚至不无自豪地宣称“已经站到了时代的潮头和经济学的锋刃之上”[1]。

三、萨缪尔森：“地大物博人口众多的中国，无疑是个正在重新崛起的大国……”

在萨缪尔森《经济学》教科书50周年“世纪金版”（也即第16版）中译本的首发式上，我们曾播放过萨缪尔森为我们特别录制的《金版中译本发行贺辞》，并宣读过他的《致中国读者》的亲笔信函。萨缪尔森写道：“就政治经济而言，中国无疑是个正在重新崛起的大国。中国的党政领导和广大民众已经选定了市场竞争机制作为发展经济的主要手段……地大物博人口众多的中国，在其迅速发展的今天，特别需要我们这本教科书来为您服务。”

走向市场经济的进程中，中国所面临的挑战无疑异常严峻。例如，计划经济转向市场经济的逻辑步骤，新兴经济体与成熟经济体接轨的合作模式，从模拟市场切换到成熟市场的临界条件和成功关键，切实向民间资本开放垄断产业，有效提高居民财产性收入，尽快挪除居民消费的制度性障碍，危机救市中从倚重（政府）投资走向倚重国民消费，从强调中间需求到强调最终需求等，此外，对于GDP、双顺差导向的成就和困难，都需要经济学者进一步努力借鉴和创新。“美国经营全球经济”进程中，已经在很多领域反叛了他们自己的经典经济学。[2]

经济学是一门帮助人们增强洞察能力和保障选择效率的学问。经济学有许多定义，就当今中国读者而言，笔者感到有两个特别值得注意。其一是马歇尔的定义，“经济学是一门研究人类一般生活事物的学问；它研究个人和社会活动中与获取和使用物质福利必需品最密切相关的那一部分。”其二是罗宾斯的定义，“经济学是研究人类行为的一个侧面，即目的和具有多种用途的稀缺的手段之间关系的科学。”[3]

坚持不懈地将最优化行为、市场均衡和稳定性偏好假设结合起来。[4]经济学提供了各种范示，可以帮助我们在确定目标、选择手段和保证效率之间获得一种均衡。科学家是否应长期担任行政领导？现阶段“就业机会”是否比“学

1 “萨缪尔森致中国读者”第1页，萨缪尔森和诺德豪斯：《经济学》第16版中译本，华夏出版社，1999年。

2 萧琛：“美国全球负债增长模式的运作、震荡与前景”，《北京大学学报》，2012年第1期。

3 杰克·赫什利弗：“经济学帝国的扩张”，萧琛译，朱天校，《现代国外经济学论文选》第十四辑，商务印书馆，1992年出版，第179页。

4 加里·贝克尔：《人类行为的经济学方法》，1976年英文版，第4页。

历学位”更加稀缺？金融海啸之后应否多做些时间密集型的事情，如生孩子或读MBA？经济适用房的装修是否应追求豪华？是否应该用当“负人”的办法去购买第N套住房？股票价格指数（沪指）2000点后是否应继续增持一线蓝筹股？显然，这些问题的答案都会因时因地因人而异。

正因为如此，我们才需要寻找一种一般性的参照“解”。日常生活中，你看到的是情怀各异的芸芸众生，是特殊；而在经济学中，你遇到的将是具有自利目标和理性手段的经济人，是一般。找到了一般，显然有助于比照出特殊。认真系统地学习经济学之后，你将会用一种同以往迥异的目光去审视整个世界和关注中国经济改革。

你所关注的可能不再仅仅是价格如何上涨，而是会这样问："价格上涨的主要原因是需求拉上还是成本推进？”你所看到的房地产调控，可能不再仅仅是呼吁降价和声讨暴利，而是能否扩大供给和缩小需求。你所困惑的大牛市，可能不再是机关单位如何三令五申“不准上班炒股”，而是会反思中国股市现阶段的内在法则是资源配置还是财富分配？你所重视的新农村建设，很可能不再仅仅是剪刀差、财政拨款和税收减免，而是丰收悖论、蛛网理论和边际消费倾向。而你所担忧的“民工荒”和“用工荒”，可能不再仅仅是农民工的处境如何尴尬，而是会想到二元结构和“刘易斯拐点”。还有，你所关注的4万亿救市，也可能不再仅仅是十大产业的振兴动向，而是会问，中间需求（渔船鱼网）究竟有多少能够转换成最终需求（买鱼吃鱼）？总之，你会发现世界从来未曾变得如此生机勃勃和意趣盎然！

哈佛大学的曼昆教授说得好："在我当学生的20年中，最令我兴奋的课程是我在上大学一年级时所选的连续两个学期的经济学原理。可以毫不夸张地说，这门课改变了我的一生。”[1] 无怪乎萨缪尔森敢有一句豪言："如果我能为一个国家编写经济学教科书，我就不会在乎是谁在为它制定法律，又是谁在为它起草条约。”[2] 萨缪尔森的教科书不仅能够让初学者迅速地概览主流经济学的全貌，而且还能不断地刷新财政学、金融学、统计学、会计学、制度经济学、国际经济学、发展经济学和环境经济学的知识。在西方它堪称一部“流动的经济学百科全书”。

改革开放30年来，东西方经济学的交流和碰撞，对于中国新一代人力资源的素质乃至整个民族的思维习惯，显然已经产生了积极深远的影响。许多经济学工具，如需求管理和比较优势等，都已为政策制定者所驾轻就熟。在应对

---

1 曼昆：《经济学原理》中译本，梁小民译，北京大学出版社，1999年，第6页。

2 张维迎：致读者（代序），《经济学》英文版第16版影印本，机械工业出版社，1998年7月，第8页。

人民币升值压力和贸易摩擦的岁月里，在应对美国次贷危机和国际金融海啸的风浪中，在反思过度储蓄和谴责过度消费的争议中，在呐喊美元退位和应对国际气候政治压力中，中国党和政府的气魄和明智，中国13亿人的沉着与坚实，都已经让整个世界刮目相看！

他山之石，可以攻玉。经济学的阳光正在洒遍希望的田野，中国经济已经从国际金融危机的阴影中率先走出，民间资本正进入传统的六大垄断行业，资本市场的“国际版”正在酝酿，人民币互换的周边化、区域化和全球化的进程正在稳步推进。楼市奇迹和卖地财政已经引起政府和业界的高度警惕和反思，“十二五”的恢弘画面正在向我们徐徐展开，城镇化、市场化和低碳化的新浪潮正在华夏广袤的热土地上日夜兼程地涌动和激荡，甚至，新能源、ICE和物联网等依稀成型中的世界经济三大新产业和新增长点，也在中国被提上议事日程……。一代经济学宗师生前所愿的重新崛起，正在中国转变成活生生的现实！

萨缪尔森所愿的也许更多更多。他不仅让我们更深刻地去领悟什么是学者和什么是教授，不仅让我们更认真地思索什么是大学和什么是大师，而且让我们更热切地探讨什么是科教兴国和什么是人才强国！在伟人已经离去的今天，翻开他最后亲笔的这部教科书，难道我们不应该想得更多更多？难道我们不应该做得更多更多？斯人健在时，不用扬鞭自奋蹄、于细微处见精神；斯人逝去后，化作春泥更护花，甚至，于无声处听惊雷！

萧琛

2011年11月30日于北京大学

一个折衷主义者的宣言

科学永远在进步，尽管有时也会出现倒退。对于经济学来说这当然也同样中肯。第二次世界大战结束时，领军的经济学入门教材已经失去了应有的学术活力和适用价值。经济学也在推陈出新，新的经济学教科书也因此奉天承运，1948 年萨缪尔森的首版《经济学》问世。该书让宏观经济学跨进了各大学的殿堂，并很快成了经济学教材的黄金范本，直至全球化步伐日夜兼程的当今。

多年来无论是经济还是经济学本身无疑都发生了翻天覆地的变化。一版接一版的萨缪尔森《经济学》，包括诺德豪斯加盟后的多个版本，不仅如实笔录了当代世界经济的变革，而且也及时提供着经济学前沿地带最缜密的学术思考。

令人惊讶的是，眼前的这本《经济学》也许是所有 19 个版本中最为出色的一版。我们称之为“**不偏不倚版**”或曰“**精华版**”。它仍在进一步倡扬现代混合经济的价值：能将严厉冷酷的市场运作规律与公正热心的政府监管机制巧妙地糅合成一体！

折衷主义在今天之所以如此重要，是因为全球经济正面临一场可怕的雪崩，也许是上世纪 30 年代大危机以来最为严重的周期性衰退。诸多现存教科书都曾推崇得意过早的自由主义，一直为自由市场的金融成就欢呼雀跃，不断为解除管制、取消监管等自由主义改革而推波助澜。然而，这场庆典的苦果，却只能是疯狂之极的楼市和股市轰然崩溃，而酿成目前这场金融危机。

我们所倡导的折衷主义，并不是一味旨在让读者背离个人信仰的方剂。我们只是分析家而绝非是邪教布道者。本书倡导的折衷主义并非是由意识形态所培育的。我们只根据现实和理论来推定自由主义或官僚主义的客观后果。所有读者都可据以自由地择定他们自己心中最好的行为准则和价值标准。

漫游了经济学领地之后，我们的心得是，无论是无管制的资本主义制度还是过度管制的中央计划体制，二者都不能有效地组织起一个真正现代化的社会。这一点已经为经济史所证实。

来自左翼和右翼的各种诟病一直在呼唤折衷主义者临危授命。严格管制的中央计划经济，在上世纪中间的几十年中曾经被广泛地鼓吹和采行，而在其酿成了经济停滞和消费者种种不幸后果之后，终于为历史所抛弃。

哈耶克和弗里德曼警示我们止步的“通向奴役的路”究竟是什么样的呢？他们所反对的东西是社会保障、最低工资、国家公园、累进税制，以及致力于环境保护和减缓全球变暖等政府规制。今天，在高收入社会中绝大多数人当然都拥护这些计划。这类混合经济既提供法治规则，也允许有限度的竞争自由。

在随后的篇章中，我们会概览折衷主义者笔下的经济学。数以百万计的中国、印度、拉丁美洲以及新兴社会的学生们都已从这本教科书中寻觅到经济学的无穷智慧。我们的使命不仅在于确保本书能涵盖最新最优秀的经济学思想，并全面透彻地解析现代混合经济的运作逻辑，而且还在于我们始终怀着一种公正博大的胸怀去阐释来自左翼和右翼的各种批评意见。

尽管如此，在此宣言中，还是不妨允许我们再上一个台阶：认可**“有限的折衷主义”**的存在。我们的知识体系当然还不够完善，社会经济等各种资源则更是有限。我们当然也会注意到当前世界经济的困境。我们已经目睹不受约束的资本主义制度所滋生的令人寒心的收入和财富的不公平分配，以及供给学派财税信条所导致的巨大的财政赤字。我们还见证了缺乏监管体制时那些重大的现代金融创新所带来的数以千亿美元计的天价损失，乃至许多曾经令人肃然起敬的金融帝国大厦的坍塌。

只有当社会经济航船平稳驶向“有限的折衷”这个新的海域，我们才有可能确保全球经济恢复到充分就业的理想境界。在那里，社会经济进步的果实将能更加公平地为所有栽培过它的人们所分享。

保罗·萨缪尔森

2009 年 2 月

前　言

当我们完成《微观经济学》第 19 版时，美国经济正陷入严重的经济衰退之中。这场衰退是自 20 世纪 30 年代大萧条以来最严重的金融危机。美国联邦政府已投入数以千亿计的美元来拯救其岌岌可危的金融链条，事实上这也是在捍卫整个世界范围内的金融体系。新一届奥巴马政府已与国会一起通过了美国历史上最大规模的经济刺激计划。动荡的经济以及各国应对危机的气魄，势将重新塑造美国的经济模式、劳工市场以及未来的世界金融体系。

尽管如此，我们还是应当牢记，2007~2009 年的金融危机是在那以前半个多世纪中世界上绝大多数地区，尤其是北美、西欧以及东亚等富裕国家的生活水平已经经历了蔚为壮观的提升之后才突然爆发的。为此，人们不禁要问：21 世纪人类能否续写上一世纪的辉煌？少数国家的丰裕能否进一步惠及多数贫困的国家？换言之，圣经《启示录》中四位骑马人所警示的那些饥荒、战争、环境恶化、经济萧条等疫情是否将会继续蔓延到北半球？我们是否有足够的智慧来重塑金融体系使之能够继续提供支持经济增长的动力？面对诸如全球气候变暖等环境问题的威胁，我们又应当进一步思考些什么？

所有这些都将是我们在这一新版《微观经济学》中所要努力加以探讨的问题。

市场日益重要

你也许会担心，长期繁荣所酿成的人们对于经济事务的兴趣早已逐渐淡去。但在生活中令我们费解的一点却是，各国人民对于经济学不朽真理的追求事实上已经变得比以往更加的热切。那些对历史记忆犹新的人们也许早已发现：21 世纪这场威胁到全球金融市场的危机，不过是对上个世纪银行大恐慌的某种新的回应。

放眼世界，计算机和通信技术的进步已经创造出一个竞争更加激烈的全球市场，世界也因此变得更加密不可分。像中国和印度等曾经严重依赖于集中计划体制的发展中的大国，若想赶上当今富裕国家的生活水平，恐怕很有必要去进一步理解和把握市场经济制度的精髓。与此同时，越来越多的有识之士也已经开始对全球性的环境问题感到忧心忡忡。他们深感，很有必要尽快签订更多旨在保护人类珍贵的自然遗产的国际协定。所有这些令人目不暇接的发展和变化，都不过是我们所称谓的恢弘的“现代经济歌剧”中的生动壮观的一幕。

新版经济学

半个世纪以来，在美国乃至全世界的课堂上，我们这本教科书都已经成了经济学入门教学的范本。它每一个新的版本，都要从最杰出的经济学家那里汲取有关市场如何运行、社会如何提高人民生活水平等各方面的研究成果和思想精华。尽管如此，自 1948 年本书第 1 版问世以来，经济学毕竟已经发生了非常深刻的变化，况且，经济学原本就是一个活生生的不断丰富和发展着的有机运动整体，因此这本书的每一次再版都势必是一次新生。而每经历一次新生，作者都能够借这个令人振奋的时刻，来展示现代经济学家最前沿的博大精深的思想成果，并进一步更加系统地阐释经济学如何促进着世界走向更大的繁荣。

> 有鉴于此，本书的使命是：对现代经济学原理和美国乃至整个世界的经济制度体系进行一番明晰、精确和生动的介绍和剖析；本书的宗旨是强调最基本的经济学原理，它们比每天报纸上的头条新闻要更加能够经得起时间和历史的考验。

第 19 版

随着经济学和它所置身的现实世界的发展，本书也在发展。我们的理念是继续强调六条构成前一版本以及本次修订版的基本原则：

1. 经济学的核心理论 通常情况下经济学都似乎是在没

完没了地应对新的困惑、谜团和其他两难问题。然而，有经验的教师都明白，支撑整个经济学的不过是一些最基本的概念。只要掌握了这些基础知识，整个学习进程就会事半功倍并变得意趣盎然。为此，本书的注意力始终放在经济学的核心理论，即那些颠扑不破的真理上面。这些理论在21世纪的重要性将丝毫不会逊色于它们在20世纪的情况。微观经济学的概念，如稀缺、效率、专业化的成果和比较优势原理等，永远都不会丧失它们在经济学中的核心地位，只要稀缺性本身还继续存在。

2. 经济学的创新　经济学在推动人们了解创新的意义方面做出了许多贡献。软件产业中令人目不暇接的发明速度也许已经让我们习以为常。在该产业，几乎每个月都有新的产品问世。互联网正在革新交流和学习的习惯，现代商业也正在接受一场洗礼。

此外，我们还强调经济学本身的创新。经济学家都在以自己的方式变成一群改革者和发明家。历史表明，经济思想一旦用于解决现实世界的问题，便会酝酿和掀起社会变迁的浪潮。本书讨论的重要创新包括通过“排放（许可证）交易”计划，将经济学应用到环境保护领域。我们还将阐释行为经济学家是如何改变消费者理论和金融产业的面貌。此外，事关人类未来的最重要的创新之一，是如何处理诸如气候变化等这类“全球公共品”问题，为此我们将探讨全球环境问题的处理模式，如《京都议定书》等。

3. 小的即美的　在过去的半个世纪中，经济学大大拓展了其研究领域。经济学的大旗不仅飘扬在传统的市场领域之上，而且还覆盖了环境、法律研究、统计和历史方法、性别和种族歧视，甚至深入到我们家庭生活等各个方面。然而，从本质上讲，经济学毕竟是一门关于在现实中如何选择的科学。这就意味着身为作者的我们必须选择那些最为重要并且最具持久意义的问题作为本书探讨的对象。总之，这有点像点菜进餐，小的往往是美好的，因为它便于消化。

为本书确定命题曾遇到很多两难问题。为挑选这些课题，我们调查了许多授课教师和有影响的学者，以判定哪些课题对于传授给品行良好的公民或新一代经济学人是至关重要的。我们曾拟定了一份涵盖主要课题的目录清单，然后又忍痛将其中的许多章节和附录陆陆续续地删去。我们不时地发问，所保留下来的课题的内容和效果是否能像我们所预期的那样完好，对于学生理解21世纪的经济学是否真的不可或缺。每一课题只有闯过了这几关之后，才有可能最后被收编入书。如此严格筛选的结果是，本书比前一版减少了一章，篇幅上也减少了四分之一。农业经济学、工会历史、马克思主义经济学、一般均衡模型新论、监管发展和劳工团队问题等都被删掉，所腾出的篇幅用来更多地探讨全球公共品等更加重大的课题。

4. 新世纪的政策问题　对于许多学生来说，经济学吸引他们的地方在于经济学和公共政策的关系。随着人类社会的发展，人们开始破坏自然环境和生态系统。环境经济学可以帮助学生理解经济活动的外部性问题，并进一步探寻能让人类经济发展和自然环境相适应的途径。一系列新案例都力图将微观经济学的核心命题应用到现实生活之中。

5. 关于全球化问题的争论　过去10年中，曾出现许多关于国际贸易在经济生活中的作用等问题的激烈舌战。一些人认为“外包”使得工作机会都被出口到了印度和中国。移民成为了一个饱受争议的话题，特别是在那些失业率高居不下的地区。无论原因何在，美国在21世纪初都实实在在地面临着一种困惑：产出高速增长和就业显著下降二者竟然能够并行不悖。

有关全球化的讨论是近些年来重大的论战之一，其症结在于国家之间日益增进的经济一体化。美国人都明白，现在还没有哪一个国家能成为孤岛。移民潮和国际贸易对交易品种、成交价格和我们的薪酬都有着深刻的影响。恐怖主义可以对本土的经济产生摧毁性的影响，而非洲的战争则可以导致饥荒进而降低人民的生活水平。如果我们不仔细地研究比较优势原理，则恐怕没有人能够透彻地理解贸易增长和资本流动所带来的影响。我们将看到金融资本的流动如何对贸易格局产生重大的影响；并回答这样的问题：当像中国这样的国家正在储蓄之时，像美国这样的富国为什么却正在借债？为此，第19版进一步增加了国际经济学、国际经济贸易及其同国内经济运行如何相互影响等方面的内容。

6. 简明清晰　尽管第19版有许多新的特点，但整个准备过程中贯穿始终的“朝圣的北斗”，还是力图创造出一种清晰和易于让学生接受的方式。学生们是来自不同的背景、带着对现实世界运作方式不同的先入之见而走进我们的课堂的。我们的作用并不是要改变他们的价值观。相反，我们只是希望学生们能首先理解经济学的不朽真理，然后积极地去付诸实践，从而让整个世界变得更加

适合于他们及其家庭去从事工作和进行生活。而欲达此目的，则应该说没有什么办法能够比简明清晰的陈述更为有效了。我们在全书的每一页上都煞费苦心，以增进对基础经济理论的全面把握。我们曾收到各地学生和教师的数以千计的评论和建议，并已经将他们的建议融进了第 19 版《微观经济学》中。

本书内容选用事宜

经济学课程有各种安排，可以用一个季度泛读，也可以用一年精读。本书可以说是为满足各种需要而精心编排的。即使课程节奏比较快，你也有机会欣赏书中精心编排的高深内容。时间特别紧促的学生，可以跳过其中较难的部分，但这并不会影响你对经济学核心内容的把握，也不会偏离经济推理的主线。本书还向那些最优秀的青年学者提出了富有挑战性的问题。事实上，当今许多杰出的经济学家都曾写信告诉过我们：在获取博士学位的奋斗过程中，他们一直依靠和仰仗着这本《微观经济学》。

教学参考书和其他教辅材料

本版的学生将会从《学习指南》中得到帮助。这本精心设计的参考书由美国大学（American University）的 Walter Park 教授准备。该书无论是用于课堂讨论，还是用于个人自学，都已经被证明是非常成功的。既有针对《经济学》全书的《学习指南》，也有分别针对微观和宏观部分的《学习指南》。你可以通过网上订购，也可以使用书号随主教材一起邮递购买。

另外，教师们还会发现一本由康涅迪克州立大学（Central Connecticut State University） 的 Carlos Liard-Muriente 教授所修订的《教师参考手册》和一本由富山学院（Rich Mountain Community College） 的 Craig Jumper 教授所修订的《题库》。这两本书对教师制定教学计划和准备测验非常实用，无论是通过直接打印还是计算机浏览的形式。本版的图表和数字还可借助幻灯片演示。幻灯片可从我们的网站（http：//www.mhhe.com/economics/samuelson19e）上下载。该网站不仅提供每章小结、自我评分的练习测试，而且还为每章后面所提出的供进一步深入研究的“问题讨论”作了提示。

CourseSmart 公司的电子教材

你可以通过购买价格大约是纸质教材一半的电子版的萨缪尔森和诺德豪斯的《经济学》第 19 版来减轻对环境保护的影响。CourseSmart 公司出版的电子教材是一款实用的标准在线阅读文件，它不仅保留了印刷版的确切内容和布局，而且还增加了学生们所熟悉的数字导航这一优点。学生可以搜索文本、做出标记、进行批注并通过电子邮件与他们的同学们共享笔记。CourseSmart 电子教材还提供技术支持以随时满足读者的各种需要。如果想要购买电子版的《经济学》第 19 版，或者想了解更多有关该数码产品的信息，则可以访问其网页（www.CourseSmart.com）并通过搜索标题、作者或国际标准书号（ISBN）来进行。

计算机时代的经济学

电子时代使学者和学生获取信息的方式发生了革命性变化。在经济学领域，信息革命使我们能更加便捷地接触到各种经济数据和汇入学术潮流。第 19 版的一个重要特点是在第 1 章之前增写了“经济学与互联网”一文，可以为经济学快车驶向信息高速公路提供路标和指南。

此外，每一章后面都有一个刷新了的版块，为读者进一步研读提出了建议，还标出了相应文献的网址，可供学生加深理解、数据收集和案例研究。

致 谢

本书虽然只有两位作者，但是合作者却很多很多。我们衷心感谢我们的同行、评论家、学生和麦格劳—希尔出版公司的工作人员，是他们保证了《经济学》第 19 版能够及时完成。麻省理工学院、耶鲁大学及其他院校的同行也热情地提出过宝贵的意见。他们包括 William C. Brainard、E. Cary Brown、John Geanakoplos、Robert J. Gordon、Lyle Gramely、Paul Joskow、Alfred Kahn、Richard Levin、Robert Litan、Barry Nalebuff、Merton J. Peck、Gustav Ranis、Herbert Scarf、Robert M. Solow、James Tobin、Janet Yellen 和 Gary Yohe。

此外，我们还从许多基础经济学教学人士们不倦的工作中获益匪浅，他们为教科书所做的努力已充分体现在本版之中。我们还要特别感谢第 19 版的审稿人。他们是：

Esmael Adibi, *Chapman University*
Abu Dowlah, *Saint Francis College*
Adam Forest, *University of Washington, Tacoma*
Harold Horowitz, *Touro College*
Jui-Chi Huang, *Harrisburg Area Community College*
Carl Jensen, *Iona College, New Rochelle*
Craig Jumper, *Rich Mountain Community College*
Carlos Liard-Muriente, *Central Connecticut State University*
Phillip Letting, *Harrisburg Area Community College*
Ibrahim Oweiss, *Georgetown University*
Walter Park, *American University*
Gordana Pesakovic, *Argosy University, Sarasota*
Harold Peterson, *Boston College*
David Ruccio, *University of Notre Dame*
Derek Trunkey, *George Washington University*
Mark Witte, *Northwestern University*
Jiawen Yang, *George Washington University*

麻省理工学院、耶鲁大学和其他许多院校的学生们也发挥了一种“看不见的大学”的作用。他们不断地提问与诘难，使得我们的教科书每一版都比前一版要少一点遗憾。尽管他们人数众多、无法枚举，但书中每一章都渗透着他们的思考和影响。Nancy King 在纽黑文市（耶鲁大学所在地）为本书后期运作的后勤保障方面提供了很多的帮助。在此我们特别要感谢 Caroleen Verly 为本书做出的贡献，他阅读了手稿并提出了许多宝贵的改进意见。我们还要感谢 Xi Chen 博士审阅了原稿。

若没有麦格劳—希尔出版公司熟练而精干的团队在每一阶段的辛勤工作，本书是无法完成的。我们想要特别感谢（按年龄从大到小的顺序排序）的是：Douglas Reiner、Karen Fisher、Noelle Fox、Susanne Reidell、Lori Hazzard、Matt Baldwin 和 Jen Lambert。正是这个技术娴熟的专家小组，用一大垛的软盘和小山似的文稿塑成了眼前这样一件完美的艺术品。

致我行我素的学生

在历史书上你们已经见过那些涤荡文明根基的革命浪潮，如宗教冲突、争取政治自由的斗争、打倒殖民主义和帝国主义的战争。而在过去的 20 年中，席卷东欧、苏联和其他每一个地区的经济改革浪潮也已经在改变整个世界的面貌。一些青年人因为不满意中央集权政府而推翻了强权，并向民主政治和市场经济靠拢。

与你相仿的年轻学生们，正憧憬着自由以及民主市场经济体制所能带来的繁荣。他们正在努力抗争，以便能有权从西方教科书中获取所需要的新思想。本版经济学正是那些能够带给他们希望的西方教科书中的一本。

思想的市场

我们的学生们到底在追求一种什么样的市场呢？从本书中，你将了解到全球化带来的机遇与挑战、金融市场的脆弱性、不熟练劳工和训练有素的医生。你可能在报纸上看到国内生产总值、消费者价格指数、联邦储备和失业率等名词。在你系统地学完本书各章之后，你就能把握这些词的准确含义。更重要的是，你还会了解到影响和决定它们的经济力量。

尽管如此，思想的市场还同样存在。经济学不同流派正是在此建树他们各自的理论大厦，并努力向其同行们传播自己的学术主张。在随后各章中，你会发现各种关于经济学的思想成果的公正的评论：从早期的经济学家，如亚当·斯密、大卫·李嘉图、卡尔·马克思，到现代的思想巨匠，如约翰·梅纳德·凯恩斯、米尔顿·弗里德曼和詹姆斯·托宾。

祝　愿！

驶往混合经济这块大陆时，你也许难免有点担忧，这完全可以理解。不过由衷地说，我们事实上是在羡慕甚至是在嫉妒你——我们的新学生！因为你刚刚起锚扬帆，开始你人生的远航，前方魅人的经济学世界正在等待着你去遨游！这是个多么令人激动的时刻，一辈子，只有这么一次！值此，我们衷心地祝愿你一帆风顺！

保罗·萨缪尔森
威廉·诺德豪斯

经济学与互联网

信息时代剧烈地改变了我们的生活。对于学者和学生来说，这种影响尤为深远，因为它提供了一种廉价而又迅捷地获取大量信息的新途径。互联网，一个由无数的计算机和信息所链接成的巨大的不断扩展着的国际公共网络，正在日益改变我们的学习、购物、文化共享以及与亲朋好友进行交流的方式。

就经济学而言，信息革命也向我们提供了获取数据资料和成果文献的捷径。只需轻点几下鼠标，我们就能下载最新的失业率、贫困率和收入变动等信息，就能深入了解银行体系内部的错综复杂的机制。几年前，一个经济学研究课题的完成，从收集资料到分析论证，恐怕至少需要几个星期；而今天，只要有一台电脑上网操作，同样的任务在几分钟之内便可完成。

本书并非一本关于信息高速公路上的驾驶员手册。那种技能在相应的课堂上就可以学到，当然也可以在课堂以外学到。我们所要提供的是一幅标出了经济数据源和研究成果方位的电子线路图。借助该线路图和航行技巧，你就可以浏览各个网站，找到你所需要的数据、信息、研究资料，还可以进入聊天室与人聊天。此外，在本书每章的结尾，我们还提供了有关该章研究内容的补充读物和网站网址。

不妨提请大家注意一点，我们介绍的网站中有些可能是免费的，但有些可能需要你注册或要经由你所在的学校的代理服务才可能获得，还有一些网站可能需要你缴费。鉴于收费情况经常变动，我们只能尽力侧重介绍免费的网站。尽管如此，若干高质量但却收费的网站我们也绝对不会从略。

信息数据和相应机构

互联网是查找信息数据必不可少的渠道。由于大部分统计数据都由政府提供，因而第一个需要访问的网站当然是政府机构和国际组织的网站。获取美国政府统计数据不妨从联邦统计委员会（www.fedstats.gov）起步，它链接着 70 多个发布统计信息的政府机构，原始数据按主题或机构编排，全部内容均可搜索。另外一个有关政府统计数据的好网站是经济统计摘要编委会（www.whitehouse.gov/fsbr/esbr.html）。此外，美国商务部也设有一个巨大的数据库，网址是 www.stat-usa.gov。但使用该数据库需要预先得到认可（你所在的学院或大学很有可能已经注册订购）。

美国最好的独立的统计数据源是每年出版一部的《美国统计摘要》（www.census.gov/statab/www）。如果你还想直接概览美国经济，则可以阅读《总统经济报告》（www.gpoaccess.gov/eop/index.html）。

大部分主要的经济数据都由专门的机构整理制作。一个查找一般数据的去处是美国商务部，它下设经济分析局（www.bea.gov）和人口普查局（www.census.gov）。经济分析局网站收录所有发表在《当前商业概览》上的资料和文章，包括国民收入与生产账户、国际贸易与投资流动、工业产出、经济增长、个人收入和劳工统计以及区域性数据。

人口普查局网站还涉及非人口问题的统计。它包括各种统计调查:住房、收入、贫困指数、政府财政、农业、外贸、建筑、制造、运输、零售与批发交易等。人口普查局网站除了可获取人口统计方面的出版物，还允许用户摘录通用的微观数据来源，如收入项目调查、消费支出调查、当前人口调查、美国住房调查等，最近的人口普查当然也包括在内。

劳工统计局的网站（www.bls.gov）能很方便地提供常用劳工数据，具体内容包括就业与失业、价格与生活条件、工资补偿，还有生产率和技术等。劳工资料还可以从《当前人口调查》中获取，而工资统计数据则可以从《当前就业统计调查》中获得。

一个非常有用的金融信息源是美国联邦储备银行的经济数据库（www.federalreserve.gov），该网站提供美国的经济与金融的历史数据，包括每天的利率、通货与商情的指标、汇率、国际收支数据和价格指数等。此外，管理与预算办公室（www.gpo.gov/usbudget/index.html）还提供联邦预算信息和其他有关的文件。

国际统计资料通常比较难找。世界银行（www.worldbank.org）网站提供其项目和出版物的信息，国际货币基金组织（IMF，www.imf.org）也一样。联合国（www.unsystem.org）网站速度很慢，而且很麻烦，但是该网站已经同大部分的国际机构及其数据库进行了链接。另一个获取高收入国家信息资料的很好来源是经济合作与发展组织（OECD，www.oecd.org），该网站提供大量的有关经济、教育、健康、科学技术、农业、能源、公共管理和其他领域的数据资料。

经济研究和文献查阅

互联网正在迅速地变成世界性的图书馆。报纸、杂志、学术刊物正越来越多地将其文章以电子版本发表，其中大部分是在传统媒体上已经出版或发表过了的。一些有趣的资料可以在《经济学家》（www.economist.com）和《金融时报》（www.ft.com）上找到。《华尔街日报》（www.wsj.com）现在价格比较贵，还不是（普通学生的）有效资源。当前政策问题在www.policy.com网站上讨论，在线杂志《批评家》（www.slate.com）不时会有一些非常优秀的经济学论文。

至于学术著述，许多期刊都已经将其内容放在网上。网络经济 WebEc（www.helskinki.fi/WebEc）提供一个综合性的目录，链接各大经济学期刊。许多期刊文档都可以在www.jstor.org上找到。

现在有不少门户网站将许多资源集中到一起。第一个好地方是《互联网经济学家数据资料源》（www.rfe.org），由美国经济学会发起，并由比尔·高夫编辑。这方面的材料在《经济学万维资源》（netec.wustl.edu/WebEc/WebEc.html）上也可以查阅，该网站同各种经济学网站相链接。就工作论文而言，国家经济分析局（NBER，www.nber.org）致力于评介当前经济动态。NBER网站通常还提供论文数据等的信息源，包括同有关网站（如美国官方的商业周期数据库）进行链接等。

一个存放工作论文的非常优秀的网站是econwpa.wustl.edu/wpawelcome.html，该网站在搜索研究论文的材料背景时特别有用。

过去，可曾有人告诉过你说经济学是沉闷的科学？今天，你已经完全有可能在网上（www.netec.mcc.ac.uk/JokEc.html）为经济学家的各种小笑话而捧腹大笑（不过通常都是贬损经济学家们的）。

提醒一句

由于技术进步很快，上述信息源可能很快就会更新。拥有宝贵信息和数据资源的新网站每天都在涌现，而其他的一些则几乎以同样的速度在消亡。

在你启航驶向网络这个神奇的世界之前，我们想借用一句哲人的警语。为此，你不妨也回想一句老话：几分耕耘，几分收获。

> 警语：小心判断你所查用的数据和来源是否可靠。网络和其他电子媒介在今天可谓声名不佳，因为它既容易被利用，也容易被滥用。

网络类似于我们所熟悉的经济学的老生常谈“免费午餐”问题。有鉴于此，我们在“点菜”的时候还是应当反复慎重地挑选，以确保自己的午餐既美味可口而又便于消化。

第一编

基本概念

经济学核心概念

第 1 章

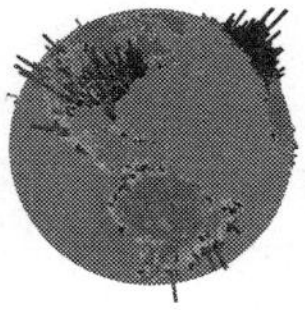

骑士时代已经过去；随之而来的是智者、经济学家和计算者的时代。

——埃德蒙·伯克

A. 为何学习经济学

开卷之际你也许会问：为什么要学习经济学？不妨让我们仔细掂量一下。

一些人学经济学是为了帮助自己找到好的工作。

另一些人认为他们应能更深地理解关于通货膨胀和失业的报道的背后还藏着什么。

还有一些人则希望弄明白：何种政策可以减缓全球变暖？苹果播放器 iPod 转由“中国制造”意味着什么？

撞钟为谁

所有这些以及其他更多的理由当然都很好。然而，我们已经开始认识到，一条最重要的理由应该是：在人的一生（从摇篮到坟墓）中，你永远都无法回避无情的经济学真理。

作为一个选民，如果你不懂一点经济学，那么你的意见和建议就很有可能不得要领和令人费解。不学经济学，你就不能完全明白国际贸易、税收政策或者造成经济衰退和高失业率的各种原因。

选择终身职业，也许是你一生中要做的一项最重要的经济决策。你的前途不仅取决于你的能力，而且还取决于全国和各地的经济力量对你的工资的影响。此外，经济学知识还可以帮助你在购买房屋、支付子女教育以及为退休而储蓄等场合做出更明智的选择。诚然，学习经济学并不一定能让你变成一个天才；但不学经济学，命运就很可能会与你格格不入。

毋庸赘言，我们希望你能够发现，除了有用之外，经济学本身还是一个很有魅力的领域。一届接一届的年轻学生们常常惊讶地发现：理解经济学原理，透过现象看本质，竟然是如此地开心和刺激！

稀缺与效率：经济学的双重主题

经济学的定义

让我们从经济学的定义开始。半个多世纪以来，经济学所研究和讨论的问题的范围已经扩大了很多。以下是本书讨论的主要方面[1]：

[1] 下列定义中包含了不少经济学术语。要进入这个学科，你必须弄懂它们。如果你对个别术语或专业词组还不太熟悉的话，不妨参阅书后面所附的专业术语表。该表列出了本书所用的绝大多数术语。本书用黑体字印刷的术语在该表中都有简明定义。

- 经济学研究金融市场行为，包括利率、汇率和股价。
- 探究一些国家或人群富裕而另一些国家或人群却长期贫穷的根源，继而寻求各种提高穷国和穷人收入的解决办法，而前提条件则是不损害经济本身的成长。
- 研究商业周期（也译“经济周期”——译者注），即信贷、失业和通货膨胀的上下波动，探讨如何利用经济政策加以调节。
- 考察国际贸易、国际金融和全球化的经济影响，并着重分析若干关于自由贸易、开放边界等热点难题。
- 提出并回答政府采用何种政策才能达到既定的重大目标，如加快经济增长、有效利用资源、实现充分就业、稳定价格水平和公平地分配收入等。

这已经是一份很长的清单，不过我们还可以进一步将它扩展好多倍。但是，如果将所有这些定义加以提炼的话，我们就会发现其中存在一个共同的主题：

> **经济学**（economics）研究的是一个社会如何利用稀缺的资源生产有价值的商品，并将它们在不同的个体之间进行分配。

稀缺与效率

若思考一下这些定义，我们可以发现经济学贯穿着两大核心思想，即物品和资源是稀缺的，以及社会必须有效利用这些资源。事实上，正是由于存在着稀缺性和人们追求效率的愿望，才使得对经济学的关注永远不会消失。

不妨考虑一个不存在稀缺的社会。如果能无限量地生产出各种物品，或者如果人类的欲望能够完全得到满足，那么会产生什么样的后果呢？既然人们拥有了自己想要拥有的一切东西，当然也就不必再担心花光其目前有限的收入。而企业也不必为劳动成本和医疗保健问题犯愁；政府则不用再为税收、支出和环境污染等问题而大伤脑筋，因为谁都已经不在乎这些问题了。此外，既然我们所有的人都能够随心所欲地得到自己所想要的东西，那么，也就没有任何人会去关心不同的人或不同阶层之间的收入分配（是否公平的）问题。

在这个丰裕而理想的伊甸园里，所有的物品都实行免费，仿佛沙漠中的沙子和海滩边的海水。所有的价格也都因此变成了“零”，市场也因此而变得可有可无。如果是，则经济学当然也就不再是一门有用的学科。

然而，任何现实社会都决不是那种拥有无限可能性的“乌托邦”，而是一个到处都充满着**经济品**（economic goods）的稀缺的世界。**稀缺**（scarcity）是指这样一种状态：相对于需求，物品总是有限的。实事求是的观察家都不会否认，尽管经历了两个世纪的经济快速增长，美国的生产能力还是不能完全满足每个人的欲望。如果将所有的需要加总起来的话，你立刻就会发现，现有的物品和劳务甚至根本无法满足每个人的消费欲望中很小的一部分！我们的国民产出须扩大很多很多倍，才有可能使得普通的美国人都能达到医生或联赛棒球手那样高的生活水准。更何况在美国以外的国家，特别是非洲地区。在那里，成千上万的人甚至还处于饥寒交迫之中。

鉴于人的欲望的无限性，就一项经济活动而言，最重要的事情当然就是最好地利用其有限的资源。这使我们不得不面对效率这个关键性的概念。**效率**（efficiency）是指最有效地使用社会资源以满足人类的愿望和需要。相反，如若一个经济中充斥着恶性竞争、严重污染或政府腐败，它当然只能生产出少于“无上述问题”时该经济原本可以生产的物品，或者还会生产出一大堆不对路的物品。这些都会使消费者的境遇比本该出现的情况更差。这些问题都是资源未能有效配置的后果。

> **经济效率**（economic efficiency）要求在给定技术和稀缺资源的条件下，生产最优质量和最多数量的商品和服务。在不会使其他人境况变坏的前提下，如果一项经济活动不再有可能增进任何人的经济福利，则该项经济活动就被认为是有效率的。

经济学的精髓之一在于承认稀缺性是一种现实存在，并探究一个社会如何进行组织才能最有效地利用其资源。这一点，可以说是经济学伟大而独特的贡献。

微观经济学与宏观经济学

当代经济学有两大分支：微观经济学和宏观经济学。亚当·斯密通常被认为是**微观经济学**（microeconomics）的创始人，今天，经济学的这一分支主要是研究作为单个实体的市场、企业、家庭的行为。亚当·斯密曾在《国富论》（1776年）中考查了物品价格的形成，以及土地、劳动和资本的价格如何确定等问题，并揭示了市场机制的长处和弊端。更为重要的一点是，斯密指明了市场的效率特征，并解释了个人的自利行为通过竞争市场如何产生社会经济效益。今天拓展了的微观经济学的领地已经远远超出了最初的界定，它已经讨论到垄断和国际贸易的作用，还有金融和其他许多重要的命题。

经济学的另一个重要分支是**宏观经济学**（macroeconomics）。它研究经济的总体运行。在约翰·梅纳德·凯恩斯 1936 年发表革命性巨著《就业、利息与货币通论》之前，现代意义上的宏观经济学还根本不存在。当时，英美经济尚未走出 20 世纪 30 年代的大萧条，超过四分之一的美国劳动人口处于失业状态。凯恩斯的新理论展现了一个探讨高通胀和高失业交替攀升的商业周期的根源的分析范式。如今，宏观经济学已经拓展到很多领域，如总投资与消费的决定、中央银行对货币和利率的管理、导致国际金融危机的原因，还有，为什么一些国家经济繁荣而另一些国家却停滞不前等问题。尽管宏观经济学已经进步并远远超越了凯恩斯当初的创见，但凯恩斯提出的一系列命题仍然不失为现代宏观经济学的基本范畴。

经济学的逻辑

经济生活是由一系列活动组成的复杂集合，包括购买、销售、讨价还价、投资、劝说等。经济科学的最终目的就是要理解这些复杂的活动。这也正是本书的宗旨之所在。那么，经济学家又是如何完成他们的任务的呢？

经济学家运用科学方法（scientific approach）来理解经济生活，包括观察经济事件、利用统计分析和历史记录。对于预算赤字的影响或通货膨胀的原因等复杂现象来说，历史可以提供丰富的前车之鉴。

经济学家经常依赖于分析和理论。理论研究方法使得经济学家能够进行一般化的抽象，诸如讨论国际贸易与专业化分工的好处、税收与配额的弊端等。

此外，经济学家们创建了一门被称为经济计量学（econometrics）的专业分析技术，即将统计学工具应用到经济问题的分析之中。借助经济计量学，经济学家可以从堆积如山的经验数据中抽象出简单明了的事物之间的联系机制。

不妨提请初出茅庐的经济学人注意一下：必须警惕经济推理中各种常见的思维谬误。由于经济关系通常十分复杂，涉及到许多不同的变量，因此很容易混淆事件背后的真正原因和政府政策对经济的影响。以下是经济推理中一些常见的谬误：

- 前因后果谬误（post hoc fallacy，也译“后此谬误”——译者注）。第一个错误出自于因果推理。如果我们仅仅因为一件事发生在另一件事之前，就想当然地认为前者是后者的原因，那么，我们就犯下了这里所说的前因后果谬误。[1] 一个实例发生在 20 世纪 30 年代大萧条时期的美国。一些人观察到，在商业周期扩张之前或之中，会出现或伴随物价上涨的现象。由此，他们便得出结论说，治疗大萧条的良方是提高工资和价格。这种对策建议会导致一系列以增加工资和提高价格为目的的非效率（也可译“无效率”或“低效率”——译者注）的立法和规定。然而这些举措真的能够推动经济复苏吗？几乎可以肯定地说：“不能。”尽管它们可能会有利于复苏早日起步，但事实情况却是，只有在政府为准备第二次世界大战而扩大军事开支从而导致总支出迅速回升的时候，经济才得到了真正的复苏。
- 不能保持其他条件不变（failure to hold other things constant）。第二个陷阱是在考虑某一问题时没能保持其他相关条件不变。例如，我们或许想知道提高税率究竟会增加还是会减少税收收入。一些人提出了这样一种诱人的观点，即我们既可以将财政蛋糕分而食之，而同时又可以拥有它。他们争辩说，降低税率会在增加政府收入的同时减少预算赤字。他们指出，1964 年肯尼迪·约翰逊的“减税”大大降低了税率之后，1965 年政府收入马上就有所上升。据此，他们认为降低税率便可以提高政府的收入。

  这一推理有什么错呢？本论断的前提应该是：其他条件不变 —— 这一点特别重要；而它却忽视了 1964 ~ 1965 年期间的经济增长。由于人们的收入在这一时期有所上升，因此，尽管税率降低了，政府收入却依然有所增加。进一步的研究表明，如果 1964 年没有降低税率，则 1965 年政府的收入会达到更高的水平。可见，这一分析在推断中没有坚持“保持其他条件不变”的原则。

  切记：当你分析一个变量对于经济体系的影响时，一定要保持其他条件不变。
- 合成谬误（fallacy of composition）。有时我们会假定，对局部来说是正确的东西，对总体来说也一定正确。然而，在经济学中，我们经常发现总体并不等于部分之和。如果你认为对局部来说成立的东西，对总体也必然成立，那你就犯了“合成谬误”。

---

[1] 后此（post hoc）是“后此，所以因此”（post hoc，ergo propter hoc）的缩写。它是从拉丁文翻译而来的，整个短语的意思是：“在此之后，因而必然由此造成。”

如果你真的忽略了合成谬误的原理，那么你就会对以下这些正确的命题吃惊不已：(1) 如果某一农场主获得丰收，他的收入会增加；但如果所有农场主的收成都破记录的话，则他（以及所有）的农场收入却（都）会下降。(2) 如果一个人获得了更多的货币，那么他的境况会变好；但如果每个人都获得了更多的货币，那么整个社会反而可能变糟。(3) 如果对某一产品（比如鞋类或钢铁）征收高额关税，则该行业的生产者（由于得到保护而）可能会因此发财；但如果对所有的行业都征收高额关税，则绝大多数生产者和消费者的境况都会变坏。

这些例子没有任何诡异或神奇之处，它们不过是整个体系中的个体互动的结果。个体相互作用时，整体行为往往与个体行为的结果大相径庭。

导言中我们姑且简略地提及这些谬误。以后，当引入了经济学工具之后，我们还将重新就这些问题展开讨论，并举例说明不注意经济学逻辑会使你犯什么样的错误。这些错误有时会使你付出昂贵的代价。当你学完这本书之后，不妨再回过头来看看，为什么上述那些看似矛盾的结论实际上却是完全正确的。

实证经济学与规范经济学

在考虑经济问题时，我们必须区分事实本身和它是否公平这两个方面的问题。实证经济学讨论的是经济社会的事实，而规范经济学则涉及价值判断。

实证经济学（positive economics）回答如下的问题：为什么医生比门房赚的钱要多？北美自由贸易协定（NAFTA）是提高了还是降低了大多数美国人的工资？高利率能否使经济放缓和通货膨胀降低？尽管这些问题可能很难回答，但只要利用分析和经验例证就可以找到答案。因此将这类问题归于实证经济学的范畴。

规范经济学（normative economics）涉及伦理信条和价值判断。应该提高失业率以确保通货膨胀不会迅速上升吗？美国是否应该进一步用谈判协议的办法去降低进口关税？美国的收入分配是否已经变得更加不公平？由于这类问题涉及到伦理、价值而非事实本身，因此其答案也就无所谓正确或错误。尽管经济学也可以关注（inform）这些争议，办法是考查各政策方案可能产生的后果，但是，这类问题还是只能依靠政治辩论和投票决策去解决。

热切的心情，冷静的头脑

从20世纪以来，经济学已经从一粒小橡树果子长成了一棵高大繁茂的橡树。在它的各个分支中，我们可以找到关于一系列重大问题的解释：国际贸易的好处，降低失业和抑制通货膨胀的建议，退休基金的投资方式，甚至为防止全球变暖而拍卖有限的二氧化碳排放权的提案等。世界各地的经济学家都在努力地收集经验数据，以增进我们对经济发展趋势的理解。

你或许会问，经济学家进行权衡、分析和计算的目的是什么？*经济科学的最终目的是改善人们的日常生活条件*。提高国内生产总值绝不是一场数字游戏。较高的收入水平所意味的是可口的食品、温暖的房屋、热水，还有安全的饮用水以及长期预防疾病的接种疫苗。

较高的收入还意味着更多的东西。它可以使政府更多地开办学校，从而使年轻人更多地学习文化，掌握现代化设备和计算机操作技能。随着收入的进一步提高，国家还可以提供财力支持科研，确定适应本国气候和土壤的农业技术，或研制出针对当地疾病的疫苗。经济增长能够提供更多的资源，人们会有更多的时间从事诗歌和音乐等艺术事业，也会有更多的闲暇时间读书、听音乐和亲自演奏。经济发展并没有固定的模式，世界各地的文化也千差万别，尽管如此，免受饥饿、疾病和自然灾难之苦，却是全人类共同的心愿。

然而，人类几千年的历史告诉我们，仅仅依靠热情是不能解决饥饿和治愈疾病的。一个自由和有效的市场并不能必然地使收入分配得到全社会的认可。决定经济进程的最佳路径，或实现社会产出的公平分配，所需要的都是冷静的头脑。它可以客观地评估各种手段的成本和收益，尽最大的可能保持分析的独立性，而不受各种一厢情愿的空想的干扰。有时，经济进程还要求一些过时的工厂倒闭；有时，情况先是恶化，尔后才会好转，正如某些中央计划体制的国家采用市场原则后所经历的那样。医疗保健领域的选择更难权衡，因为有限的资源所直接涉及的是人的生死存亡。

你也许听说过一句口号，叫做“各尽所能，按需分配”。但那些政府已经逐渐明白，还没有哪一个社会能仅靠这一理想化原则长期地运转下去。为了维持经济的健康运行，政府必须建立机制，让人们有工作和储蓄的动力。

社会应当为失业者提供一定时期的支持，但如果（失业等）社会保险覆盖面过大或时间过长的话，则人们就会依赖政府。他们会逐渐认为政府应该为他们生活的各个方面负责。这当然会使人类的进取之剑日益锈钝。正是由于政府项目追求崇高目标，才意味着严格审查和效率管理势必不可缺忽。

> 社会必须致力于兼顾无情的“市场规则”与慷慨的“国家福利”。只有在充满热情的同时保持冷静的头脑，经济科学才能够发挥作用，才能为一个富有效率、繁荣和公正的社会寻找到恰当的平衡点。

B. 经济组织的三个经济问题

人类社会，无论它是一个发达的工业化国家，还是一个中央计划型的经济体，或者只是一个孤立的部落社会，都必须面对和解决三个最基本的经济问题：生产什么、如何生产和为谁生产。

事实上，经济组织的这三个基本问题，在今天与在人类文明之初都同样重要和关键。下面我们就进一步仔细地观察这三个问题：

- 生产什么和生产多少？一个社会必须决定，在诸多可能的物品和劳务之中，每一种应该生产多少以及何时生产。今天，我们应当生产比萨饼还是衬衫？生产少量的优质衬衫还是生产大量的普通衬衫？我们应当利用有限的资源生产更多的消费品（如比萨饼），还是应当生产较少的消费品和较多的投资品（如生产比萨饼的机器），从而让明天有更多的产出和消费？
- 如何生产？一个社会必须决定谁来生产，使用何种资源，以及采用何种生产技术。谁来种田，谁来教书？用石油发电，还是用煤炭发电，或是用太阳能发电？设备是由人还是由机器人来操作？
- 为谁生产？谁来享用经济活动的成果？收入和财富的分配是公平合理的吗？社会产品如何在不同的居民之间进行分配？我们的社会是否会成为一个富人很少而穷人很多的社会？教师、运动员、汽车工人和风险投资家，谁应当得到高收入？社会应该给穷人提供最低消费，还是严酷地遵循不劳动者不得食的原则？

市场经济、指令经济和混合经济

解决生产什么、如何生产以及为谁生产的问题，有哪些不同的方式呢？不同的社会选取和借助各种不同的经济体制进行组织，而经济学则研究这些可供社会采用的配置稀缺资源的制度和机制。

通常我们区分两种本质不同的经济组织方式。一个极端是，政府制定大部分经济政策，处于统治集团最高层的那些人逐层向下发布经济指令。另一个极端是，决策由市场来做出，个人或企业通过货币支付自愿地交换物品和劳务。让我们简要地考查一下经济组织的这两种形式。

在美国和越来越多的国家中，多数经济问题都是由市场来解决的。因此，它们的经济制度称为市场经济。**市场经济**（market economy）是一种主要由个人和私人企业决定生产和消费的经济制度。价格、市场、盈亏、刺激与奖励的一整套机制解决了生产什么、如何生产和为谁生产的问题。企业采用成本最低的生产技术（如何生产），生产那些利润最高的商品（生产什么）。消费则取决于个人如何决策去花费他们的收入（为谁生产），这些收入包括来自劳动的工资收入和来自财产所有权的财产收入。市场经济的极端情况被称为**自由放任**（laissez-faire）经济，即政府不对经济决策施加任何影响。

与市场经济不同，**指令经济**（command economy）是由政府做出有关生产和分配的所有重大决策。在指令经济中，如 20 世纪大部分时期苏联所采取的经济制度，政府不仅占有大部分生产资料（土地和资本），而且拥有并指导大多数行业中的企业经营，并成为大多数工人的雇主，指挥他们如何工作。此外，政府还决定社会产出在不同的物品与劳务之间如何分布。简言之，政府通过它的资源所有权和实施经济政策的权力解答基本的经济问题。

当今世界上没有任何一个经济完全属于上述两种极端之一。相反，所有的社会都是既带有市场经济的成分也带有指令经济的成分的**混合经济**（mixed economy）。

> 经济生活既可以经由官僚体系集中指令去组织，也可以交由分散的各行其事的市场机制去组织。今天，美国和其他高收入经济体的大多数决策都是经由市场机制而形成的。不过政府在监督市场运行方面仍然扮演着重要的角色：政府制定法律来监管经济生活，提供教育和治安等服务，并管制污染等。

当今绝大多数社会都采用混合经济制度。

C. 社会的技术可能性

造出的每一支枪，下水的每一艘军舰，发射的每一枚火箭，归根结底，都意味着对那些忍饥挨饿的人们的一种偷盗。

——德怀特·艾森豪威尔总统

每个经济体的资源存量都是有限的——无论是劳动、技术知识、工厂和工具，还是土地和能源。在决定生产什么和如何进行生产时，该经济体实际上是在决定如何配置资源，以生产千百万种商品和劳务。多少土地应该用于种植小麦，或用于建筑房屋？多少工厂应该用于生产计算机？多少工厂制作比萨饼？多少儿童按职业运动员培养？多少儿童按职业经济学家培养？抑或，按计算机软件人员培养？

相对于需要来讲，物品总是稀缺的，面对这一无可否认的事实，一个经济体系必须决定如何利用其有限的资源。它必须在物品的各种有可能的组合之间进行选择（生产什么），在不同的生产技术之间进行选择（如何生产），最后还必须决定谁消费这些物品（为谁生产）。

投入和产出

要回答这三个问题，每个社会必须就经济的投入和产出做出选择。**投入**（inputs）指的是生产商品和服务的过程中所使用的物品或劳务。一个经济体使用其现有的技术将投入转换为产出。**产出**（outputs）是指生产过程中创造的各种有用的物品或劳务，它们可以用于消费或用于进一步生产。我们来看看一块比萨饼的“生产”。我们说，鸡蛋、面粉、热能、比萨饼烤炉和厨师的熟练劳动等是投入，而可口的比萨饼则是产出。在教育中，老师的时间、教室和实验室、课本等是投入，而有知识、能干、高收入的公民则是产出。

投入的另一个名称叫**生产要素**（factors of production）。它们可以被划分成三大基本范畴：土地、劳动和资本。

- 土地或更为流行的说法，自然资源，指的是生产过程中大自然赋予人们的礼物。它包括：农业、住房、工厂和道路等所使用的土地；给汽车加油或给房间供暖的能源，还有诸如铜、铁矿石和沙等非能源资源。在今天这个拥挤的世界上，我们必须拓宽自然资源的范畴，将环境资源，诸如清新的空气和适合饮用的水，也视为一种自然资源。
- 劳动指人们花费在生产过程中的时间和精力（在汽车制造厂上班，在土地上耕作，在学校里教学或制作比萨饼等）。在各种技术水平上，千百万种工作和任务都是由劳动完成的。对于一个发达的工业化国家来说，劳动曾一直是最熟悉和最重要的生产要素。
- 资本是一个经济体为了生产其他的物品而生产出来的耐用品。资本品包括机器、道路、计算机、铁锤、卡车、钢铁厂、汽车、洗衣机和建筑物等。在后文我们还将看到，专业化的资本品积累是经济发展必不可少的要素。

如果需要用“投入”和“产出”这两个术语来表述以上三大基本经济问题，那么，我们应该这样说，一个社会必须决定：（1）产出什么、产出多少；（2）如何产出，即用何种技术和要素进行投入，以得到令人满意的产出；（3）为谁生产，即如何分配这些产出。

生产可能性边界

生活经验告诉我们，人不能拥有世间一切物品。通常我们会听到这样的话：“你可以选择巧克力，也可以选择香草冰激凌，但是不能两者统统都要。”同理，一个国家也无法没有限制地得到它所想要的一切物品，因为这要受到资源和可供利用的技术的制约。

在有限的机会中进行选择，其迫切性在战争时期表现得最为突出。在讨论 2003 年美国是否应当对伊拉克开战时，人们想要弄清的问题是：这场战争的代价究竟会有多大。官方说它只需要 500 亿美元，尽管一些经济学家认为它可能要花费 2 万亿美元之多！更甚者，代价还并不仅仅是货币，货币数字后面意味着所要购买的各种其他资源。而随着伊拉克战争开销的攀升，人们自然进一步想知道，为什么要向巴格达城而不是纽约市派驻更多的警力？或者，为什么要在中东而不是在美国的中西部对电力系统进行维修？众所周知，正如上文引用过的艾森豪威尔总统所说的话那样，军事上占用的资源越多，可供民用消费和投资的资源就会越少。

为了使讨论生动起见，我们不妨考查一个只生产大炮和黄油这两种经济品的经济体。大炮代表的是军费开支，而黄油则代表民用开支。现在假定我们的经济体将所有的资源都投入到民用物品，即黄油的生产上。于是，每年所能生产的黄油便会有一个最大的数量。黄油的最大数量取决于该经济体所拥有的资源的数量与质量，以及利用资源进行生产的效率。现假设，利用现有的技术和资源，每年能够生产出来的黄油的最大数量为 500 万磅。

从另一极端讨论，假设所有的资源都用于生产大炮。同样，由于资源的有限性，该经济体只能生产出有限数量的大炮。在本例中，我们假设，如果不生产任何黄油的话，该经济体每年能够生产 15 000 门某种类型的大炮。

全生产大炮和全生产黄油显然是两个极端的选择。而在这两个极端之间，存在着许多种其他组合的可能性。只要愿意放弃一些黄油，我们就可以拥有更多大炮；相反，若愿意放弃一些大炮，则可以得到更多的黄油。

表 1-1 给出了大炮和黄油的一系列的可能性组合。组合 F 是一个极端，表示只生产黄油而不生产大炮；组合 A 是另一个极端，即全部资源都用于生产大炮。在它们之间的组合 E、D、C 和 B，则表明了为了生产更多的大炮，该经济体必须相应放弃更多的黄油。

你或许会问，一个国家如何将黄油转换为大炮？黄油转换成大炮，并非指这两种实物的直接挪动，而是要经由将生产它们的经济资源从一种用途转换成另一种用途的渠道和手段。

各种生产可能性		
可能性	黄油（百万磅）	大炮（千门）
A	0	15
B	1	14
C	2	12
D	3	9
E	4	5
F	5	0

表 1–1　稀缺资源的约束意味着需要在大炮与黄油之间进行权衡
稀缺的投入和技术限制了大炮与黄油的生产。当我们从 A 移到 B……最后移到 F 时，我们就将劳动、机器和土地由大炮行业转到黄油行业，从而增加了黄油的生产。

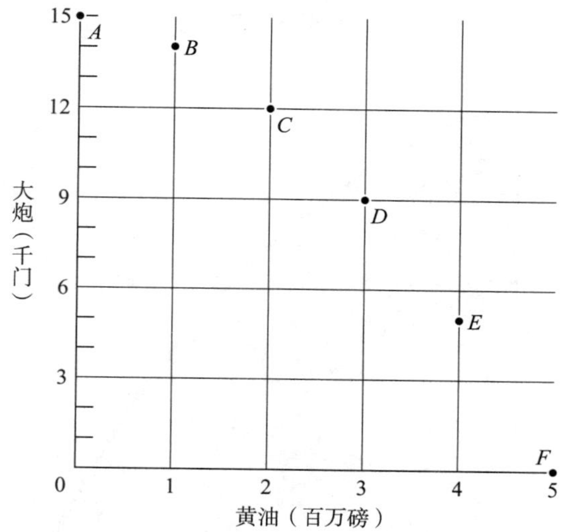

图 1–1　生产可能性的图形表述
本图描绘了表 1-1 中所示的各种选择的产量。

我们可以用图 1-1 形象地描述该经济体的生产可能性。图中横坐标表示黄油，纵坐标表示大炮（如果你不熟悉图形，或者对于如何将图表变成图形感到不甚了了，请参阅本章附录）。根据表 1-1 中的数据，在图 1-1 的横轴上向右量取 5 个单位的黄油，在纵轴上向上量取 0 个单位的大炮，便可得到 *F* 点；同理，向右量取 4 单位黄油，向上量取 5 单位大炮，就可以得到 *E* 点；最后，向右量取 0 单位黄油，向上量取 15 单位大炮，可得 *A* 点。

如果用所有的代表黄油与大炮的不同的产量组合的新点填满上述几点之间的空隙，则我们就能得到如图 1-2 所示的称为生产可能性边界，或简称 *PPF* 的连续平滑的曲线。

> **生产可能性边界**（production-possibility frontier，PPF），表示在技术知识和可投入品数量既定的条件下，一个经济体所能有效率地得到的最大产量。

生产可能性边界在社会选择中的应用

生产可能性边界是供一个经济体进行选择的菜单。图 1-2 描绘的是大炮和黄油的生产可能性边界，但同样适用于对任何其他物品的选择。由此，政府用于生产公共品（如高速公路）的资源越多，剩下的用于生产私人品

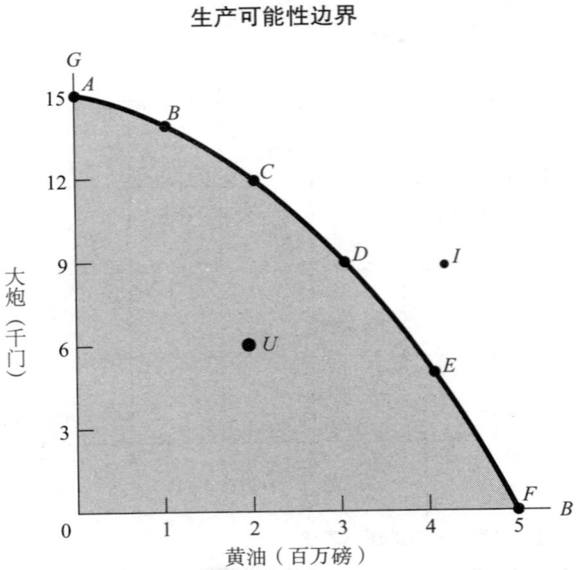

图 1–2 一条平滑的曲线把代表生产可能性数值的各点连接起来

这一边界表示可供选择的清单，沿着这条边界，社会可以选择用大炮去替代黄油。它假设技术状况和投入数量是既定的。边界之外的点（如I点）是不可行的，或者是达不到的。而边界内的任何一点（如U点）表明经济尚未达到有效率的生产，如商业周期中失业率较高时的情形。

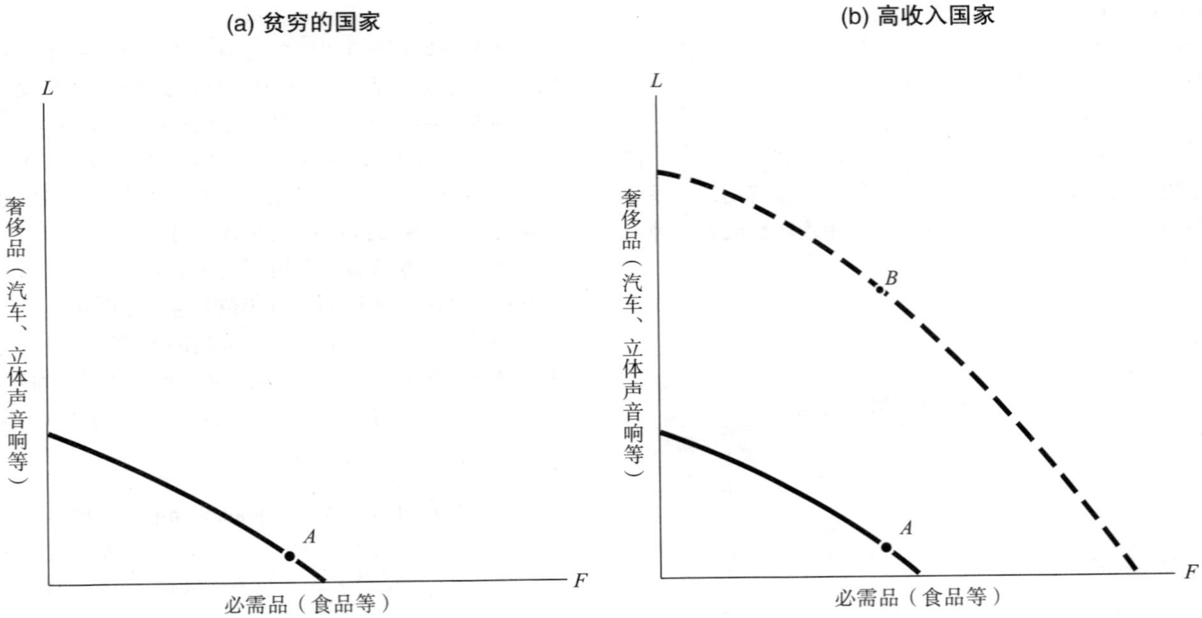

图 1–3 经济增长使生产可能性边界向外移动

（a）尚未发展的国家很贫穷。它必须将几乎所有的资源都用于生产食品，而只能享用很少的奢侈品。（b）投入品的增加和技术变革使 *PPF* 向外移动。随着经济的增长，一国从 *A* 移动到 *B*，与增加的奢侈品消费相比，食品消费增加较少。如果愿意的话，它也可以同时增加两种物品的消费。

（如住房）的资源就越少；我们用来消费的食品越多，则用来消费的衣服就越少；社会决定今天消费的东西越多，则用于生产未来消费物品的资本品的产量就越少。

图 1-3 到图 1-5 给出了生产可能性边界的一些重要应用。图 1-3 表明经济增长对一国生产可能性的影响。增加投入，或改进生产技术，能使国家产出更多的商品和劳务，其结果是生产可能性边界向外移动。该图还表明，一个贫穷的国家必须将其大部分资源用于生产食品，而富裕的国家随着其生产潜能的增长，则能够生产出更多的奢侈品。

图 1-4 表明了必须在私人品（按价格购买）和公共品（用税收支付）之间进行选择。贫穷的国家仅仅能承担很少的公共品，如公众健康和基础教育等。但是，随着经济的增长，更多的产出份额将被用于生产公共品和提高环境质量。

图 1-5 表明，一个经济如何在（*a*）当前消费品和（*b*）投资或资本品（机器、厂房等）之间进行选择。通过牺牲当前消费和生产更多的资本品，一国的经济能够更快速地增长，从而使未来有可能生产出更多的两种物品（消费品和资本品）。

不要做时间的傻瓜

一位伟大的美国诗人卡尔·桑德堡写道："时间是你人生的硬币，是惟一一枚你自己拥有的、可以自行决定如何花费的硬币。当心，切勿让其他人替代你去利用这枚硬币。"这足以强调：人们最常面对的一个重要决策，就是如何利用自己的时间。

我们可以用生产可能性曲线来说明这项选择。例如，作为一名学生，你可能有 10 小时的时间用于准备即将来临的经济学和历史的考试。如果你仅仅复习历史，那么，你会在历史考试中得到高分，而在经济学考试中取得低分，反之亦然。把两门考试的分数看做你学习的"产出"，在时间资源既定的条件下，可以画出分数的生产可能性边界。又如，如果两种商品是"分数"和"娱乐"，你又如何画出这一生产可能性边界呢？你自己处于这条边界的何处？你的那些懒惰的朋友们又在何处呢？

近期，有人就美国人如何利用时间的问题收集了大量的数据。调查数据所记录的是，两三天内你的时间的利用情况。不妨登录网址 *www.bls.gov/tus/home.htm*，传上你利用时间的记录，并与其他人的情况作个比较。

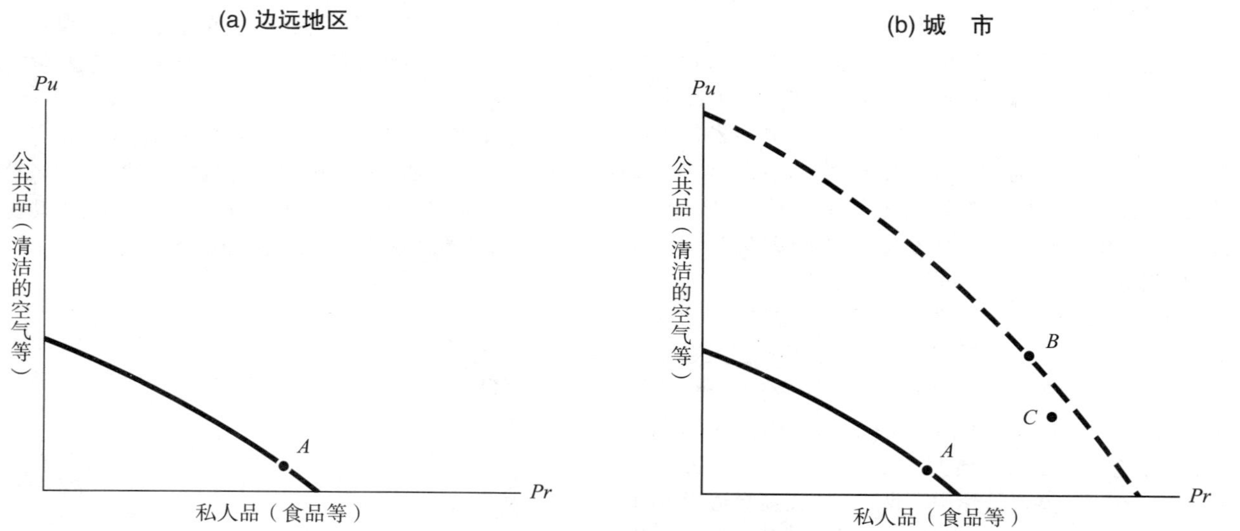

图 1-4 经济体必须在公共品和私人品之间选择

（a）贫穷的边远地区，产出仅能糊口，很少有剩余来提供清洁的空气或公众保健等公共品。（b）现代化的繁荣的经济，将较高收入中的更多部分用于公共品和政府服务（道路、环保和教育）。

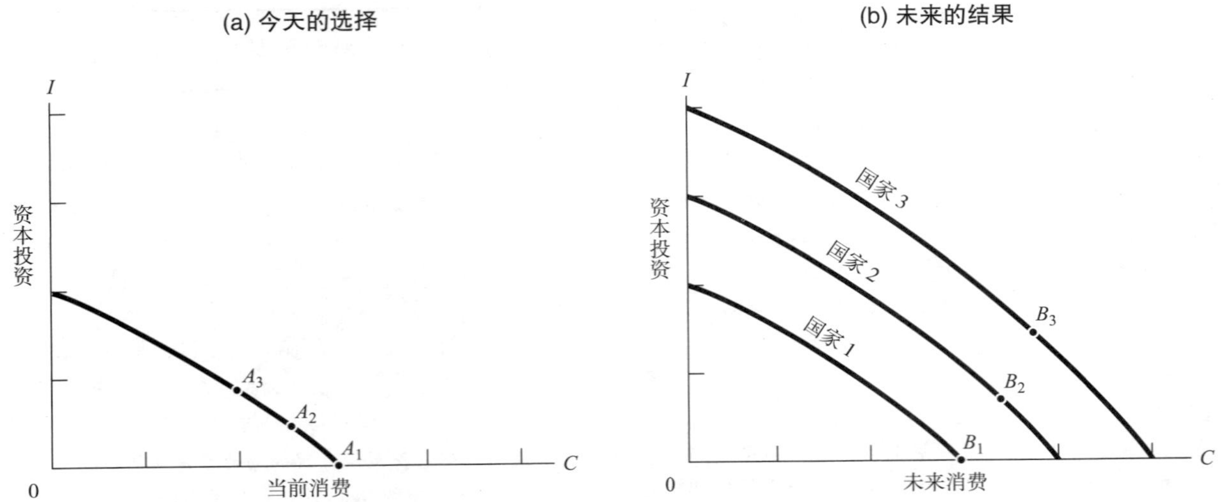

图 1–5 为增加对未来消费的投资，需要牺牲当前的消费

一个国家可以选择生产当前消费品（比萨饼和音乐会），或生产投资品（如比萨烤箱和音乐大厅）。（a）三个国家初始条件相同。它们具有相同的生产可能性边界，如左图所示，但它们的投资比率不同。国家 1 没有对未来投资，位于 A_1（不打算生产新机器）。国家 2 适度地抑制当前的消费，并对未来进行投资，位于 A_2。国家 3 则牺牲了大量的当前消费，对未来进行了大力投资。（b）若干年后，投资多的国家经济处于领先地位。因此，节俭的国家 3 将其生产可能性边界远远地向外推移，而国家 1 的生产可能性边界却根本没有移动。这说明对未来投资较多的国家将拥有更多的投资品和更多的消费品。

机会成本

罗伯特·弗罗斯特在其诗作《未选择的路》中揭示了经济学的一个最深层的概念：机会成本。由于资源是稀缺的，因此，我们必须不断地决定如何利用我们有限的时间和收入。当你决定是否学经济学，是否买汽车，或是否上大学时，你需要放弃一些事情 —— 存在着若干可以被放弃的机会。这类有待被放弃的非最优的事情或东西，体现着你进行该项决策的机会成本。

机会成本概念也可以用生产可能性边界加以说明。不妨看图 1-2 中的生产可能性边界。该图反映了大炮与黄油之间此消彼长的关系。假设，该国决定将大炮购买量从 9 000 门增加到 12 000 门，即从边界上的 *D* 点移动到 *C* 点，则这一决策的机会成本为多少呢？你可以用美元来计算它。但是，在经济学中，我们经常需要穿透货币的面纱，而直接考查各种选择的实际影响。说到底，从 *D* 到 *C* 的机会成本，是为生产较多大炮而必须放弃的黄油。在本例中，增加 3 000 门大炮的机会成本是 100 万磅黄油。

举个现实世界中的例子：在国立黄石公园附近开采金矿的成本。开采者声称，由于黄石公园的门票收入几乎不受影响，因此金矿开采的成本很低。但经济学家却回答说，用货币收入来衡量成本未免太狭隘了。试问，伴随金矿开采而来的噪音、水和空气的污染、环境的恶化等，是否真的不会影响黄石公园独特而宝贵的风景价值？尽管货币成本可能很小，但是，考虑到野生动物和自然生态价值会丧失，因此机会成本事实上可能很大。

> 在存在稀缺的世界上，选择一种东西意味着要放弃其他一些东西。一项选择的**机会成本**（opportunity cost），是相应的所放弃的物品或劳务的价值。

效　率

经济学家投入了很多的精力，以研究和探索不同的市场结构、经营动机和税收体制中的效率。注意，效率是指尽可能有效地利用该经济体的资源以满足人们的需要和愿望。总体经济效率的一个非常重要的方面就是生产的效率，用生产可能性边界可以很容易地演示出来。效率意味着该经济处在边界“上”而非边界“内”。

> 当一个经济体无法在不减少一种产品产量的前提下生产出更多的另一种产品时，即当选择点处在生产可能性边界上的时候，我们就说此时是**有效率的生产**（productive efficiency）。

让我们看一看为什么有效率的生产必然位于生产可能性边界上。我们从图 1-2 中的 *D* 点所示的位置开始分析。假设市场需要增加 100 万磅黄油，如果我们不考虑 *PPF* 所示的约束，我们也许就会认为在不减少大炮产量的情况下，有可能生产出更多的黄油，比如，通过移动到 *I* 点，即 *D* 点的正右方。但是，*I* 点处于边界之外的“不可能”区域。从 *D* 点出发，在不放弃一些大炮的情况下，我们不可能得到更多的黄油。因此，*D* 点是有效率的生产点，而 *I* 点则是不可能达到的点。

运用 *PPF*，我们能够说明生产效率的一种更深刻的意义：位于 *PPF* 之上，意味着生产更多数量的某种物品必然要求放弃一定数量的其他物品。当我们生产更多的大炮时，我们就用大炮替代了黄油。在充分就业的经济中，替代是一种基本的生活法则，生产可能性边界则表示社会为人们提供的各种选择。

商业周期和环境恶化所产生的浪费　总是有很多理由，让经济遭受资源无效率利用之苦。当经济中还存在着未利用的资源时，该经济体决不可能位于其生产可能性边界之上，而只能是处于其边界之内的某个位置。在图 1-2 中，*U* 点代表 *PPF* 之内的某一点；在 *U* 点，社会仅仅生产了 2 单位的黄油和 6 单位的大炮，一些资源没有得到利用。而若将这些资源投入使用，则我们就能得到更多的黄油和更多的大炮。于是整个经济可以从 *U* 点移至 *D* 点，从而生产出更多的黄油和更多的大炮，并提高该经济体的效率。我们能够在保持大炮产量的同时，得到更多的黄油。

历史上，经济危机是产生非效率的根源之一。1929~1933 年大萧条期间，美国的总产出几乎下降了 25%。经济体并未遭受由于技术性遗忘（technological fogetting）而产生的生产可能性曲线向内移动，而是因为各种不利因素压低了总支出的水平，从而使经济下移到其 *PPF* 之内。十年后，第二次世界大战的军费支出扩大了需求，因此产出迅速增加，经济被拉回了生产可能性边界。

在经济周期的衰退阶段，也会出现同样的情形。最近的增长放缓发生在 2007~2008 年，其间美国国内的住房和信用市场等问题蔓延到整个国民经济。美国的基本生产力这些年来并没有下降。然而，被削减的总支出在那个时期曾将经济暂时地推到了生产可能性边界以内。

当市场无法真实反映事物的稀缺性时，例如环境恶化，另一种非效率就会发生。假设一个未被管制的企业决定往一条河排放化学物质，导致鱼类死亡，并破坏了人们的娱乐机会。这家企业这样做并非由于它有邪恶的意图，而是由于该排放物的市场价格并没有真实反映其社会偏好（social priority）—— 在无管制条件下，污染的价格为零，而不是本应用死去的鱼和丧失的娱乐机会所衡量的机会成本。

环境恶化也会使经济处于生产可能性以内。这种情况可以由图 1-4（b）来说明。由于企业没有面临正确的价格，经济从 *B* 点移到了 *C* 点。私人品增加了，但公共品（例如洁净空气和水）却减少了。有效率的环境管制可以使生产可能性边界向东北方向移动，直至回归虚线所示的有效率边界。

在结束本章之前，不妨让我们简要地回顾一下开篇时的那个问题，为什么要学习经济学？对此，最好的回答也许是凯恩斯提供的一个最有名的论断。他在自己的著作《就业、利息与货币通论》的最后几行曾这样写道：

> 经济学家和政治学家的思想，无论正确与否，都会比常人所了解的更有分量。的确，统治世界的人可以说非他们莫属。实干家自以为他们不受理论的羁绊，可他们却常常是某位已故经济学家的奴隶；目空一切的暴君，其狂妄荒诞的念头，也往往系从学术界数年前的涂鸦之作中剽窃而来。我确信，同思想的潜移默化的功能相比，既得利益的作用是被夸大了的。诚然，这绝非是指眼前，而是指经历了一段岁月之后。因为，在经济学界和政治学界，25 岁或 30 岁以后还能继续为新理论思潮所裹挟的人往往为数不多。因而，文官、政治家乃至鼓动家们用以左右时事的高论不大可能是最新的。尽管如此，思想，而不是利益，或迟或早终归是危险的，无论是伸张正义，还是放纵邪恶。

旨在理解怎样才能将经济学强有力的思想用于人类社会核心问题的分析，这就是我们学习经济学最根本的理由。

总结提要

A. 为何学习经济学

1. 什么是经济学？经济学是研究社会如何进行选择，以利用具有多种用途的、稀缺的生产资源来生产各种商品和服务，并将它们在不同的人群中间进行分配的学科。我们学习经济学不仅旨在理解我们生活于其间的现实世界，而且旨在理解那些改革者们不断倡导的拥有许多种可能性的世界。
2. 由于人们需要的数量远远高于社会所能提供的数量，因此物品总是稀缺的。经济品是稀缺品，而不是免费品，社会必须在运用其可利用资源所生产出来的有限的物品之间做出选择。
3. 微观经济学研究市场、企业和居民户等单个实体的行为。宏观经济学研究作为一个整体的经济的运行。学习经济学一定要警惕合成谬误和后此谬误，并切记保持其他条件不变。

B. 经济组织的三个经济问题

4. 每个社会都必须解决三个基本问题，即生产什么、如何生产和为谁生产。在一切可能的物品与劳务中，应该生产什么和生产多少？在生产这些物品时应该如何使用资源？为谁生产这些物品（即如何在不同的个人或阶层之间分配收入和消费品）？
5. 不同的社会以不同方式解决这些问题。今天，经济组织最重要的形式是指令经济和市场经济。指令经济由中央政府直接进行集中控制；市场经济则由价格和利润等非正式体制指导，其大多数决策都由个人或私有企业做出。所有的社会都是指令经济与市场经济的不同比例的组合，因此也可以说所有的社会都是混合经济。

C. 社会的技术可能性

6. 在资源和技术既定的条件下，两种物品，如大炮和黄油之间的生产选择可以用生产可能性边界（*PPF*）来概括。生产可能性边界表明，一种物品（如大炮）的生产如何替代另一种物品（如黄油）的生产。在一个稀缺的世界里，选择一样东西意味着需要放弃其他东西。其机会成本就是所放弃的物品或劳务的价值。
7. 当一种物品的产量只有靠减少另一种物品的产量才能增加时，生产就是有效率的。生产可能性边界说明了这一点。当一个经济体处于其生产可能性边界上时，它仅仅能够通过减少一种物品的产量来增加另一种物品的产量。
8. 生产可能性边界说明了许多基本的经济过程：经济增长如何将边界向外推移；随着经济的发展，一个国家如何选择相对较少的食品和其他必需品；一个国家如何在私人品和公共品之间进行选择；社会如何在消费品与增加未来消费的资本品之间进行选择。
9. 社会有时处于其生产可能性边界之内，因为宏观商业周期或者微观市场不灵。当信用紧缩或者消费突然下降时，社会将在衰退时移至生产可能性边界之内，它的发生是因为宏观经济的刚性（macroeconomic rigidity），而不是因为技术性遗忘。社会处于生产可能性边界之内也可能由于价格不能反映社会偏好，例如，污染空气和水，会导致环境恶化。

概念复习

基本概念
稀缺和效率
免费品和经济品
宏观经济学和微观经济学
规范经济学和实证经济学
合成谬误，后此谬误
“保持其他条件不变”

经济组织的关键问题
生产什么、如何生产和为谁生产
可供选择的经济制度：
　指令经济与市场经济
自由放任
混合经济

在生产可能性之间进行选择
投入和产出
生产可能性边界（*PPF*）
有效率与无效率的生产
机会成本

补充读物和互联网站

补充读物

Robert Heilbroner, *The Worldly Philosophers,* 7th ed. (Touchstone Books, 1999), provides a lively biography of the great economists along with their ideas and impact. The authoritative work on the history of economic analysis is Joseph Schumpeter, *History of Economic Analysis* (McGraw-Hill, New York, 1954).

互联网站

One of the greatest books of all economics is Adam Smith, *The Wealth of Nations* (many publishers, 1776). Every economics student should read a few pages to get the flavor of his writing. *The Wealth of Nations* can be found at *www.bibliomania.com/NonFiction/Smith/Wealth/index.html.*

Log on to one of the Internet reference sites for economics such as *Resources for Economists on the Internet* (*www.rfe.org*). Browse through some of the sections to familiarize yourself with the site. You might want to look up your college or university, look at recent news in a newspaper or magazine, or check some economic data.

Two sites for excellent analyses of public policy issues in economics are those of the Brookings Institution (*www.brook.edu*) and of the American Enterprise Institute (*www.aei.org*). Each of these publishes books and has policy briefs online.

问题讨论

1. 伟大的英国经济学家阿尔弗雷德·马歇尔（Alfred Marshall，1842 ~ 1924）发明了许多现代经济学工具，但他最关心的是这些工具在社会问题上的应用。马歇尔在他的就职演说中写道：

   > 我最大的抱负就是帮助剑桥大学为世界各地培养更多冷静而热情的人才，他们愿意把自己最充沛的精力贡献给社会，设法解决身边的社会困苦；直到了解高雅而高尚的生活的全部实质内容，他们才会满足。（庇古编著，*Memorials of Alfred Marshall*，MacMillan and Co.，伦敦，1925 年，第 174 页，有删节。）

   试解释如何以冷静的头脑进行实证分析，进而将热情的心所进行的规范的价值判断付诸实施，你同意马歇尔关于教师职能的观点吗？你愿意接受他的挑战吗？
2. 著名的芝加哥保守经济学家乔治·斯蒂格勒（George Stigler）写道：

   > 没有哪个彻底平均主义的社会能够构造或维持一个有效而富有进取性的经济体系。应用奖励级别刺激劳工已经成为各国普遍的经验。（《价格理论》第 3 版，*The Theory of Price*，Macmillan，New York，1966，p.19.）

   这一论述是属于实证经济学，还是属于规范经济学？参考第 1 题中马歇尔的话，讨论斯蒂格勒的这个观点，二者是否存在矛盾？
3. 仔细给下列术语下定义，并给出例子：*PPF*、稀缺性、有效率的生产、投入、产出。
4. 阅读关于利用时间的特别栏目（第 11 页），并做最后一段的练习。画出一张表，比较你的时间利用情况和美国人的平均情况（对于图表分析，见本章附录的问题 5）。
5. 假设某国将劳动投入理发和衬衫两种生产。该国有 1 000 小时的可利用劳动。一次理发需要半个小时的劳动，而生产一件衬衫需要 5 个小时的劳动。请绘出该国的生产可能性边界。
6. 科技发明使黄油生产中利用资源的生产率提高了 1 倍，而大炮制造商的生产率却没有变化。在这种条件下，请重新绘制图 1-2 中的生产可能性边界，并说明新的替代关系。
7. 有些科学家认为，我们正在加速耗尽我们的自然资源。现假定，社会一直没有任何技术进步，只有两种投入（劳动和自然资源），生产两种物品（音乐会和汽油）。随着自然资源日益枯竭，该社会的生产可能性边界会发生何种变化？发明和技术进步将会怎样改变你的答案？进而，请解释为什么说“经济增长是资源耗费与技术进步之间的一场竞赛”。

8. 假设某学生有 10 小时的时间用于准备即将到来的经济学与历史的考试。在给定该学生时间资源的条件下，试画出其分数的生产可能性边界。如果该学生去听摇滚乐和与朋友聊天，学习缺乏效率，那么，相对于他的生产可能性边界而言，他的分数“产量”在何处？如果该学生将学习时间从 10 小时增加到 15 小时，那么，他的分数的生产可能性边界会发生何种变化？

9. 考虑关于清洁空气和汽车运输的生产可能性边界。
   a. 解释为什么未被管制的汽车尾气污染会使国民经济处在生产可能性之内。认真画出两种物品的生产可能性边界来说明你的讨论。
   b. 接着解释如何为有害的汽车排放物定价以同时增加两种商品的数量，并将国民经济所处的位置移动到生产可能性曲线之上。阐释如何矫正“市场不灵”以改变最终产出，说明你的分析结论。

第 1 章附录

如 何 读 图

一图胜千言。

——中国俗语

你必须具备足够的图形知识才能掌握经济学。图形之于经济学家，犹如锤子之于木工一样必不可少。因此，如果你不熟悉用图，那就应该下功夫学习如何看图。花这种时间是非常值得的。

什么是图？图说明的是两组或两组以上的数据或变量如何相互联系。图在经济学中非常有用，一个原因是它能使我们非常直观地分析概念，并讨论它的变动趋势。

在本书中你会遇到各种各样的图。一些图说明变量如何在不断地发生变化（例如本书的第一张图）；另一些图说明不同变量之间的相互关系（如下面的例子）。本书中每一张图都将有助于你理解重要的经济规律或发展趋势。

生产可能性边界

你在本书中遇到的第一个图就是生产可能性边界。正如我们在本章正文中所讲，在一个经济体资源给定并假设所有资源都已经得到充分利用的条件下，生产可能性边界，即 *PPF*，代表的是该经济体能够生产出来的一对物品或劳务的最大数量。

让我们看看一个如何在食品和机器之间进行选择的重要例子。表 1A-1 列出了 *PPF* 的基本数据，这与表 1-1 的例子很相似。回忆一下，每一个可能的点都给出了食品和机器的可能产量。随着食品产量的增加，机器的产量会下降。因此，如果该经济体生产 10 单位的食品，那么，它最多能生产出 140 单位的机器。但是，当食品产量为 20 单位时，它只能产出 120 单位机器。

生产可能性的图和表

表 1A-1 所示的数据也可以用图表示。为了构造该图，我们用平面上的各点来表示表 1A-1 中的每一对数据。图 1A-1 用图显示表 1A-1 所示的食品和机器产量之间的关系。每一对数据都用图中的一个点表示。将表 1A-1 的 A 行描绘在图 1A-1 中，即为 *A* 点，同样的方法得到了 *B* 点、*C* 点等。

在图 1A-1 中，左边的垂直线和底部的水平线对应于两个变量：机器和食品。**变量**（variable）是我们关心的一种量，我们能够给出它的定义，并进行衡量。在不同的时间或空间，变量可以取不同数值。经济学研究的重要变量有价格、产量、工作时间、土地亩数、美元收入等。

图上的水平线指*横轴*，有时称 *X* 轴。在图 1A-1 中，横轴衡量的是食品的产量。左边的垂直线是*纵轴*，或叫 *Y* 轴。在图 1A-1 中，它衡量的是机器的产量。纵轴上的 *A* 点表示 150 单位的机器。两轴相交的左下角被称为*原点*。在图 1A-1 中，它代表食品和机器的产量均为 0。

一条平滑的曲线

在大多数经济关系中，变量可以发生小量变化，也可以像图 1A-1 所示的那样大幅度增加。因此，我们通常

各种生产可能性		
可能性	食品	机器
A	0	150
B	10	140
C	20	120
D	30	90
E	40	50
F	50	0

表 1A–1　食品和机器的产量组合

表中列出了运用一国既定资源所能生产出来的 6 种潜在的产量组合。该国可从这 6 种可能的组合中任选一种。

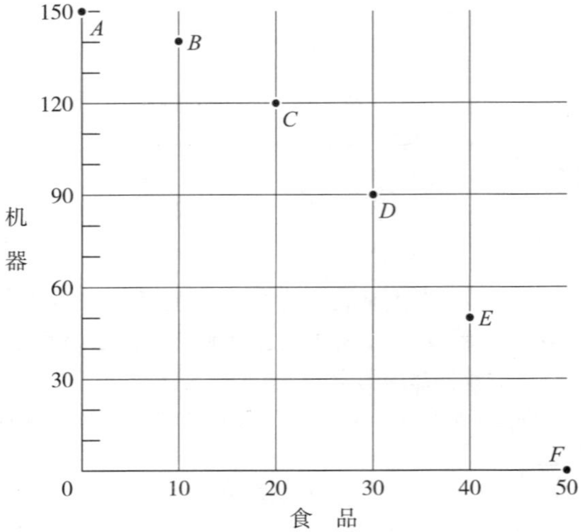

图 1A–1 食品—机器产量的 6 种可能的组合

这里用图形表示表 1A-1 中的数据，数据完全相同，但视觉形象更加生动。

生产可能性边界

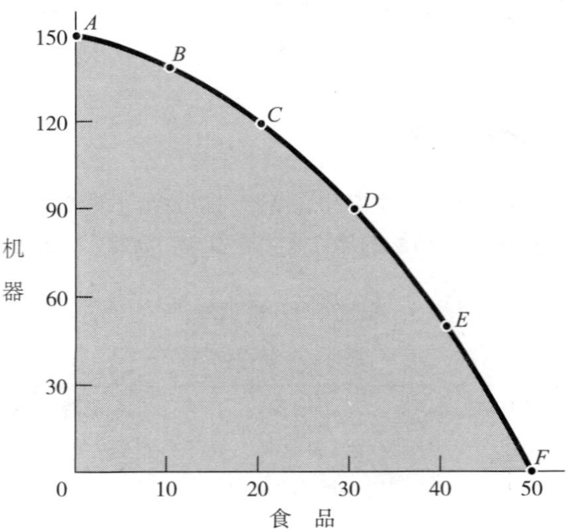

图 1A–2 生产可能性曲线

平滑的曲线把所列各点连接起来，形成了一条生产可能性边界。

把经济关系描绘成一条连续的曲线。图 1A-2 把 *PPF* 描绘成一条平滑曲线，其中从 *A* 到 *F* 各点都连接起来了。

通过比较表 1A-1 和图 1A-2，我们可以看出为什么经济学中经常使用图。平滑的 *PPF* 曲线反映了该经济体的各种选择。这是用来说明可以以何种数量生产何种物品的形象化的工具。你一眼便可看出机器和食品产量之间的对应关系。

斜率和线段

在图 1A-2 中，我们看到了一条代表食品和机器最大产量之间关系的曲线。描述两个变量之间关系的一个重要方式是确定曲线的斜率。

曲线的**斜率**（slope）表示当一个变量发生变化时另一变量所发生的变化。更准确地说，斜率就是横轴上变量 *X* 的每单位变化所引起的纵轴上变量 *Y* 的变化。例如，在图 1A-2 中，假设食品产量从 25 单位增加到 26 单位。图 1A-2 中曲线的斜率告诉我们机器产量所发生的精确变化。*斜率是对X的变化和Y的变化之间的关系的数字度量。*

我们可以运用图 1A-3 来说明如何衡量一条直线的斜率，譬如说直线在 *B* 点和 *D* 点之间的斜率。我们把从 *B* 到 *D* 的运动分解成两个阶段。第一阶段是从 *B* 到 *C* 的水平运动，表示 *X* 的数值增加 1 个单位（*Y* 的值不变）。第二阶段相应地做垂直上移或下移，如图 1A-3 中的 *s* 所示。（为方便起见，我们做了 1 个单位的水平移动。对于任何单位的移动，这一方法都可行。）经过两个阶段的移动，我们就将直线上的一点挪动到了另一点。

由于 *BC* 运动是 *X* 增加 1 个单位，因此 *CD* 的长度（如图 1A-3 中的 *s* 所示）表示对应于每单位 *X* 的变化 *Y* 的变化率。图中，这种变化率，叫做直线 *ABDE* 的斜率。

通常，斜率被定义为“高度比长度”。高度是指垂直距离，在图 1A-3 中，高度就是从 *C* 到 *D* 的距离。长度是指水平距离，在图 1A-3 中，它就是 *BC*。在这一例子中，高度比长度就是 *CD* 比 *BC*。因此，*BD* 的斜率为 *CD/BC*。（对于已经学过微积分的同学，本附录末尾的问题 7 将斜率与导数联系了起来。）

以下各项是探讨斜率时应注意的要点：

1. 斜率可以用一个数字来表示。它衡量 *X* 每变化一单位时 *Y* 的变化，或“高度比长度”。
2. 如果线段为直线，那么，它的斜率肯定是一个常数。
3. 线段的斜率还能说明 *X* 和 *Y* 之间具有正向的或反向的关系。当变量沿相同方向变化时（也就是说，它们同时增加或同时减少），就称为*正向关系*；当两个变量沿相反方向变化时（也就是说，一个变量减少

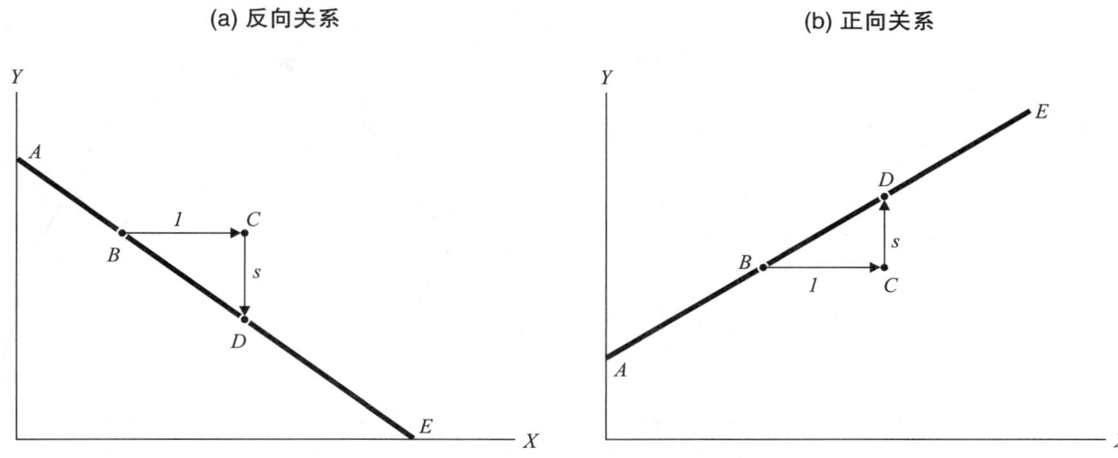

图 1A–3　计算直线的斜率

用“高度比长度”，很容易算出直线的斜率。因此在（a）和（b）中，斜率的数值为高度 / 长度 = $CD/BC = s/1 = s$。请注意，在（a）中，CD 是负数，表示斜率为负，或者说表示 X 和 Y 之间存在反向关系。

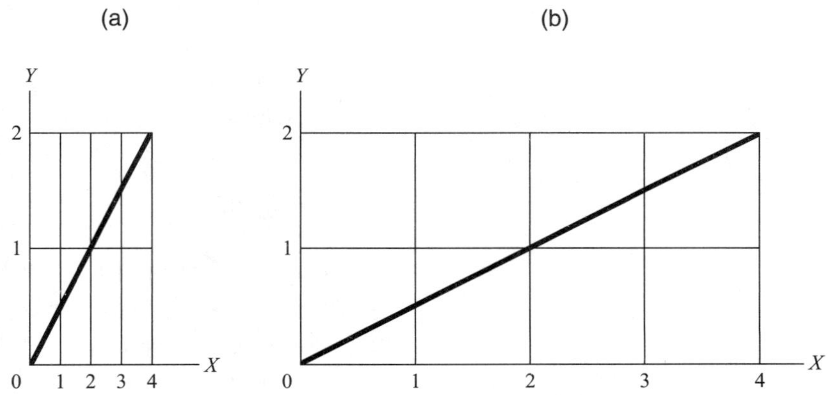

图 1A–4　坡度不等于斜率

请注意：即使（a）看起来比（b）更陡峭，但它们之间的关系却是相同的。两者的斜率都是 1/2，只是（b）的 X 轴被拉长了。

时另一个变量增加），就形成反向关系。

因此，斜率为负表明 X 与 Y 之间具有反向关系，如图 1A-3 中的（a）所示。为什么？因为 X 的增加会引起 Y 的减少。

有时，人们把斜率和坡度混淆在一起。这一结论通常不错，但却并不总是正确。坡度取决于图形的尺度。在图 1A-4 中，图（a）和（b）描绘了完全相同的关系。但在（b）中，水平尺度比在（a）中放大了。如果你细心计算，则你会发现它们的斜率仍是完全相同的（都等于 1/2）。

曲线的斜率

曲线或非线性线段是指斜率发生变化的线段。有时，我们想知道在某一点的斜率，如图 1A-5 中 B 点的斜率。我们看到，在 B 点斜率是正的，但是如何准确地计算，却并非一目了然。

为了找到平滑曲线在某一点的斜率，我们计算与曲线在该点刚好相接触而非相交的一条直线的斜率。这条直线被称为该曲线在该点的**切线**。换句话说，曲线在某一点的斜率是由与曲线在该点相切的直线的斜率所给定的。一旦画出了这条切线，我们就能用前面已经讨论过的直线的斜率的度量方法来度量这条切线的斜率。

在图 1A-5 中，为了计算在 *B* 点的斜率，我们简单地画出一条直线 *FBJ*，使之在 *B* 点与曲线相切。然后，我们计算切线的斜率，它等于 *NJ/MN*。同理，切线 *GH* 给出的是曲线在 *D* 点的斜率。

图 1A-6 所给出的是非线性线段斜率的另一个例子。该图显示的是典型的微观经济学曲线，曲线呈弧形，且在 *C* 点达到最大值。使用我们的切线斜率法，我们可以看出，在曲线的上升区域，其斜率为正；在下降区域，其斜率为负;在曲线的顶点或最大值点，其斜率正好为零。斜率为零说明，*X* 变量在最大值附近的微小变动对 *Y* 变量的数值没有影响。[1]

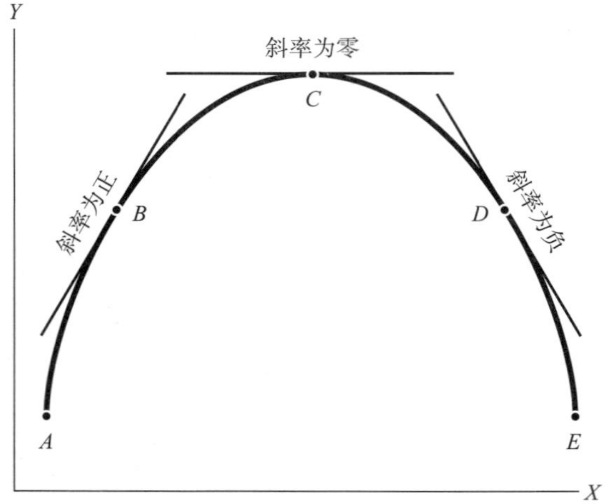

图 1A–6 非线性曲线的不同斜率

经济学中许多曲线都是开始上升，达到最大值之后又出现下降。在从 *A* 到 *C* 的上升区域，斜率为正（如 *B* 点）。在从 *C* 到 *E* 的下降区域，斜率为负（如 *D* 点）。在曲线的最大值点 *C*，斜率为零。（相反，*U* 形曲线的斜率如何？在其最小值点，斜率是多少？）

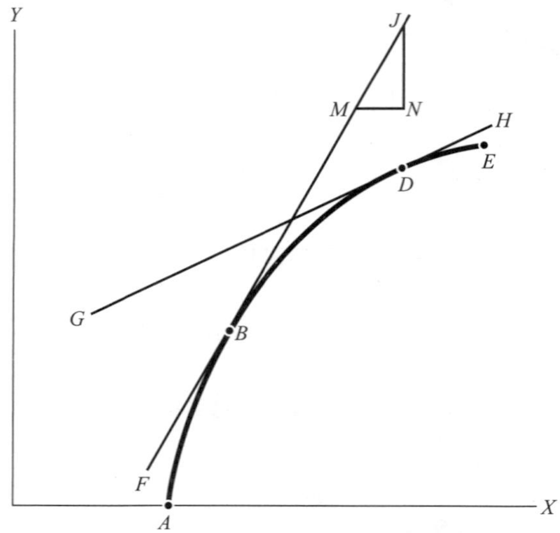

图 1A–5 体现曲线斜率的切线

画出一条切线，我们就能计算出曲线在该点的斜率。直线 *FBMJ* 是平滑的 *ABDE* 曲线在 *B* 点的切线。*B* 点的斜率可由切线的斜率表示，即 *NJ/MN*。

边际值的斜率

“边际”是经济学中最重要的概念之一，通常的意思是“附加的”或者“额外的”。例如，我们说到“边际成本”，即表示当一家企业生产额外一单位产品时所额外付出的成本。同理，在财政学中，我们也会讨论到“边际税率”，其含义是，当个人收入增加 1 美元时，他需要多交纳的也可以说是额外的 1 单位的税。

我们可以利用斜率去计算边际值。图 1A-3 可表示两条直线的边际值。首先看图 1A-3（b）。若因变量 *Y* 是税

[1] 对于喜欢代数的同学，建议按如下方式记忆线段的斜率：一条直线（或线性关系）表示为 $Y = a + bX$。这条直线的斜率为 *b*，它衡量了 *X* 每变动一单位时 Y 的变动率。

线性关系涉及到常数和 X 以外的其他项。非线性关系的一个例子是二次方程 $Y = (X - 2)^2$。你很容易就可以证明，当 $X < 2$ 时，这一方程的斜率为负；当 $X > 2$ 时，斜率为正。而当 $X = 2$ 时，斜率是多少？

对学过微积分的同学，斜率为零意味着平滑曲线在该点的导数为零。例如，请画出函数 $Y = (X - 2)^2$ 的曲线，计算并标出其零斜率点。

收，自变量 X 是收入，则斜率 s 就表示边际税率。对应每 1 单位的 X，税收 Y 都增加 s 单位。就众多纳税人而言，边际税率 s 的取值将介于 0.20 和 0.40 之间。

再看图 1A-3（a）。这里的边际值是负的。这可能反映的是捕鱼过度水域所发生的情况，X 表示渔船的数量，Y 表示捕鱼的数量。由于捕捞过度，鱼群势将所剩无几，导致每条船的捕鱼数量的边际值实际上为负。

我们也可以将这一概念运用到曲线上。在图 1A-5 中 B 点的边际值是多少？你可以看到，MN 单位的 X，所对应的是 NJ 单位的 Y。请注意，当 X 增加时，边际值 Y 在减少，因为这条曲线是凸的，或称拱顶状的。

问：图 1A-6 中 C 点的边际值是什么？请确保你可以解释为什么边际值为零。

曲线的移动和沿着曲线的移动

在经济学中，区分曲线的移动和沿着曲线的移动很重要。在图 1A-7 中，我们可以检验这一区别。里面的生产可能性曲线是图 1A-2 中 *PPF* 的拷贝。在 D 点，社会选择生产 30 单位的食品和 90 单位的机器。如果在 *PPF* 给定的条件下，社会决定消费更多的食品，那么，它能够沿着 *PPF* 移动到 E 点。这种沿着曲线的移动，表示选择更多的食品和更少的机器。

假设，里面的 *PPF* 所代表的是社会在 1990 年的生产可能性，不过现在已经是 2000 年。如果重返该国，我们就会发现：*PPF* 从里面的 1990 年曲线已经移动到外面的 2000 年曲线（这种变化是由于技术进步，或由于可利用的劳动或资本的增加）。在 2000 年，社会可能选择 G 点，生产出比 D 或 E 更多的食品和机器。

这个例子的要点在于，在第一种情况下（从 D 到 E 的移动），我们看到的是沿着曲线的移动，而在第二种情况下（从 D 到 G 的移动），我们看到的却是曲线本身的移动。

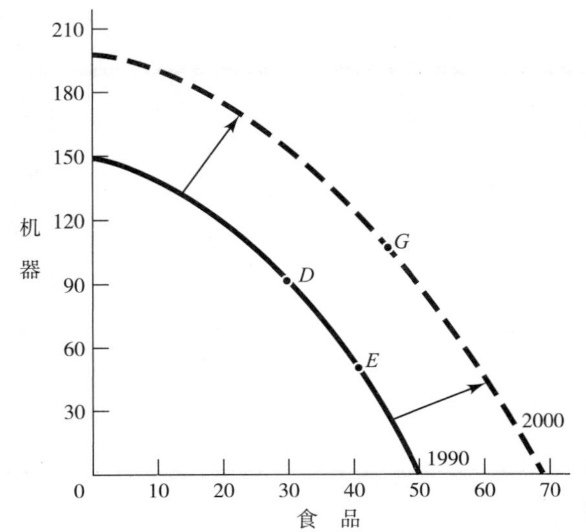

图 1A–7　曲线的移动与沿着曲线的移动

在运用图形的过程中，有必要区分沿着曲线的移动（如从高投资的 D 点到低投资的 E 点）与曲线的移动（如从若干年前的 D 点到现今的 G 点）。

某些特殊的图

生产可能性曲线是经济学中最重要的图之一，表明了两个经济变量（如食品和机器，或大炮和黄油）之间的关系。在以后各章节中，你还会遇到其他形式的图。

时间序列图　这些图表示某一特定变量如何随时间的变化而变动。例如，观察本书的第一张图。该图表明的是自美国革命以来的某重要宏观经济变量的时间序列图，即联邦政府债务与国内生产总值（GDP）的比率——这一比率就是**债务 -GDP 比率**。时间序列图把时间标在横

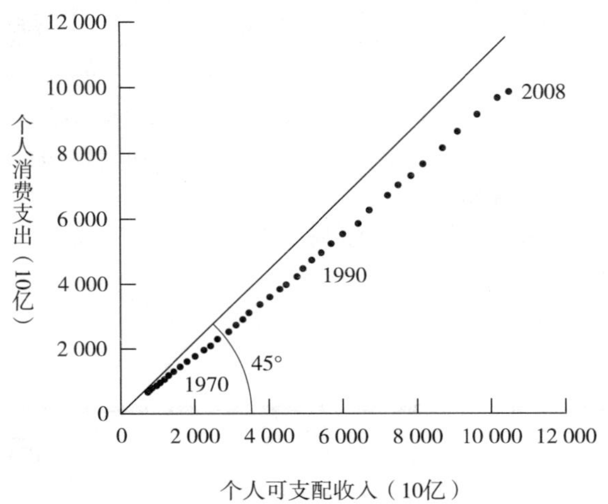

图 1A–8　消费函数的散点图可以表明重要的宏观经济规律

这些点说明了收入和消费的散点图。可以发现两个变量之间的关系是多么紧密。这一形式是宏观经济学中消费函数的基础。

轴上，把有关的变量（本例中是债务 -GDP 比率）标在纵轴上。该图表明，在每一大的战争时期，债务与 GDP 的比率都有大幅度的上升。

散点图　有时要描绘出若干单个的点，就像图 1A-1 中的点一样；更经常的是描绘出变量在不同年份的组合。宏观经济学中，散点图的一个重要例子是图 1A-8 所示的消费函数。这一散点图把国民可支配收入总额标在横轴上，把消费总额（家庭花费在物品，如食品、衣着和住房上的支出）标在纵轴上。请注意：消费与收入紧密相关。这可以为了解国民收入和产量的变动提供一条重要的线索。

多曲线图　在同一图中作出两条曲线，从而得到一个“多曲线图”，这通常是非常有用的。最重要的例子是第 3 章中出现的供给和需求图。这些图可以同时说明两种不同的关系，比如消费者的购买量如何对价格做出反应（需求）和企业的产量如何对价格做出反应（供给）。通过把两种关系描绘在一起，我们就能够决定市场上的价格和产量。

至此，我们将结束对图形问题的简要探讨。一旦你掌握了这些基本原则，本书以及其他领域中的图就会变得既有趣味又富有启发。

总结提要

1. 图是现代经济学的基本工具。它直观地提供并表达了数据或两个变量之间的关系。
2. 理解图的关键点在于：两轴（横轴和纵轴）分别代表什么？每个轴上的单位是多少？图中所示的曲线描述的是何种关系？
3. 曲线上两个变量之间的关系取决于斜率。斜率被定义为“高度比长度”，即 X 每增加一单位时 Y 的变动量。如果曲线向上（或斜率为正值）倾斜，那么，两个变量具有正相关关系，可以同时向上或向下变动。而如果曲线向下（或斜率为负值）倾斜，那么，两个变量具有负相关关系。
4. 我们有时还会看到一些特殊形状的图：时间序列图，表示某一特定变量如何随时间的变化而变化；散点图，表示对一对变量的观察结果；多曲线图，在一幅图中表示两组或更多组变量的关系。

概念复习

图的要素

横轴，或 X 轴
纵轴，或 Y 轴
作为“高度比长度”的斜率
斜率（负、正、零）
体现曲线斜率的切线

几种图形

时间序列图
散点图
多曲线图

问题讨论

1. 考虑以下问题：8 小时睡眠后，你一天还有 16 小时可以在闲暇和学习之间进行分配。设闲暇为变量 X，学习时间为变量 Y。在一张空白图画纸上作出 X 和 Y 所有组合之间的直线关系。注意标出 X 轴、Y 轴和原点。
2. 在问题 1 中，表示学习和闲暇时间之间关系的线段的斜率为多少？该线段是笔直的吗？

3. 我们假定，你每天不多不少恰好需要 6 小时的闲暇时间。在图上标出与 6 小时闲暇相对应的点。现在，考虑点沿着曲线移动：假设你决定每天只需要 4 小时闲暇，请标出新的点。
4. 接下来考虑曲线的移动：你发现自己需要较少的睡眠时间，这样，你每天就有 18 小时用于闲暇和学习。画出新的（移动后的）曲线。
5. 正如关于利用时间的特别栏目中的建议，以半小时为单位时间记录 3 天内你如何利用时间；记录学习、睡觉、工作、休闲和其他用途。接下来画出一条时间利用的生产可能性曲线，如图 1A-2 所示，在休闲和其他活动中取舍。在本图中定位你这 3 天的表现，然后在同一张图上画出美国人的平均表现。你和平均美国人比较起来怎样？
6. 登录“经济分析局”网站（*www.bea.gov*），点击“国内生产总值”。在下一页，点击“Interactive NIPA data”。再点击“Frequently Requested NIPA Tables”。选定“Table 1.2（Real Gross Domestic Product）”，即国民经济的总产量，一般都是季度数据。
   a. 用最近 6 个季度的数据建立一条国内生产总值的时间序列图。看看国内生产总值曲线趋于上升还是趋于下降？（在宏观经济学中，如果该曲线的斜率一直趋于下降，则我们说出现了衰退。）
   b. 以“进口”为纵轴，“国内生产总值”为横轴，建立一个散点图。说明各点数据之间的关系。（在宏观经济学中，这将是边际进口倾向。）
7. 学过微积分的同学请注意：平滑的直线或曲线的斜率实际上就是其导数。下列两个方程描述的是两条互为反函数的需求曲线（其中价格是产量的函数）。对这两条曲线，假定方程成立的前提条件是 $P \geqslant 0$，$X \geqslant 0$。
   a. $P = 100 - 5X$
   b. $P = 100 - 20X + 1X^2$

   针对每一需求曲线，当 $X = 0$ 和 $X = 1$ 时，请分别给出需求曲线的斜率。对于线形需求曲线如 a，在什么条件下，曲线的斜率将会趋于下降？曲线 b 是向上凸起（像房子）还是向下凹进（像杯子）？
8. 曲线的斜率体现边际值，相当于原函数的一阶导函数。见题 7 中的需求曲线 a 和 b，用代数方法计算产出对于价格的边际变动效果。当 $X = 10$ 时，两条需求曲线的边际值各是多少？

第2章 现代混合经济

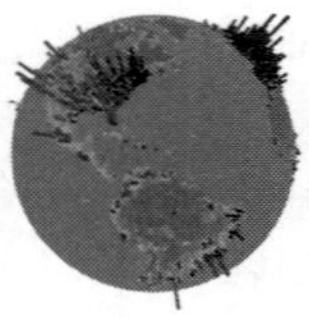

每个人都力图用好他的资本，使其产出能实现最大的价值。
一般说来，他既不企图增进公共福利，也不知道他能够增进多少。
他所追求的仅仅是一己的安全或私利。但是，在他这样做的时候，
有一只看不见的手在引导着他去帮助实现另外一个目标，尽管该目标并非是他的本意。
追逐个人利益的结果，是他经常地增进社会的利益，
其效果要比他真的想要增进社会的利益时更好。

——亚当·斯密

《国富论》(1776年)

想想你最近几天消费的商品和服务。可能你乘坐了一次航班来到学校，或者为家里的汽车购买了一些汽油。你可能还吃了一些从副食店买回来的预制食品，或者在餐馆吃了一顿美味。你还可能买了一本书(比如这本教科书)，或者买了一些医疗药品。

现在讨论一下你的前几项购买。搭乘飞机航班也许能很好地说透这方面的问题。你很可能是从网上购买了一张飞机票。这个听起来很简单的购买行为，却涉及到许许多多的有形资本，比如你的电脑、知识产权(在软件和设计中)、精密的光缆传输，以及复杂的航班预订系统和定价模型。航空公司准备好了所有这一切，目的是获取利润(尽管在此例中很可能是微利的)。

同期，政府也在航空客运产业中扮演着重要的角色。它管制着航空安全，拥有着很多机场，管理着交通控制系统，观察预报气象数据这类公共品，并提供关于航班延误的信息。这些工作的清单显然可以继续被添加下去，诸如公共部门和私人企业对飞机制造的支持，关于航空公司竞争的国际协议，能源政策以及其他种种。

同理，这里的分析也适用于你的其他购买行为，衣服、汽油、药品或其他任何商品，其适用程度取决于该部门的性质。世界各国经济都是一种**混合经济**(mixed economy)，即市场上的私人企业，以及监管、税收和规划等各政府部门的结合体。市场经济究竟是什么，其影响力何以如此之大？“资本主义制度”中的“资本”一词指的是什么？政府需要对市场进行什么样的调控？以下我们将首先讨论市场机制背后的经济原理，接着考查政府在经济生活中的作用。

A. 市场机制

在多数高收入国中，大部分经济活动都是私人企业经由市场机制而进行和完成的，我们不妨由此开始我们

系统的学习。在市场经济中负责决策的是谁呢？当你听到在美国并没有某一个人、机构或政府在对三大问题进行负责时，你一定会感到很吃惊。事实上，数以百万计的企业和消费者每天都在自发地进行着各种交易，每个人都试图不断地改善他们的经济状况；这些活动都通过价格和其他市场机制而得到了协调。

为了进一步讨论，我们可以看一下纽约市。如果没有物品不断地流入和流出这个城市，纽约人只要不出一个星期便会濒临饥荒的边缘。为了纽约人的生存，周边世界必须提供许多物品和劳务。从邻近的市县，到美国的 50 个州，再到世界上若干个遥远的角落，物品都在日日夜夜、源源不断地流进纽约这个城市。

为什么纽约 1 000 万市民能够如此长期地高枕无忧，而不必担心他们所依赖的复杂而精良的市场经济机器会突然停转？答案是令人吃惊的：这些经济活动完全可以通过市场机制得到协调和保障，并不需要也没有任何人为之进行统一的指导或强制它如何运行。

身在美国的人们会注意到政府会做很多事情来调控经济活动：它管制药品，消防火灾，征集税收，派驻军队到世界各地，等等。但是我们恐怕很少去思考，如果没有政府的介入，我们日常的经济生活将如何运行？成千上万的商品每天由数以百万计的人们生产，他们纯粹出于自愿，并没有任何一种集中的指挥系统和强制计划。

不是混乱而是经济秩序

市场看上去只是一群杂乱无章的卖者和买者；但却总是有适量的食品被生产出来，被运送到合适的地点，并最终以美味可口的形式出现在人们的餐桌上。这似乎应该说是一个奇迹。然而，若仔细观察一下纽约或其他的经济体，我们就可以令人信服地证明：市场体系既不是混乱也不是奇迹。它是一个自身具有内在逻辑的体系。这个逻辑体系在发挥着作用。

市场经济是一部复杂而精良的机器，它通过价格和市场体系来协调个人和企业的各种经济活动。它也是一部传递信息的机器，能将数十亿各不相同的个人的知识和活动汇集在一起。在没有集中的智慧或计算的情况下，它能解决涉及到亿万个未知变量或相关关系的生产和分配的问题，对此连当今最快的超级计算机也都望尘莫及。并没有人去刻意地加以管理，但市场却一直相当成功地运行着。在市场经济中，没有一个单独的个人或组织专门负责生产、消费、分配和定价等问题。

市场如何决定价格、工资和产出？最初，市场是买者与卖者面对面地进行交易的实实在在的场所。那时的市场，无论是在城市还是在乡村都是大家司空习惯的，农民将他们的产品带到那里出售，满目都是黄油、乳酪、活鱼、蔬菜等农副产品。而今天，美国仍然存有许多交易者人头攒动的重要市场。例如，小麦和玉米在芝加哥期货交易所交易，石油和白金在纽约商品交易所交易，而宝石则在纽约市的“钻石街区”进行交易。

市场应被理解成一种买者和卖者决定价格并交换物品、劳务或资产的机制。几乎每一样东西都存在相应的市场。你还可以在纽约的拍卖厅里买到大师们的艺术品，你可以在芝加哥交易所里买到污染许可证。市场可以是集中的，如股票市场；也可以是分散的，如大部分劳工市场。市场甚至可以是电子化的，随着互联网的发展，电子商务将日益流行。其中一些最重要的市场都是为交易金融资产而形成的，例如股票、债券、外汇和抵押贷款等市场。

> **市场**（market）是买者和卖者相互作用并共同决定商品、劳务和资产的价格以及交易数量的机制。

市场的核心作用是决定商品的**价格**（price）。价格是物品的货币价值（货币的职能将在本章的 B 部分讨论）。在更深层次，价格代表了不同商品可以被交换的条件。一辆自行车的价格可能是 500 美元，而一双鞋的价格是 50 美元。简言之，市场所表明的是：自行车与鞋交易的基本比价是 10:1。

除此之外，对于生产者和消费者来说，价格还是一种信号。如果消费者需要更多数量的某种物品，该物品的价格就会上升，从而向生产者传递出供给不足的信号。当一场可怕的疾病减少了牛肉的产量时，牛肉的供给就会减少，从而汉堡包的价格也将会提高。更高的价格鼓励农民生产更多的牛肉，同时也促使消费者用其他产品替代对汉堡包和牛肉的消费。

这个适用于消费市场的道理，同样也适用于生产要素市场，如土地市场和劳动市场等。如果市场需要更多的计算机编程人员，计算机编程人员的价格（小时工资）就会趋于上升。这种相对工资的变化就会鼓励劳工流向那些蓬勃成长的行业。

> 在市场中，是价格在协调生产者和消费者的决策。较高的价格趋于抑制消费者购买，同时会刺激生产；而较低的价格则鼓励消费，同时抑制生产。

价格在市场机制中起着平衡的作用。

市场均衡 在每一时点，市场上都有一些人正在购买，而另一些人正在出售；一些企业正在投资于新产品，而政府正在制定管制老产品的法规；一些外国企业正在美国开设工厂，而美国的企业也正在将它们的产品销往海外。在所有这些喧嚣混杂的经济活动之中，市场正在不断地解决生产什么、如何生产和为谁生产的问题。当市场平衡了所有影响经济的力量时，市场就达到了**供给和需求的市场均衡**（market equilibrium of supply and demand）。

市场均衡代表了所有不同的买者和卖者之间的一种平衡。消费者和企业愿意购买或出售的数量取决于价格。市场找到了正好平衡买者和卖者愿望的均衡价格。过高的价格将导致产量太多而产品过剩，而太低的价格则会引起排队和短缺。在某一价格水平上，买者所愿意购买的数量正好等于卖者所愿意出售的数量，这一价格就达成了供给和需求的均衡。

市场如何解决三大经济问题

以上我们讨论的是在单个市场上价格如何帮助平衡消费和生产（或需求和供给）的问题。当我们将所有不同的市场——牛肉、汽车、土地、劳动、资本和其他任何物品的市场放在一起来考虑时，则会发生什么样的情况呢？这些市场将会同时运作，共同决定价格和产量的一般均衡。

在让每一市场上的卖者和买者（供给和需求）相匹配的过程中，市场经济同时解决了生产什么、如何生产和为谁生产这三个问题。以下是市场均衡的概况：

1. 生产什么商品和劳务取决于消费者在每天购买决策中的货币选票。一百年前，许多关于交通运输的货币选票都投给了马和马蹄铁，而今天，许多都花在了汽车和轮胎上。

   从厂商方面看，企业会受利润最大化愿望的驱使。**利润**（profit），即净收益，等于总销售额和总成本之间的差额。企业会因为利润低而离开亏损的行业，同样也会受高利润的吸引转而生产需求较多的物品。当今一些利润最高的活动是生产和销售药品——抗抑郁药、抗躁狂药、抗虚弱药和抗其他脆弱症状的药品。受高利润引诱，企业会在其研究开发方面投入数十亿的资金，以赶上药品发展所需的速度。

2. 如何生产取决于不同生产者之间的竞争。为了应对价格竞争和取得最大利润，生产者的最佳方法便是采用效率最高的生产技术，以便将成本降到最低点。有些时候，技术改进只是渐进的，往往是改善机器性能或调整投入组合以获得较大的成本优势。而在另一些时候，技术可能会发生巨大的变革。例如，蒸汽机由于获得每单位有用功的成本更低，因而能够取代马匹；又如，飞机取代火车成了效率最高的长途运输工具。今天我们正处于一个科学技术日新月异的转型时期，无论是在收银台上还是在教室里，计算机革命都随处可见。

3. 为谁生产主要取决于生产要素市场上的供给与需求。要素市场（即生产要素市场）决定了工资、地租、利息和利润的水平。这些价格被称为*要素价格*。一个人可能分别从工作、股票、存款、财产上获得工资、红利、利息和租金。把要素取得的所有收益加总在一起，我们可以计算出他的市场收入。因此，收入在消费者之间的分配取决于他们所拥有的要素的数量（人工、英亩等）和价格（工资率、地租等）。

二元君主

市场经济的统治者是谁？是诸如微软和通用汽车公司这样的大企业在发号施令，还是国会和总统，抑或是麦迪逊大道上的广告大亨？所有这些机构都会影响我们，然而经济的核心控制者却是*偏好和技术*，它们才是市场的两大君主。

一个基本的决定性因素是消费者偏好。消费者根据自己先天或后天的偏好（并以其货币选票加以表达）解决社会资源的最终用途，也即在生产可能性边界上的各个点之间进行选择。

另一个决定因素是社会可利用的资源与技术。经济不能超越它的生产可能性边界。你能够乘飞机前往中国香港，但却没有通往火星的航班。因此，经济资源限制了消费者花钱选择消费对象的范围。消费者的需求必须同厂商所能提供的商品和服务紧密匹配，厂商根据消费者需求解决生产什么的问题。

当你对为什么一些技术未能投入市场产生疑惑时，回想一下“二元君主”概念是很有用的。从以蒸汽为动力的斯坦利蒸汽汽车（Stanley Steamer），到无烟无味的普莱米尔（Premiere）香烟，历史上充斥过许多没有市场的产品。无用的产品如何消亡？是否存在一个政府机构专门宣布新产品的价值？答案是：不存在这种不必要的机构。实际上，它们的消亡是因为按那样的市场价格无法唤起消费者的需求。其产品的成本大于效益。这告诉我们，是利润在奖励或惩罚企业并引导市场机制。

> 正如农夫用胡萝卜加大棒来驱使驴前行一样，市场体系用利润和亏损来引导企业有效率地生产出符合人们需要的产品。

价格和市场的图示

图 2-1 是我们绘制的经济活动的流程图。关于消费者和生产者如何相互作用并共同决定投入和产出的价格与数量，借助该图可以一目了然。请注意观察流程图中两种不同的市场。图的上部是产品市场，如比萨饼和鞋等；图的下部是诸如土地和劳动等投入品，或曰生产要素市场。进一步观察还可以发现消费者和企业这两个不同的经济主体如何进行决策。

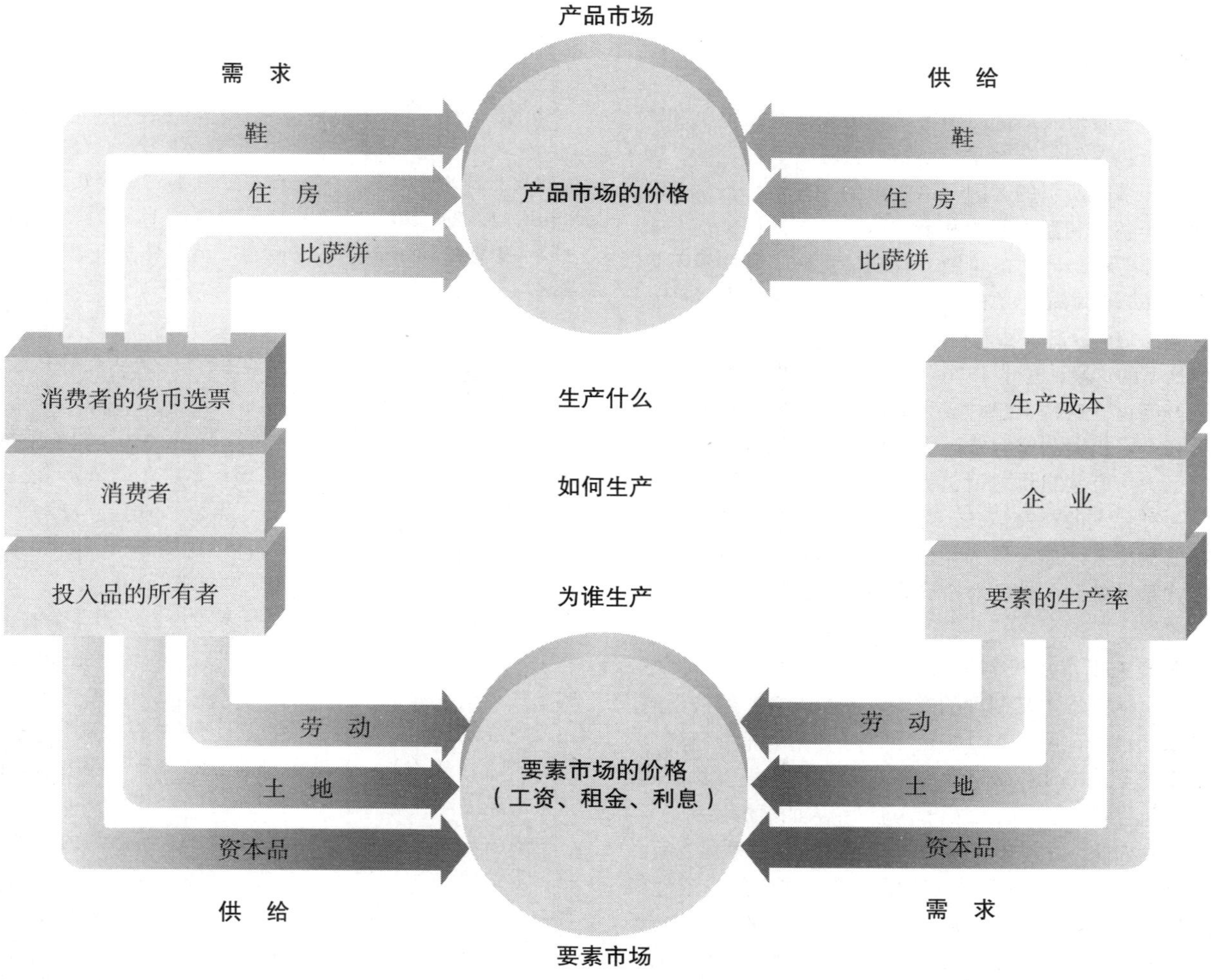

图 2–1　市场体系依赖于供给和需求以解决三位一体的经济学问题

这里我们可以看到市场经济的循环。在图上部的产品市场，消费者（家庭、政府和外国人士）的货币选票和企业的供给决策相互作用，共同决定生产什么。在图下部的要素市场，企业对投入品的需求与公众对劳动及其他投入品的供给相结合，帮助决定工资、租金和利息的支付；收入进而影响物品配送给谁。企业为购买要素投入品和以最低价格出售产品而展开的竞争，解决如何生产的问题。

消费者购买物品，出售生产要素；企业出售物品，购买生产要素。消费者通过出售劳动和其他投入品而获得收入，进而去购买企业的物品；企业按所投入的劳动和财产的成本确定物品的价格。产品市场上价格的确定是为了平衡消费者的需求和企业的供给，要素市场上价格的确定是为了平衡消费者的供给和企业的需求。

所有这一切听起来很复杂，但是，整个流程又很简单。相互依存的供给和需求所形成的错综复杂的网络，借助市场机制编织在一起，以解决生产什么、如何生产和为谁生产的问题。

看不见的手

亚当·斯密最早认识到市场经济如何组织供给和需求双方所包含的复杂力量。斯密以其最著名的论断，即在本章开篇时所引的《国富论》中的一段话，指明了公众利益和私人利益之间的和谐一致性。不妨回到前文重读一下那些看似矛盾的论断，特别注意一下其中**看不见的手**（invisable hands）的微妙之处，即在一个良好运转的市场机制中，追求私人利益可以增进公共福利。

斯密的这段话写于 1776 年。那一年《美国独立宣言》也刚好问世。这两大思想成果的同时出现，也许并不是一种巧合。当美利坚合众国的开创人在不列颠帝国的苛政之下大声呼唤自由之时，大英帝国的亚当·斯密也在倡导一种伟大的革命信条，呼吁将贸易和工业从封建桎梏中解放出来。斯密认为在所有可能出现的结果中，这种方式是最好的；政府对市场竞争的任何干预都几乎是有害的。

斯密关于市场机制运行的见解启发了当代经济学家——包括资本主义制度的歌颂者和批判者。经济学的理论家们已经证明，在一定的条件下，完全竞争经济是有效率的（请记住，经济效率指的是：在不损害其他人经济福利的前提下，已无法再增进某个人的经济福利）。

尽管如此，在经历了两个多世纪的实践和思考之后，我们逐渐认识到这一学说的适用范围和现实的局限性。我们发现存在着“市场不灵”，并且市场也并不总是产生最有效率的结果。市场不灵的一种情况是垄断以及其他形式的不完全竞争。“看不见的手”的第二种不灵表现为市场的外溢效果或外部性：正面的外部性包括科学发现等，而负面的外溢效果应包括环境污染。

对市场的最后一种指责是：其收入分配的后果在政治上或道义上是无法接受的。若这些情况中出现任何一种的话，亚当·斯密的“看不见的手”的原理就会崩溃，政府就会试图干预，以弥补“看不见的手”的不足。

小结：

> 亚当·斯密发现了竞争性市场经济的一个重要特征。在完全竞争和不存在市场不灵的情况下，市场会用其资源尽可能多地生产出有用的物品与劳务。但在存在着垄断、污染或其他市场不灵的情况下，看不见的手的效率特征就可能会遭到破坏。

经济学之父亚当·斯密

“人们为什么如此辛苦劳碌？贪婪、野心和对财富、权力及名望的追求的最终目的是什么？”正如艾萨克·牛顿对宇宙的物质世界有所洞察一样，苏格兰人亚当·斯密（Adam Smith，1723~1790）窥见了经济学人文世界的真谛。斯密在《国富论》（1776 年）中回答了他所提出的上述问题，解释了自利的动机如何以一种神奇般的方式润滑了经济机器，从而形成了自我调整的自然秩序。斯密坚信人类的辛苦劳碌可以改善普通民众的生活。“消费是所有生产的惟一的终点和目的。”

斯密是第一个倡导经济增长的人。工业革命之初，他指出专业化和劳动分工导致劳动生产率显著提高。在一个著名的例子中，他描述了一家大头针工厂的专业化生产：“一个人抽出钢丝，另一个人把它拉直，第三个人再把它切断，”依此类推。这种程序使得 10 个人一天内可以制造 48 000 枚大头针，而如果“所有人都单独工作，则每个人一天都无法生产出 20 枚，甚至可能连一枚大头针也生产不出来”。斯密认为这种劳动分工的结果是“普遍的丰裕，连最底层的人们都能享受到它的恩惠”。今天，假如斯密能够重新回到我们身边，那么他对两个多世纪以来的经济增长成就该作何感想呢？

斯密用几百页的篇幅抨击了政府数不胜数的干预蠢举。不妨回顾一下 17 世纪那些试图改进其产业的纺织业行会的会长。当时城镇行会规定：“如果纺织者想要按照自己发明的方法织布，则应该首先取得行会中四位最年长的商人和四位最年长的纺织者的同意；其次还要经过城镇法官的准许，才可以使用一定数量和一定长度的纱线。”斯密辩驳说，这类约束——无论是由政府规定还是由垄断者提出，也无论是关于生产还是关于对外贸易——都会限制市场体系的正常运行，并最终损害工人和消费者的利益。

以上这些观点并非意味着斯密是上述组织的辩护者。他对于任何固有的权力都持不信任态度，无论是私人垄断，还是公众独裁。他所关心的是普通大众的福利。但是，正像许多伟大的经济学家一样，他从自己的研究中认识到，通向浪费的路往往都是由善良的动机铺设而成的。

总而言之，亚当·斯密关于具有自律性的“看不见的手”的学说，是他对于现代经济学的千古不朽的贡献。

B. 贸易、货币和资本

现代经济最显著的特征是什么？本节将讨论其中最重要的三个：

1. 发达经济以细密的贸易网络为特征，而这个网络又基于大量的专业化和精细的劳动分工。
2. 当今的经济都大量使用货币。货币提供了衡量事物的价值尺度，并能为贸易提供融资手段。
3. 现代工业技术依赖于大规模的资本运用。资本品使人的劳动能力成为更加富有效率的生产要素，并促使劳动生产率的增长速度高出从前的许多倍。

贸易、专业化和劳动分工

与18世纪的经济相比，今天的经济所依靠的主要是个人和企业的专业化分工，并通过广泛的贸易网进行协作。专业化程度的不断加深使得特定职业工人的劳动生产率获得提高，并利用其产出交换到所需商品，这使西方经济获得了迅速的增长。

专业化是指让个人或国家各自集中精力去完成某一种（或一系列）任务——这就使得每个人和每个国家都能够发挥其特殊技能和资源优势。经济生活的事实之一是，并不是让每个人都以平庸的水平去做每一件事，更有利的办法是进行劳动分工，将生产划分成许多细小的专业步骤或作业任务。劳动分工让高个子去打篮球，让有头脑的人去当老师，而让能说会道的人去推销汽车。胜任某一职业所需要接受的专业训练通常需要很多年——培养一名合格的神经外科医生就需要14年之久。

资本和土地也可以高度的专业化。拿土地来说，在人口稠密的城市和温润的海洋之间，会出现令人惬意的滨海沙滩。这些沙地有的被专门用做葡萄园，像美国加利福尼亚州和法国所做的那样；而那些靠近深水的岸边土地，则往往被用于修建深水港口，以扮演世界贸易中心的角色。

资本也是可以高度专业化的。用来撰写本教科书的计算机程序也许花了十多年时间才开发出来，但它在管理炼油厂或面对其他大量的数据问题时却束手无策。专业化中给人印象最深的一个例子是用来管理汽车并提高其效率的计算机芯片，它甚至可以作为“黑匣子”来记录交通事故发生的那一刹那的影像。

专业化带来的高效率催生了人们之间和国家之间的复杂的贸易网，正如我们今天所看到的那样。我们中间很少有人能够独立生产一件最终产品，而仅仅能够制作我们的消费品中极小的一部分。我们或许讲授了大学课程中的一小部分；或许只是专门取出停车计时器中的硬币；或许只是分离出果蝇的遗传基因，等等。作为这些专业化劳动的报酬，我们却能获得足以购买世界各地的物品的收入。

贸易生财的思想是经济学的核心见解之一。不同的人或国家专门从事于某些领域的生产，然后，自愿地用他们所生产的物品去交换他们所需要的物品。日本通过专业化制造汽车和家用电器等物品而大大提高了生产率，它出口大部分的工业制成品，以支付原材料的进口。相反，那些执行自给自足战略、试图生产绝大部分消费品的国家，却发现自己的经济走上了停滞之路。贸易能够使所有的国家都富裕起来，并提高每个人的生活水平。

小结：

> 专业化和贸易是提高生活水平的关键。通过专业化，人们可以在一个非常精细的专业领域中变得富有生产力，并用自己的专业化产品与其他人的产品进行交换，能够极大地增加消费品的种类和数量，并提高每个人的生活水平。

全球化

翻开今天的报纸，你可能很难避开“全球化”这类话题。这个术语到底意味着什么？经济学如何使人们更好地理解这类事件？

全球化（globalization）是个广泛流行的术语，它表示不同国家之间经济一体化程度的加深。当今，从跨国界的物品流、服务流和资本流的显著增加中，我们不难感受到全球一体化程度的提高。

全球化的主要表现之一，是进口和出口在国家总产出中的份额日益增加。随着运输和通信费用的不断降低，加上关税和其他贸易壁垒的消减，贸易在美国总产出中的份额，在过去的半个世纪里已经翻了一番还要多。无论是在价格还是在设计方面，美国的生产商如今都必须同世界各地的同行们进行竞争。

然而，更深层次上，全球化反映出专业化和劳动分工已延伸至全世界。两个世纪前，许多人在农场上居住，实际上生产着他们消费的所有物品：食物、房屋、衣服和燃料，等等。逐渐地，人们开始专业化生产，并从其他社区或国家的人那里购买大部分消费品。今天，许多商品在许多国家生产，并在全世界流转。

经济全球化的一个有趣例子是 iPod（苹果播放器）的生产。谁生产了 iPod？你可能认为它是由苹果公司制造的，然而，如果你看看 iPod 的背面，它写着“中国制造”。真相到底是怎样呢？ iPod 事实上是一个用于转播音乐的小型便携电脑。它至少有 451 个由全世界生产的零件。苹果公司设计它的软件，管理它的程序，在每 299 美元的售价中可以获得 80 美元。中国的分工主要是初步装配，在中国台湾的分包合同中含有 5 美元的人工成本。因此，当贸易数据所记录的一个卖到美国的 iPod 对中国产生了 150 美元的贸易逆差时，中国实际获得的只是这 150 美元中非常小的一部分。

哈尔·瓦里安（Hal Varian），谷歌首席经济学家，非常巧妙地总结了这项调研的结果：

> 总之，在谁制造了或在哪里制造了 iPod 的问题上并没有简单的答案。iPod，就像其他产品一样，在很多国家、由几十个公司进行生产，它们在生产的每一阶段都为其最终价值做出了不同的贡献。而 iPod 的真正价值并不是在这些零件中，或仅将其加总，它最主要的价值在于 iPod 的概念和设计。这就是为何每售一台 iPod 苹果公司能获得 80 美元，即价值链中最大的一部分。苹果公司的聪明人设计出如何将 451 个最一般的零件组合成一个有价值的产品的方法。他们并未制造 iPod，但是却创造了它。这才是实际中最重要的。[1]

[1] 参见本章本尾附加读物和互联网站部分内容。

经验数据表明，上述模式也适用于美国和其他高收入国家的国际生产活动。

和商品市场一样，全球化也发生在金融市场中。金融市场一体化的加强，可以由国际借贷规模日益增大和各国利率趋同的情况得到说明。金融市场一体化的主要原因是：关于国际资本流动的各种管制已经逐渐解除、融资成本降低、金融市场创新，尤其是新型金融工具的采用。

毫无疑问，国际金融市场一体化会导致贸易收益增加。因为那些需要资本用于生产的国家可以向有资本剩余的国家借钱。在过去 20 年中，日本和中国是全球最大的债权国。令人吃惊的一点是，美国却是最大的债务国。原因一方面是美国的储蓄率低，另一方面则是因为美国的信息技术和生物医学等产业的全球化分布的格局。

商品和金融市场的全球一体化创造了惊人的贸易收益，其表现是不断走低的价格、加快的革新和更高的经济增长率。当然，这些业绩也会伴随着许多痛苦的负面问题。

经济一体化的第一个问题是：国外低成本的生产商对国内生产商的取代，会带来失业和利润损失。例如，从 1980 年到 2007 年，美国的纺织品和服装业的就业量由 200 万人下降到 60 万人。失业的纺织工，几乎都无法从其他消费者“正享受廉价中国服装”中得到慰藉。于是，这些在国际贸易发展中受损的人，便开始不断地呼吁“加强保护主义”，主张对国际贸易设置关税和配额等限制举措。

第二个问题是伴随金融一体化而来的国际金融危机。最近的危机发生在 2007 年年中，美国的房价问题波及到了全世界的股票市场和债券市场。有人可能会问，为何由于美国的房地产市场，印度的股票市场竟然下降了 20% 或 30%。这种令人忧虑的扩散和蔓延，恰好是国内外市场紧密联系的结果。21 世纪初金融市场的非理性繁荣曾带来非常小的风险溢价，致使全球的资产价格上升。而到 2007~2008 年，投资者已经变得悲观，全球各地的风险溢价急剧上升，这其中当然也包括印度的资产。

全球化向政策制定者提出了新的问题。国际贸易的收益能否弥补国内社会解体与断层的成本？一国是否应该通过在金融市场设置壁垒，以把自己从金融危机中隔绝开来？一体化是否会导致更大的不公平？中央银行是否应该对蔓延全球的金融不稳定作出回应？这些问题都正在日益困扰着世界各国试图解决这些问题的决策者。

货币：交换的润滑剂

如果说专业化允许人们集中优势完成特定的工作，那么，货币则允许人们用其专业化生产的产品交换其他人生产的大量物品和劳务。

货币（money）是一种支付手段或交换媒介，即我们购物时所支付的现金和支票。货币还是一种能够便利交换的润滑剂。当人们信任并接受货币作为物品和债务的支付手段时，交换才能顺利进行。设想一下，若任何时候想买块比萨饼或去听音乐会，你都不得不用物品去交换，那么，经济生活将会是何等的复杂和麻烦。为得到那块比萨饼，你能提供什么劳务？教育产品又如何，你用什么物品作为学费才恰好是你们学校所需要的呢？货币作为买方和卖方间的媒人，每天毫不费力地为各自为利的个体们促成了几十亿桩联姻。

政府通过中央银行控制货币的供给。但是，就如其他润滑剂一样，货币也会导致经济机体过热，从而损害经济增长的发动机。它可能会失去控制，导致恶性的通货膨胀，即价格急剧上升。当这种情况发生时，人们便急于在货币贬值之前将它花费出去，而不是去为未来进行投资。正如 20 世纪 80 年代部分拉美国家和 90 年代许多前社会主义国家所发生的情况那样，这些国家的年通货膨胀率竟然超过了 1 000%，甚至 10 000%！不难设想其恶性到了何种程度：本周所领的工资，到周末就会贬值 20%！

> 货币是交换媒介。货币供应适度是各国宏观经济政策的主要任务之一。

资　本

在生产过程中，两大投入要素是劳动和资本。我们都知道什么是劳动，因为我们都是出卖自己的时间来获得工资的工人。另一大配套投入是**资本**（capital）——一种被生产出来的要素，一种本身就是由经济过程产出的耐用的投入品。资本包括一系列大量、专业化的机器、厂房、计算机、软件，等等。

绝大多数人并没有意识到我们的日常活动在多大程度上依赖于资本，包括我们居住的房屋、驱车行驶的高速公路，以及给我们输送电力和有线电视的缆线。2008 年，美国经济中的资本品净额——包括政府、企业和居民户所拥有的资本，人均已超过 15 万美元。

资本与土地和劳动不同，它在使用之前必须首先被生产出来。例如，一些公司制造纺织机械，这些机械又用来生产衬衫；另一些公司生产农用拖拉机，这些拖拉机又被用来帮助生产玉米。

资本的利用涉及到时间消费和迂回的生产手段。人们在很早以前就已经认识到那些间接的或者说是迂回生产手段，通常比直接的生产手段更加富有效率。例如，最直接的捕鱼方法是下河用手抓鱼，但这样恐怕只会很容易让你感到沮丧，却不会帮你抓到很多的鱼。通过使用钓鱼竿（属资本设备），相同时间内的捕鱼效率可能会有所提高。若使用更多的资本品，如渔网和渔船，则捕鱼的效率就会大幅度提高，足可以满足许多人的需要，还可以使专业化生产渔网和捕鱼设备的人也过上富裕的生活。

靠牺牲当前消费而获得的增长　如果人们愿意储蓄——节制眼前消费以备未来消费，那么，社会就能够将资源用于新的资本形成。较多的资本存量会将生产可能性边界向外推移，有助于经济的快速增长。重新观察一下图 1-5，看一看为了投资而放弃现在的消费是如何扩展了未来的生产可能性边界。高储蓄率和高投资率可以帮助我们解释中国台湾、中国大陆和亚洲其他国家和地区经济在过去 30 年的快速增长。相比之下，很多贫穷国家却陷入了一个被称为“贫困陷阱”的恶性循环中。它们收入低，几乎没有用于储蓄的东西。少得可怜的储蓄和投资只能带来缓慢的经济增长，于是这些国家的经济地位当然也就更加落后了。

小结：

> 许多经济活动都涉及到放弃现时消费以增加资本。我们每次进行投资，如新建一座工厂或修筑一条道路，增加受教育年限或提高教育质量，增加知识技术积累等，都在提高经济未来的生产率，进而增加我们未来的消费。

资本和私有财产

在市场经济中，资本主要归私人拥有，从投资中得到的收益也归个人所有。每块土地都有一份契据或所有权凭证；几乎每一台机器和每一幢房屋都属于某一个人或某一家公司。产权赋予资本所有者使用、交换、装修、挖掘、钻探等利用其资本品的权利。这些资本品也有市场价值，人们能够以任何价格购买和出售资本品。个人占有资本并能从中获取利润，是资本主义的实质之所在。

然而，尽管我们的社会是以私有财产为基础，但产权还是有限的。社会决定“你的”财产中多大部分可以传给你的后代，多大部分必须以遗产税和房地产税的形式缴纳给政府。社会决定你的工厂能够排放多少污染物，以及你的车应该停放在哪里，等等。即使是你的房子，也不是你的城堡：你必须遵守城市规划当局的法规；如果需要的话，你还必须为了修建道路而拆迁自己的房屋。

非常有趣的一点是，最有价值的经济资源，即劳动，不能像私人财产那样成为可以买卖的商品。自废除奴隶制以来，将人的赚钱能力视为一种“其他的资本品”是违法的。你不能自由地卖出你自己；你只能在某个工资价位上将自己租借出去。

资本和污染的产权

经济学家经常强调产权在有效市场经济中的重要性。产权指的是个人或企业所拥有的购买、出售和使用资本品和市场经济中其他财产的权利。这些权利由法律制度来保证，法律制度使得经济能够在一定的范围内顺利执行。对一个市场经济而言，有效而理想的法律制度应当包括：产权的界定、合同法和仲裁制度。

正如贫穷的国家所认识到的那样，如果没有法律来强制执行合同或保障公司保有其利润，就很难建立市场经济。当法律制度崩溃时，像2003年后饱受战争创伤的伊拉克，人们就会开始为其生命的安危而担忧，就很少会有时间或意愿去为未来进行长期的投资。于是产出会因此下降，生活质量也会因此而有所恶化。事实上，令人恐惧的非洲饥荒中，很多是由内战和法律秩序的瘫痪所造成的，而不是由于恶劣的气候条件。

环境问题是由于产权不健全而损害经济的又一个例子。水和空气一般来说是公共财产，即没有任何人拥有或控制它们。俗话说“三个和尚没水吃”，人们并不会考虑到其行动的所有成本。一些人或许会将垃圾倒入水中，或将烟雾排放到空气中，因为这些成本（肮脏的水和污浊的空气）主要是由其他人来承担的。相反，人们很少会将垃圾堆放在自家门前的草坪上，或在自家的起居室内燃烧煤炭，因为这些成本需由他们自己承担。

近年来，经济学家提议通过出售或拍卖污染许可证，并允许在市场上交换，从而将产权问题扩展到“环境品”之上。已经有初步迹象显示，产权的这种延伸显然有助于激励人们更加有效地减少污染。

我们已经重点强调了现代经济中的一些关键特征：民族和国家间的专业化和劳动分工导致高效率；不断增加的产出使得贸易成为可能；货币使得贸易能够更快、更有效地进行；在将一部分人的储蓄转化为另一部分人的资本的过程中，复杂的金融系统势必发挥着重要的作用。

C. 政府——看得见的手

在理想的市场经济中，所有物品和劳务的价格都取决于体现消费者评价和社会成本的市场竞争，并以货币形式自愿地进行交换。这种制度无需政府的干预，就能够从社会上可供利用的资源中获取最大的利益。然而，在现实中，还不曾有一种经济能够完全依照“看不见的手”的原则顺利运行。相反，每个市场经济几乎都会遭受其制度不完善之苦，存在着诸如过度的污染、失业、金融恐慌、贫富两极分化等症状。

世界上任何一个政府，无论多么保守，都不会对经济袖手旁观。政府针对市场机制的缺陷肩负起许多责任。军队、警察以及国家气象服务等，都是常见的政府活动的领域。诸如宇宙空间探索和科学研究等公益事业，也都得到了政府的大力资助。政府或许还会对一些行业（如金融业及药业）加以监管，而对另一些（如教育和生物医学研究）则予以补贴。此外，政府还对其公民征税，并将税收中的一部分再分配给老年人和贫穷者。

政府如何行使它们的职能呢？要求公民纳税、遵守规定和消费一定数量的公共品和服务，是运行一个政府的基本活动。因为具有强制权力，政府能够行使一些在自愿交换条件下无法实现的职能。强制减少纳税人或被管制企业的收入和机会的同时，政府能够增进其他人或企业的自由与消费。

在包罗万象的政府职能中，政府对于市场经济所行使的职能主要有三项：

1. 政府通过促进竞争、控制诸如污染这类外部性问题，以及提供公共品等活动来提高经济效率。
2. 政府通过财政税收和预算支出等手段，有倾斜地向某些团体进行收入再分配，从而增进公平。

3. 政府通过财政政策和货币政策促进宏观经济的稳定和增长，在鼓励经济增长的同时，减少失业和降低通货膨胀。

以下我们简要考查政府的每一项职能。

效 率

亚当·斯密认识到，只有在完全竞争成立时，市场机制的优点才能充分体现出来。**完全竞争**（perfect competition）指的是什么？它指的是，没有一家企业或一位消费者足以影响整个市场的价格。例如，小麦市场是完全竞争性市场，因为即使最大的小麦农场也只能生产世界小麦产量的微不足道的一部分，从而无法对小麦的价格产生举足轻重的影响。

“看不见的手”所适用的都是完全竞争的市场经济。在这种环境下，市场能够有效地配置资源，从而经济恰好位于其生产可能性边界上面。如果所有行业都处于完全竞争均衡，正如本书后面所要看到的那样，市场将会采用最有效率的技术和最少量的投入来生产消费者最偏好的产出组合。

然而，在很多情况下市场的竞争却都不完全。其中最重要的三种情况是：不完全竞争（如存在垄断）、外部性（如污染）和公共品（如国防及灯塔）。在每一种情况下，市场不灵都会导致生产或消费的低效率，而政府在医治这些疾病中往往能够扮演一个很有用的角色。

不完全竞争

偏离有效市场的重要原因之一是存在*不完全竞争*或*垄断*。在完全竞争条件下，任何企业或个人都无法影响价格，而当买者或卖者能够左右一种商品的价格时，我们就认为出现了**不完全竞争**（imperfect competition）。例如，若电话公司能影响电话服务的收费水平，或者，某个工会能够左右劳动的价格，则一定程度的不完全竞争就已经出现。当出现不完全竞争时，社会的产出将会从生产可能性边界上移至边界之内。例如，当只有一家卖者（垄断者）并且漫天要价以获取超额利润时，就会出现上述情况。该物品的产出就会低于有效率的水平，从而经济的有效性就会受到损害。在这种情况下，市场的“看不见的手”就会不灵。

不完全竞争的后果是什么？不完全竞争导致价格高于成本，消费者购买量低于效率水平。过高的价格和过低的产出，是伴随不完全竞争而来的非效率的标志。

在现实中，几乎所有的行业都存在一定程度的不完全竞争。例如，航空公司在某些航线上可能没有竞争，但在其他航线却有许多对手。不完全竞争的极端情况便是*垄断*——惟一的卖者独自决定某种物品或劳务的价格水平。例如，微软就垄断着 Windows 操作系统的生产。

自 20 世纪以来，绝大多数国家的政府都采取了若干措施来反对垄断这种不完全竞争的极端形式。政府有时还对地区性的供水、电话和电力等垄断行业的价格和利润加以管制。此外，政府的反托拉斯法还禁止各种固定价格或瓜分市场的行为。最重要的对不完全竞争的制约是将市场对竞争者开放，无论竞争者来自国内还是国外。除非政府通过关税和管制对它们进行保护，否则很少有垄断者能够长时间地抵挡住竞争者的攻击。

外部性

非效率的第二种类型是溢出效应或曰外部性，它指的是强加于他人的成本或效益。市场交易一般是指人们自愿地以货币来交换物品或劳务的活动。一个企业用鸡肉制作冷藏鸡腿时，它从鸡肉市场上向所有者购买鸡肉，卖鸡者得到了鸡的全部价值。你去理发时，理发师得到了相应的时间、理发技能和理发店租金的全部价值。

但是，许多相互作用却发生在市场以外。一种情况是，航空公司制造了大量的噪音，它们一般不会因为干扰了机场附近的居民而向他们进行补偿。另一种情况是，一些公司大量投资于研究和开发，这也会对社会的其他成员产生正面的溢出效应。例如，美国电报电话公司的研究员发明了交换机从而触发了一场电子革命，但是该公司的利润增长却仅为全球社会获利中的很小的一个部分。这些事例说明，一个行动可能在市场交易之外有助于或有损于其他人的利益，即存在着根本不发生经济支付的经济交易。

> **外部性**（externalities，或溢出效应）指的是企业或个人向市场之外的其他人所强加的成本或效益。

在当今世界，负外部性受到了社会的大部分关注。随着社会人口日益稠密，随着能源、化学和其他原料产量不断提高，负外部性或负的溢出效应已逐渐由微小的麻烦变成了巨大的威胁。这正是需要政府进行干预的地方。设计政府管制的目的是控制住这种外部性，如空气和水的污染、矿区的裸露、危险的排废行为、不安全的药品和食品，还有放射性物质，等等。

政府在许多方面很像一个家长那样常说“不”字：不让工人暴露在危险的工作条件下；不让工厂的烟囱排放出有毒的烟尘；不得出售危险的药品；不得不系安全带驾车，等等。在自由市场和政府管制之间寻求恰当的平衡，这是一项艰巨的工作。它要求我们对双方都进行成本效益分析。尽管如此，今天还很少有人赞成重新回到经济不受管制、企业可以随意倾倒废料（如钚）的那个混乱无序的年代。

公共品

尽管像污染或全球变暖等负外部性问题常常成为新闻热点，但从经济角度讲，正外部性的问题也许更为重要。考虑一下人类根除天花的努力过程。天花是一种能夺去几百万人性命，并能使更多的人终身毁容的疾病。没有私人公司愿意到需要抗病的世界上的遥远角落，承担起研究、疫苗接种和其他野外工作。私人生产激励不足，因为其收益分散在世界各地，私人公司不能从中获得回报。可见市场竞争价格并不能反映消灭传染病的收益。类似的正外部性的例子包括：高速公路网的投资建设，国家气象服务和基础科学资助。

正外部性的极端情况是公共品。**公共品**（public goods）是指这样一类商品：将该商品的效用扩展于他人的成本为零；无法排除他人参与共享。公共品最好的例子是国防。假设一国决定为守卫边境或向混乱地区派遣维和部队而增加支出。无论愿意与否，该国都需要为其行动付出代价并承担战争的成本。

然而，一旦政府决定购买公共品，市场机制依旧会发挥作用。在提供公共品（如国防或灯塔）时，政府的行为与其他任何大笔开销的个人行为并无二致。政府通过向这些物品投入足够的货币选票，使资源向那里流动。一旦投入货币选票之后，市场机制就接手过去，引导资源流入企业，从而生产出灯塔或坦克。

作为公共品的灯塔

灯塔是说明公共品概念的好例子。它们可以拯救生命和船只。但是灯塔的值班人却不能向过往船只一一收取费用；就算可以收费，也不能说明这种社会服务符合了效率的要求。灯塔服务只有在完全免费提供时才可能达到效用最大化。因为，为100艘船提供服务的成本并不比对一艘船提供服务时更多。

但是我们不妨稍等片刻。近期一项历史研究断定，早年位于英格兰和威尔士的灯塔，实际上是由私人提供并且也是可以盈利的。它的经费来源于政府授权其可向使用附近港口的船只征收的“灯光税”。或许我们可以由此断定，灯塔实际上并不属于公共品。

为理解这个问题，我们需要回到经济学原理上。公共品的两个关键性特征是：（1）增加一个人消费服务所追加的成本为零（非相克性）；（2）不排除他人享用（非相斥性）。这两个特征灯塔都具备。

但“公共”品并非是必然由公共提供的。常见的情况是没有人提供。而且，仅仅因为它是私人提供这一点，并不意味着这样提供就一定是最有效率的，或者只要经由市场机制就能够为灯塔完全地收回成本。英国的例子可以说明这样一个有趣的问题：**如果**公共品的提供能够同另一个物品或服务相连接（在这个例子中是船只的吨位），并且**如果**政府授权私人收取必要的费用，那么就会产生一个**资助**公共品的替代机制。这个办法在收费无法同吨位联系起来时收效甚微（比如在国际海域）。如果政府坚决将收取费用的权利私人化，则这个办法就会完全不起作用。

美国则是一种完全不同的情况。从早年开始，美国就相信航海救援应该由政府提供。确实，第一届国会的第一批法案之一，还有美国的第一个公共工程法，都曾这样写明：“所有的灯塔、信号灯和浮标等相应设施，其维护和维修都应该由美国的财政部进行支付。”

然而，不同于许多公共品，灯塔所需要的资金比较有限，回顾历史上没有航海服务时所发生的故事可能意味深长。一个引人入胜的案例曾经发生在美国佛罗里达东海岸。这是一条很不太平的航道，水表下几英尺处有蜿蜒200多英里长的暗礁，又处于大西洋飓风最活跃的地带。因而，这条海上通道很自然地成了风暴、海难和海盗的多发海域。

直到1825年，这里才出现了灯塔，在那以前甚至连私人的灯塔也不曾有过。当然，市场也并非没有对这里的“风险”做出过积极的反应。从私人经济中兴盛起来的是“营救产业”。营救者主要是若干隐泊在暗礁附近的船只，日夜等待着不幸船只的出现。然后他们“挺身而出”，为营救生命和打捞货物提供帮助，包括将船只拖到合适的港湾，然后要求按货物价值的一个相当大比例进行收费。营救业是 19 世纪中期南佛罗里达地区的主要产业之一。它使得基威斯特（Key West）一度成了那一带最富裕的小镇。

尽管营救者们无疑有正向的价值创造，但是他们并不具备灯塔所有的公共品特征。因为很多被抢救的货物都是被保险了的，而在航海（保险）中显然存在着很大的道德风险。营救者和遇难船长之间的默契和交易通常都以货主或保险公司的损失为前提。而只有在美国政府出资在佛罗里达海峡沿岸建设了灯塔之后，船只失事的数量才开始下降，营救者们也才逐步淡出了商界。

灯塔今天已经不再是公共品的争议焦点，而主要只是旅游者们的好奇之物。灯塔在很大程度上已经被以卫星为基础的全球定位系统（GPS）所取代。GPS 也是一个由政府免费提供的公共品。灯塔的历史提醒我们，那些由于公共品未能被有效提供而产生的问题，并非已经完全消失。

税　收　政府必须寻找收入来源，以提供公共品和实施收入再分配计划。这些收入来自于税收，即对个人和公司的收入、工资、消费品销售额和其他项目所征收的税款。各级政府（市政府、州政府和联邦政府）都征税以维持它们自身的开支。

税收听起来好像是另一种“价格”。在此，它是我们为公共品所支付的价格。但税收与价格之间存在着重大的差异：税收并不是自愿支付的。美国的每一个公民都必须服从税法，都有义务支付公共品的一部分成本。当然，作为公民，通过民主过程，我们当然是既选择了公共品，又选择了为它而负担的税收成本。但是，私人品的支出与消费之间的密切联系并不适用于税收和公共品之间的联系。我购买汉堡包，仅仅是因为我当时需要它；但我却必须支付我应当缴纳的所有税金，以支持国防和公共教育，即使我对这些东西一点也不关心。

公　平

以上关于垄断和外部性等市场不灵问题的讨论，主要集中在市场配置资源功能的缺陷（不完全竞争）方面，这种缺陷可以通过明智的干预办法加以矫正。为此不妨先假定，经济运行完全符合效率原则，即始终位于生产可能性边界之上，而从不移至界内，总是能够选定适量的公共品和私人品，等等。但即使在这种市场体系完美运行的条件下，市场仍然有可能导致一种缺憾。

> 市场并不必然能够带来公平的收入分配。市场经济可能会产生令人难以接受的收入水平和消费水平的巨大差异。

对于为谁生产的问题，市场机制为什么有可能提供一种不可接受的结果呢？其中一个原因在于：收入取决于一系列因素，包括努力程度、教育、继承权、要素价格和运气。由此导致的收入分配可能会同公平的结果相悖。另一个原因，不妨回头想一下，物品追随的是货币选票而不是最大满足。富人的猫所喝的牛奶，也许正是穷人孩子维持健康所必需的东西。之所以发生这种情况，是因为市场不灵吗？不，根本不是。因为市场机制正在做它应做的工作，即把物品交给那些有货币选票的人。即使是最有效率的市场体系，也可能产生极大的不公平。

市场体系中的收入分配，往往由家庭出身的偶然性所造成。《福布斯》杂志每年都会列出美国财富排名前 400 位的富豪。令人印象深刻的是，他们当中有多少人的财富系继承而来，又有多少人以所继承的财富作为跳板进而攫取了更多的财富？人们是否认为这些都天经地义？一个人仅仅因为继承了 5 000 平方英里的土地，或因其家庭所拥有的油井，就应该成为亿万富翁吗？在自由放任时代的资本主义制度下，事情就曾经是这样。

美国历史上的大部分时期，经济增长都如同涨潮一般，浮载起所有的船只，无论是穷人还是富人的收入都会有所提高。但是近 30 年来，家庭结构的变化及低技能、低教育水平劳工工资下降的现实，已经逆转了传统的潮流。伴随对市场的重新强调而来的，是更多的无家可归者、更多的贫困儿童以及许多城市中心地带的贫困化。

收入不公平在政治上或道德上也许不能为人们接受。一个国家没有必要将竞争市场的结果作为既定的和不可改变的事实接受下来；人们可以考查收入分配并判断它是否公平。如果一个民主社会不喜欢自由放任市场体系下的货币选票的分配，它可以采取一些措施来改变收入的分配。

不妨假设，选民决定要减少收入分配的不公平。在这种情况下，政府可以用哪几种方法呢？首先，它可以采用*累进税*，相对于低收入者而言，对富人按更高的税率征税。它可以对财富和巨额遗产课以重税，以砸碎世袭特权的链条。联邦所得税和遗产税就是这种带有收入再分配性质的累进税制的实例。

其次，由于低税率并不能帮助那些根本没有收入的人，因此政府可以进行**转移支付**，即向私人支付货币。今天，转移支付的对象包括老人、残疾人和拖儿带女的人，还有为失业者提供的失业保险。这套转移支付制度编织了一张“安全网”，保护不幸者免受困苦。最后，政府有时对低收入阶层的消费也给予补贴，向他们提供食品券、医疗补贴和低价住房。尽管在美国，这类支出在总支出中所占比例还是比较小。

税收和转移支付问题一直是富有争议的。当人们填写纳税申报单，或者看到薪水中巨大的扣除项时，几乎没有人认为他们所交的税收在购买公共品。但人们也感到，社会必须向每个公民提供生活基本品，如食品、教育和医疗等。

在公平问题的争论中经济学有何高见呢？作为一门科学，经济学并不能答好这类富有伦理色彩的规范性问题：我们的收入中究竟有多少应该被征税，又有多少份额应该转移给贫困家庭。在我们的民主社会中，这是一个只能由投票箱去回答的政治问题。

然而，经济学能够分析不同收入再分配方案的成本与收益。经济学家们花费了大量的时间分析不同的税收方案（比如它们应基于收入还是消费）。他们还研究了究竟是发放现金还是发放食品能够更有效地减少贫困。

经济学也可以提醒我们市场究竟带来了什么，又拿走了什么。在这个结构性变化频发的世界上，我们应该牢记：“若非得到供给和需求的恩典，倒霉的可能就是我了。”

宏观经济的增长与稳定

自从资本主义产生以来，它就不时地受到通货膨胀（价格上升）和经济衰退（高失业率）的周期性困扰。例如，二战后美国已经发生了 9 次衰退，其中有几次衰退曾经造成上百万人失业。这些波动被称为商业周期。

今天，由于凯恩斯和他的追随者的思想贡献，我们知道了如何控制商业周期的剧烈波动。通过审慎地运用财政政策和货币政策，政府就能够影响产出、就业和通货膨胀的水平。政府的**财政政策**就是税收权力和预算支出权力。**货币政策**涉及到货币供应量和利率水平，进而影响到资本品的投资和其他利率敏感性的支出。通过这两种基本的宏观经济政策工具，政府能够影响总支出水平、增长率与产出水平、就业率与失业率、物价水平和通货膨胀率。

最近半个世纪以来，发达工业化国家的政府成功地运用了凯恩斯革命的遗产。第二次世界大战以后的 30 年内，在扩张性的货币政策和财政政策的刺激下，市场经济经历了前所未有的增长。

20 世纪 80 年代，政府开始制定宏观经济政策，以促进经济增长与生产率提高等长期目标的实现。（经济增长表示国民总产出的增长，而**生产率**代表每单位投入的产出或资源的利用效率。）例如，大多数工业化国家都降低了税率以刺激储蓄和生产。许多经济学家强调公众通过缩小预算赤字来增加公共储蓄的重要性，认为这是增加国民储蓄或投资的一种有用的办法。

> 促进经济稳定与增长的宏观经济政策包括财政政策（税收政策和预算支出政策）和货币政策（影响利率和信贷条件）。自从 20 世纪 30 年代现代宏观经济学产生和发展以来，政府已经成功地抑制了通货膨胀和失业的大幅度波动。

表 2-1 概括了当今政府所起的经济作用。该表说明了政府在提高效率、促进更公平的收入分配和追求经济的增长与稳定的宏观经济目标方面的重要职能。在所有发达的工业化社会中，我们都看到了一种**混合经济**（mixed economy），即市场决定大多数私人部门产品的价格与产量，而政府运用税收、支出和货币管理计划来调控总体经济的运行。

福利国家的崛起

本书主要讨论现代工业化国家的混合经济。追溯它的历史将对这一讨论有所帮助。让我们回到市场经济还未形成以前的中世纪，那时欧洲和亚洲的多数经济活动是由贵族阶层和城镇行会所把持的。然而到了大约两个世纪以前，贵族政府对价格和生产方法的控制力便开始减弱。封建的枷锁逐渐地让位于我们现在所称的“市场机制”。

对于欧洲和北美的大多数国家来说，19 世纪是一个**自由放任**（laissez-faire）的时代。这种被译成“别管我们”的学说认为，政府应当尽可能少地干预经济，尽可能多地将经济决策留给市场供求机制去完成。19 世纪中叶许多政府就都曾经实践着这一经济信条。

市场经济不灵	政府干预	政府重要的政策应对
非效率		
垄断	鼓励竞争	反托拉斯法，放松管制
外部性	干预市场	反污染法，反烟尘法
公共品	鼓励有益的活动	提供公共教育，修筑道路
不公平		
难以接受的收入与财富的不平等	收入再分配	收入和财富的累进税
		收入支持或转移支付计划（如医疗补助等）
宏观经济问题		
商业周期（高通货膨胀率和高失业）	通过宏观政策稳定经济	货币政策（如调整货币供给和利率等）
		财政政策（如税收和支出计划等）
低速经济增长	刺激经济增长	改善税收制度的效率
		通过减少预算赤字或增加预算盈余来提高国民储蓄率

表 2–1　政府能够弥补市场的缺陷

然而，19 世纪末，未加管束的资本主义的过度发展——包括腐败、危险品和贫困，导致美国及西欧工业国家纷纷放弃了完全自由放任的思想。政府逐步被赋予越来越多的经济职能：管制经济，征所得税，向老人、失业者、贫困人群提供社会保障，等等。

这种新的制度被称为**福利国家**（welfare state），即由市场调节日常经济生活中的具体活动，而由政府维持社会秩序，管理退休金和医疗保险，以及为贫困家庭提供救济等。

保守主义者的诘难

福利国家的大部分批评者担心政府干预将使天平倾斜至社会主义，这种体制下国家拥有、操作并管制着大部分经济。在 1942 年，约瑟夫・熊彼特，一位哈佛大学的经济学家，声称美国是“生活在氧气帐下的资本主义”，并正在走向社会主义。资本主义的成功产生了异化和自我怀疑，削弱了自身的效率和创新精神。

自由派的批评者，如弗里德里希·哈耶克与米尔顿·弗里德曼主张回到自由市场和政府作用最小化的时代。这些人认为政府管得过多过严，干预和侵扰个人的生活；政府创造了垄断；政府不灵和市场不灵同样普遍；高税收扭曲了资源配置；社会保障制度中不乏榨干公众钱包的威胁；环境管制挫伤了企业的进取精神；政府稳定经济的企图只会带来经济增长减缓和通货膨胀加剧。总之，在一些人看来，政府不仅没有解决问题，反而成了问题本身。

1980 年前后，潮流再次逆转。保守主义在许多国家抬头，各国政府开始减税并放松经济管制。许多国有企业被“私有化”，所得税率被降低，很多慷慨的福利项目被削减。

最富戏剧性的一点是，俄罗斯和东欧的社会主义国家都开始向市场经济转轨。推崇中央计划和政府指令的经济模式长达数十年之后，1990 年前后，这些国家终于开始艰难地转向分权化的市场经济。而共产党领导下的中国，在近 30 年里，允许私人企业和外国公司在其境内经营，逐步走向了经济繁荣。许多在印度、非洲和拉美的前社会主义政体，都已信奉市场资本主义制度，致力于减少政府在国民经济中的干预。

当今的混合经济

在权衡政府和市场的相对优点时，公众讨论常常会疏于理解社会所面临的选择的复杂性。市场机制的确在一些国家产生了奇迹。但是，市场需要健全的政治法律制度，以及可以促进贸易和保证金融系统稳定的社会公众基础投资。如果没有这些政府设施，市场很容易就会产生“腐败资本主义”，以及分配不公、普遍贫困和生活水平下降。

在经济实践中，成功往往有很多原因，而失败的原因往往只有一个。市场经济的成功可能会让我们忽略集体行动的一系列成就。政府计划帮助减少了贫困和营养不良，降低了肺结核和骨髓灰质炎等疾病的发病率。即使是在2008~2009年世界最大的经济体纷纷陷入严重衰退的时候，宏观经济政策也曾帮助遏止了金融市场的恐慌，缩短了商业周期的长度并降低了它的严重程度。政府所资助的科学研究已经穿透了原子，发现了脱氧核糖核酸（DNA）分子，并探测了广袤的宇宙空间。

关于政府成就和政府不灵的争论提醒我们，合理划分市场和政府的界限是一个长期而持久的课题。在刻画有效的市场机制和由公共决定的管制和再分配之间的黄金分割线的问题上，经济学是能够帮助社会的必不可缺的基本工具。一个好的混合经济应当是且必须是有限制的混合经济。那些希望将政府缩减为警察加灯塔的人只能生活在梦幻的世界中。每个有效率并且讲人道的社会都会要求混合经济的两面——市场和政府都同时存在。如果没有市场或者没有政府，现代经济运作就都会孤掌难鸣。

总结提要

A. 市场机制

1. 在像美国这样的经济社会中，大多数经济决策都是在市场上做出的。此时市场是一种使买者和卖者聚在一起进行相互交易，并决定商品和劳务的价格和产量的机制。亚当·斯密认为，当个人在追求自己的私利时，市场这只“看不见的手”会导致最佳的经济成果。尽管市场远非完美无缺，但是它的确非常有效地解决了生产什么、如何生产和为谁生产的问题。
2. 市场机制按如下方式运行以决定生产什么和如何生产：人们的货币选票影响物品的价格；价格在决定各种物品的生产数量方面起主导作用。当人们需要更多的某物品时，该产品的价格就会上升，企业便能通过扩大这种物品的生产来获得利润。在完全竞争条件下，一个企业必须找出成本最低的生产方法，有效率地使用劳动、土地和其他要素；否则，它就会陷于亏损，从而被市场淘汰。
3. 在价格解决生产什么和如何生产等问题时，为谁生产的问题也同时得到解决。收入分配取决于生产要素（土地、劳动和资本）的所有权和要素价格。拥有肥沃的土地或具有“本垒打”这种难得的竞技能力的人，势必得到较多的购买消费品的货币选票。而那些没有财产且其技能、肤色或性别又不受市场重视和欢迎的人，只能获得低微的收入。

B. 贸易、货币和资本

4. 随着经济的发展，经济日益变得专业化。劳动分工将作业任务分解成许多细微环节，以便单个劳工更容易熟练地加以完成。专业化导致生产方法日益复杂。复杂的生产方法要求许多专业技能。随着个人和国家也变得越来越专业化，它们也趋向于专门生产特定的商品，并用其剩余产品去交换更多的其他国生产的物品。以专业化为基础的自愿贸易使所有的人都能够从中受益。
5. 今天，专业化物品和劳务的交换依赖于货币，货币是贸易车轮的润滑剂。货币是能够被普遍接受的交换媒介，它包括现金和支票。货币可用于支付从苹果馅饼到斑马皮的任何物品。借助货币，个人和国家可以专门生产少数的物品，并用它们去交换其他物品；若没有货币，我们就会在以物易物的交换过程中浪费宝贵的时间。
6. 资本品（生产出来的投入品，如机器、厂房和半成品存货）使得间接生产成为可能，它大幅度地增加了一个国家的产出。这些间接的生产方法需要花费时间和资源才能启动。因此，需要暂时牺牲眼前的消费以增加未来的消费。产权制度是指用于界定资本和其他资产如何购买、出售和使用的一系列规则。没有任何一种经济制度下的私人产权是不受限制的。

C. 政府——看得见的手

7. 虽然市场机制是令人赞叹的组织生产和配置资源的方式，但是，市场不灵有时会导致不良的经济后果。政府可能会介入市场以弥补这些缺陷。现代经济中政府的职能在于保障效率、纠正不公平的收入分配和促进经济的稳定与增长。
8. 当存在不完全竞争或外部性问题时，市场便不能有效率地配置资源。不完全竞争，如垄断，会导致较高的价格和较低的产量。为消除这些情况，政府管制企业，或实施反托拉斯法以限制企业的行为。当企业的活动使市场以外的其他人付出代价或得到利益而并不能得到相应的补偿时，就会出现外部性问题。政府可决定介入并管制这些“溢出效应”问题（诸如对空气污染进行管制那样），政府也可以直接提供公共品（如公众健康）。
9. 市场并不一定能产生公平的收入分配，它很可能导致不可接受的极大的收入与消费的不公平。因此，政府通常选择改变由市场决定的工资、租金、利息和红利所造成的收入结构（为谁生产）。现代政府使用税收增加收入，以支持旨在保障穷人经济安全的转移支付或收入支持计划。
10. 自从 20 世纪 30 年代现代宏观经济学创建以来，政府便有了第三种职能：运用财政政策（税收和支出政策）和货币政策（影响利率和信贷条件）促进长期的经济增长和劳动生产率的提高，熨平通货膨胀与失业的周期性波动。
11. 合理划分市场和政府的界限是一个长期而持久的课题。在有效的市场机制与管制和再分配的公共机制二者之间寻找一条黄金分割线，那么经济学是能够帮助社会的必不可少的基本工具。每个有效率且讲人道的社会，都势必会要求混合经济的两个方面，即市场和政府都同时存在。

概念复习

市场机制
市场、市场机制
产品市场和生产要素市场
价格信号
市场均衡
完全竞争与不完全竞争
亚当·斯密的“看不见的手”

现代经济的特征
专业化和劳动分工
货　币
生产要素（土地、劳动、资本）
资本、私人财产与产权

政府的经济职能
效率、公平、稳定
非效率：垄断和外部性
市场机制下的收入不平等
宏观经济政策：
　财政政策与货币政策
　稳定和增长

补充读物和互联网站

补充读物

A useful discussion of globalization is contained in “Symposium on Globalization in Perspective,” *Journal of Economic Perspectives,* Fall 1998.

For examples of the writings of libertarian economists, see Milton Friedman, *Capitalism and Freedom* (University of Chicago Press, 1963), and Friedrich Hayek, *The Road to Serfdom* (University of Chicago Press, 1994).

A strong defense of government interventions is found in a history of the 1990s by Nobel Prize winner Joseph E. Stiglitz, *The Roaring Nineties: A New History of the World's Most Prosperous Decade* (Norton, New York, 2003). Paul Krugman's columns in *The New York Times* are a guide to current economic issues from the perspective of one of America's most distinguished economists; his most recent book, *The Great Unraveling: Losing Our Way in the New Century* (Norton, New York, 2003), collects his columns from the early 2000s.

A fascinating example of how a small economy is organized without money is found in R. A. Radford, “The Economic Organization of a P.O.W. Camp,” *Economica,* vol. 12, November 1945, pp. 189–201.

互联网站

You can explore recent analyses of the economy along with a discussion of major economic policy issues in the *Economic Report of the President* at *www.access.gpo.gov/eop/*. See *www.whitehouse.gov* for federal budget information and as an entry point into the useful Economic Statistics Briefing Room.

The study of the iPod is Jason Dedrick, Kenneth L. Kraemer, and Greg Linden, "Who Profits from Innovation in Global Value Chains? A Study of the iPod and Notebook PCs," available at *http://pcic.merage.uci.edu/papers/2008/WhoProfits.pdf.* Hal Varian's review is Hal R. Varian, "An iPod Has Global Value: Ask the (Many) Countries That Make It," *The New York Times,* June 28, 2007, available by Internet search.

问题讨论

1. 国民产出构成的决定因素是什么？在有些场合下，我们说存在"消费者主权"，即消费者根据个人偏好和市场价格决定如何花费自己的收入。在另一些场合下，由立法机构的政治选择对上述问题进行决策。考虑以下几个例子：运输、教育、警察、能源使用效率、医疗保健范围和电视广告。对每一种情况，说明其配置是取决于消费者主权还是政治决策。你是否希望改变其中任何一种情况下的配置方法呢？
2. 当一种物品十分有限时，必须采取某种办法配给该稀缺品。例如，拍卖、发票证、"先来先得"等。试说明每一种办法的利弊。详细解释市场机制在何种意义上"配给"了稀缺的物品和劳务。
3. 本章讨论了许多"市场不灵"的情况。在这些场合，"看不见的手"根本不灵。我们还说明了政府的职能。是否也可能存在"政府不灵"，即政府矫正市场不灵的努力甚至会导致比市场不灵更糟的后果？考虑几个政府不灵的例子。你能设想一种政府不灵非常严重，以至于生活在市场不灵中要比政府出面去加以纠正更好的情况吗？
4. 分析下列政府干预经济的情况：空气污染管制，穷人收入补偿，对电话垄断进行价格管制。就每一种情况回答：(*a*)解释市场不灵；(*b*)讨论政府对该问题的干预；(*c*)解释为什么政府不灵（见问题 3 中的定义）可能是因政府干预而起。
5. 由图 2-1 可见：消费品与投资品的循环流动，伴有相应的货币的收入与支出。画出经济中货币流动的循环流动图，并将它与产出品和投入品的循环流动图做比较。货币在货币流程中的职能是什么？
6. 考虑美国历史上的三个时期：(*a*)在 19 世纪早期，琼斯住在一个与世界其他部分隔绝的农场中；(*b*)在 20 世纪 40 年代，史密斯住在一个国内贸易和交换已很发达，但国际贸易被二战的破坏切断的国家里；(*c*) 2009 年，霍尔住在一个促进所有国家间贸易的全球化世界中。

   假如你处于以上每一个场合，说明琼斯、史密斯和霍尔关于专业化和劳动分工的机会。解释（c）中，全球化的世界如何允许霍尔在具有更高生产力的同时又能消费到更多种类的商品。用详细的例子解释以上每种情况。
7. "林肯解放了农奴。他大笔一挥就毁灭了南方多年积累起来的大部分资本。"试评论这段话。
8. 下表列出了联邦政府主要预算支出中的一些项目。试解释每一项如何与政府的经济职能相对应。
9. 为什么说"没有代表权就不纳税"这个口号对于公共品很有意义，而对私人品却没有意义？用它来解释人们为什么反对下列情形：(*a*)税收被过多地用于国防支出；(*b*)过桥费收得过高；(*c*)纽约飞迈阿密的机票价格据说过高。

联邦政府主要预算支出重点的一些项目

预算项目	联邦支出，2009 年（10 亿美元）
卫生保健和医疗保障	713
国　防	675
社会保障	649
收入保障	401
自然资源和环境	36
国际事务	38

资料来源：Office of Management and Budget, *Budget of the United States Government*, Fiscal Year 2009.

供给和需求的基本原理

第 3 章

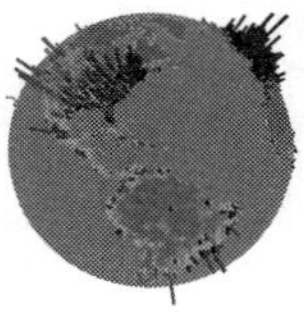

什么是“精明”人？他通晓世间万物的价码，但对其价值却一无所知。

——奥斯卡·王尔德

前两章介绍了经济学必须解决的基本问题：应该生产什么？如何生产？为谁生产？

我们还讨论了现代混合经济主要仰仗市场价格体系去解决上述基本问题。不妨再回顾一下，现代经济的基石是所谓的“二元君主”：消费者偏好和技术。“消费者主权”的行使通过美元投票决定：应当生产哪些东西？所生产的产品又应该流向何处？而技术则影响着成本和价格，以及决定生产哪些产品。本章的任务就在于描述在一个市场经济体系中上述生产流程是如何展开的。

市场类似于天气，总是变化莫测，风暴不时起伏，错综复杂而又富有魅力。正像研究气象一样，仔细研究市场之后我们也会发现：各种随机运动的背后，似乎也隐藏着某些确定的因素和机理。而探讨单个市场的价格和产出机理和规律的基本工具，就是供给需求分析。

以汽油价格为例，如图 3-1 所示。该图描述的是实际汽油价格，即经过总价格水平调整后的价格。二战后，由于人们爱上了汽车，并逐步迁居到郊区，因此对汽油和其他石油产品的需求急剧上升。接着，到 20 世纪 70 年代，由于石油供给限量、石油国战争以及革命运动等原因，石油生产受到限制，导致 1973 年和 1979 年以后国际油价陡然上升。此后，节能运动、汽车小型化、信息经济的发展和世界生产扩大等因素，又共同导致了汽油价格的下跌。2002 年之后的伊拉克战争以及世界对石油需求的不断增长使石油市场更加动荡。如图 3-1 所示，汽油的价格（以 2008 年不变价格计算）从 1980 年每加仑约 3.50 美元跌至上世纪 90 年代的 1.50 美元左右，然后 2008 年夏天再次上升到 4.00 美元左右。

油价剧烈波动背后的机理是什么？经济学拥有非常有力的工具来解释经济中的这类问题。这个工具被称为*供给和需求理论*。该理论说明消费者偏好如何决定商品的消费需求，同时企业成本又如何成为商品供给的基础。汽油价格的上涨，或是由于人们对汽油的需求上升，或是由于石油供给量的下降。从网络股票到钻石，再到土地，几乎每个市场的情况都是如此：供给和需求的变动势必导致产出和价格的变动。如果你能理解供给和需求是如何变动的，那么，你就已经朝着理解市场经济机理的方向迈出了一大步。

本章介绍供给和需求的概念，说明它们在单个商品竞争市场上是如何发挥作用的。我们首先讨论需求曲线，然后再讨论供给曲线。利用这些基本的分析工具，我们将能够看到市场上商品的价格如何取决于两条曲线的交点——需求和供给的力量在此处恰好平衡。正是价格的变动，即价格机制的作用，才使得供给和需求达到了这种平衡或均衡。最后在本章结束时，我们还将给出一些运用供给和需求原理进行分析的实例。

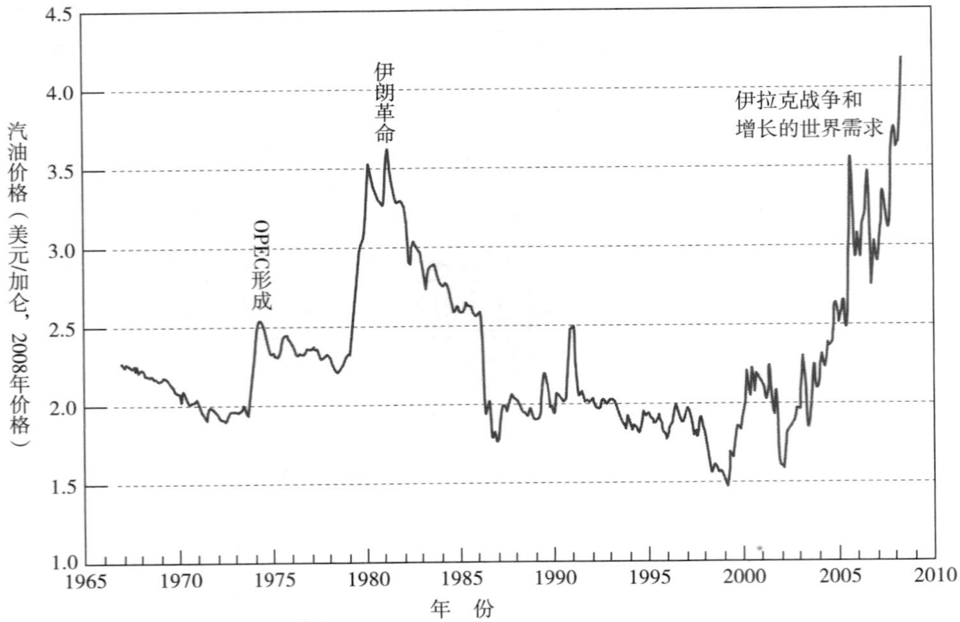

图 3–1　汽油价格与供给和需求的变动

近半个世纪以来，汽油价格大幅度波动。20 世纪 70 年代石油供给减少，产生了两次戏剧性的“石油冲击”，造成社会动荡，加强管理的呼声也随之高涨。新的节能技术带来的需求减少，导致 1980 年以后油价长期下降。进入 21 世纪后，对石油的国际需求剧增（与供给相比）导致价格不断攀升。供给和需求的分析工具对于我们理解这些趋势是至关重要的。

资料来源：U. S. Departments of Energy and Labor. The price of gasoline has been converted into 2008 prices using the consumer price index.

A. 需 求 表

常识和细致的科学观察表明，人们购买一种商品的数量取决于它的价格。在相同的条件下，[1] 一种物品的价格越高，人们愿意购买的数量就越少；市场价格越低，人们购买的数量就越多。

在其他条件相同时，一种物品的市场价格与该物品的需求数量之间存在着一定的关系。这种价格与需求之间的关系可以用一张**需求表**（demand schedule）或一条**需求曲线**（demand curve）来表示。

[1] 稍后，我们会讨论影响需求的其他因素，包括收入和消费者偏好。术语“保持其他条件不变”意味着价格变化，需求的其他决定因素不变。

让我们来看一个简单的例子。表 3-1 提供了一个假想的对玉米片的需求表。在每一价格水平，我们都能够确定消费者购买玉米片的数量。例如，在每盒价格是 5 美元时，消费者每年会购买 900 万盒玉米片。

在较低的价格水平上，购买玉米片的数量较多。这样，在玉米片价格为 4 美元时，购买量为 1 000 万盒；而在价格（P）更低即 3 美元时，需求量（Q）就还要多，为 1 200 万盒。依此类推，在该表所列明的每一价格水平上，我们都能找到相应的需求量。

需求曲线

用图形表示的需求表就是需求曲线。我们将需求曲线描绘在图 3-2 中，其中，横轴代表玉米片的需求量 Q，纵轴代表玉米片的价格 P。注意：数量和价格呈反比

玉米片的需求表		
	(1) 价格（美元 / 盒） P	(2) 需求量（百万盒 / 年） Q
A	5	9
B	4	10
C	3	12
D	2	15
E	1	20

表 3–1　将需求量和价格结合起来的需求表

在每一市场价格上，消费者都愿意购买一定数量的玉米片；随着玉米片价格的下降，玉米片的需求量会上升。

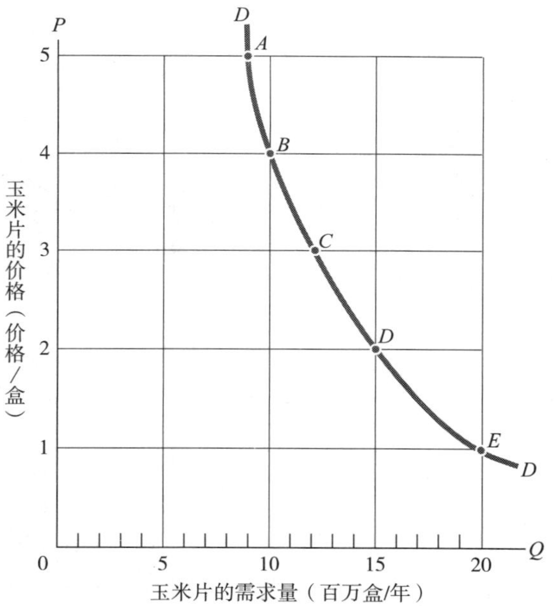

图 3–2　向下倾斜的需求曲线将需求量和价格联系起来

在玉米片的需求曲线中，纵轴衡量价格（P），横轴衡量需求量（Q）。表 3-1 中的每一对价格和需求量（P,Q）的数值都被描绘为一个点，连接各个点的平滑的曲线就是我们所要的需求曲线 DD。需求曲线斜率显然为负，体现的是需求向下倾斜规律。

关系，即当 P 下降时，Q 上升。需求曲线从西北方向东南方倾斜。这一重要性质被称为需求向下倾斜规律。该规律建立在常识和经济理论的基础之上，并经过了经验数据的检验和证明，几乎适用于一切商品，包括玉米片、汽油、大学教育和非法毒品等。

> **需求向下倾斜规律**（law of downward sloping demand）：当一种商品的价格上升时（同时保持其他条件不变），购买者便会趋向于购买更少的数量。同理，当价格下降且其他条件不变时，需求量会增加。

价格上升时，需求量为什么会趋于下降呢？原因有两个。第一个是**替代效应**（substitution effect）。当一种物品的价格上升时，我会用其他类似的物品来替代它（当牛肉价格上升时，我们可以多吃鸡肉）。价格上升抑制购买量的第二个原因是存在着一种**收入效应**（income effect）。因为，当价格上升时，我们会发现自己比以前穷了一些。汽油价格上涨一倍之后，我们的实际收入只会明显降低，削减汽油和其他物品的消费开支是很自然的。

市场需求

到目前为止，我们讨论需求都还是限于“上述那条”需求曲线。那么，它是谁的需求呢？我的，你的，还是每个人的？决定需求的基本因素是“个人的”偏好。但在本章，我们拟集中讨论市场需求，它所代表的是所有个人需求的总和。现实世界中，我们所能直接观察得到的往往是市场需求。

市场需求曲线是将在每一价格水平下所有个人的需求量加总而得到的。

市场需求曲线符合需求向下倾斜规律吗？当然。例如，当价格下降时，较低的价格将通过替代效应吸引新的顾客。此外，若既经过替代效应又经过收入效应，则价格的下降就会刺激原有的顾客购买更多的数量。相反，一种物品价格的上升，势必影响我们中间的一些人减少购买。

计算机需求的爆炸性增长

我们可以用个人电脑为例来说明需求向下倾斜规律。第一台计算机的价格极高，运算能力很有限，只有个别企业和家庭才能支付得起这笔费用。而如今我们已经很难设想，短短 20 年前，普通人竟然都还是用打字机和钢笔写作，竟然是用手工在草稿纸上计算！

近40年来，计算机的价格大幅度下降。低价格吸引了新的买主。越来越多的人有能力购买计算机，计算机被广泛地应用于工作、学习和娱乐。在21世纪，随着互联网的发展，计算机的作用越来越大，于是有更多的人努力追赶潮流。到2007年，全球个人计算机销售量竟然超过了2.5亿台！

图3-3描述的是美国官方统计的计算机及其外设的价格和需求量。价格表示的是购买同等质量计算机的成本，也就是说，计算机质量的快速提高已经被考虑进去。你可以看出，随着软件的发展，互联网、电子邮件和其他技术的普遍应用，计算机的价格明显地在不断下降，而产量却在以惊人的速度提高。

需求曲线背后的因素

玉米片、汽车或计算机的市场需求曲线是由什么决定的呢？给定某一价格，一系列因素均会影响需求量：平均收入水平、人口规模、相关物品的价格及其可获得性、个人和社会的偏好，还有其他特殊因素等。

- 消费者的平均收入是需求的重要决定因素。当人们的收入上升时，即使价格不变，个人几乎也会倾向于购买更多数量的任何物品。较高的收入会使汽车的购买量急剧上升。
- 市场规模（用人口衡量）显然影响着市场需求曲线。加州4 000万人口购买的苹果和汽车，可能是罗得岛

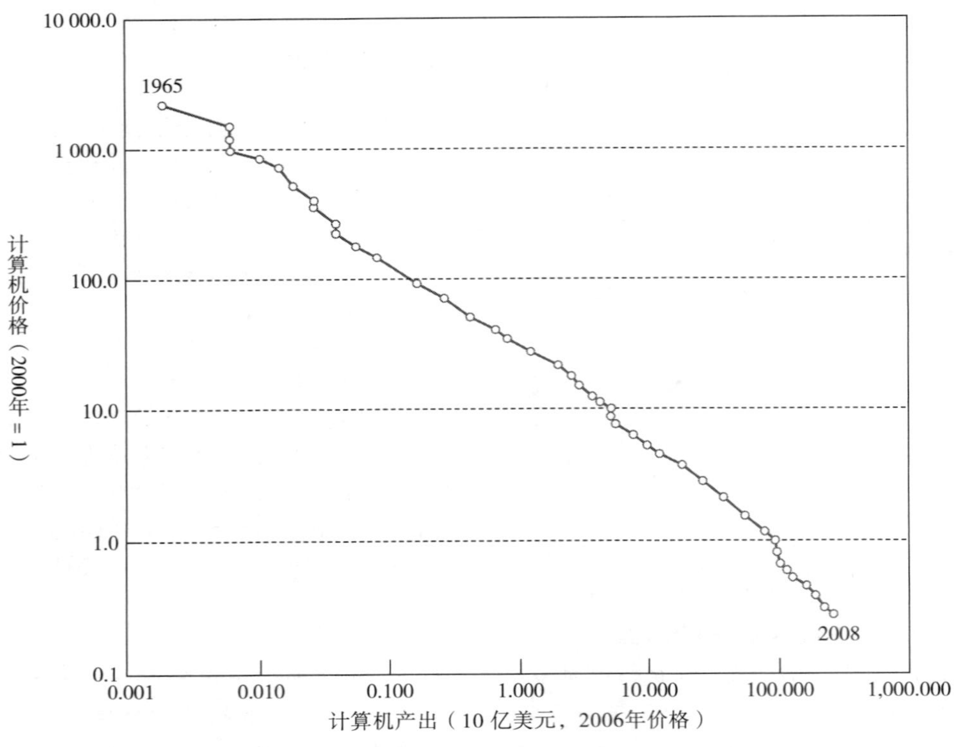

图3-3 计算机价格下降刺激计算机产量惊人地增长

计算机和打印机等外设的价格，按考虑了质量指标（如内存或计算速度）的购置成本进行统计。计算机价格从1965年以来下降了8 000多倍。伴随价格下降的是：收入增长，用途日益广泛，导致计算机产量增长14万倍之多。

资料来源：Department of Commerce estimates of real output and prices. Note that the data are plotted on ratio scales.

影响需求曲线的因素	以汽车为例
1. 平均收入	收入增加，人们购买更多的汽车
2. 人口	人口增加导致汽车购买量增加
3. 相关商品价格	汽油价格下降导致汽车需求增加
4. 偏好	拥有车成为身份的象征
5. 特殊影响	包括交通工具替代，汽车安全性，未来价格预期等

表 3–2　**许多因素影响需求曲线**

州 100 万人口购买数量的 40 倍。

- *相关物品的价格*及其可获得性会影响对该物品的需求，尤其是替代品之间存在着重要的联系。替代品是指具有相同功能的物品，如玉米片和麦片、钢笔和铅笔、小型汽车和大型汽车、石油和天然气。如果替代品 B 的价格下降，则物品 A 的需求会趋于下降。（不妨试问，如果计算机的价格下降，那么，人们对打字机的需求是升高还是降低呢？）
- 除了这些客观因素之外，我们还必须加上一系列被称为*品位或偏好*的主观因素。消费者偏好代表众多的文化和历史因素。它们可以反映出真正的心理或生理需要（对饮料、爱情或激情的需要），也可以包括人为造成的需要（香烟、毒品或迷人的赛车），还可以具有很大一部分传统或宗教的因素（美国崇尚牛肉，但食用牛肉在印度却犯禁忌；海蜇在日本是鲜美菜肴，但在美国却令人作呕）。
- 最后，在某一物品需求的背后，通常还存在着一些*特殊因素*。雨伞的需求量在多雨的西雅图较高，但在阳光明媚的菲尼克斯却较低；空调的需求在炎热的天气会上升；纽约市的汽车需求量较低，那里公共交通很方便，但是停车却是许多车主的噩梦。

表 3-2 用汽车作例子对需求的决定因素进行了总结。

需求的移动

随着经济生活的变革，需求在不断发生变化。只是在教科书中需求曲线才静止不动。

需求曲线为什么会移动呢？因为除物品价格以外的其他因素发生了变化。不妨考虑一个非价格变量的变化如何使需求曲线移动的例子。众所周知，在 20 世纪 90 年代经济繁荣时期，美国人的平均收入急剧增长。对汽车需求而言这是一个巨大的收入效应，于是在任何价格下汽车的需求数量都有提高。例如，如果平均收入增长 10%，在价格为 1 万美元时汽车需求数量会从 1 000 万辆增加到 1 200 万辆。这就会导致需求曲线发生移动，因为该需求数量的提高所体现的是商品价格变化以外的因素的作用。

上述这些幕后因素变化的净效应，我们称之为*需求增加*。在图 3-4 中，汽车的需求增加表现为需求曲线向右移动。必须注意：需求曲线的这种移动意味着在每一价格水平人们都会购买更多的汽车。

你可以通过回答下列问题来检验你的学习情况：温

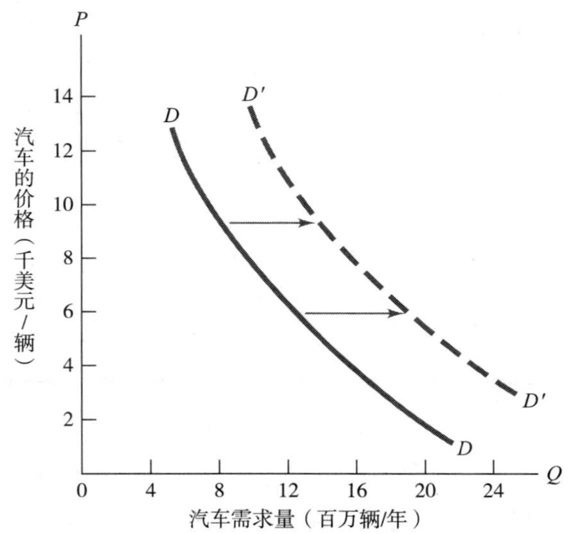

图 3–4　汽车需求的增加

影响需求的因素发生变化时，汽车需求就会受到影响。这里我们看到平均收入上升、人口规模扩大和汽油价格的降低对汽车需求的影响。我们将需求曲线的这种移动称为需求增加。

暖的冬季引起供暖石油的需求曲线是向左还是向右移动？为什么？如果年轻人对棒球失去了兴趣，转而喜欢篮球，则对于棒球比赛的门票的需求会产生何种影响？个人计算机价格的急剧下降对于打字机的需求会产生何种影响？如果蓝领工人的工资下降，而受过高等教育的人才薪水快速上升，则对大学教育的需求会产生何种影响？

当商品价格之外的因素变化引起购买数量发生变化时，我们称这种变化为需求变动。当所要购买的数量在每一价格水平增加（或减少）时，我们说需求增加（或需求减少）。

沿着曲线的移动和曲线的移动

切勿混淆沿着曲线的移动和曲线的移动。必须注意，不要把需求的变化（表现为需求曲线的移动）与需求量的变化（表现在价格变化之后，需求量在同一条需求曲线上移动到不同的点）相混淆。

当影响需求曲线的一种因素发生变化时，需求会发生变化。以比萨饼为例。如果收入增加，即使价格不变，消费者想要购买的比萨饼数量也会增加。也就是说，较高的收入增加了需求，使比萨饼的需求曲线向右移动。这就是比萨饼需求的移动。

与之不同的是需求量的变化。假设由于某种技术进步导致比萨饼的成本和价格下降，那么，在保持其他条件不变的情况下，消费者势必倾向于购买更多的比萨饼。但是，购买量的增加并不是来自于需求的增加，而是来源于价格的下降。这一变化体现为沿着需求曲线的移动，而不是需求曲线本身的移动。

B. 供给表

现在我们从需求转到供给。市场的供给涉及企业愿意生产和销售某物品的条件。西红柿的供给告诉我们在每一价位上西红柿的销售量。更准确地说，供给表反映的是在其他条件相同时，一种物品的供给量和它的市场价格之间的相互关系。在考查供给时，应当保持不变的条件包括生产成本、相关物品的价格和政府政策。

一种商品的**供给表**（supply schedule）或**供给曲线**（supply curve）体现的是：在其他条件不变的情况下，该商品的市场价格与生产者愿意生产和出售的数量之间的关系。

供给曲线

表 3-3 是一张假定的玉米片的供给表，图 3-5 用供给曲线描绘了该表的数据。这些数据表明，在玉米片价格为每盒 1 美元时，生产者将不生产任何玉米片。在如此低的价格水平上，早餐供应商可能会将其设备用于生产其他的谷类食品，如麦麸片，以获取更多的利润。而在玉米片价格上升时，早餐供应商便会生产更多的玉米片。（这是因为）当玉米片价格进一步上升时，厂商就会发现，雇佣更多的工人，购买更多的自动化机器，以及开设更多的玉米片工厂将是有利可图的。所有这些显然都会在较高的市场价格上提高玉米片的产量。

图 3-5 显示的是单个商品的供给曲线向上倾斜的一般情况。供给曲线向上倾斜的重要原因之一是“边际收益递减规律”（后面会详细讨论这一概念）。我们不妨以葡萄酒为例来介绍一下这个重要的规律。如果社会需要更多的葡萄酒，那么，就会有更多的劳动追加到适于种植酿酒葡萄的有限的土地上，但每一个新增加的劳动所增加的产品数量则是递减的。因此，刺激产出增加所必需

玉米片的供给表

	(1) 价格（美元/盒） *P*	(2) 供给量（百万盒/年） *Q*
A	5	18
B	4	16
C	3	12
D	2	7
E	1	0

表 3–3 供给表将供给量与价格联系起来

该表说明，在每一价格水平上，玉米片生产商愿意生产和出售的数量。请注意，价格与供给量之间存在着正相关的关系。

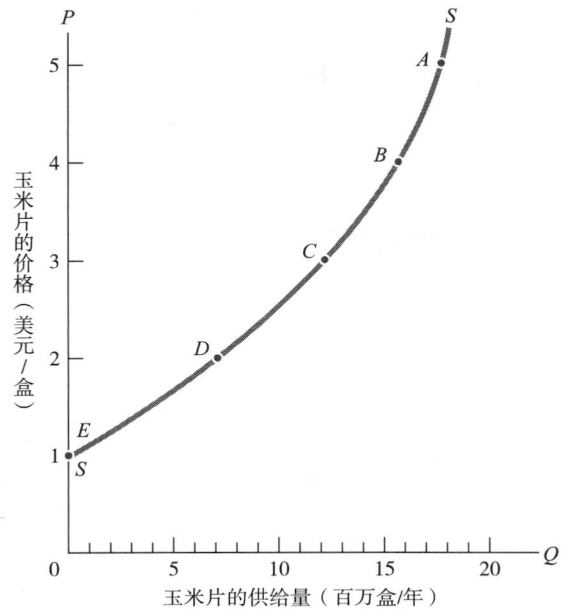

图 3-5　供给曲线将供给量与价格联系起来

供给曲线画出了表 3-3 中价格和数量的各种组合。连接这些点的平滑曲线，便是向上倾斜的供给曲线 *SS*。

的价格水平就要上升。通过提高葡萄酒的价格，社会能够诱导葡萄酒的生产者生产和出售更多的葡萄酒，葡萄酒的供给曲线因此便是向上倾斜的。同样的道理也适用于其他许多物品。

供给曲线背后的因素

考查供给决定因素的基本点在于：生产者提供商品为的是利润，而不是乐趣或博爱。因此，决定供给的一个关键因素便是*生产成本*。相对于市场价格而言，当某物品的生产成本比较低的时候，生产者大量供给该物品就会有利可图。当生产成本相对于价格而言比较高的时候，生产者就会提供比较少的数量，而转向其他产品的生产，甚或退出该产业。

生产成本主要取决于*投入品价格*和*技术进步*。劳动、能源或机器等投入品的价格显然会对既定产出水平的生产成本产生重大的影响。例如，2007 年石油价格急剧上升，提高了制造商的能源开销，从而提高了其生产成本，制造商便降低了供给。相反，最近 30 年来，计算机价格的下跌使得企业越来越多地用计算机取代人工，正如在工资支付和会计工作中所发生的那样。这就会导致计算机供给的增加。

另一个同样重要的决定因素是*技术进步*，即降低生产同一数量产出所需要的投入品数量的变化。这种进步包括从科学突破到现有技术的更新与挖潜，或者仅是生产流程的重新组织。例如，近年来制造商越来越富有效率。今天生产一辆汽车所需花费的劳动时间远远低于 10 年前的情况。这种技术进步使得汽车制造商可以在相同成本下生产更多的汽车。另外举个例子来说明。如果电子商务可以让购买者更方便地比较必要投入品的价格，那么，这种进步同样也会降低相应的生产成本。

然而，生产成本并非供给曲线的惟一决定因素。供给也受相关物品价格的影响，特别是那些在生产过程中能够轻易地进行替代的*相关物品的价格*。如果一种替代品的价格上升，那么另一种替代品的供给就会下降。下面以美国农业生产为例进行说明。政府提高对乙醇汽油的补贴，以减少对进口石油的依赖。乙醇汽油的生产原料主要是玉米。玉米需求的增加（玉米需求曲线移动）导致玉米价格的上升。结果，农民势必生产更多的玉米，而减少大豆的生产；最后导致大豆的供给减少、价格上升。所有这些变动，都是出于为减少进口石油依赖而采行的补贴政策。

*政府政策*也会对供给曲线产生重大影响。我们刚刚讨论了乙醇汽油补贴和玉米生产之间的关系。环境和健康方面的考虑会决定采用何种技术，而税收和最低工资法会大大提高投入品的价格。政府外贸政策会对供给产生重要的影响。例如，美国按自由贸易协定向墨西哥鞋类开放市场后，美国的鞋类供给就会上升。

最后，*特殊因素*也会影响供给曲线。气候条件对农业和滑雪产业有着重要的影响。计算机行业以富有创新精神著称，这导致计算机产品日新月异。市场结构会影响供给，而对于未来价格的预期通常会对供给决策产生重大的影响。

表 3-4 以汽车为例，列举了决定供给的重要因素。

供给的移动

企业不断地改变其产品和劳务的组合。引起供给发生变动的背后的原因是哪些呢？

当物品价格之外的其他因素发生变动从而引起供给数量发生变动时，我们称这种变动为供给的变

影响供给曲线的因素	以汽车为例
1. 技术	计算机化生产降低了生产成本，增加了供给
2. 投入品价格	工资下降，导致生产成本下降，从而供给增加
3. 相关物品价格	如果卡车价格下降，则轿车供给会增加
4. 政府政策	取消进口汽车配额和降低关税，会增加汽车总供给
5. 特殊因素	互联网购物和竞价使消费者能以更低廉的成本比较经销商的销售价，迫使高成本卖家出局

表 3-4　供给受生产成本和其他因素影响

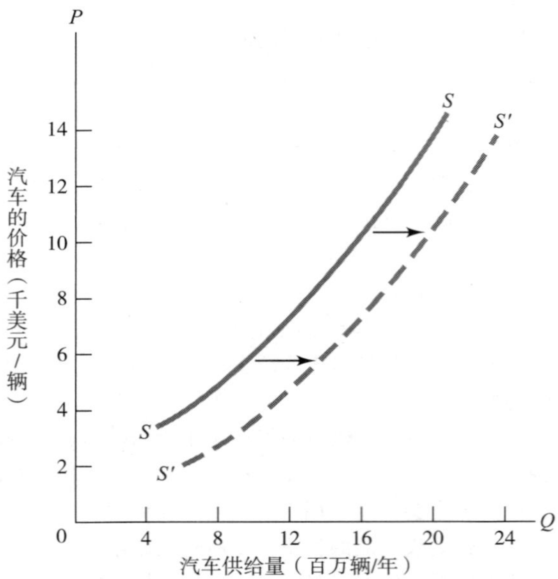

图 3-6　汽车供给的增加

生产成本下降时，汽车供给会增加。在每一价格水平上，生产者都会提供更多的汽车，供给曲线由此右移。（如果国会对汽车进口设立配额，则供给曲线会发生何种变化？）

动。从供给曲线看：在市场的每一价格水平上，当供给的数量增加（或减少）时，我们就说供给增加（或减少）。

当汽车的价格发生变动时，生产者当然也改变汽车生产的供给量，但这时供给和供给曲线却并没有发生变动。相反，只有在影响供给的其他因素发生变化时，供给才会发生变动，供给曲线也会因此移动。

我们不妨以汽车市场为例来说明供给曲线如何移动。如果引进了节约成本的计算机化的设计和生产方法，则会降低生产汽车的劳动需求量；如果削减汽车工人工资，如果日本汽车制造商的生产成本降低，或者如果政府放松了对汽车行业的某些管制规定，那么汽车的供给就会增加。这些因素中的每一个都会提高在每一价格水平上美国的汽车供给。图 3-6 说明了汽车供给的增加。

为了检验你是否理解了供给变动，请思考下列问题：如果沙特阿拉伯的革命战争导致了石油产量的下降，世界的石油供给曲线会受到什么样的影响？如果中国对美国的服装出口关税下降，服装的供给曲线将会发生怎样的变化？如果英特尔公司研究出一种可以大幅度提高计算速度的芯片，则计算机的供给曲线又会受到何种影响？

当回答上述问题时，你要切记沿着曲线的移动与曲线本身的移动之间的区别。回顾一下前文图 3-1 所示的汽油价格曲线。当石油价格上升，同时，由于 20 世纪 70 年代政治动荡而导致石油生产下降时，这些变动导致了供给曲线向内移动。当更高的价格导致石油销售量下降时，就会产生*沿着需求曲线的移动*。

由图 3-3 可见计算机的价格和数量的变动的历史，更像供给的变动，还是更像需求的变动？（本章最后的习题 8 将进一步讨论这个问题。）

你如何描述鸡肉价格上升导致的鸡肉生产增加的情况？又如何解释鸡饲料价格下降而引起鸡肉生产上升的情况？

C. 供给和需求的均衡

到目前为止，我们一直孤立地分析供给和需求。我们知道在每一价格下人们愿意购买和销售的数量。我们已经看到，消费者对于玉米片、汽车和计算机的需求量是这些物品价格的函数。同样，生产者愿意供给这些物品和那些物品的数量也取决于它们的价格。而当我们把市场的这两个方面放在一起时，又会发生何种情况呢？

答案是：供给和需求的力量会相互作用，产生均衡的价格和均衡的数量，即市场均衡。*市场均衡发生在供给和需求力量达到平衡的价格与数量的点上。*在该点，买者所愿意购买的数量正好等于卖者所愿意出售的数量。之所以称这一点为均衡是因为：当供求力量平衡时，只要其他条件保持不变，价格就没有理由继续波动。

让我们分析表 3-5 中的玉米片的例子，看看供给和需求是如何决定市场均衡的；该表中的数据来自表 3-1 和表 3-3。为了找到市场价格和数量，我们发现，在某一价格上（我们需要找到一个价格，在这一价格水平上）愿意购买和愿意出售的数量正好相等。如果我们假定每盒的价格为 5 美元，那么这个价格水平能长期维持下去吗？显然不能。正如表 3-5 中 A 行所示，在 5 美元的价格水平，生产者每年愿意出售的数量是 1 800 万盒，而需求者仅仅愿意购买 900 万盒。在价格为 5 美元的条件下供给量超过了需求量，玉米片存货会堆积在超市里；由于购买得太少，而玉米片太多，所以玉米片的价格会趋于下降，正如表 3-5 中第（5）栏所示。

现在，我们假定每盒的价格为 2 美元。这一价格能够出清市场吗？看看表中的 D 行便可以发现，在 2 美元的价格下消费超过了生产。在这一价格水平，玉米片存货卖空。由于人们争相寻找他们愿意购买的玉米片，从而价格被抬高，如表 3-5 中的第（5）栏所示。

我们还可以继续考虑其他的价格水平，但是，我们还是很容易发现均衡价格为 3 美元，即表 3-5 中的 C 行。在价格为 3 美元时，消费者所愿意购买的数量正好等于生产者所愿意供给的数量，为 12 个单位。只有在价格为 3 美元时，消费者和供给者才会做出一致的决策。

> 在需求量与供给量相等的价格水平上，就会实现**市场均衡**（market equilibrium）。在均衡点上，价格既没有上升的趋势，也没有下降的趋势。我们也称均衡价格为**市场出清价格**（market-clearing price）。这意味着所有供给和需求的订单都已完成，账面上已经出清，需求者和供给者都得到了满足。

供给曲线与需求曲线的均衡

我们通常用图 3-7 这样的供求图描述市场均衡，该图把图 3-5 中的供给曲线和图 3-2 中的需求曲线放在一起。由于这两个图在横轴和纵轴上采用了完全相同的单位，因此，我们可以把它们放在一起。

通过寻找使需求量等于供给量的价格水平，我们找到了市场均衡。*均衡价格发生在供给曲线与需求曲线的交点，即 C 点。*

我们如何知道供给曲线与需求曲线的交点就是市场均衡点呢？让我们重复先前的试验。我们从最初的每盒 5 美元的高价开始分析，这一价格表示在图 3-7 中纵轴的顶端。在这一价格水平上，供给者愿意出售的数量高于需求者愿意购买的数量。其结果是出现了过剩，即供给量超过了需求量，如图中标有“过剩”的线段所示。沿着两条曲线向下的箭头表示当市场存在着过剩时价格的运

玉米片的需求和供给

	（1） 可能的价格 （美元 / 盒）	（2） 需求量 （百万盒 / 年）	（3） 供给量 （百万盒 / 年）	（4） 市场状态	（5） 对价格的压力
A	5	9	18	过剩	↓向下
B	4	10	16	过剩	↓向下
C	3	12	12	均衡	中立
D	2	15	7	短缺	↑向上
E	1	20	0	短缺	↑向上

表 3–5　均衡价格发生在需求量等于供给量之处

表中显示了不同价格水平上的供给量和需求量。只有在每盒 3 美元的均衡价格时，供给量才等于需求量。价格太低会出现短缺，从而价格趋于上升；价格太高会造成过剩，从而迫使价格下降。

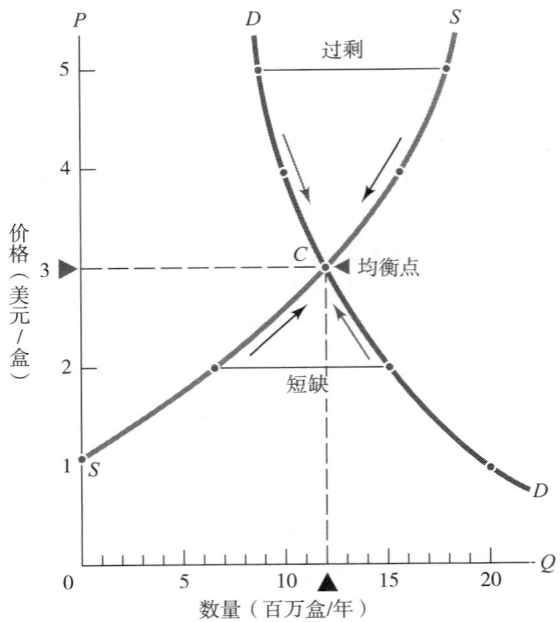

图 3–7 市场均衡发生在供给曲线与需求曲线的交点

市场均衡的价格和数量发生在供给曲线与需求曲线的交点。在 *C* 点，即 3 美元的价格水平上，企业愿意供给的数量等于消费者愿意购买的数量，当价格太低（如 2 美元时），需求量超过了供给量，出现了短缺，迫使价格上升到均衡水平。若在 4 美元的价格水平下，则会发生何种情况呢？

动方向。

在每盒 2 美元的低价上，市场出现了*短缺*，即需求量超过了供给量，如图中标有“短缺”的线段所示。在存在着短缺的情况下，购买者为得到有限的物品而展开的竞争引起价格上升，如图中向上的箭头所示。

现在，我们看到了供给与需求的平衡或均衡发生在供给曲线与需求曲线的交点，即 *C* 点。在 *C* 点，价格为每盒 3 美元，数量为 12 单位，需求量与供应量相等：既不存在短缺，也不存在过剩；价格既没有上升的趋势，也没有下降的趋势。在 *C* 点，而且只有在 *C* 点，供给与需求的力量才能达到平衡，价格也才能稳定在可以持续不变的水平上。

> 均衡价格与均衡数量发生在愿意供给的数量等于愿意购买的数量的水平上。在竞争市场上，这一均衡出现在供给曲线与需求曲线的交点上。在均衡价格水平上，市场上不存在短缺或过剩。

供给或需求的移动对均衡的影响

供给分析与需求分析，远不限于告诉我们均衡价格和均衡数量。它也能用于预测经济条件的变化对于价格和数量的影响。让我们换成面包的例子。假设一段时期的不良气候提高了面包的重要原料小麦的价格，从而使面包供给曲线向左移动。图 3-8（*a*）说明了这一情况。在该图中，面包的供给曲线从 *SS* 移动到 *S′S′*，而需求曲线却没有移动，因为无论收成好坏，人们每天对三明治都有同样的需求。

面包市场会发生何种变化呢？在原价格水平上，恶劣的天气最终使得面包商只能生产较少的面包，从而导致需求量超过了供给量。价格会因此上升，生产会得到刺激，因而在抑制消费降低需求量的同时，也提高了供给量。价格持续上升，直到需求量与供给量在新的均衡价格上再次达到相等时为止。

正如图 3-8（*a*）所示，新的均衡点发生在新的供给曲线 *S′S′* 与原来的需求曲线的相交点 *E′*。因此，农业欠收（或者供给曲线的任何向左移动）提高了价格，并且由于需求向下倾斜规律，需求量会降低。

假设，新的烤制技术降低了成本，从而增加了供给，即供给曲线向右下方移动。画出一条新的供给曲线 *S‴S‴*，以及与此相应的新的均衡点 *E‴*。那么，为什么均衡价格会下降，而均衡数量又会提高？

我们也可以用供给与需求原理考查需求变化如何影响市场均衡。假设家庭收入急剧增加，每个人因此想买更多的面包。这一变化在图 3-8（*b*）中表示为“需求的移动”。在这种情况下，在每一价格水平上，消费者都需要更多数量的面包。因此，需求曲线从 *DD 向右移动到 D′D′*。

在原来的价格水平上，需求的移动会产生面包短缺，接着会发生面包抢购。价格上升，直到供给与需求在较高的价格水平上恢复平衡。从图形上看，在图 3-8（*b*）中，需求的增加导致市场均衡从 *E* 移动到 *E″*。

在这两个移动（供给移动和需求移动）中，影响需求曲线或供给曲线的某个因素都发生了变化。在供给移动的例子中，可能是由于技术或投入品的价格发生变化。而在需求移动中，影响消费需求的诸因素（收入、人口、相关物品的价格、偏好）中的一个（或多个）发生了变化，需求表也因此发生变动（参见表 3-6）。

> 当影响需求或供给的诸因素发生变化时，就会

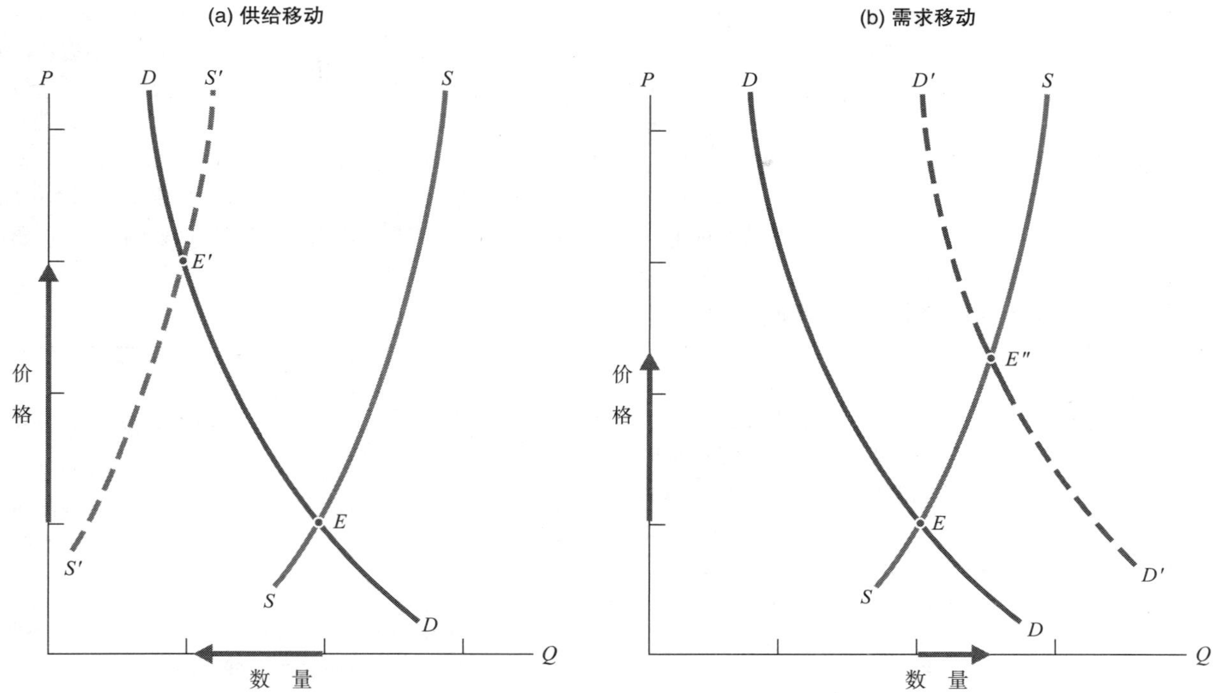

图 3–8 供给或需求的移动改变了均衡价格和数量

（a）如果供给曲线向左移动，初始价格水平上就会出现短缺，价格将会上升，直到愿意购买和出售的数量在新的均衡点 E' 相等为止。（b）需求曲线向右移动会导致超额需求，随着均衡价格和数量向 E'' 移动，价格将会上升。

	需求和供给变化	对价格和数量的影响
如果需求上升……	需求曲线向右移动……	价格↑ 数量↑
如果需求下降……	需求曲线向左移动……	价格↓ 数量↓
如果供给上升……	供给曲线向右移动……	价格↓ 数量↑
如果供给下降……	供给曲线向左移动……	价格↑ 数量↓

表 3–6 需求和供给的移动对价格和数量的影响

导致需求或供给发生变动，并引起市场上的均衡价格和均衡数量也发生变动。

解释价格和数量的变动

如何解释价格和数量变化，这是一个重要问题。我们有时会听到：“汽油需求并没有遵循需求向下倾斜的规律。2003 年到 2006 年，汽油价格飞速增长（见图 3-1），然而，美国汽油消费量只增不减。你们经济学家应该如何解释这种现象！”

在仔细分析供给和需求之前，我们不能给出一个明确的解释。但是，这个悖论最有可能的解释是需求曲线发生了移动，而不是单纯地沿着需求曲线移动。我们知道，中国和印度的经济飞速发展，大量进口石油，导致全球石油需求增加。此外，美国汽车数量剧增，燃油利用率又下降，也导致美国对汽油的需求增加。

经济学家总是在回答诸如此类的问题：当市场上价格或数量发生变化时，这种情况是反映了供给方面的变化还是需求方面的变化？有时，在简单的情形下，同时考查价格和数量会给你提供一条线索：究竟是供给曲线移动了，还是需求曲线移动了。例如，面包价格的上升伴随着数量的减少表明供给曲线向左移动（供给下降了）。价格的上升伴随着数量的**增加**则表明需求曲线可能向右移动了（需求增加了）。

图 3-9 说明了这一点。图（*a*）和图（*b*）中，数量都上升了。但是图（*a*）中价格上升了，而图（*b*）中价格却下降了。图 3-9（*a*）描绘的是需求增加，即需求曲线移动的情况。这种移动导致均衡的需求量由 10 单位增加到 15 单位。图 3-9（*b*）描绘的是沿着需求曲线移动的情况。在这种情况下，供给的移动使得市场均衡从 *E* 点移动到 *E*″ 点。结果，需求量从 10 单位增加到 15 单位。但是，在这个例子中需求没有变动，而是当消费者根据价格的变动，沿着他们的需求曲线从 *E* 变动到 *E*″ 时，需求量增加了。

不妨回到前文关于 2003~2006 年汽油消费量变化的讨论中。请解释：为什么这种情况最好是由图 3-9（*a*）去解释。还请解释：需求向下倾斜的规律在汽车市场中仍然成立。

微妙的均衡概念

“均衡”是经济学中最难以掌握的概念之一。日常生活中所见的现象应该让我们对均衡概念相当熟悉，例如，放在碗底的桔子，或是静止了的钟摆，都可以看做是一种均衡状态。

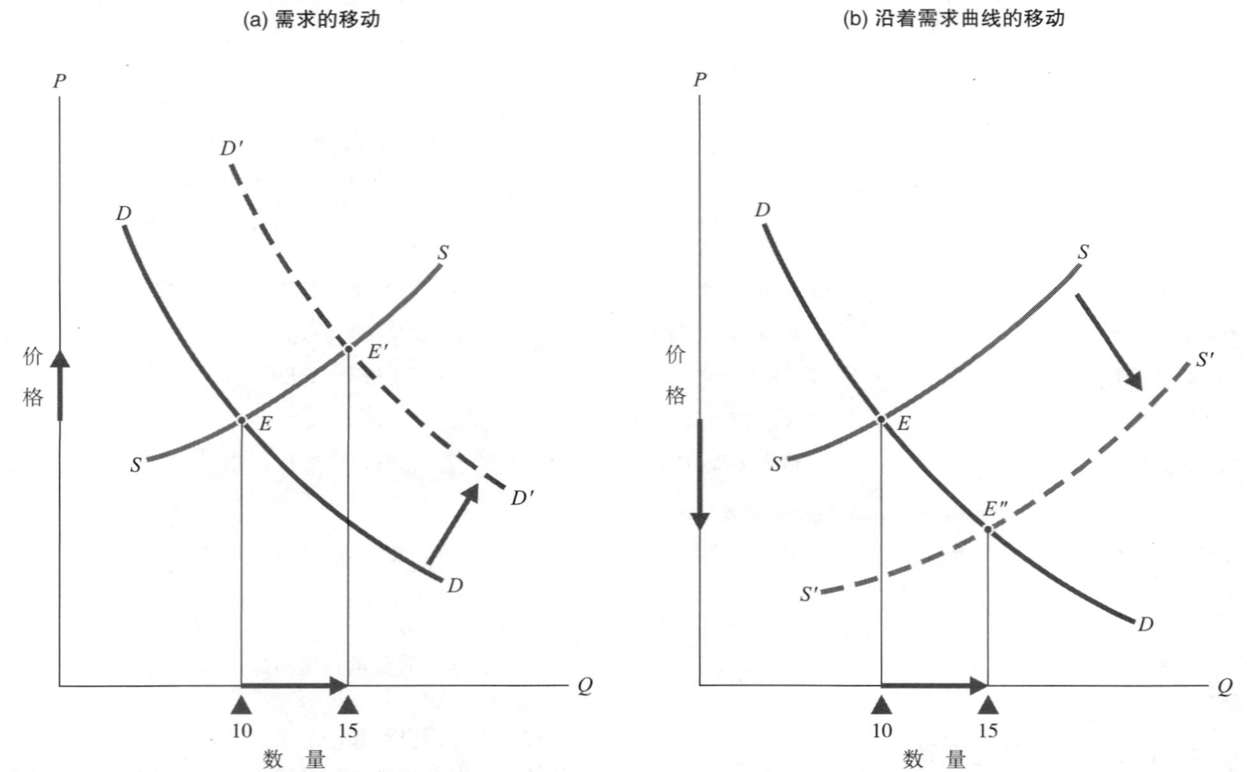

图 3-9　曲线的移动与沿着曲线的移动

初始均衡点为 *E*，数量为 10 单位。在（a）中，需求的增加（即需求曲线的移动）形成了一个新均衡点 *E*′，数量为 15 单位。在（b）中，供给的移动导致了沿着需求曲线的移动，均衡点从 *E* 移动到 *E*″。

在经济学中，均衡意味着市场运作中不同力量处于平衡，从而价格和数量使购买者和供应商的愿望达成一致。价格太低意味着各种力量尚未平衡——吸引需求的因素比吸引供给的因素更有力，因而存在超额需求或短缺。我们知道竞争市场是一种形成均衡的机制。如果价格太低，需求者会争相购买，抬高价格，直至达到均衡为止。

然而，均衡概念似乎具有某种诡辩性。正如一位权威所论断："不要同我谈什么供给和需求的均衡。石油的供给总是等于石油的需求。你找不出二者的差异。"从会计的角度来看，这位权威的确有理。石油生产者记录的销售量显然恰好等于石油消费者记录的购买量。但是这种算术结论并不能否定供给和需求的规律。更重要的是，如果我们没有理解经济均衡的实质，我们就无法理解各种因素是如何作用于市场及其发生作用的方式和程度。

在经济学中，我们对于能够出清的市场的销售量，即均衡数量很感兴趣。我们还想知道消费者愿意购买的数量与生产者愿意出售的数量恰好相等的价格水平。只有在这一水平上，买者和卖者才会同时达到满足。也只有在这一价格水平上，价格和数量才不会继续有变动的趋势。因此，只有当我们了解了供求均衡时，我们才能理解这样一些悖论：移民也许不会降低所移入城市的工资；土地税也许不会提高租金；以及收成不好反而有可能提高（的确是提高）农民的收入。

供给、需求和移民

供求分析中一个迷人、重要而又十分复杂的例子是移民在决定工资方面的作用。如果你向人请教这个问题，他们可能会告诉你加州和佛罗里达州的移民确实降低了当地人的工资。原因就在于供给和需求。他们也许会请你去看图 3-10（*a*），该图说明了关于移民的一项供求分析。根据这一分析，移民使得该地区劳动供给曲线向右移动，从而压低了工资。

严谨的经济学研究对这个简单的推理表示怀疑。最近，一项实证研究得出结论说：

> 移民对于当地劳动市场的影响很微弱。没有证据表明当地人在就业等经济方面有重大损失。大部分实证研究……发现移民占总人口的比重每增加

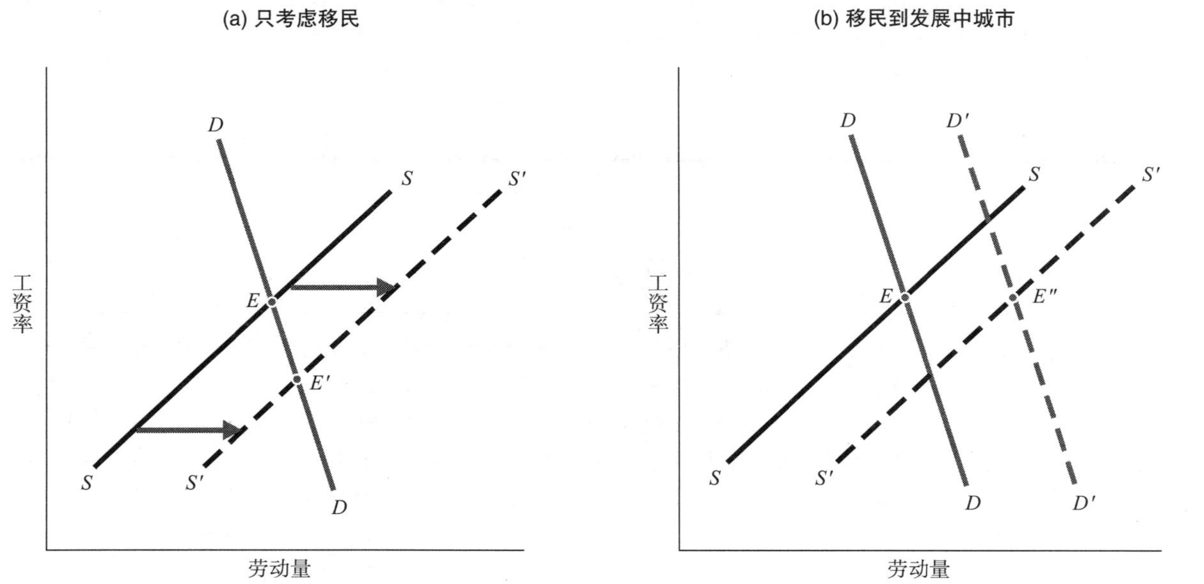

图 3-10　移民对工资的影响

在（a）中，新移民使得劳动供给曲线由 *SS* 移动到 *S′S′*，降低了均衡工资。但更常见的是，移民进入到劳动市场发展城市，如（b）所示，如果在该劳动市场上，供给的增长是随着需求的增长而来的，那么工资的变化则非常小。

10%，最多只会使当地的工资下降 1%。[1]

怎样解释移民对工资的影响为何如此之小？劳动经济学家强调美国人口具有很强的流动性，这就意味着新移民很快就会散布到整个国家。移民一旦成功，通常会流入到他们有可能找到工作的城市——也就是说，劳动者倾向于迁往那些经济发展强劲从而对劳动的需求增加的地方。

图 3-10（*b*）描绘了这种可能性，在供给曲线移动到 *S'S'* 的同时，需求曲线向右移动到 *D'D'*。新的均衡工资 *E''* 点，与原工资水平 *E* 点相当。另一种可能性是当移民迁入时，当地出生的居民出现迁出，因此劳动总供给并没有变动。这将使劳动供给曲线停留在初始的位置上，从而工资不会发生变动。

在说明供给需求理论工具有实证能力的时候，移民问题是一个很好的例子。

通过价格进行分配

现在，让我们思考一下市场机制的成就。通过决定所有投入和产出的均衡价格和均衡数量，市场将社会的稀缺品配置或配给到各种可能的用途中。谁进行配给？计划委员会、国会，还是总统？都不是，答案是市场。它通过供求的相互作用进行了这种配给。这就是所谓的用钱包进行配给（rationing by the purse）。

生产什么物品？这一问题将由市场价格信号做出回答。较高的玉米价格刺激了玉米生产，而较低的电脑价格则刺激对电脑的需求。那些拥有最多货币选票的人，对于生产什么物品往往最具有影响力。

为谁生产物品？钱包的力量决定了收入和消费的分配。那些拥有高收入的人会得到更大的房子、更多的衣服以及更长的假期。有钱做后盾时，那些最迫切的需求通过需求曲线都能得以实现。

就连如何生产的问题也取决于供给和需求。当玉米价格较高时，农民有可能使用昂贵的拖拉机和灌溉系统。当石油价格很高时，石油公司甚至会到海上进行深钻，以利用最新的勘探技术寻找新的油田。

通过本章关于供给和需求的讨论，我们已经了解：对物品的欲望（体现在需求中）如何与物品的成本（体现在供给中）相互作用。进一步学习将会加深我们对于这些概念的理解，并说明如何将这一工具应用到其他重要的领域中。尽管这只是一种初步的讨论，但它也能为我们解释现实经济世界提供一种必备的工具。

[1] Rachel M. Friedberg and Jennifer Hunt, "The Impact of Immigrants on Host Country Wages, Employment, and Growth," *Journal of Economic Perspectives*, Spring 1995, pp. 23–44.

总结提要

1. 供给与需求的分析表明，市场机制如何解决了生产什么、如何生产和为谁生产这三大经济问题。市场将供给和需求结合起来。其中，需求来自于消费者将收入分配在各种可供他们选择的物品和劳务上，而供给则来自于追求利润最大化的企业。

A. 需求表

2. 需求表说明，在其他条件保持不变的情况下，某一物品的需求量与其价格之间的关系。在其他条件如家庭收入、偏好和其他物品的价格等不变时，用图形表示的这样一种需求表便是需求曲线。几乎所有的物品都遵循需求向下倾斜规律。该规律表明，当一种物品的价格上升时，它的需求量会下降。这一规律用向下倾斜的需求曲线来反映。
3. 许多因素存在于市场整体的需求表的背后：家庭平均收入、人口、相关物品的价格、偏好和特殊因素。当这些因素发生变化时，需求曲线会发生移动。

B. 供给表

4. 供给表（或供给曲线）给出了在其他条件不变时，生产者愿意出售的一种物品的数量与该物品的价格之间的关系。一般说来，供给量与价格之间存在着正相关关系，因此，供给曲线向右上方倾斜。

5. 物品价格之外的其他因素也会影响供给。其中最重要的因素是商品的生产成本，它取决于技术状况和投入品的价格。影响供给的其他因素还包括：相关物品的价格、政府政策和特殊因素等。

C. 供给和需求的均衡

6. 在竞争市场上，供给与需求的均衡发生于供给与需求的力量处于平衡的价格水平上。均衡价格就是需求量正好等于供给量的价格。在图中，均衡价格发生在供给曲线与需求曲线的交点处。在高于均衡价格的价格水平上，生产者愿意供给的数量高于消费者愿意购买的数量，从而会出现物品过剩，对价格施加向下的压力。同样，太低的价格会产生物品短缺，购买者因此出高价购买，促使价格上升到均衡价格。

7. 供给曲线和需求曲线的移动改变了均衡的价格和数量。需求的增加，即需求曲线向右移动，会提高均衡的价格和产量。供给的增加，即供给曲线向右移动会降低价格并提高需求量。

8. 要想正确使用供求分析方法，我们必须注意：(*a*) 区分需求或供给的变动（它表示曲线的移动）与需求量或供给量的变动（它表示沿着曲线的变动）；(*b*) 保持其他条件不变，这就要求将物品价格变化的影响与其他因素变化的影响区别开来；(*c*) 识别供求均衡，它位于影响价格和数量的各种力量相互平衡的点上。

9. 竞争决定的价格将有限的物品分配到需要它们的人们的手中。

概念复习

供给与需求分析
需求表或需求曲线，*DD*
需求向下倾斜规律
影响需求曲线的因素
供给表或供给曲线，*SS*
影响供给曲线的因素
均衡价格和均衡数量
供给曲线和需求曲线的移动
保持其他条件不变
通过价格进行分配

补充读物和互联网站

补充读物

Supply-and-demand analysis is the single most important and useful tool in microeconomics. Supply-and-demand analysis was developed by the great British economist Alfred Marshall in *Principles of Economics,* 9th ed. (New York, Macmillan, [1890] 1961). To reinforce your understanding, you might look in textbooks on intermediate microeconomics. Two good references are Hal R. Varian, *Intermediate Microeconomics: A Modern Approach,* 6th ed. (Norton, New York, 2002), and Edwin Mansfield and Gary Yohe, *Microeconomics: Theory and Applications,* 10th ed. (Norton, New York, 2000).

A recent survey of the economic issues in immigration is in George Borjas, *Heaven's Door: Immigration Policy and the American Economy* (Princeton University Press, Princeton, N.J., 1999).

互联网站

Websites in economics are proliferating rapidly, and it is hard to keep up with all the useful sites. A good place to start is always *rfe.org/*. A good starting point for multiple sites in economics is *rfe.org/OtherInt/MultSub/index.html,* and the Google search engine has its own economics site at *directory.google.com/Top/Science/Social_Sciences/Economics/*. Another useful starting point for Internet resources in economics can be found at *www.oswego.edu/~economic/econweb.htm.*

You can examine a recent study of the impact of immigration on American society from the National Academy of Sciences, *The New Americans* (1997), at *www.nap.edu.* This site provides free access to over 1000 studies from economics and the other social and natural sciences.

问题讨论

1. a. 仔细定义需求表或需求曲线。表述需求向下倾斜规律。用两个你自己经历的事例说明需求向下倾斜规律。
   b. 定义供给表或供给曲线。说明供给的增加意味着供给曲线向右下方移动。把它与需求增加所意味的需求曲线向右上方的移动做一下比较。
2. 什么因素可能增加汉堡包的需求？什么因素可能增加其供给？廉价的冷冻比萨饼对于汉堡包的市场均衡会产生何种影响？对于在麦当劳工作的青少年的工资又会产生何种影响？
3. 阐明竞争市场的价格在供给与需求的均衡点上稳定下来的理由。如果市场初始价格过高或过低，那么请分别描述由此发生的情况。
4. 说明下列表述错误的理由：
   a. 巴西的咖啡作物欠收会降低咖啡的价格。
   b. “保护”美国纺织品供应厂商免于中国纺织品的竞争会降低美国市场上纺织品的价格。
   c. 大学学费的迅速上升会降低对大学教育的需求。
   d. 通过加强禁止贩运可卡因而展开的反毒品斗争，会降低国内生产的大麻的价格。
5. 供给与需求的四条规律如下，填空，并用供给和需求图论证每一条规律。
   a. 需求的增加通常会提高价格和需求量。
   b. 需求的下降通常会______价格和______需求量。
   c. 供给的增加通常会降低价格和提高需求量。
   d. 供给的减少通常会______价格和______需求量。
6. 在下列各题中，阐明需求量的变化是由于需求的变动还是由于价格的变化而产生的，并绘图说明你的答案。
   a. 减少军事开支的结果是军用靴的价格下降。
   b. 在教皇允许天主教徒在星期五可以吃肉之后，鱼的价格下降。
   c. 汽油税的增加降低了汽油消费。
   d. 14 世纪黑死病袭击欧洲后，工资上升。
7. 考查显示汽油价格的图 3-1，然后用供求图说明下述情况对需求价格和数量的影响。
   a. 20 世纪 60 年代，运输的改善降低了美国进口石油的成本。
   b. 1973 年战争之后，石油生产者大幅度削减石油的生产。
   c. 1980 年后，小型汽车每加仑行驶公里数上升。
   d. 1995~1996 年冬季空前寒冷，意外地增加了人们对取暖用油的需求。
   e. 21 世纪初全球经济复苏导致石油价格急剧上升。
8. 观察图 3-3，此价格数量关系看起来更像供给曲线还是需求曲线？假设需求曲线在此期间内不变，绘出 1965 年和 2008 年的供给曲线，这些年份必将出现交点（P, Q）。解释什么力量促使供给曲线移动？
9. 根据下列数据，绘出供给曲线和需求曲线并确定均衡价格和均衡数量：

比萨饼的供给和需求

价格（美元 / 个）	需求的数量（每学期的比萨）	供给的数量（每学期的比萨）
10	0	40
8	10	30
6	20	20
4	30	10
2	40	0
0	125	0

如果在每一价格水平上对比萨饼的需求增至 3 倍，则将会发生什么？如果比萨饼的初始定价是每个 4 美元，则又将发生什么？

第二编

微观经济学：供给、需求和产品市场

供给和需求：弹性及其应用 第4章

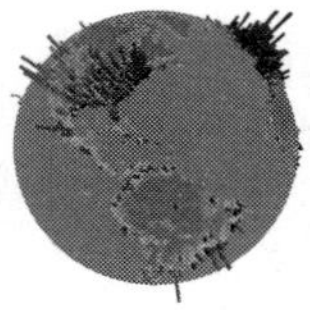

别指望靠教会鹦鹉说“供给”和“需求”，就能让它们变成经济学家。

——佚　名

以上我们已经学完了本书导论部分，下一部分我们开始进入微观经济学，即关于单个企业、消费者和市场的行为的研究。经济史上多数大的变迁和关于经济政策的主要争论，都包含在对于单个市场的研究之中。在微观经济学的基本范畴内，我们将探讨那些造成神经外科医生与纺织工人收入相差悬殊的原因。同时，微观经济学对于理解计算机价格何以暴跌以及计算机使用因何迅速普及也很关键。事实上，如果不用供给和需求的理论进行分析，我们就无法理解关于医疗保健或最低工资的激烈争论。就连贩毒或犯罪及其惩罚等问题，若不考查一下人们对上瘾物品与普通物品的需求究竟有何差异，则我们恐怕也无法将问题解释清楚。

但是理解供给和需求远非鹦鹉学舌那么简单。全面把握微观经济分析意味着应该理解需求曲线和供给曲线的推导，知晓关于成本的各种概念，分清完全竞争和垄断之间的差别。所有这些及其他关键的问题，都将成为我们遨游微观经济学奇妙世界时的主要景点。

A. 需求弹性和供给弹性

虽然供给和需求通常可以帮助我们判断供给量和需求量是增加还是减少，但为了使之成为真正有用的工具，我们需要知道供给和需求在多大程度上对价格的变动做出反应。一些购买，比如观光旅游，是对价格变动十分敏感的奢侈品。而另一些物品，如食品、电力等必需品的消费，则对价格的变动几乎无动于衷。上述这些关于价格变动和购买量之间的数量关系，我们可以运用**弹性**这一重要概念进行分析。下面我们将先对弹性进行详细的定义和说明，然后运用这一新的工具分析税收及其他政府干预举措对于微观经济的影响。

需求的价格弹性

我们首先研究消费需求对于价格变动的反应的灵敏程度。

> **需求的价格弹性**（price elasticity of demand），有时称**价格弹性**（price elasticity），衡量的是：当一种物品的价格发生变动时，该物品需求量相应变动的大小。价格弹性的准确定义是需求量变动的百分比除以价格变动的百分比。

不同物品的价格弹性，或对价格变化的敏感程度差别很大。当一种物品的价格弹性很高时，我们称这种物品是“富有弹性”的，这意味着该物品的需求量对价格变动反应比较强烈。当一种物品的价格弹性很低时，我们称这种物品是“缺乏弹性”的，也就是说该物品的需求量对价格变动反应比较微弱。

拥有替代品的物品一般比没有替代品的物品的弹性要大。如果明天所有食品或鞋的价格上涨20%，你无法设想人们不去吃饭或光脚走路。因此，食品和鞋的需求缺乏价格弹性。另一方面，如果疯牛病使英国牛肉的价格上涨的话，则人们可以转而食用其他国家的牛肉，或用羊肉、家禽肉来满足自己的肉类需求。因此，英国牛肉的价格弹性在这里就比较高。

人们对价格变动做出反应的时间的长短，也是影响价格弹性的一个因素。汽油就是一个典型的例子。假设当汽油价格突然上涨，而你正在驾驶着汽车横穿美国大陆，你是否会卖掉汽车放弃旅行？一般情况下你大概不会。因此，在短期内，这种场合的汽油需求可能就非常缺乏弹性。

然而，从长期来看，你可以根据汽油的较高价格来调整自己的消费（行为），可以购买小型节能车、骑自行车、乘火车、搬到距离工作场所较近的地方居住或者与其他人共用汽车。消费模式调整余地较大，通常都意味着所消费的物品的长期需求（的价格）弹性要大于短期需求（的价格）弹性。

> 需求的经济特征决定了个人消费品需求价格弹性的大小：奢侈品、具有替代品的物品以及消费者有较长时间调整其行为的物品的（需求的价格）弹性会比较大。相反，必需品、缺少替代品的物品和在短期行为内的物品的（需求的价格）弹性则会比较小。

弹性的计算

价格弹性的准确定义是需求量变动的百分比除以价格变动的百分比。我们用 E_D 表示（需求的）价格弹性，并且为方便起见，我们去掉负号，让所有的弹性都表现为正值。

我们可以根据下列公式计算出价格弹性的数值：

$$需求的价格弹性 = E_D = \frac{需求量变动的百分比}{价格变动的百分比}$$

现在我们可以进一步区分价格弹性的类型：

- 如果价格变动 1 个百分点引起需求量的变动超过 1 个百分点，则该物品就**富有需求价格弹性**（price-elastic demand）。例如，如果价格上升 1 个百分点，导致需求量下降 5 个百分点，则该物品就富有需求价格弹性。
- 如果价格变动 1 个百分点引起需求量的变动不足 1 个百分点，则该物品就**缺乏需求价格弹性**（price-inelastic demand）。例如，价格上升 1 个百分点而需求量仅下降 0.2 个百分点。
- 一种重要的特殊情形是某物品拥有**单位需求价格弹性**（unit-elastic demand），即需求量变动的百分点恰好等于价格变动的百分点。在这种情况下，价格上涨 1 个百分点会导致需求量下降 1 个百分点。以后我们还会看到这一点意味着当价格变动时，商品总支出（等于 $P \times Q$）保持不变。

我们可以用图 4-1 和表 4-1 中的例子来说明弹性的计算方法。如图 4-1 所示，在初始状态 A 点，价格为 90 单位，而需求量为 240 单位。价格上升到 110 单位导致需求量减少到 160 单位，即图中 B 点所示。

表 4-1 说明了如何计算价格弹性。价格上升 20%，导致需求量下降 40%。显然需求的价格弹性 $E_D = 40/20 = 2$。需求价格弹性大于 1，因而该物品在 A 到 B 的区间内的需求对价格富有弹性。

实际操作时，计算弹性还是有一定的难处，我们强调三个需要引起你格外注意的关键点：

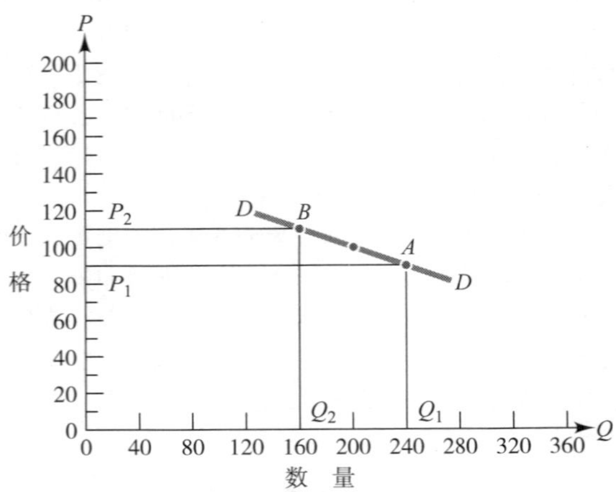

图 4-1 富有弹性的需求表明需求量对价格变动的反应较大

市场初始均衡点为 A。针对 20% 的价格上升，需求量下降了 40%，到达 B 点。价格弹性为：$E_D = 40/20 = 2$。因此，在从 A 到 B 区间内，需求是富有弹性的。

情况 A：价格 = 90，数量 = 240
情况 B：价格 = 110，数量 = 160
价格变动的百分比 = $\Delta P/P$ = 20/100 = 20%
数量变动的百分比 = $\Delta Q/Q$ = −80/200 = −40%
价格弹性 = E_D = 40/20 = 2

表 4–1　需求富有弹性的物品的例子

考虑价格从 90 上升到 110 的情况。根据需求曲线，需求量由 240 下降到 160。价格弹性是数量变动的百分比与价格变动的百分比的比值。我们去掉数字中的负号，因此所有的弹性都是正数。

1. 我们去掉数值中的负号，从而将所有百分比变动视为正数。这意味着尽管根据需求曲线向下倾斜的规律，价格和需求呈反方向变动，但所有的弹性都是正数。
2. 注意弹性定义使用的是价格和需求的*百分比变动*，而非实际变化量。这意味着衡量单位的变化不会影响弹性的大小。所以无论我们以美分还是以美元衡量价格，价格弹性都保持不变。
3. 计算价格和产量变动的百分比时应注意*平均化*或按比例的问题。计算百分比变动的公式是 $\Delta P/P$。表 4-1 中，ΔP 的值十分清楚，为 20 = 110 − 90。但是分母中的 P 应该是哪一个数值并不显而易见。是初值 90、终值 110，还是二者之间的某一个数值？

对于微小的百分比变动，如从 100 变动到 99，我们用 99 还是 100 作为分母是无关紧要的。但是对于较大幅度的变动，差异就十分显著了。为了避免模棱两可，我们通常采用平均价格作为计算价格变动的基础价格。在表 4-1 中，我们采用两个价格的平均数［P =（90+110）/2 = 100］作为弹性公式的基础或分母。同样，我们用平均数量［Q =（160 + 240）/ 2 = 200］作为计算需求量变动百分比的基础。因此计算弹性的准确公式应该是：

$$E_D=\frac{\Delta Q}{(Q_1+Q_2)/2}\div\frac{\Delta P}{(P_1+P_2)/2}$$

其中，P_1 和 Q_1 代表初始价格和需求量，而 P_2 和 Q_2 代表新的价格和需求量。

价格弹性图示

价格弹性也可以用图来演示。图 4-2 列举了弹性的三种情况。在每一种情况下，价格都削减一半，消费者的需求量都从 A 变动到 B。

在图 4-2（a）中，价格下降一半导致需求量增加了两倍。与图 4-1 中的例子一样，这一情况表明该物品富有价格弹性。在图 4-2（c）中，价格下降一半，需求量只增加 50%，因此这种情况说明该物品缺乏价格弹性。中间情况是单位弹性，显示在图 4-2（b）中，在此，需求量增加一倍恰好与价格下降一半旗鼓相当。

图 4-3 显示的是价格弹性为无穷大和零这两种极端的情况（或完全有弹性与完全无弹性这两种情况）。完全无

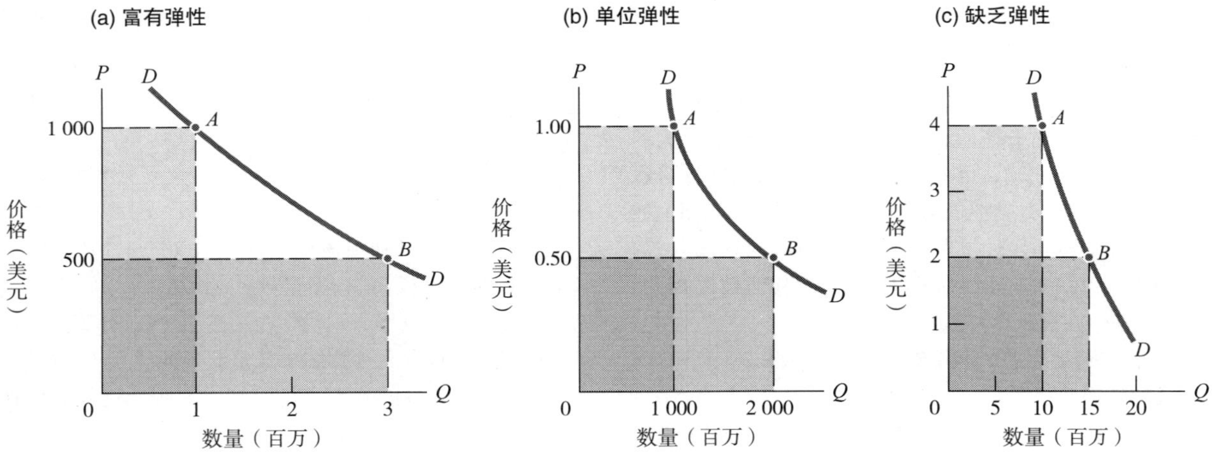

图 4–2　需求的价格弹性可分为三类

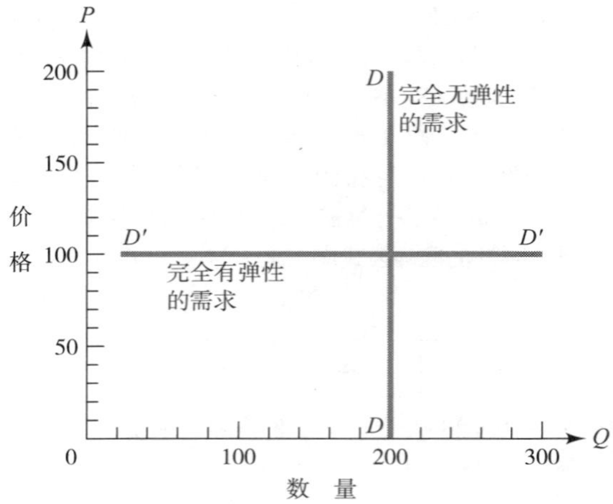

图 4–3 完全有弹性与完全无弹性的需求

需求的极端情况是垂直需求曲线和水平需求曲线，前者表示完全无弹性（$E_D=0$），后者表示完全有弹性（$E_D=\infty$）。

弹性，即具有零价格弹性，是指需求量对价格变化不做任何反应，这样的需求曲线看上去是一条垂直线。相反，如果需求弹性无穷大，价格的微小变化会导致需求量发生无穷大的变化，正如图 4-3 的水平的需求曲线所示。

计算弹性的一条捷径

一个简单的方法可以帮助你计算需求曲线的价格弹性：

> 直线（需求曲线）上任何一点的弹性等于位于该点之下的线段长度与位于该点之上的线段长度的比值。

为了说明这一点，请看图 4-4。在直线的上端点 *A* 附近，一个非常小的价格的百分比变动导致一个非常大的需求量的百分比变动，因此其价格弹性非常大。在直线 *DD* 上端的点的价格弹性也会比较大。下面我们利用上述规则来计算图 4-4 中 *B* 点的价格弹性，即计算线段 *BZ* 与线段 *AB* 的比值。从坐标轴上可以看出这个比值是 3。因此，*B* 点的价格弹性是 3。

同样的方法可以计算出 *R* 点的价格弹性为 1/3，这表明 *R* 点缺乏价格弹性。

最后，计算 *M* 点的价格弹性。在 *M* 点，上下两条线段的比值为 1，因此中点 *M* 为单位价格弹性。

直线的弹性

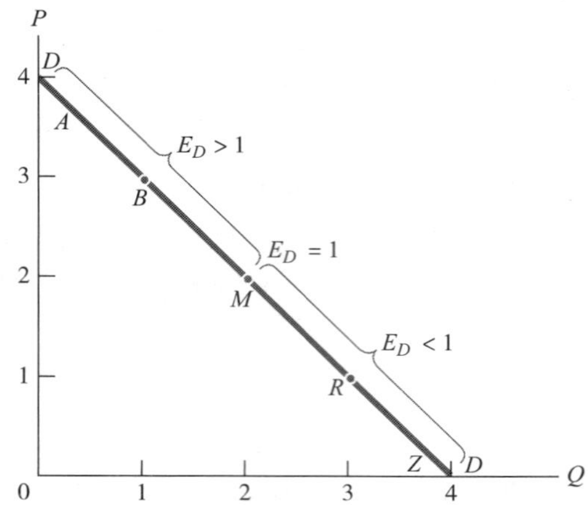

图 4–4 一个计算需求弹性的简单方法

直线需求曲线上某点的弹性等于该点之下的线段长度与位于该点之上的线段长度的比值。例如，在 *B* 点，下面的线段长度是上面的线段上度的 3 倍。因此，*B* 点的价格弹性为 3。

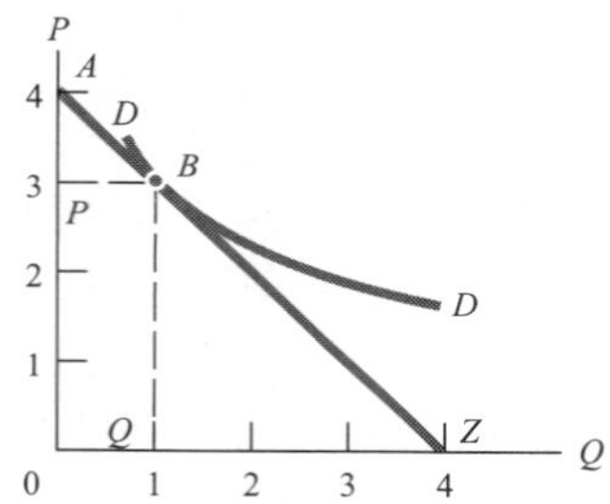

图 4–5 计算弯曲的需求曲线的价格弹性

为了计算非线性需求曲线的价格弹性，首先过该点作切线。然后计算位于该点之下的切线线段长度与位于该点之上的切线线段长度的比值，该比值就是需求曲线上该点的价格弹性。因此，*B* 点的价格弹性 3。

我们也可以利用该规则计算出如图 4-5 所示的弯曲的需求曲线上任何一点的弹性。步骤如下：（1）经过你所需要计算的点作曲线的切线；然后（2）计算这条切线在该点的弹性，其计算结果就是此条曲线在该点的弹性。下面以图 4-5 中的 *B* 点来说明这一过程：过 *B* 点作切线 *AZ*，B 点下面线段 *BZ* 与 *B* 点上面线段 *AB* 的比值是 3，因此，弯曲的需求曲线在 *B* 点的价格弹性是 3。

计算弹性的代数方法

为易于计算，我们不妨以线性需求曲线（直线）为例来说明计算弹性的代数方法。我们先将线性需求曲线表示成 $Q = a - bP$，然后定义点（P_0，Q_0）的需求弹性 $E_D = (\%\Delta Q)/(\%\Delta P) = (\Delta Q/Q_0)/(\Delta P/P_0) = (\Delta Q/\Delta P)/(P_0/Q_0)$。这表明线性需求曲线上点（$P_0$，$Q_0$）的价格弹性为

$$E_D = b\,(P_0/Q_0)$$

注意，价格弹性不仅取决于需求曲线的斜率，还受特定价格和需求量的影响。本章最后“问题讨论”第 11 题所提供的就是运用上述公式进行计算的实例。

弹性不等于斜率

切勿混淆曲线的弹性与它的斜率。区别二者的常用例子是呈直线状的需求曲线。我们通常将需求曲线描绘成线性关系或直线，因为这样很容易作图。

一个自然的问题就是：直线需求曲线的价格弹性是多少？这个问题的答案很令人吃惊：沿着一条直线需求曲线，价格弹性竟能够从 0 变动到无穷大！表 4-2 采用与表 4-1 相同的技术详细地计算了价格弹性。这张表说明，直线需求曲线的起点处价格弹性高，此处价格高而需求量少；终点处价格弹性低，此处价格低而需求量大。

这个例子说明了一个要点。当你在图形中考查一条需求曲线时，一般来说较陡的斜率并不意味着缺乏弹性，而较平缓的斜率也不标志着富有弹性。斜率并不等于弹性，这是因为，需求曲线的斜率取决于 P 和 Q 的变化，而弹性则取决于它们的*百分比变动*。惟一的例外是完全有弹性及完全无弹性这两种极端情况。

我们也可以用图 4-4 来说明斜率并不等于弹性。图 4-4 中的直线需求曲线，在上端时富有弹性，而在下端时却又缺乏弹性。

最后，让我们来看一下图 4-2（*b*）。图中需求曲线显然并不是具有固定斜率的直线。然而它具有不变的需求弹性 $E_D = 1$，因为在曲线的任何一点，价格变动的百分比都等于需求量变动的百分比。

> 弹性并不能仅仅由斜率单独推导出来。计算弹性的一般方法是：弹性等于位于直线或（曲线在）该点切线上的需求点之下的线段长度与位于该点之上的线段长度二者的比值。

弹性系数的数值计算

Q	ΔQ	P	ΔP	$\dfrac{Q_1+Q_2}{2}$	$\dfrac{P_1+P_2}{2}$	$E_D = \dfrac{\Delta Q}{(Q_1+Q_2)/2} \div \dfrac{\Delta P}{(P_1+P_2)/2}$	
0		6					
	10		2	5	5	$\frac{10}{5} \div \frac{2}{5} = 5$	（富有弹性）
10		4					
	10		2	15	3	$\frac{10}{15} \div \frac{2}{3} = 1$	（单位弹性）
20		2					
	10		2	25	1	$\frac{10}{25} \div \frac{2}{1} = 0.2$	（缺乏弹性）
30		0					

表 4-2　计算线性需求曲线的价格弹性

ΔP 代表价格的变动，即 $\Delta P = P_2 - P_1$，而 $\Delta Q = Q_2 - Q_1$。为了计算弹性的数值，价格变动的百分比等于价格变动 ΔP 除以平均价格（$P_2 + P_1$）/2；产量变动的百分比等于 $\Delta Q/Q$，这里 Q 由其平均值（$Q_2 + Q_1$）/2 给定。把所有的数值都取作正数，二者的比例就是需求的价格弹性，E_D。注意：对于直线而言，上端弹性大，下端弹性小，中点处弹性恰为 1。

弹性和收益

许多企业都想知道提高价格是增加还是减少收益。对许多企业来说，这是个具有重要战略意义的问题。无论是航空公司，还是棒球队或杂志社，都需要决定是否值得提高价格，以及较高价格的收益是否能够弥补较低需求的损失。让我们来看一看需求的价格弹性与总收益之间的关系。

根据定义，**总收益**（total revenue）等于价格乘以数量（即 $P \times Q$）。如果消费者以每单位 3 美元的价格购买 5 单位，那么总收益为 15 美元。如果你知道需求的价格弹性，你就会弄清价格变动对总收益会产生什么影响：

1. 当需求缺乏弹性时，降低价格会减少总收益。
2. 当需求富有弹性时，降低价格会增加总收益。
3. 当需求具有单位弹性时，价格下跌不会引起总收益的任何变动。

在今天的经济生活中，弹性的概念已经得到了广泛的应用，依据不同的弹性对消费者进行分组管理的尝试就是其中的一个例子。该技术已在航空运输业界广泛倡导和流行（详见下面的专栏）。另一个例子是软件公司，它们尝试用不同的弹性对其产品制定不同的价格。例如，如果你购买一个全新操作系统的需求非常迫切，那么你的需求弹性就比较低。在这种情况下，出售者就可以向你收取一个比较高的价格，从而获得更多利润。相反，如果你并不急于更新你的操作系统，则你就可以伺机寻求一个更合适的价格。这种情况下，你的需求弹性就比较高，出售者只能向你索取比较低的价格以卖出他们的产品。

弹性在航空运输中的应用

对于美国航空公司来说，弄清乘客的需求弹性相当于每年可带来数十亿美元的收益。在理想的情况下，航空公司希望向商务人员要求尽可能高的票价，而向闲暇游客提供足够低的票价以填补飞机上的空座。这是航空公司为增加总收益、追求利润最大化所希望采取的措施。

但是，航空公司要想对缺乏价格弹性的商务人员和富有价格弹性的闲暇游客收取不同的票价，它们必须解决一个大难题——识别并区分两种不同类型的乘客：它们如何阻止缺乏弹性的商务人员购买为闲暇游客准备的便宜机票？又如何避免富有弹性的闲暇乘客占用商务人员本来愿意付费的座位？

航空公司通过对不同的乘客采用“价格歧视”的措施解决了上述难题。这也正是利用不同价格弹性获取效益的一种案例。**价格歧视**（price discrimination）是指同一种服务对于不同的顾客收取不同的费用的策略行为。航空公司通常会对有计划并希望选择低价位的游客提供折扣。同时，航空公司也许会要求该乘客等到周六晚上之后才能拿到打折的机票，这条规定会使得急于回家度周末的商务人员望而却步。另外，最后的时刻通常不提供折扣，因为许多商务往来事先并无计划，而是为了处理意外的事件——这是另外一种缺乏弹性的情况。航空公司已经设计出极其复杂的计算机程序来管理机票的销售，从而确保缺乏弹性的乘客无法从折扣中获益。

丰收悖论

我们可以用弹性来分析经济学中最著名的悖论之一：丰收悖论。设想某年大自然对农业格外恩惠，寒冷的冬季冻死了所有的害虫；适于播种的春季早早到来；没有发生恶性霜冻；好雨滋润了成长中的秧苗；阳光灿烂的十月使得收割顺利并得以运往市场。年终时，琼斯一家愉快地坐下来计算一年的收入，但他们将会大吃一惊：好年景和大丰收反而降低了他们及其他农民的收入。

这是怎么回事？答案就在于人们对于食品的需求弹性。小麦、玉米等基本粮食作物缺乏弹性；就这些必需品而言，消费量对于价格的变动反应迟钝。这意味着当收成好的时候，农民作为一个整体的总收益要低于收成不好的时候。农业丰收提高了农产品的供给，进而会降低农产品的价格。但价格的下跌并不能使需求增加很多。其背后的原理就在于食品是缺乏价格弹性的，好收成（Q 值大）常常伴随着低收益（$P \times Q$ 值小）。

这些思想可以参见图 4-2。我们首先说明如何在图中衡量收益。总收益是价格与数量的乘积，$P \times Q$。进一步，矩形的面积等于其底边与高的乘积。因此，需求曲线上任何一点的总收益都等于该点的 P 和 Q 所决定的矩形的面积。

其次，我们可以考查一下图 4-2（*b*）所示的单位弹性情况下弹性与收益的关系。请注意 A 点和 B 点处总收益（$P \times Q$）都等于 10 亿美元。代表总收益的阴影部分面积相等是因为底边 Q 的变动抵消了高 P 的变动。这正是我们所预料到的单位弹性的情况。

我们也能看出图 4-2（a）对应的是富有弹性的情况。在这张图中，当价格减半时，收益矩形由 10 亿美元扩大到 15 亿美元。由于降低价格时，总收益会增加，因而需求是富有弹性的。

图 4-2（c）中，当价格减半时，收益由 4 000 万美元降低到 3 000 万美元，因而需求是缺乏弹性的。

哪一幅图描绘了丰收降低农民总收益的情况？显然是图 4-2（c）。在假日旅行的情况下，降低价格意味着增加总收益，哪一幅图反映了这一现象？当然是图 4-2（a）。

表 4-3 说明了记住价格弹性的要诀。

香烟税和吸烟

香烟税对吸烟有什么影响呢？有些人认为："一旦上瘾，人们会为了每天能够抽到烟而愿意付出任何代价。"毫无疑问，当你说需求数量与价格无关时，你实际上是在说价格弹性为零。那么，经验证据所显示的香烟消费的价格弹性究竟又是多少呢？

我们以一个历史案例来回答这个问题。新泽西州曾经将香烟税从每包 40 美分成倍增加到每包 80 美分，导致香烟平均价格从每包 2.4 美元上升到每包 2.8 美元。经济学家由此测算出了仅由价格上升所带来的香烟消费的效果：新泽西的香烟消费量由 5 200 万包下降到了 4 750 万包。

利用弹性计算公式，你可以计算出短期弹性是 0.59（保证你能得到相同的数值）。根据更深入详细的统计数据所计算得到的弹性数值也大体相当。可见，经验证据表明，香烟的价格弹性确实不为零。

供给的价格弹性

当然，消费量并不是惟一受价格涨跌影响的变量。企业在制定其生产决策时也会受价格的影响。经济学家将供给的价格弹性定义为一种商品的供给量对其市场价格的反应程度。

> 更准确地说，**供给的价格弹性**（price elasticity of supply）是供给量变动的百分比除以价格变动的百分比。

同需求弹性一样，供给弹性也有极高和极低的情况。假设供给量完全固定不变，像市场上易腐烂的鱼一样，不论市场价格如何，都必须全部卖掉。这便是供给弹性为零，即完全无弹性的特殊情况，此时供给曲线为一条垂直线。

另一个极端情况是，价格的微小下降会使供给量骤降为零，而价格的稍许上升会诱发无穷多的供给。这种情况下，供给量变动百分比与价格变动百分比之间的比率极其高，从而产生了水平供给曲线。这便是供给无限弹性的极端情况。

介于这两个极端之间，供给富有弹性还是缺乏弹性，取决于供给量变动的百分比是大于还是小于价格变动的百分比。在供给具有单位弹性，即供给的价格弹性为 1 时，供给量增加的百分比恰好等于价格上升的百分比。

很容易看出，供给的价格弹性与需求的价格弹性的定义完全相同。惟一的差别在于：对于供给而言，供给量与价格是正向变动，而对于需求而言，需求量与价格却是反向变动。

供给的价格弹性 E_S 的准确定义如下：

$$E_S = \frac{\text{供给量变动的百分比}}{\text{价格变动的百分比}}$$

需求弹性的值	描　述	定　义	对收益的影响
大于 1（$E_D > 1$）	富有弹性	需求量变动的百分比大于价格变动的百分比	价格下降时，收益增加
等于 1（$E_D = 1$）	单位弹性	需求量变动的百分比等于价格变动的百分比	价格下降时，收益不变
小于 1（$E_D < 1$）	缺乏弹性	需求量变动的百分比小于价格变动的百分比	价格下降时，收益减少

表 4–3　弹性：重要概念小结

图 4-6 描绘了供给弹性的三种重要情况：(a) 垂直的供给曲线，表示供给完全无弹性；(c) 水平的供给曲线，表示供给完全有弹性；(b) 中间那条过原点的直线表示供给具有单位弹性[1]。

哪些因素决定供给弹性呢？影响供给弹性的主要因素是行业中增加生产的困难程度。如果所有的投入品很容易在现行市场价格下购得，正如纺织服装行业的情况那样，则价格的微小上升就会导致产出大幅度增加。这就表明供给弹性相对较大。另一方面，如果生产能力受到严格限制，例如金矿开采的情况，即使黄金价格急剧上升，黄金产量也只能增加很少，这就是供给缺乏弹性。

影响供给弹性的另一个重要因素是考查时段的长短。随着供给者做出反应时间的增加，给定的价格变动就会对供给量产生更大的影响。价格上升后的短时期内，企业也许无法增加劳动、原材料和资本等投入，因此供给很可能缺乏弹性。然而，随着时间的推移，企业可以雇用更多的工人，建造新的厂房和扩大生产能力，这样，供给弹性就会变得比较大。

[1] 你可以按如下方法计算非线性供给曲线的弹性：(a) 过曲线上一点作切线；(b) 计算该切线在该点的弹性。

弹性需求

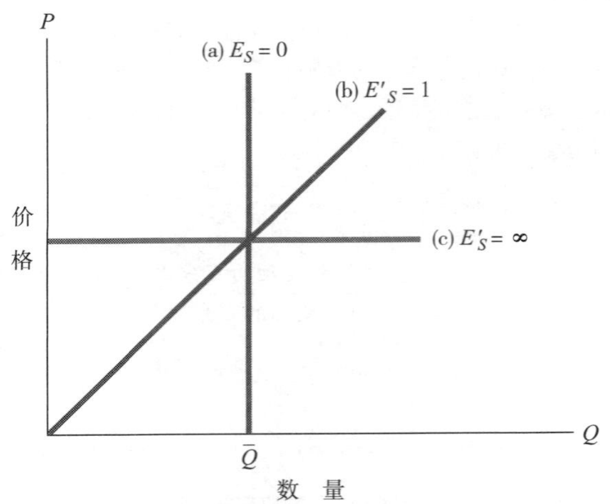

图 4-6 供给弹性依赖于生产者对价格的反应

当供给固定时，供给弹性为 0，如供给曲线（a）所示。供给曲线（c）表示供给量对价格变动做出无穷大的反应。当供给量变动的百分比与价格变动的百分比相等时，就出现了由（b）所示的中间情况。

以捕鱼为例，我们可以用图 4-6 说明供给如何随着时间的推移而发生变动。供给曲线（a）表示的是当天被运送到市场上的鲜鱼，在这个市场上卖鱼人仅仅靠叫卖售出全部的鱼，而不管最后是什么价格。曲线（b）代表中期（1 年左右）内捕鱼船只不变，尚未吸引到新劳动力的情况。长期内，随着新渔船的建造、新劳工的流入以及新渔场的建设，鱼的供给也许会变得非常富有弹性，正如图 4-6（c）所示。

B. 弹性在主要经济政策问题中的应用

在了解了弹性的基础知识之后，我们将研究这些工具如何帮助我们理解各种基本经济趋势及政策方面的问题。首先，我们研究产业革命以来产业结构所发生的一个巨大变化：农业的衰落。其次，我们以汽油税为例讨论税收对某一产业的影响。最后，我们将分析政府对市场的各种干预所产生的后果。

农业经济学

首先我们将供给需求分析用于农业。本节第一部分给出农业部门经济学的基础知识。随后我们将用供求理论分析政府对农业市场进行干预的效果。

农业长期相对衰落

农业曾经是美国国民经济最大的产业。100 年以前，美国人口的一半在农场生活和工作，但今天这个数字已经下降到不足劳动力的 3%。同时，农产品价格相对于收入及经济中其他物品价格有所下跌。如图 4-7 所示，在过去半个世纪中农产品价格不断地下降。中等家庭的收入翻了一番还多，而农场主的收入却相对地停滞不动。来自农业州的议员们对于家庭农场的衰落忧心忡忡。

在解释农产品价格下降趋势的原因上，一张简图也许要比连篇累牍的文字更加简明有效。图 4-8 中，E 点代表价格较高的初始均衡点。现在，让我们看一看，随着时间的推移，农业究竟发生了什么变化。由于大多数食品是必需品，人们对于食品的需求增加缓慢；与平均收入的增加相比，需求曲线的移动是很有限的。

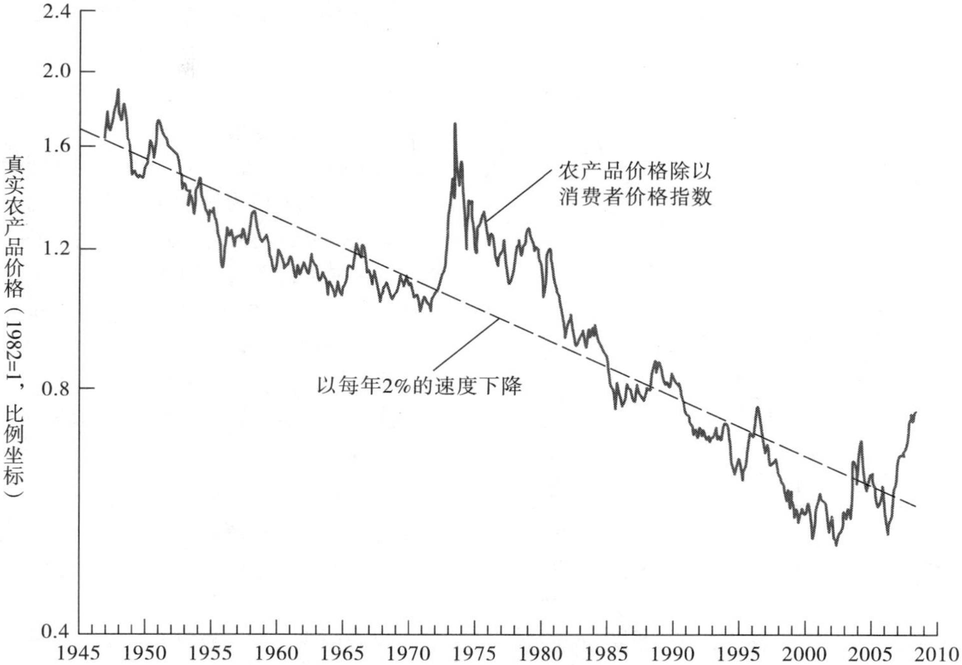

图 4–7　基本农产品的价格大幅度下降

基本农产品（诸如小麦、玉米、大豆等）的相对价格持续下降成为影响美国农业经济的一个主要因素。过去几十年，农产品的价格相对于一般价格水平以每年 2% 的速度下降。尽管自 2005 年起的粮食短缺减缓了食物相对价格的这种趋势，但没有扭转其长期的下滑趋势。然而，近来食物价格的上升导致了大多数国家的通货膨胀，甚至造成了一些贫穷国家因食物产生的骚乱。

资料来源：Bureau of Labor Statistics.

供给的情况又如何呢？尽管许多人错误地认为农业是落后产业，然而统计研究表明，农业生产率（每单位投入的产出）增长的步伐比大多数其他产业要快得多。重大的技术进步包括：通过使用拖拉机、联合收割机和摘棉机等实现了农业机械化，施肥、灌溉、培育良种和转基因作物的研制，所有这些创新都极大地提高了农业投入的生产率。农业生产率的迅速提高大大增加了供给，如图 4-8 所示，供给曲线从 *SS* 移动到 *S'S'*。

在新的均衡点会发生什么变化呢？供给的急剧增长超过了需求的有限增加，从而导致了农产品价格相对于经济中其他物品价格的下降趋势。这正是最近几十年来农业部门所发生的变化，参见图 4-7。

种植限制　鉴于收入的下降，农场主们经常游说联邦政府给予经济援助。长期以来，各国政府采取了多种举措来帮助农民。它们通过价格支持提高了农产品的价格；通过关税和配额限制进口；有时它们还简单地对那些承诺休耕（不在土地上种植作物）的农民给予补贴。

减少产量到底是怎样有利于农民的呢？我们可以利用丰收悖论来进行解释。假如政府要求农民减少产量，如图 4-9 所示，那么上述措施导致供给曲线向左上方移动。由于食品需求缺乏弹性，限制种植不仅提高了农产品的价格，而且增加了农民的总收益。正如丰收会损害农民的利益一样，限制种植则有利于提高农民的收入。当然，消费者在限制种植所导致的较高价格中受到了损害——正如他们在水灾或干旱导致的粮食短缺中遭遇的情形一样。

限制产量是政府在单个市场上进行干预的一个典型例子。它们通常以牺牲消费者的利益为代价来增加某一部分人的收入。这样的政策一般都是非效率的：因为农民收入的增加实际上小于消费者因此遭受的损失。

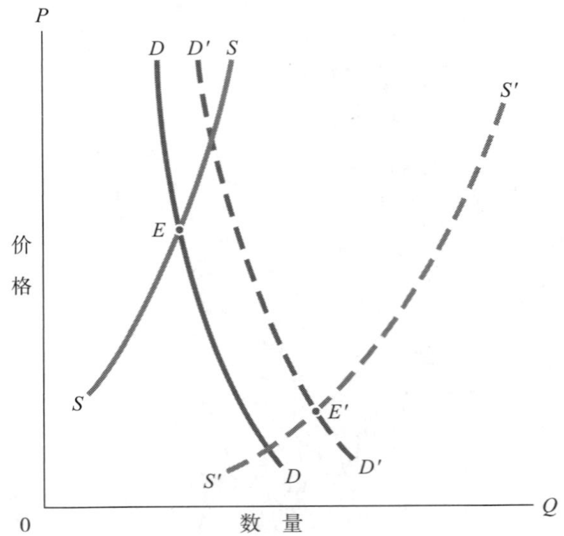

图 4–8 供给的扩张和需求缺乏弹性导致了农业的衰退

均衡点 E 代表几十年前农业部门的情况。农产品需求的增长慢于由技术进步所导致的供给的巨大增长。因此，竞争性很强的农产品的价格趋于下降。而且，由于需求缺乏弹性，随着供给的增加，农场主的收入也趋于下降。

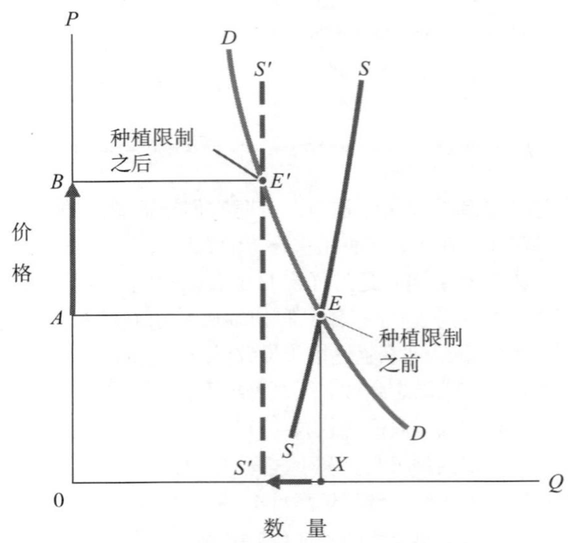

图 4–9 限制种植的方案提高了价格和农场的收入

在限制种植以前，竞争市场在较低的价格水平 E 点达到均衡。当政府限制产量时，供给曲线向左移动到 $S'S'$，均衡点移动到 E'，价格上升到 B。由于需求缺乏弹性，新的收益矩形 $0BE'S'$ 的面积肯定要大于初始收益矩形 $0AEX$。

税收对价格和数量的影响

政府对许多商品（香烟、酒、进口商品、电话服务等）课征税收。我们通常感兴趣的是确定谁实际上承担了税负。为了确定税收负担，供求分析就显得很有必要。

不妨以汽油税为例来说明这一问题。2008 年，美国的平均汽油税大约为每加仑 50 美分。许多经济学家和环境保护主义者都主张美国征收更高的汽油税。他们指出，高税收可以抑制消费，从而减轻导致全球变暖的温室效应，并且能够降低我们对国外不稳定的石油资源的依赖性。有些人提倡将汽油税提高到每加仑 1 美元或 2 美元。若如此，则这个价格的变化将会产生什么影响呢？

具体来讲，假设政府决定通过对每加仑汽油增加 2 美元汽油税来抑制汽油消费。谨慎的政策制定者当然不愿在还不确切知道增税后果时便突然采取这一举措。他们希望了解这一税收的归宿。我们所说的**归宿**（incidence）是指对生产者或消费者的真实收入征税的最终经济影响。仅仅因为企业为这一税收开出了支票就认为它们实际上减少了利润是不正确的。运用供求原理，我们可以分析谁实际上承担了税负，即税收的归宿在哪里。

如果汽油的零售价恰好上涨了 2 美元，则我们说税收的负担向前转嫁给了消费者。如果消费者突然停止购买汽油，则该税负可能完全向后转嫁给了石油公司。供求分析可以帮助我们判定通常居于这两种极端情况之间的实际影响。

图 4-10 给出了上述问题的答案。如图所示，税前初始均衡点为 E，即初始 SS 曲线与 DD 曲线的交点，此时每加仑汽油价格为 2 美元，每年汽油的总消费量为 1 000 亿加仑。我们把在汽油零售市场征收 2 美元汽油税的情况描绘在图上便是：需求曲线保持不变，供给曲线向上移动。需求曲线没有移动是因为汽油税增加后，在每一个零售价格水平上，需求量并没有变动。注意：汽油的需求曲线比较缺乏弹性。

相反，供给曲线却恰好向上移动了 2 美元。其原因就在于：只有当生产者得到与以前相等的净价格，他们才会愿意出售某个数量（比如 1 000 亿加仑）汽油。也就是说，在每一供给量上，市场价格上升的幅度必须正好等于税额。如果生产者最初愿意以 1.8 美元的价格出售 800 亿加仑汽油，则给定 3.8 美元的零售价格，他们仍只愿意出售相同数量的汽油（扣除税额之后，生产者得到了与以前相同的价格，即每加仑 1.8 美元）。

新的均衡价格是多少？答案就是新的供给曲线与需

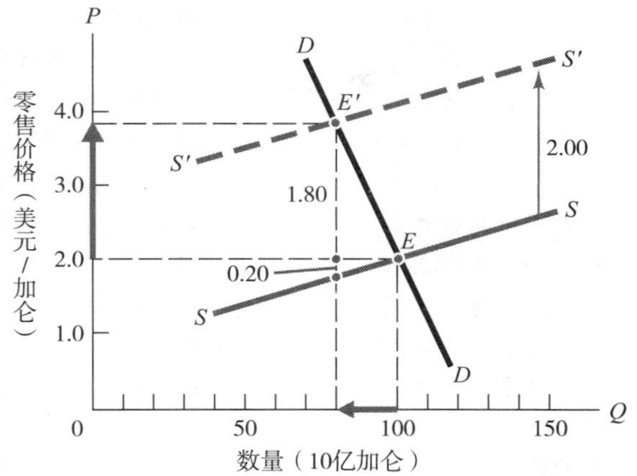

图 4–10　汽油税由消费者和生产者共同承担

税收的归宿如何？对汽油征收 2 美元的税收使供给曲线向上移动 2 美元，从初始供给曲线 *SS* 平移到新的供给曲线 *S′S′*。这一新的供给曲线与 *DD* 相交于新的均衡点 *E′*，此时消费者支付的价格上升了 180 美分，而生产者所得到的价格下降了 20 美分。箭头表示 *P* 和 *Q* 的变动。注意：消费者承担了大部分的税收。

求曲线的交点，即 *S′S′* 与 *DD* 的交点 *E′*。由于供给曲线的移动，零售价格上升了。同时，购买量与销售量却下降了。如果仔细观察该图，我们还会发现，新的均衡价格从 2 美元上升到大约 3.8 美元。供给与需求相等的新均衡产出由 1 000 亿加仑降到了 800 亿加仑。

谁最终支付税款呢？税负的归宿如何？显然石油行业支付了一小部分，因为现在它们出售每加仑汽油只得到了 1.8 美元（3.8 美元减去 2 美元税收）而不是 2 美元。但由于零售价上升了 1.8 美元，消费者承担了大部分负担，这是因为供给相对富有弹性，而需求却相对缺乏弹性。

补　贴　如果说税收是用于抑制商品消费的话，补贴则被用于刺激商品生产。农业是一个广泛应用补贴的例子。你可以将供给曲线向下移动来考查补贴对市场的影响。补贴的一般原理与税收原理相同。

税收转嫁的一般原理　汽油仅仅是分析税收转嫁的一个例子。运用这一工具，我们可以理解香烟税如何影响香烟的价格和消费量；对进口产品征收关税或其他税会如何影响国际贸易；财产税、社会保障税及公司所得税如何影响土地价格、工资及利率。

供求的相对弹性是决定税负归宿的关键因素。如果需求相对于供给缺乏弹性，比如汽油的例子，则税收的负担大部分转嫁给了消费者；相反，如果供给相对于需求缺乏弹性，比如土地的例子，则税负大部分转嫁给了供给者。下面是税负归宿的一般原理：

> 税收归宿指出了税收对生产者和消费者收入的影响。一般地说，税收归宿取决于供给和需求的相对弹性。（1）如果**需求**相对于供给**缺乏弹性**，则税收主要是**向前**转嫁给消费者；（2）如果**供给**相对于需求**缺乏弹性**，则税收主要**向后**转嫁给生产者。

最低下限与最高上限

政府有时不是对某种商品进行征税或补贴，而是通过立法规定该商品的最高或最低价格。历史上这样的例子比比皆是。自从有圣经以来，政府就限制贷款人所能收取的最高利息率（所谓的高利贷法）。战争时期，政府通常都管制工资和价格，以防止恶性的通货膨胀。20 世纪 70 年代石油危机期间，曾出现汽油价格管制。包括纽约在内的一些大城市对公寓的租金加以管制。[1] 今天，诸如医疗保险等联邦健康项目对医生或医院收取费用的限制日益严格。此外，在有些情况下也存在着价格下限，比如最低工资。

与政府征税之后任由市场通过供求原理运作的措施相比，这些直接干预供求规律的举措具有本质的不同。尽管总是存在着压低价格、提高工资的政治压力，但是，实践告诉我们，一个又一个部门的价格和工资管制会引起重大的经济扭曲。尽管如此，正如亚当·斯密反对早期的重商主义政策时所深知的那样，大多数经济体系中，动机良好而技术拙劣的供求干预导致低效率的现象可谓比比皆是。制定市场中的最高价格或最低价格常常会产生令人吃惊的结果，有时甚至会出现南辕北辙的经济效应。不妨让我们来看一看其中的道理。

政府干预经济的两个十分重要的例子是：最低工资和汽油价格管制。这些例子都能说明政府对由市场决定的价格与数量进行干预所产生的惊人的副作用。

关于最低工资的争论

最低工资规定的是雇用者向受雇工人支付报酬的下限。美国联邦最低工资始于 1938 年。当时，政府要求某

1　参见本章结尾练习9中关于租金管制的考查。

些企业支付给某些工人的工资不得低于每小时 25 美分。到 1947 年，最低工资相当于制造业工人平均工资水平的 65%（参见图 4-11）。最近大多数法律都提高了最低工资标准，在 2009 年，最低工资已被提高到每小时 7.25 美元。

即便是最著名的经济学家也难以就最低工资这一问题达成共识。例如，诺贝尔经济学奖获得者加里·贝克尔（Gary Becker）曾经直言："提高最低工资相当于使人们失业。"另一些诺贝尔奖得主则反对说："我们相信联邦最低工资的适度提高并不会严重损害就业机会。"

连专家们都难以达成共识，普通人又如何能说清楚这个问题呢？那么，我们应该如何看待这些表面上对立的观点？首先，我们应该看到，这些关于提高最低工资的争论掺杂了个人的价值判断，也许这些言论都基于最好的实证经济学分析，但在重大政策问题上，仍会有不同的意见。

一项冷静的分析表明，最低工资争论的核心不在于实证结果方面的根本分歧，而主要在于对政府干预的态度不同。首先请看图 4-12，该图描绘的是低技能劳工市场。图中说明了最低工资如何给出了大多数工作的工资下限。随着最低工资上升超过市场出清的均衡点 M，总的工作岗位沿着需求曲线到达 E 点，因此就业量下降了。劳动供给与劳动需求之间的缺口 U 代表了失业量。

运用供求分析，我们还可以看到失业可能增加，而低技能劳工的就业可能减少。但具体程度有多大？低收入劳工的工资收入会受什么影响？这些问题的回答可参照实证案例。

许多研究表明，最低工资上升 10%，只会使青少年就业量下降 1%~3%。而对于成年人的就业影响更小。最近的一些研究认为成年人的就业效应接近于零，还有一些研究甚至认为就业会有所增加。因此，仔细体会来自

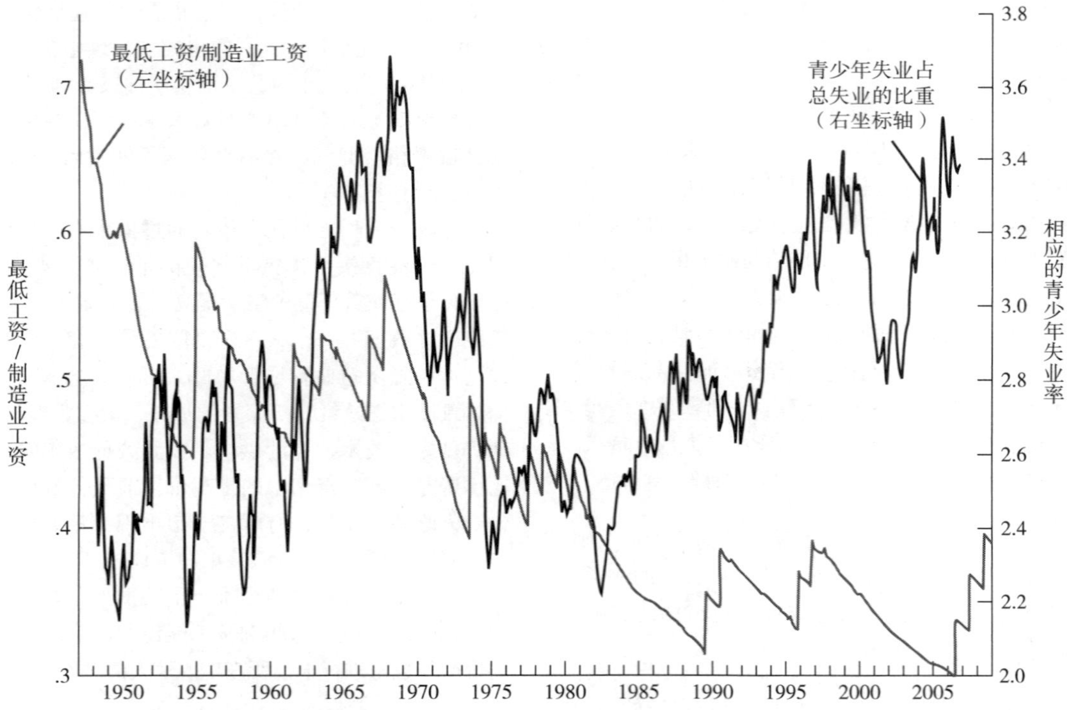

图 4-11 1947~2009 年最低工资和青少年失业状况

实线表明最低工资相对于制造业平均小时工资的水平。注意在过去的半个世纪里最低工资相对于其他工资是如何下降的。此外，虚线描述了青少年失业占总失业的比重，你发现这两条线之间的联系了吗？有关最低工资的争论告诉了我们什么？

资料来源：Data are from the U.S. Department of Labor. Background on the minimum wage can be found at the Labor Department's website at *www.dol.gov/esa/minwage/q-a.htm*.

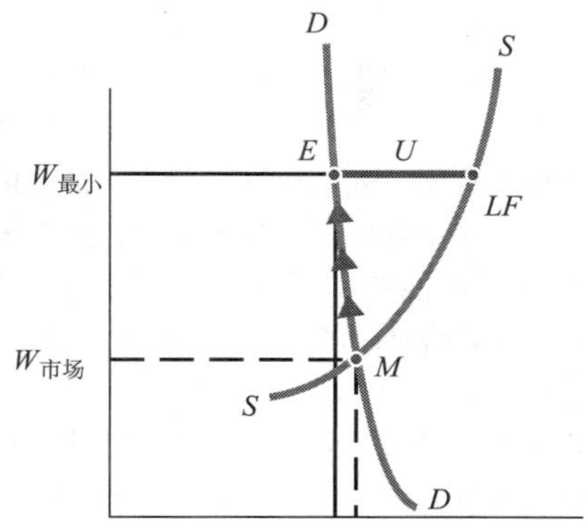

图 4–12　最低工资制的影响

将最低工资下限设定 W 最小水平，高于自由市场均衡工资率 W 市场会强制均衡点 E 实现。如箭头所示，就业量从 M 减少到 E。此外，失业量为 U，即 LF 处劳动供给量与 E 点处雇用人数之间差别。如果需求曲线缺乏弹性，提高最低工资水平将会增加低工资劳工的收入。要理解这一点，请用铅笔画出规定最低工资之前和之后的总工资矩形。

著名经济学家的引述可以看出，一些经济学家将较小影响视为“不重要”，而另一些则强调至少丧失了一些工作机会。图 4-12 的例子表明就业减少量（M 和 E 之间的水平距离）不大，但失业增加（如 U 线段所示）很显著。

图 4-11 呈现了半个多世纪以来最低工资水平和青少年失业状况的历史。随着劳工运动影响力的日益降低，最低工资水平与制造业工资水平的比率从 1947 年的三分之二降低到了 2008 年的三分之一左右。在这段时期青少年的相对失业率有缓慢上升的趋势。你可以去考查这个变化，看看你能否感受到最低工资如何影响青少年的失业水平。这应该说是一项很有意义的工作。

争论的另一个焦点是最低工资对收入的影响。事实上每一项研究都可以得出一个共同的结论，即对低工资劳工的需求是缺乏价格弹性的。我们所引用的研究成果认为，价格弹性介于 0. 1~0. 3 之间。按照前面所讲的弹性，最低工资增加 10% 时，相关群体的收入会提高 7%~9%。图 4-12 表明，低收入工人的收入在总就业减少的情况下是如何上升的。这可以通过比较均衡点 E 和 M 下各自的收入矩形得到（参见本章末的问题 8*e*）。

然而，对收入的影响是导致人们在最低工资问题上观点不同的另一个原因。那些对低收入群体的福利状况特别关心的人们也许认为适度的效率损失是获得高收入的必要代价。而另外一些人则认为这一代价太昂贵了，他们更关心市场干预的累积成本，或高成本对价格、利润及国际竞争力的冲击。还有一些学者相信，作为一种向低收入群体转移购买力的方法，最低工资措施是无效的；他们更主张采用直接收入转移或政府工资补贴，而非扰乱工资体系本身。上述三种观点中你认为哪一种更重要？根据你自己的偏好顺序，你也许会就提高最低工资的合理性问题得出不同的结论。

能源价格管制

另一种政府干预情况是规定价格上限。20 世纪 70 年代美国曾采取这一措施，其结果很值得反思。以下我们再一次以汽油市场为例来说明价格上限的作用机制。

不妨设想下列这样的一幕。假如石油价格突然急剧上升，原因可能是石油卡特尔减少供给而同期消费者的需求却在上升，也可能是由于战争或革命而导致的中东政局的动荡。图 3-1 展示了石油市场上的供给与需求相互作用的结果。

政治家们目睹了价格的急剧上升，出来谴责这种局面。他们宣称消费者受到了牟取暴利的石油公司的“敲诈”。他们还担心高涨的价格会导致生活成本遭遇恶性通货膨胀。此外他们还为价格上升对穷人及老年人的冲击而烦恼。因此他们呼吁政府“采取措施”。面对价格上涨，美国政府也许会倾听这些意见，规定石油价格上限，正如 1973~1981 年所做的那样。

这种价格上限会产生什么效果呢？假设每加仑汽油的初始价格是 2 美元。由于石油供给的急剧下降，汽油的市场价格急剧上涨。现在请考虑一下供给冲击后的汽油市场。图 4-13 中供给冲击后的均衡点为 E。如果由市场自由调节，市场出清的价格大约为每加仑 3.5 美元。尽管消费者会抱怨，但还是愿意支付较高的价格，而不是停止使用燃料。

排队配给、票证配给还是钞票配给

假设政府插手进来，规定每加仑汽油价格不得超过原价格 2 美元。图 4-13 中，我们将这一法定最高价格绘制为上限价格线 CJK。

在法定上限价格处，供给量与需求量不相匹配。由于卖家索取市场均衡时的价格是违法的，所以市场无法

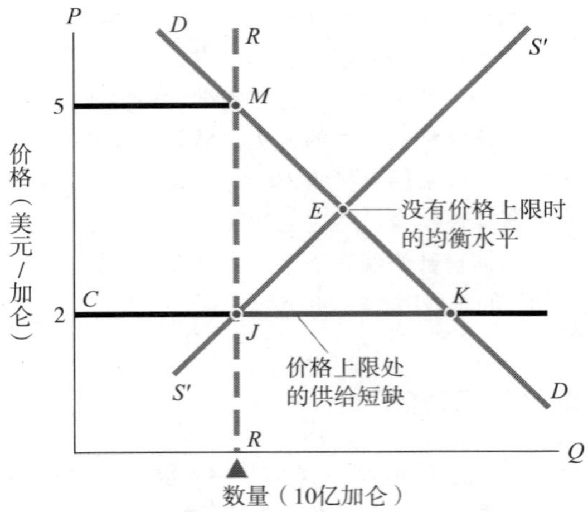

图 4–13 价格管制造成短缺

如果没有法定价格上限，价格会上升到 *E* 点。在 2 美元上限水平，供给和需求无法平衡，出现了短缺。从而需要正式的或非正式的配给制，以便用配给的办法去管理已经出现了短缺的供给，并把实际需求限制在供给为 *RR* 的水平处。如果 *CJ* 的配给票证可在市场上买卖，则将出现一条新的供给曲线 *RR*。如果价格上限为 2 美元，票证的售价将为 3 美元，则总价格（配给券加上现金）将为 5 美元。

“出清”。给定管制价格，消费者愿意购买的汽油量超过生产者愿意提供的数量。超过的数量如图 *J*、*K* 之间的距离所示。接踵而至的便是一个令人沮丧和短缺的时期——像“音乐车游戏”那样，当抽干汽油之后，某些人就会得不到汽油。

汽油供给不足致使不得不以某种方式实行配给供应。最初也许可以通过“先来先得”的原则加以实施。在这种原则下，人们会排队等待——通过“排队”进行配给。因为人们的时间是有价值的，所以排队的时间长度将作为限制需求的一种代价。如今，我们在医疗保健这样的市场上能够看见排队配给现象，在医疗保健市场上排队等待的代价通过补贴得到补偿。排队配给是一个浪费资源的方法，因为大量有用的时间花在排队等待上，而这种花费仅仅是为了阻止价格达到均衡状态。

有时，特别是在像第二次世界大战这样大的战争时期，政府会设计出某种以票证配给为基础的更加行之有效的非价格配给方法。人们也许根据汽车数量的分配而获得汽油配给。在票证配给制度下，每位顾客购买物品时除需货币外，还需拥有票证——事实上存在着两种货币。当采用票证配给时，由于需求受到票证分配的限制，短缺随即消失。

票证怎样改变了供求关系？在图 4-13 中，假定政府分发票证的数量对应于 *CJ*。那么供给和新的需求就在上限价格 2 美元处达到平衡。

有时，票证配给是市场行为的。图 4-13 显示票证的供给为 *RR*。在这样的供给曲线下，汽油的均衡价格为每加仑 5 美元，票证的价格由 *JM* 给出，或者说每加仑 3 美元。这时候，汽油再次成为市场交易商品，你需要花费每加仑的 2 美元货币和价值 3 美元的票证。可见，汽油的价格实际上上升了，只不过是以一种间接的方式上升。此外，拥有票证的人们相当于被赋予了一种新的以票征形式持有的收入。注意，虽然供给量因为价格管制而停留在原有的水平，但包含票证在内的总价格（\$5）实际上是高于没有配给时的初始均衡价格（\$3.50）。

所有这些听起来是很复杂的，事实上也确实如此。历史表明，随着时间的推移，价格管制会被合法或非法地加以规避，无论价格管制最初对消费者如何有利，最终都会被势必造成的效率损失所抵消。特别是当受管制物品有很多替代品（即供给或需求弹性高）之时，价格管制既会带来昂贵的成本，又会是难以管理实施，同时还是非效率的。因此，对大多数商品进行价格管制在大多数市场经济中是很少使用的。

> 但是，更深刻的问题在于：物品总是稀缺的。社会永远不能满足每个人的愿望。在正常时期，价格本身起到了配给稀缺物品的作用。当政府插手干预供给和需求时，价格不再充当配给者的角色。浪费、缺乏效率和短缺问题加剧是这些干预的可能伴随物。

总 结 提 要

A. 需求弹性和供给弹性

1. 需求的价格弹性所衡量的是，需求对于价格变动在数量上的反应程度。需求的价格弹性（E_D）定义为：需求量变动的百分比除以价格变动的百分比。即：

$$需求的价格弹性=E_D=\frac{需求量变动的百分比}{价格变动的百分比}$$

在计算过程中，所有符号取正，并且，P 和 Q 都是原值和新值的平均数。

2. 我们将价格弹性区分为三种：（a）当需求量变动的百分比大于价格变动的百分比时，即 $E_D > 1$ 时，需求是富有弹性的；（b）当需求量变动的百分比小于价格变动的百分比时，即 $E_D < 1$ 时，需求是缺乏弹性的；（c）当需求量变动的百分比正好等于价格变动的百分比时，即 $E_D = 1$ 时，需求是单位弹性的。
3. 价格弹性是一个纯粹的数（纯数：没有单位的数值），所涉及到的是百分比；切勿将弹性与斜率相混淆。
4. 需求弹性可以说明价格变动对总收入的影响。如果需求富有弹性，则价格下降会增加总收入；如果需求缺乏弹性，则价格下降会减少总收入；而在单位弹性的情况下，价格变动对总收入不会产生影响。
5. 必需品，如食物和住房等，需求的价格弹性一般较低；奢侈品，如雪地汽车和航空旅行等，需求的价格弹性一般较高。影响价格弹性的其他因素包括物品的现有替代品的范围和可供消费者对价格变动进行调整的时间的长短。
6. 供给价格弹性衡量的是：当市场价格变动一定的百分比时，生产者的供给量变动的百分比。

B. 弹性在主要经济政策问题中的应用

7. 农业是运用供给需求分析的最有成效的领域之一。农业技术进步意味着供给的大幅度增加，与此同时，食物需求的增长要慢于收入的增长。结果，食物的自由市场价格趋于下降。因此，政府采取限制种植等一系列措施以提高农民的收入，也就不足为怪。
8. 商品税能改变供给和需求的均衡。在需求相对于供给缺乏弹性时，消费者会比生产者承担更大比例的税收负担（或归宿）。
9. 政府有时通过规定价格的最高上限或最低下限来干预竞争市场的运行。在这种情况下，供给量和需求量不再必然相等；价格上限会导致超额需求，而价格下限会导致超额供给。在某些情况下，如农民和低技能工人的例子，干预可能会提高某些群体的利益，但通常会产生市场扭曲和导致无效率。

概 念 复 习

弹性概念
需求、供给的价格弹性
富有弹性、缺乏弹性和单位弹性的需求
$E_D = Q$ 变动的百分比 /P 变动的百分比

弹性的决定因素
总收益 $= P \times Q$
弹性与收入变动的关系

供给需求分析的应用
税收的归宿
价格管制造成扭曲
价格配给与排队配给

补充读物和互联网站

补充读物

If you have a particular concept you want to review, such as elasticity, you can often look in an encyclopedia of economics, such as John Black, *Oxford Dictionary of Economics,* 2d ed. (Oxford, New York, 2002), or David W. Pearce, ed., *The MIT Dictionary of Modern Economics* (MIT Press, Cambridge, Mass., 1992). The most comprehensive encyclopedia, covering many advanced topics in seven volumes, is Steven N. Durlauf and Lawrence E. Blume, eds., *The New Palgrave Dictionary of Economics* (Macmillan, London, 2008), available in most libraries.

The minimum wage has generated a fierce debate among economists. A recent book by two labor economists presents evidence that the minimum wage has little effect on employment: David Card and Alan Krueger, *Myth and Measurement: The New Economics of the Minimum Wage* (Princeton University Press, Princeton, N.J., 1997).

互联网站

There are currently no reliable online dictionaries for terms in economics. There are few good websites for understanding fundamental economic concepts like supply and demand or elasticities. The concise online encyclopedia of economics at *www.econlib.org/library/CEE.html* is generally reliable but covers only a small number of topics. Sometimes, the free site of the *Encyclopaedia Britannica* at *www.britannica.com* provides background or historical material. When all else fails, you can go to the online encyclopedia at *en.wikipedia.org/wiki/Main_Page,* but be warned that it is often unreliable. (For example, the 2008 definition of "price elasticity of demand" is close to incomprehensible.)

Current issues such as the minimum wage are often discussed in policy papers at the website of the Economic Policy Institute, a think tank focusing on economic issues of workers, at *www.epinet.org.*

问题讨论

1. “丰收通常会降低农民的收入。”用供求图演示和说明这一命题。
2. 对于下列各对物品，你认为哪一种更具有价格弹性，并说明你的理由：香水和食盐；青霉素和冰淇淋；汽车和汽车轮胎；冰淇淋和巧克力冰淇淋。
3. “价格下降 1%，引起需求量上升 2%。因此，需求富有弹性，即 $E_D > 1$。”如果你把第一句话中的 2% 变为 0.5%，那么，这段话中其他的两个量应该作何变化？
4. 分析竞争性的公寓市场。下列变化（其他条件相同）对均衡产量和价格会发生什么影响？在每一种情况下，运用供给和需求解释你的答案。
   a. 消费者的收入增加。
   b. 对公寓租金每月征收 10 美元的税。
   c. 政府法令规定，公寓的每月租金不得超过 200 美元。
   d. 新建筑技术使公寓的建筑成本减半。
   e. 建筑工人的工资增加 20%。
5. 考虑一项将最低工资提高 10% 的建议，在重温本章内容之后，计算这一变动对受影响的工人的就业和收入的影响。使用你所推导出来的数据，写一篇短文，解释如果你必须主张最低工资政策时的理由。
6. 关于政府计划有一段保守的批评：“政府知道如何把事情做好。它们知道如何创造短缺和过剩。”运用像最低工资或利率上限的例子解释这一段话。用图说明，如果对低技能工人的需求富有弹性的话，最低工资政策会降低低技能工人的总收益（工资乘以对劳工的需求量）。
7. 如果对进口汽车征收 2 000 美元的关税，会发生什么情况？说明这一关税对美国汽车的供给和需求以及均衡价格和数量的影响。解释为什么美国汽车公司和汽车工人常常支持限制汽车进口的政策。
8. 弹性问题：
   a. 世界原油需求的短期价格弹性被估算为 0.05。如果石油的初始价格为每桶 100 美元，那么，一种使世界石油供给下降 5% 的石油禁运，对石油的价格和数量会产生何种影响？（假设石油供给曲线完全无弹性。）
   b. 参考表 3-1，说明弹性不依赖于单位。计算每对需求之间的弹性：把价格单位从美元改变为便士；把数量单位从百万盒改为吨，使用 1 万盒等于 1 吨进行换算。然后再计算出开始两行的弹性。解释为什么你得到了相同的答案。

c. 杰克和吉尔爬山时到达一个没有标明价格的汽油加油站。杰克说："给我 10 美元的汽油。"吉尔说："给我 10 加仑的汽油。"请问，对杰克和吉尔来说，他们各自对汽油的需求的价格弹性是多少？并予以解释。

d. 试解释大萧条期间，农民为何同意要求其宰杀生猪并加以掩埋的政府计划。

e. 参见图 4-12，最低工资政策的影响，画出有和没有最低工资政策时的总收入矩阵。哪一个面积更大？请简述，就不熟练劳工而言，最低工资政策对需求弹性的影响。

9. 没人喜欢支付租金，但是土地和城市住房的稀缺性却经常导致城市里的房租上涨。针对租金上涨和对房东敌意的增加，政府有时候会施加租金管制，这样往往可以把租金的年增长率限定在较低的水平，并使之远低于自由市场的租金水平。

a. 重画图 4-13，阐明公寓租金管制的影响。

b. 租金管制对闲置公寓的影响如何？

c. 哪些"非租金的机制"会作为高租金的替代品而出现？

d. 解释欧洲对租金管制的一句评语："除了爆炸，在破坏一个城市方面没有比租金管制更有效的了。"（提示：维修方面会发生什么情况？）

10. 复习新泽西香烟税的问题，用图画纸或计算机，画出税前和税后有关价格和数量的供给曲线和需求曲线。（图 4-10 是有关汽油税的例子。）在这个例子中，假定供给曲线是完全富有弹性的。[附加题：有一条价格弹性不变的需求曲线 $Y = AP^{-e}$，Y 是需求量，P 是价格，A 是比例常数，e（绝对值）是价格弹性。就新泽西香烟例，求有关价格和数量的正确的需求曲线的 A 和 e 的值。]

11. 复习本章计算需求的价格弹性的代数方法。假设需求曲线为 $Q = 100 - 2P$。

a. 分别计算价格 $P = 1$、25 和 49 的价格弹性。

b. 运用本书中弹性的代数公式解释为什么弹性不同于斜率。

第 5 章　需求和消费者行为

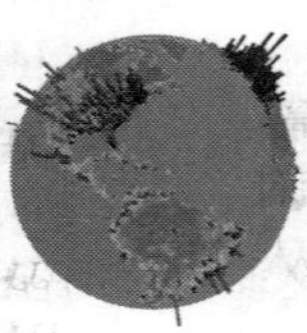

噢，理由就不必要啦：就是最潦倒的乞丐，
与他自己最穷的时候比，恐怕也不是没有丰裕可言。

——李尔王

每天我们都要就如何配置稀缺的金钱和时间做出无数个抉择。我们应该买比萨饼还是汉堡包？买一辆新车还是修理我们的旧车呢？现在就用掉我们的收入还是存起来以备他日之用呢？我们应该睡懒觉，还是应该去吃早餐呢？当我们平衡各种各样的需求和欲望之时，我们就是在做出决定自己的生活方式的各种选择。

隐藏在这些个人选择背后的，是前几章所介绍过的需求曲线和价格弹性。本章我们将探讨消费者选择和消费者行为背后的基本机理。我们将会看到，个人选择其最为偏好的消费品组合的过程，是如何解释我们所观测到的市场需求模式的，我们还将学习如何衡量我们每个人参与市场经济所得到的福利。

选择和效用理论

在解释消费行为的过程中，经济学依赖于一个基本的前提假定，即人们倾向于选择那些他们认为最具价值的物品和服务。为了说明消费者在不同的消费可能性之间进行选择的方式，一个世纪以前，经济学家采用了效用这一概念。从效用概念出发，他们推导出需求曲线，并揭示了它的性质。

我们所说的“效用”指的是什么呢？简言之，**效用（utility）**表示满足。更准确地说，效用是指消费者如何在不同的物品和服务之间进行排序。例如，对于史密斯来说，如果组合 A 比组合 B 的效用更高，则这一排序就应该是史密斯偏好 A 超过他偏好 B。通常，我们可将效用理解成一个人从消费一种物品或服务中得到的主观上的享受或有用性。但是你切不可将效用等同于可观测的或可衡量的心理功效或感觉。相反，效用是一种科学构想，经济学家用它来解释理性的消费者如何做出决策。人们做出决策的目的在于让自己得到最大的满足或效用。从这一假定出发，我们可以推导出消费者的需求函数。

在需求理论中，我们假设人们追求效用的最大化，其含义就是他们总是选择自己最偏好的消费品组合。

边际效用和边际效用递减规律

如何将效用应用于需求理论？比如说，所消费的第 1 单位冰淇淋给你带来了一定水平的满足或效用。现在推想一下消费第 2 单位的情况：你的总效用会增加，因为该物品的第 2 单位会给你带来一些新增的效用。进而，增加同一物品的第 3 单位和第 4 单位又会有什么影响呢？最后，当你吃了足够多的冰淇淋之后，它将不再能够增加你的满意程度或效用，相反，会使你难受甚至作呕。

这一现象使我们想到了边际效用这一基本的经济概念。当你多吃 1 单位冰淇淋时，你会得到新增的效用或满足，效用的这一增加量就被我们称为**边际效用**（marginal utility）。

> “边际”是经济学的关键术语，通常是指“新增”或“额外”的意思。边际效用是指多消费 1 单位商品时所带来的新增的或额外的效用。

需求理论背后的一个基本理念就是**边际效用递减规律**（law of diminishing marginal utility）。这个规律指出，随着个人消费越来越多的某种物品，他从中得到的新增的或边际的效用量是下降的。

为了理解这一规律，首先要记住当你消费较多的某种物品时，效用会趋向于增加。然而，当你消费得越来越多时，你的总效用的增加速度却会越来越慢。也就是说，你所得到的边际效用（消费某物品的最后 1 单位后所新增的效用），会随着该物品消费量的增加而减少。

> 边际效用递减规律是：当某物品的消费量增加时，该物品的边际效用趋于递减。

效用的数字图表说明

我们可以用数字来说明效用，见表 5-1。该表的第（2）栏显示，消费量（Q）的增加导致了总效用（U）的增加，但却以递减的速度在增加。第（3）栏用增加 1 个单位物品的消费所得到的总效用的增加量衡量出边际效用。例如，在消费 2 个单位时，边际效用为 7 − 4 = 3 个单位的效用［把这些单位称为“尤特尔”（utils）］。

接下来看第（3）栏。边际效用随着消费量的增加而下降这一事实说明了边际效用递减规律。

图 5-1 将表 5-1 中总效用和边际效用的数据图形化。图 5-1（*a*）中阴影方块是在每一相应的消费水平上加到总效用之中的边际效用。此外，那条平滑的曲线代表各消费单位上经平滑处理后的效用水平。它说明效用是增加的，但以递减的速度增加。图 5-1（*b*）描绘了边际效用。边际效用的每一阴影方块的大小，与图（*a*）中的总效用上的相应阴影方块相对等。图（*b*）中的直线是边际效用的平滑曲线。

(1) 某一物品的消费量 Q	(2) 总效用 U	(3) 边际效用 MU
0	0	
		4
1	4	
		3
2	7	
		2
3	9	
		1
4	10	
		0
5	10	

表 5-1　效用随消费量增加而增加

当我们消费更多的某种物品或服务时，如比萨饼或音乐会，总效用会上升。1 单位物品与下 1 单位物品之间的效用增量被称为“边际效用”，即最后 1 个消费单位所带来的额外效用。根据边际效用递减规律，随着消费水平的提高，边际效用会下降。

边际效用递减规律意味着：图 5-1（*b*）中的边际效用（MU）曲线必然是向下倾斜的。它的一个严格等价的说法是：图 5-1（*a*）中的总效用曲线必然是倒 U 形的，像一个穹顶。

总效用与边际效用之间的关系　运用图 5-1，我们很容易看出，消费一定数量商品的总效用等于一直消费到该点的各单位的边际效用之和。例如，假设消费了 3 单位，表 5-1 中第（2）栏表明，总效用为 9 单位。在第（3）栏中，我们看到，前 3 单位的边际效用之和为 4 + 3 + 2 = 9，也为 9 单位。

考查图 5-1（*b*），我们看到，在某一消费水平上，边际效用曲线之下的总面积的单位数——不论用方块区域还是用平滑的 MU 曲线以下的面积来衡量，都必然等于与图 5-1（*a*）中的消费单位数相同时总效用曲线的高度的单位数。

无论我们用表还是用图来考查这一关系，我们都可以看到，总效用是从开始处累计起来的所有边际效用之和。

效用理论的历史

现代效用理论渊源于功利主义。功利主义是近两个世纪以来西方理性思潮的一大主流。1700 年数理概率学的基本理论开

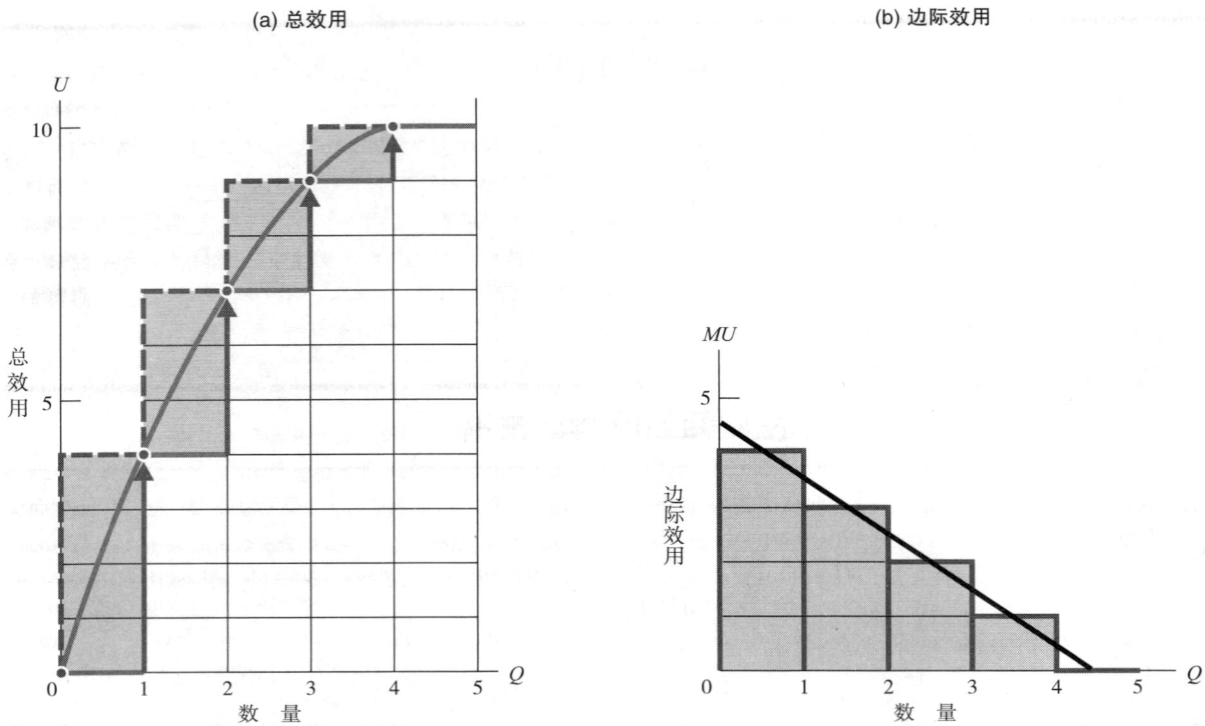

图 5–1 边际效用递减规律

虽然图（a）中的总效用随着消费量的增加而增加，但它是以递减的速度在增加的。这体现着边际效用的递减性。这一现象使得早期的经济学家归纳出需求向下倾斜规律。

图中，阴影方块表示每新增 1 单位所带来的额外效用。图（b）中边际效用下降的阶梯反映了总效用以递减的速度增加这一情况。如果我们使每次消费的物品的单位越来越小，则总效用的阶梯棱角就会消失，总效用就会变成图（a）中的平滑曲线。进一步看，图（b）中向下倾斜的平滑曲线所代表的经平滑处理的边际效用，变得与图（a）中的平滑曲线的斜率相一致。

始发展后不久，效用这一概念便产生了。例如，一位聪明的瑞士数学家，丹尼尔·贝努利（Daniel Bernoulli）在 1738 年观察到，人们似乎是在按下列方式行动：在一场公平的赌博中，他们认为所赢到的 1 美元的价值小于他们所输掉的 1 美元的价值。这就意味着：人们厌恶风险，并且，相继增加的新的美元财富给他们增进的是越来越少的真实效用。

早期将效用概念引入社会科学的人是英国的哲学家吉米·边沁（Jeremy Bentham，1748~1832）。在研究了法律理论并受到亚当·斯密学说的影响之后，他转入研究制定社会立法所必需的法则。他建议，社会应该按“效用原则”（principle of utility）组织起来，他把效用原则定义为：“任何客体所具有的可以产生满足、好处或幸福，或者可以防止……痛苦、邪恶或不幸……的性质。”根据边沁的理论，所有立法都应该按照功利主义原则来制定，从而促进“最大多数人的最大利益”。在他的其他立法建议中，也有关于犯罪和处罚的带有相当现代意味的思想，他建议通过严厉的处罚来加大犯罪者的痛苦，这样可以阻止犯罪活动。

边沁关于效用的观点对于今天的许多人来说似乎是很简单的。但是在 200 年以前，这些观点却颇具革命性，因为它们强调社会和经济政策的制定应能取得一定的实际效果。而在此之前，制定政策的正当理由和根据却是基于传统、君主的意志或宗教教义。今天，许多政治思想家正是以什么东西会使最大多数人的境况变好的功利主义观念为基础，来为他们提出的立法建议辩护。

在效用理论的发展过程中，接下来的一步是新古典经济学家——如威廉・斯坦利・杰文斯（William Stanley Jevons，1835~1882）——推广边沁的效用概念，用以解释消费者行为。杰文斯认为经济理论是一种“愉快与痛苦的计算”，他说明理性的人们应以每一物品所能增添的额外的或边际的效用为基础来做出他们的消费决策。

杰文斯及其合作者的观点直接导致了现代序数效用理论的问世。而无差异曲线理论的发展则是由维弗雷多・帕雷托、约翰・希克斯、R.G.D. 艾伦、保罗・萨缪尔森和其他一些经济学家所推动的。这些新理论的出现，意味着传统上边沁的可计量的基数效用理论不再继续有存在的必要。

需求曲线的推导

等边际法则

解释完效用理论，现在我们运用效用理论来解释消费者需求，并理解需求曲线的性质。

我们假定，消费者试图使他的效用最大化，即消费者从可供选择的消费品组合中选择最偏好的组合。我们还假定，消费者有固定的收入并且面临既定的商品市场价格。

在这种情况下，消费者选定自己偏好的商品组合所应当遵循的规律是什么呢？可以肯定，我并不希望我所购买的最后一个鸡蛋和我所购买的最后一双鞋给我提供的边际效用正好相等，因为一双鞋的成本远远高于一个鸡蛋的成本。看来，更合理的规律应该是：如果物品 A 的价格是物品 B 的价格的 2 倍，那么，只有当物品 A 的边际效用至少是物品 B 的 2 倍时，我才会购买物品 A。

这就导致了等边际法则：我应该这样安排自己的消费，即在每一种物品上所支出的最后 1 美元，都能给我带来相等的边际效用。

等边际法则（equimarginal principle）：最大满足或效用最大化的基本条件是要符合等边际法则，即当花费在任何一种物品上的最后 1 美元所得到的边际效用正好等于花费在其他任何一种物品上的最后 1 美元所得到的边际效用的时候，该消费者就会得到最大的满足或效用。

为什么必须符合这一条件呢？如果花费在任何一种物品上的最后 1 美元能够提供更多的边际效用，那么，将钱从其他物品的花费中转移到该物品上来，就势必能增加自己的总效用——直到边际效用递减规律使得花费在该物品上的最后 1 美元的边际效用下降到与其他物品相等时为止。如果花费在某种物品上的最后 1 美元所能带来的边际效用低于其他物品一般的边际效用水平，那么，我就可以减少购买该物品，直到花费在该物品上的最后 1 美元所提供的边际效用上升到一般的边际效用水平为止。消费达到均衡时用于各种物品的每 1 美元的一般的边际效用被称为*收入的边际效用*。它衡量的是消费者追加 1 美元消费时可以得到的额外的效用。

消费者均衡的这一基本条件，可以用不同物品的边际效用（*MUs*）和价格（*Ps*）表示为如下简洁形式：

$$\frac{MU_{物品1}}{P_1}=\frac{MU_{物品2}}{P_2}=\frac{MU_{物品3}}{P_3}=\cdots\cdots=MU_{每1美元收入}$$

为什么需求曲线向下倾斜

运用消费者行为的这一基本法则，我们很容易理解为什么需求曲线是向下倾斜的。为简便起见，假设每 1 美元收入的一般边际效用是固定不变的。然后提高第一种物品的价格。在消费量不变的情况下，第一个比率（即 $MU_{物品1}/P_1$）就会低于所有其他物品每 1 美元的边际效用 MU。因此，消费者不得不调整自己对第一种物品的消费。消费者调整的过程是：（a）减少对第一种物品的消费；从而（b）提高了第一种物品的边际效用 MU；直至（c）在第一种物品新的、降低了的消费水平上，花费在第一种物品上每 1 美元的新的边际效用再次等于花费在其他物品上的每 1 美元的边际效用 MU。

一种物品的较高价格降低了消费者对该种物品所希求的消费量；这也就说明了为什么需求曲线向下倾斜。

闲暇与时间的最优配置

西班牙有句祝福朋友的话：“祝你拥有健康、财富和更多闲暇。”这句话捕捉了这样一个思想：我们必须合理做好自己的时间预算，正如对货币要进行预算一样。时间是最公平的，即便是最富有的人一天也只有 24 个小时。

让我们看一下前面所介绍的适用于稀缺货币配置的分析，现在如何应用到时间问题上来。

闲暇通常被定义为“一个人可以按自己的意愿去支配的时间”。闲暇是我们发挥个人特色的源泉。17 世纪的哲学家弗朗西斯·培根认为，人类最纯洁的娱乐是园艺。现代英国政治家温斯顿·邱吉尔曾这样描写他的假日：“我度过了愉快的一个月，盖了一间小屋，并口述了一本书：每天砌 200 块砖，写 2 000 个字。”

就像按用途分配货币一样，我们也可以将效用理论应用到时间的分配中。假定在完成所有工作之后，你一天有 3 个小时的自由时间，能够用于园艺、砌砖或撰写历史，那么，你分配自己的时间的最佳方法应该是什么呢？不妨暂不考虑把时间花费在这些活动上或许是一种投资，用以提高你未来的赚钱能力的可能性。相反，我们假设这些活动都是纯粹消费性质的或追求效用的。消费者选择的一般法则是：当你让花费在每一种活动上的最后一分钟的边际效用都相等时，你就能最佳地利用你的时间。

再举个例子，假设你想最大化你在各门功课中的知识量，但你只有有限的可利用时间。你应该在每一门功课上花费相同的学习时间吗？当然不是。你可能发现，在经济学、历史和化学上花费相同的学习时间时，各门课所用的最后一分钟，并没有给你带来相同的知识量。如果花费在化学上的最后一分钟产生的边际知识量要大于历史，那么，把学习时间从历史转移到化学上，直到花费在每一门功课上的最后一分钟所产生的知识增量都相等时为止，那么，你就会提高你的知识总量。

同理，每小时效用最大化原则也能够运用于生活中许多不同的领域，包括从事慈善活动、改善环境或减肥。它并不仅仅是一条经济学规律，而且也是一条关于理性选择的规律。

消费者是奇才吗？行为经济学的观点

以上这些讨论似乎假定消费者人人都是数学奇才，能够在他们日常生活中按照惯例计算边际效用到百分位和求解复杂的方程式。

这个不现实的前提条件当然不是经济学所认定的。众所周知，大多数的决策都只是根据人们的习惯和本能做出的。我们也许每天早晨都要吃麦片和酸奶，因为它们不太贵，在商店里也容易找到，并且能消除我们的饥饿感。

相反，我们在消费者需求理论中所假定的，只是消费者的爱好和行为具有相当强的共性。我们预期他们不会冒失莽撞和忙乱无序，也不至于因持久的误判或失算而自作自受。大多数人在大多数时间都能一以贯之地进行选择，并尽力避免购买行为偏差，且在总体上都能选择他们最偏好的商品，那么，我们的需求理论就能够提供一种合理的、与事实比较相符的答案。

然而，我们仍然应当警惕那种非理性的或无原则的行为倾向。众所周知，人人都会犯错。人们有时会买无用的东西，或者被无道德的推销商品的言辞所欺骗。行为经济学（behavioral economics）是一个新的研究领域，认为人们只具备有限的时间和记忆，信息是不完全的，人们非理性的行为方式看上去是相当普遍的。这种方法考虑到了不完全信息和心理偏差，还有昂贵的决策有可能导致糟糕的决定的可能性。

行为经济学试图解释：为什么居民户几乎都不去为他们的退休而储蓄，为什么股票市场会产生泡沫，还有在信息有限的二手车市场上人们的行为是怎样的。最近的一个解释行为理论的重要案例是：21 世纪数以百万计的美国人经由“次级抵押贷款”购买房产。他们并没有研读或者未能理解房贷契约中的细则，结果许多人最终拖欠房贷，甚至失去了他们的房产，进而引发了一场较大范围的金融危机和经济衰退。然而，并非仅有贫困的消费者没有读懂契约中的细则，银行、对冲基金经理、债券评级公司，乃至其他成千上万的投资者也莫能外，他们也都购买了自己并没有弄清楚的资产。

在 2001 年和 2002 年，行为经济学成为主流，同时，诺贝尔奖被授予了这一领域的研究者。乔治·阿克尔洛夫（加州大学伯克利分校）在不对称信息和“次品”市场的研究领域中提出了更合理的解释；丹尼尔·卡尼曼（普林斯顿大学）和弗农·史密斯（乔治梅森大学）获得诺贝尔奖的理由是他们“关于人类如何进行判断和决策的分析……还有实验经济学家的经济预测理论”。

效用理论的分析发展

我们在这里详细讨论一下效用概念及其在需求理论中的应用背后的若干前沿问题。今天的经济学家一般都拒绝接受基数（或可计量的）效用概念，它来自人们消费物品或服务的感觉或经验。效用的多少不能像汽车加油站的计量表那样直观地得出。

相反，现代需求理论所注重的是**序数效用**（ordinal utility）理论。根据这种学说，我们只考查消费者对商品组合的偏好顺序。序数效用的问题是："我是否更偏好五香牛肉三明治而不是巧克力奶昔？"像"A是否比B更值得偏好？"这种说法——我们不需要知道A比B偏好多少——就称为序数的，或无计量的。序数变量就是那些我们能够排序，但是不能测量它们之间的数量差异的变量。在展览会上，我们可以按美丽的程度排列照片，而不需要对美丽程度进行数量上的度量。运用这种偏好顺序，我们可以坚实地确立起在本章及附录中所描述的市场需求曲线的一般性质。

聪明的读者在此可能会提出置疑，体现消费者均衡行为的等边际法则，是不是隐含着基数效用的理念。答案实际上是否定的，我们所需要的只是次序衡量。效用序数是一种能够扩展但却总能维持同样的大于或小于关系的量（就像用橡皮筋测量一样）。下面不妨讨论一下消费者均衡的边际条件。如果效用的数值范围增加了（比如，加倍或者乘以3.1415），你就会发现，在这种情况下，所有的分子都发生了同样数量的变化，所以消费者均衡的条件照旧是成立的。

就某些特殊情况而言，基数效用或可计量的效用的概念是有用的。我们说飞机的速度是汽车的6倍，就是基数度量的一个例子。现今，在不确定条件下分析人们的行为就是用基数效用的概念。在第11章分析风险、不确定性和博弈经济学时，我们会进一步探讨这个问题。

在等边际法则中讨论效用时，我们所假设的是物品可以分割成若干很小的单位。然而在许多场合，单位物品的不可分割性也很重要，不能被忽略。显而易见，本田汽车当然不能被随意地分割成若干个部分，像分装果汁那样。假设我买一辆本田汽车而决不是两辆，那么，买第一辆车所增加的效用显然要大于等额美元所能买到的其他物品所能增进的效用，这也是第一辆车的吸引力之所在。而第二辆本田车所能增加的效用却会足够小，以至于能确保我不会再买。当不可分割性起作用时，等边际的均衡数量法则就会让位于非均衡数量法则。

另一种分析方法：替代效应和收入效应

边际效用的概念有助于解释需求向下倾斜这一基本规律。但是，近几十年来，经济学家们提出了另一种分析需求——无需提及边际效用的方法。该方法使用了无差异曲线（在本章附录中，我们将解释这个概念），因此能严谨和统一地解释有关消费者行为的主要命题。该方法还有助于解释能够影响需求量对于价格变动的反应程度（需求的价格弹性）的各种因素。

无差异曲线分析探讨价格变动的替代效应和收入效应。通过考查这些问题，我们可以了解为什么某一物品的需求量随其价格的上升而下降。

替代效应

替代效应是解释需求曲线向下倾斜的最显而易见的因素。如果咖啡的价格上升而其他物品的价格不变，那么，咖啡就会变成相对昂贵的东西。当咖啡变成更加昂贵的饮料时，咖啡的购买量就会减少，而茶叶或可可的购买量就可能会增加。同样，由于发送电子邮件比通过普通邮政发送信件更便宜、更迅捷，因而越来越多的人通过电子邮件通信。更一般地说，**替代效应**（substitution effect）可以表述为：当某一物品的价格上升时，消费者倾向于用其他物品来替代变得较为昂贵的该种物品，从而更便宜地获得满足。

这里消费者的行为，同厂商面临某一投入品价格上涨时的选择行为并没有什么两样。当某一投入品的价格上涨时，企业会用比较便宜的投入品，去替代该种比较昂贵的投入品。经过这种替代，企业就能够用最小的总成本生产出预定的产量。同样，当消费者用更便宜的物品来替代较昂贵的物品时，他们也是在用最小的成本来获得既定的满足程度。

收入效应

价格变动还影响实际收入。实际收入是指你的货币收入能够买到的物品的实际数量。当价格上升且货币收入固定不变时，消费者的实际收入便下降，因为他们的钱不再足以购买以前的数量。这就会导致一种**收入效应**（income effect），即物品价格变化通过对消费者实际收入的影响，进而影响消费者对该物品的需求数量。大多数物品的消费随收入的增加而增加，因此，收入效应常常会强化替代效应，使得需求曲线更向下倾斜。

为了用数字衡量收入效应，我们不妨考查一种物品的**收入弹性**（income elasticity）。这一术语表示在其他条件（如价格）保持不变的情况下，需求量变动的百分比除以收入变动的百分比。

$$收入弹性=\frac{需求量变动的百分比}{收入变动的百分比}$$

高收入弹性，如空中旅行或游艇所具有的那一种，表示这些物品的需求随着收入的增加而快速上升。低收入弹性，如土豆或旧家具所具有的，表示随着收入的增加，需求仅做出了微弱的反应。

收入弹性的计算

假设你是新墨西哥州圣达菲市的市政规划人员，正为干旱地区的居民户对水资源需求的增长而担忧。经过调查你得到了2000年的数据，如下：

该市人口为62 000；预计人口每10年的增长率为20%；2000年人均年水资源消费量为1 000加仑；预计人均收入在未来10年增长25%；人均水资源使用量的收入弹性为0.50。由此可以估计出2010年（在不变价格下）的水资源需求：

2010年水资源消费量

=2000年的人口数量

×人口增长因子×人均水资源消费量

×[1+（收入增长×收入弹性）]

$=62\,000\times1.2\times1\,000\times(1+0.25\times0.50)$

$=83\,700\,000$

从上面的数据中，你可以推测出从2000年到2010年总居民户的水资源使用量将会增加35%。

收入效应和替代效应共同决定了各种商品的需求曲线的主要特征。在某些情况下，所得到的需求曲线是极富价格弹性的，如消费者在一种商品上花费很多、而该商品又存在着现成替代品的情况。在这种情况下，收入效应和替代效应都很强，需求量对于价格的上升就会做出强有力的反应。

但是，如果一种商品，如食盐，仅占消费者预算中很小的部分，且食盐又很难被其他商品所替代，同时，它所需要的搭配商品也很少。因此，对食盐来说，收入效应和替代效应都很小，其需求趋向于缺乏价格弹性。

从个人需求到市场需求

在分析了存在于咖啡或电子邮件的个人需求背后的机理之后，我们接下来考查如何从个人需求中推导出整个市场的需求。通过把所有消费者的需求量加总，我们可以得到某一物品的整个市场的需求曲线。每一个消费者都有一条需求曲线，该曲线是根据需求量随价格的变化来描绘的，它一般向右下方倾斜。如果所有消费者的需求都相似，假设有100万个消费者，那么，我们可以想象，每一个消费者的需求曲线扩张100万倍，就得到了市场需求曲线。

然而，实际上，人们的条件并不是完全一样的。一些人的收入较高，一些人的收入较低；有的人很喜欢喝咖啡，有的人喜欢喝茶。为了得到总的市场需求曲线，我们需要计算在每一价格水平上不同消费者的消费总量。然后，我们把总量作为一点描绘在市场需求曲线上。或者，如果愿意的话，我们也可以将每一市场价格水平上所有消费者的需求量加总，从而构造一个数字的需求表。

按照惯例，我们用小写字母（*dd* 和 *ss*）表示个人的需求曲线和供给曲线，用大写字母（*DD* 和 *SS*）表示市场的需求曲线和供给曲线。

> 市场需求曲线是在每一价格水平上的个人需求之和。图5-2说明了如何将个人的 *dd* 曲线按水平方向加总，得到市场需求曲线 *DD*。

需求曲线的移动

我们知道，咖啡价格变动可以改变对咖啡的需求量。从预算研究、历史经验和我们自己的行为考查中都可以看出这一点。在第3章，我们曾简要地讨论了某些决定需求的重要的非价格因素。现在，我们根据对消费者行为的分析来复习一下前面的讨论。

收入的上升会增加我们所愿意购买的大多数物品的数量。对于收入变动，必需品做出的反应程度小于大多数物品，而奢侈品做出的反应则比较大。同时，还存在着被称为“劣品”（inferior goods）的少量特殊物品，这些物品的购买量随着收入的增加而下降。因为，人们有足够的收入购买更好的物品来替代它们。对当今许多美国人来说，烧汤的骨头、城际客车旅行和黑白电视都是“劣品”的例子。

从需求曲线方面来说，所有这一切意味着什么呢？

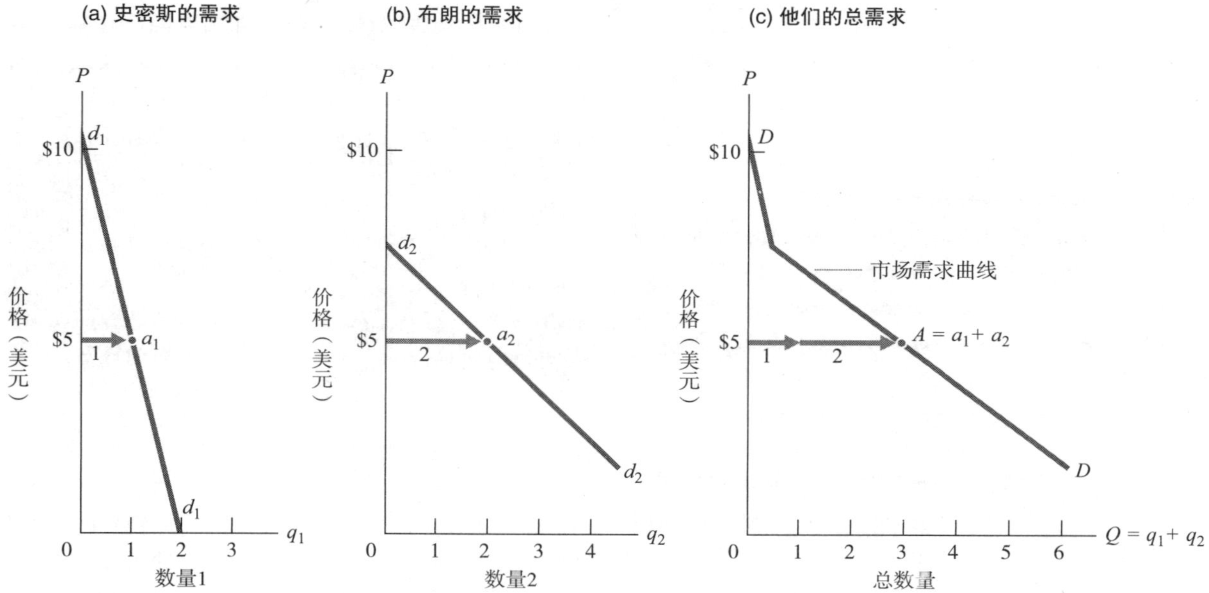

图 5-2　根据个人需求推导市场需求

我们把所有单个消费者的需求曲线加总，就可以得到市场需求曲线。在每一价格水平，如 5 美元，我们把每个人的需求量加总，便得到了市场需求量。本图表明，在价格为 5 美元时，我们将史密斯的 1 单位需求量与布朗的 2 单位需求量水平加总，得到 3 单位的市场需求。

需求曲线表明一种物品的需求量如何对它的价格变动做出反应。但是，需求也受到其他物品的价格、消费者的收入和特殊因素的影响。需求曲线是在假设这些其他条件保持不变的前提下被描绘出来的。但是，如果这些条件发生了变化，则情况又将会如何呢？此时，整个需求曲线会向右方或左方移动。

图 5-3 说明了影响需求的因素的变动。在给定人们的收入和其他物品的价格的情况下，我们可以描绘出咖啡的需求曲线 *DD*。假设价格和数量处于 *A* 点，又假设收入上升而咖啡和其他物品的价格不变。由于咖啡是一种具有正的收入弹性的正常品，因此，人们会增加他们的咖啡购买量。这样，咖啡的需求曲线将向右上方移动，譬如说移动到 *D′D′*，*A′* 代表咖啡的新的需求量。如果收入下降，那么，我们可以预计需求和购买量也会下降。这时曲线会向左下方移动，我们用 *D″D″* 表示，*A″* 是咖啡的新的需求量。

替代品和互补品

众所周知，提高牛肉的价格会减少牛肉的需求量。以上我们已经看到，它还会影响其他商品的需求量。例如，牛肉的较高价格将提高替代品（如鸡肉）的需求。同时，牛肉的价格上升可能降低与牛肉汉堡包一起食用的面包圈和番茄酱的需求。而对于经济学教科书的需求，它却可能几乎不发生影响。

因此，我们说牛肉和鸡肉是相互替代的物品。如果物品 A 的价格上升增加了替代品 B 的需求，那么，物品 A 和物品 B 就互为**替代品**（substitutes）。另一方面，汉堡包和面包圈，或者汽车和汽油则是相互补充的物品。它们之所以被称为**互补品**（complements），是因为物品 A 的价格上升会降低其互补品 B 的需求。介于替代品和互补品之间是**独立品**（independent goods），如牛肉与教科书，对于它们来说，一种物品价格的变化对另一种物品的需求没有什么影响。试区分下列各对物品之间的关系：火鸡与吃火鸡时用的越橘酱、石油与煤、学院与教科书、鞋与鞋带、食盐与鞋带。

假设，图 5-3 代表的是对牛肉的需求。鸡肉价格的下降可能引起消费者购买更少的牛肉，从而可能使牛肉的需求曲线向左移动，比如说移动到 *D″D″*。但是，如果汉堡包面包圈的价格下降，其结果如何呢？如果有所变化，

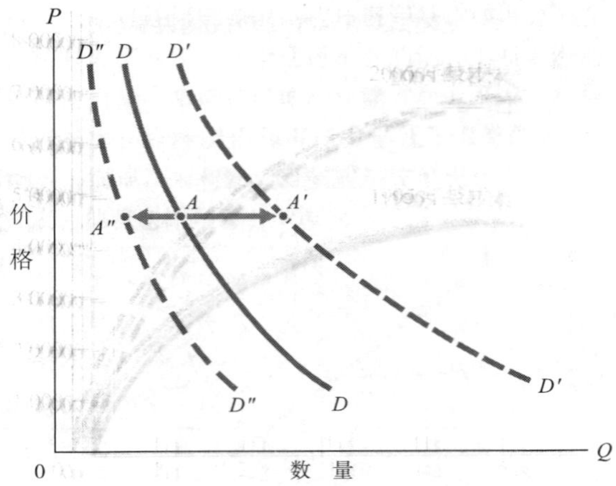

图 5-3 随着收入或其他物品价格的变动，需求曲线发生移动

随着收入上升，消费者一般愿意购买更多的物品，从而需求增加，或者说使需求曲线向外移动（解释了为什么较高的收入会使 *DD* 移动到 *D′D′*）。同样，一物品的替代物品价格的上升会增加对该物品的需求，或使需求向外移动（如从 *DD* 移动到 *D′D′*）。试解释为什么一般情况下收入的下降会使需求曲线移动到 *D″D″*。为什么鸡肉价格的下降会使汉堡包的需求曲线移动到 *D″D″*？

那么变化的结果将会是 *DD* 曲线沿着增加牛肉购买量的方向变化，即 *DD* 曲线向右上方移动。为什么反应会有所不同呢？因为鸡肉是牛肉的替代品，而面包圈则是牛肉的互补品。

关键概念复习：

- 当价格上升使得其他物品替代该物品时，就发生了**替代效应**。
- **收入效应**是物品的需求量的变动，该变动是由于价格变动改变了消费者的实际收入所致。
- **收入弹性**等于一种物品需求量变动的百分比除以收入变动的百分比。
- 如果一种物品价格的上升会导致另一种物品需求的上升，则这两种物品互为**替代品**。
- 如果一种物品价格的上升会导致另一种物品需求的下降，则这两种物品为**互补品**。
- 如果一种物品价格的变动对另一种物品的需求没有任何影响，则这两种物品是**独立品**。

价格弹性和收入弹性的经验估算

就许多经济应用情况而言，价格弹性的数值估算是十分必要的。例如，一位汽车制造商想知道，安装昂贵的控污设备所引起的汽车价格上升对于汽车销售量的影响；一所大学需要了解，较高的学费对学生申请人数的影响；一位出版商会计算教科书价格的上升对其销售量的影响。而所有这些问题都需要估算价格弹性的数值。

类似的决策则依赖于收入弹性。正在规划道路或铁路网的政府需要估算收入上升对驾车旅行的影响；联邦政府在制定有关空气污染或全球变暖问题的政策时，必须计算较高的收入对能源消费的影响；在决定进行必要的投资以扩大发电能力时，电力部门需要知道收入弹性，以估算电力消费。

经济学家掌握了有效的统计技术来估算价格弹性和收入弹性。根据需求量、价格、收入和其他变量的市场数据，可以推导和估算出弹性的数值。表 5-2 和表 5-3 列举了若干物品的弹性估算值。

商　品	价格弹性
西红柿	4.60
青　豆	2.80
合法赌博	1.90
出租车服务	1.24
家　具	1.00
电　影	0.87
鞋	0.70
法律服务	0.61
医疗保险	0.31
客车旅行	0.20
居民用电	0.13

表 5-2 若干物品的需求价格弹性的估算

需求价格弹性的估算表显示了物品的价格弹性变动范围较大。对于那些容易找到替代品的物品，如西红柿或青豆，其弹性一般较高。对于电力等日常生活必不可少而又没有方便的替代品的物品，其价格弹性一般较低。

资料来源：Heinz Kohler，*Microeconomics: Theory and Applications*（Heath，Lexington，Mass.，1992）.

商　品	收入弹性
汽　车	2.46
房主占用的住房	1.49
家　具	1.48
书　籍	1.44
餐厅用餐	1.40
服　装	1.02
医疗服务	0.75
烟　草	0.64
鸡　蛋	0.37
人造黄油	−0.20
猪肉制品	−0.20
面　粉	−0.36

表 5-3　若干物品的收入弹性

奢侈品的收入弹性较高，它的消费量相对于收入来说增长很快。对于需求量随着收入增长而下降的劣品来说，收入弹性为负。对于许多日常用品，如服装，需求与收入同比例上升。

资料来源：Heinz Kohler，*Microeconomics: Theory and Applications*（Heath，Lexington，Mass.，1992）.

上瘾物品的经济学

在一个自由的市场经济中，政府通常让人们自主决定如何花费其货币收入。假如有些人想买昂贵的汽车而另一些人想买昂贵的房子，那么我们假定他们都知道什么对自己最有益。出于对个人自由的考虑，政府应尊重他们的选择。

然而在有些情况下，政府却谨慎而又十分犹豫地干涉成年人的私人决策。这包括消费具有内在价值的*益品*（merit goods），以及与之相对立的*害品*（demerit goods），即它的消费被认为是有害的。对于这些物品，我们认识到，某些消费行为会产生严重后果，因而否定个人决策也许就变得可取。今天，大多数社会都提供免费的公共教育和急救医疗；社会也同时处罚或禁止香烟、酒类和海洛因等有害物质的消费。

社会政策中最具争议的问题是害品中的上瘾物品。上瘾是一种不能自控、强制需要使用的消费范式。吸烟或吸毒成瘾的人或许会对沾染了这种习惯而懊悔不已；但是，这种习惯一经养成便很难逆转。一个经常吸烟或吸毒的人比不吸烟、不吸毒的人对这类物品的欲望要强烈得多。而且，对于上瘾物品来说，需求可能非常缺乏弹性。

上瘾物品的市场是十分庞大的。2007 年，消费者花费在烟草产品上的支出为 950 亿美元，花费在酒精饮料上的总支出为 1 550 亿美元。非法毒品的总支出额显然只能靠推测，据近期估计总额大约为每年 750 亿美元。

这些物品的消费引发了公共政策方面的重大问题，因为上瘾物品不仅对使用者有害，而且会增加社会成本，造成社会危害。对使用者本人的危害主要包括：因吸烟而英年早逝的人每年约有 45 万人，且不论吸烟导致的其他一系列医学方面的问题；因酒后开车而导致的交通死亡事故，每年高达 1 万起；静脉注射海洛因所导致的退学、失业、家庭破裂及艾滋病高发率，等等。对社会的危害则包括：购买高价毒品的“瘾君子”们制造的抢劫案和凶杀案；为治疗毒品、香烟或烟草使用者而付出的高额成本；传染性疾病，特别是艾滋病和肺炎的迅速蔓延；以及现存的使用者诱使新的使用者的趋势，等等。

美国常用的一种政策手段是严禁买卖和使用上瘾物品，并用刑事制裁来加强这一禁令的效果。在经济学上，禁止措施相当于使供给曲线急剧向上移动。供给曲线向上移动之后，上瘾物品的价格就会提高很多。在 1920~1933 年的禁酒运动期间，酒的价格大约比以前提高了 3 倍。据估计，目前可卡因的售价至少是其自由市场价格的 20 倍。

那么，供给限制对上瘾物品的消费量会有什么影响呢？对于使用者本人及社会所受到的危害又有何种影响呢？要回答这些问题，我们需要考虑上瘾物品需求的性质。有证据表明，偶尔使用非法毒品的消费者可以找到廉价的替代品，例如酒和烟草，因此其需求具有较高的价格弹性。相反，“瘾君子”们沉湎于特定物品，其需求缺乏弹性。

图 5-4 描述了上瘾物品的市场。对上瘾物品使用者来说，其需求曲线 *DD* 极其缺乏弹性。现在加入一项阻止使用毒品的政策。一种方法是对香烟征收重税。正如我们在前面章节看到的，这会使供给曲线向上移动。对非法物品的禁止措施对供给曲线具有相同的影响，使供给曲线从 *SS* 移动到 *S′S′*。

由于需求对于价格缺乏弹性，价格上升时需求的量下降得非常少。在较高的价格水平上，花费在该毒品上的总支出会急剧地增加。购买非法毒品所需要的开销将会是如此之高，以至于当事人可以不惜为此去抢劫和犯

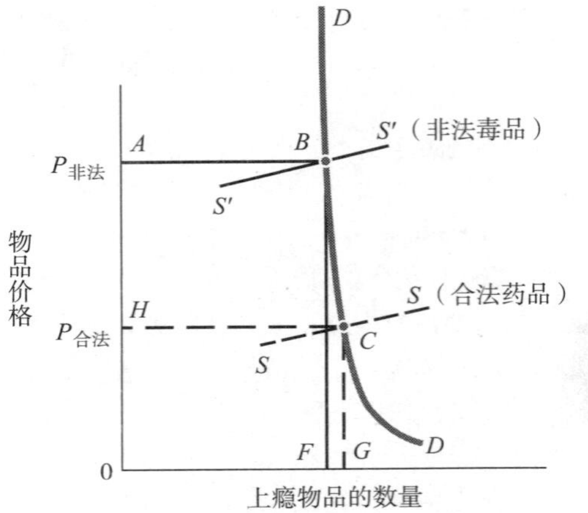

图 5-4 上瘾物品的市场

对于海洛因和可卡因等毒品的使用者来说，上瘾物品的需求是非常缺乏弹性的。因此，如果禁毒运动或高税收使得供给曲线由 *SS* 移动到 *S′S′*，花费在毒品上的总支出将从 0*HCG* 上升到 0*ABF*。对于极度缺乏弹性的毒品来说，供给受到限制时，毒品支出会急剧上升。如果"瘾君子"的收入主要来源于偷窃，那么禁毒对于犯罪行为会有什么影响？你是否明白，为什么在这种情况下，有人会主张减少毒品管制甚至使毒品合法化？

罪。其结果，正如两位对此有研究的经济学家曾指出的："非法毒品市场会滋生犯罪，恶化城市中心地带的平民区，传播艾滋病，腐蚀执法人员和政府官员，导致并加剧贫困，败坏社会道德观念。"

而就那些对毒品价格高度敏感的消费者，比如偶尔使用一下的人，则会出现与上述不同的情况。举例来说，当一个少年支付得起上瘾物品时，他可能会沾染一些；而当价格变得高昂（伴随着获取的困难）的时候，沦为"瘾君子"的人数却会减少。在这种情况下，限制供给既导致使用量骤减，又不降低花费在毒品购买上的支出额。（详细讨论参见本章尾部的"问题讨论"之 10）。

管理上瘾物品的一个主要困难源于其替代模式。许多毒品都有方便的替代品而非互补品。因此，专家们提醒道，提高一种毒品的价格会驱使使用者选择另一种有害物质。例如，对吸食大麻给予刑事处罚的州可能导致青少年消费更多的酒精和烟草。

显然，针对上瘾物品的社会政策会引起一系列非常复杂的问题。但是经济学的需求理论仍使我们对众多可供选择的方案的影响有了重要而深刻的理解。首先，它提出通过提高有害的上瘾物品的价格可以减少偶尔使用毒品的人数，否则他们将会被吸引到毒品市场中去。其次，它提醒我们，非法毒品的许多负面影响与其说是因为消费它们而引起的，不如说是因为禁止它们而产生的。许多观察者经过深思之后得出了一个看似矛盾的结论：如果政府放松管制，并将目前用于限制供给的资源转而用于治疗和心理咨询，那么上瘾物品的总成本都会因此降低，无论是对于使用者、其他人，还是就毒品交易泛滥的被破坏的内城地带而言。

价值悖论

200 多年以前，亚当·斯密在《国富论》中提出了价值悖论：

> 没有什么能比水更有用，然而水很少能交换到任何东西。相反，钻石几乎没有任何使用价值，但却经常可以交换到大量的其他物品。

换句话说，为什么对生活如此必不可少的水几乎没有价值，而只能用做炫耀性消费的钻石却索取高昂的价格？

虽然在 200 年以前，这一悖论困扰着亚当·斯密，但是我们可以设想以下一个好问的学生与"当代亚当·斯密"的对话：

学　　生：我们如何才能解决价值悖论？

当代斯密：最简单的答案就是，水的供给和需求曲线相交于很低的价格水平，而钻石的供给曲线和需求曲线决定了它的均衡价格十分昂贵。

学　　生：但是您经常教导我去思考曲线背后的东西，为什么水的供给曲线和需求曲线相交于如此低的价格，而钻石却相交于一个很高的价格？

当代斯密：答案在于钻石十分稀缺，因此得到钻石的成本很高；而水相对丰裕，在世界上许多地区只需花费很低的成本就可以得到。

学　　生：但在这张图中，效用在哪里体现？

当代斯密：说得对，答案还没有将成本信息与同等正确的事实协调起来，即世界上水的供给比世界上钻石的供给有用得多。所以，我们必须再加上一条真理，水在整体上的效用并不决定它的价格或需求。相反，水的价格取决于它的边际效用，取决于最后一杯水的有用性。由于有如此之多的水，所以，最后一杯水只能以很低的价格出售。即使最初的几滴水相当于生命自身的价值，但最后的一些水仅仅用于浇草坪或洗汽车。

学　　生：现在我理解了，经济价值理论并不难懂，只要你记住：在经济学中，是狗尾巴摇动狗身子。摇动价格和数量这个狗身子的是边际效用这条狗尾巴。

当代斯密：非常正确！像水那样非常有用的商品只能以几乎接近于零的价格出售，因为最后的一滴水几乎一文不值。

我们可以将以上对话复述如下：商品的数量越多，它的最后一单位的相对购买愿望就越小。因此，为什么大量的水只有极低的价格，为什么必不可少的物品，如空气，却成为免费物品，其答案就清楚了。在这两种情况下，正是巨额的数量使其边际效用大大减少，因而降低了这些重要物品的价格。

消费者剩余

价值悖论强调，一种物品的标明的货币价值（用价格乘以数量来衡量）作为该物品总的经济价值的指标可能是极端错误的。我们所呼吸的空气其可衡量的经济价值为零，然而，空气对于福利的贡献却大得难以估量。

一种物品的总效用与其总市场价值之间的差额称为**消费者剩余**（consumer surplus）。之所以会产生剩余，是因为我们“所得到的大于我们所支付的”，这种额外的好处根源于边际效用递减规律。

我们之所以能享受消费者剩余，基本的原因在于：对于我们所购买的某一物品的每 1 单位，从第 1 单位到最后 1 单位，我们支付的是相同的价格。对于每 1 个鸡蛋或每 1 杯水，我们都支付了相同的价格。这样，我们所支付的每 1 单位的代价都是它最后 1 单位的价值。但是，根据边际效用递减这一基本规律，对于我们来说，前面的各单位都要比最后的 1 单位具有更高的价值。因此，我们就这样从前面的每 1 单位中享受到了效用剩余。

图 5-5 说明的是消费者剩余的概念。该例中货币为衡量效用提供了一个有效的尺度。这个例子是：一个人消费水，水的价格为每加仑 1 美元。图 5-5 中位于 1 美元的水平线表示了这一点。该消费者考虑在那一价格水平

个人的消费者剩余

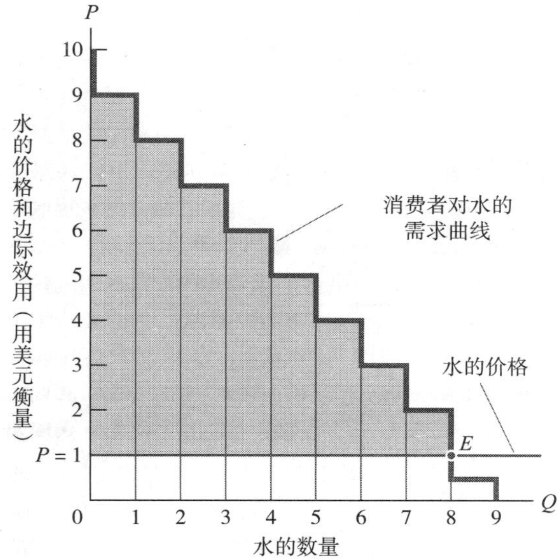

图 5-5　由于边际效用递减，消费者的满足程度超过了他所支付的代价

对水的向下倾斜的需求曲线反映了水的边际效用递减。注意一下消费者从前面的各单位中获得了多少超额的或过剩的满足程度。将所有阴影部分的剩余加总（第 1 单位 8 美元的剩余 + 第 2 单位 7 美元的剩余 + …… + 第 8 单位 1 美元的剩余），我们就得到，该消费者从水的购买中得到的消费者剩余总量是 36 美元。

在这个简化了的例子中，需求曲线与价格之间的面积就是消费者剩余的总量。

时购买多少加仑的水。第 1 加仑的水是非常有用的，能够消除极度的干渴，消费者愿意为它支付 9 美元。但是，这第 1 加仑水的代价只不过是市场价格 1 美元，于是消费者就获得了 8 美元的消费者剩余。

再考虑第 2 加仑的水。这 1 加仑水对消费者来说值 8 美元，但成本仍然为 1 美元，因此，消费者剩余为 7 美元。如此下去，直到第 9 加仑的水，它对消费者来说只值 50 美分，从而就不会购买这 1 加仑水了。在 *E* 点时，消费者达到了均衡，此时，按每加仑 1 美元的价格，该消费者购买了 8 加仑的水。

但是，在这里我们有了一个重要的发现：尽管该消费者只支付了 8 美元，但水的总价值为 44 美元。把纵轴每一边际效用相加（等于 9 美元 + 8 美元 + …… + 2 美元），就得到了这一结果。这样，该消费者得到了超过其支付额 36 美元的消费者剩余。

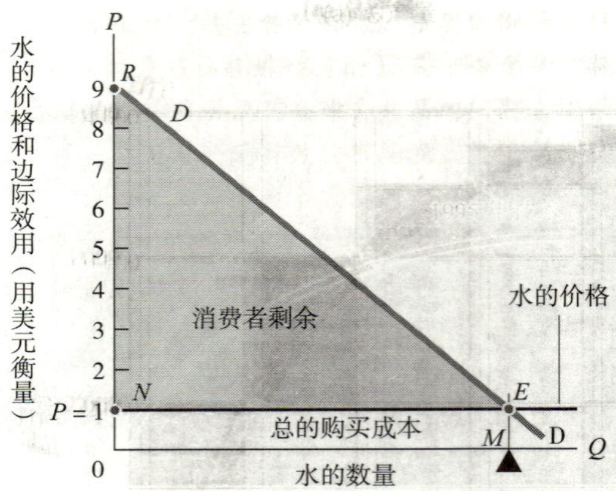

图 5–6 总的消费者剩余是需求曲线与价格之间的面积

需求曲线衡量了消费者每单位支付的代价。因此，需求曲线之下的总面积（0*REM*）代表了从消费者的消费中得到的总效用。减去消费者所支付的市场价格（等于 0*NEM*），我们就可以得到从水的消费中所获得的消费者剩余，即灰色三角形 *NER*。这一工具有助于衡量公共品所带来的利益及垄断和进口关税所造成的损失。

图 5-5 考查了单个消费者购买水的情况。我们也可以将消费者剩余的概念运用于整个市场。图 5-6 中的市场需求曲线是个人需求曲线水平方向的总和。可以把个人消费者剩余的逻辑运用于整个市场。价格线之上的市场需求曲线的面积，如图 5-6 中 *NER* 所示，代表了消费者剩余的总量。

> 由于消费者按照最后 1 单位的价格支付全部单位的消费品，因此，他们得到了成本之上的效用剩余。消费者剩余衡量的是消费者从某一物品的购买中所得到的超过他们所为之支付的那部分的额外价值。

消费者剩余的应用

消费者剩余的概念对于评估许多政府决策是极其有用的。例如，政府如何决定新建一条高速公路的价值，或保留一块娱乐场所的价值？假设一条新公路的修建正在考虑之中。由于公路对所有人免费，它并不能带来任何收入。使用公路的人所得到的价值在于时间的节省或旅行的安全，它能够用个人的消费者剩余来衡量。为了避免个人之间效用难以比较的困难，我们假设有 1 万名使用者，他们在所有方面都是完全相同的。

假定每个人可以从公路中得到 350 美元的消费者剩余。如果总成本小于 350 万美元（10 000 × 350 美元），修建这条公路就会提高消费者的经济福利。经济学家在进行成本收益分析（cost-benefit analysis）时会运用消费者剩余，这里的成本收益分析是指决定一项政府计划的成本与收益的分析。他们一般会建议，如果这条公路的总消费者剩余大于它的成本，就应该建造这条公路。同样的分析还被用于解决环境问题，如是否保护野生环境以供游乐，或者是否要求安装新的减轻环境污染的设备。

消费者剩余的概念还指出，现代社会的公民享受着巨大的特权。我们每个人都能以低价购买大量品种繁多的非常有用的物品。这显然是一种令人愧疚的思想意识。如果你认识的某个人正在夸耀自己的工作效率如何高，或者正在解释自己的实际工资如何高的时候，你不妨建议他们冷静下来思考一番。如果把拥有专业技术的他们送到荒无人烟的岛屿上，那么，他们的工资又能购买多少东西呢？事实上，如果没有资本设备，没有其他人的合作，没有一代又一代人所传承下来的技术知识，我们每个人又能生产出多少东西呢？很显然，我们所有的人都从我们未曾出力的经济世界中获得了利益。正如伟大的英国社会学家霍布豪斯（L. T. Hobhouse）所说：

> 某些行业的组织者认为，他们靠“自我奋斗”获得了成功，并“创造”了自己的企业。而在事实上，是整个社会向他提供了技术工人、机器、市场、安定和秩序——这一系列条件和整个社会环境是千百万人经过许多代人的努力共同创造出来的。如果将这些社会条件统统收回，那么，我们只不过是……靠树根、野果和野兽维生的野人。

至此，我们已完成需求部分基本要点的讨论，下一章我们将转到成本和供给的分析。

总结提要

1. 市场需求或需求曲线产生于个人选择其最偏好的物品和服务的组合的过程。
2. 经济学家用效用概念来解释消费者的需求。效用表示一个消费者从不同商品的消费中得到的相对满意程度。从多消费的 1 单位某种物品中所得到的满足程度的增加部分就是*边际效用*。这里，“边际”的意思是额外的或新增加的效用。边际效用递减规律指出：随着所消费的某一物品的量的增加，所消费的最后 1 单位物品的边际效用趋于递减。
3. 经济学家假设，消费者要分配其有限的收入，以获得最大的满足或效用。为了实现效用最大化，消费者必须满足*等边际法则*，即用于每种物品的最后 1 美元的边际效用相等。

   只有当用于苹果、熏肉、咖啡和其他各种物品上的每 1 美元的边际效用都相等时，该消费者才能从有限的美元收入中获得最大的满足。但是必须注意，50 美元一盎司的香水的边际效用并不等于 50 美分一杯的可口可乐的边际效用。而是说，它们的边际效用除以每单位的价格以后，也就是最后 1 美元的边际效用 MU/P，在消费者的最优配置之下必然都相等。
4. 边际效用或每单位资源的边际收益相等是消费选择的基本规律。对于任何稀缺资源，比如时间，如果你想使该资源的价值或者效用最大化，则必须确保 每单位该种资源的边际收益在各种用途下都相等。
5. 所有消费者的市场需求曲线是通过把每一消费者的独立的需求曲线按水平方向加总而得到的。多种原因可以引起需求曲线的移动。例如，收入的增加通常引起 *DD* 曲线向右移动，从而需求增加；一种替代品（如鸡肉替代牛肉）的价格上升同样也会引起需求曲线向上移动；一种互补品（如汉堡包面包圈和牛肉）的价格上升反过来会引起 *DD* 曲线向左下方移动。还有一些其他因素——偏好、人口或预期的变化——也能影响需求。
6. 把价格上升的影响区分为替代效应和收入效应，我们能够更深入地理解导致需求曲线向下倾斜的因素。(*a*) 替代效应发生于：一种物品的价格上升导致人们用其他物品来替代该物品，以便达到既定程度的满足；(*b*) 收入效应意味着，价格上升会降低实际收入，从而减少对大多数物品希求的消费量。对于大多数物品来说，价格上升的替代效应和收入效应是相互增强的，并且由此产生了需求曲线向下倾斜的规律。我们用收入弹性（需求量变动的百分比除以收入变动的百分比）来衡量需求量对于收入的反应程度。
7. 请记住，是边际效用这条狗尾巴在摇动市场价格这个狗身子。这一点可以通过*消费者剩余*这一概念突出地表现出来。我们为最后 1 夸脱牛奶支付的价格与第 1 夸脱牛奶相同。但是，根据边际效用递减规律，前面各单位物品的边际效用大于最后 1 单位物品的边际效用。这意味着我们愿意为前面各单位支付高于市场水平的价格。总价值超过市场价值的差额称为消费者剩余。消费者剩余反映我们按相同的低价购买所有单位物品时所得到的好处。在简化的情况下，我们可以用需求曲线与价格线之间的面积来衡量消费者剩余。这是一个对于许多公共决策都很有用的概念——例如，决定社会应该在什么时候把大量开支用于公路、桥梁的建设，或征地用于野生保护区。

概念复习

效用，边际效用
功利主义
边际效用递减规律
收入和其他因素引起的需求变动
序数效用

等边际法则：$MU_1/P_1 = MU_2/P_2 = \cdots$
$= MU$ 每 1 美元收入
市场需求与个人需求
收入弹性
替代品、互补品和独立品

替代效应和收入效应
益品，害品
价值悖论
消费者剩余

补充读物和互联网站

补充读物

An advanced treatment of consumer theory can be found in intermediate textbooks; see the Further Reading section in Chapter 3 for some good sources.

Utilitarianism was introduced in Jeremy Bentham, *An Introduction to the Principles of Morals* (1789).

An interesting survey of psychology and economics is contained in Matthew Rabin, "Psychology and Economics," *Journal of Economic Literature,* March 1998, while serious students of the subject may want to read Colin Camerer, George Loewenstein, and Matthew Rabin, eds., *Advances in Behavioral Economics* (Princeton University Press, Princeton, N.J., 2003).

Consumers often need help in judging the utility of different products. Look at *Consumer Reports* for articles that attempt to rate products. They sometimes rank products as "Best Buys," which might mean the most utility per dollar of expenditure.

Jeffrey A. Miron and Jeffrey Zwiebel, "The Economic Case against Drug Prohibition," *Journal of Economic Perspectives,* Fall 1995, pp. 175–192, is an excellent nontechnical survey of the economics of drug prohibition.

互联网站

Data on total personal consumption expenditures for the United States are provided at the website of the Bureau of Economic Analysis, *www.bea.doc.gov.* Data on family budgets are contained in Bureau of Labor Statistics, *Consumer Expenditures,* available at *www.bls.gov.*

Practical guides for consumers are provided at the government site *www.consumer.gov.* The organization Public Citizen lobbies in Washington "for safer drugs and medical devices, cleaner and safer energy sources, a cleaner environment, fair trade, and a more open and democratic government." Its website at *www.citizen.org* contains articles on many consumer, labor, and environmental issues.

You can read the Nobel lectures of laureates Akerlof, Kahneman, and Smith, with their views on behavioral economics, at *nobelprize.org/nobel_prizes/economics/laureates/.*

问题讨论

1. 解释效用的含义。总效用和边际效用之间有何差异？解释边际效用递减规律，并给出一个数字例子。
2. 每周，汤姆·吴都以每个 2 美元的价格购买两个汉堡包，以每瓶 0.50 美元的价格购买 8 瓶可乐，以每份 1 美元的价格购买 8 份比萨饼。但是，在价格为每个 1.50 美元时，他不购买任何热狗。对于这 4 种物品，你能算出汤姆的边际效用吗？
3. 下列物品中哪一对可以划分为互补品、替代品和独立品：牛肉、番茄酱、羊肉、香烟、口香糖、猪肉、收音机、电视机、航空旅行、客车旅行、出租车和平装书。说明当一种物品的价格上升时，所引起的另一种物品的需求曲线的移动。收入的变动对于航空旅行的需求曲线会发生何种影响？对客车旅行的需求曲线又有何影响？
4. "当所有物品的边际效用完全相等时效用达到最大。"这种说法为什么是错误的？修正这种说法并解释其原因。

5. 当把消费者剩余分析应用到看电影中时，下面是一种估算消费者剩余的方法：
   a. 去年你看了多少部电影？
   b. 去年你在看电影上总的花费是多少？
   c. 你最多愿意为去年看过的所有电影支付多少钱？
   d. 计算 c 减去 b，得到你在看电影上的消费者剩余。
6. 分析下表，该表列举了每年滑雪的不同天数的效用：

滑雪的天数	总效用（美元）
0	0
1	70
2	110
3	146
4	176
5	196
6	196

设制一张表，说明每一滑雪天数的边际效用。假设有 100 万人口，他们都具有表中所示的偏好，画出滑雪天数的市场需求曲线。如果每天的票价为 40 美元，滑雪的均衡价格和天数为多少？

7. 对于表 5-2 中的每一种商品，计算价格上升 1 倍对需求量的影响。同样，对于表 5-3 中的各种商品，消费者收入增加 50% 会产生何种影响？
8. 当你把越来越多的完全相同的个人需求曲线加总（采用与图 5-2 相似的方法）后，在相同的坐标单位下，市场需求曲线会变得越来越平坦。这一事实是否说明需求弹性变得越来越大？仔细解释你的答案。
9. 供给和需求理论的一个有趣应用在于：就那些上瘾物品来说，可以对限制其供给的各种方法进行比较。本题假设上瘾物品的需求缺乏价格弹性：
   a. 一种方法是将其供给拒于国门之外（今天，这种方法被用于海洛因和可卡因，在禁酒运动期间，它被用于酒类）。试说明这种方法如何提高了物品的价格，并增加了毒品行业供给者的总收入。
   b. 另一种可供选择的方法是对这些物品课以重税（今天，这种方法被用于烟草和酒类）。运用第 4 章的税收分析，说明这种方法如何降低毒品业供给者的总收入。
   c. 试评论上述两种方法的差异。
10. 对偶尔吸毒者来说，需求是富有价格弹性的 —— 他们没有上瘾，且替代品很容易找。在这种情况下，限制毒品或提升价格都会对使用量产生很大的影响。画一个像图 5-4 那样的需求供给图，使需求曲线富有弹性：说明课税急剧变动对需求量的影响；说明由于需求是富有弹性的，在限制毒品的情况下，花费在毒品上的总支出会下降；解释为什么上述分析支持那些认定应该严格限制上瘾物品的人的主张。
11. 假设你是一个肥胖的有钱人。你的医生建议你将每天的食品摄取量限制在 2 000 卡路里以内。那么，你对食品的消费均衡是什么？
12. 消费者剩余的数字题：假设过桥的需求函数是：$Y = 1\,000\,000 - 50\,000P$，其中 Y 是指过桥的次数，P 是每次过桥的费用（以美元计）。
    a. 如果每次过桥的费用是 0 美元、1 美元和 20 美元，请分别计算消费者剩余。
    b. 假定桥的成本是 180 万美元，请计算收支相抵的一次过桥费用，此时，消费者剩余是多少？
    c. 假定桥的成本是 800 万美元，请解释为什么在过桥费不能弥补这一成本的情况下仍然要修建这座桥？

第 5 章附录

消费均衡的几何分析

推导需求曲线的一种可供选择的更先进的方法称为无差异曲线。本附录用这一新工具推导消费者行为的主要法则。

无差异曲线

首先，假设你是一个消费者，在给定的价格水平下，你购买不同组合的两种物品，譬如说不同组合的食品和服装。对于这两种物品的每一种组合，我们假设：你偏好其中的一种；或者，两种组合对你来说是无差异的。例如，要求你在 1 单位食品和 6 单位服装的组合 A，与 2 单位食品和 3 单位服装的组合 B 之间做出选择时，你可能会：(1) 偏好 A 胜于 B；(2) 偏好 B 胜于 A；或者 (3) 认为 A 和 B 是无差异的。

假设在你看来，A 和 B 正好是同样可取的，即得到它们之间的任何一种对你来说都是无差异的。让我们考虑你同样认为是无差异的某些其他组合，如图 5A-1 的附表所列举的各种组合。

图 5A-1 用图形描述了这些组合。我们用一个轴衡量服装的单位数，用另一个轴衡量食品的单位数。4 种物品组合分别由图上的 *A*、*B*、*C*、*D* 来表示。当然，这 4 种组合绝不是那些对你无差异的组合的全部。另一种组合，如 1.5 单位的食品和 4 单位的服装，也可以和 *A*、*B*、*C*、*D* 处于同样的无差异水平，而且还有许多没有表示出来的组合。在图 5A-1 中，连接 4 点的平滑曲线就是**无差异曲线**（indifference curve）。这条无差异曲线上的点，代表消费者所有的无差异的消费组合；每一种组合你都有同等的意愿去得到。

替代规律

无差异曲线被描绘成碗形的，或者说是凸向原点的。因此，随着你沿曲线向下和向右移动，即增加食品的数量和减少服装的数量，曲线就会变得更加平坦。将曲线画成这种形状是为了说明一种性质，这一性质在现实中通常是正确的，我们称其为替代规律：

> 一种物品越是稀缺，它的相对的替代价值就越大；相对于变得充裕的物品，它的边际效用会上升。

因此，在图 5A-1 中从 *A* 移动到 *B*，就意味着你用 6 单位服装中的 3 个单位来换取 1 单位食品。但是，从 *B* 移动到 *C*，你只需放弃剩下的服装中的 1 单位就得到第 3 个单位的食品，即 1:1 的交换。为了得到第 4 单位的食品，你仅仅愿意放弃已经逐步减少的服装中的 1/2 个单位。

如果将图 5A-1 中的 *A* 点和 *B* 点连接起来，我们就会发现，连线的斜率（去掉它的负号）数值为 3。把 *B* 和 *C* 连接起来，斜率为 1；把 *C* 和 *D* 连接起来，斜率为 1/2。这些数值——3、1、1/2——就是两种物品之间的替代率（有时称为边际替代率）。随着在曲线上移动的距离越来越短，替代率就越来越接近于无差异曲线的实际斜率。

无差异曲线的斜率是两种物品的相对边际效用的度量，或者说是两种物品的替代条件的度量，即对于很微小的变化，消费者愿意按该条件用一种物品的微量减少来换取另一种物品的（微量）增加。

像图 5A-1 中那样凸向原点的无差异曲线，符合于上述替代规律。当你消费的食品数量上升、同时你消费的服装数量下降的时候，食品必须相对越来越便宜，才能使你愿意放弃少量的服装以换取更多的食品。当然，无差异曲线的确切形状和斜率对于不同的消费者会有差异，但一般的图形会与图 5A-1 和图 5A-2 类似。

无差异曲线图

图 5A-1 附表内容只是无数可能中的一种。我们可以从一种更受喜爱的消费状况开始，并且列出能够给消费者带来较高满足程度的不同组合。其中的一个表格可能以 2 单位的食品和 7 单位的服装开始，另一个表格可能以 3 单位的食品和 8 单位的服装开始。每一个表格均可

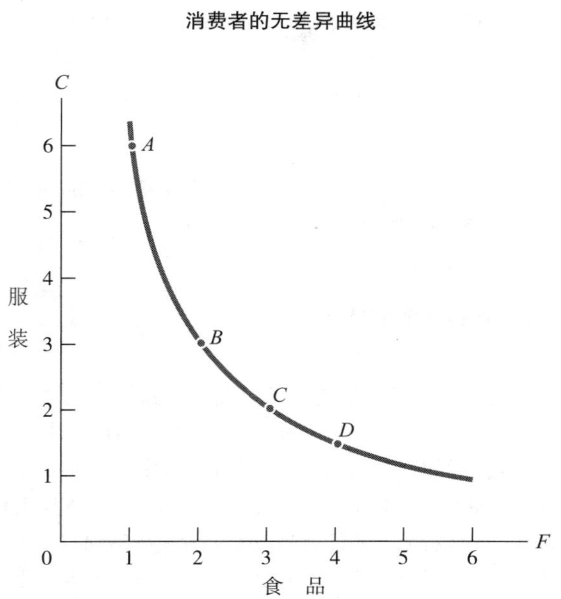

无差异组合

	食　品	服　装
A	1	6
B	2	3
C	3	2
D	4	1.5

图 5A–1　一组物品的无差异曲线

得到一种物品的更多数量可以补偿所放弃的另一物品的一些数量。消费者偏好 A 的程度和偏好 B、C 或 D 的程度完全相同。产生同等满足程度的食品 - 服装的组合的各点被连接成一条平滑的无差异曲线。根据替代规律，该曲线向原点凸出。替代规律指出，当你得到更多的某种物品时，该物品的替代率或无差异曲线的斜率递减。

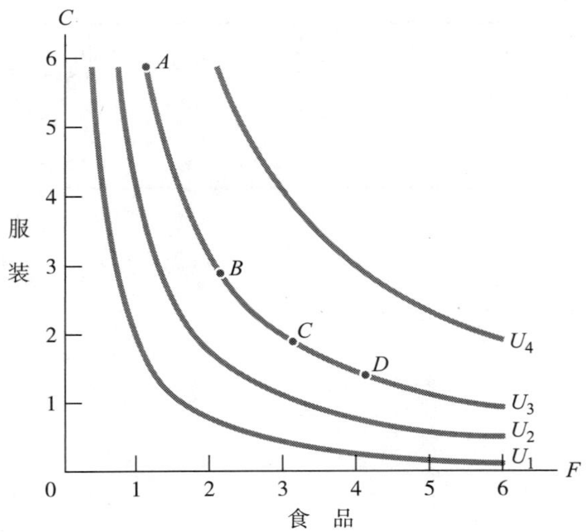

图 5A–2　一族无差异曲线

曲线 U_1、U_2、U_3 和 U_4 代表不同的无差异曲线。消费者最偏好哪一条无差异曲线？

以用图形表示出来，并具有相应的无差异曲线。

图 5A-2 描绘了 4 条这样的曲线，图 5A-1 中的曲线即为现在的 U_3。这种图形类似于地图上的等高线图。沿着地图上一定高度的等高线行走的人，既不向上爬，也不向下降；同样，沿着一条无差异曲线移动的人，从消费的变化中得到的满足程度既不上升，也不下降。当然，图 5A-2 中所示的仅为可能的无差异曲线中的几条而已。

应当注意：当同时增加两种物品的数量，因而在图中向右上方移动时，我们相继越过了不同的无差异曲线达到了越来越高的满足水平（假定消费者从两种物品数量的同时增加中得到了更大的满足）。因此，曲线 U_3 代表了比 U_2 更高的满足水平，U_4 代表了比 U_3 更高的满足水平，依此类推。

预算线或预算约束

现在，我们暂时将某个消费者的无差异曲线图放在一边，而给予该消费者某一固定的收入。譬如说，他每天只能花费 6 美元，而且，他面临着食品和服装的固定价格。食品每单位为 1.5 美元，服装每单位为 1 美元。显然，在各种可供选择的食品和服装的不同组合中，他可以将收入花费于其中的任何一种组合。在一种极端情况下，他可以购买 4 单位的食品，而不买任何服装；而在另一种极端情况下，他可以购买 6 单位的服装，而不买任何食品。图 5A-3 的附表列出了他花费 6 美元的几种可能的方式。

图 5A-3 描绘了 5 种这样的可能性。应当注意：所有的点都在直线 *NM* 上。而且，任何其他可能的点，如 3⅓ 单位食品和 1 单位的服装，也在 *NM* 线上。预算线 *NM* 包括了消费者正好花费完其收入的两种物品的各种可能组合。[1]*NM* 的斜率（不计正负号）为 3/2，即食品价格和服装价格之比。斜率的含义是：在给定的价格之下，消费者每放弃 3 单位的服装（从而在图形中垂直向下移动 3 个单位），他可以得到 2 单位的食品（即以水平方向向右移动 2 个单位）。

[1] 之所以如此，是因为：如果我们分别用 F 和 C 表示消费者购买的食品和服装的数量，那么花费在食品上的总支出必然为 1.50 美元乘以 F，花费在服装上的总支出为 1 美元乘以 C。如果日常的收入和支出均为 6 美元，那么下列方程式必然成立：6 美元 = 1.5 美元 × F + 1 美元 × C。这是一个线性方程，即预算线 *NM* 的方程。注意：*NM* 的斜率的算术值 = 1.50 美元 ÷ 1 美元 = 食品的价格 / 服装的价格。

我们把 *NM* 称为消费者的**预算线**（budget line）或**预算约束**（budget constraint）。

切点的均衡位置

现在，我们可以将无差异曲线和预算线这两部分综合在一起。图 5A-3 的纵轴和横轴与图 5A-1 和图 5A-2 相同。我们可以将预算线 *NM* 添加到消费者的无差异曲线图中，如图 5A-4 所示。该消费者可以在直线 *NM* 上任意移动。*NM* 右上方的区域是该消费者无法达到的，因为这些区域要求高于 6 美元的收入；*NM* 左下方的区域也与这里的情形无关，因为我们假设消费者花费了全部的 6 美元。

该消费者会移动到何处呢？很显然，他将移动到能够产生最大满足的那一点，或者换句话说，他将移动到

一个消费者的预算线

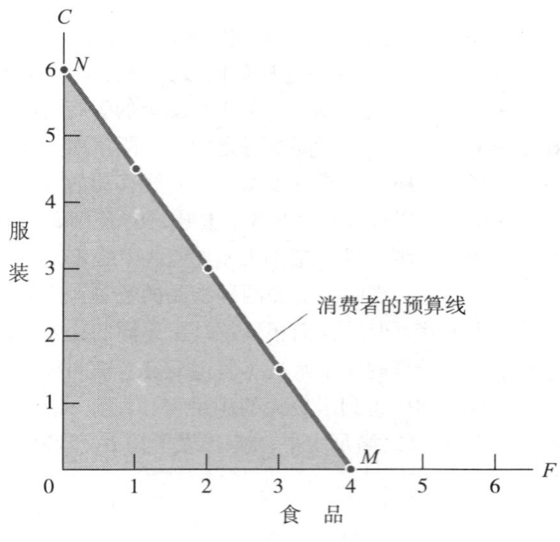

可供选择的消费可能性

	食品	服装
M	4	0
	3	1.5
	2	3
	1	4
N	0	6.5

图 5A–3 收入制约消费者支出

支出的预算限制可以用数字表格来表示。每一种预算的总成本（计算公式为 1.5 美元 × F + 1 美元 × C）恰好等于 6 美元的收入。我们可以把预算约束描绘为一条直线，其斜率的绝对值等于 P_F / P_C。*NM* 是消费者的预算线。当收入为 6 美元，食品和服装的价格分别为 1.50 美元和 1 美元时，消费者可以选择这条预算线上的任意一点。（为什么它的斜率等于 1.50 美元 /1 美元 = 3/2？）

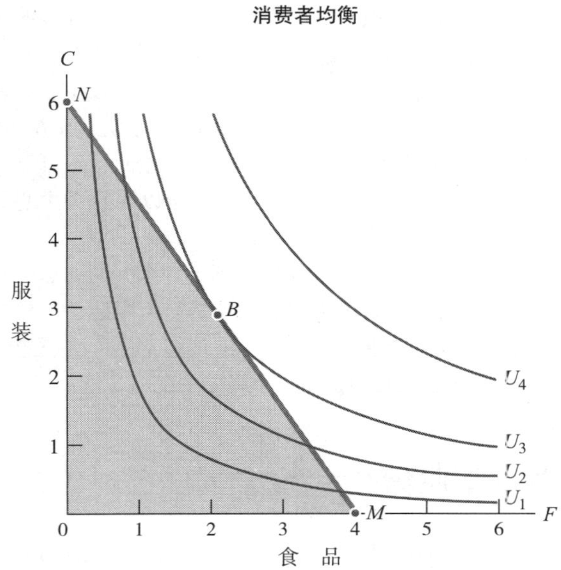

图 5A–4　消费者最偏好的可行的消费组合在 B 点实现

现在，我们把预算线和无差异线叠合在一张图中。在预算线与最高的无差异曲线的切点 B 处，消费者实现了既定收入下可能达到的最高的无差异曲线。在切点 B，替代率等于价格比率 P_F/P_C。这意味着，所有物品的边际效用与其价格成比例，而花费在每一种物品上的最后 1 美元所得到的边际效用相等。

可能达到的最高的无差异曲线上。在本例中，他必然会移动到 B 点。在 B 点，预算线正好与无差异曲线 U_3 相切。在这一切点，也就是预算线与无差异曲线相接触但却不相交之点，我们可以找到那条消费者所能达到的具有最大效用的无差异曲线。

从几何上看，当预算线的斜率（等于食品与服装的价格之比）正好等于无差异曲线的斜率（等于两种物品的边际效用之比）时，消费者达到均衡状态。

> 消费者均衡在预算线与最高无差异曲线的切点处实现。在该点，消费者的替代率正好等于预算线的斜率。

换句话说，替代率或无差异曲线的斜率，等于食品的边际效用与服装的边际效用之比。因此，我们的切点条件用另一种方式指出：价格之比必须等于边际效用之比；在均衡点，消费者从花费在食品上的最后 1 美分所得到的边际效用与花费在服装上的最后 1 美分所得到的边际效用相等。因此，我们能推出如下的均衡条件：

$$P_F / P_C = \text{替代率} = MU_F / MU_C$$

这一均衡条件与我们在本章的正文中对效用理论所推导出的条件完全相同。

收入和价格的变化

无差异曲线的两个重要应用在于考查以下两种效应：（*a*）货币收入变化；（*b*）两种物品中的一种的价格发生变化。

收入变化

首先，我们假设该消费者的日常收入减少 1/2，而两种物品的价格保持不变。我们可以准备另一张类似于图 5A-3 附表的表格，说明新的消费可能性。把这些点描绘在图中，例如图 5A-5，我们得到一条新的预算线 $N'M'$。相当于原预算线向内平移了一段距离。[1] 该消费者现在只能沿着新的（较低的）预算线任意移动；为了得到最大满足，他将移动到最高可达到的无差异曲线上，即 B' 点。

[1] 新的预算线$N'M'$的方程是：3美元 = 1.5美元 × F + 1美元 × C。

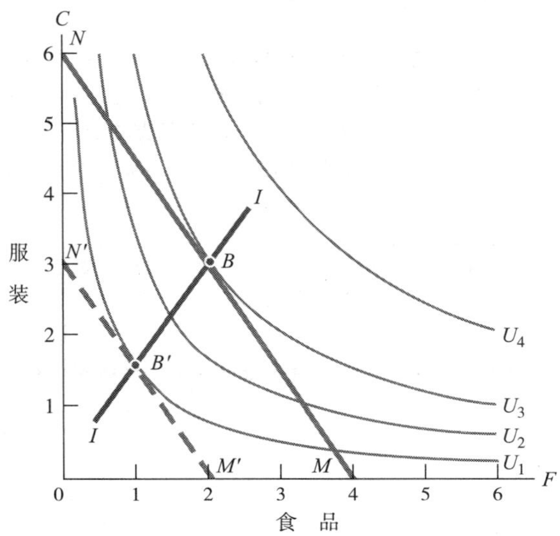

图 5A–5　收入变化对均衡的影响

收入变化引起预算线平行移动。因此，收入减半到 3 美元会使预算线由 NM 移动到 $N'M'$，均衡点移动到 B'。（说明收入上升到 8 美元会对均衡产生什么影响。估计新的切点会发生在何处。）

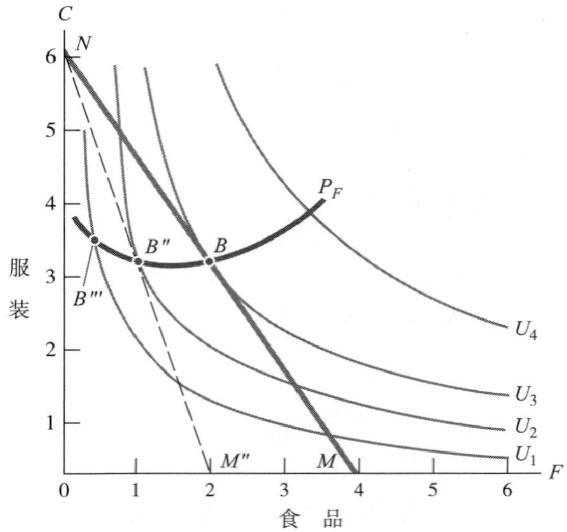

图 5A-6 价格变动对均衡的影响

食品价格上升会使预算线以 N 点为中心，从 NM 旋转到 NM″。新的切点均衡位于点 B″，该点具有较少的食品和可能较多也可能较少的服装。

这里，上述的消费者达到均衡的切点条件同样可以满足。

一种物品价格的变化

现在，回到消费者以前的每天收入 6 美元的情况，但假定食品的价格从 1.50 美元上升到 3 美元，而服装的价格保持不变。我们必须再次考查预算线的变化。这次我们发现，预算线以 N 点为中心旋转到 NM″，如图 5A-6 所示。[1]

[1] 预算线NM″的方程现在是：6美元 = 3美元 × F + 1美元 × C。

这种变动在常识上可以说显而易见。由于服装的价格不变，与先前一样，N 点仍然是可达到的。但是，由于食品的价格上升了，M 点（它代表 4 单位的食品）现在却已经无法达到。在每单位食品的价格为 3 美元的情况下，用每天 6 美元的收入现在仅仅能购买 2 单位的食品。因此，新的预算线仍然经过 N 点，但它必然会以 N 点为中心旋转到 M 点左方的 M″ 点。

现在的均衡点为 B″，我们得到了一个新的切点。较高的食品价格一定会减少食品的消费，但服装的消费却既可能上升也可能下降。为了帮助理解，你可以设想收入增加，同时服装或食品价格下降的情况。

推导需求曲线

现在，我们可以推导出需求曲线。仔细观察图 5A-6。应该注意：当我们把食品的价格从每单位 1.50 美元提高到 3 美元时，我们保持其他条件不变。无差异曲线所代表的偏好没有变化，货币收入和服装的价格也保持不变。因此，我们可以在理想的情况下推导出食品的需求曲线。在价格为 1.50 美元时，消费者购买 2 单位的食品，如均衡点 B 所示。当价格上升到每单位 3 美元时，在均衡点 B″，食品的购买量为 1 单位。如果你画出一条相应于每单位食品价格为 6 美元的预算线，那么，均衡点会发生在 B‴，而食品的购买量会是 0.45 单位。

现在，保持其他条件不变，画出食品价格与相应的食品购买量的组合点。你将会从无差异曲线中推导出一条平滑的向下倾斜的需求曲线。应该注意：推导需求曲线并没有涉及到效用概念——我们的推导完全建立在可以比较的无差异曲线的基础上。

总结提要

1. 无差异曲线用于描绘偏好程度相同的消费组合点。根据相对边际效用递减规律，无差异曲线通常被画成凸（或曰碗）状的。
2. 当一个消费者拥有一定的货币收入且全部用于消费，并且她面临着两种物品的市场价格时，那么她将沿着一条称为预算线或预算约束的直线移动。该线的斜率取决于两种物品的市场价格之比；该线离开原点的远近取决于收入的高低。

3. 该消费者沿着预算线移动，直到达到最高的无差异曲线为止。在该点，预算线会与一条无差异曲线相接但不相交。因此，均衡点位于切点，此时，预算线的斜率（两种价格之比）正好等于无差异曲线的斜率（即替代率或两种物品的边际效用之比）。这就证明了另一点：在均衡点，边际效用与价格成比例。
4. 收入的下降会使预算线平行地向内移动，通常会引起两种物品的购买量下降。保持其他条件不变，一种物品价格的单独变动会引起预算线发生旋转，从而改变其斜率。在一种物品的价格或收入发生变化之后，消费者将得到一个新的最大满足的切点。在每一切点，用于每种用途的每 1 美元所产生的边际效用相等。通过新旧均衡点的比较，我们可以得到通常向下倾斜的需求曲线。

概念复习

无差异曲线
斜率或替代率
预算线或预算约束
无差异曲线的凸性和相对边际效用递减规律
最优切点条件：
$P_F / P_C =$ 替代率 $= MU_F / MU_C$

问题讨论

1. 画出下列无差异曲线：(*a*) 像左、右鞋子那样的互补品；(*b*) 像同一个商店并排放置的两瓶可乐那样完全的替代品。
2. 以面条和游艇为例，画出类似于图 5A-5 的一组无差异曲线和预算线，其中面条作为劣等品，而游艇作为奢侈品，其收入弹性大于 1。

第6章 生产和企业组织

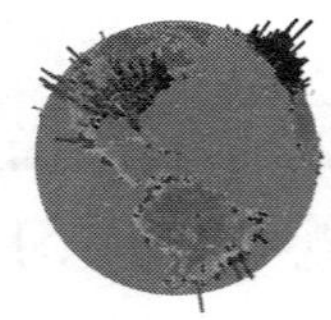

美国人的事就是做企业。

——卡尔文·柯立芝，美国第30任总统

每天在我们吃早餐之前，必然有人先烤好面包。同理，生产汽车、发电、开发计算机程序，以及提供各种商品和服务的物流配送等，也都依赖于我们的生产能力。生产能力又取决于劳动力的质量和规模、资本的数量和质量、科学技术水平和科技应用能力，以及公共部门和私人部门的性质。为什么北美的生活水平高，而热带非洲的生活水平低？为了寻求答案，我们还是先来看一看生产这台机器到底是如何运转的。

我们的目的是了解市场力量是如何决定商品和服务的供给的。在以下3章中我们将陆续给出生产、成本和供给等重要概念，并阐述它们之间的相互联系。首先我们来探讨一下生产的基本理论，看一看企业如何将投入转化成所期待的产出。生产理论还将有助于我们理解为什么随着时间的推移，生产力与生活水平会有所提高，以及企业是如何调整它们的内部行为的。

A. 生产理论和边际产量

基本概念

现代经济拥有丰富多彩的生产活动。农场使用化肥、种子、土地和劳动，将它们变成小麦或玉米。现代工厂使用能源、原材料、数控机床和劳动等投入，生产出拖拉机、DVD或牙膏。航空公司使用飞机、燃油、劳动，以及由计算机网络控制的订票系统，向旅客提供快捷航班路线等服务。

生产函数

我们已经提到过像土地、劳动那样的投入和像小麦、牙膏那样的产出。但是，如果你拥有一定数量的投入，你能够得到多少产出呢？在任何时点上，给定可使用的技术知识、土地和机器等，在投入劳动一定的情况下，仅仅能够得到一定数量的拖拉机或牙膏。所需要的投入量和能够得到的产出量之间的关系称为*生产函数*。

> **生产函数**（production function）是指：在既定的工程技术知识水平条件下，给定投入之后所能够得到的最大的产出。

一个重要的例子是关于发电的生产函数，我们假想有一本关于不同种类的发电厂的生产函数方面的技术说明手册，其中一页上有不同规格燃气涡轮机的说明，表明它们的投入（初始资本费用、油耗和使涡轮机转动所需投入的劳动）和产出（发电量）。下一页描述了几种不同规模的燃煤发电厂，列出它们的投入和产出。还有几页是关于核电站、太阳能电站等方面的信息。它们共同组成了发电的生产函数。

注意，我们的定义所假定的是：企业总是尽力做到有效率的生产。换句话说，在给定投入量的前提下，它们总是试图生产出最大的产量。

或者我们考虑一下繁重的挖沟工作。在美国，当我们向窗外望去，可能会看到昂贵的大型挖掘机，由一个人驾驶，另一个人操纵。这个小组可以轻易地在两小时内挖一条 5 英尺深 50 英尺长的沟渠。当我们访问非洲时，我们可以看到 50 个劳力，肩扛锄头，挖同样一条沟渠可能会花费一天的时间。这两种技术，一个为资本密集型，另一个为劳动密集型，代表了不同的挖沟生产函数。

我们可以不加夸张地说存在数百万个不同的生产函数——每一种物品或劳务都有一个生产函数。其中大部分并没有写出来而只是存在于人们的脑海中。在经济学领域，技术在飞速地变化，如计算机软件和生物技术，一种生产函数可能在使用之后不久便被淘汰。其中的一些，如医学实验室或悬崖峭壁建筑的设计蓝图，只是被用于特定的目的和地点，换个地方便毫无用处。尽管如此，经济学家还是发现生产函数对于描述企业的生产能力是一个非常有用的方法。

总产量、平均产量和边际产量

从企业的生产函数出发，我们能够列出 3 个重要的产量概念：总产量、平均产量和边际产量。我们首先计算总的实物产量，即**总产量**（total product）。总产量表示生产出来的、用实物单位衡量的产出总量，例如，多少蒲式耳小麦或多少双胶底运动鞋。图 6-1（*a*）和表 6-1 的第（2）栏表明的是总产量的概念。对于这一例子而言，它显示的是：随着劳动投入量的增加总产量所做出的反应。在劳动投入量为零时，总产量为零；此后，随着劳动投入的增加，总产量增加。当劳动投入为 5 单位时，总产量达到最大值 3 900 单位。

一旦我们懂得了总产量概念，就很容易衍生出一个同样重要的概念：边际产量。“边际”一词的含义是“新增”的意思。

> 一种投入的**边际产量**（marginal product）是在其他投入保持不变的情况下，由于新增 1 单位的投入而多生产出来的产量或产出。

比如，假设我们保持土地、机器和其他投入不变，则劳动的边际产量为每增加 1 单位的劳动而多得到的产出。表 6-1 的第（3）栏计算了边际产量。第 1 单位劳动的边际产量为 2 000；对于第 5 单位，劳动的边际产量下降到仅仅为 100。这种边际产量统计对于理解如何决定工资等其他要素价格非常重要。

最后一个概念是**平均产量**（average product），它等于总产量除以总投入的单位数。表 6-1 的第（4）栏表明，在使用 1 个工人时，劳动的平均产量为每个工人 2 000 单位；在使用 2 个工人时，劳动的平均产量为每个工人 1 500 单位，等等。在这个例子中，劳动投入不断增加的整个区间内，平均产量都是下降的。

图 6-1 表示的是表 6-1 中的总产量和边际产量。仔细研究该图，理解图（*b*）中的边际产量的块状图随着图（*a*）中的总产量曲线的变化而变化。

边际收益递减规律

运用生产函数，我们可以理解经济学中最重要的一个规律，即边际收益递减规律：

> **边际收益递减规律**（law of diminishing returns）表明在其他投入不变时，随着某一投入量的增加，新增加的产出越来越少。换言之，在其他投入不变时，随着某一投入量的增加，其每 1 单位投入的边际产量会下降。

边际收益递减规律表明了一个很基本的关系。当一种投入如劳动，被更多地追加于既定数量的土地、机器和其他投入要素上时，每单位劳动所能发挥作用的对象越来越有限。土地会越来越拥挤，机器会被过度地使用，从而劳动的边际产量会下降。

边际收益递减规律可由表 6-1 加以说明。假定土地和其他投入不变，我们可以看出，当劳动投入为零时，玉米产出也为零。在土地数量固定的情况下，增加 1 单位劳动投入后，我们可以发现玉米的产出增加了 2 000 蒲式耳。

下一步，继续保持土地等其他投入不变，将劳动投入从 1 单位增加到 2 单位时，玉米产出上升到 3 000 蒲式耳。因此，第 2 单位的劳动仅增加了 1 000 蒲式耳产出。第 3 单位的边际产量比第 2 单位的还要少，第 4 单位更少。

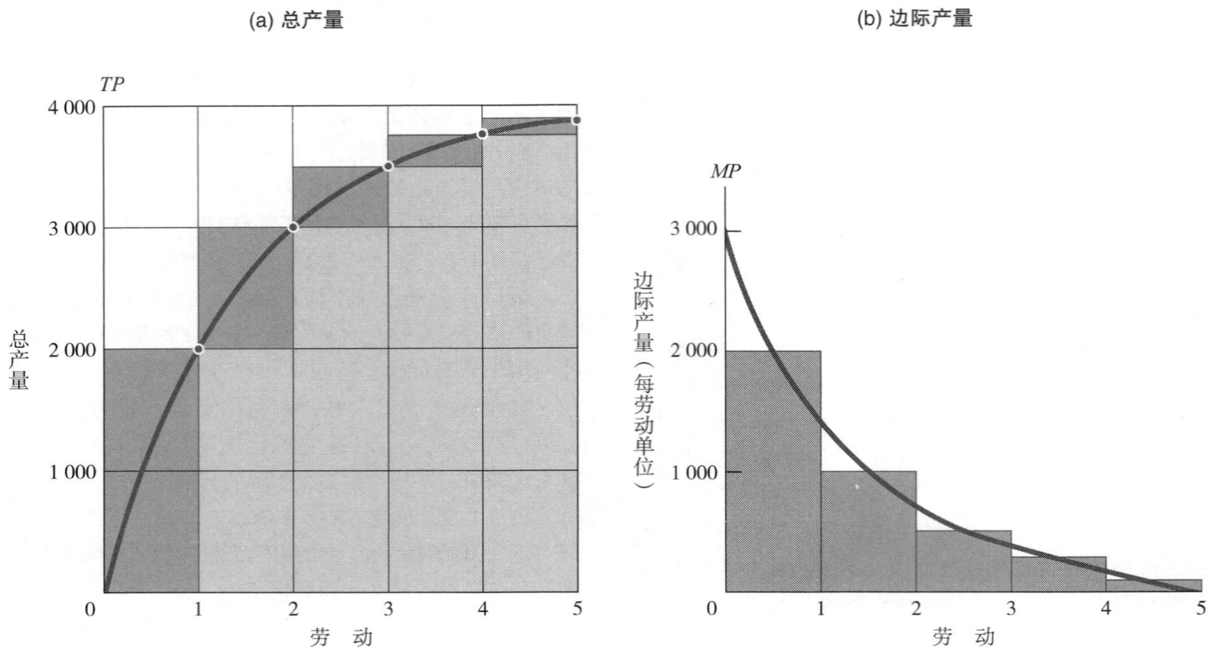

图 6-1 由总产量推导出边际产量

图（a）表明总产量曲线在其他条件不变的情况下，随着劳动投入量的不断增加而上升。但是总产量随着劳动投入量的不断增加以越来越小的增幅在增加（对比第 1 个和第 5 个工人带来到产出增加）。平滑地连接各点，我们便可以得到总产量曲线。

图（b）表明边际产量的递减过程。理解为什么（b）中深色矩形与（a）中的深色矩形相等。（b）中在边际产量曲线下部的区域（或深色矩形的总和）加总等于（a）中的总产量。

(1) 劳动投入量	(2) 总产量	(3) 边际产量	(4) 平均产量
0	0		
		2 000	2 000
1	2 000		
		1 000	1 500
2	3 000		
		500	1 167
3	3 500		
		300	960
4	3 800		
		100	780
5	3 900		

表 6-1 总产量、边际产量和平均产量

本表说明总产量可以在其他投入（资本、土地等）不变，以及技术知识不变的条件下，由不同的劳动投入量来实现。从总产量，我们可以推导出边际产量和平均产量的重要概念。

表 6-1 中的假设试验就这样表明了边际收益递减规律。

图 6-1 也可以表明劳动的边际收益递减规律。假定土地和其他投入保持不变，我们可以看到，随着劳动投入的增加，边际产量曲线逐渐降低，这正是边际收益递减规律的表现。在图 6-1（*a*）中，边际收益递减表现为一个凸型或拱型的总产量曲线。

适用于劳动的这一法则对于土地和其他投入也同样有效。我们可以把劳动换成土地。现在我们不妨保持劳动不变，而改变土地要素的投入。我们可以计算每种投入的边际产量（劳动、土地、机器、水、肥料，等等），并且使边际产量适用于任何产出（小麦、玉米、钢铁、大豆等）。我们同样可以发现其他投入也会体现出边际收益递减规律。

农业试验中的边际收益递减

边际收益递减规律经常在农业中得到体现。农民蒂莉增加劳动投入后，田地更精耕细作，播种和除草会更加认真，灌溉设施更合理应用，稻草人装束得更逼真。但是，投入到达某个水平之后，不断增加劳动所能增加的产量却会越来越少。一天中的第 3 次除草或第 4 次给机器上油，往往只能增加很少的产出。最后，当大量劳工涌向农场时，产出就几乎不会再有所增加。过多的耕作者甚至会糟践农田。

农业试验是最重要的科技研究活动。一个多世纪以来，为成功地提高农业生产力，人们采用多种技术测试种子、肥料和其他要素投入组合。由图 6-2 可见某一试验的结果：在土地、氮肥、劳动和其他投入保持不变的情况下，在两块试验田上施不同剂量的磷肥。真实世界的试验由于存在“随机干扰因素”而变得复杂——在这里，主要归结于土壤的差异。你会发现，在每英亩磷肥施用超过 100 磅后，边际收益递减规律的作用就开始明显起来。事实上，在每英亩磷肥达到 300 磅后，新施磷肥的边际产量为负值。

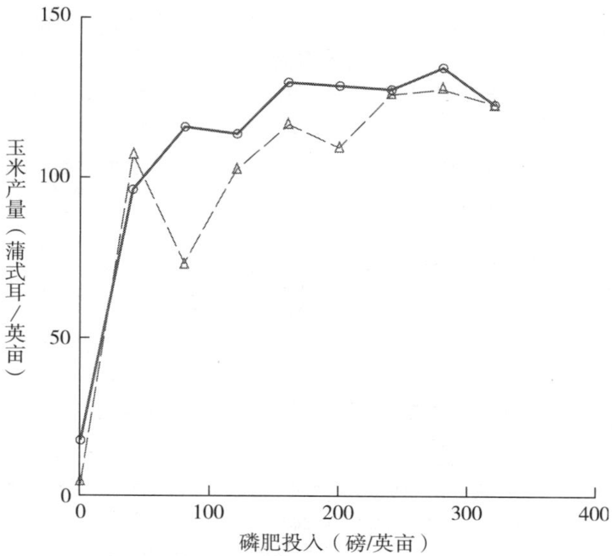

图 6–2　玉米生产中的边际收益递减

在爱荷华州的西部，农业研究人员在两块实验田中按两种方案施磷肥，以估计玉米的生产函数。在实验中，他们小心地保持其他要素诸如氮肥、水和劳动投入不变。由于土壤和气候总是存在微小差异，因此，即使是最细心的科学家也不能避免所有随机变量的影响，这一点可以从曲线的锯齿状看出。如果把实验数据整理后绘出一条平滑的曲线，你就会发现每一个用肥剂量和边际收益之间存有某种关系。在每英亩磷肥投入达到大约 300 磅的时候，边际产量开始出现负数。

资料来源：Earl O. Heady, John T. Pesek, and William G. Brown, *Crop Response Surfaces and Economic Optima in Fertilizer Use* (Agricultural Experiment Station, Iowa State College, Ames，Iowa, 1995)，table A-15.

边际收益递减规律是解释为什么亚洲许多国家如此贫困的关键性因素之一。在拥挤的卢旺达和孟加拉国，生活水平很低，其主要原因是：每英亩的土地上都有众多的劳工，而不是农民无知，或在经济激励面前无动于衷。

我们也可以用学习的例子来说明边际收益递减规律。你也许会发现，一天中学习经济学的第 1 个小时的收效最大——掌握了新的定律及其推导，增长了新的见识和领悟。第 2 个小时中你可能会稍有些走神，学到的东西会少一点。而在第 3 个小时中，边际收益递减规律则几乎是以报复的形式出现，使你在事隔一天后，根本想不起第 3 个小时中所学的任何东西。边际收益递减规律是否表明平时就应合理地分配学习时间而不是考前一天抱佛脚?

边际收益递减规律是一条可以被广泛遵守的经验性规律，而不是像地球引力规律那样的普遍真理。虽然在许多实证研究中人们都发现了这一规律，但是，的确也有不符合这一规律的例外情况存在。另外，边际收益递减规律可能并不适用于所有的产量水平。某个最初的劳动投入实际上可能表现出边际产量的递增，这是因为，需要一个最小的劳动量才能走到田间并拿起锄头。尽管有这些例外，但边际收益递减仍是一条在大多数场合都能适用的规律。

规模报酬

边际收益和边际产量递减指的是当所有其他投入保持不变时，产出对于单一投入增加的反应。我们看到，在保持土地不变时，劳动的不断增加引起作物产量以越来越小的增量增加。

但有时，我们却对增加所有投入的后果感兴趣。例如，如果土地、劳动、水和其他投入都增加相同的比例，则小麦产量会发生何种变化呢？或者，如果劳动、计算机、机器人、钢和厂房都增加一倍，则拖拉机的产量会有何种变化呢？这些问题涉及到规模报酬，即投入规模的增加对产出量的影响。就这个概念而言，有必要首先区分以下三种情况：

- **规模报酬不变**（constant returns to scale）表示所有投入的增加导致产出以同样的比例增加。例如，如果劳动、土地、资本和其他投入增加一倍，那么，在规模报酬不变的情况下，产出也增加一倍。许多手工业（例如在美国的理发或发展中国家的手工织布）就表现为规模报酬不变。
- **规模报酬递增**（increasing returns to scale），也叫**规模经济**（economies of scale），发生在所有投入的增加导致产出水平以更大比例增加的时候。例如，正在设计一个小规模化工厂的工程师发现，劳动、资本和原料投入增加 10%，会引起总产出的增长超过 10%。工程研究发现许多制造流程都有适度的规模报酬递增，包括那些当今最大规模的工厂。
- **规模报酬递减**（decreasing returns to scale）发生在所有投入的均衡增加导致总产出以较小比例增加的时候。在许多流程中，规模的增大最终会达到一个极点，超过这一点就会导致低效率。这可能是由于管理成本或控制成本变得庞大而造成的。在电力工业中有这样的例子，当企业规模变得过大时，设备利用低效率的风险就会变得很大。许多涉及自然资源的生产活动，如种植供酿酒用的葡萄或给城市提供纯净饮用水等，都表现为规模报酬递减。

当所有投入的均衡增加导致更大比例、更小比例或同比例的产出增加时，生产表现为规模报酬递增、递减或不变。

工程师们普遍发现：现代大规模生产技术要求工厂具有最低限度的规模。第 2 章表明当产出增加时，企业会将生产过程分得更细，以获得专业化和劳动分工的优势。另外，大规模的生产可以更有效地利用专用资本设备，自动化生产、计算机设计与操作可以更快地完成简单和重复性的劳动。

信息技术往往具有很强的规模经济。一个很好的例子就是微软 Windows Vista 操作系统。开发这个程序需要超过 100 亿美元的费用用于研究、开发、测试和促销。但是，在一台计算机上新安装 Windows Vista 系统的成本几乎为零，因为安装这一程序只需要几分钟时间。我们发现较强的规模经济会使得企业拥有巨大的市场力量，但有时会给公共政策带来一些问题。

生产的概念	定 义
边际收益递减	在其他投入不变时，随着某一投入量的增加，边际产出越来越少
规模报酬	各种投入等比例增加时所带来产出增加
递减	……以更小比例
不变	……以相等比例
递增	……以更大比例

表 6-2 重要的生产方面的概念

这个表非常简便地展现了生产方面一些重要的概念。

表 6-2 总结了这一部分的重要概念。

短期和长期

生产不仅需要劳动和土地，而且还需要时间。输油管道不可能在一夜之间就建造起来，而一旦建成，就要持续地运用几十年的时间。农民不可能在一个季节当中改种作物。一座大型发电厂的设计、建造、测试和调试并交付使用往往需要 10 年的时间。另外，资本设备一旦以一种具体的形式投入到一个巨大的汽车装配工厂，如果要拆卸并搬到另一地方或转入他用，那么在经济上就不合算了。

考虑到时间在生产和成本中所起的作用，我们区分两种不同的时期。我们定义**短期**（short run）为这样一个时期，在该时期里，企业能够通过改变可变要素，如原料和劳动，但不能改变固定要素（如资本）来调整生产。**长期**（long run）定义为一个足够长的时期，以至于包括资本在内的所有要素都可以得到调整。

为了更加清楚地理解这些概念，以钢铁生产对于需求变动做出反应的可能方式为例。譬如说，日本钢铁公司只利用了其高炉生产能力的 70%。现在，由于日本或加利福尼亚的地震导致钢材的需求量突然增大。为适应钢材的高需求，该公司当然可以延长工作时间，雇用更多的工人，发掘工厂和设备的最大潜力。凡在短期内能够得到调整的要素都称为可变要素。

假设钢铁需求的上升能持续相当长的一段时期，比如好几年。那么，日本钢铁公司就会考虑它的资本需求问题，并决定应该增加其生产能力。从更一般的意义上讲，公司可能考查所有的固定要素，即那些由于受到物质条件或法律合同限制在短期内不能得到调整的要素。所有要素投入，包括固定的和可变的，都能够得到调整所需要的时期，称为长期。在长期中，日本钢铁公司可能增加新的、更加有效的生产工艺，铺设轨道连接或安装计算机控制的系统，或者在墨西哥建造一个新的钢铁厂。当所有的要素均可以调整时，钢的总产量就可以大大增加，效率水平也会得到提升。

> 有效率的生产除了需要诸如劳动这些常规的投入之外，还需要时间。为此，我们在生产和成本分析中区分出两种不同的时期。短期是这样一个时期，在该时期里，只有一些要素，即可变投入要素能够得到调整；而固定要素，如厂房和设备，则不能得到充分的调整。长期指的是，企业使用的所有要素，包括资本，都能够得到调整的时期。

味道好极了！

现代市场经济的生产过程极其复杂，不妨让我们以常见的汉堡包为例来加以说明。

美国人更多的时间是花在工作中而不是在厨房里，因此他们对预制食品的需求一直在显著地增加。如今，边看电视边吃饭的生活方式已经取代去菜场买胡萝卜和豌豆回家自制的传统办法。麦当劳卖出的汉堡包的数量已经数以十亿计。诚然，所预制的方便食品难免有不尽如人意之处，经过洗涮、挑拣、切割、烫煮、冷冻、解融和再加温之后的食物，通常都不能保证原汁原味和美味可口。你要买的汉堡包，本该是闻起来吃起来都是汉堡包的食物，而不是那种不过是熟制了的硬邦邦的东西。

下例也许是“味”和“香”走进生活的一个典型的写照。有的企业，如国际香精香料公司（IFF），它们合成薯片、早餐麦片、冰淇淋和饼干以及其他加工食品的味道，再配以上好的香料、肥皂和香波的芬芳香味，便能制作成风味各异的食品。你若留意这类食品包装上的说明，你一定会发现该食品的原材料既包含“自然成分”，也包含许多“人造成分”——乙酸异戊酯（有香蕉的味道）、安息香醛（有杏仁的味道）等，都是化学合成物。

这些并不起眼的化学物质虽然与我们素昧平生，但却往往可以酿成一种令人瞠目结舌的奇迹。一位食品学专家，曾就他在国际香精香料公司的一段亲身经历这样详细地写道：

> 在实验室里，我将标明香型的过滤纸逐一放到瓶子里，闭上眼睛，深深地吸了口气，仿佛觉得眼前的那些食品就好像在变戏法一样，一个接一个地从那些瓶子里蹦出来。而且，我的确能闻到那些食品所散发着的新鲜的草莓、黑黝黝的橄榄、刺鼻的洋葱和小虾米的味道。这个绝非寻常的创造，的确让我心灵震撼。再一次闭上眼睛后，我又突然间闻到烤制好了的汉堡包的香味，一种特别的甚至是不可思议的香味，就像真的有人正在屋子里翻动着热烤炉上的汉堡包那样。然而，当我睁开双眼，面前放着的不过是一张白色的纸条而已。[1]

由以上的经历和体验可知，在现代经济中，“生产”不仅仅是种马铃薯和炼钢铁。它往往还包括：将鸡肉和马铃薯这类食物分解成更细微的物质，再配以人工合成的各种嗅觉味觉添加剂，重新加工成各式各样的新食品。如此深奥复杂的技术工艺，今天我们几乎随处可见。例如，可舒缓情绪或有助于血液平稳流动的药物，能够分解所抵押的物品或资产、加以重新包装，进而上市交易的新的金融工具，等等，都属于我们所说的那些拥有复杂深奥的生产程序的产业部门。然而，在大多数时候，人们甚至并不了解2美元一个的汉堡包（用可回收的薄纸包装），究竟聚合着哪些外来的物质。

技术变革

在上个世纪，经济史所记录的美国的总产量的增长幅度超过了10倍。这其中的功劳一部分归于投入的增加，例如劳动和机器。但是产量增长的主要原因还是由于技术变革，它带来了生产力和生活水平的迅速提高。

技术变革的事例往往激动人心：宽体式喷气飞机使得每单位投入产出的乘客/英里数几乎增加了50%；光导纤维降低了成本，提高了远距离通信的可靠性；计算机技术的改进，在30年的时间里，使计算能力提高了超

[1] Eric Schlosser, *Fast Food Nation* (Perennial Press, New York, 2002), p.129.

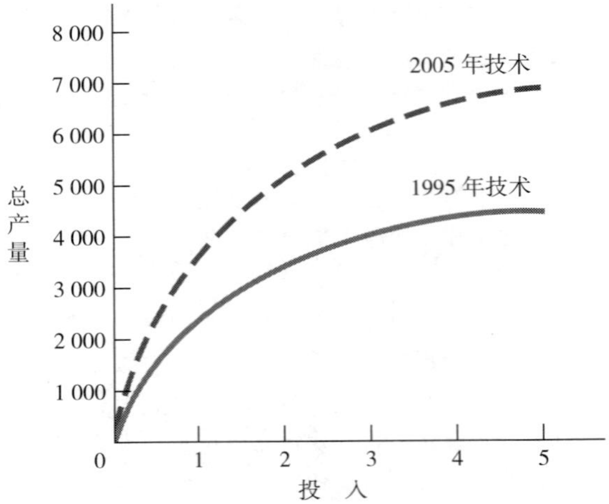

图 6–3 技术进步使生产函数上移

图中的实线表示 1995 年里既定技术水平条件下的最大的产出能力。由于计算机技术和管理水平提高，生产函数向上移动，使得 2005 年时每一投入水平获得了更多的产出。

过 1 000 倍。其他形式的技术变革则以更微妙的形式表现，例如，企业通过调整生产工艺以减少次品和增加产出。

我们要区分产品创新和工艺创新，前者指新的或改良的产品被推向市场；后者则指对已有产品采用新的或改良的生产加工技术。例如，工艺创新使公司用相同的投入获得了更多的产出。或者，能够用更少的投入生产出相同数量的产出。换句话说，工艺创新等同于生产函数的改变。

图 6-3 说明技术变革如何通过工艺创新来移动总产量曲线。较低的那条线代表 1995 年某一产业可以实现的产量，或生产函数。假设该产业的生产率或每单位投入的产出每年提高 4%，到 10 年以后，我们会发现工程技术的变革导致每单位投入的产出有 48% 的增长 [$(1+0.04)^{10}=1.48$]。

现在我们来考虑一下创造或改进产品的产品创新。产品创新比工艺创新要难以量化得多，但从长期来看，它是提高生活水平更为重要的因素。今天琳琅满目的物品与服务比起 50 年前已经大相径庭。在撰写这本教科书的过程中，作者使用了电脑软件、微处理器、互联网址和很多的数据库，而这些在 10 年前还是缺乏的。医药、通信和娱乐也是产品创新的重要领域。30 年前，互联网的整个领域，从电子商务到电子邮件，即便是在科幻小说里也是无法看到的。顺便提一下，你试试能不能找出一个产品或一个生产工艺的例子，它们自从你祖父辈以来就一直不曾更新过。

图 6-3 说明了技术进步令人振奋的一面。但技术变动是否可能存在相反的情况，即技术退步呢？对于一个正常运行的市场经济来说，回答是否定的。在市场经济中，较低劣的技术由于无利可图，会有被淘汰的倾向，而较先进的技术则由于提高了创新企业的利润而不断被引入生产之中。例如，若某人发明了一种昂贵的新型捕鼠器，而该捕鼠器却捉不到一只老鼠，则任何一个以追求利润为目的的企业都不会生产这种装置。即使有个管理不善的企业执意要生产它，生活在鼠患地区的明智的消费者也绝不会购买。可见，运行良好的市场势必只接受那些有用的而非低劣的捕鼠器的创新。

但是，在出现市场不灵的时候，技术退步也可能会在市场经济中发生。一个不受管制的企业可能采用一种浪费社会资源的生产方式，比如说，采用一种将有毒废弃物倒入河流的生产方式，因为那种生产工艺更加有利可图。但这是由于污染的社会损失没有被纳入企业的生产成本之中，所以企业才（侥幸）获得了经济利益。如果污染成本被纳入企业决策之中，比如说通过污染税等方式，那么，这种低劣的生产工艺就不可能使其继续盈利。在竞争性的市场中，劣品势必会像尼安德特人（旧石器时代中期欧洲、北非和西亚一带的“古人”——译者注）一样销声匿迹。

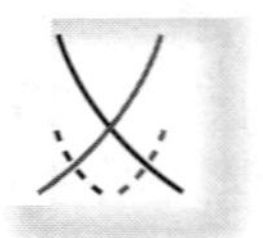

网 络

很多产品本身并没有多大用处，只有在和其他产品联合使用时才具有价值。这些产品往往具有非常强的互补性。一个非常重要的例子就是网络，在这里不同的人通过这个特殊的媒介紧密联系在一起。网络的种类很多，取决于它的物理连接，如电信系统、输电网络、计算机集群、管道网和道路网，以及人们使用相互兼容的软件（如 Windows 操作系统）或说同一语言（如英语）时所形成的间接网络。

为了解网络的本质，试想：如果没有加油站这个网络，那么你的汽车能够开多远；如果其他人都没有电话或电脑，那么你的电话或电子邮件的价值将会有多大？

网络市场很特殊，因为消费者不仅能从自己的使用中获益，而且还能从其他人的使用中获益。这就是使用外部性（adoption externality）。我装了电话后，别人只要有电话就可以和我联系，因此我的入网给其他人带来正的外部效应。入网外部性可以说明许多大学都给它的学生和教授提供校园电子邮箱的原因：只有大家都参与进来，电子邮件的价值才能非常高。图 6-4 说明个人加入到网络中后是如何给他人带来外部收益的。

经济学家们已经发现了网络市场许多重要的特点。首先，网络市场是"冒尖鼓励型的"，意味着均衡将倾斜于一种产品或有限的几种产品。因为消费者肯定不喜欢购买那些与未来主导技术不相兼容的产品，因此均衡只会倾向于那种能打败所有竞争对手的惟一的产品之上。一个著名的例子就是计算机操作系统微软视窗，它之所以能占据主导地位，部分原因就是因为消费者总是希望自己的计算机能适用于各种可以获得的软件。（涉及微软的重要的反托拉斯案在第 10 章讨论。）

网络市场第二个有趣的特征是"历史因袭"（history matters）。一个著名的例子就是计算机所用的传统标准键盘（QWERTY keyboard）。你也许会感到惊讶，为什么字母排列莫名其妙的键盘能够成为标准键盘？ 19 世纪的键盘设计原则是：将频繁使用的字母（比如 e 和 o）排放到手动打字机感到比较方便的地方。等到电子打字技术出现之后，已经有数千万的人习惯了这种键盘打字。要将

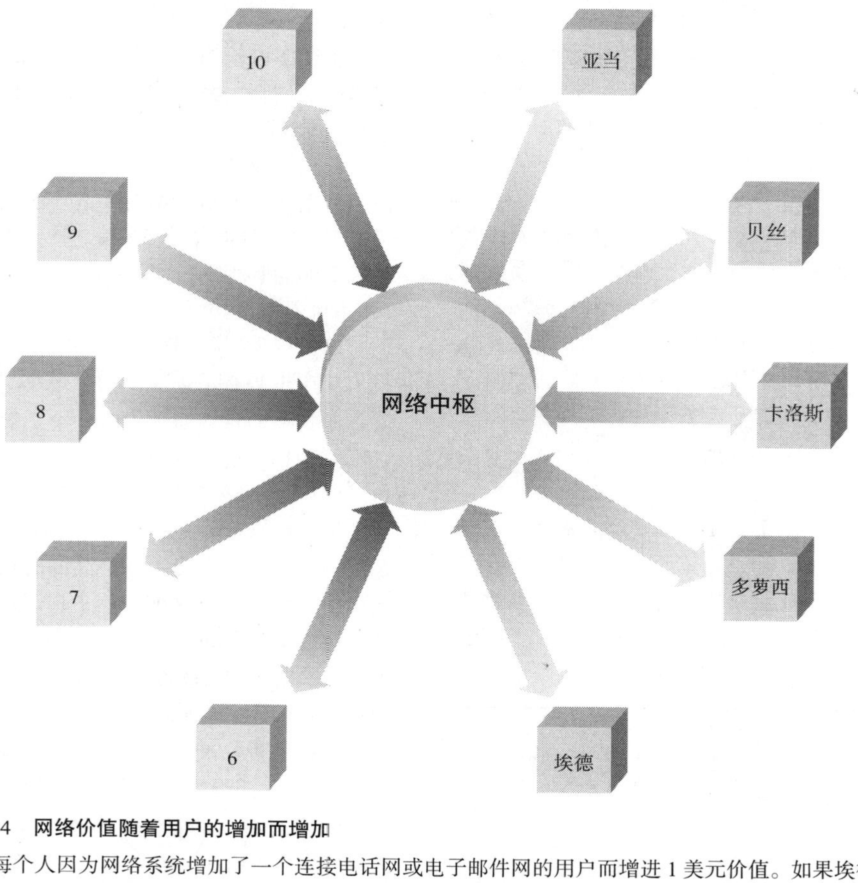

图 6–4　网络价值随着用户的增加而增加

假定每个人因为网络系统增加了一个连接电话网或电子邮件网的用户而增进 1 美元价值。如果埃德想加入，他会从亚当、贝比、卡洛斯和多萝西 4 人那里得到 4 美元的价值。但是早在网络中的这 4 个成员每个人都因为埃德的加入而获得额外的 1 美元，因此使用外部性共有 4 美元的额外的外部价值。

网络效应使得网络的作用不知从哪里开始。（为了理解这一点，请注意第 2 个人和第 3 个人入网时的低价值。）但是，当许多人入网时，每个新加入的成员都因为能与很多人相连接而获得高的价值（作为练习，计算第 2 个和第 10 个人加入到网络中的价值是多少。）

传统标准键盘替换成更有效的设计，一定非常昂贵，而且令人很难调整。因此，传统键盘的字母排列就只好一直维持不变。

这个例子表明，一项已经被使用的网络技术是怎样容易极端稳定的。类似的情况包括，许多环境保护主义者担忧美国“不经济”的汽车文化。现有的汽车、公路、加油站和住宅小区所构成的网络系统，很难为更有利于环保的新的格局所取代，例如集装箱运输的普及就很难。

第三，网络涉及到规模经济、预期、动态以及冒尖优势（tipping）等相互影响的复杂因素，因而导致了一场令人目不暇接的企业战略的重组。网络冒尖的本质是：一旦出现技术优势，企业势必在市场早期阶段全力竞争，以占据这个“胜者全得”（winner-take-all，俗称“赢家通吃”）的市场。此外，网络市场的惯性往往很大。一旦一种产品成为市场主导，则其他产品想要追赶就非常困难。这些特点意味着，企业往往在早期阶段就企图超越对手。

假设你将生产一种网络产品。为了确立早期的领导地位，你一定要说服用户相信你的产品最好，从而吸引他们购买和采用。促销手段包括：采用渗透定价策略，即向早期用户提供超低价格；将你的产品和其他已经流行的产品捆绑在一起；质疑你的竞争对手产品的质量或稳定性，等等。更重要的，你很可能会斥巨资做广告，该产品的需求曲线会因而向右上方移动。如果你是幸运的赢家，则你将会享受网络带来的规模经济，可以坐享你的垄断利润。但是千万不要因为你的优势地位而想当然，一旦你的领导地位受到质疑，那么，市场主导优势将会风水轮流转，你也非常容易就转向下风。

网络向公共政策提出了重要的问题。政府是否应该为保证竞争而制定标准？是否应该管制网络产业？反托拉斯政策应该如何对待像微软这样的垄断者？它在网络商战中成了幸运的大赢家，但使用了反竞争的手段。今天，这些问题已经为许多公共政策制定者所关注。[1]

生产率和总生产函数

生产率

衡量经济业绩的最重要的指标之一就是生产率。**生产率**（productivity）是总产出对加权平均的投入的比率。两个重要的变量是**劳动生产率**（labor productivity）和**全要素生产率**（total factor productivity），前者计算每单位劳动的产量，后者计算每单位总投入（一般包括资本和劳动）的产量。

由规模经济和范围经济引起的生产率的增长

经济学的一个核心概念是生产率，即产出与投入的比率。经济学家通常关注两种形式的生产率的衡量。全要素生产率指的是产出与所有投入（劳动、资本、原材料……）的指数的比率；而劳动生产率衡量的是每单位劳动（比如工作 1 小时）的产出。当产出的增长率超过投入的增长率时，就表示**生产率增长**（productivity growth）。

生产率增长的原因有技术进步，比如前面讲到的工艺和产品创新。另外，生产率的增长还可能源于规模经济和范围经济。

自从工业革命以来，规模经济和大规模生产成为促使生产率增长的最重要的要素。多数企业的生产规模已经比 19 世纪时扩大了许多倍。19 世纪中期一艘大船可以装载 2 000 吨货物，而现在最大的超级油轮已经可以装运 100 万吨石油。

如果规模报酬递增得以实现的话，那么更大规模的投入和产出势必带来更高的生产率。假设技术不变，一个普通企业的投入增加 10%，由于规模经济产出增加了 11%，因此，这个规模经济就促使其全要素生产率增加了 1%。

另一种效率增长源于**范围经济**（economies of scope），范围经济发生于大量不同产品同时生产比单独生产更有效率的时候。一个显著的例子是计算机软件的生产。软件程序在其演进过程中通常会涵盖各种额外的特性。例如，当消费者购买软件以准备其联邦收入所得税时，CD-ROM 中通常会有其他一些模版，包括网页链接、政府文件，以及税收准备手册。这就是范围经济，因为这些不同的模版一起制作、包装和使用时会比单独做更便宜。范围经济就像专业化和劳动分工一样，随着经济日益强大和多样化而增加了生产率。

在许多部门规模报酬递增潜力很大的同时，某些领域规模报酬递减的可能性也不可忽视。当企业变得越来越大，其管理与合作的问题将会越来越困难。在无情地追求更高利润的过程中，企业不难发现其市场在地缘上扩张过度，或者生产空间的扩大已经超出了其有效管理

[1] 参阅本章补充读物的有关建议。

的范围。一个企业毕竟只能有一个首席执行官、一个首席财务官和一个董事会。由于缺少时间研究每一市场，也没时间对每一决策都深思熟虑，高层管理人员会因为脱离日常生产活动而成为容易出错的孤家寡人。就像一个版图过于狭长的帝国，这种企业会发现自己很容易遭受更小、更灵活的对手的入侵。

总生产函数的经验估算

我们已经讨论了关于生产的基本理论。运用这些理论我们可以评价近几年美国经济的运行业绩。为此我们需要考虑与总产出和总投入数量（如劳动、资本和土地）相关联的*总生产函数*。这方面经济学研究发现了什么呢？下面列举几个重要的发现。

- 由于技术进步和工人受教育程度与技能水平的提高，20 世纪以来，全要素生产率不断地增长。
- 自从 1900 年以来，全要素生产率增长的年平均速度略低于 1.5%。
- 整个 20 世纪，劳动生产率（每工作小时的产出）平均每年以略高于 2% 的速度增长。但是，从 20 世纪 70 年代早期到 90 年代中期，生产率的所有衡量指标都呈现出增长速度明显减缓的势头，同时，实际工资水平和生活水平也相应停滞不前。自 90 年代中期以来，由于计算机革命，生产率又重新恢复了明显的增长势头，其增长速度同历史标准相当（图 6-5 给出了历史标准水平）。
- 资本存量的增长速度要快于工作时间的增长速度。其结果是，工人所使用的资本物品的数量不断增加；因此，劳动生产率和工资出现了增长趋势，甚至其增长速度要快于仅仅由于全要素生产率增长而引起的每年 1.5% 的增长速度。

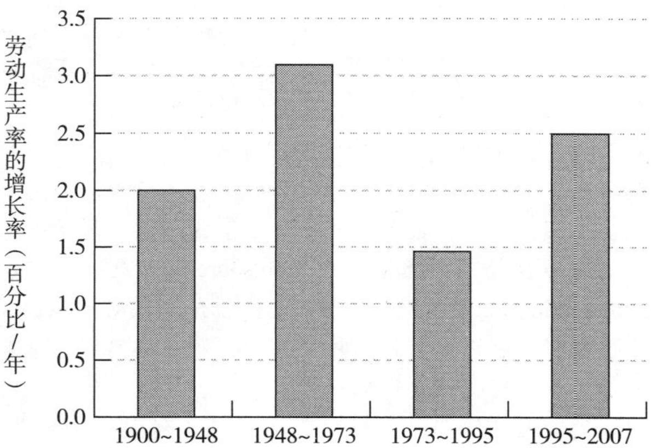

图 6-5　劳动生产率的增长率

这里给出了不同时期平均每工作小时的总体劳动生产率的增长率。在二战之后的半个世纪，劳动生产率得以快速增长，接着在 20 世纪七八十年代有所减缓，从 1995 年开始，由于信息技术的快速发展，劳动增长率得以快速增长。

资料来源：Bureau of Labor Statistics and private scholars.

最后，我们探讨一下准确地测量生产率增长所面临的困难。近来的经验研究表明，我们大大低估了某些领域生产率的增长。对医药保健、资本品、家用电器、计算机和计算机软件等的研究，都表明我们在统计生产率的方法上存在着很多缺陷。其中最大的一个缺点是没有考虑新产品和改进产品的经济价值。例如，就 CD 替代了原来的磁带而言，我们的统计就没有考虑到声音质量和稳定性的提高等因素。同理，我们的经济统计也很难准确地衡量出互联网对消费者的经济福利所作出的贡献。

B. 企 业 组 织

企业的性质

以上我们对生产函数进行了讨论，它们似乎是任何人都能操纵的机器：从一端放进猪肉，另一端就产出香肠。而在实际上，几乎所有的生产都是由专业组织去完成的——那些主宰现代经济的小的、中等的和大型的企业。为什么生产通常在企业，而不是在居民的地下室里进行呢？

企业或商业机构的存在有许多理由，但是，最重要的理由是：*企业由专业化的组织所组成以便管理生产过程*。企业的重要功能是实现批量生产的优势、筹集资金和组织生产要素。

首先，由企业组织生产的最强有力的决定因素在于*专业化生产的经济性*。有效率的生产需要专业化的劳动和机器、协同合作和精细分工，直至很细微的作业。不妨以大学教育这项服务为例。它需要专业化的员工来完成，包括讲授经济学、数学和西班牙语，提供伙食和住宿，登记成绩，收取学费以及应对各项开支。我们很难想象学生能自行处理所有这些事情。如果不需要专业化和劳动分工，那么，我们每个人也许只能在自家后院里生产出自己所需的大学教育、外科手术、电能和CD，或者在网上买到。显然，我们不能单独完成这些工艺，因此，效率通常都要求在企业里进行大规模的生产。

企业第二大功能是为大规模生产筹集资金。开发一架新商用飞机需要数十亿美元或欧元的开支；研究和开发一个新的计算机微处理器，需要花费同样多的钱。这些资金从哪里来？ 在19世纪，企业的资金往往由富裕的、喜欢冒险的个人提供。今天，在一个私有企业经济中，生产所需资金的大部分都来自于公司利润或从金融市场借款。实际上，如果公司不能每年为新项目筹集数十亿美元的资金，那么，私有企业高效率的生产活动是不堪设想的。

企业存在的第三个理由在于*管理和协调生产过程*。一旦所有的生产要素都介入生产过程，必须有人来监督它们的日常活动，以保证这项工作能够被诚实有效地完成。企业经理既是组织生产，引入新思想、新产品或新工艺并做出企业决策的人，也是对企业的成功或失败承担责任的人。生产毕竟不能自行组织起来，必须有人监督新厂房的建造，与工会谈判，购买原材料和保障其他的供应。

以棒球为例，25个人如何才能自发地形成投球手、接球手和击球员的正确组合？如何排好顺序并运用最佳战略？如果你想购买一个棒球队的经营权，你就必须租借一个体育场，雇用棒球运动员，与各种人谈判以取得各种让步，雇用招待员，与工会相处，以及出售门票。而这就是企业的职能：协调生产过程，购买或租用土地、资本、劳动和原料。

> 企业由专业化机构组成以管理生产过程。生产在企业里进行的原因在于效率通常要求大规模的生产、筹集巨额资金以及对正在进行的活动实行细致的管理与协调。

生产是在企业中还是在市场上进行？

如果市场是如此有效的机制，那么为什么很多生产都在大型组织中进行？一个相关的问题是，为什么一些企业选择大而全的生产结构，而另一些企业却通过合同将大部分业务外包出去？例如，在1982年以前，美国电报电话公司（AT&T）的一体化既是垂直的也是水平的。它自己研究、开发、设计和生产自己需要的设备，安装和租用线路，以及提供电话服务。相反，大部分私人计算机公司则是让技术员从外界买进硬盘、电路板、监视器和键盘等，然后将计算机组装并销售出去。

关于产业组织的中心论题是罗纳德·科斯（Ronald Coase）在其开创性研究中提出来的，该研究使他在1991年获得了诺贝尔经济学奖。[1]这是一个令人激动的研究领域，它回答内部金字塔控制结构，在组织和管理生产方面，为什么比外部市场契约型结构更具比较优势。

为什么由大企业组织生产会更有效率？最重要的原因也许是设计包括所有偶发事件的"完全契约"（complete contracts）实在过于艰难。假定，Snoozer Inc. 认为自己发现了一种治疗懒惰的新药，那么，它是用自己实验室研制，还是外包给一家公司（如 WilyLabs）？外包显然会带来一系列不可预见的偶然因素，很可能让新药丧失可行性。若新药真能推出并证明有效的话，则会发生什么情况？如果专利、税收或国际贸易法发生变动了呢？如果遭受到侵权诉讼了呢？

由于契约的不完全性，公司就会面临被敲竹杠（holdup problem）的风险。因为，如果发现新药只有在和另一种药一同使用时才能有效的话，则 Wilylabs 就会去找 Snoozer 公司说："对不起，朋友，为获取两种药你需要再花费1亿美元。"这显然是一种恶意的敲竹杠。在涉及到特定关系的投资和不完全契约的情况下，由于担心出现扯皮，Snoozer 公司就会选择内部研制，以便自己能控制研究成果。

近期，美国许多部门都出现了变化。很多高度一体化的企业已经转而经由外包（outsourcing）或合同转让（contracting out）的新方式组织生产。自从IBM和AT&T几乎进行合并以来，计算机产业的这种趋势就可谓非常显著。这是因为，在计算机行业中，各种组件都是标准化或"商品化"了的，外包完全可以达到同样的效果。另外一个例子是耐克公司，它已将自己的大部分生产都外包出去了。理由是：生产过程已经标准化了，且耐克的真实价值是来自其设计和商标。此外，一些新型契约，如建立在信用基础上的长期合同，正在努力使敲竹杠问题降到最低水平。

1 参见本章末补充读物中科斯的著述及其他相关文献。

研究组织的人士指出大公司鼓励创新和提高生产率的至关重要性。在 19 世纪，铁路不仅将小麦从农场运到市场，而且引入了“时区”这个新概念。其实，“准时”这个概念之所以变得如此关键，首先是源于列车时刻表，列车不准点就会造成事故。中央计划型经济的种种悲剧再清楚不过地昭示我们：如果没有现代私人企业中的组织天才，则所有的土地、劳动和资本都将无法真正地发挥作用。

大企业、小企业和微型企业

市场经济中的生产活动经由形形色色的企业组织，从最小的个人业主制，到在资本主义经济中几乎主宰经济生活的大公司。美国现存约 3 000 万个不同的企业。其中大部分为某一个人所有，即个人业主制。另一些是合伙制，由两个或可能多达 200 个合伙人共同所有。最大的企业通常都采取公司的形式。

小企业在数量上占有优势。但是，无论从销售额、资产、政治力量和经济力量，还是从工资数额和职工人数来看，几百家大公司却占有支配性的地位。

图 6-6 给出了美国经济组织的三种主要经济组织形式的数量以及总收入。

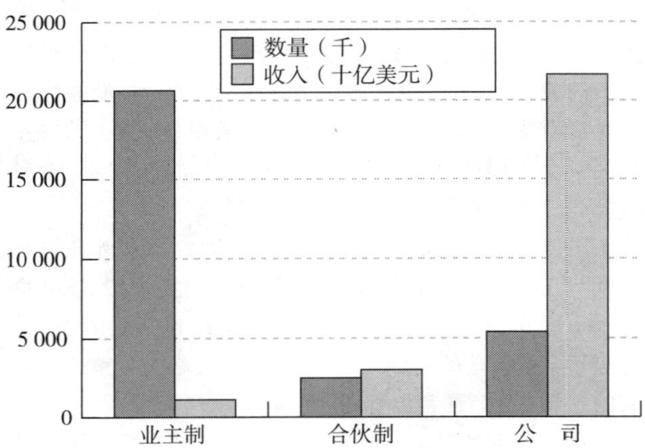

图 6–6　2004 年不同类型企业的数量和规模

公司的数量虽然少，但在经济中却占主导地位。

资料来源：Internal Revenue Service.

个人业主制

在企业组织形式族谱的一端是**个人业主制**（individual proprietorship），也称为“夫妻店”的典型的小企业。一个小企业可能每天只做几百美元的生意，仅仅能够为小企业主的努力提供最低的工资。

虽然这些企业在数量上很多，但其总销售额却很小。就大多数小企业而言，个人都需要付出巨大的努力。单干的业主通常每周要工作 50 或 60 小时，且没有假期。小企业的平均寿命通常却只有一年。尽管如此，一些人还是向往自己开店经营。他们的小店很可能成为一次非常成功的冒险，可以带来数百万美元的家产。

合伙制

企业往往综合各种人才——譬如说，专业的律师或医生。在美国，任何两个或两个以上的人都可以在一起成立一个**合伙制企业**（partnership）。每个人都同意承担一部分工作和提供一份资本，从而分享一定比例的利润，当然也包括分摊有可能出现的亏损或债务。

今天，合伙制在经济活动总量中仅占相当小的一部分，如图 6-6 所示。直至目前，合伙制的组织形式都没有吸引力，其原因在于，合伙制要求*无限责任*，即每一合伙人对整个合伙制企业所欠的债务都具有无限的责任。如果你在合伙制企业中的份额为 1%，而企业失败了，那么，你应该赔偿那 1% 的亏损。但是，如果你的合伙人无力偿还，你很有可能被要求支付所有的债务，这很可能会导致你倾家荡产。在美国，有些州允许某些行业的合伙制企业只承担有限责任，如律师事务所和建筑行业。

除了涉及不动产和专业人士的部门，合伙制企业管理起来很不方便。在大多数情况下，合伙制企业也远不如公司制的形式重要。

公　司

在发达的市场经济中，大多数经济活动都经由私人公司进行。几个世纪以前，公司执照是君主或立法机关根据特别法令颁发的。英国的东印度公司就是一种有特权的公司，它实际上统治印度长达一个多世纪。在 19 世纪，铁路公司往往不得不花费一大笔钱从立法机关取得公司执照，其数额甚至和奠定路基的钱差不多。20 世纪以来，美国通过了一系列法律，几乎给了任何人为任何目的组建公司的权利。

今天，**公司**（corporation）是一种企业组织形式，可以在 50 个州的任何一个或者国外取得执照，由众多的单个股东共同拥有。公司具有独立的合法身份，实际上是一个“法人”，可以根据自己的利益购买、出售、借贷、生产物品和提供劳务，还有签订各种合同。另外，公司享有*有限责任*的权利。公司的每一个所有者的投资风险都严格限定在特定的数额上。

现代公司的核心特征如下：

- 公司的所有权属于那些掌握了公司普通股的所有人。如果你拥有一家公司股份的 10%，那么，你就拥有 10% 的所有权。上市公司在股票交易所，如纽约股票交易所得以估值。大型公司的股票一般都在那里交易，国家的大部分风险资本也在那里筹集和投资。
- 从原则上讲，股东控制他们所拥有的公司。股东按照他们所拥有的股份比例分取红利，他们选举董事会，对许多重要问题进行投票表决。但不要认为股东能在大企业经营中起什么显赫的作用。实际上，大公司的股东并不能真正地控制公司，因为他们太分散，根本不能左右拥有实权的公司经理们。
- 公司的经理和董事会拥有制定公司决策的合法权利。他们决定生产什么和如何生产。他们与工会进行谈判，并且当其他公司想要接管公司的时候，通常是由他们决定是否出售公司。当媒体宣布一个公司已裁减 2 万名工人时，这个决定也是由经理做出的。总之，股东拥有公司，但经理却经营它。

公司的优缺点 在市场经济中，公司占主导地位，因为它是一种能够最有效地从事经济活动的组织方式。公司是一个可以从事经济活动的“法人”。同时，无论股份多少次易手，公司都可以永久延续或永远存在。公司内部是有等级之分的，首席执行官（CEO）所行使的权力就如此之大，以至于公司有时可以被称为一个“独裁”组织。经理们可以快速无情地做出决定，这与立法机构做出经济决策的方式完全不同。

此外，公司的股东承担的是有限责任，即他们所承担的公司债务或亏损，不会超过他们最初的出资。如果我们购买了 1 000 美元的股票，那么，我们遭受的损失不可能超过我们原来的投资。

公司也存在一个主要的缺点：公司利润需要纳税。对于非公司形式的企业而言，超出成本的任何收入都像一般的个人收入那样纳税。而对于公司就不同了，公司的收入要交纳两次所得税：首先要作为公司的利润交税，然后则对以红利形式体现的个人收入征收所得税。

经济学家已经在严厉批评这种对公司收入“双重征税”的方式，有时建议将公司所得税与个人所得税体系相合并。在合并税制之下，公司利润势必先分配给个人，然后再按照个人所得进行征税。

公司的行为有时会激起公众的愤怒和政府的干预。19 世纪末，一些公司曾热衷于欺骗、贿赂和哄抬价格，从而导致反对托拉斯和证券欺诈的立法。最近几年，人们又发现美国许多公司都存有严重的财务欺诈行为，很多公司主管经由巨额红利和股票期权最大可能获取了个人的私利。这类行径导致了公司丑闻的普遍爆发。如同公共部门一样，权力在私人部门中往往也会引发腐败。

> 有效率的生产常常要求企业有较大的规模，并且拥有数十亿美元的投资资本。承担有限的责任并拥有一套方便的管理体制的公司，能够吸收大量的私人资本，生产多种相关的产品，并能较好地分摊风险。

所有权、控制力和高管薪酬

大公司的运转给公共政策带来了重要的问题。它们控制着市场经济的大部分，但是却不被公众所控制。有的学者已经意识到，大公司实际上也不是由其所有者所控制的。下面不妨让我们反思一下这方面的问题。

理解大公司行为的第一步是要知道它们几乎都是“公共所有”的。公司的股票可以出售给任何人，所有权分散于许许多多的投资者。以 IBM 公司为例，它在 2008 年市值约为 1 700 亿美元。数以千万计的人通过他们的共同基金和养老金账户与 IBM 公司保持着财务关系。但是，任何一个人拥有的股票都不超过公司总额的 0.1%。所有权如此分散是公众拥有公司的一般情况。

由于大公司的股票是如此分散，因此通常*所有权与控制权是分离的*。所有者个人不能轻易地影响大公司的行为。股东往往要选举董事会（董事既包括圈内人士，也包括了解行情的局外人），大公司的战略决策和日常经营的主要责任，通常由管理者担负。

在大多数情况下，管理层与股东之间不存在利益冲突。较高的利润对双方都有利。但是管理者和股东之间的一个重要的潜在冲突却会引起人们的关注，即所谓的高管薪酬问题。高层经理人员可能会自定高薪金、高股

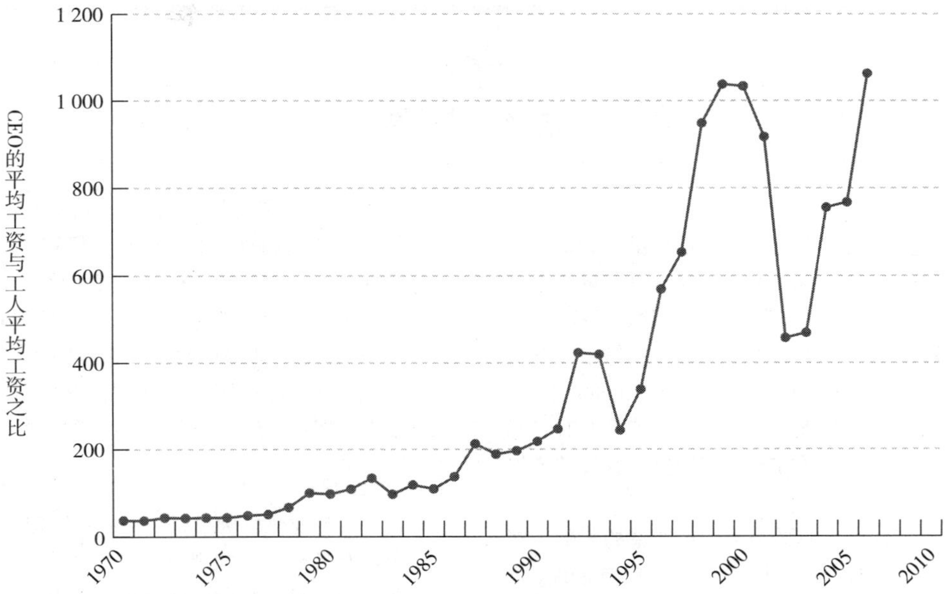

图 6-7 高管薪酬的爆涨

本图给出的是美国前 100 家大公司的 CEO 的平均薪酬同美国工人平均工资的比率。1970 年这个比率是 40 倍左右，到 2000 年已经上升到 1 000 多倍。导致这种爆炸性增长的因素很多，其中最重要的也许是 CEO 能够操控激励机制。

资料来源：Thomas Piketty and Emmanuel Saez, data from their website at *elsa.bekley.edu/~saez~/.*

票期权、高管理费用、高奖金、免费公寓、昂贵的艺术品和高额退休金，而这些费用最终都将作为股东的开支。没人要求经理按最低工资获得报酬，只是近年美国公司的支付实在是太过头了。一些业绩不好的公司（乃至于像世通和安然这些后来宣布了破产的公司）的高管的工资加奖金竟然可达 1 亿美元甚至更多。

图 6-7 给出的是一幅令人忧心的图画：美国大公司高管们的平均薪酬与工人的平均工资的比率。历史上该比率一直在 40 倍左右，而近几年却上升到 1 000 多倍。高管薪酬的快速上升，是美国收入不平等上升的原因之一。高管薪酬上升的原因究竟是什么？一些经济学家已经讨论，为什么与其他国家的类似企业的经理相比，美国公司经理领取的报酬经常是其他国家的 10 倍或 20 倍？

就美国高管薪酬急剧攀升的问题，若干研究成果给出了以下几种意见。赞同者认为美国的经理在资本有效运作中发挥了巨大的作用。但这也许是高估了资本的边际生产率在竞争市场上所能起到的作用。赞同者还指出，美国高管薪酬快速上升的主要原因之一，在于股票期权是一种十分有效的工具。因为它通过股票价格变动将薪酬和该公司的经营业绩联系起来。

批评者则指出：美国高管薪酬急剧上升的最重要的一个原因在于公司的所有权和控制权二者的分离。这种弊端体现为所谓的委托－代理问题（principal-agent problem），即代理人（管理者）的激励并不完全同委托人（所有者）的利益相一致。更甚者，经理们还经常向股东们隐瞒激励程序，以至于股东们永远不能真正拥有决定管理层薪酬的投票权。此外，股票期权还有可能激励管理层扭曲财务账目制造虚假利润。

高管薪酬快速上升的趋势已经给公共政策带来了重要的问题。有何手段能够确保高管薪酬的有效性？大部分经济学家并不赞同政府设定收入标准，认为累进税制是处理收入不平等问题的最有效途径。大部分人还认为：更完全的信息，以及赋予公司所有人更多的权力，也可以消除大部分超额薪酬。

总结提要

A. 生产理论和边际产量

1. 产出量（如小麦、钢铁或汽车）与投入量（劳动、土地和资本）之间的关系称为生产函数。总产量指生产出来的产出总量。平均产量等于总产量除以总投入量。我们能够计算出某一要素的边际产量，它等于在其他投入保持不变时每新增 1 单位的投入所增加的产量。
2. 根据收益递减规律，在所有其他投入保持不变时，每投入 1 单位的边际产量通常随着该种投入数量的增加而下降。
3. 规模报酬反映所有投入的平衡增加对产量的影响。在一种技术条件下，所有投入增加 1 倍导致产量也正好增加 1 倍，那么这种技术表现为规模报酬不变。当所有投入增加 1 倍导致产量的增加小于 1 倍（大于 1 倍）时，则该经济就属于规模报酬递减（递增）的情况。
4. 由于决策的执行需要花费时间，资本和其他要素的作用时间往往很长，因此，生产的调整在不同的时期会有所不同。短期是可变要素如劳动或原料投入能够容易地加以调整，而固定要素难以调整的时期。长期内资本存量（一个企业的机器和厂房）会进行折旧和能够更新。长期是所有投入，无论是固定的还是可变的，都能够得到调整的时期。
5. 技术变革指生产的基本技术发生了变化。当新产品或新工艺得到确立，或者旧产品或旧工艺得到改进时，就会出现技术变革。在这些情况下，能够用更少的投入生产出相同数量的产出；或者，能够用相同的投入生产出更多的产出。技术变革会使生产函数向上移动。
6. 美国经济的总生产函数的统计结果，趋向于证实我们的生产理论和边际产量理论。在 20 世纪，技术变革提高了劳动和资本的生产率。尽管 70 年代至 90 年代中期，生产率的增长速度明显下降，实际工资停止了增长，全要素生产率（衡量总产出与总投入的比率）在 20 世纪平均每年的增长速度仍然大约为 1.5%。不过，由于我们忽视了产品的更新和技术进步的重要性，结果可能是导致美国的生产率增长被大大低估。

B. 企业组织

7. 企业由专业化机构组成，目的是管理生产过程。
8. 企业有各种形式和规模。一些经济活动经由小的个人业主制，另一些发生在合伙制企业而大多数发生在大公司。企业的每一种组织形式都各有利弊。小企业具有灵活性，能够向市场提供新产品，也能够迅速地从市场退出。但是，它们的主要缺点在于：不能从分散的投资者手中筹集到大量的资本。今天的大公司，国家确保它们承担有限的责任，能够从银行、债券持有者和股票市场筹集到数十亿美元的资本。
9. 在现代市场经济中，企业生产了大多数的物品和劳务。这是因为，批量生产的经济性使得在高产量水平上进行生产已成为必要；生产的技术条件需要的资本远远高于个人愿意从事风险投资的资本；有效率的生产要求一个统一控制的实体进行细致的管理和协调生产任务。
10. 由于所有权和控制权的分离，现代公司可能会产生激励上的分离，使得高管薪酬和平均工资之间出现巨大的差距。

概念复习

投入、产出、生产函数
总产量、平均产量和边际产量
边际产量递减和收益递减规律
规模报酬不变、递增和递减
短期与长期
技术变革：工艺创新，产品创新
生产率：
　以产出 / 投入来定义
　两种形式：劳动生产率、全要素生产率
总生产函数
公司产生的原因：规模经济、筹资需要、管理
主要的企业形式：个人业主制、合伙制、公司
无限责任和有限责任
企业与市场及敲竹杠问题
所有权和控制权的分离
　委托 – 代理问题

补充读物和互联网站

补充读的物

Ronald Coase's classic work is "The Nature of the Firm," *Economica,* November 1937. Students may enjoy a recent nontechnical survey of the field in the symposium "The Firm and Its Boundaries," *Journal of Economic Perspectives,* Fall 1998. For a thoughtful analysis of network effects, see the symposium in *Journal of Economic Perspectives,* Spring 1994. A fascinating study of networks and the new economy is contained in Chapter 7 in Carl Shapiro and Hal R. Varian, *Information Rules: A Strategic Guide to the Network Economy* (Harvard Business School Press, Cambridge, Mass., 1997).

For a recent survey of the issues and policies concerning executive compensation, see Gary Shorter and Marc Labonte, *The Economics of Corporate Executive Pay,* March 22, 2007, available at *digitalcommons.ilr.cornell.edu/crs/36/.* A discussion of the economic background on this subject is contained in a symposium in *The Journal of Economic Perspectives,* Fall 2003, particularly the article by Kevin Murphy and Brian Hall.

Trends in the income of top executives are shown in Thomas Piketty and Emmanuel Saez, "Income Inequality in the United States, 1913–1998," *Quarterly Journal of Economics*, 2003, pp. 1–39; that article and an updated version are available at *elsa.berkeley.edu/~saez/.*

互联网站

One of the most interesting websites about networks is compiled by Hal R. Varian, dean of the School of Information Management and Systems at the University of California at Berkeley. This site, called "The Economics of the Internet, Information Goods, Intellectual Property and Related Issues," is at *www.sims.berkeley.edu/resources/infoecon.*

A specialized site on network economics maintained by Nicholas Economides of New York University is found at *raven.stern.nyu.edu/networks/site.html.*

问题讨论

1. 解释生产函数的概念。描述汉堡包、计算机、音乐会、理发和大学教育的生产函数。
2. 考虑一个如下形式的生产函数：$X = 100L^{1/2}$，X 代表产出，L 代表劳动投入（假定其他投入固定不变）
   a. 当劳动投入 L = 0、1、2、3 和 4 的时候，画出与图 6-1 和表 6-1 相似的图和表。
   b. 解释这个生产函数是否说明劳动的收益是递减的。要使该生产函数表现劳动的收益递增，这个生产函数的指数值应该是多少？
3. 下表描述了输油管道的实际生产函数，填入空缺的边际产量和平均产量的数值。

(1)	(2)	(3)	(4)
	18 英寸的管道		
抽油机的马力	总产量（桶/天）	边际产品（桶/天·马力）	平均产量（桶/天·马力）
10 000	86 000		______
		______	
20 000	114 000		______
		______	
30 000	134 000		______
		______	
40 000	150 000		______
		______	
50 000	164 000		______

4. 使用问题 3 中的数据描绘出产量相对于马力的生产函数的图形。在同一幅图上，画出平均产量和边际产量的曲线。
5. 假定在你的大学召开运动会期间，你拥有经营食品的特许权。你出售热狗、可乐和炸土豆条。你投入的资本、劳动和原料各是什么？如果热狗的需求下降，你在短期内能够采取什么措施降低产量？在长期呢？
6. 在经济学中，区分生产函数的移动与沿着生产函数的移动是很重要的。对于问题 5 中的食品经营权，请举出热狗生产函数移动和沿着热狗生产函数移动的例子。用图形说明热狗生产和劳动使用之间的关系。
7. 当企业用一种投入取代另一种投入时，替代就会出现。例如，当工资上升时，农场主用拖拉机取代了劳动投入。考虑下列企业行为的变化，哪种情况代表了在技术不变的条件下一种要素替代另一种要素？哪种情况代表的是技术变革？用生产函数的图形加以说明。
   a. 当石油价格上升时，用以燃气为燃料的工厂替代以石油为燃料的工厂。
   b. 一个书店在联上互联网之后裁员 60%。
   c. 在 1970~2000 年间，某排版公司将其雇佣的排字工裁减了 200 人，同时，将其雇佣的计算机操作员增加了 100 人。
   d. 在职员成功地组织了工会之后，某大学为其全体教员购买了个人电脑，并减少了职员的人数。
8. 设想一个用资本和劳动作为投入的生产比萨饼的企业。请给出边际收益递减和规模报酬递减的定义，并进行比较。解释为什么对于一种投入存在着边际收益递减的可能性，而对于两种投入则存在着规模报酬不变的可能性。
9. 请说明如果边际产量始终是递减的，那么，平均产量始终高于边际产量。
10. 复习图 6-4 关于网络的例子，假定每个月只能有 1 个人入网，从亚当开始，顺时针方向进行。
   a. 画一张表，表明新增一个成员时，该成员的价值以及对其他成员的外部价值（即网络中所有成员的价值）。（提示：埃德加入的答案是：4 美元和 4 美元。）计算每一成员数值下的总社会价值。画图表明网络规模和总社会价值的关系。解释为什么这说明规模报酬递增而非递减。
   b. 假定入网成本是 4.50 美元，如果网络开始时有 6 个成员，请画图表明成员数会如何随时间变动。如果开始时有 3 个成员呢？哪一点是总成员人数的均衡？
   c. 如果你是图 6-4 网络中的一个发起者，如果网络开始时只有 1 个或者 2 个成员，你会制定一个什么样的价格？

第 7 章 成本分析

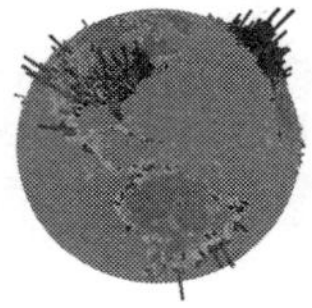

成本所记录的不过是竞争的吸引力而已。

——弗兰克·奈特（Frank Knight）

《风险、不确定性和利润》（1921 年）

生产几乎无处不在，而生产的后面是与其形影不离的成本。企业必须为自己的投入进行支付：螺钉、溶剂、软件、纱布、秘书以及统计员。盈利的企业在制定生产战略时，总是非常明智地考虑到这一简单的事实，因为每多花 1 美元不必要的成本，企业的利润就会减少相同的金额。

但是，成本所扮演的角色远远不只是影响生产和利润的水平。成本还会影响投入的选择、投资的决定，甚至可以决定企业是否继续保持该业务。是添加一个新雇员合算，还是给现有职员加班费合算？是开一家新厂还是扩建旧厂？是在国内投资一家工厂还是到海外另起炉灶？企业要选择有效的生产方法，即以最低成本生产产出的方法。

本章主要对成本进行系统的分析。首先，我们全面考查经济中的成本，其中包括一个非常重要的概念：边际成本。然后，我们考查企业的会计师在实际中是如何计算成本的。最后，我们讨论一个更广泛地应用于决策的概念：机会成本。对成本的全面研究将为以后对企业供给决策的理解奠定基础。

A. 成本的经济分析

总成本：固定成本和可变成本

不妨考查一家企业。它使用资本、劳动和原料等投入，得到产出（用 q 表示）。该企业在要素市场上购买这些投入，而企业会计则会计算在每一产量水平 q 上所投入的总的美元成本。

表 7-1 说明了各种不同产出水平 q 各自对应的总成本（TC）。观察第（1）栏和第（4）栏，我们看到，TC 随着 q 的上升而上升。这是很自然的，因为要得到某一物品的更多产量必须使用更多的劳动和其他投入；增加生产要素便会引起货币成本的增加。例如，生产 2 单位物品的总成本为 110 美元，生产 3 单位物品的总成本为 130 美元，等等。在我们的讨论中，我们假定企业总试图以最低的成本进行产出。

固定成本

表 7-1 第（2）栏和第（3）栏将总成本区分为两部分：

(1) 产 量 q	(2) 固定成本 FC (美元)	(3) 可变成本 VC (美元)	(4) 总成本 TC (美元)
0	55	0	55
1	55	30	85
2	55	55	110
3	55	75	130
4	55	105	160
5	55	155	210
6	55	225	280

表 7–1 固定成本、可变成本和总成本

企业成本的主要组成部分是固定成本（当产量变动时，它并不变动）和可变成本（它随着产量的增加而增加）。总成本等于固定成本加可变成本：$TC = FC + VC$。

总的固定成本（*FC*）和总的可变成本（*VC*）。

即使企业的生产量为零也必须支付的费用叫**固定成本**（fixed cost）。有时，固定成本也称为“固定开销”或“沉没成本”。它由许多部分构成，如厂房或办公室的租金、债务的利息支付、长期工作人员的薪水，等等。这些成本是固定的，因为即使产量发生变化，这些开支也不会改变。例如，一个律师事务所可能拥有 10 年的办公室租约，即使该事务所人员规模缩减到原来的一半，它也仍然有义务支付租金。由于 *FC* 是无论产量水平如何都必须支付的数量，因此，在第（2）栏中，它的数值保持 55 美元不变。

可变成本

表 7-1 的第（3）栏显示的是可变成本（*VC*）。**可变成本**（variable cost）是随着产出水平的变化而变化的那些成本。它包括：生产所需要的原料（如生产汽车所需要的钢材）；为生产线配置的工人；进行生产所需要的能源，等等。在一个超市中，收银员是可变成本，因为经理可以轻易地调整收银员的工作时间来适应商店中顾客的流量。

根据定义，当 q 为零时，*VC* 的起始值为零。它是 *TC* 中随着产量增加而增加的部分；实际上，在任何两种产量之间，*TC* 的变化量就是 *VC* 的变化量。

我们对这些成本概念做如下总结：

总成本（total cost）代表为生产每一产出水平 q 所需要的用美元开支的最低成本总额。*TC* 随着 q 的上升而上升。

固定成本代表即使产出水平为零也必须支付的美元开支总额。固定成本不受任何产出量变动的影响。

可变成本代表随着产出水平的变化而变化的开支，包括原材料、工资和燃料，也包括非固定的所有成本。

一般情况下，根据定义可以得到：

$$TC = FC + VC$$

可以达到的最小成本

任何管理过企业的人都知道，如果我们将成本计划表做成表 7-1 那样，意味着我们将实际企业经营看得太简单了。表 7-1 背后显然有大量的工作要做。为了使成本最低，企业管理者必须确保：原材料最便宜，所采用的技术成本最低，所用的职工个个忠诚敬业，并以最经济的方式做出其他决策。

举例而言，假如你是一个棒球队的老板，你就必须考虑一系列的问题：跟球员商议薪水，选择经理，与器材供应商讨价还价，为电力及其他设施的账单发愁，考虑买多少保险，而且还必须处理其他能让整个球队以最低成本运营的各种问题。

只有经过上述管理方面的努力，才有表 7-1 那样的最低的固定成本和可变成本。

边际成本的定义

在经济学各领域中，边际成本是最重要的概念之一。**边际成本**（marginal cost，*MC*）表示由于多生产 1 单位产出而增加的成本。例如，一个企业生产 1 000 张光盘的总成本为 10 000 美元。如果生产 1 001 张光盘的总成本为 10 006 美元，那么，生产第 1 001 张光盘的边际成本就为 6 美元。

有时，多生产 1 单位产出的边际成本可能非常低。

对于一架有空位的客机，增加一个旅客的边际成本微不足道，不需要增加任何资本（飞机）或劳动（飞行员和空中服务人员）。而在其他例子中，增加 1 单位产出的边际成本可能会很高。以电力系统为例，在正常情况下，它可以用最低成本和最高效的电厂生产足够的电力。但在炎热的夏季，当所有的空调都打开，电力的需求变得非常大的时候，电厂将不得不启用设备系统中那些陈旧的、高成本而又低效率的发电机。这势必会推高多生产 1 单位电的边际成本。

表 7-2 运用表 7-1 中的数据表明我们如何计算边际成本。表 7-2 第（3）栏中的 *MC* 数值来自于第（2）栏中的 *TC* 减去上一行的 *TC*。因此，第 1 单位的 *MC* 是 30 美元（85 美元 – 55 美元）。第 2 单位的边际成本是 25 美元（110 美元 – 85 美元），依此类推。

除了从 TC 栏中得到 *MC* 之外，我们还可以从表 7-1 第（3）栏的每一个 *VC* 数值减去上一行中的 *VC* 而得到 *MC*。为什么？因为可变成本的增加永远和总成本的增加完全相同，惟一的不同在于，根据定义，*VC* 必须从零开始，而不是从固定的 *FC* 水平开始。（读者可以核对：30 美元 – 0 美元 = 85 美元 – 55 美元，55 美元 – 30 美元 = 110 美元 – 85 美元，等等。）

(1) 产　量 *q*	(2) 总成本 *TC* （美元）	(3) 边际成本 *MC* （美元）
0	55	
		30
1	85	
		25
2	110	
		20
3	130	
		———
4	160	
		50
5	210	

表 7–2　边际成本的计算

一旦知道了总成本，我们就很容易计算出边际成本。例如，为了计算第 5 单位的 *MC*，我们就从前 5 个单位的总成本中减去前 4 个单位的总成本，即 *MC* = 210 美元 –160 美元 = 50 美元。在空格里填入第 4 单位的边际成本。

生产的边际成本是多生产 1 单位产出所需要增加的成本。

图形中的边际成本 图 7-1 说明了总成本和边际成本。它表明 *TC* 与 *MC* 之间的关系类似于总产量与边际产量之间的关系，或者类似于总效用与边际效用之间的关系。

软件分销的边际成本

软件巨头微软公司试图进入互联网浏览器市场时，曾采取过一种赠送的策略，即将 IE 浏览器以独立产品或是跟 Windows 操作系统捆绑的方式进行赠送。微软的竞争者抱怨微软公司的“掠夺性行为”。那么，究竟是什么原因导致了微软公司赠送出了浏览器而又不会赔钱呢？

原因在于信息技术（IT）不寻常的特性。根据 IT 专家哈尔·瓦里安的说法，IT“一般具有这样一种特性，即生产第一个产品非常昂贵，而生产接下来的拷贝却非常便宜。”在这个例子中，微软花费了很大的成本来研发 IE 浏览器，而多销售一个软件的边际成本却几乎等于零。这就是说，微软生产和销售 1 000 001 个浏览器的总成本并不比 1 000 000 个更多。而只要 IE 浏览器的边际成本为零，微软就不会因为对外赠送而赔钱。

平均成本

讨论各种平均的或每个单位的成本，我们可以阐明一系列重要的成本概念。表 7-3 扩充了表 7-1 和表 7-2 中的数据，其中包括了 3 项新的指标：平均成本、平均固定成本和平均可变成本。

平均成本或单位成本

平均成本（*AC*）是在企业中广泛使用的概念。通过比较平均成本与价格，或平均成本与平均收益，企业就能得知是否可以获利。**平均成本**（average cost）是总成本除以产品的单位总数，如表 7-3 中第（6）栏所示。也就是：

$$\text{平均成本} = \frac{\text{总成本}}{\text{产量}} = \frac{TC}{q} = AC$$

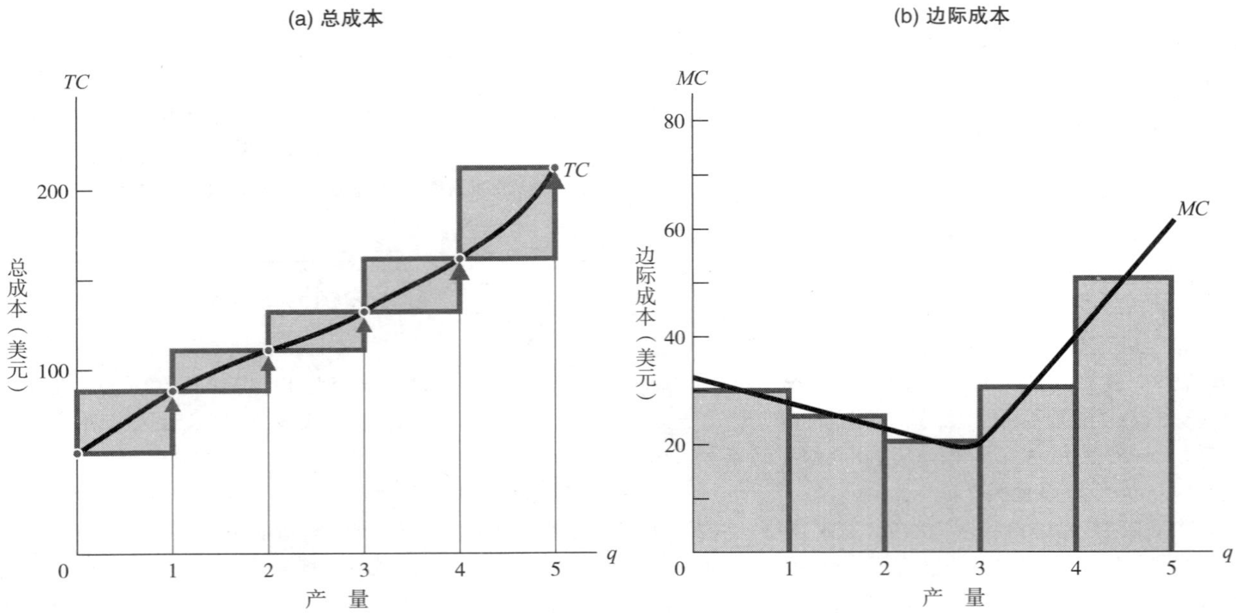

图 7–1 总成本与边际成本之间的关系

本图是根据表 7-2 中的数据描绘的。通过计算（a）中追加每单位投入所增加的成本，得到（b）中的边际成本。例如，为了得到生产第 5 单位产出的 *MC*，我们从 210 美元中减去 160 美元，就得到 *MC* 为 50 美元。在（a）中，我们连接各 *TC* 点做出一条平滑的曲线；在（b）中，经由 *MC* 的非连续性阶梯，我们也可以做出一条平滑的 *MC* 曲线。

在第（6）栏中，当产量仅为 1 单位时，平均成本必然等于总成本，即 85 美元 /1 = 85 美元。但是 q = 2 时，$AC = TC/2$ = 110 美元 /2 = 55 美元，如该栏的数字所示。应该注意，在开始时，平均成本越来越低（我们马上就会知道其原因）。在 q = 4 时，*AC* 达到了 40 美元的最低点，此后缓慢上升。

图 7-2 描绘了表 7-3 所示的成本数据。图 7-2（*a*）描绘了在不同产出水平上的总成本、固定成本和可变成本。图 7-2（*b*）画的是，相应于平滑的边际成本曲线的各种平均意义上的成本概念。图（*a*）说明在固定成本保持不变的条件下，总成本如何随着可变成本的变动而变化。

现在，让我们看图（*b*）。该图描绘的是一条 U 形的 *AC* 曲线，它应当处于作为其来源的 *TC* 曲线的下方。

平均固定成本和平均可变成本

正如我们把总成本分解为固定成本和可变成本一样，我们也可以把平均成本细分为平均固定成本和平均可变成本两个部分。**平均固定成本**（average fixed cost，*AFC*）被定义为 FC/q。由于总固定成本是不变的，因此，除以不断增加的产量，就得到一条不断下降的平均固定成本曲线［参见表 7-3 中的第（7）栏］。换句话说，当企业卖出越来越多的产品后，不变的 *FC* 为越来越多的产量单位所分摊。例如，一家软件公司可能拥有一大批编程人员来开发一个游戏。卖出的拷贝数不直接影响所需的开发人员数目，这使得他们成为固定成本。因此，如果该游戏非常畅销，则该程序的 *AFC* 非常低；如果该程序销售不佳，则 *AFC* 会很高。

图 7-2（*b*）中的虚的 *AFC* 曲线是一支双曲线（hyperbola），渐进于两个轴：随着固定成本被更多单位的产品所分担，它逐渐降低，接近水平轴。如果我们允许产量 q 的单位无限细分，*AFC* 将从无穷大开始，因为有限的固定成本分摊到无穷小的产量 q 上。

平均可变成本（average variable cost，*AVC*）等于可变成本除以产量，或 $AVC = VC/q$。正如你在表 7-3 和图 7-2（*b*）中所看到的，本例中的 *AVC* 开始时下降，然后上升。

(1) 产量 q	(2) 固定成本 FC (美元)	(3) 可变成本 VC (美元)	(4) 总成本 $TC=FC+VC$ (美元)	(5) 每单位的边际成本 MC (美元)	(6) 每单位的平均成本 $AC=TC/q$ (美元)	(7) 每单位的平均固定成本 $AFC=FC/q$ (美元)	(8) 每单位的平均可变成本 $AVC=VC/q$ (美元)
0	55	0	55		无穷大	无穷大	无法确定
				30			
1	55	——	85		85	55	30
				25			
2	——	55	110		55	——	27½
				——			
3	55	75	130		43⅓	18⅓	25
				30			
4*	**55**	**105**	**160**	**40***	**40***	**13¾**	**26¼**
				50			
5	55	155	210		42	11	——
				70			
6	55	225	280		46⅔	9⅙	37½

* 平均成本的最低水平。

表 7-3　各种成本都来自总成本表

我们可以由第（4）栏中的 *TC* 分解出其他的成本概念。第（5）栏和第（6）栏都值得强调：通过邻近的 *TC* 数值相减，便可计算出边际成本，如表中两行之间的数字所示。产量为 4 的带了 * 号的 *MC* 等于 40，是经过修匀的，来源是图 7-2（*b*）。在第（6）栏中，注意图 7-2（*b*）中 U 形 *AC* 曲线的最低点为 40 美元成本。（你能否看出，为什么标 * 号的 *MC* 的数值等于标 * 号的 *AC* 的最小值？此外，计算并填补表中空白。）

平均成本与边际成本的关系

理解平均成本与边际成本间的关系是非常重要的。我们不妨从记住有机联系着的下列三大规则开始：

1. 当 *MC* 在 *AC* 之下，它将平均成本拉下。
2. 当 *MC* 在 *AC* 之上，它将 *AC* 拉上。
3. 当 *MC* 等于 *AC*,*AC* 固定不变。在 U 形 *AC* 曲线底部，*MC* = *AC* = *AC* 的最小值。

为了理解这些规则，让我们从第一条开始。如果 *MC* 小于 *AC*，这就意味着，生产最后 1 单位的成本小于过去全部单位的平均成本。这就隐含着，新的 *AC*（即包括最后 1 单位成本的 *AC*）必然会小于原来的 *AC*，因此，*AC* 必然会下降。

我们可以用一个例子来说明这一规则。从表 7-3 中可以看到第一单位的平均成本为 85。第二单位的边际成本为 25。这就隐含着前两个单位的平均成本为（85+25）/2 = 55。由于 *MC* 在 *AC* 之下,这就正确地暗示了 *AC* 是下降的。

表 7-3 中第六单位的情形说明了第二条规则。前 5 个单位的平均成本为 42，且第 5 和第 6 个单位间的边际成本是 70。正如我们看到的，第六单位的平均成本为 46⅔，边际成本拉高了平均成本。

第四单位处的情形非常关键。在该水平下，可以注意到平均成本恰好与边际成本相等，且其值为 40。所以新的平均成本恰好等于旧的平均成本并且等于边际成本。我们在表 7-4 中详细地说明它们之间的关系，该表重点关注产出的最低平均成本水平。在这张表中，我们假定表 7-3 中各单位产出是以千为单位，这样我们就可以看到产出中的细微变化。可以观察到当产出刚好低于平均成本最低点所对应的产出时，边际成本略微低于平均成本（并且当产出高于平均成本最低点所对应的产出时，边际成本略微高于平均成本）。如果我们进一步对这种计算进行放大，我们就可以无限接近地得到 *MC* 和 *AC* 是确切相等的 。

通过对图 7-2（b）的研究，你将提高对 *MC* 和 *AC* 间关系的理解。注意，对前三个单位而言，*MC* 低于 *AC*，

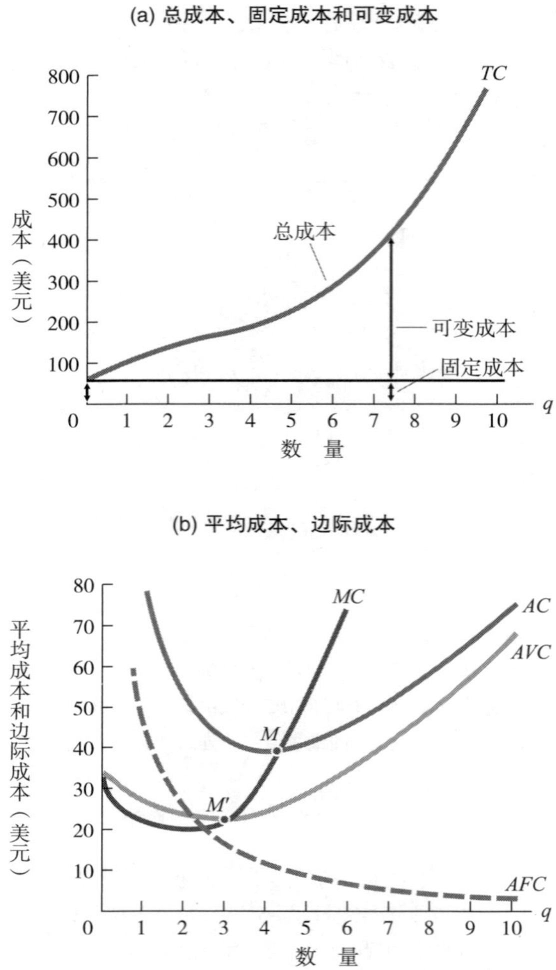

图 7–2 根据总成本曲线可以得出其他成本曲线

（a）总成本是固定成本与可变成本之和。（b）边际成本曲线起先下降，然后上升，如表 7-3 中第（5）栏给出的 *MC* 的数值所示。注意：*MC* 曲线与 *AC* 曲线相交于 *AC* 曲线的最低点。

因此 *AC* 是下降的。而恰好在第四单位处，*AC* 等于 *MC*。超过四单位后，*MC* 在 *AC* 之上，并将平均成本拉上。从图形上来看，这意味着上升的 *MC* 曲线将与 *AC* 曲线恰好相交于 *AC* 曲线的最低点。

> 总结：用成本曲线来理解就是，如果 *MC* 曲线低于 *AC* 曲线，则 *AC* 曲线必然在下降。相反的如果 *MC* 高于 *AC*，则 *AC* 曲线是上升的。最后，当 *MC* 恰好等于 *AC* 时，*AC* 曲线是平坦的。*AC* 曲线总在最低点被上升中的 *MC* 曲线所穿过。

q	*FC*	*VC*	*TC*	*MC*
3 998	55 000	104 920.03	159 920.03	
				39.98
3 999	55 000	104 960.01	159 960.01	
				39.99
4 000*	55 000	105 000.00	160 000.00	
				40.01
4 001	55 000	105 040.01	160 040.01	
				40.02
4 002	55 000	105 080.03	160 080.03	

*最小平均成本下的产出。

表 7–4 在平均成本最低点下对平均成本 (*AC*) 和边际成本 (*MC*) 的精细计算

这张表放大了在平均成本最低点附近对成本的计算。在以上计算中我们假定在表 7-3 中的数值以千为单位。注意，在第 3 999 和第 4 000 个单位间，边际成本是如何略微低于平均成本最小值，而在第 4 000 和 4 001 个单位之间，边际成本又是如何略微高于平均成本最小值的。

用棒球击球得分数说明边际成本和平均成本的关系

我们可以用打击率来说明 *MC* 和 *AC* 的相互关系。令 *AB* 为你至今的"终生打击率"（你的平均打击率），*MB* 为你今年的打击率（你的边际打击率）。为了简化，我们仍然假定每年打击次数为 100 次。

当你的 *MB* 低于 *AB* 时，它会将新的 *AB* 往下拉。例如，假定你前三年的"终生打击率"为 0.300，而第四年的打击率为 0.100，那么你新四年的"终生打击率"就为 0.250。同样，如果你第四年的打击率高于前三年的"终生打击率"，那么新的"终生打击率"将会增加。如果第四年的打击率跟前三年的"终生打击率"相同，那么新的"终生打击率"不会发生变化（*MB* = *AB*，此时新的 *AB* 与旧的 *AB* 相等）。

生产和成本之间的关系

什么因素决定一个企业的成本曲线？最主要的因素是要素价格以及企业的生产函数。

很明显，劳动和土地等投入的价格是影响成本的重要因素。每个企业经理都会告诉你，更高的租金和工资意味着更高的成本。但是，一个企业的成本曲线还会紧密地依赖于该企业的技术。当企业的技术进步使同样的产出消耗更少的投入时，企业的成本就会下降。

实际上，只要你知道要素的价格和生产函数，你就能够确定成本曲线。我们可以由表 7-5 中的数字例子看出从产出数据和要素价格到成本的推导。假设，农民史密斯租用了 10 英亩土地，并雇用农业劳工生产小麦。每一时期，土地的成本为每英亩 5.5 美元，每个劳工的成本为 5 美元。运用最先进的耕作方法，史密斯能够根据表 7-5 中前 3 栏所示的生产函数进行生产。在本例中，土地的成本是固定的（因为史密斯签订了 10 年的租约），而劳动的成本是可变的（因为雇用和解雇劳工很容易）。

运用生产数据和投入成本数据，对于每一产量水平，我们可以计算出生产的总成本，如表 7-5 中的第（6）栏所示。以生产 3 吨小麦的总成本为例。运用给定的生产函数，史密斯能够使用 10 英亩土地和 15 个农业劳工生产出这一产量。生产 3 吨小麦的总成本为（10 英亩 × 5.5 美元 / 英亩）+（15 个劳工 × 5 美元 / 劳工）= 130 美元。相似的计算可以得出表 7-5 第（6）栏中所有其他总成本的数值。

注意，这些总成本数据与表 7-1 到表 7-3 中所示的数据具有相同的性质，因此，表中所示的其他成本概念（即 *MC*、*FC*、*VC*、*AC*、*AFC* 和 *AVC*）也适用于农民史密斯的生产成本的例子。

收益递减和 U 形成本曲线

经济学家通常画出 U 形的成本曲线。对于一个 U 形的成本曲线，成本在最初的阶段是下降的，到达一个最低点，然后再开始上升。我们一起来探究原因。回想第 6 章中的生产分析使用了两种不同的时期：短期和长期。同样的概念也适用于成本。

- 短期是一个可以调整可变投入，如原料和劳动，但不能调整全部投入的时期。在短期内，固定的和经常性的要素，如厂房和设备等，不能完全得到调整。因此，在短期，劳动成本和原料成本是可变成本，而资本成本是固定成本。
- 长期是所有投入都能得到调整的时期，包括劳动、原料和资本。因此，在长期，所有成本都是可变成本，而没有固定成本。[1]

注意，说某一项成本是固定的还是可变的，取决于我们所考查的时间跨度。例如，在短期，航空公司所拥有的一定数量的飞机就是一种固定成本。但在长期，很显然航空公司可以通过买卖飞机等办法来控制其机群的规模。实际上，一个活跃的二手飞机市场的存在已经使得处理不需要的飞机变得相对简单。通常，在短期，我们会认为资本是固定成本，而认为劳动是可变成本。但

1　关于长期和短期的讨论详见第6章。

(1) 产量 （小麦吨数）	(2) 土地投入 （英亩）	(3) 劳动投入 （工人数）	(4) 土地租金 （美元 / 英亩）	(5) 劳动工资 （美元 / 工人）	(6) 总成本 （美元）
0	10	0	5.5	5	55
1	10	6	5.5	5	85
2	10	11	5.5	5	110
3	10	15	5.5	5	130
4	10	21	5.5	5	160
5	10	31	5.5	5	210
6	10	45	5.5	5	280

表 7–5　由生产数据和投入成本推算出总成本

农民史密斯租用了 10 英亩小麦地，租用可变的劳动。根据农业生产函数，劳动和土地的有效使用产生了如该表第（1）栏到第（3）栏所示的投入和产出。在投入价格为每英亩 5.5 美元和每个劳工 5 美元时，我们得到第（6）栏所示的史密斯的生产成本。所有其他成本概念（如表 7-3 中所示）也都能够从总成本数据中推算出来。

事实并不一定如此（考虑你所在大学中那些长期聘用的教师）。当然，一般说来，劳动投入还是比资本投入更容易改变。

为什么成本曲线是U形的？从短期看，资本是固定的，而劳动是可变的。在这种情况下，可变要素（劳动）的边际收益是递减的，因为每新增1单位的劳动所对应的资本是下降的。因此，产出的边际成本会上升，因为每新增1单位的劳动所能带来的产出增量在降低，即可变要素的边际收益递减意味着短期边际成本的递增。这就说明了为什么边际收益递减导致边际成本在某一点之后上升。

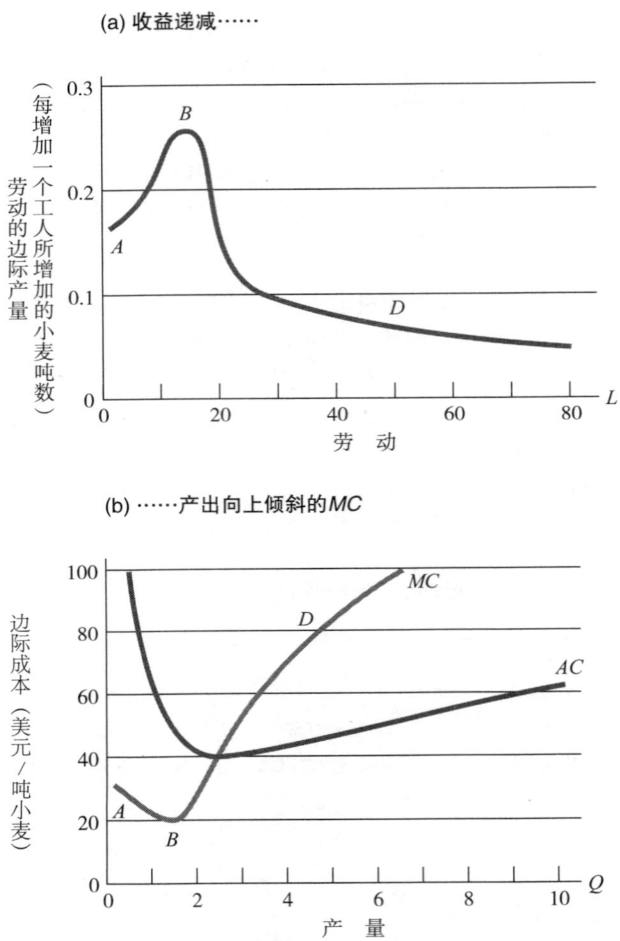

图 7–3 边际收益递减与U形成本曲线

U形成本曲线是基于短期内边际收益递减得出的。在土地固定和劳动可变的情况下，（a）图中，劳动的边际产量在开始时上升到 *B* 点左右，在 *B* 点达到最高值；此后，由于劳动的边际收益递减发挥作用，下降到 *D* 点。

（b）图的成本曲线根据产量曲线和要素价格推导而来。可变要素的边际产量先递增后递减，产生了U形边际成本曲线和平均成本曲线。

图7-3可以说明这一点，图中的数据来自表7-5。该图表明，边际产量的递增区域对应于边际成本的递减区域，而边际收益的递减区域意味着边际成本递增区域。

我们可以将生产率规律与成本曲线之间的关系总结如下：

> 在短期，当像资本那样的要素固定不变时，可变要素一般表现为开始阶段的边际产量递增和随后出现的边际产量递减。与之相应的是，成本曲线表现为开始阶段的边际成本递减和在边际收益递减发生之后出现的边际成本递增。

企业的投入选择

边际产量和最小成本法则

每个企业都必须决定如何生产其产出。应该用石油还是用煤来发电？汽车应该在美国还是在墨西哥组装？应该聘用教师还是研究生授课？我们不妨用边际产量的概念来说明企业如何按照最小成本法则选择其投入组合。

分析中我们将基于一个基本的假设，即企业追求生产成本的最小化。这一成本最小化假设，不仅对于完全竞争的企业适用，而且对于垄断者，甚至像大学或医院这些非营利性组织也同样适用。这一假设表明，企业应该力求在最低可能的成本上进行生产，从而使利润或其他目标达到最大。

一个简单的例子可以说明企业如何在不同的投入组合中进行选择。譬如说，某企业的工程师计算出，用两组选择都能生产出所需要的9单位的产出水平。在这两种情况下，燃料（*E*）的成本为每单位2美元，而每小时劳动（*L*）的成本为5美元。在第一种选择下，投入组合为 $E=10$ 和 $L=2$。第二种选择的投入组合为 $E=4$ 和 $L=5$。哪一种选择更好呢？在市场价格下，第一种选择的生产总成本为：（2美元 × 10）+（5美元 × 2）= 30美元；而第二种选择的总成本为：（2美元 × 4）+（5美元 × 5）= 33美元。因此，第一种选择是较好的最小成本的投入组合。

更普遍的情况是，存在着许多种可能的投入组合，而不仅仅是两组。但是，我们没有必要去计算每种投入组合的成本以找到最小的成本组合。有一个求最小成本组合的方法：首先像第 6 章那样，计算每一种投入的边际产量。然后用边际产量除以每种要素的价格，得到每 1 美元投入的边际产量。当每 1 美元投入的边际产量对于各种投入都相等时，就得到了最低成本的投入组合。也就是，每 1 美元的劳动、土地、石油等对于产量的边际贡献都必须正好相等。

根据这一推论，当每 1 美元投入的边际产量对于每一种生产要素都相等时，企业的生产总成本就达到了最低水平。这一结论称为最小成本法则。

> **最小成本法则**（least-cost rule）：为了以最小成本生产出一定数量的产出，企业应该购买各种投入，直到花费在每一投入上的每 1 美元的边际产量都相等时为止。这就有：
>
> $$\frac{L\text{ 的边际产量}}{L\text{ 的价格}}=\frac{A\text{ 的边际产量}}{A\text{ 的价格}}=\cdots\cdots$$

正如我们在第 5 章中看到的，企业的这一法则完全类似于追求效用最大化的消费者所遵循的原则。在分析消费者选择中，我们看到为了使效用最大化，消费者购买物品时要使花费在每一消费品上的每一美元的边际效用相对于各种物品都相等。

用以下方式可以理解最小成本法则：将每一要素细分成价值 1 美元的单位（在我们早先的燃料与劳动的例子中，1 美元的劳动就是 1/5 小时，而 1 美元的燃料为 1/2 单位）。因此，最小成本法则说明，每 1 美元的单位投入的边际产量相等。如果每 1 美元投入的边际产量不相等，你就可以减少单位美元的边际产量比较低的那种投入，并增加单位美元边际产量高的那种投入，从而在更低的成本下得到同样的产量。

最小成本法则的一个推论就是替代法则。

> **替代法则**（substitution rule）：如果一种要素的价格下降，而所有其他要素的价格保持不变，则企业用现在更便宜的要素替代所有其他要素，直到所有投入的单位美元的边际产量都相等，这便是有利可图的。

让我们以劳动（L）为例。劳动价格的下降会提高 MP_L/P_L 的比率，从而使 MP_L/P_L 高于所有其他投入的 MP/P。根据边际收益递减规律，增加的劳动雇用量降低了 MP_L，从而降低了 MP_L/P_L。劳动的较低价格和较低的 MP_L，使得每美元劳动的边际产量重新与其他要素的比率相等。

B. 经济成本和企业会计

大到通用汽车公司，小至街头的熟食店，企业无不或多或少地使用精细的办法来记录它们的成本。企业会计中许多成本的分类与前面我们所学的经济学中的经济成本概念类似。但是，企业衡量成本的方法和经济学家衡量成本的方法往往有一些重大的不同。本部分我们将简单地介绍企业会计并指出其与经济学成本的异同。

收益表或损益表

让我们从一个小企业开始，该企业名为热狗餐馆。正如其名字听上去那样，该小店出售法兰克福香肠。其业务包括购买原料（热狗、最好的面包圈、昂贵的芥末和浓咖啡豆）和雇用劳工来制作和销售食品。另外，企业借款 10 万美元购买烹饪设备和其他餐馆用具，还要支付店铺的租金。热狗餐馆的创始人还有个远大抱负，他们组成公司并且发行普通股（参见第 6 章中的企业组织形式）。

要判定热狗餐馆是否盈利，我们必须借助于**收益表**（income statement），或用许多公司所喜欢的称呼——**损益表**（statement of profit and loss），如表 7-6 所示。该表说明了下列几点：（1）热狗餐馆从 2009 年销售中所获得的收益；（2）为得到这些收入而花费的开支；（3）净收益，即扣除开支后剩下来的利润。这也就给出了收益表的基本恒等式：

$$\text{净收益（或利润）}=\text{总收入}-\text{总支出}$$

这一定义给出了该厂商所要最大化的那个东西——众所周知的公司利润（报表底线一栏）。在许多方面，企业利润与经济学家定义的经济利润很接近。让我们仔细研究一下损益表，从顶部开始，第 1 行给出了收入值为 25 万美元。第 2 行至第 9 行为生产过程中各种投入的成本。例如，人工成本是每年雇佣劳工的开支，租金是每年的房租。销售和管理成本包括产品的广告费和办公费、杂费（包括电费）。

前3类成本（材料、人工成本和杂项成本）基本上对应于企业的可变成本，或者称*销售成本*。接下来3个分类，第6行到第8行，对应于企业的固定成本，因为它们在短期内不可能变化。

第8行出现了一个新术语——*折旧*，折旧与资本品的成本相关。企业可以租借或者拥有它们自己的资本品。以热狗餐馆租借的房屋为例，我们扣除了第7行的租金。

若是企业拥有自己的资本品，这种情况比较复杂。以烹饪设备为例，它们的使用期大约为10年，到时它们便没有用或不值钱了。实际上，烹饪设备的一些部分在每年的使用过程中被消耗了。我们称那些被消耗掉的部分为"折旧"，并且计算出数值作为那一年资本投入的成本。**折旧**（depreciation）衡量的是企业实际拥有的资本投入分摊在每年的成本。

同样的推理适用于企业拥有的任何资本品：卡车用旧了，电脑过时了，房屋最终倒塌了，等等。以上每一种情况，企业都必须进行折旧。折旧公式有许多种，但每一种都会遵循以下两大原则：(*a*) 资产生存期的折旧总额必然等于资本品的历史成本或购买价格；(*b*) 折旧在资产的生存期内被记入每年的会计费用之中，它通常与该资产的实际经济寿命相联系。

现在，我们来了解一下热狗餐馆是如何提取折旧费的。设备按10年寿命期分摊折旧，因此，15万美元的设备每年应提取1.5万美元的折旧费（采用的是最简单的直线折旧法）。如果热狗餐馆拥有自己的房屋，它还要对房屋提取折旧。

加总所有的成本得到营业成本（第9行）。净营业收益为净收入减去营业成本（第1行减第9行）。我们是否已经计算了所有的生产成本？还没有。第11行包括10万美元借款每年的利息费用，应被认为是借入资金的成本。虽然它属于固定成本，但我们要把它与其他固定成本分开。州税和地方税，例如财产税，也被认为是一种开销。减去第11行和第12行得到所得税前利润5.5万美元。这

热狗餐馆的损益表 （2009年1月1日~2009年12月31日）			
(1)	**净销售收入（扣除一切折扣和折让）**		**$250 000**
	减销售成本：		
(2)	材料	$ 50 000	
(3)	人工成本	90 000	
(4)	杂项成本（工具等）	10 000	
(5)	减间接费用：		
(6)	销售和管理费用	15 000	
(7)	房屋租金	5 000	
(8)	折旧	15 000	
(9)	营业成本	$185 000	185 000
(10)	净营业收益		$ 65 000
	减：		
(11)	设备借款的利息费用		6 000
(12)	州税和地方税		4 000
(13)	税前净收益（或利润）		$ 55 000
(14)	减：公司所得税		18 000
(15)	**税后净收益（或利润）**		**$ 37 000**
(16)	减：支付普通股的红利		15 000
(17)	留存收益		$ 22 000

表7–6 损益表反映了一段时期的总销售收入和支出

些利润是如何分配的呢？大约 1.8 万美元以公司所得税形式流入联邦政府，留下 3.7 万美元的税后利润。普通股支付 1.5 万美元的红利，剩下 2.2 万美元作为企业的留存收益。请再一次注意，利润是销售收入减去成本后的剩余。

资产负债表

企业会计活动不仅能够反映作为经济动力的盈利和亏损等情况，而且还提供**资产负债表**（balance sheet），它是企业在某一日期的财务状况表。这个表记录的是企业、个人或国家在某一时点上的价值。资产负债表的一方是**资产**（asset，企业所拥有的有价值的财产或权益）。在资产负债表的另一边有两项，即**负债**（liabilities，企业欠外界的资金或债务）和**净值**（net worth，或净价值，等于总资产减去总负债）。

资产负债表与损益表的一个重要不同在于存量和流量。**存量**（stock）代表变量的水平，例如湖中的水量，或者，在此例中为一个企业的以美元计算的价值。**流量**（flow）代表每一单位时间的变化，例如河中的水流或进出企业的收入和成本。*损益表统计的是一个企业的流入和流出，而资产负债表度量的是在会计年度末的资产和负债的存量。*

资产负债表的基本恒等式或平衡关系是总资产等于总负债加上企业所有者所拥有的净值：

$$总资产 = 总负债 + 净值$$

移项后可以更简明地发现：

$$净值 = 资产 - 负债$$

让我们通过分析表 7-7 来说明这个恒等式。该表显示的是热狗餐馆的简单资产负债表。左边是资产，右边是负债和净值。净值项目中故意留有空白，因为与基本资产负债表恒等式相一致的惟一正确的数值为 20 万美元。*资产负债表应当总是两边平衡的，因为净值定义为资产减去负债的剩余。*假定资产负债表中某一项改变了（比如资产增加），接着必然会有相应的变化以保持平衡（资产减少，负债增加或者净值减少）。

为了说明净值为什么总是平衡的，假设价值 4 万美元的热狗变质了。你的会计人员会向你报告：“总资产减少了 4 万美元；负债保持不变。这就意味着，总净值也减少了 4 万美元。我们别无选择，只能将净值从过去的 21 万美元改写成 17 万美元。”会计记账就是如此。

现在我们将会计概念小结如下：

1. 损益表说明了销售额、成本和收益在一年或一个会计时期的变动情况。它衡量的是一个企业在特定时

热狗餐馆的资产负债表（2009 年 12 月 31 日）			
资　产		**负债和净值**	
		负　债	
流动资产：		流动负债：	
现　金	$ 20 000	应付账款	$ 20 000
存　货	80 000	应付票据	20 000
固定资产：		长期负债：	
设　备	150 000	应付债券	100 000
房　屋	100 000		
		净　值	
		股东权益：	
		普通股	10 000
		留存收益	…………
总　计	$350 000	总　计	**$350 000**

表 7–7　**资产负债表记录了企业在某一时点上的资产、负债和净值的存量**

期内的美元的流入和流出。

2. 资产负债表说明的是在某一时点的财务状况或财务快照，就像是对湖中储水量的衡量。主要的项目有资产、负债和净值。

会计准则

在讨论表 7-7 中的资产负债表时，你或许会问，不同项目的数值是如何衡量的呢？会计人员如何知道设备的价值为 15 万美元呢？

其答案在于会计人员采用的是一套公认的原则或会计准则来解答大多数问题。资产负债表中所使用的最重要的假设是几乎所有的项目都反应其*历史成本*（historical cost）。正如我们在下一部分中将要看到的，这与经济学家的“价值”概念不同。例如，热狗面包圈的存货是按其购买价格计价的；新购买的固定资产（一套设备或一幢房屋）也按其购买价格记录（这就是历史成本准则）。比较久的资产的定价为购买价格减去累计折旧，由此解释了资本品可用性逐渐降低的原因。会计人员之所以使用历史成本，是因为它反映的是客观的评价，并且容易证实。

在表 7-7 中，流动资产指在一年内可转化为现金的资产，而固定资产代表资本品和土地。表中列举的大多数项目都可以说是不言自明的。现金包括硬币、钞票和银行存款形式的货币。现金是惟一价值准确而不用评估的资产。

在负债一方，应付账款和应付票据是指由于购买物品或借入资金而欠别人的款项。应付债券是在市场上发行的长期贷款。资产负债表的最后一个项目是净值，或股东权益。它有两个组成部分。第一个组成部分是普通股，它代表股东最初入股公司的部分。第二个组成部分是留存收益。这是从总利润中减去分配给股东的利得（如股息）之后的剩余，将来可以投入企业的再生产。回顾前文，热狗餐馆 2009 年的留存收益为 22 000 美元。至于净值，则是按历史成本评估后的企业资产减去负债之后的剩余。在这个例子中，净值势必等于 21 万美元。

财务欺诈

了解了会计准则之后，我们可以看到，它可以广泛地应用于案例分析。20 世纪 90 年代末，在加快收入增长的竞争压力下，许多公司进行了财务造假以求得突出的业绩或掩饰企业的亏损。臭名昭著的造假案例很多：（安然公司和环球电讯公司）把资本资产伪造成公司的当期收入；（安然公司和 Qwest 公司）把资金流入记为当期收入的同时又对资金流出进行了资本化；Waste 管理公司长期增加其公司机动车辆的残值；Waste 管理公司夸大其垃圾填埋区未利用空间的价值；还有，亚马逊、雅虎、Qualcomm 公司等一大批或存或亡的网络公司对财务报表数据采取了报喜不报忧的手段。

为了了解会计欺诈是如何运作的，让我们来看看安然的例子。安然起步时是一个（名副其实的）盈利企业，它拥有最大的跨州的天然气运输管道网络。为维持高速增长，安然插足天然气期货交易，并将该商业模式广泛运用于其他市场。

然而在这个过程中，安然的利润开始下降。安然向其投资者隐瞒了利润下降的事实。你也许会问，像安然这样一个如此庞大的公众持有的公司，怎么可能竟然在基本事实层面上能愚弄所有世人且直到 2001 年才东窗事发？

安然成功地掩盖其经营问题所依靠的是下列四个因素。首先，当问题产生时，安然充分利用了如上介绍的会计准则的模糊性。一个例子是跟 Blockbuster Video 公司的号称“勇敢的心灵工程”的交易。这个交易产生了一笔现值为 1.11 亿美元、为期 20 年的收入。尽管所取得的收入的前提条件相当可疑，但安然却把这些预期收入都记成了当期的收入。

其次，该公司选择并不报告诸多财务交易的明细。比如，它向股东隐瞒了数以百计的合伙人关系。第三，董事会和外部审计员的消极怠工或敷衍塞责，没有质问甚至有时根本没有检查安然会计账户的明细。最后，尽管安然最多时吸收了投资者 700 亿美元的基金，但那些机构投资者，如大型的共同基金，对安然的数据没有进行深入的独立的分析。

安然案例警示人们：一旦企业内部有人蓄意展开其野心勃勃的财务欺诈计划，金融市场、会计事务所和投资公司经理有可能遭到愚弄从而投入数十亿美元。2007~2008 年价值万亿美元的不良抵押担保证券获得了债券评级机构的良好信用评级，而这些评级机构和投资者却并不了解这些证券背后的收入状况，这引发了一场更大的事件。此类会计和财务欺诈的历史警示人们：健全的会计审计制度，还有政府机构和非政府机构的警惕和审慎，是何等的重要！

C. 机会成本

本节我们从另一个角度来考查成本。要切记的一个重要经济学原则是：资源是稀缺的。这就意味着每次我们采用一种方法使用资源时，就放弃了用其他方法利用该资源的机会。这在我们的日常生活中很常见，我们必须决定如何使用有限的时间和收入。我们应当去看电影还是为了下周的考试做准备？应当去墨西哥旅行还是购买一辆汽车？应当读研究生还是参加职业培训，或是大学毕业后直接参加工作？

这里的每一个例子中，做出决定实际上都使我们失去了做其他事的机会。失去的选择被称为机会成本，这一点我们在第 1 章已有所接触，现在我们进一步深入讨论。去看电影而不是学习的直接美元成本是电影票的价格，但是机会成本却包括在考试中取得更好成绩的可能性。做出一项决定的机会成本涉及它所有可能的后果，无论它们是否体现为货币的交易。

> 决策具有机会成本，因为在一个稀缺的世界中选择一样东西意味着需要放弃其他一些东西。**机会成本**（opportunity cost）指的是错过的最有价值的物品或劳务的价值。

机会成本的一个重要例子是上大学。如果你在 2008 年进入公立大学，学费、书本费和旅行费合计约为 7 000 美元。这 7 000 美元是否就是你入学的机会成本？当然还不是。你还必须考虑花费在学习和上课上的时间的机会成本。2008 年一个高中毕业生的全日制工作年平均工资为 26 000 美元。如果我们加上实际的花销和放弃的收入，我们发现大学的机会成本为每年 33000 美元（等于 7 000 美元 + 26 000 美元），而不是每年 7000 美元。

企业决策也有机会成本。是否所有的机会成本都表现在损益表上呢？不一定。通常，企业账户仅包含有实际货币流入流出的交易。相反，经济学家常常试图“揭开货币的面纱”，分析隐藏在货币交易后面的实际结果和衡量一项活动的真实资源耗费。经济学家因此包含了所有成本，无论它是否表现为货币交易。

有几个重要的机会成本往往并不出现在损益表中。例如，在许多小企业中，家庭可能投入了许多无报酬的时间，但并没有被包含在成本之中。企业账户也不会涉及到所有者自有资金的资本费用。而当企业把有毒废弃物倒入河流中的时候，它们也没有承担由此引起的环境污染的费用。但是，从经济学的观点来看，这些对于经济都是真实的成本。

让我们以热狗餐馆的所有者为例来说明机会成本的概念。该公司所有者每周投入 60 小时，而并不领取“工资”。在年末，如表 7-6 所示，公司获得了 3.7 万美元的利润。这对于一个新开张的企业来说是相当好的。

果真是这样吗？经济学家坚持认为，无论生产要素为谁所有，我们应当考虑生产要素的价值。即使所有者没有直接领取报酬，而是以利润的形式得到补偿，我们也应该把所有者的劳动作为成本来计算。因为所有者有其他的工作机会，因此，我们必须把失去的机会作为所有者劳动的成本来计算。

通过细致的考查，我们看到，热狗餐馆的所有者能够找到一份相似的、同样有趣的工作，他为别人工作，并获得 6 万美元。这就代表了机会成本或所放弃的收益，因为该所有者决定去当没有工资的小企业的老板，而不是为其他公司工作而领取工资。

因此，经济学家认为应当继续进行分析，不妨让我们计算一下热狗餐馆的实际利润。如果我们得到了 3.7 万美元账面利润，并减去所有者劳动的机会成本 6 万美元，那么，我们就会发现净亏损 2.3 万美元。因此，尽管账面数字认为热狗餐馆在经济上是可行的，但是，经济学家则会判定，该企业实际上是亏损的。

伊拉克战争的代价

一个令美国人烦恼的问题是伊拉克战争的开销。尽管涉及的是国家的机会成本而不是公司的机会成本，但分析原则上还是一样的。起初布什政府当局估计战争会很快结束，花费大概在 500 亿美元左右。而事实上，战争要比所计划的更加漫长、代价也更加昂贵。根据 2008 年美国国会的报告，花费在伊拉格和阿富汗战争上的开销累计约 7 500 亿美元。

不过经济学家林达 · 比尔姆斯和约瑟夫 · 斯蒂格利茨还是认为：报告中如此庞大的数据仍然是被低估了的，因为还未考虑到整场战争的机会成本。很明显被低估了的一项是，军人的开支并不能如实体现财政上的总开销，因为他们的医疗保健和其他社会福利方面的开支都被低估了。他们这样写道：

在伊拉格或阿富汗战场上死亡了的年轻的士兵，他或她的家庭应能收到政府50万美元（连同人寿保险，以“死亡抚恤金”的名义赔付）。这比保险公司给年轻人的车祸死亡赔偿要少得多。50万美元的“预算开支”显然只是社会为丧失一个生命所偿付的一部分，且永远都无法充分补偿其家人。此外，伤残赔偿也很难为残废军人及其家属提供足够的补偿。事实上，每5个严重残废的军人中，就有1个需要其家属放弃工作以照顾他的生活。

比尔姆斯和斯蒂格利茨还估算了油价变动的成本。因为战争，石油从2003年每桶25美元上涨到2008年最高点的155美元。

累计加总到2008年的所有机会成本之后，他们的结论是：伊拉克战争中美国人的花费是3万亿美元！分摊在每个美国家庭上大约为3万美元！姑且不论这些备受关注的数字争议，它倒是及时地提醒了我们：会计数字和实际的经济机会成本相去甚远。

机会成本和市场

迄今为止，你或许会说：“现在，我完全被弄糊涂了。先前我已经了解到价格是物品在市场上实际社会成本的很好的衡量指标。而现在，你又告诉我，机会成本才是正确的概念。这里是否存在着前后矛盾呢？”

实际上，这里有一个简单的解释：*在运转良好的市场上，当所有成本都包括进来时，价格等于机会成本*。假设一种商品（如小麦）在竞争市场进行买卖。如果我把自己的小麦拿到市场上，我会得到来自购买者的一系列出价：每蒲式耳2.502美元、2.498美元、2.501美元，等等。这些价格代表了我的小麦对于3家面粉厂的价值。我选择最高的价格2.502美元。这种销售的机会成本是可得到的最佳的替代选择的价值，也就是次高出价2.501美元，它与我所接受的价格几乎相同。随着市场越来越接近于完全竞争，各种出价也会越来越接近，直至达到次高出价（即我们的机会成本的定义）正好等于最高出价（即价格）。在竞争市场上，众多的购买者为了得到资源而相互竞争，从而使出价达到最佳的选择点上，因此，这一出价也就等于机会成本。

市场之外的机会成本 在分析发生于市场之外的交易时，机会成本的概念显得尤其重要。你如何衡量一条公路或一个公园的价值？如何衡量保健或安全管制的价值？甚至学生的时间分配也可以运用机会成本来解释。

- 机会成本的概念可以解释，为什么学生在考试后，每周看电视的时间要比考前多。在考试前，看电视具有很高的机会成本，因为时间的另一种用途（学习）在提高考试成绩和获得好工作方面具有很高的价值。而在考试后，时间只具有较低的机会成本。
- 假定联邦政府想在加利福尼亚海岸开采石油。暴风雨般的抱怨随之而来。该方案的辩护者宣称：“我们需要石油来保护我们，以免产油国扣留人质威胁我们的石油安全。我们美国到处都有丰富的海水。这个项目对美国经济是合适的。”然而在实际上，其机会成本却可能非常高。如果石油开采导致了石油泄漏，从而损害了海滩，娱乐活动等会遭到破坏，那么，这种石油开采的机会成本很可能是难以估量的。因为，每一份海边娱乐的价值都同海底石油的价值同样真实和珍贵。

没有走过的路 可见，机会成本是衡量我们做出一项决策时所放弃的那些东西，分析一下罗伯特·弗罗斯特在写下这段话时的想法：

> 两条路在林中分开，而我——
> 选择了较少的人所走的那一条，
> 此后一切差别正是由此而来。

弗罗斯特头脑中的另一条道路是什么呢？一种城市生活？一种使他不可能写道路、围墙和白桦树的职业？想象一下，如果罗伯特·弗罗斯特选择很多人走过的路，那么，对我们所有的人会有多么巨大的机会成本。

但是，还是让我们从诗人的境界回到现实的成本概念上来。这里应该抓住的中心问题是：

> 除了外在的货币支出之外，经济成本还包括那些由于各种资源可以利用在其他方面而导致的机会成本。

总结提要

A. 成本的经济分析

1. 总成本（*TC*）能够分解成固定成本（*FC*）和可变成本（*VC*）。固定成本不受任何生产决策的影响，而发生在如劳动或原料等项目上的可变成本却随着产量的上升而增加。
2. 边际成本（*MC*）是增添 1 单位产量而增加的总成本。平均总成本（*AC*）是持续下降的平均固定成本（*AFC*）与平均可变成本（*AVC*）之和。短期平均成本通常用 U 形曲线来表示，该曲线与不断上升的 *MC* 曲线相交于它的最低点。
3. 记住下列有用的规则：

   $TC = FC + VC \qquad AC = TC / q \qquad AC = AFC + AVC$

   在 U 形 *AC* 曲线的底部，$MC = AC = AC$ 的最小值。
4. 成本和生产率就像一对镜像。当边际收益递减规律发生作用时，边际产量下降，*MC* 曲线上升；而在最初的收益递增阶段，*MC* 也一直是下降的。
5. 我们可以把生产和成本概念运用于分析企业的最佳生产要素组合的选择上。追求利润最大化的企业要使生产一定产量水平的成本达到最低。在这种情况下，企业必须遵循最小成本法则：选择不同的生产要素，使得每 1 美元投入的边际产量对于所有投入都相等。这就意味着：$MP_L / P_L = MP_A / P_A = \cdots\cdots$。

B. 经济成本和企业会计

6. 为理解企业会计，必须掌握以下两个要点：
   a. 收益表（或损益表）的特点；利润的余额性质；固定资产的折旧。
   b. 资产、负债和净值是资产负债表中的基本关系；这些项目的每一项可以细分成财务的和固定的资产；以及净值的余额性质。

C. 机会成本

7. 经济学家的成本定义比会计的成本定义更加广泛。经济成本不仅包括明显的从口袋里掏钱进行购买和支出，而且还包括比较隐蔽的机会成本，比如企业所有者本人所提供的劳动。这些机会成本严格地受到竞争市场上出价与要价的限制，因此，价格常常接近于市场上所出售的物品与劳务的机会成本。
8. 机会成本最重要的应用在于非市场物品，如清洁的空气、健康或娱乐，虽然这些东西并不在市场上交易，但它们却有可能具有很高的价值。

概念复习

成本分析

总成本：固定成本和可变成本

边际成本

最小成本法则：

$$\frac{MP_L}{P_L} = \frac{MP_A}{P_A} = \frac{MP_{任何要素}}{P_{任何要素}}$$

$TC = FC + VC$

$AC = TC/q = AFC + AVC$

会计概念

收益表（损益表）：

　销售收入，成本，利润

折　旧

基本资产负债表识别

资产，负债，净值

存量与流量

机会成本

经济学和会计学的成本概念

补充读物与互联网站

补充读物

Advanced treatment of cost and production theory can be found in intermediate textbooks. See the list provided in Chapter 3.

You can find interesting articles on business cost, production, and decision problems in magazines such as *Business Week, Fortune, Forbes,* and *The Economist.* An excellent nontechnical analysis of the Enron fraud is contained in Paul M. Healy and Krishna G. Palepu, "The Fall of Enron," *Journal of Economic Perspectives,* Spring 2003, pp. 3–26.

The quotation on the cost of war is from Linda J. Bilmes and Joseph E. Stiglitz, "The Iraq War Will Cost Us $3 Trillion, and Much More," *Washington Post,* March 9, 2008, p. B1. Their full study is Joseph E. Stiglitz and Linda J. Bilmes, *The Three Trillion Dollar War: The True Cost of the Iraq Conflict* (Norton, New York, 2008).

互联网站

Good case studies on costs and production can be found in the business press. See the websites of the business magazines listed above, *www.businessweek.com, www.fortune.com, www.forbes.com,* and *www.economist.com.* Some of these sites require a fee or subscription.

Information about individual firms is filed with the Securities and Exchange Commission and can be found at *www.sec.gov/edgarhp.htm.*

问 题 讨 论

1. 1936~1960 年，泰德·威廉姆斯在他的大联盟职业生涯中共击打棒球 7 706 次，击中 2 654 次。
   a. 泰德的"终生打击率"是多少？
   b. 最后一年，即 1960 年，威廉姆斯共击打 310 次，击中 98 次。截至 1959 年，他的"终生打击率"为多少？1960 年的打击率是多少？
   c. 解释他 1959 年的"终生打击率"与 1959~1960 年其变化量之间的关系。说明它是怎样表明 *MC* 和 *AC* 之间的关系的。
2. 在表 7-3 中 55 美元的固定成本之上增加 90 美元的 *FC*。现在，在 *VC* 与以前一样，而新的 *FC* 为 145 美元的条件下，制作一张完整的新表。*MC*、*AVC* 发生了何种变化？*TC*、*AC*、*AFC* 又发生了何种变化？你能证明最低的 *AC* 是在 $q^*=5$，同时 $AC=60$ 美元 $=MC$ 吗？
3. 解释为什么 *MC* 与 *AC* 和 *AVC* 相交于它们的最小值点（即 U 形成本曲线的最低点）。
4. "义务兵役在关于军队成本问题上为政府提供了一种自欺欺人的机会。"比较志愿服役（报酬很高）与义务服

(1) 产量 (小麦吨数)	(2) 土地投入 (英亩)	(3) 劳动投入 (工人数)	(4) 土地租金 (美元/英亩)	(5) 劳动工资 (美元/工人)
0	15	0	12	5
1	15	6	12	5
2	15	11	12	5
3	15	15	12	5
4	15	21	12	5
5	15	31	12	5
6	15	45	12	5
7	15	63	12	5

表 7-8

役（报酬很低）的预算成本和机会成本。说明在这个问题上机会成本概念的作用。

5. 考虑表 7-8 中的数据，其中的情形与表 7-5 中的类似。
   a. 计算 *TC*、*VC*、*FC*、*AC*、*AVC* 和 *MC*。在一张画图纸上，描绘 AC 曲线和 *MC* 曲线。
   b. 假设劳动的价格上升 1 倍。计算新的 *AC* 和 *MC*。画出新的曲线，并与 a 中的曲线进行比较。
   c. 现在，假设全要素生产率上升 1 倍（即对于每一投入组合，产量水平提高 1 倍）。重做 b 中的练习。你能看出影响企业的成本曲线的两种主要因素吗？
6. 解释下列每句话中的错误：
   a. 当边际成本达到它的最低点时，平均成本达到最低。
   b. 由于固定成本永不变动，因此，对于每一产量水平的平均固定成本也是不变的。
   c. 每当边际成本上升时，平均成本就上升。
   d. 在约塞米提国立公园开采石油的机会成本为零，因为没有任何企业在这里进行生产。
   e. 当企业在每一投入上花费相同数量的资金时，该企业的成本达到最低。
7. 2008 年，一个名为 EconDisaster.com 的虚拟软件公司卖掉了价值 7 000 美元的“全球金融融毁”的游戏。这个公司需要付薪水 1 000 美元，租金 500 美元，电费 500 美元，而且需要购买一台电脑 5 000 美元。此公司在其 5 年生命周期内运用直线折旧法（这意味着折旧按照历史成本分摊到 5 年），还需要付出占其利润 25% 的企业税，且没有公司分红。根据表 7-6，做出它 2008 年的损益表。
8. 接上题，请做出 2008 年 12 月 31 日 EcoDisaster.com 公司的资产负债表。这家公司在年初没有资产。拥有者用 1 万美元作为启动资金并获得了普通股。净收入和留存收益可通过问题 7 算得。

第 7 章附录

生产、成本理论和企业决策

第 6 章所阐述的生产理论和本章的成本分析都是微观经济学的基础内容。深入完整地理解生产和成本，对于认识经济稀缺性如何转化成市场价格是十分必要的。本附录进一步讨论这些问题，并引入等产量曲线概念。

数值化的生产函数

生产理论和成本分析根源于生产函数概念。生产函数表明运用各种投入的不同组合能够生产出的最大产量。表 7A-1 列举了一个规模收益不变的生产函数的数字例子。该表用纵、横轴代表投入量，并用表中的格子交点代表产出量。

土地 \ 劳动	1	2	3	4	5	6
6	**346**	**490**	600	692	775	846
5	316	448	548	632	705	775
4	282	400	**490**	564	632	692
3	245	**346**	423	**490**	548	600
2	200	282	**346**	400	448	**490**
1	141	200	245	282	316	**346**

表 7A–1 生产函数的表格说明了劳动和土地不同投入组合的产量

当你可以利用 3 单位土地和 2 单位劳动时，工程师告诉你，你可以得到的最大产量为 346 单位。必须注意，有多种方法可以生产 346 单位的产量。对于 490 单位的产量也是如此。（表中所示的生产函数是柯布—道格拉斯（Cobb Douglas）生产函数的一种特殊情况，它是由公式 $Q=100\sqrt{2LA}$ 给定的。）

表左边列出的是不同数量的土地，从 1 到 6 个单位。表的底边列出的是劳动数量，也是从 1 到 6 个单位。与每一土地行和每一劳动列相对应的产量也都列在该表之内。

如果我们想知道在使用 3 单位土地和 2 单位劳动时究竟能生产多少产量，那么，我们向上量取 3 单位的土地，再向右量取 2 单位的劳动，所看到的答案应为 346 单位的产量。（你能指出能够生产 $q=346$ 的其他一些投入组合吗？）同样，我们可以找到 3 单位土地和 6 单位劳动将生产 600 单位的产量。应该记住生产函数表示在一定时点上给定管理技能和技术知识的条件下所能得到的最大产量。

边际产量递减规律

表 7A-1 可以很好地说明边际收益递减规律。不妨先回忆一下，劳动的边际产量是在土地和其他投入保持不变时，每增加 1 单位的劳动所引起的产量增加。我们可以看到在表 7A-1 中的任何一点，劳动的边际产量等于同一行中右边的数字减去该点的数字。这样，当有 2 单位土地和 4 单位的劳动时，增加一个劳动者所带来的边际产量为 48，即第 2 行中的 448 减去 400。

当然，土地的边际产量是指在劳动的数量保持不变时，追加 1 单位的土地所增加的产量。通过比较某一列中相邻的两个产量数字，可以计算出土地的边际产量。例如，当有 2 单位的土地和 4 单位的劳动时，土地的边际产量为第 4 列中的 490–400，即 90。

在表 7A-1 中，通过比较行或列的相邻数据，我们能够很容易地计算出两种要素中每一种的边际产量。

在给出某一投入的边际产量的定义之后，我们现在便可以很容易地给出边际收益递减规律的定义：*边际收益递减规律表明，当我们增加一种投入而保持其他投入不变时，所增加投入的边际产量至少在某一点之后将会逐步下降。*

为了说明这一点，我们保持土地数量不变，即在表 7A-1 中选定某一行，譬如说土地数量为 2 个单位的那一行。现在，让劳动从 1 单位增加到 2 单位，从 2 单位增加到 3 单位，如此等等。每增加 1 单位的劳动，q 会发生什么变化呢？

当劳动从 1 单位增加到 2 单位时，产出水平从 200 单位增加到 282 单位，即增加了 82 单位。但是，下一个单位的劳动却仅增加了 64 个单位，或 346–282。边际收益递减已经出现。进而，每次增加 1 单位的劳动，可以使我们按顺序得到仅仅 54、48 以及最后的 42 单位的增加的产量。你可以很容易地证明：其他各行也存在着这一规律，而且，当土地变化而劳动保持不变时，也存在着这一规律。

我们可以运用这一例子来证明最初对于边际收益递减规律的直觉——边际收益递减规律是由于固定要素相对于可变要素的减少而造成的。根据这一解释，每一单位的可变要素拥有越来越少的固定要素可供利用。因此，增加的产量会下降，也就是很自然的事了。

如果这一解释确实能反映边际收益递减的原因，那么，当两种要素同时增加时，产出就应该按比例增加。当劳动从 1 单位增加到 2 单位，同时土地也从 1 单位增加到 2 单位时，我们应该得到二者同时从 2 单位增加到 3 单位时所增加的产量。这可以从表 7A-1 中得到证实。在第一种情况下，我们得到的产量从 141 上升到 282；而在第二种情况下，产量从 282 上升到 423，其产量增量均为 141 单位。

既定产量的最低成本的要素组合

数值化的生产函数告诉我们，不同的方法可以生产出同一水平的产量。但是，在许多种可能性中，企业究竟应该采用哪种方法呢？如果合意的产量水平 q = 346，那么，至少有 4 种土地与劳动的不同组合可以生产出这一产量，如表 7A-2 中的 A、B、C 和 D 所示。

就工程师而言，这 4 种组合中的每一种都同样好，都可以生产出 346 单位的产量。但是，追求成本最小化的经理人员却要寻找成本最低的那个组合。

我们假设劳动的价格为 2 美元，土地的价格为 3 美元，这样，表 7A-2 中第 3 栏的数字表明了投入价格在这一水平时的总成本。对于组合 A 而言，劳动和土地的总成本为 20 美元，等于（1 × 2 美元）+（6 × 3 美元）。组合 B、

	(1)	(2)	(3)	(4)
	投入组合		总成本（美元）	总成本（美元）
	劳动 L	土地 A	P_L = \$2 P_A = \$3	P_L = \$2 P_A = \$1
A	1	6	20	____
B	2	3	13	7
C	**3**	**2**	**12**	____
D	6	1	15	____

表 7A–2　生产某一产量的投入和成本

假设一家企业选择生产 346 单位的产量。此时，它可以使用如 A、B、C 和 D 所示的 4 种投入组合中的任何一种。当企业从表的上方移动到下方时，生产就变成更多的劳动密集化和更少的土地密集化。请填写空缺的数字。

企业在不同的生产技术之中进行的选择取决于投入的价格。当 P_L = 2 美元，P_A = 3 美元时，可以看到最低成本组合为 C。说明土地价格从 3 美元降至 1 美元，会导致企业选择更加土地密集化的 B 组合。

C 和 D 的成本分别为 13 美元、12 美元和 15 美元。在这一假定的投入价格水平下，要素组合 C 是能生产既定产量的成本最低的方案。

如果这两种要素中的一个的价格有所变动，则生产要素的均衡比例也会发生变动，从而减少价格上升最快的生产要素的使用量（这正像第 5 章论述的消费者需求的替代效应一样）。只要知道了投入的价格，我们就能够通过计算不同的投入组合的成本，寻找到最低成本的生产方法。

等产量曲线

企业组织投入以达到成本最小化的数字分析方法，可以用图形更加直观地加以说明。我们采用图解法，将等产量曲线和等成本线这两种新曲线放在一起。

让我们将表 7A-1 变为一条经过能够生产 q = 346 的所有点的平滑曲线，这条平滑曲线，如图 7A-1 所示，显示的是：能生产 346 单位产出的所有的土地与劳动的各种不同组合，这种曲线称为**等产量曲线**（equal product curve 或 isoquant），它与第 5 章附录中所论述的消费者的无差异曲线相似。你可以根据表 7A-1 中的数据，在图 7A-1 画出产量等于 490 单位的等产量曲线。实际上，在

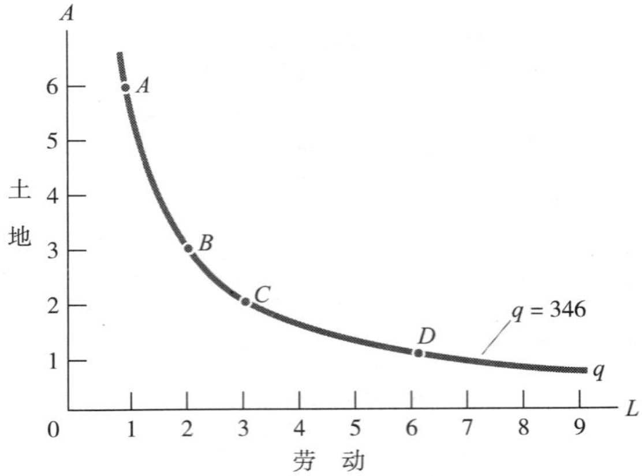

图 7A–1 等产量曲线

等产量曲线上所有各点代表能够用来生产 346 单位的相同产量的土地与劳动的不同组合。

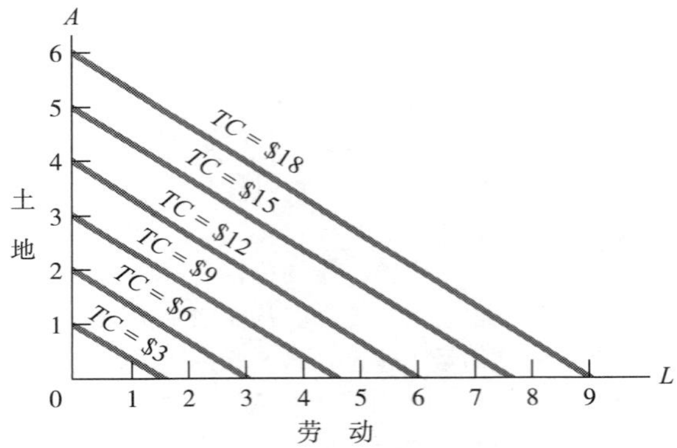

图 7A–2 等成本线

在既定的一条等成本线上的各点代表相同的总成本。这些线都是直线，因为要素的价格不变；它们的斜率都为负，其斜率等于劳动价格与土地价格之比，即 2 美元 /3 美元，因此，等成本线是平行的。

该图中可以画出无数条这样的等产量曲线。

等成本线

当劳动和土地的价格已知时，企业可以计算出 *A*、*B*、*C*、*D* 点或等产量曲线上任何一点的总成本。当企业在等产量曲线上选择最低总成本点时，它才会达到成本最低化。

寻找最低成本生产方法的简便技术是构造**等成本线**（equal-cost line）。图 7A-2 画出了等成本线。在该图中，一组平行的直线代表在劳动价格为 2 美元和土地价格为 3 美元时的一系列等成本线。

要想找到任何一点的总成本，我们只需要记下通过那一点的等成本线上的附加数字。等成本线都是相互平行的直线，因为我们假设企业可以按照不变的价格来购买任何数量的生产要素。这些直线的倾斜度略低于 45 度，因为劳动的价格 P_L 略低于土地的价格 P_A。更具体地说，我们通常可以认为，每一条等成本线的斜率必然等于劳动的价格与土地的价格之比——在这一例子中，$P_L / P_A = 2/3$。

最低成本：等产量曲线和等成本曲线的切点

将等产量曲线和等成本线结合在一起，我们可以决定企业的最优或最小成本的位置。回顾以最低成本能够生产出产量 $q = 346$ 的最佳投入组合所处的点。为找到这样的一点，只需简单地把那条等产量曲线放到图中的一组灰色的等成本线上，如图 7A-3 所示。企业总是沿着图

投入品替代可使生产成本达到最低

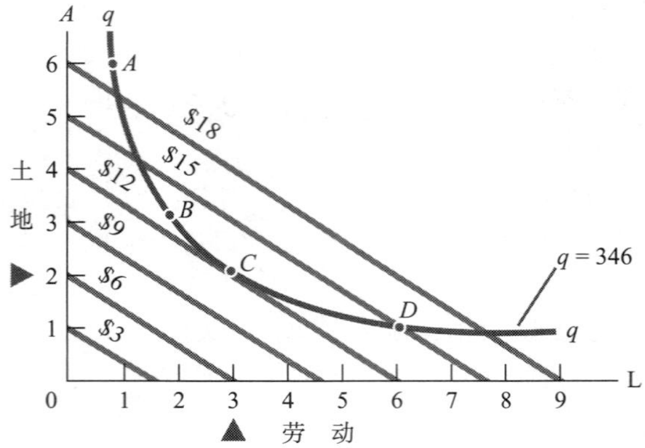

图 7A–3 最低成本的投入组合位于 C 点

企业希望以最低的成本生产 346 单位。因此，它沿着等产量曲线，寻找最小成本的投入组合。它所寻找的投入组合处于最低等成本线上。等产量曲线与等成本线相切之点就是最低成本位置。该切点的意义是：生产要素的价格与边际产量是成比例的，从而使每 1 美元的边际产量相等。

7A-3 中凸向原点的那条曲线移动，只要该曲线能够与较低的成本线相切。因此，它的均衡点在 C 点，即等产量曲线接触到的（但不是相交的）最低的等成本线。这是一个相切点，在该点，等产量曲线的斜率正好等于等成本线的斜率，而且，两条曲线正好相切。

我们已经知道等成本线的斜率为 P_L / P_A。然而，等产量曲线的斜率为多少呢？回忆第 1 章的附录，我们知道，曲线在某一点的斜率等于与曲线在该点相切的直线的斜率。对于等产量曲线而言，它的斜率就是两种生产要素之间的替代比率，取决于两种生产要素的相对边际产量，即 MP_L / MP_A——正如沿着消费者的无差异曲线，两种物品的替代比率等于这两种物品的边际效用的比率（参阅第 5 章的附录）。

最低成本的条件

运用图解法，我们得到了企业达到生产成本最低的条件：

1. 任何两种投入的边际产量之比必须等于它们的要素价格之比：

$$替代比率=\frac{劳动的边际产量}{土地的边际产量}$$

$$=等产量曲线的斜率=\frac{劳动的价格}{土地的价格}$$

2. 我们可将第一种情况用一种更有启迪的方式表达。从最后一个等式可以推导出，对每一生产要素而言，从（最后）1 美元的支出得到的边际产量必须相等：

$$\frac{L\text{的边际产量}}{L\text{的价格}}=\frac{A\text{的边际产量}}{A\text{的价格}}=\cdots\cdots$$

但是，你不应该满足于这种抽象的解释。应该一直记住通常意义上的经济解释，它告诉我们，企业如何在各种投入要素上分配它们的支出，从而使每 1 美元支出的边际产量相等。

总结提要

1. 生产函数表列出了每一劳动和每一土地可生产出来的产量。当其他生产要素保持不变时，一种可变要素的收益递减可以通过计算任何一行或一列中边际产量的下降来加以说明。
2. 等产量曲线表示可以生产出相同产量水平的各种可供选择的投入组合。这种等产量曲线的斜率或替代比率等于相对的边际产量（例如，MP_L / MP_A）。等成本曲线是平行线，其斜率等于生产要素的价格之比（P_L / P_A）。最低成本的均衡处于一个切点，此时，等产量曲线与最低等成本线相切。在最小成本均衡点，边际产量与要素价格成比例，花费在所有生产要素上的每 1 美元的边际产量相等（即 MP_i / P_i 相等）。

概念复习

等产量曲线
等总成本（TC）线（平行线）
替代比率 = MP_L / MP_A

平行的等总成本（TC）线的斜率为 P_L / P_A

最低成本的相切点条件：
$MP_L / MP_A = P_L / P_A$ 或 $MP_L / P_L = MP_A / P_A$

问题讨论

1. 说明：提高劳动的工资，而保持土地的租金不变，将会使图 7A-3 中的等成本线更为陡峭，并且把切点 C 向左上方移动到 B 点。在该点，当时比较便宜的投入替代了比较昂贵的投入。如果我们用资本代替劳动，重新叙述结果。工会领导人应该认识这一关系吗？
2. 如果生产函数由表 7A-1 给定，投入价格如图 7A-3 所示，产量 $q=346$，那么，最低成本的投入组合应该是什么？如果产量上升到 $q=692$，那么，对于相同的投入价格，最低成本的比率是什么？“要素密集度”，或土地与劳动的比率会发生何种变化？你能否看出为什么在规模报酬不变的条件下对于任何产量的变动这一结果都保持不变吗？

完全竞争市场分析

第 8 章

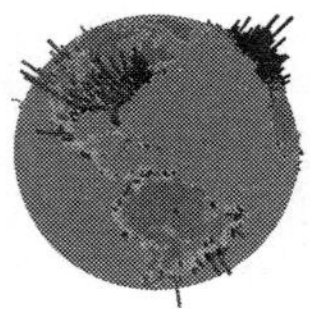

生产成本若不影响供给，则不会影响竞争价格。

——约翰·斯图亚特·穆勒

此前有关章节中我们讨论了市场机制所创造的奇迹：在没有中央控制或指导的条件下，市场机制为我们提供了生活必需品（如面包），以及各种高质量的产品和服务。不过，市场机制具体又是怎样运作的呢？

任何市场都有供给和需求两个方面。在系统地考查了每一个方面之后，我们现在将这两个部分合在一起，以考查市场的整体行为。作为单个产业组织分析的开篇，本章分析完全竞争市场（中）的行为；这是一个理想化的市场，所有单个的企业和消费者的影响都太小，以至于无法影响到市场的价格。我们将首先考查竞争性企业在供给方面的决策，然后分析竞争市场的若干特殊情况。本章的结论表明，完全竞争市场是有效率的。在掌握了完全竞争的核心理论之后，我们将在后面的章节中继续分析垄断和不完全竞争的其他形式。

A. 竞争企业的供给行为

竞争企业的行为

首先，我们来分析一家完全竞争的企业。假设你拥有这样一家企业，你会生产多少产品？如果小麦的售价为每蒲式耳 6 美元，那么农民史密斯应该生产多少小麦？

在分析完全竞争企业的供给行为时，有两点需要注意。首先，我们将假设完全竞争企业所追求的是利润最大化。其次，我们观察到，完全竞争的世界是由原子式的企业所构成的，且它们都是价格接受者。

利润最大化

利润就像是公司的净盈利或实得收益。它们代表一个企业能够用于股东分红、投资于新工厂和设备，或者用于金融投资的资金数量。所有这些活动都提高了企业对于其所有者的价值。

企业之所以要实现利润最大化，是因为这样才能使企业带给其所有人的经济利益最大化。允许一个低于最大化的利润水平，就好比是降低企业所有者的薪酬，几乎没有任何一个企业的所有人会自愿接受。

利润最大化要求企业进行卓有成效的内部管理（防止浪费、鼓舞员工士气、选择有效的生产工艺等），并且做出明智的市场决策（以最低成本购买数量适当的投入品，并选择最优的产量水平）。

由于利润涉及到成本和收入两个方面，因此企业应很好地掌握其成本结构问题。回顾上一章的表 7-3，看看你对总成本、平均成本、边际成本这几个重要的概念是否已经清楚。

完全竞争

完全竞争的世界是一个*价格接受者*的世界。完全竞争企业出售*无差异的产品*（与行业中其他企业出售的产品相同）。这种企业相对于市场来说是如此之小，以至于它不能影响市场价格，而只是将市场价格作为既定价格加以接受。当农民史密斯出售小麦这种无差异的产品时，他面对的是众多的购买者，愿意支付每蒲式耳 6 美元的市场价格。正如大多数消费者必须接受由网络服务供应商或影剧院所收取的价格一样，竞争企业也必须接受它们所生产的小麦或石油的市场价格。

为讨论作为价格接受者的完全竞争企业的行为，我们首先来看一看其需求曲线的形状。图 8-1 对照的是整个行业的需求曲线（*DD* 曲线）与单个竞争企业所面临的需求曲线（*dd* 曲线）。由于一个竞争行业是由许多相对于市场而言很小的企业组成的，因此，一个企业的需求曲线只是整个行业的需求曲线的一个微小部分。从图形上看，竞争企业的需求曲线所占的份额是如此之小，以至于从一个完全竞争者的眼光来看，该企业的需求曲线 *dd* 看上去是完全水平的或弹性是无穷大的。图 8-1 说明了为何单个竞争者的需求弹性要比整个市场的需求弹性大得多。

由于竞争企业不能影响价格，所以每单位销售为它带来的额外收入都等于产品的价格。比如，当市场价格为每单位 40 美元时，竞争企业可以以 40 美元的价格出售它想要出售的数量。如果它决定出售 101 单位，而不是 100 单位，那么它的收入将会整整增加 40 美元。

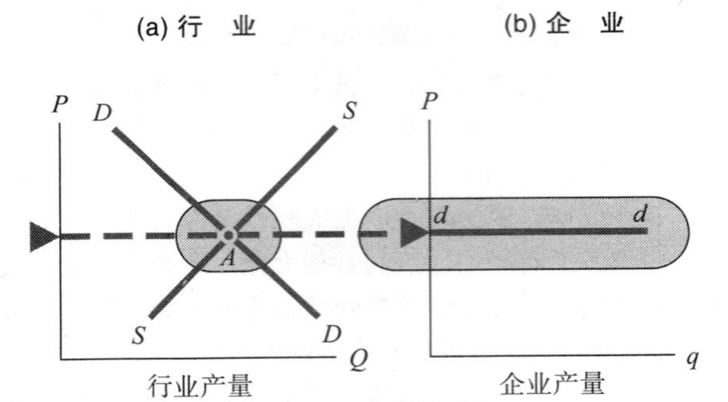

图 8–1 对一个完全竞争企业而言，需求曲线是完全有弹性的

在市场均衡点 *A* 处，左图中的行业需求曲线具有缺乏弹性的需求。然而，右图中完全竞争企业的需求曲线是水平的（即完全有弹性），这是由于单个完全竞争者所占有的市场份额是如此之小，以至于它可以按市场价格售出它想卖的所有产品。

请将以下几点牢牢记住：

1. 在**完全竞争**（perfect competition）条件下，有许多规模较小的企业，每一个企业都生产相同的产品，并且，每一个企业的规模都太小，不可能影响市场的价格。
2. 完全竞争条件下的生产者面临的是一条完全水平的需求曲线（即 *dd* 曲线）。
3. 从所追加的每 1 单位的出售中，企业获得的额外收入正好等于市场价格。

边际成本等于价格时的竞争供给

假设你在经营鲍勃油厂，并且你必须做出利润最大化的产出决策。考查表 8-1 中的数据，它所包含的成本数据与前一章表 7-3 和表 7-4 相同。该表进一步假定，石油的市场价格为每单位 40 美元。

你可能猜测，鲍勃油厂的销售量为 3 000 单位。这一销售量产生的总收入为 40 美元 × 3 000 = 12 万美元，总成本为 13 万美元，亏损 1 万美元。通过经济学的学习，你已经懂得如何进行*边际*或曰*增量*分析。考虑多出售一单位所带来的影响。如果出售更多的石油，那么从每单位中获得的收入为 40 美元，而边际成本仅为 21 美元。由于所增加的单位投入产生了高于成本的收入，所以你可以将产量提高到 4 000 单位。在这个产量水平上，企业的总收入为 40 美元 × 4 000 = 16 万美元，总成本为 16 万美元，净利润为零。

如果你将产量提高到 5 000 单位，那么情况又将会怎样呢？在这一产量水平上，企业获得的总收益为 40 美元 × 5 000 = 20 万美元，成本为 21 万美元，这时你会亏损 1 万美元。这是怎么一回事呢？翻开账本看看，你会发现在 5 000 单位的产量水平上，边际成本为 60 美元，高于 40 美元的市场价格，因此，你每多生产 1 单位就亏损 20 美元（等于价格减边际成本）。

现在，你可以看出眉目了：*最大利润的产量发生在边际成本等于价格的产量水平上。*

这一命题背后的道理在于：只要最后 1 单位的价格高于其边际成本，竞争企业就往往能够获得额外的利润。而当出售额外的产量再也不能获得任何额外的利润时，

竞争企业的供给决策						
(1) 产 量 q	(2) 总成本 TC (美元)	(3) 每单位的边际成本 MC (美元)	(4) 平均成本 AC (美元)	(5) 价格 P (美元)	(6) 总收入 $TR = q \times P$ (美元)	(7) 利润 $\pi = TR - TC$ (美元)
0	55 000					
1 000	85 000	**27**	85	40	40 000	−45 000
2 000	110 000	**22**	55	40	80 000	−30 000
3 000	130 000	**21**	43.33	40	120 000	−10 000
3 999	159 960.1	**38.98**	40.000+	40	159 960	−0.01
		39.99				
4 000	**160 000**	**40**	**40**	**40**	**160 000**	**0**
		40.01				
4 001	160 040.01	**40.02**	40.000+	40	160 040	−0.01
5 000	210 000	**60**	42	40	200 000	−10 000

表 8–1 利润在边际成本等于价格的产量水平上达到最大

前 4 列使用的数据，与前一章表 7-3 和表 7-4 相同。第（5）列数据表明，作为价格接受者的完全竞争厂商，其面对的市场价格是 40 美元。该表中，总收入为价格和产量的乘积，而利润等于总收入与总成本之差。

该表表明，价格与边际成本相等时的产量，是利润最大化的产量。如果将产量提高到 4 000 单位以上，那么由每单位新增产量所获得的 40 美元新增收入，将低于边际成本，因而利润会降低。而在产量低于 4 000 单位的条件下，若此时提高产量，则情况又将如何呢？

总利润就达到了其最高点——最大化。在最大利润点，生产最后 1 单位产品所带来的收入额正好等于该单位的成本。额外的收入是什么呢？是每单位的价格。额外的成本是什么呢？是边际成本。

让我们通过考查表 8-1 来检验这一原则。从 4 000 单位的利润最大化产量开始，如果鲍勃多出售 1 单位的产量，那么，该单位产量所带来的价格为 40 美元，而该单位产量的边际成本为 40.01 美元。因此，企业在第 4 001 单位上要遭受损失。同样，如果企业少生产 1 单位的产品，则它又会损失 0.01 美元。这就说明企业的最大利润的产量就发生在 $q = 4\ 000$ 上，此时，价格等于边际成本。

在完全竞争条件下企业的供给原则为：当企业将其产量确定在使边际成本等于价格的水平上时，就实现了利润的最大化：

$$边际成本 = 价格 \quad 即 \quad MC = P$$

图 8-2 说明了一个企业的供给决策。当产品的市场价格为 40 美元时，企业查阅表 8-1 中的成本数据，发现与 40 美元的边际成本相对应的产量为 4 000 单位。因此，在 40 美元的市场价格水平下，企业将希望生产并出售 4 000 单位。这一产量等于图 8-2 中 40 美元的价格线与 *MC* 曲线的交点 *B* 所代表的产量。

我们选用这个例子是为了说明在利润最大化的产量上，企业得到零利润，总收入正好等于总成本。*B* 点就是**零利润点**（zero-profit point），它表示在这一价格水平上企业得到的是零利润；在零利润点上，价格刚好等于平均成本，因此收入正好弥补成本。

如果企业选择了错误的产量，则情况又会怎样呢？假设企业在市场价格为 40 美元时选择图 8-2 中 *A* 的产量水平。因为最后 1 单位的边际成本超过了价格，所以，这样做会造成亏损。我们可以计算出它的利润损失，如图 8-2 中的阴影三角形所示。这个三角形描绘出了在 *B* 和 *A* 之间的产量水平上价格高于 *MC* 的剩余额。

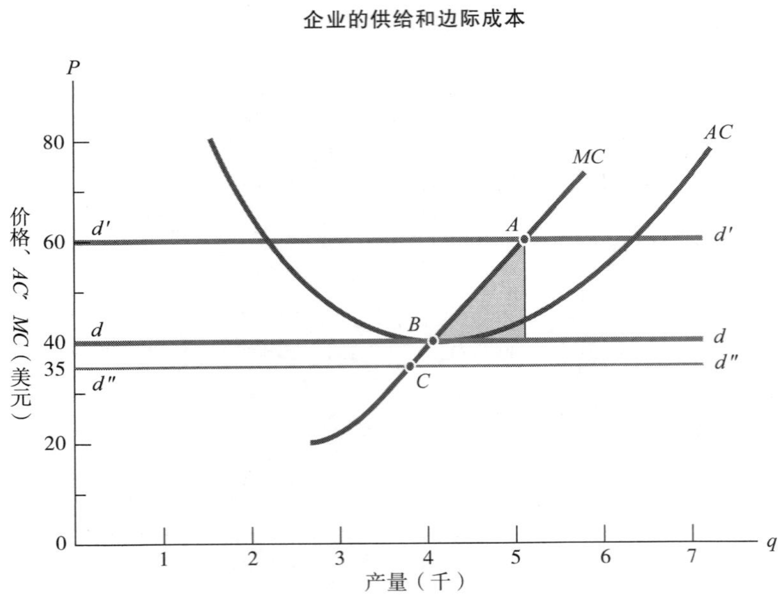

图 8-2 企业的供给曲线是它的边际成本曲线的上升部分

对于一个利润最大化的竞争企业来说，边际成本（*MC*）曲线向上倾斜的部分就是该企业的供给曲线。在市场价格为 *d'd'* 时，企业会在 *d'd'* 与 *MC* 的交点 *A* 上供给产量。请解释：为什么相交点 *B* 和 *C* 分别代表价格为 *d* 和 *d''* 的均衡点。阴影部分代表当价格为 40 美元时在 *A* 点生产的损失。

这样，一般的原则是：

> 一个利润最大化的企业将其产量确定在能使边际成本等于价格的水平上。用图形来说，这就意味着企业的边际成本曲线也是它的供给曲线。

总成本与停业条件

企业供给的一般原则产生了一种可能性：价格是如此之低，以至于企业想要停止营业。在价格等于边际成本的均衡点上，鲍勃油厂难道就不可能因为损失一大笔钱而决定停业吗？一般说来，在短期内，当企业再也不能弥补它的可变成本时，它就会想到停止营业。

例如，假设企业面临着 35 美元的市场价格，如图 8-2 中水平的 *d''d''* 线所示。在这一价格水平下，企业的 *MC* 在 *C* 点等于价格。在这一点，价格实际上要小于平均生产成本。企业遭受了损失，它还会继续生产吗？

令人奇怪的是，正确的答案是：会。企业应该使其亏损最小化，也就是使利润最大化。由于企业的固定成本为 5.5 万美元，在 *C* 点进行生产仅亏损了 2 万美元，而停业就会损失 5.5 万美元。所以企业会继续生产。

为了理解这一点，请记住，即使在企业没有生产任何产品时，它仍须履行契约。在短期内，企业必须支付固定成本，如银行利息、厂房租金和董事们的薪金。企业成本的剩余部分是可变成本，如原料、生产工人和燃料的成本等，在未进行生产时，这部分成本为零。当价格与 *MC* 一样高时，只要收入足以弥补可变成本，继续生产就会比较合算。

在这个市场价格水平，企业的收入正好等于它的可变成本（或者说，损失正好等于固定成本），这个关键的低市场价格称为**停业点**（shutdown point）。对高于停业点的价格，企业将沿着它的边际成本曲线进行生产，这是因为，尽管企业可能在生产中遭受损失，但它若停止营业遭受的损失更大。而对低于停业点的价格，企业将会完全停止生产，因为停止营业时，企业仅仅损失了它的固定成本。于是我们可以推出企业的停业原则：

> **停业原则**（shutdown rule）：企业在收入刚好抵补它的可变成本或者损失正好等于固定成本时，停业点就会出现。当价格低于平均可变成本时，企业就会停业以使其利润最大化（即损失最小化）。

图 8-3 显示了一个企业的停业点和零利润点。零利润点出现在价格等于 *AC* 时，而停止营业点出现在价格等于 *AVC* 时。因此，企业的供给曲线就由图 8-3 中的黑色实线来体现。它首先沿纵轴上升到与停业点相应的价格，然后跳至停止营业点 *M'*，此时价格 *P* 等于 *AVC* 的水平；此后，在高于停业点的价格上，沿着 *MC* 曲线继续上升。

企业的供给和边际成本

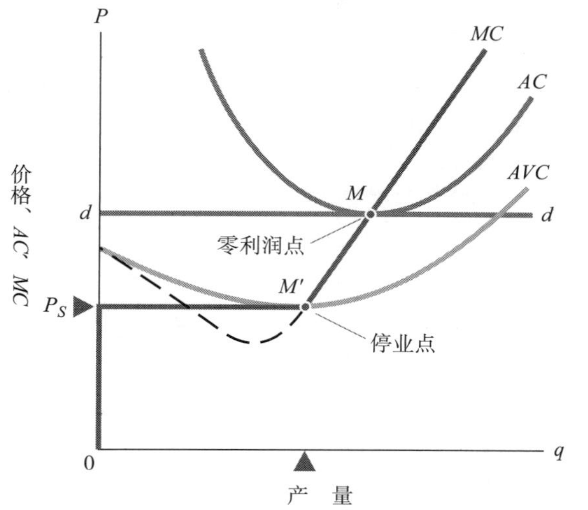

图 8–3　企业的供给曲线沿 *MC* 曲线向下延伸到停业点

只要企业的收入超过它的可变成本，它的供给曲线就与其 *MC* 曲线相一致。一旦价格下降到 *PS* 之下，即下降到停业点之下，损失就会大于它的固定成本，企业便停业。因此，*MC* 曲线的实线部分是企业的供给曲线。

关于企业停业点的分析得出了一个出人意料的结论：追求利润最大化的企业即使亏损，也可能在短期内继续经营。尤其是对于有大量负债，从而拥有较高固定成本的企业（航空公司就是很好的例子）来说，情况更是这样。因为对于这些企业来说，只要亏损小于固定成本，它们支付固定成本并且继续营业，就是实现利润最大化和损失最小化。

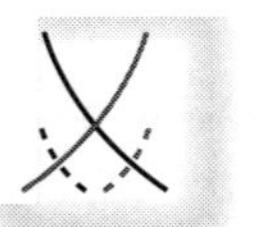

采油业中闲置的钻井队

典型的“停工待业”情况往往出现在石油行业。新的油井往往由老钻井台团队开钻。每个钻井队就像是一个小型企业，它的开工或停业，要视其盈利状况而定。1999 年，石油供应商之间爆发了价格战，许多供应商都停止了生产，从而使美国实际运营的钻井队的数量降至不足 500 个。难道说是油田干涸了吗？当然不是。这是因为过低的油价挫伤了供应商进行生产的动力。是利润枯竭，而不是油田干涸。

等到 21 世纪初油价飙升时，钻井业又呈现出什么样的情况呢？从 2002 年到 2008 年，油价翻了 4 倍，同期实际运营的钻井数也几乎上升为原先的 4 倍。油价上升时，这些企业相当于沿着 *MC* 供给曲线（与图 8-3 类似）向上倾斜的部分上移。

B. 竞争行业的供给行为

到现在为止，我们讨论的还只是单个企业的问题，但是，一个竞争市场是由众多的企业组成的，我们感兴趣的也是所有企业总体的供给行为，而不是单个企业的供给行为。我们如何能从一个企业的供给行为转变到许多企业的总体行为呢？如何从鲍勃油厂的经营情况推广到整个石油行业呢？

加总所有企业的供给曲线可得到市场供给曲线

假设我们正在研究一个石油类的竞争市场。在某一既定价格水平上，A 企业会向市场供应若干数量，B 企业则会供应另一数量，C、D 等企业也是如此。在每一种情况下，每个企业的供给量都由其边际成本所决定。在某一既定价格下，市场供应总量一定是各个企业在这一价格下的单个供应数量的总和。[1]

由此可知在完全竞争市场上单个企业供给与整个市场供给之间的如下关系：

> 为了得到完全竞争市场上某一物品的市场供给曲线，我们必须按水平方向将该物品单个生产者的供给曲线加总在一起。

图 8–4 用两个企业的情况来说明这一点。为了得到行业的供给曲线 *SS*，将在同一价格水平上所有企业的供给曲线 *ss* 以水平方向相加在一起。在 40 美元的价格时，A 企业供应 4 000 单位，而 B 企业供应 11 000 单位。因此，在 40 美元的价格时，行业的总供给为 15 000 单位。如果有 200 万个企业，而不是两个企业，我们仍然可以在现

[1] 请回忆：市场需求曲线 *DD* 也是把单个的需求曲线 *dd* 按水平方向加总得到的。

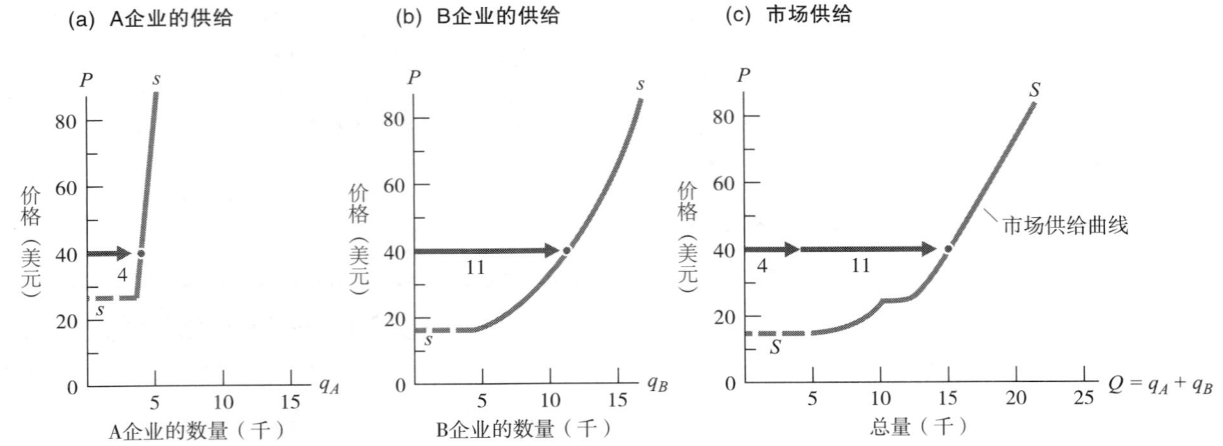

图 8-4 将所有企业的供给曲线加在一起得到市场供给曲线

由图可见供给曲线（*SS*）如何由两条独立的供给曲线（*ss*）组成。我们将每一企业在 40 美元价格下的供给量以水平方向加在一起，得到在 40 美元价格下的市场总供给。这种方法适用于任一价格水平和任何数量的企业。如果有 1 000 个与 A 企业相同的企业，那么，市场供给曲线看上去就像 A 企业的供给曲线一样，只不过横轴的单位变化了 1 000 倍。

行市场价格条件下将 200 万个企业的供应量加在一起而得到行业的供应量。在每一价格水平上，将产量以水平方向加总可得到行业的供给曲线。

短期均衡和长期均衡

经济学家发现，需求移动在短期内会比在长期内引起更大的价格调整和更小的数量调整。通过区分与不同的成本范畴相对应的两个不同时期的市场均衡，我们能够理解这一发现：（1）短期均衡，企业在提高或降低产量时，所用的是固定数量的资本；（2）长期均衡，资本和所有的要素都是可变的，从而，企业可以自由地进入或退出该行业。

企业的进入与退出

企业的存（进入）亡（退出）是影响市场经济发展的重要因素。企业进入某一行业是因为它刚刚成立，或是因为它打算进入新的领域。而当企业停止生产时它便退出了这一行业；它有可能是因为某条生产线无利可图而自动退出，也可能是因为无力支付债务而破产。我们说的自由地进入与退出是指，在企业进入和退出时，不会受到诸如政府管制、知识产权（如专利或软件等）因素的阻碍。

在美国这样一个充满活力的经济体中，新生的与倒闭的企业数量大得惊人。比如，2003 年初全美有 650 万家企业，而那一年中有 658 000 家企业倒闭，同时有 748 000 家企业诞生。风险最大的行业是网络供应商，2003 年中，由于企业倒闭，该行业的就业量降低了 30%。最稳定的行业是大学，大学关闭所导致的就业量下降仅为 4%。

大多数企业都是悄无声息地退出的，但有时大企业的退出会十分引人注目，当拥有 1 040 亿美元资产的电信巨头世通公司因为巨额财务造假而破产的时候，情况就是如此。尽管平滑的成本曲线不会让每家企业都上演生死存亡的大戏，但其背后的 *P*、*MC* 和 *AC* 的逻辑关系却是推动主要产业的成长与衰退的强大动力。

我们来举例说明短期均衡与长期均衡之间的区别。例如，鲜鱼市场的供应者是当地的捕鱼船队。假设对鱼的需求增加，在图 8-5（*a*）中表现为需求从 *DD* 上升到 *D′D′*。在较高的价格下，捕鱼船队的队长就愿意提高捕鱼量。在短期内，他们不可能建造新的渔船，但他们可以雇用更多的船员并工作更长的时间。增加可变要素的投入会导致鱼的供应量沿着短期供给曲线 S_sS_s 上升，如图 8-5(*a*)所示。短期供给曲线与新的需求曲线相交于 *E′* 点，

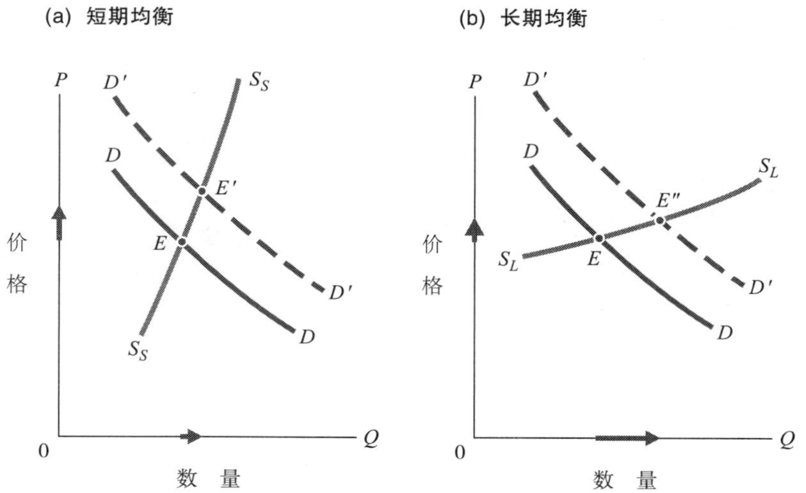

图 8–5　在不同的时期，需求增加对价格的影响不同

我们区分不同的时期，在这些时期内，企业有时间做出：（a）劳动等可变要素的调整（短期均衡）；（b）所有要素可充分调整，固定要素也发生变化（长期均衡）。调整的时间越长，供给弹性的反应越大，价格上升的幅度越小。

这一点也就是短期均衡点。

在长期内，高价格能带来高利润，从而刺激了造船业发展，吸引更多的水手加入该行业，同时也引导新企业进入该行业。这就产生了图 8-5（*b*）中的长期供给曲线 S_LS_L，及长期的均衡点 E''。当所有的经济条件（包括船只、造船厂和企业的数量）都得到了调整以适应新的需求水平时，就达到了长期供给曲线与新的需求曲线的相交点所产生的长期均衡。

产业的长期供给　一个产业的长期供给曲线具有何种形状呢？假设完全相同的企业可以自由进入某一产业。如果这些企业使用一般性的投入（如不熟练劳工），即企业可以从其他用途中大量地抽调这种投入品而不会影响它的价格，那么，我们便处于成本不变的情况，如图 8-6 中水平的供给曲线 S_LS_L 所示。

相反，假设该产业所使用的投入品的供给相对短缺。例如，酿酒业数量有限的葡萄园，或夏日度假时稀缺的海边住所。那么，酿酒业或度假业的供给曲线必然是向上倾斜的，如图 8-6 中 S_LS_L' 所示。

使用稀缺要素的产业的长期供给曲线之所以上升，是因为边际收益是递减的。对于数量有限的葡萄园这种情况而言，当企业把不断增加的劳动投入到数量固定的

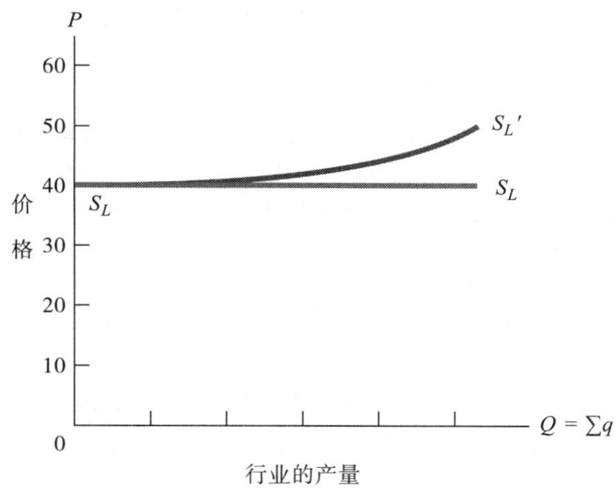

图 8–6　产业的长期供给取决于成本的情况

在可以自由进入和退出某个行业，而且任何数量的企业都可以按同样的、不变的成本曲线进行生产的情况下，长期供给曲线 S_LS_L 等于每个企业的最低平均成本或零利润的价格的一条水平线。如果该行业使用的是某种特殊要素，如稀缺的海景房，那么，由于较高的产量利用的是较少的配套投入，长期供给曲线必然像 S_LS_L' 一样向上倾斜。

土地上时，它们得到的酿酒葡萄的产量增加会越来越少，但是，每单位劳动都要花费同样的工资，因此，葡萄酒的 MC 是上升的。这种长期上升的 MC 意味着长期供给曲线必然也是上升的。

一个竞争性产业的长期行为

关于零利润条件的分析表明，即使无利可图，企业也仍然可能继续经营一段时间。对于那些固定资本成本较高的企业来说，这种情况尤其可能发生。这一结论也可以解释：为什么在经济大滑坡中美国的许多大公司，例如通用汽车公司，尽管亏损几十亿美元，仍然要继续经营。

这种亏损提出了一个令人困惑的问题。资本主义是否可能趋向“资本家的安乐死”的状态，即竞争的加剧是否会最终导致长期的亏损？对于这一问题，我们需要分析长期的停止营业的条件。我们已经说明，当企业再也不能弥补它们的可变成本时，就会停止营业。但是，在长期内，所有的成本都是可变的。亏损的企业可以清偿债券，解雇管理人员，终止租约。在长期内，所有承诺都可以再次加以选择。所以，在长期内企业仅仅在价格等于或高于零利润点（在该点价格等于平均成本）时，才愿意进行生产。

如果企业想长期经营某一产业，那么，长期的价格不能处于关键性的零利润点之下。换句话说，长期价格必须自掏腰包弥补各种成本，如劳动、原料、设备、税收和其他支出，还要支付机会成本，如所有者投入资本的竞争性收益等。这就意味着长期内价格必须等于或高于长期的平均成本。

当长期价格跌到零利润水平以下时会出现什么情况呢？企业会因为无法盈利而退出该产业。由于正在生产的企业的数量下降，市场的供给曲线就会向左移动，价格也会随之上涨。最后，当价格上涨到足够高时，该产业就有利可图了。因此，与一个世纪前比，尽管现在我们生产的马蹄铁已经很少，但马蹄铁的生产商的长期利润仍然为零。

考虑另一个极端：一些有利可图的产业，比如开发电脑游戏。开始时，价格将高于长期平均成本，因此企业将获得正的经济利润。假设长期内进入该行业是完全自由的，那么任意数量的完全相同的企业都能进入该行业，且新进企业的生产成本与原有企业完全相同。在这种情况下，新进企业为利润所吸引，短期供给曲线右移，从而使价格下降。最终价格将降至零利润的水平，从而使其他企业进入该行业变得不再有利可图了。因此，尽管电脑游戏是一个兴旺的产业，但其长期利润仍然为零。

我们可以得出这样一个结论，在长期内，一个行业的价格趋向于某一关键点，在该点，同行的企业正好能够补偿它们的全部竞争成本。低于这一关键性的长期价格水平，企业就会退出该行业，直到价格恢复到长期平均成本水平为止。高于这一长期价格水平，新企业就会进入该行业，从而将市场价格压低到长期均衡价格，在这一价格水平上，所有的竞争成本刚好能够得到补偿。

> **长期的零利润均衡**：当一个行业的供给是由具有完全相同成本曲线的竞争企业所提供，而且这些企业又可以自由地进入或退出该行业时，长期均衡的条件就是：对于每一个完全相同的企业来说，价格等于边际成本，又等于最低长期平均成本点。即：
>
> $$P = MC = \text{最低长期 } AC = \text{零利润的价格}$$
>
> 这就是长期的**零经济利润**（zero-economic-profit）条件。

关于长期中竞争性资本主义的获利能力问题，我们能够得出一个惊人的结论。竞争的力量趋向于把各企业和各行业推向零利润的长期状态。竞争企业长期将获得正常的投资收益，但不可能获得超额的收益。那些有利可图的行业会吸引新企业的进入，从而使价格下降，利润减少到零。与之相比，那些正在遭受亏损的行业趋向于挤出或流失企业，因为企业会寻找其他拥有较好盈利机会的行业。随后，价格和利润再趋于上升。因此，**在一个竞争性行业中，长期均衡是一种没有经济利润的均衡。**

C. 竞争市场的各种特殊情况

本部分将进一步探讨供求分析。我们首先分析竞争市场的一般性命题，然后再讨论一些特殊情况。

一般原则

我们在上面分析了竞争市场上需求和供给的移动的

影响。这些发现结果适用于鳕鱼、褐煤、道格拉斯冷杉、日元、IBM 的股票、石油等任何竞争市场。那么，有没有一般性的原则呢？在下面的命题中，我们考查供给或需求的移动对价格和交易数量的影响。必须时刻记住，我们所说的供给或需求的移动是指供给曲线（表）或需求曲线（表）的移动，而不是指沿着曲线的移动。

> 需求原则：(*a*) 一般情况下，某一物品需求的增加（供给曲线保持不变）会提高该物品的价格。(*b*) 对于大多数物品来说，需求的增加会增加需求量，而需求的下降会产生相反的影响。
>
> 供给原则：(*c*) 某一物品供给的增加（需求曲线保持不变）一般都会降低价格，增加交易数量。(*d*) 供给的下降会产生相反的影响。

供给和需求的这两条原则总结了供给和需求的移动所能产生的定性影响。但是，价格和数量在量的方面具体变动的程度，则取决于供给和需求曲线的准确形状。在下面的例子中，我们将看到几种重要的成本和供给情况。

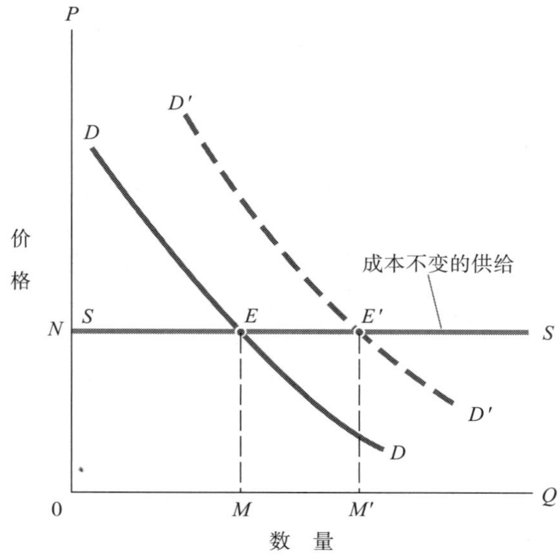

图 8-7　成本不变的情况

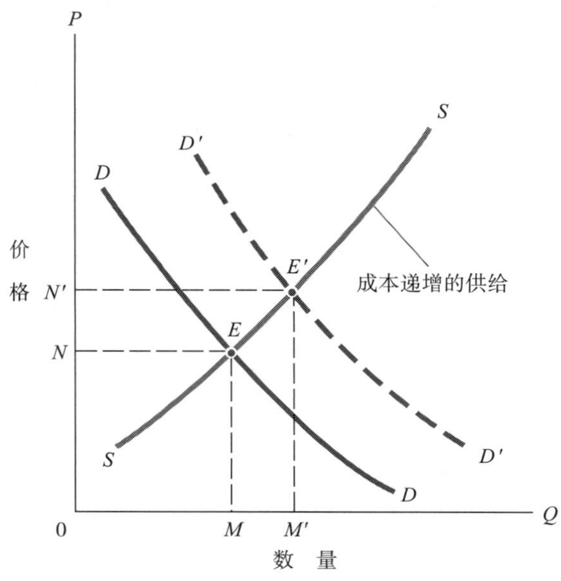

图 8-8　成本递增的情况

成本不变

许多物品的生产，比如纺织品，可以简单地通过重复增添厂房、机器和劳动而扩大。每天生产 20 万件衬衫和每天生产 10 万件的过程是完全一样的，只不过规模扩大了 1 倍而已。此外，我们不妨假设纺织业与经济的其余部分以同样的比例使用土地、劳动和其他投入品。

在这种情况下，图 8-7 中的长期供给曲线 *SS* 是在不变的单位产品成本水平上的一条水平线。需求从 *DD* 上升到 *D′D′*，会产生新的交点 *E′*，提高产量 *Q*，但价格 *P* 不变。

成本递增和收益递减

在上一部分我们所讨论的一些产业，如酿酒业和海滨地产业，其产品的供给需要某些稀缺的投入要素。对于葡萄种植来说，优质土地的数量有限。葡萄酒的年产量可以通过在每英亩土地上投入更多的劳动而得到一定程度的增加。但是，如果把可变生产要素，如劳动，增加到某种固定数量的要素（如土地）上，那么边际收益递减规律最终还是会发生作用。

其结果是：生产葡萄酒的边际成本随着葡萄酒产量的上升而上升。图 8-8 表明了不断上升的供给曲线 *SS*。需求增加对价格会产生何种影响呢？该图表明，即使在长期，有同样的企业自由进入和退出的情况下，较高的需求也提高了这种物品的价格。

固定的供给与经济租金

无论价格如何，某些物品或生产要素的数量是完全固定不变的。达·芬奇只画了一张蒙娜丽莎的名画。自然界最初赋予的土地也可以被看做是数量不变的。提高土地的售价并不能使纽约市的第57街和第5大道的交汇处多出一个角来。提高高级经理的薪水，也不可能改变他们的努力程度。当供给数量不随着价格的变化而改变时，对这种生产要素的支付称为**租金**（rent）或**纯经济租金**（pure economic rent）。

当供给独立于价格时，供给曲线在相关领（区）域是垂直的。无论价格如何，土地都将继续对生产做出贡献。在图8-9中，以土地为例说明，价格的上涨并不能引起产量的增加。

固定要素的需求的增加，仅仅会影响到价格，供给量并没有变化。

在向固定数量的商品征收一种赋税时，赋税完全由供给者（比如，土地所有者）支付（或"转嫁"给供给者）。供给者用他的经济租金来支付赋税。消费者购买的物品或服务仍然和过去的一样多，并没有支付更高的价格。

向后弯曲的供给曲线

贫穷国家的企业往往发现，当它们提高工资时，本地的工人反而会减少工作时间。当工资增加1倍时，工人并不需要每周工作6天，而可能把3天花在钓鱼上。在高收入国家情况也是如此。当技术改进引起实际工资提高时，人们感到，他们应以较多的闲暇和较早的退休来部分地享受实际工资提高的好处。第5章曾阐述收入效应和替代效应，它们解释了供给曲线为什么会向后弯曲。

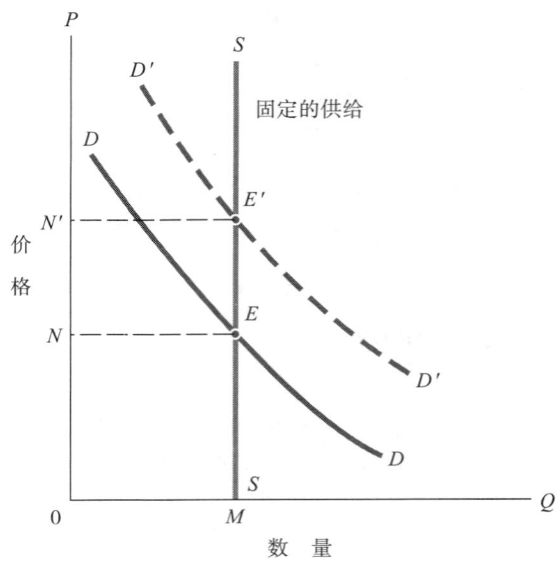

图 8-9 供给不变的要素获取租金的情况

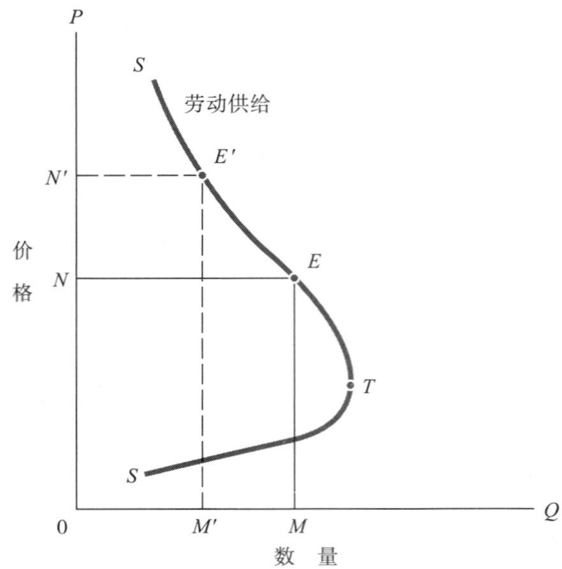

图 8-10 向后弯曲的供给曲线

图8-10显示了劳动力供给曲线的可能形状。最初，由于高工资的诱惑，劳工供给会增加。但是，到达T点以后，较高的工资导致人们工作更少的时间，并把更多的时间用于闲暇。正如我们在本部分开始时所提到的需求原则一样，需求的增加提高了劳动的价格。但是，应该注意，我们为什么在需求原则（b）中小心地加上了"对于大多数物品"。现在来看，需求的增加反而会降低劳动的供应量。

供给的变动

以上所有的讨论都是关于需求的移动和供给不变的情况。为了分析供给原则，我们现在必须移动供给，并保持需求不变。如果需求向下倾斜的规律是正确的，那么，供给的增加必然会降低价格并增加需求的数量。你可以自己画出供给曲线与需求曲线，证明供给原则的以下数量推论：

（c'）当需求缺乏弹性时，供给的增加使价格 P 下降的幅度最大。

（d'）当需求缺乏弹性时，供给的增加使数量 Q 增加的幅度最小。

从常识上讲这些原则的理由是什么呢？我们可以用汽车的需求富有弹性和电的需求缺乏弹性的情况加以说明。

D. 竞争市场的效率和公平

市场机制的评价

过去 10 年中最重要的动向之一就是“重新发现市场”。许多国家放弃了行政命令的严厉干预，通过建立规则来发挥看不见的手微妙的调节作用。在对竞争市场运行做了基本分析之后，不妨让我们来看看它的表现究竟如何。竞争市场在满足人们的经济需要方面是否值得高度赞扬？在一定数量投入的条件下，社会真能够得到许多大炮和黄油吗？或者说，黄油会在运往商店的途中溶化，而大炮会有弯曲的炮筒吗？本章将对完全竞争市场的效率，作一个总体上的评述。

效率的概念

效率是经济学各领域中的核心概念。在一个经济体的资源和技术既定的条件下，如果一个经济体能够为消费者最大可能地提供各种物品和劳务的组合，那么，该经济体就是有效率的。[1] 一个更精确的定义使用了帕累托效率（或称分配效率、帕累托最优，或简言之“效率”）的概念。

当任何可能的生产资源重组都不能在不使其他人的情况变坏的条件下，使得任何一个人的福利变好时，就达到了**帕累托效率**（Pareto effciency，或简称为**效率**（efficiency）。因此，在实现了配置效率的条件下，只有降低某个人的效用才能增加另一个人的满足或效用。

我们可以直观地利用生产可能性边界来分析效率的概念。如果一个经济处于其生产可能性曲线 *PPF* 之内，那么，该经济显然是低效率的。如果我们使经济向外推移到生产可能性边界上，就没有人会蒙受效用减少之苦。至少，效率经济应该在 *PPF* 之上。但是，效率如果进一步提高的话，所需要的就不仅仅是所生产物品的正确组合了，它还需要这些物品在分配给消费者时，使消费者满足程度最大化。

竞争性均衡的效率

经济学中最深刻的结论之一，就是资源在完全竞争市场中的配置是有效率的。这个重要的结论有一个前提假设，即所有的市场都是完全竞争的，没有任何如污染或不完全信息等外部因素。在这一部分中，我们用一个简化了的例子来说明在竞争市场的效率中所存在的一般原则。

考虑一种所有个人都完全相同的理想情况。我们进一步假设：（*a*）每个人都从事粮食生产的工作。当人们增加他们的劳动时间，而缩短他们的闲暇时间时，每增加 1 小时劳动时间就会令人越来越厌倦。（*b*）增加的每单位粮食消费都会带来递减的边际效用（*MU*）。[2]（*c*）由于在一块数量不变的土地上进行粮食的生产，根据边际收益递减规律，每增加 1 分钟的劳动时间会带来越来越少的新增粮食。

图 8-11 显示了在简化了的竞争经济中的供给和需求。当我们把完全相同的农民的同样的供给曲线水平相加时，我们就得到了一条向上倾斜的边际成本曲线 *MC*。正如我们在本章的前一部分已经看到的，*MC* 曲线也是该行业的供给曲线，因此，该图表示了 *MC* = *SS*。同样，需求曲线是将完全相同的个人的边际效用（或粮食需求）曲线按

[1] 经济学中效率的概念区别于工程学中的效率。有些生产工艺从经济学的角度讲是有效率的，尽管从工程学的角度看并非如此。比如，物理学表明，相对于1000℃的条件，在2500℃的条件下，燃烧过程中将有更多的能量转化为电能。然而，更高的温度可能需要特殊的金属和设计，从而形成更高的成本。因此，尽管较高的燃烧温度从热力学角度看具有更高的效率，但经济学意义上的效率，却要求一个较低的燃烧温度。

[2] 为了简便起见，我们用闲暇时间的“尤特尔”来衡量福利水平（或用正常工作时间的“非尤特尔”）。我们进一步假设每一小时被放弃的闲暇的边际成本不变，所以，所有闲暇与劳动的效用和成本都可以计算出来。

水平方向加总而获得；在图 8-11 中，它用粮食的阶梯形向下倾斜的 $MU = DD$ 曲线来表示。

SS 与 DD 曲线的相交点是粮食业的竞争性均衡点。在 E 点，农民的供应量正好等于消费者在均衡的市场价格下想要购买的数量。此时，每个人都将使自己的劳动达到这一关键点，在这一点，递减的粮食消费的边际效用曲线与递增的粮食生产的边际成本曲线相交。

图 8-11 还表明了**经济剩余**（economic surplus）这个新概念，在图中为均衡时供给和需求曲线之间的部分。经济剩余是第 5 章所提到的消费者剩余以及生产者剩余的总和，在图中，消费者剩余表现为需求曲线和价格线之间的部分，生产者剩余则表现为价格线和 SS 曲线之间的部分。**生产者剩余**（producer surplus）包括企业和特殊投入所有者的租金和利润，意味着超过生产成本的超额收入。经济剩余是从生产和消费某一种物品中所得到的福利或净效用，它等于消费者剩余与生产者剩余之和。

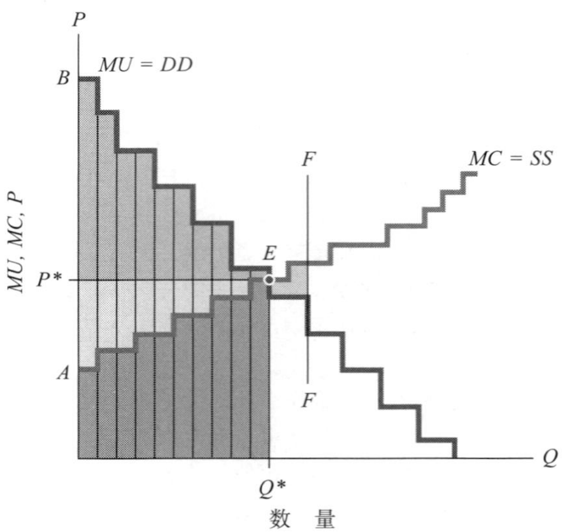

图 8-11 在竞争性均衡点 E，粮食的边际成本和边际效用正好相等

许多完全相同的农民消费者把他们的粮食带到市场。阶梯形向上的 $MC = SS$ 曲线是单条边际成本曲线的总和，而阶梯形向下的 $MU = DD$ 曲线代表消费者对粮食评价的水平相加。在竞争市场均衡点 E，从最后 1 单位的粮食消费得到的边际效用，正好等于在 E 点生产最后 1 单位所需要的劳动边际成本（用放弃的闲暇表示）。

较深的阴影部分代表生产粮食的成本。SS 以上和价格线以下的部分为生产者剩余。DD 以下和价格线以上的部分为消费者剩余。生产者剩余和消费者剩余之和为经济剩余，即行业中全部的生产收益。经济效率意味着经济剩余达到最大。其他任何产量都会降低经济剩余。例如，从 E 点往右较浅的阴影部分就表示在 FF 上由于过多生产而带来的经济损失。

对竞争性均衡的详细分析将证明，它使产业中可能的经济剩余达到最大化，因此，它是具有经济效率的。在图 8-11 中的竞争性均衡点 E，代表性消费者会获得比在其他任何可能的资源配置状态下更高的效用或经济剩余。

衡量竞争性均衡的效率还有一种方法，就是比较均衡点 E 的微小变化所带来的经济影响。如以下三步分析所示，如果 $MU = P = MC$，配置就是有效率的。

1. $P = MU$。消费者选择购买的粮食量会一直增加到 $P = MU$ 时为止。其结果是，每个人从消费最后 1 单位粮食中得到满足的“尤特尔”正好是 P。（满足的尤特尔由闲暇的不变的边际效用度量，在脚注 3 中讨论过。）
2. $P = MC$。作为生产者，每个人都会提供粮食直到粮食的价格正好等于所供给的最后 1 单位粮食的 MC（在这里，MC 是按生产最后 1 单位粮食所放弃的闲暇的成本来计算的）。这样，价格就等于为增加最后 1 单位粮食所失去的闲暇时间满足的“尤特尔”数。
3. 把这两个等式放在一起，我们得出 $MU = MC$。这意味着，从最后 1 单位的粮食消费中所得到的“尤特尔”正好等于生产最后 1 单位粮食所失去的闲暇“尤特尔”。它也完全符合这一条件：社会从消费最后 1 单位中得到的边际收益等于社会生产最后 1 单位的边际成本，从而保证了竞争性均衡的效率。

众多消费者和市场的均衡

现在，让我们撇开完全相同的农民消费者的简单化情况，分析拥有几百万家不同企业、上亿个消费者和无数种商品的经济。在这种更为复杂的世界中，完全竞争的经济仍然可以有效率地运行吗？

回答是“可以”，或者更好的回答则是：“可以，如果……。”效率需要一些更为严格的条件，这些将在以后几章加以阐述。它们包括购买者必须具有充分的信息，生产者完全竞争，排除外部性，如污染或不完整的知识等。对于这样的经济来说，一个完全竞争的市场系统才会实现经济学家帕累托效率的理想境界。

图 8-12 说明了在拥有不完全相同的企业和消费者的情况下，竞争体系如何使某一单个商品的效用与成本达到平衡。在该图的左边，我们将所有消费者的需求曲线按水平方向相加，得到中间那幅图的市场需求曲线 *DD*。在该图的右边，我们把所有各不相同的企业的 *MC* 曲线相加，得到中间那幅图的整个行业的 *SS* 曲线。

在竞争性均衡点 *E*，左边的消费者得到了在代表有效率的社会 *MC* 的价格水平上他们愿意购买的该物品的数量。在该图的右边，均衡的市场价格也有效率地在各企业之间配置生产。位于中间的 *SS* 线下的阴影面积代表了右边所有阴影成本面积总和的最小值。每个企业确定它的产量，使 $MC = P$。由于任何一种生产重组都不能以更低的成本生产出相同水平的行业产量，因此该经济具有生产效率。

多种物品　我们的经济不仅生产食品，而且生产服装、电影和许多其他商品。当消费者必须在众多产品中间做出选择时，我们的分析如何适用于这种情况呢？

原理完全相同。但是，我们现在需要回忆另一个限制条件：追求效用最大化的消费者在各种不同的物品中间分配他们的美元，直到最后 1 美元的边际效用对于所消费的每一种物品都相等时为止。在这种情况下，只要理想化的条件得到满足，在拥有多种物品和生产要素的情况下，一个竞争的经济就是有效率的。

换句话说，当个人的边际成本等于社会的边际成本，且二者都等于边际效用时，一个完全竞争的经济就是有效率的。每一个行业都必须使 *MC* 和 *MU* 相等。例如，如果看电影的 *MC* 是汉堡包的 2 倍，那么，看电影的 *P* 和 *MU* 也必须是汉堡包的 2 倍。只有这样，才能使各种物品的 $MUs = Ps = MCs$。通过使价格与边际成本相等，竞争就可确保经济能够达到配置效率。

> 完全竞争的市场是一种将（a）持有货币选票的消费者购买产品的愿望和（b）由企业的供给表示的这些产品的边际成本结合起来的机制。在这样的一种情况下——如果不减少一个消费者的效用，就不能增加任何一个其他消费者的效用——竞争才是效率的保证。这个原则在多种要素和多种产品的情况下同样是成立的。

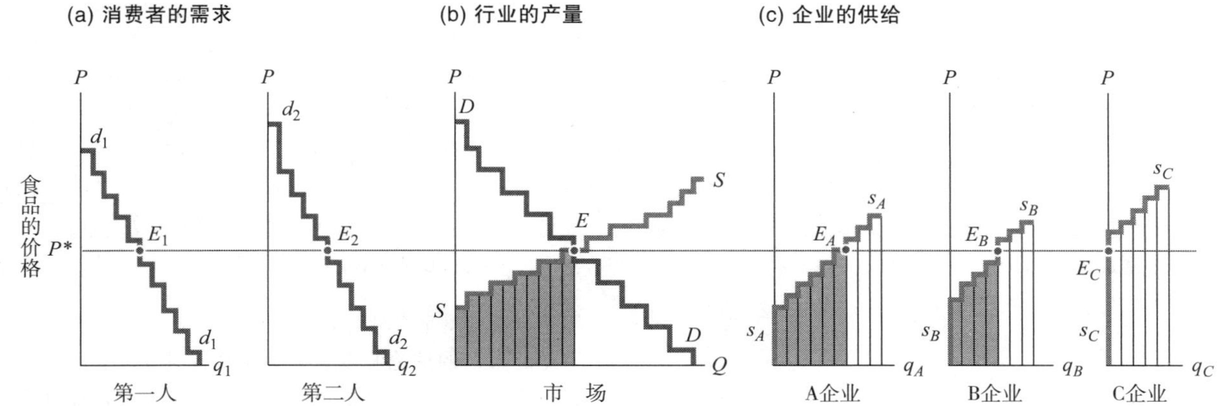

图 8-12　竞争的市场将消费者的需求和生产者的成本结合起来

（a）该图的左边表示个人的需求。我们把所有消费者的 *dd* 曲线按水平方向加总，得到了中间那幅图的市场需求曲线 *DD*。

（b）市场把所有消费者的需求和企业的供给带到一起，并在 *E* 点达到了市场均衡。水平的食品价格线表示左边的每一个消费者和右边的每一个生产者都达到了均衡状态。在价格 P^*，我们看到，每一个消费者的 *MU* 如何等于每一个企业的 *MC*，从而导致了配置的效率。

（c）对于每一个竞争企业而言，当上升的 *MC* 曲线代表供给曲线时，利润达到最大。阴影面积代表每一个企业在 *E* 点生产的成本。在价格等于边际成本时，整个行业以最小总成本来生产产品。

边际成本作为效率标准

本章强调了边际成本在达到资源的有效配置方面的重要性。但是，边际成本的主要作用可以扩展到完全竞争之外。运用边际成本来获得生产效率，对于任何一个试图最有效率地利用其资源的社会或组织来说都是适用的——无论其经济实体是资本主义还是社会主义，无论是追求利润最大化的企业还是非营利组织，也无论是一所大学还是一所教堂，甚或是一个家庭。

从本质上讲，边际成本的作用是这样的：假设你有若干种方法可以实现你的目标，每一种方法均需支付相应的成本。当决定在一种方法上投入多少资源时，你总是要保证各种方法之间的边际成本相等。只有当各种方法的边际成本都相等时，我们才能从有限的资源中获取最大的效益。

作为衡量资源有效配置的标准，边际成本并非只适用于利润最大化的企业，而适用于各种经济问题，事实上，它适用于所有涉及到稀缺性的问题。假设你要解决关键性的环境问题，如全球变暖现象，你很快会发现边际成本对于最有效地实现你的环境目标起着关键的作用。在保证世界上每一个部门和每一个地方减少废气排放或清洁环境等的边际成本都相等时，达到环境目标可能花费的成本是最低的。即使在稀缺性的世界中，也能有效地达到你的目标。

> 在关于效率的分析中，边际成本是一个最基本的概念。对于任意追求某一目标的组织，效率要求它在每一项活动中，为实现目标所投入的边际成本都相等。市场经济中，只有当每家企业的边际成本 *MC* 都等于一个共同的市场价格时，该行业才能以最小的总成本进行生产。

限 制

我们已经了解了“看不见的手”的核心：竞争市场具有显著的效率特征。但是我们也需指出市场的一些缺陷。

在两个重要的领域中，市场都无法达到社会最优。首先，当存在污染、其他外部性、不完全竞争和不完全信息时，市场便无效。其次，竞争市场下的收入分配即使是有效率的，也可能不是社会想要的或能接受的。虽然我们将在后面的章节中讨论这两点，但在这里对此两种缺陷作一个简要介绍也是必要的。

市场不灵

有哪些市场不灵的因素，破坏了我们在讨论效率市场时所假想的那种抒情诗般的意境呢？一些比较重要的因素有：不完全竞争、外部性和不完全信息。

不完全竞争 当某个企业在某个市场上具有市场力量时（比如，由于拥有一种专利药品或地方电力特许权而形成的垄断），该企业就能将其产品价格提高到边际成本以上。消费者对这种产品的购买就会比在竞争条件下少，满意程度也会下降。消费者满意度的这种下降，是不完全竞争所带来的低效率的典型例子之一。

外部性 另一种重要的市场不灵是外部性。前文已述，当生产或消费的某些外在的影响未被包括在市场价格中时，就会产生外部性问题。举例说，一个电力公司可能向空气中排放含硫磺的废气，对附近的房屋和人们的健康造成损害。如果该电力公司不为其带来的有害影响进行补偿，那么，污染就会超出效率所容忍的水平，从而最终损害消费者的福利。

不是所有的外部性都有害，有些外部性是有益的，如那些知识传播活动所带来的外部性。举例来讲，切斯特·卡尔森发明复印技术之后，他自己成了一个富翁。但是，全世界的秘书和学生都因为他的发明而从几十亿小时的苦差中解脱了出来。与整个世界的收益相比，他本人所得到的只不过是全部收益中的很小一部分。另一个有益的外部性例子来自公共健康计划，如天花、霍乱或伤寒的疫苗接种。接种疫苗保护的不仅仅是接种者，也保护了所有其他可能被传染的人。

不完全信息 第三种重要的市场不灵是信息不完全。“看不见的手”的理论假设：买者和卖者对其买卖的物品和劳务都有充分的信息；企业被假定为了解其行业经营范围内的各种生产函数；而消费者则被假定为了解商品的质量和价格，如企业的财务报表是否准确，哪些药品安全有效。

显然，这种理想世界与现实相差甚远。关键的问题是，不完全信息带来的损害有多大？在某些场合，效率的损失是很微小的。比如，我买的巧克力冰淇淋有点甜，或者我不知道从啤酒桶中倒出的啤酒的确切温度，这些都不会对我造成太大的影响。而在另一些场合，损失就可能很严重。以钢铁业巨子埃本·拜尔斯为例：他在一个世纪前服用了雷迪瑟来减轻病痛，当时这种药被当做万能药出售，而后来的分析表明雷迪瑟实际上是搀了镭的蒸馏水。拜尔斯死的时候非常丑陋，他的下巴和许多别的骨头都松裂了。这种"看不见的手"，我们显然不能要。

政府的重要任务之一就是确定哪些领域会因信息缺乏而遭受严重的经济后果（如金融业），然后对症下药。

为市场两呼而非三呼"万岁"

我们已经看到，市场经济具备显著的效率。但是我们能否由此推论，自由放任的资本主义，一定能为绝大多数人带来最大幸福？市场经济必然导致资源最公平利用？答案是：绝非如此。

购买力在人们之间并不是均等分配的。在一个由价格和市场主导的经济体中，可能极少数的人，就占据了绝大多数的收入和财富。这些人或是继承了稀有的土地或石油资源，或是经营着巨型的公司或利润丰厚的对冲基金。在市场经济中，有些人很穷，也许并非因为其自身错误；而有些人很富，但也并非源自其自身美德。因此，隐藏在个人需求曲线背后的美元选票的权重，可以说分布得并不合理和公平。

一个分配极不公平的经济体，并不一定就是没有效率的。这样的经济体可能从其资源中，榨取出大量的枪炮和黄油。然而极少数的富人可能享用着这些黄油，甚至用它去喂猫；而那些枪炮，则可能主要用于保护富人们的黄油。

我们的社会并不仅仅追求效率。我们会致力于改变市场的分配结果，以提升收入和财富分配的公平性。政府可能会对高收入阶层或富有群体开征累进制的税收，并用这些税收去补贴穷人的食品、教育和医疗等开支。不过这也会产生一些麻烦：从富人身上应当征多少税？什么样的方案才能最大限度地让穷人受益？移民政策应当被包含在这些受益方案中吗？资本税的税率与劳动税的应当同样吗？那些不工作的穷人有资格接受政府的补贴吗？

没有科学而正确的答案。实证经济学无法说明政府应该采取什么样的措施去矫正市场经济中所存在的低效率和不公平。这些都是需要通过民主投票来回答的所谓的规范性问题。但是，经济学能为政府干预的益处提供宝贵的见解，从而保证现代社会的目标能够以最有效率的方式实现。

总结提要

A. 竞争企业的供给行为

1. 完全竞争的企业出售无差别的产品，每个企业都太小以至于都无法影响市场价格。假设企业追求的是利润最大化。为了使其利润最大化，该竞争企业选择价格等于生产的边际成本，即 $P = MC$ 的产量水平。从图形上看，该企业在上升的 MC 曲线与水平的需求曲线的相交点达到均衡。
2. 在决定一个企业的短期停业点时，必须把可变成本考虑在内。在停业点之下，该企业的亏损高于它的固定成本。因此，当价格下降到停业价格之下时，企业会停业，不生产任何产品。
3. 一个竞争性行业的长期供给曲线 S_LS_L，必须考虑到新企业的进入和原有企业的退出。在长期内，任何一个企业的所有承诺都可以终结。只有在价格至少与长期平均成本一样高时，它才会继续经营。这些成本包括直接从口袋里拿出钱来对劳动、债主、原料供给者或土地所有者的支付，以及机会成本，如企业所拥有的资产的收益。

B. 竞争行业的供给行为

4. 每一个企业上升的 MC 曲线就是它的供给曲线。为了得到一组竞争企业的供给曲线，我们把各条供给曲线按水平方向加总。因此，该行业的供给曲线代表了整个竞争行业的边际成本曲线。
5. 由于企业能够不断地调整生产，因此，我们区分两个不同时期的均衡：(a) 当劳动等可变要素发生变化，而资本和企业数量等固定要素保持不变时的短期均衡；(*b*) 当企业和厂房的数量，以及所有其他条件完全能得到调整，以适应新的需求水平时所出现的长期均衡。

6. 在长期内，企业能够自由进入和退出该行业，同时没有一个企业在技术或位置方面具有任何特殊的优势，竞争将会消除该行业中现有企业所获得的任何超额利润。因此，正如可以自由退出某一行业意味着价格不能低于零利润点一样，可以自由进入某一行业也意味着价格不能高于长期均衡中的长期平均成本。
7. 当某一行业能够在不推动其生产要素的价格上升的情况下扩大生产时，该行业的长期供给曲线将是水平的。当某一行业运用了该行业所特有的生产要素，比如稀缺的海景住所时，它的长期供给曲线将向上倾斜。

C. 竞争市场的各种特殊情况

8. 回顾竞争市场的供给与需求的一般原则：在需求原则下，某一物品需求的增加（供给曲线保持不变）会提高该物品的价格，也会增加需求量，需求的下降会产生相反的影响。

   在供给原则下，某一物品供给的增加（需求曲线保持不变）一般都会降低价格，增加销售数量。供给的下降会产生相反的影响。
9. 重要的特殊情况还包括成本不变和成本递增，完全无弹性的供给（由其派生出经济租金概念），以及向后弯曲的供给。这些特殊的情况可以用于解释市场中的许多重要现象。

D. 竞争市场的效率和公平

10. 对竞争市场的分析可以为社会有效率地组织提供帮助。当无法通过重新组织生产和分配增进每个人的满足程度时，就实现了分配效率，或称帕累托效率。
11. 在理想的条件之下，竞争经济可以达到配置效率。效率需要所有的企业都是完全竞争者，且没有任何如污染或不完全信息之类的外部因素。效率意味着经济剩余达到了最大，在这里，经济剩余等于消费者剩余与生产者剩余之和。
12. 效率实现的条件是：(*a*) 当消费者达到最大满足时，边际效用（以闲暇的形式表示）正好等于价格。(*b*) 当竞争的生产者供给物品时，他们选择使边际成本正好等于价格时的产量。(*c*) 因为 $MU = P$ 而且 $MC = P$，于是得出 $MU = MC$。
13. 完全竞争市场对社会最优的实现，是有严格的限制条件的：
    a. 帕累托效率的实现，需要完全竞争、完全信息和不存在外部性的条件。当这三个条件得到满足时，一个重要的效率条件得以成立：

    价格比率 = 边际成本比率 = 边际效用比率

    b. 完全竞争的市场，可能并不能导致收入和消费的公平分配。因此，社会可能决定修正自由放任的市场结果。经济学此时扮演着重要的角色：分析不同干预措施的相应成本和收益。
14. 对于实现任何目标（不仅仅是利润目标）而言，边际成本都是一个最根本的概念。效率的实现，要求在任何一种活动中，为实现该目标的投入所产生的边际成本都相等。

概念复习

竞争性供给

$P = MC$ 作为利润最大化的条件
企业的 ss 供给曲线和它的 MC 曲线
在 $P = MC = AC$ 时的零利润条件
在 $P = MC = AVC$ 时的停业点
把单个的 ss 曲线相加得到行业的 SS 曲线
短期均衡和长期均衡
长期零经济利润条件
生产者剩余 + 消费者剩余 = 经济剩余
效率 = 最大化经济剩余

效率和公平

配置效率，帕累托效率
配置效率的条件：$MU = P = MC$
竞争市场的效率
效率与公平

补充读物和互联网站

补充读物

The efficiency of perfect competition is one of the major findings of microeconomics. Advanced books in microeconomics, such as those listed in Chapter 4, can give insights into the basic findings.

Nobel Prizes in economics were awarded to Kenneth Arrow, John Hicks, and Gerard Debreu for their contributions to developing the theory of perfect competition and its relationship to economic efficiency. Their essays surveying the field are highly useful and are contained in Assar Lindbeck, *Nobel Lectures in Economics* (University of Stockholm, 1992). See also the Nobel website listed below for the Nobel citations for these economists.

互联网站

For the citations of Arrow, Hicks, and Debreu, look at the website *www.nobel.se/economics/index.html* to read about the importance of their contributions and how they relate to economics.

问 题 讨 论

1. 解释为什么下列有关利润最大化的竞争企业的陈述都是错误的，并正确地重新陈述每一句话。
   a. 一个竞争企业将提高产量，直到价格等于平均可变成本的那一点为止。
   b. 企业的停业点发生在价格低于最低平均成本的时候。
   c. 企业的供给曲线仅仅取决于它的边际成本。任何其他成本概念都与供给决策无关。
   d. 竞争行业的 $P = MC$ 原则，对于向上倾斜的、水平的和向下倾斜的 MC 曲线都是成立的。
   e. 竞争性企业使价格等于边际成本。
2. 假设你是一个生产计算机存储器芯片的完全竞争企业。你的生产能力是每年 1 000 单位。只要产量低于最大产能，你的边际成本就是每个芯片 10 美元。当产量为正数时，你的固定成本是 1 万美元；而如果停业，你的固定成本为 0 美元。在以下的市场价格水平下，你的利润最大化的产出水平和利润额分别为多少？（*a*）每个芯片 5 美元;（*b*）每个芯片 15 美元;（*c*）每个芯片 25 美元。请解释，为何情况（*b*）中尽管利润为负，产出水平仍是正的？
3. 经济学、商业活动和生活中一条最重要的规则是：沉没成本原则，“让过去的成为过去”。这就是说，在做出决策时不要考虑沉没成本（从它们是不可补偿的损失的意义上讲，这些成本是过去的成本）。只有新增加的成本，包括边际成本和可变成本，在做出合理决策时应加以计算。

   为了说明这一点，考虑下列问题：在表 8-1 中，我们可以把固定成本作为产量为零时的成本水平。什么是固定成本呢？如果价格为 40 美元，而固定成本为零，那么，表 8-1 中的那家企业的最大利润的产量水平是多少呢？是零？还是 5.5 万美元？是 10 万美元？是 10 亿美元？还是负的 3 万美元？解释这对一家正在决定是否停止营业的企业的含义。
4. 考查表 8-1 所示的成本数据。当价格分别为 21 美元、40 美元和 60 美元时，计算一家追求利润最大化的竞争企业的供给决策。3 种价格下，总利润水平分别为多少？在每一种价格水平下，在长期内完全相同的企业的进入或退出会有何变化？
5. 运用表 8-1 所示的成本数据，计算在 $P = 40$ 和 $P = 40.02$ 之间单个企业的供给的价格弹性。假设有 2 000 家完全相同的企业，设制该行业的供给表。在 $P = 40$ 和 $P = 40.02$ 之间，行业供给的价格弹性为多少？
6. 考查图 8-12，可以看出追求利润最大化的 C 企业没有生产任何产品。解释为什么 C 企业的利润最大化的产量水平为 $q_c = 0$。如果 C 企业生产 1 个单位，而 B 企业比竞争的产量水平少生产 1 单位，那么，产业的生产总成本会发生何种变化？

   比如说，C 企业是一个出售杂货的夫妻店。为什么连锁杂货店 A 和 B 会把 C 排挤出该产业，对于把 C 继续留在该产业，你会怎样想？如果立法规定，在杂货店 A、B 和 C 之间，把市场划分为三个相等的部分，这一立法有何经济影响？

7. 通常而言，消费者对于某一商品的需求取决于对耐用品的使用，如住房或运输工具的使用。在这种情况下，需求会表现出与供给相似的随时间变化的模式。一个很好的例子是汽油。在短期内，汽车存量是固定的，而在长期内消费者可以购买新汽车或自行车。

   时期和汽油的需求价格弹性之间有何联系？描绘出汽油的短期需求曲线和长期需求曲线，说明在两个时期内汽油供给下降的影响。对照 C 节“一般原则”部分中讲到的，描述长期和短期内供给变动对价格和数量的影响的供给原则（*c*）和（*d*），阐明需求的两种新的原则（*c*）和（*d*）。

8. 解释以下对话：

   A：“在长期内，竞争的利润怎么能是零呢？谁愿意不赚钱干活呢？”

   B：“竞争所消除的仅仅是超额利润。管理人员仍然得到了他们工作的薪金；所有者在竞争的长期均衡中得到了资本的正常收益——不多也不少。”

9. 假设有三个企业向加利福尼亚的空气中排放硫化物。我们将被控制的或减少的污染量作为供给，每个企业都有一个减少污染的成本的时间表，我们可以从图 8-12 中看到以企业 A、B 和 C 的 *MC* 曲线表示的它们各自的时间表。

   a. 请解释图 8-12 中间的那幅图中显示的“市场”供给或减少硫排放的 *MC* 时间表。
   b. 假设污染管理局决定减少 10 单位的污染，则这三个企业的污染控制的有效配置何在？
   c. 假设污染管理局决定先让两个企业分别减少 5 单位的污染。那么会增加多少成本？
   d. 假设污染管理局决定用“污染收费”减少 10 单位的污染。你能从图 8-12 中证明应该以哪个适当的价格收费吗？每个企业又会做出什么反应呢？这样可以有效地减少污染吗？
   e. 解释在本案例中边际成本在减少污染的有效性中所起的重要作用。

10. 在任意一个竞争市场中，比如图 8-11 所示，市场价格曲线以上，*DD* 曲线以下的部分是消费者剩余（参见第 5 章的讨论）。*SS* 曲线以上和价格曲线以下的部分是生产者剩余，它等于行业中的企业以及特殊投入所有者所获得的利润和租金。生产者和消费者剩余的总和就是经济剩余，它度量了扣除生产成本后产品对效用的贡献。

    你能够找到重新组织生产的方式，从而使得图 8-11 中所示的经济剩余大于在 *E* 点（即竞争均衡点）的经济剩余吗？如果答案是否定的，那么均衡就实现了配置效率（或帕累托效率）。定义配置效率，回答问题并解释你的答案。

不完全竞争和垄断

第 9 章

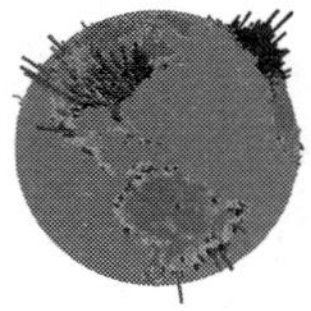

所有垄断利润最大的好处是能有一个平静的生活。

——J. R. 希克斯

在现实经济生活中，由原子式企业（它们只是价格接受者）构成的完全竞争市场只是理想化的，可谓可望而不可及。当你从福特或丰田公司购买汽车，从麦当劳或温迪购买汉堡包，或者从戴尔或苹果公司购买电脑时，你面对的是大到足以影响市场价格的企业。实际上，在经济生活中多数市场是由几个大企业支配的，而且这样的企业往往只有两三家。现在，欢迎你来到现实世界，一个不完全竞争的世界。

A. 不完全竞争模式

我们可以看到，在既定的技术水平条件下，与完全竞争相比，不完全竞争的价格较高，而产量较低。虽然不完全竞争有它的缺点，但是，大企业却可以利用规模经济优势，同时也负责大部分的技术创新，推动经济长期发展。你只有了解了不完全竞争市场的运行，才能对现代产业经济有更透彻的理解。

不妨回忆一下，在一个完全竞争的市场里，没有任何企业会大到足以影响市场的价格。按照这个严格的定义，美国几乎没有一个完全竞争的市场。考虑下列商品：飞机、铝、汽车、计算机软件、早餐麦片、口香糖、香烟、电力、冰箱和小麦，有哪个商品符合完全竞争的严格定义呢？的确，飞机和铝不符合，汽车也不符合。直至第二次世界大战，美国只有一家铝公司——美国铝公司（Alcoa）。就是在今天，最大的四家企业也仍然控制着美国铝产量的四分之三。世界商业飞机市场当今也主要是受两家大公司的支配，即波音和空中客车。同样，在汽车业中，美国小汽车与小型卡车市场 80% 的份额仍然为前五大汽车制造厂商（包括丰田和本田）所控制。虽然软件行业的发展日新月异，但是大部分的应用软件，无论是税收报表软件还是游戏软件，也都是由一小部分在市场上占主导地位的公司所生产。

早餐麦片、口香糖、香烟和冰箱呢？这些市场几乎为数量更少的几大公司所支配。电力市场同样也不能符合完全竞争市场的定义。在大多数城镇中，仅有一家公司为当地居民供电，操纵着电的市场。几乎没有人认为用自家的发电机或风车发电会更加经济。

梳理各个产业你会发现，按严格的定义恐怕只有小麦市场还能属于完全竞争范畴。所有其他的产品，从汽车到香烟，都无法通过竞争性的检验。原因很简单，每一行业中都存在一些企业能够通过改变它们的销售数量去影响市场价格。换句话说，它们在某种程度上都有能力控制其产品的市场价格。

不完全竞争的定义

如果一个企业能够影响其产品的市场价格，那么，该企业就是一个不完全竞争者。

> 当个别卖者能影响某一行业的产品价格时，该行业就处于**不完全竞争**（imperfect competition）之中。不完全竞争的类型主要有垄断、寡头和垄断竞争。

不完全竞争并非指某一企业对其产品的价格具有绝对的控制力。以可乐市场为例，可口可乐公司与百事可乐公司已经占据了大部分市场份额，显然已经是不完全竞争。如果市场中其他生产者生产的苏打水的平均市场价格为 75 美分，那么百事可乐公司完全能够以每罐 70 或 80 美分的价格在该市场上生存。当然，它不能把价格定为 40 美元或 5 美分，否则可能会无法经营。于是我们可以看出，一个不完全竞争者对其价格的确拥有某些但又绝不是全部的拍板权。

另外，决定价格的自由度在不同的行业之间也有差异。在某些不完全竞争行业，垄断力量的强度是非常微小的。例如，在计算机零售行业中，在价格上高出几个百分比的差异通常就会对其销售量产生明显的影响。与之相反的是，在计算机操作系统市场，微软公司具有明显的垄断地位，在很大程度上可以自由决定它所生产的 Windows 操作系统的价格。

图形描述 图 9-1 说明了完全竞争与不完全竞争之间的差异。图 9-1（*a*）让我们想起完全竞争者面临着一条水平的需求曲线，这表明它能按现行市场价格出售它想出售的全部产品。而一个不完全竞争者面临的却是一条向下倾斜的需求曲线。正如我们在图 9-1（*b*）中所看到的，如果一个不完全竞争的企业增加它的销售量，那么，它就必然会对其产品的市场价格产生向下的压力，使它沿着需求曲线 *dd* 向下移动。

另一种考察完全竞争与不完全竞争之间差异的方法是考察需求价格弹性。对于一个完全竞争者而言，需求是完全有弹性的；对于一个不完全竞争者而言，需求则仅具有一定的弹性。作为使用弹性公式的练习，计算一下图 9-1（*a*）中完全竞争者的弹性和图 9-1（*b*）中不完全竞争者在 *B* 点的弹性。

不完全竞争者的需求曲线是向下倾斜的。这个事实具有重要的含义：不完全竞争者是*价格制定者*而非*价格接受者*。它们必须决定自己产品的价格，而完全竞争者则可以将价格当作既定的。

形形色色的不完全竞争者

像美国这样的现代工业经济，犹如一片由形形色色的不完全竞争者组成的丛林。以科技迅速革新为动力的

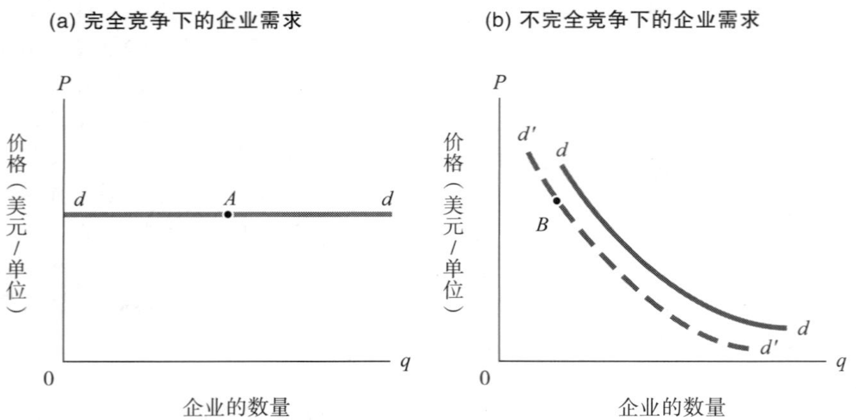

图 9-1 检验不完全竞争的关键是企业的需求曲线是否向下倾斜

（a）完全竞争的企业能够沿着它的水平 *dd* 曲线出售它想要出售的全部产品，而不会压低市场价格。（b）但是，不完全竞争者将会发现，它的需求曲线向下方倾斜，即较高的销售量会压低价格。除非该企业是一个受保护的垄断者，否则，它的竞争对手的价格的下降会在很大程度上使它的需求曲线 *dd* 移动到左下方 *d'd'*。

个人电脑产业的竞争模式，与不是那么富有生机的殡葬业的竞争模式就有着天壤之别。不过，我们可以通过认真分析市场结构，特别是卖者的数量和规模以及市场主导者对市场的控制能力，进而了解一个产业。经济学家将不完全竞争的市场结构分为以下三种类型。

垄　断

“竞争光谱”（competitive spectrum）的一个极端是完全竞争，即任一厂商都只是该行业中众多厂商中的一个。另一个极端则是**垄断**（monopoly），即单一的卖者完全控制某一行业（这个单一的卖者称为“垄断者”，“垄断者”这个词来源于希腊语中的“单个”和“卖者”这两个词）。垄断者是它所在行业的惟一生产者，同时，没有任何一个行业能够生产出相近的替代品。此外，我们暂且假设垄断者以同一价格销售所有商品，即没有价格歧视。

完全的垄断在今天是罕见的。实际上，许多典型的垄断案例仅仅存在于那些受政府保护的产业。例如，如果一家制药企业研制出一种神奇的药品，那么它可以获得一项专利，并在若干年内保持自己对这种药物的垄断权。垄断的另一个重要的例子是获得当地公用事业的特许经营权，例如一家提供自来水的公司。在这样的例子中，仅仅只有一家卖者提供这项服务，而且没有相近的替代品。没有政府许可的垄断的例子很少，其中之一是微软的 Windows 操作系统，它大量投资于研发，快速创新，利用网络，并对竞争者采取无情打击策略（有时候这是非法的），从而逐步取得了垄断地位。

尽管如此，即使是一个垄断者，它也必须经常回头看看那些潜在的竞争者。上面说的那家制药企业会发现竞争者很可能正在生产类似的药品；10 年前还处在垄断地位的电话公司，现在必须考虑移动电话给它们带来的冲击；比尔·盖茨声称，某个小公司正虎视眈眈地待在微软身边，随时准备推翻它的垄断地位。在长期内，没有一个垄断者能确保自己免受竞争的冲击。

寡　头

寡头（oligopoly）的意思是“几个卖者”。从上下文来看，几个可以是两个那么少，也可以是 10 个或 15 个那么多。寡头的重要特征是每个企业都可以影响市场价格。在航空业，仅仅一家航空公司降低票价的决定，就会引起它的所有竞争者降低票价，引发一场价格大战。

寡头产业在美国经济中是普遍存在的，特别是在制造业、交通及通信等部门中。例如，虽然在汽车业有各种各样不同的汽车类型，但汽车制造公司却为数不多。在家用电器业也是如此，尽管商店里摆着各种型号的冰箱和洗碗机，但它们的生产商却只有几家。你也许会惊讶：具有繁多品种的麦片市场居然也是一个寡头行业。

垄断竞争

我们要考察的最后一种类型是**垄断竞争**（monopolistic competition）。在这种情形下，一个产业中有许多卖者生产具有差异化的产品。这一市场结构与完全竞争相似：市场上有许多卖者，但任何一个卖者都没有太大的市场份额。它与完全竞争不相同的是：由不同企业销售的产品并不相同。**差异化产品**（differentiated product）在重要的特征上表现不同。例如，个人电脑在速度、内存、硬盘、调制解调器、大小和重量等各方面具有不同的特性。正是由于这些差异，使得计算机在销售的时候价格会有少许的不同。

垄断竞争的典型例子是零售汽油市场。你可以去光顾当地的壳牌公司加油站，尽管它的价格要稍高一些，但因为它正好在你上班的路上，你也就接受了。但是，如果壳牌的油价再上升到比其他竞争者高出几个美分时，你就会去光顾稍远一点的麦瑞特 (Merit) 加油站。

事实上，这个例子表明了地理位置是产品差异化的重要来源之一。去银行或杂货店要花一定的时间，而到达不同商店所需时间的差异就会影响我们的购买决策。用经济语言来说，购买一件商品的总价格不仅包括它的美元价格，还包括搜寻商品的机会成本、耗费的时间及其他非美元成本。因为去当地商店购买的总价格要低一些，所以人们倾向于就近购买。这种结论同样也可以用来解释为什么商品种类繁多的商场会那么流行：因为这样的话，人们可以一下子买好多东西而节约时间。如今，网上购物越来越盛行，因为相比步行或驱车去商店买东西，网上购物无须耗费太多时间，即便消费者要多花一些邮寄费用。

如今，质量问题已经成为产品差异化中越来越重要的因素。产品价格不同，性能也会有差异。大多数个人电脑可以运行同样的软件，且拥有众多的制造商。但是个人电脑业仍然是个垄断竞争的市场，这是因为电脑在速度、型号、内存、维修服务以及如 CD、DVD、调制解调器和声音系统之类的配件等方面都有很大的差异。实

市场结构的类型				
结 构	生产者的数目和产品差异化程度	一般经济领域	企业对价格的控制程度	营销的方式
完全竞争	许多生产；完全相同的产品	金融市场与农产品	没有	市场交易或拍卖
不完全竞争				
垄断竞争	许多生产者；产品有许多真正的或感观上的差异	零售业（比萨饼、啤酒……）个人电脑		
寡 头	几个生产者；产品的差异化很小或没有差异	钢铁、化工……	一些	广告宣传和产品质量方面的竞争，受到管制的价格
	几个生产者；产品有差异化	汽车、文字处理软件……		
垄 断	单一生产者；产品没有替代品	特许经营（电力、自来水）；微软 Windows；专利药品	相当大	广告

表 9-1 各种市场结构

大部分行业是不完全竞争的。这里列出的是不同市场结构的主要特征。

际上，铺天盖地的电脑杂志，就是用来介绍这些垄断竞争的电脑制造商产品之间的差异。

竞争与对抗

在研究寡头的情况时，应该记住不完全竞争并不等于没有竞争。实际上，在经济生活中一些竞争最为激烈的市场，往往只有几个竞争企业。我们可以来看看航空业的残酷竞争，在一条特定的航线上往往只有两三家航空公司，但在它们之间，仍然是过一段时间就要发生一场票价大战。

我们如何把寡头间的对抗和完全竞争区分开来呢？对抗包含了许多提高利润和占有市场的行为。它包括利用广告使需求曲线向外移动（即刺激需求）、降低价格吸引业务，以及通过研究提高产品质量或者开发新的产品。完全竞争并不意味着对抗，而只是表示行业中没有一家企业能影响市场价格。

表 9-1 为各种可能存在的不完全竞争与完全竞争的范畴提供了一个轮廓。该表是不同类型市场结构的一个重要的概括，应该进行仔细的研究。

市场不完全竞争的根源

为什么某些产业表现出接近于完全竞争，而另一些产业则为少数大企业所控制？多数不完全竞争的例子可以归于这样两条主要的原因。首先，当大规模生产出现规模效益并降低成本时，一个产业中的竞争者就会越来越少。在这些条件下，大企业就可以比小企业以更低的成本进行生产，而小企业只能以低于成本的价格销售，因而无法生存。

其次，当出现进入壁垒，即新的企业很难加入某一行业时，也有可能出现不完全竞争。在某些情况下，政府的一些限制竞争者数量的法律或法规，也会产生这些壁垒。在其他情况下，新企业也可能因为进入市场的成本太高而被拒之门外。让我们来考查不完全竞争的两种根源。

成本和市场的不完全性

了解一个产业的技术与成本结构，有助于我们分析该产业需要多少个企业来支撑，各自的规模需要有多大。这里关键是要了解这个产业是否存在规模经济。如果存在规模经济，企业就可以通过提高产量来降低成本，至少产量可以提高到一定的程度。这就意味着较大的企业在成本上比小企业具有一定的优势。

当规模经济发生重要作用时，一个或几个企业就可以将产量提高到一定程度，以至于能够在整个产业的总产量中占据重要的比例。于是这个产业就成为一个不完全竞争市场。也许是单个垄断者主宰整个行业；更有可能的则是有几个大的企业控制市场的大部分份额；或者会存在许多企业，它们各自的产品存在一定的差异。不管是哪种结果，我们都能发现它们终究逃不出不完全竞争的范畴，更不会出现完全竞争中企业仅仅是作为价格接受者的情况。

我们可以看到市场规模和规模经济之间的关系是如何决定市场结构的形成的。这里有三个有趣的例子，如图 9-2 所示。

1. 为了进一步了解成本对市场结构的决定作用，我们首先来看一个有利于完全竞争的例子。由图 9-2（*a*）可见一个产业的平均成本的最低点出现在相对市场而言较低的产出水平上的情况。因此，这个产业就可以支撑完全竞争所需要的有效经营的为数众多的企业了。图 9-2（*a*）体现的是处于完全竞争状态的农场产业的成本曲线。
2. 一个中间的情况是具有规模经济的产业，即相对于所在的产业，其规模很可观。经济计量学与工程学的许多研究都表明，在许多非农产业中，长期平均成本都出现过下降的趋势。例如，表 9-2 就是对美国 6 个产业的研究结果。在这些例子中，平均成本的最低点发生在单个厂商产出占整个产业产出份额的较大的时候。

   现在我们来看图 9-2（*b*），它显示的是在某一产业中，企业在市场份额较大处达到平均成本最低点。这种行业需求曲线所提供的市场只能确保为数较少的企业共存，并且在平均成本的最低点进行生产。这种成本结构就会导致寡头。美国大多数制造业——包括钢铁、汽车、水泥以及石油业的需求和成本结构都与图 9-2（*b*）中的情况十分相似。由于这些行业只能容纳少数大生产者，因此倾向于产生寡头垄断。
3. 最后一个重要的例子是自然垄断。**自然垄断**（natural monopoly）是指行业中只有一家企业能够有效率地进行生产。当技术在产量满足全部需求的范围内表现出显著的规模经济时，这种情况就会出现。图 9-2（*c*）显示了自然垄断的需求曲线。由于技术始终显示规模报酬递增的特性，从而平均成本和边际成本永远呈下降的趋势。随着产量的提高，企业可以不断地降低价格，且保持一定的利润，因为这时它的

产　业	(1) 一个企业为了获得规模经济需要在美国总产量中所占的份额 (%)	(2) 最大的三家企业实际平均的市场份额 (%)	(3) 大规模经营的经济效果的主要原因
啤酒酿造	10~14	13	需要创立全国性品牌形象，并协调投资
香　烟	6~12	23	广告宣传，并反映出产品的差异性
玻璃瓶	4~6	22	需要集中工程和设计人员
水　泥	2	7	需要分摊风险和筹集资本
电冰箱	14~20	21	市场营销的要求和较长的生产周期
石油	4~6	8	分摊勘探原油的风险和协调投资

表 9-2　产业内竞争是以成本条件为基础的

这一研究考查了成本条件对于集中模式的影响。第 (1) 栏表示对长期平均成本曲线按产出占产业的份额开始上升的点所做的估算。将这一点与第 (2) 栏中三家最大企业平均的市场份额进行比较。

资料来源：F. M. Scherer and David Ross，*Industrial Market Structure and Economic Performance*，3d ed. (Houghton Mifflin，Boston，1990).

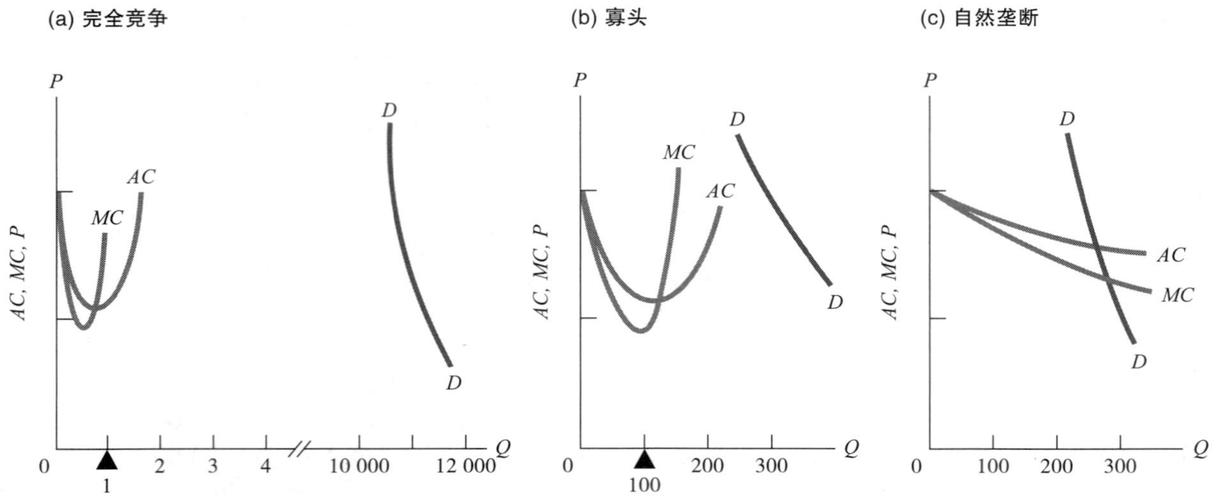

图 9–2 市场结构取决于相对成本与需求因素

成本与需求条件影响市场结构。在（a）图完全竞争的情况下，相对于单一企业的效率规模而言，产业的总需求 *DD* 相当巨大，许多完全竞争者可以在此共存。在（b）中，相对于产业的总需求 *DD* 来说，成本在较高的产量水平才开始上升。为数众多的完全竞争者已不可能共存，寡头将会出现。当成本像图（c）中自然垄断的情况那样迅速且无限制地下降时，一个企业就能够扩大规模来垄断整个行业。

平均成本是下降的。成千上万个完全竞争者要想和平地竞争共处是不可能的，因为一个大企业具有远远高于一批小企业的效率。

一些自然垄断的例子是电话、电力、天然气和自来水以及铁路、公路和电力传输等公用事业。一个最重要的自然垄断是网络产业（参见第 6 章的讨论）。

然而，技术上的进步会削弱自然垄断。现在美国大多数人都可以享受至少两种无线电话服务，它们使用无线电波，而不是固定线路，从而削弱了电话公司的传统自然垄断地位。在有线电视领域中，我们也可以看到这种趋势，竞争者纷纷进入，打破该行业自然垄断的状态。并可能最终把它们转变成寡头格局。

进入壁垒

尽管成本差异是决定市场结构的最重要因素，但是，进入壁垒也能增加产业集中程度。**进入壁垒**（barriers to entry）是新企业进入一个产业的各种阻碍因素。当进入壁垒很大时，这个产业的企业就很少，竞争的压力也就很有限。规模经济是进入壁垒的一种很普遍的类型，除此以外，法律限制、进入的高成本以及广告和产品差异化也会形成进入壁垒。

法律限制 有时，政府会限制某些产业的竞争。重要的法律限制包括专利、准入限制、关税与配额。专利是赋予发明者本人在一定时期内独自（或垄断）使用某种产品或工艺的特权。例如，制药业经常就一些新的药物授予各种各样的专利，因为研制这些药物要花几亿美元。专利是一种政府许可的垄断形式，已经得到经济学家的普遍认同。政府赋予专利以垄断权，目的是鼓励发明活动。这对于小企业和个人来说尤其有利。没有专利保护的前景，一个公司或单个发明者就不会愿意花那么多的时间和资源来进行研究和开发了。暂时的垄断高价及其所导致的低效率，实际上是商业社会为发明所付出的代价。

政府也对许多产业实施*准入限制*。最典型的是在一些公用事业，例如电话、电力和自来水，政府往往授予它们在当地享有*特许垄断权*。在这种情况下，政府授予企业提供某种服务的排他性权利。作为回应，该企业同意限制它的价格，并向所有的消费者提供服务，包括给有些消费者提供并不能盈利的服务。

在自由贸易的相关章节中，我们将会看到，自由贸易常常引起争议。但是让很多人吃惊的是：在强化竞争方面国际贸易究竟如何至关重要这一点，却鲜为人知。

研究关税的历史学家写道："关税是托拉斯之母。"（参见本章末讨论题10中的有关分析。）这是因为政府强加的进口限制能将外国竞争者拒之门外。原因可能在于：某种产品的单个国家的市场可能只能支撑两三个企业，而世界市场则足够大，可以支撑很多的生产者。

由图9-2，我们可以看到限制外国竞争的结果。设想有一个类似于比利时或者贝宁的小国家，它决定在其国内只有本国航空公司可以提供航空服务。而这种小航空公司，不太可能具备高效的机群、储备、维修和互联网支持系统。如果真的这样，则比利时和贝宁的航空服务势必非常糟糕，价格也会非常昂贵。可以从图上看见的是，世界贸易的保护主义政策把产业结构从图9-2（*b*）变到了图9-2（*c*）。

当通过消除关税壁垒，市场扩大为一个自由贸易区时，强有力的和有效的竞争得到鼓励，垄断的力量也就会被削弱。增加竞争的最富于戏剧色彩的例子发生在欧盟。最近30年来，其成员国之间的关税不断降低，企业从更大的市场和更低的产业集中程度中获益。

进入的高成本　进入壁垒除了法规上的，还有经济上的。某些产业的进入成本是很高的。例如，商业飞机制造业。对新飞机的设计和检测的成本之高，足以使潜在的进入者丧气。大概只有两家公司（波音和空中客车）能付得起开发下一代飞机所需的100亿～200亿美元的高成本。

另外，一些公司还进行了大量的无形投资，这些昂贵的投资也使潜在的进入者望而生畏。我们不妨考虑软件业。一旦电子表格软件（例如Excel）或文字处理软件（如Microsoft Word）被广泛接受，潜在的竞争者就很难再进入该市场。因为用户一旦掌握了一种软件以后，就不大愿意去学习另一种。因此，为了设法让人们接受一种新软件，潜在的竞争者就必须参与一场激烈的促销大战。这当然要花很多的钱，而且很可能还得亏本。（回忆第6章中我们对网络效应的讨论。）

广告与产品差异化　有时候企业也可以通过广告和产品差异化来构筑对付潜在竞争者的进入壁垒。广告可以打开产品的知名度并形成名牌效应。例如，百事可乐公司和可口可乐公司每年都要花费上亿美元做广告。这样，潜在的竞争者要进入可乐市场就必须花费很高的成本。

此外，产品差异化本身也会形成进入壁垒，提高生产者的市场力量。在许多行业（如麦片、汽车、家用电器、香烟），通常是由少数几家厂商生产许许多多、形形色色的品牌、型号和产品。从一方面来看，产品的多样化可以吸引最大范围的消费者。另一方面，大量具有差异化的产品使潜在的竞争者很难鼓足勇气加入这个市场。每一种有差异化的产品的需求是如此之小，以至于这些市场不能维持许多企业到达其U形成本曲线的最低点进行生产。其后果是图9-2（*a*）中完全竞争的*DD*曲线向左方收缩，直到图9-2（*b*）和9-2（*c*）所示的寡头和垄断的情况。因此，产品差异化和关税一样导致了更高的集中程度和更加不完全的竞争。

品牌化和差异化产品

现代商业战略的一项重要任务就是品牌创造。比如，可口可乐的工厂在一次地震中全部坍塌了。那么，市场上可口可乐股票的价格将作何反应？它会一路狂跌到零吗？

根据财务专家的分析，这个问题的答案是，即使没有任何有形资产，可口可乐仍然要值大约670亿美元。这就是该公司的**品牌价值**。产品品牌的产生取决于消费者对该产品的品位和质量的认可和口碑。当一个公司的产品看起来比其他公司的产品更好、更可靠，或更具吸引力时，品牌价值便得以确立。

在有差异化产品的世界里，一些公司因品牌价值而获得巨额利润。下表中显示了根据最近的估计，品牌价值为前十的公司：

排名	品牌名称	2006年品牌价值（10亿美元）
1	可口可乐	67
2	微软	60
3	IBM	56
4	通用电气	49
5	英特尔	32
6	诺基亚	30
7	丰田	28
8	迪斯尼	28
9	麦当劳	27
10	梅赛德斯-奔驰	22

资料来源：《商业周刊》，可在互联网获得，*http://www.businessweek.com/*

如上表所示，可口可乐的公司市场价值比其工厂、设备和其他资产的估价总和多出670亿美元。公司怎样才能确立和维持品牌价值？首先，它们通常有创新产品，比如一种新饮料，一只可爱的卡通老鼠，或者一款高品质汽车。其次，通过投入巨资做广告来维持品牌价值。在广告中甚至将某种致命的产品，比如万宝路香烟（排名第14），与浪漫夕阳下与骏马共舞的英俊牛仔联系起来。第三，利用知识产权，如专利和版权，来保护品牌。在某种意义上，品牌价值就是企业过去创新活动的结晶。

B. 垄断行为

分析了垄断这种极端情况之后，我们不妨转而研究不完全竞争者的行为。这需要一个新的概念，即边际收益。在分析其他市场结构时这个概念也将会得到广泛的运用。主要结论是：垄断行为会导致高价格、低效率和低产出，从而会减少消费者的福利。

边际收益的概念

价格、数量和总收益

假设你对一款叫做 monopolia 的新游戏具有垄断控制地位，而且你希望取得最大利润，那么，你应该收取多高的价格呢？你的产量应该是多少呢？

为了回答这些问题，我们需要一个新的概念——边际收益（*MR*）。从企业的需求曲线中，我们知道了价格（*P*）与销售量（*q*）之间的关系。我们也可以从表9-3中的第（1）栏和第（2）栏以及图9-3（a）中的该垄断者的需求曲线（*dd*）了解这一点。

把价格与数量相乘，可以计算出在每一销售水平上的总收益。表9-3中的第(3)栏表明，如何简单地用*P*乘以*q*来计算**总收益**（total revenue，*TR*）。因此，零单位的*q*带来的*TR*等于零；1个单位的*q*带来的*TR* = 180美元 × 1 = 180美元；2个单位的*q*带来160美元 × 2 = 320美元的总收益；以此类推。

这一直线或线性需求曲线的例子中，总收益最初随着产量的增加而上升，因为在这条需求曲线富有弹性的上部区域，出售较多的*q*所需要降低的*P*是不大的。但是，当我们达到直线需求曲线的中点时，*TR*就达到它的最大值。这时*q* = 5，*P* = 100美元，*TR* = 500美元。超过此点，*q*的增加便将该企业带入需求缺乏弹性的区域。由于需求缺乏弹性，价格下降1%引起销售量的增加不到1%，因此，总收益随着价格的下降而下降。图9-3（b）说明*TR*是一条穹形曲线，它从零上升到很高价格水平的500美元的最高点，然后下降到接近于零的水平。

你如何找到收入最高点的价格呢？从表9-3中可以看出，当*q* = 5，*P* = 100时，*TR*达到最大。这正是需求弹性等于1的那一点。

必须注意，每1单位的价格可以称为平均收益（*AR*），以区别于总收益。例如，*TR*除以*q*便得到*P* = *AR*（正如我们在过去用*TC*除以*q*而得到*AC*一样）。如果先写下第（3）栏中的数字，我们就可以运用除法来得到第（2）栏中的数字。

边际收益和价格

现在讨论所涉及的最后一个新概念，边际收益。**边际收益**（marginal revenue，*MR*）的定义是：当销售增加1单位时，由此而引起的收益的变化。*MR*既可以为正，也可以为负。

表9-3中第（4）栏列出了边际收益的数值。*MR*是由两个相邻产量的总收益相减而来的。从出售*q* + 1个单位而得到的*TR*中减去出售*q*单位而得到的TR，其差额就是收益的增量或*MR*。例如，从*q* = 0到*q* = 1，我们得到*MR* = 180美元。从*q* = 1到*q* = 2，*MR*为320美元 - 180美元 = 140美元。

*MR*为正数一直到*q* = 5为止，此后便为负数。负边际收益这一陌生概念意味着什么呢？这是说企业让人们自由地取走物品吗？完全不是这样。负边际收益是指：为了售出更多单位的产量，该企业必须将价格降低到如此之低的程度，以至于它的总收益下降。

例如，当该企业出售5单位的产量时，它得到：

$$TR\text{（5单位）} = 5 \times 100\text{美元} = 500\text{美元}$$

现在，假设企业希望再售出1单位的产量。由于它是个不完全竞争者，它必须通过降低价格来提高销售量。因此，为了出售6个单位的产量，它将价格从100美元降低到80美元。它从第6个单位的产量中取得了80美

总收益和边际数量

(1) 数量 q	(2) 价格 $P = AR = TR/q$ （美元）	(3) 总收益 $TR = P \times q$ （美元）	(4) 边际收益 MR （美元）
0	200	0	
			+180
1	180	180	
			+140
2	160	320	
			+100
3	140	420	
			+60
4	120	480	**+40**
			+20
5	100	500	
			——
6	80	480	
			−60
7	60	——	
			−100
8	40	320	
			−140
9	——	180	
			−180
10	0	0	

表 9–3　根据需求表可以计算出边际收益的数值

第（3）栏中的总收益 *TR* 来自于 *P* 乘以 *q*。为了得到边际收益（*MR*），我们把 *q* 增加 1 个单位，并计算总收益的变化。*MR* 小于 *P* 的原因在于多出售 1 单位的 *q* 就会降低以前各单位的价格，从而使收益下降。应该注意，当需求富有弹性时，*MR* 起初是正的。然而，在需求转变成缺乏弹性之后，尽管价格仍是正数，*MR* 却变为负数。

元的收益，但是，对于先前的 5 个单位，它仅仅得到了 5 × 80 = 400 美元，由此得到：

$$TR（6\text{ 单位}）= 5 \times 80\text{ 美元} + 1 \times 80\text{ 美元}$$
$$= 400\text{ 美元} + 80\text{ 美元} = 480\text{ 美元}$$

现在出售 5 单位和 6 单位产量之间的边际收益为 480 美元 − 500 美元 = −20 美元。最初 5 单位的价格必须降低得如此之低，即使在增加了第 6 单位的出售之后，总收益仍然是下降的。这就是 *MR* 为负时所发生的情况。你可以通过填充第（2）和第（4）栏来加深理解。

必须注意，即使 *MR* 为负，*AR* 或价格仍然为正。不要将边际收益与平均收益或价格相混淆。表 9-3 说明了它们之间的差异。此外，图 9-3（*a*）描绘了需求（或 *AR*）曲线和边际收益（*MR*）曲线。细致地观察图 9-3（*a*）可以看出，阶梯形的 *MR* 必定处于 *AR* 的 *dd* 曲线之下。实际上，当 *AR* 向下降到离数值零还有一半距离时，*MR* 便变为负数。

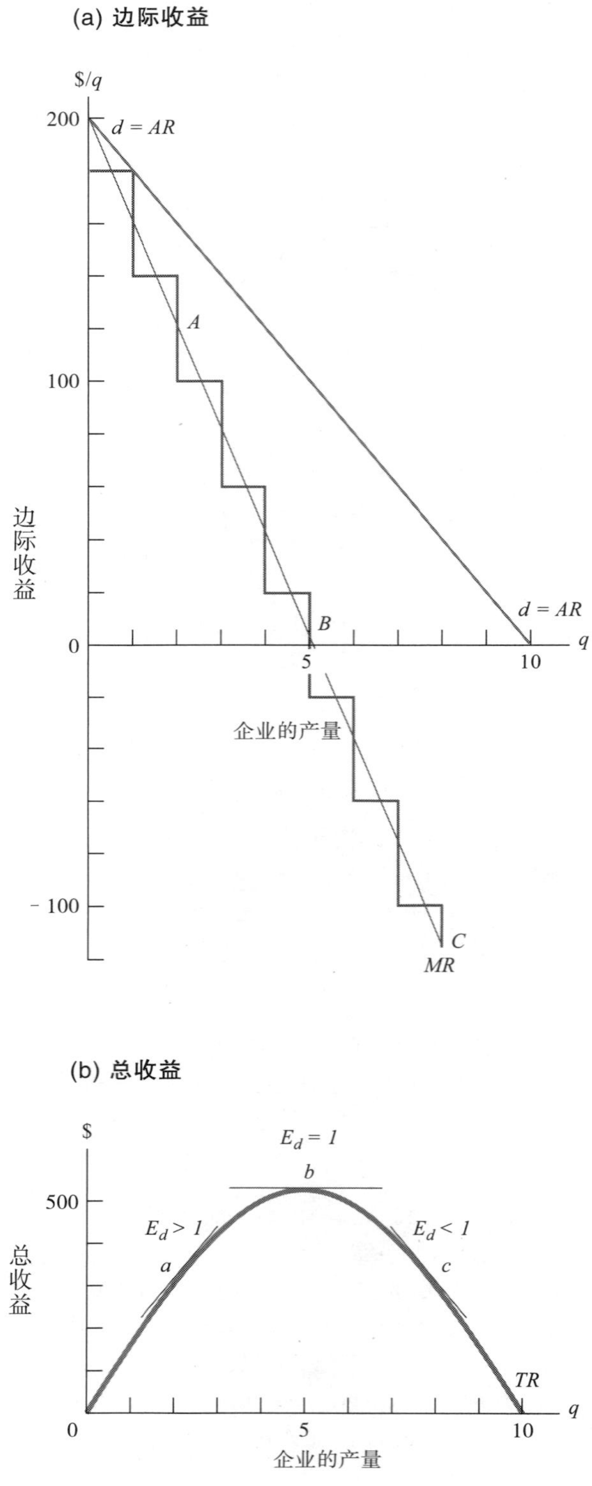

图 9–3 边际收益曲线来自需求曲线

（a）梯形曲线表示每增加 1 单位的产量所增加的总收益，*MR* 处于 *P* 之下。当 *dd* 变为缺乏弹性时，*MR* 变为负数。把 *MR* 的梯形曲线拉平便可以得到一条平滑的 *MR* 曲线。在 *dd* 也是直线的情况下，*MR* 的斜率总是 *dd* 曲线斜率的 2 倍。

（b）总收益曲线是穹形的——从零（此时 $q = 0$）开始上升到最高点（此时 *dd* 具有单位弹性），然后再下降到零（此时 $P = 0$）。如果我们在（*b*）中将 *TR* 画成平滑的曲线，就可以在（*a*）中得到平滑的 *MR* 曲线。

资料来源：表 9-3。

弹性和边际收益

需求的价格弹性与边际收益之间有何关系呢？当需求有弹性时，边际收益为正；当需求弹性为单位弹性时，边际收益为零；当需求缺乏弹性时，边际收益为负。

这一结论实际上是以一种不同的方法重述了我们在第 4 章中所使用过的弹性定义。回忆一下，当价格下降引起收益增加时，需求有弹性。在这种情况下，价格下降引起需求量上升得如此之高，以致收益上升，从而边际收益为正。例如，在表 9-3 中，当价格在需求有弹性的区域从 $P = 180$ 美元下降到 $P = 100$ 美元时，需求量明显上升，提高了总收益，并且边际收益为正。

当需求弹性为单位弹性时情况如何？此时，价格下降与由此而引起的产量上升恰好相等，边际收益因此为零。你能否看出，在需求缺乏弹性的区域，边际收益为什么总是为负呢？对于完全竞争者无限弹性的需求曲线，边际收益为什么总是为正呢？

表 9-4 显示了重要的弹性关系，确信你真的理解了它们并且能够应用它们。

需要牢记的要点如下：

1. 边际收益（*MR*）是销售增加一单位时所引起的收益的变动。
2. 价格 = 平均收益（$P = AR$）。
3. 当需求曲线向下倾斜时，$P > MR = P$ – 此前销售的所有单位的收益的减少量。
4. 当需求具有弹性时，边际收益为正；当需求具有单位弹性时，边际收益为零；当需求缺乏弹性时，边际收益为负。
5. 对完全竞争者而言，$P = MR = AR$。

需求	产量（q）和价格（P）之间的关系	产量（q）对总收益（TR）的影响	边际收益（MR）
富有弹性（$E_P > 1$）	q 变动百分比 > P 变动百分比	q 越高，TR 越高	$MR > 0$
单位弹性（$E_P = 1$）	q 变动百分比 = P 变动百分比	q 增大，TR 不变	$MR = 0$
缺乏弹性（$E_P < 1$）	q 变动百分比 < P 变动百分比	q 越高，TR 越低	$MR < 0$

表 9-4 需求弹性、产量、价格、收益以及边际收益之间的关系

利润最大化的条件

现在，我们回到这个问题上来，如果垄断者要实现利润最大化，那么，他应该如何确定其产量和价格呢？根据定义，总利润 = 总收益 – 总成本；用符号表示，$TP = TR - TC = (P \times q) - TC$。我们将会证明：当产量达到该企业的边际收益等于它的边际成本的水平时，利润达到最大。

确定这一最大利润条件的一种方法就是通过运用如表 9-5 所示的成本和收入表。为了找到利润最大化的数量和价格，我们计算第（5）栏中的总利润。这一栏告诉我们，最优的产量为 4 单位，每单位的价格为 120 美元。这就产生了 480 美元的总收益，在减去 250 美元的总成本之后，我们计算出总利润为 230 美元。浏览其他价格和产量水平可以看出，任何其他的价格—产量组合都不可能产生这么高的总利润水平。

用第二种方法我们可以得到更深刻的理解，这种方法就是比较第（6）栏中的边际收益和第（7）栏中的边际成本。只要每增加一单位的产量所带来的收益大于成本，该企业的利润就会随着产出的增加而增加。因此，只要 MR 大于 MC，企业就会继续增加它的产量。

另一方面，假设在一定的产量水平，MR 小于 MC，则意味着增加产量会降低利润，因此，企业应该在此时降低产量。显然，最佳利润点发生在边际收益正好等于边际成本的点上。因此找最大利润点的原则是：

> 当一个垄断者的边际收益等于他的边际成本时，即达到利润最大化的价格（P^*）和产量（q^*）：
>
> 当 $MR = MC$ 时，可以达到最大利润的（P^*）和（q^*）

这些例子说明利润最大化的 $MC = MR$ 原则在逻辑上的正确性。但是，我们也要了解在这一原则背后的含义。看看表 9-5，并假设该垄断者生产的 $q = 2$。在该点，多产生一个完整的单位产品的 MR 为 +100 美元，而它的 MC 为 20 美元。因此，如果多生产 1 单位，该企业就可以多获得 $MR - MC$ = 100 美元 – 20 美元 = 80 美元的利润。实际上，表 9-5 中的第（5）栏说明从 2 单位到 3 单位所增加的利润量正好是 80 美元。

因此，当 MR 大于 MC 时，增加产量可以使利润增加；当 MC 大于 MR 时，减少 q 可以使利润增加。只有当 $MR = MC$ 时，企业才处于它的最大利润的产量水平，因为这时改变产量水平不能增加任何利润。

垄断均衡的图示

图 9-4 表明了垄断的均衡。图（a）将企业的成本曲线和收益曲线结合起来。利润最大化点发生在 MC 等于 MR 的产量上，即两条曲线的交点 E。垄断的均衡点或最大利润点发生在 $q^* = 4$ 的产量水平。为了找到利润最大化的价格，我们从 E 点向上作垂线，与 dd 线相交于 G 点，此时相应的价格为 120 美元。G 点的平均收益高于 F 点的平均成本，这一事实可以保证利润为正。利润的实际数量是由图 9-4（a）中的阴影面积所给定的。

图（b）中使用了总收益、总成本和总利润曲线，也得到了相同的结论。总收益曲线是弧形的，总成本曲线永远是上升的。两者之间的垂直距离便是总利润，其数值在开始和终结的部分都是负数。在这两个部分之间，TP 为正数，在 $q^* = 4$ 时，到达它的最大值 230 美元。

我们进一步加上一个重要的几何知识点，即总值的斜率为边际值。（你可以参照第 1 章附录的内容回忆下该知识点。）那么看看图 9-4（b）中的 G 点。如果你仔细计算一下就会发现，该点斜率值为每单位 40 美元。这就意味着每单位额外的产出产生 40 美元的额外收益，而这也正是 MR 的定义。所以 TR 曲线的斜率即为 MR。类似地，TC 曲线的斜率即为 MC。注意到当 $q = 4$ 时，MC 也为每单位 40 美元。故在 $q = 4$ 时，边际成本等于边际收益。在该点处总利润（TP）达到最大，且增添 1 单位的产量

有关企业最大利润的总结							
(1) 产量 q	(2) 价格 P (美元)	(3) 总收益 TR (美元)	(4) 总成本 TC (美元)	(5) 总利润 TP (美元)	(6) 边际收益 MR (美元)	(7) 边际成本 MC (美元)	
0	200	0	145	−145			
					+180	**30**	***MR* > *MC***
1	180	180	175	+5			
					+140	**25**	↓
2	160	320	200	+120			
					+100	**20**	↓
3	140	420	220	+200			
					+60	**30**	↓
4*	**120***	**480**	**250**	**+230**	**+40**	**40**	***MR* = *MC***
					+20	**50**	↑
5	100	500	300	+200			
					−20	**70**	↑
6	80	480	370	+110			
					−60	**90**	↑
7	60	420	460	−40			
					−100	**110**	***MR* < *MC***
8	40	320	570	−250			

* 最大利润均衡

表 9–5 边际成本和边际收益的相等使企业得到最大利润的 q 和 P

现在，我们将生产的总成本和边际成本，同总收益及边际收益放在一起，在所决定的利润最大化点 $MR = MC$，这时的 $q^* = 4$，$P^* = 120$ 美元，最大总利润 $TP = 230$ 美元 =（120 美元 × 4）− 250 美元。

的成本与收益正好相等。在最大利润的产量水平上，TR 和 TC 的切线平行，因此斜率（即在这些点的 MR 和 MC）也相等。

将产量确定在 $MC = MR$ 的水平，垄断者就可以使其利润最大化。由于该垄断者拥有一条向下倾斜的需求曲线，这就意味着 $P > MR$。对于一个追求利润最大化的垄断者来说，由于价格高于边际成本，因此，垄断者会将产量水平减少到低于在完全竞争产业中所决定的水平。

完全竞争作为不完全竞争的一个极端情况

尽管我们把 $MC = MR$ 原则运用于分析追求利润最大化的垄断者身上，但是，这一原则实际上可运用于更加广阔的领域。略加思考就会发现，$MC = MR$ 原则同样适用于追求利润最大化的完全竞争者。我们可以分两步来理解它：

1. 完全竞争者的 MR。对于一个完全竞争者来说，MR 意味着什么？它意味的是，多卖 1 单位的产品永远不会引起价格的下降，因此“先前所有的 q 的总收益损失”就等于零。价格与边际收益对于完全竞争者来说是相同的。

   在完全竞争的条件下，价格等于平均收益，也等于边际收益（$P = AR = MR$），一个完全竞争者的 dd 曲线与它的 MR 曲线是两条重合的水平线。

2. 完全竞争者的 $MR = P = MC$。我们还可以看到，垄断者实现利润最大化的条件同样也适用于完全竞争

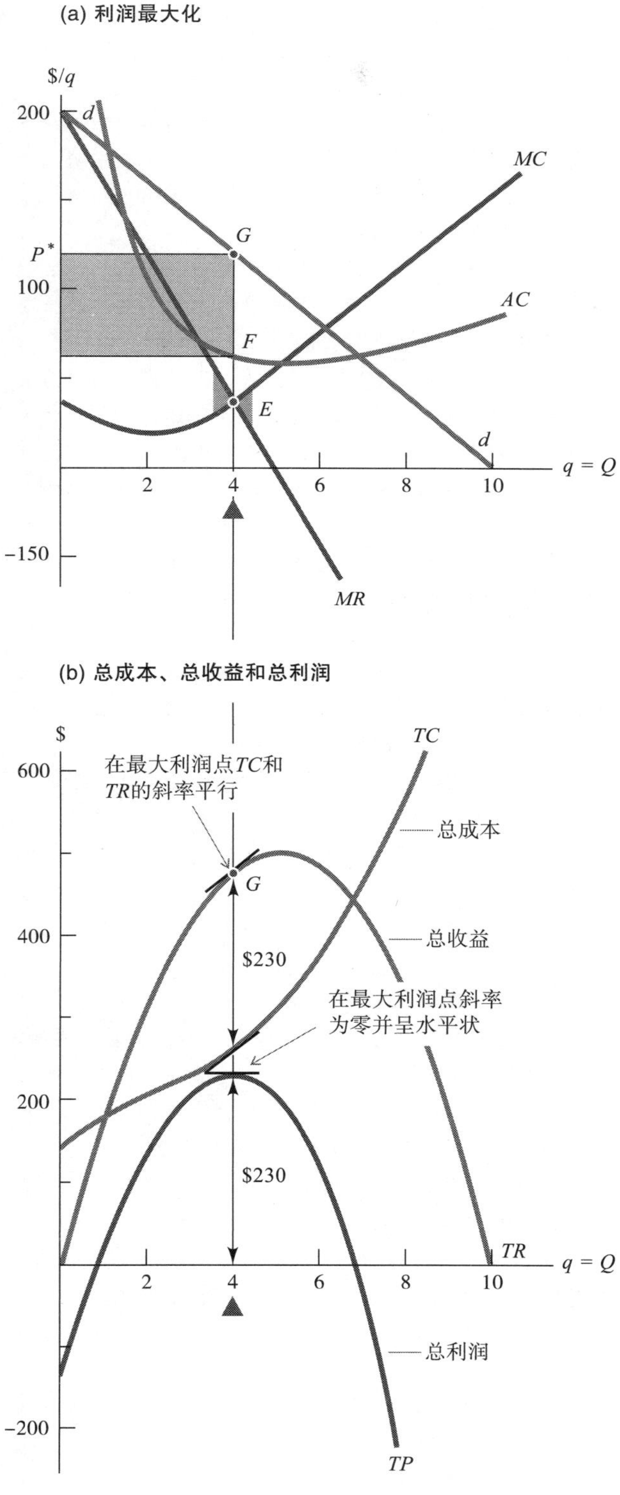

图 9–4　可以用总量的或边际的曲线来说明最大化利润的均衡

（a）在 E 点，MC 与 MR 相交，垄断者将得到最大利润。价格是在 E 点以上的 G 点；由于 P 在 AC 的上方，因此，最大利润是正值的利润。（你能否理解，为什么在 E 点的左、右两边的小三角形面积表示：由于背离 $MR = MC$ 水平而带来的总利润的减少部分？）

（b）本图说明了与上面论述相同的实现利润最大化的方法，但它使用的是总量概念，而不是边际概念。TR 曲线代表总收益，TC 曲线代表总成本。总利润等于 TR 减去 TC，从图中看，总利润则是由 TR 到 TC 的垂直距离给定的。每条曲线的斜率代表其边际值（即 MR 为 TR 曲线的斜率）。在这一点，总收益曲线和总成本曲线平行且斜率相等，即 $MR = MC$。

者，只是结果有一些小小的区别。在经济学中，当产量处于 $MC = MR$ 的水平上时，利润达到最大化。但是从上一步中，我们看到对于一个完全竞争者来说，$MR = P$。因此完全竞争者的 $P = MC$，是 $MR = MC$ 利润最大化条件的一个特例。

由于完全竞争者可以按市场价格出售所有它愿意出售的产品，因此其利润最大化的产量水平是 $MR = P = MC$。

通过重新描绘图 9-4（*a*），你也会得到这一结论。如果将该图用于分析完全竞争者，那么，在该市场价格水平，*dd* 曲线就是一条水平线，并与 MR 曲线相重合。利润最大化的 $MR = MC$ 的相交点也发生在 $P = MC$ 点上。这样，我们就知道如何将利润最大化的一般原则应用到完全竞争者和不完全竞争者两方面。

边际原则：让过去成为过去

我们以边际分析在经济学中更为普遍的运用来结束本章的内容。虽然经济理论不一定使你变得富有，但是，它的确会让你知道一些分析成本和收益的新方法。经济学最重要的教益之一是：你应该注意决策的边际成本和边际收益，并忽略过去的或沉没的成本。这一点可以表述如下：

让过去的事情成为过去。不要向后看。不要为已溅出的牛奶而哭泣，也不要为昨日的损失而悲叹。对于任何决策，要准确地计算你将多为之付出的成本，并把它和你将因之而增加的收益相权衡。根据边际成本与边际收益来进行决策。

这就是**边际原则**（marginal principle），它是指人们仅通过考虑和计算某一决策的边际成本与边际收益，来达到收益、利润或满足程度的最大化。有无数的场合可以利用边际原则。我们已经认识到，企业追求利润最大化的条件是符合边际成本等于边际收益的边际原则。

损失规避和边际原则

一个有趣的应用就是售房者的行为。行为经济学家观察到，即使当地房价急剧下跌，人们常常也不愿意以低于购买时的价格来出售自己的房子。

例如，假设你于2005年在美国圣何塞以25万美元的价格购买了一套房子，并且想在2008年卖掉它。而由于房价下跌，2008年类似房子的售价仅为20万美元。正如过去几年里许多人所面临的处境一样，你遭受了名义货币损失。

调查表明，你很可能将售价订为初始购买价格的25万美元，并且等上好几个月也没有买家提出认真的报价。这就是行为经济学家所说的“损失规避”，意思是说即使继续持有某项资产要付出高昂的代价，人们也拒绝承担现时的损失。这种行为已经在房市中得到证实，在房地产市场上，人们在售房遭受损失时总是开出更高的要价，并且会等上更长的时间。

经济学家劝告人们不要采取这种行为，遵循边际原则将会更好。忘掉你曾为自己的房子付出的价格，卖出当前你所能得到的最优价就行。

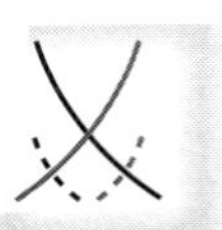

镀金时代的垄断者

在人类戏剧化垄断的背后，有时还存在如边际成本之类的抽象概念。鉴于此，在本部分的末尾我们不妨回顾一下美国企业史上一段最多姿多彩的时期。由于法律与习俗的不断变化，美国今天的垄断者，与1870~1914年镀金时代的那种辉煌、富有创造力、不道德的、欺诈的强盗绅士相比，已经有天壤之别。诸如洛克菲勒、高德（Gould）、范德比尔特（Vanderbilt）、弗里德（Frick）、卡内基、罗森查德（Rothschild）以及摩根等大亨的传奇故事，描述了所有你可能很难想象得到的东西。他们开创了诸如铁路、石油、钢铁等产业，形成自己的财团，推动了西进运动。他们都打败了自己的竞争对手，并将惊人的财富留给了他们的后代。

19世纪最后30年的美国，充满了渎职和腐败的经济经历了强有力的增长。丹尼尔·德鲁是一个偷牛贼、马贩子和铁路工，他掌握了“灌肠术”（watering the stock）的诀窍。在将牛送运往屠宰场之前，他先不让它们碰水；而在牛过秤之前，他预先用盐将牛弄得特别渴，然后让它们狂喝大量的水。后来，企业界的大亨们则通过抬高他们证券的价格来搞“搀水股”（water the stock）。

美国西部边疆的铁路大亨，历史可以将他们列为最不道德的企业家。横跨美洲大陆的铁路建设，是通过大量拨让联邦土地而获得资金、并经由大力贿赂无数议员与大官而取得特权的。南北战争后不久，老谋深算的铁路职员杰·高德就企图垄断全美的黄金供给，并用它来控制国家的货币供给。高德后来为了提高北部那段铁路（常年为大雪围困的地方）的声誉，竟然如此描述：那里是一片热带雨林的乐园，种植园里长满了桔子与香蕉，随处可见活蹦乱跳的猴子。到那个世纪末，所有的这些贿赂、土地转让、搀水股，以及那些荒诞的承诺，都终于促成了世界上最大的铁路系统的竣工。

约翰·洛克菲勒的故事可以说是19世纪垄断者的一个缩影。洛克菲勒看到幼小的石油产业可以挖掘很多的财富，就着手组织石油提炼产业。他是个小心翼翼的经营者，总是试图从那些容易争吵而又极不可靠的企业家那里获得“订单”。他自然会遭遇一些竞争对手。但他通过说服铁路部门秘密地给予回扣，并为他提供有关对手供给信息，从而逐步获得了对该产业的控制权。只要竞争者稍不遵守他的规矩，洛克菲勒就会拒绝为他们供油，甚至宁愿将油倒在地上。到1878年，约翰·洛克菲勒已经控制了美国95%的石油供给与炼油市场。价格从上升变为稳定，相互拼杀的竞争终于为垄断所替代。

洛克菲勒还设计了一个相当精明的新方案，来保证自己在联盟中的控制权。这就是“托拉斯”，即股东将股份转交给托管人，由他们负责经营，实现利润最大化。其他行业也仿效标准石油托拉斯（Standard Oil Trust），很快，托拉斯就在煤油、糖、威士忌、铅、盐及钢铁行业中建立起来。

这种行为引起了农民与平民的极大公愤，不久后国家通过了反托拉斯法（参见第10章）。在1910年，进步人士的反“大财团”运动取得第一次伟大胜利后，才解散了标准石油集团。具有讽刺意味的是，洛克菲勒竟然能够在实际上从解散中获利。这是因为标准石油的公众股价格实际已经上涨了。

但是，垄断也创造了极大的财富。1861年美国只有3个百万富翁，而到1900年就增加到4 000名（20世纪初的100万美元，大约相当于今天的1亿美元）。

巨大的财富也引发了令人触目惊心的炫耀性消费（这个词在索斯坦·凡勃伦1899年的《有闲阶级论》一书中被引入经济学）。与早期的欧洲的主教和贵族一样，美国的企业大亨们也要为他们的财富树立永恒的纪念碑。许多财富被用于修建高贵的宫殿，例如，罗德岛新港范德比尔特庄园，至今仍可以为人们观瞻和仰慕；又如，他们收集的大量艺术品，成为美国大博物馆，如纽约大都会艺术博物馆的主要藏品；再如，开办基金会，设立一些以斯坦福、卡内基、梅隆、洛克菲勒命名的大学；等等。在他们的个人垄断因政治原因或因其他竞争性的赶超而瓦解之后很久，在他们的大多数财富被其继承者所分割而后代的企业又大为逊色的今天，这些强盗式绅士们的慈善基金等遗产依然在影响着美国的艺术、科学和教育。[1]

[1] 参见补充读物中提到的与本主题有关的著述。

总结提要

A. 不完全竞争模式

1. 今天大多数市场结构都处于完全竞争与完全垄断这两种极端之间。在不完全竞争的条件下，一个企业对其产品的价格具有某种控制能力，这一事实可从该企业产品的向下倾斜的需求曲线中看到。
2. 市场结构的主要类型有：（*a*）垄断，即单个企业生产了某一产业的全部产品；（*b*）寡头，即少数几个卖者提供某一产业相似或有差异化的产品；（*c*）垄断竞争，即为数众多的小企业提供相关但有某种程度差异化的产品；（*d*）完全竞争，即为数众多的小企业提供完全相同的产品。在前三种情况下，一个产业中的企业面临着向下倾斜的需求曲线。
3. 规模经济，或平均成本递减，是不完全竞争的主要根源。当企业能够通过扩大产量来降低成本的时候，完全竞争的状态很容易遭到破坏。这是因为少数几家公司能够有效率地生产出该产业的大部分产品。当相对于一个国家或地区的市场而言，厂商的最低有效规模很大时，成本条件会导致不完全竞争。
4. 除了成本递减之外，导致竞争不完全性的其他因素还有：以法律限制形式出现的进入壁垒（如专利或政府管制）；高的进入成本；广告以及产品差异化。

B. 垄断行为

5. 根据企业的需求曲线，我们很容易推导出它的总收益曲线。根据总收益表或总收益曲线，我们还可以推导出边际收益。边际收益表示从多出售1单位产品中多获得的收益。对于不完全竞争者而言，边际收益小于价格，这是因为当企业被迫降低价格以出售更多单位的产品时，先前的全部产品都要蒙受损失。也就是，当需求曲线向下倾斜时：

$$P = AR > MR = P - \text{先前全部 } q \text{ 的收益损失}$$

6. 回忆表9-4中有关需求弹性、价格和数量、总收益和边际收益的关系。
7. 一个垄断者会发现它的利润最大化的位置在 $MR = MC$ 处，也就是说，当它出售最后1单位产品所增加的收入正好等于它所增加的成本时，它的利润达到最大。$MR = MC$ 这一原则，也可以在图形上用 MR 曲线和 MC 曲线的相交来表示，还可用总收益曲线和总成本曲线的斜率相等来表示。在任何情况下，在最大利润的均衡点，边际收益 = 边际成本总是成立的。
8. 对于完全竞争者来说，边际收益等于价格。因此，对于它来说，利润最大化的产量发生在 $MC = P$ 的点上。
9. 经济学推导出的边际原则很重要。在进行决策时，应当注意计算边际的或未来的收益与损失，而不应该考虑先前已经支付的沉没成本。当心存在损失规避的心理。

概念复习

不完全竞争模式

完全竞争与不完全竞争

垄断、寡头、垄断竞争

产品差异化

进入壁垒（政府的与经济的）

边际收益和垄断

边际（或增加的）收益，MR

最大利润条件，

$MR = MC$

对于完全竞争者，$MR = P$，$P = MC$

自然垄断

边际原则

补充读物和互联网站

补充读物

The theory of monopoly was developed by Alfred Marshall around 1890; see his *Principles of Economics,* 9th ed. (Macmillan, New York, 1961).

An excellent review of monopoly and industrial organization is F. M. Scherer and David Ross, *Industrial Market Structure and Economic Performance,* 3rd ed. (Houghton Mifflin, Boston, 1990).

The Gilded Age period gave birth to "yellow journalism" in the United States and fostered many muckraking histories, such as Matthew Josephson, *The Robber Barons* (Harcourt Brace, New York, 1934). A more balanced recent account is Ron Chernow, *Titan: The Life of John D. Rockefeller, Sr.* (Random House, New York, 1998).

For a study of loss aversion in the housing market, see David Genesove and Christopher Mayer, "Loss Aversion and Seller Behavior: Evidence from the Housing Market," *Quarterly Journal of Economics,* 2001. The foundation of this theory is in Amos Tversky and Daniel Kahneman, "Loss Aversion in Riskless Choice: A Reference-Dependent Model," *Quarterly Journal of Economics,* 1991.

互联网站

An important legal case over the last decade has concerned whether Microsoft had a monopoly on PC operating systems. This is thoroughly discussed in the "Findings of Fact" of the Microsoft antitrust case by Judge Thomas Penfield Jackson (November 5, 1999). His opinion and further developments can be found at *www.microsoft.com/presspass/legalnews.asp.*

问题讨论

1. 假设一个垄断者拥有一处矿泉。回答并说明下列问题：
   a. 假设生产成本为零。那么，在使利润最大化的产量处，需求弹性是多少？
   b. 假设生产的 MC 恒为每单位 1 美元。那么，在利润最大化的产量处，需求弹性是多少？
2. 解释为什么下面每句话都是错的。请写出正确的说法。
   a. 在 $MC = P$ 时，垄断者达到利润最大化。
   b. 价格弹性越大，垄断者的价格就比 MC 高出越多。
   c. 垄断者会忽略边际原则。
   d. 垄断者将使其销售量达到最大。它们将生产比完全竞争更多的产量，垄断价格也较低。
3. 当 dd 具有单位弹性时，MR 的数值为多少？并解释。
4. 杰克逊法官在微软垄断案中表示："有三个主要的事实可以证实微软公司在享受垄断的力量。首先，微软公司占有的适用于英特尔兼容 PC 机的操作系统市场非常大，并且很稳定。其次，微软公司占有的市场被很高的进入壁垒所保护。第三，在这种高进入壁垒的保护下，微软公司的顾客无法选择可以替代 Windows 的产品。"（参看本章"补充读物和互联网站"所推荐的文献的第 34 节。）为什么这些要素与垄断有关？这三者都是必要的吗？如果不是，哪一个至关紧要？说出你的理由。

5. 估计图 9-1 中 A 点和 B 点处需求的价格弹性的值。（提示：你可能需要复习一下图 4-5 中计算弹性的方法。）
6. 为一个完全竞争者重新描绘图 9-4（*a*）。为什么 *dd* 为水平线？解释为什么水平的 *dd* 曲线与 *MR* 曲线相重合？然后，继续寻找利润最大化的 *MR* 与 *MC* 的相交点。为什么这个交点所产生的竞争性均衡条件为 $MC = P$？现在，重新描绘一个完全竞争者的图 9-4（b）。说明在完全竞争者的最大利润均衡点，*TR* 和 *TC* 的斜率仍然必须相等。
7. 香蕉计算机公司的固定成本为 10 万美元，而每单位的劳动成本为 600 美元，原料和燃料成本为 400 美元。在 3 000 美元的价格下，消费者不会购买该公司的任何香蕉牌计算机。但是，价格每下降 10 美元，该公司的计算机销售量就会增加 1 000 单位。计算香蕉计算机公司的边际成本和边际收益，并确定它的垄断价格和产量。
8. 试说明一个追求利润最大化的垄断者绝不会在它的需求曲线缺乏价格弹性的区域里经营。
9. 指出下面这句话的错误："企业为了达到利润最大化，总是将价格定在市场所能承受的最高的点上。"给出正确的答案，并利用边际收益概念来解释正确与错误的说法之间的差异。
10. 回忆前文所提到的托拉斯是如何自主垄断一个产业的，例如石油业和钢铁业。解释下面的说法，"关税是托拉斯之母。"用图 9-2 来阐明你的分析。并使用同一张图来解释为什么降低关税和其他商业壁垒会减少垄断力量。
11. 对微积分感兴趣的学生：可利用微积分很容易地推导出利润最大化问题。$TP(q)$ = 总利润，$TC(q)$ = 总成本，$TR(q)$ = 总收益。边际量即为总量对产出的导数，所以 $dTR/dq = TR'(q) = MR$ = 边际收益。
    a. 解释为什么 $TP = TR - TC$。
    b. 证明利润最大化方程由 $TC'(q) = TR'(q)$ 推出。解释这一结果。

第10章 寡头和垄断竞争

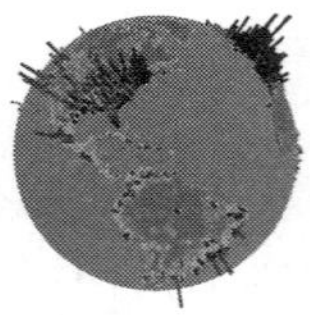

且看看 1992 年美国航空业的价格大战。当时，美国航空、西北航空和其他公司互不示弱、竞相降价、不可开交。其结果，客运量下降、航空公司亏损，这些都有迹可查。有人估计，美国航空业当年遭受的亏损竟然超出了该产业有史以来最高年份的总利润。

阿克塞·罗，马克·伯根和
斯科特·戴维斯：《如何打一场价格战》

前几章我们考查了完全竞争和完全垄断的市场结构。但是，如果你看看窗外的美国经济，你就会发现像这样极端的情况是很少的。多数行业介于这两个极端之间，是由为数不多且相互竞争的几个企业组成的。

这一系列不完全竞争形式的主要特征是什么呢？不完全竞争者是如何决定价格和产出的？为了回答这些问题，本章的开头将分析寡头和垄断竞争者的表现，特别要说明的是集中和策略互动的作用。进而，我们讨论博弈论，它是我们理解人们和企业等经济主体如何进行策略互动的重要工具。最后，我们将讨论如何应对垄断滥用、加强监管和反托拉斯等方面的公共政策。

A. 不完全竞争者的行为

不妨回顾一下表 9-1，该表列举了以下几种市场类型：（1）完全竞争：当为数众多的企业生产一种完全相同的产品时，就会出现完全竞争的情况；（2）垄断竞争：在这种情况下，为数众多的企业生产略有差别的产品；（3）寡头：它是不完全竞争的一种过渡形式，在这种情况下，行业为少数几家企业所控制；（4）垄断：一个企业单独生产一个行业的全部产品，垄断是最集中的市场结构。

如何衡量厂商在市场上控制价格和产出的能力？不同产品的表现如何？我们不妨从这些问题开始。

市场力量的衡量

在许多场合，例如，为确定政府是否应该干预某一市场，或者，大公司是否应该放弃它的垄断地位，经济学家都需要衡量该公司的市场控制能力。**市场力量**（market power）指的是单一厂商或少数企业控制某一产业的价格制定和生产决策的程度。

衡量市场力量最常用的一个指标是一个产业的集中率，图 10-1 说明了这一点。**四企业集中率**（four-firm concentration ratio）的定义是：某产业四家最大的厂商的总产量（或发货量）在整个产业中所占的百分比。同样，

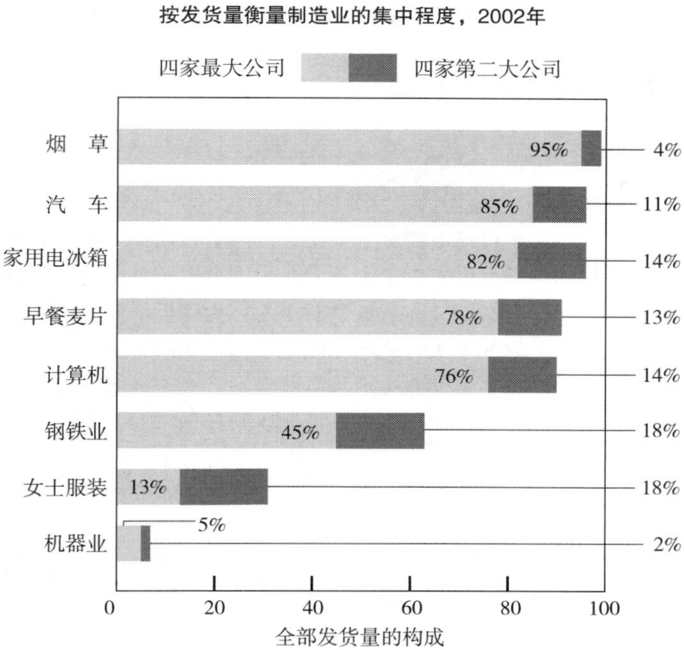

图 10-1　集中率衡量的是市场力量

就冰箱、汽车和许多其他产业而言，少数几家企业生产了美国国内产量的绝大部分。将这种情况与理想的完全竞争相对比，在理想的完全竞争之下，每家企业小到不能影响市场价格。

资料来源：U. S. Bureau of the Census，2002 年数据。

八企业集中率就是前八大厂商在某个产业总产量中所占的百分比。在完全垄断的情况下，四家或八家企业的集中率都是 100%，因为一家企业就生产了所有的产品，而对于完全竞争来说，这两种集中率都接近于零，因为即使是最大企业，也只是行业中全部产出的一小部分。

很多经济学家相信，传统的集中率没有能够充分地衡量市场力量。要想充分了解那些占统治地位的企业在行业中的角色，**赫芬达尔－赫希曼指数**（Herfindahl-Hirschman Index，HHI）是一种更好的方法。该指数是通过将一个市场中所有参与者所占的市场份额的比率的平方进行加总而获得的。完全竞争的 HHI 接近零，而完全垄断的 HHI 则是 10 000。（关于 HHI 计算的公式和实例，见本章末尾问题讨论第 2 题。）

慎用集中率指标

尽管集中率指标已经得到了普遍的采用，但由于国际竞争以及关系密切的行业之间的竞争，这一指标会产生许多误导。如图 10-1 中，传统集中率指标仅仅计算了国内生产，而把进口排除在外。由于在制造部门外国竞争非常激烈，因此实际集中率和市场力量可能要比这些指标所反映的低。例如，由图 10-1 可见，用传统集中率指标来衡量汽车行业的结果是前四大公司所占的市场份额是 85%。但如果将进口包括到销售额中去的话，则同样的这四家企业就只能占到市场份额的 43%。

此外，集中率指标往往忽略了来自其他相关产业的竞争。例如，集中率通常只被定义在一个狭窄的产业范围，如有线电话服务业。然而，激烈的竞争有时却来自于外部相关行业。与有线电话不在一个行业的蜂窝电话就是地方上传统有线电话服务的一个主要威胁。尽管四公司的集中率指标占有线电信运营商的 60%，但四公司对于所有电信运营商而言仅仅是 46%。因此市场的定义强烈影响集中率的测定。

最后，现实中衡量市场的集中程度，许多法律仲裁问题可谓至关重要，例如在讨论反托拉斯法的时候。这将会在本章后面进行。精准地刻画市场上所有竞争者的势力，对于判定垄断泛滥是否已经形成威胁这一点应当很有助益。

不完全竞争的实质

在分析市场集中率的过程中，经济学家发现不完全竞争市场存在着三个主要的因素：规模经济、进入壁垒和策略互动（前两者在前面的章节中已经分析过，第三大因素是下一节中具体考查的对象）。

- *成本* 对一个企业来说，当最低平均成本所对应的产量水平占该产业总产量相当大的比例时，只有少数几个企业可以获利并生存下来，结果就很可能形成寡头。
- *进入壁垒* 当存在规模经济或政府限制而形成进入壁垒时，一个产业的竞争者的数量就会十分有限。
- *策略互动* 当在某一市场上仅仅有少数几个企业时，它们必然会认识到它们之间的相互依赖性。**策略互动**（strategic interaction）是寡头市场的一个新特征，属博弈论研究领域。当每个企业的经营战略取决于它的竞争对手的行为时，就会出现策略互动。

为什么经济学家特别关注不完全竞争产业的情况呢？因为这些产业的行为往往是有损公众利益的。例如，不完全竞争者的价格通常要高于边际成本。有时，如果没有竞争的刺激，服务质量就会下降。高价格和低质量都是不受欢迎的结果。

高价格的结果是寡头产业经常（但不总是）能有超出正常的利润。在很多情况下，高度集中的烟草业和制药业的超额利润总是被当做政治攻击的目标。但是，进一步的研究表明，集中行业的利润率比非集中行业并高不了多少。

不完全竞争者通常提出的一个反击理由是，在现代经济中，大企业负担了绝大部分研发（R&D）和创新费用。这种说法不无道理，因为集中程度较高的产业为了在技术水平上超过竞争对手，每单位销售额中往往含有较高水平的研发费用。不过，个人和小企业也会创造出很多重大的技术突破。我们会在第11章经济创新中再次论述这一重要问题。

不完全竞争理论

诚然，对于产业集中度的研究非常重要，但它并不能说明问题的全部。实际上，为了解释不完全竞争者的行为，经济学家们已经开发了一个领域，即产业组织（industrial organization）。在这里不可能全面地阐述这一广阔领域，我们将考查不完全竞争的三种重要情况：勾结寡头、垄断竞争和少数寡头。

有勾结的寡头

一个市场不完全竞争的程度并不只取决于企业的数量和规模，也取决于企业的行为。当市场上企业为数不多时，它们就会注意竞争对手的行为和反应。例如，在同一条航线上飞行的两家航空公司，如果一家提高机票价格，另一家就要决定是与对方一起提价，还是保持低票价以排挤对方。*策略互动*描述的就是每个企业的经营决策如何依赖于竞争对手的商业行为。

当一个市场中只有为数不多的几个企业时，它们就可以在合作与不合作的行为之间做出选择。当企业按照自己的计划行动，而没有公开或暗中勾结其他企业时，它们就是以非合作方式共处，这会形成价格大战。当它们设法将双方的竞争降到最低程度时，可以说它们在以合作的方式共处。当寡头企业积极地合作时，它们就相互**勾结**（collusion）起来。这一术语表示这样一种情况：两个或更多的企业共同确定它们的价格或产量，在它们之间瓜分市场，或者共同制定其他生产决策。

在美国资本主义的早期阶段，在反托拉斯法还没有奏效之前，寡头往往合并或形成一个托拉斯或卡特尔（回顾一下我们在第9章中有关托拉斯的讨论）。**卡特尔**（cartel）是生产相似产品的独立企业联合起来以提高价格和限制产量的一种组织。今天，除了少数例外，在美国和其他多数市场经济国家，公司相互勾结起来共同确定价格或瓜分市场的行为是属于非法的。

不过，当企业不想通过公开的协议来避免竞争时，它们就会暗中进行勾结。但它们在暗中勾结时，往往会将价格定在相近的水平上，抬高利润，降低营业风险。近年，不仅网上音乐、钻石等销售商都已被查证有价格联手迹象，而且私立大学、艺术品交易、航空和电话业，也都被指控存有勾结行为。

成功的勾结会赢得很高的报酬。设想一个产业，该产业有四个企业（称A、B、C和D），它们都厌倦毁灭性的价格大战，于是暗中勾结，将价格定在同一水平，而不是互相压价。在这种情况下，企业可能需要寻求一种**勾结寡头**（collusive oligopoly）均衡，以得到使其共同利润最高的定价。这样，这四家企业实际上成了一个垄断者。

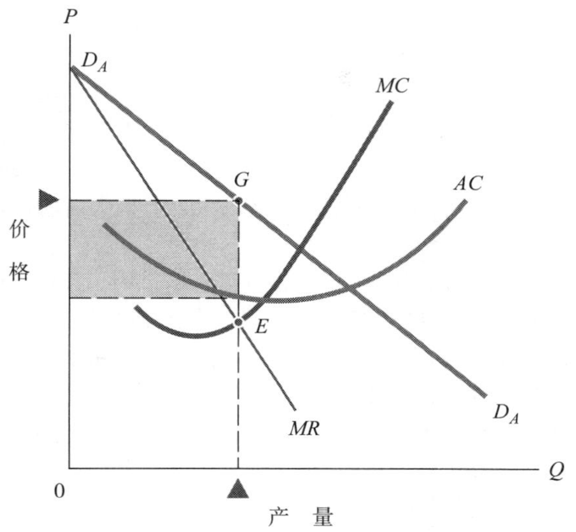

图 10–2　有勾结的寡头看上去很像垄断

在经历了灾难性的价格战之后，企业必然会认识到每一次削价都被竞争者的削价所抵消。因此，寡头 A 可能会假设其他寡头也会索取相似的价格，从而估计它的需求曲线 D_AD_A。当各企业相互勾结以确保利润最大化的价格时，价格将非常接近于单个垄断者的情况。你能解释为什么利润会等于阴影部分的矩形面积吗？

图 10-2 说明了寡头 A 的情况，四家企业有相同的成本曲线和需求曲线。我们假设其他三家企业总是会定一个与 A 相同的价格，据此画出 A 的需求曲线 D_AD_A。

对于有勾结的寡头来说，利润最大化均衡在图 10-2 所示的 E 点，即企业的 MC 曲线与 MR 曲线的相交点。这里，恰当的需求曲线为 D_AD_A。有勾结的寡头的最优价格显示在 D_AD_A 曲线上的 G 点，它在 E 点的正上方。这一价格与垄断的价格水平完全相同，也就是说，高于边际成本，并且使得勾结寡头获得了满意的垄断利润。

> 当寡头能够相互勾结，使它们的共同利润达到最大时，考虑到它们之间的相互依赖性，它们就会以垄断者的价格和产量，来赢得垄断者的利润。

虽然许多寡头对于获取如此高的利润感到满意，但是，在现实生活中，存在许多阻碍它们有效勾结的因素。首先，勾结是非法的。其次，企业可能通过对所选择的顾客降低价格以增加其市场份额来“欺骗”协议中的其他成员。在价格保密、产品有差别、企业的数目不止几个或技术变化迅速的市场上，秘密降价的可能性更大。第三，随着国际贸易的不断深入，许多公司不仅要应付国内竞争，还要迎接外国企业的激烈挑战。

事实上，经验表明，成功运作卡特尔是一件很难的事，不管是公开的还是秘密的。

石油输出国组织（OPEC，音译为“欧佩克”）就是一个长期勾结失败的例子。OPEC 作为一个国际组织，规定了成员国（包括沙特阿拉伯、伊朗、阿尔及利亚等）的石油产量。它的目标是“为石油生产者确保公平和稳定的石油价格，向石油输入国提供有效的、经济的和有规律的石油供给，并保证石油行业的资本回报率。”批评者认为该组织是一个真正勾结在一起、旨在最大化产油国利润的垄断组织。

1973 年，OPEC 可谓家喻户晓，当时它导致了石油产量的急剧下降和石油价格的飞涨。但一个成功的卡特尔显然要能够要求其成员国限制生产以维持高价，并坚持执行集体的规定。然而，每隔几年一些 OPEC 的成员国就总是出现无视既定配额而增加生产的情况，从而导致价格竞争战的爆发。最为壮观的是 1986 年，沙特阿拉伯竟然将其石油价格从每桶 28 美元降低到 10 美元以下。

OPEC 所面临的另一个问题是它规定的是生产配额，而不是价格。在需求不确定和价格缺乏弹性的条件下，这种做法很容易导致油价的剧烈变动。进入新世纪以来，由于物价飞速上涨，石油生产商更是富有起来，但是石油输出国组织实际上已经很少能有效控制事态了。

另一个屡次勾结而又不断失败的市场是航空业。这个产业可以说是相互勾结的天然候选者。主要的航空公司的数量屈指可数，而且在许多航线上只有一两个竞争者。但回头看本章开头那段描述近期美国航空业价格大战的引言可发现，航空公司破产是极为频繁的，有些航空公司甚至要花费更多的时间忙于破产而不是找到解决方法。事实上，只有当一家航空公司垄断了通往某个城市的几乎所有航线时，才有可能真正地采取垄断价格以获得垄断利润。

垄断竞争

勾结寡头的另一极端是**垄断竞争**（monopolistic competition）。垄断竞争在三个方面类似于完全竞争：有许多买者和卖者，进入和退出某一产业是自由的，各企业都把其他企业的价格视为既定。二者之间的差别在于：在完全竞争的条件下，产品是完全相同的；而在垄断竞争的条件下，产品是有差别的。

垄断竞争是非常普遍的，不妨看一下超级市场的货架，你会发现各种品牌的麦片、香波和冷冻食品系列，足以让人眼花缭乱。在每一系列，产品与服务虽然有差别，但它们的相似性仍然足以在它们之间构成竞争。还有一些垄断竞争的例子：在你家附近有几家杂货店，所卖的商品都一样，只是地理位置各不相同而已。加油站也是如此，它们销售同样的产品，只是在地理位置与品牌方面进行竞争。摆有几百种杂志的书摊是垄断竞争的，拥有 50 多个竞争品牌的个人电脑市场也是如此。诸多此类例子不胜枚举。

为便于分析，我们应记住这样一个重要的观点，即产品存在差别意味着每个销售者相对于完全竞争市场（销售者是价格接受者）来说在某种程度上都有提高或降低价格的自由。产品差异化使得每个卖者所面临的需求曲线向下倾斜。

图 10-3 表明某一垄断竞争的电子杂志的短期均衡位于 G 点。它的 dd 需求曲线表示当其他杂志的价格不变时，该企业销售量与价格之间的关系；它的需求曲线是向下倾斜的，这是因为它的产品与任何其他出售者的产品都有某些差别——讨论的焦点不同。利润最大化的价格处在 G 点，由于 G 点的价格高于平均价格，该企业获得了相当可观的利润，其利润额用 $ABGC$ 的面积来表示。

进入之前的垄断竞争

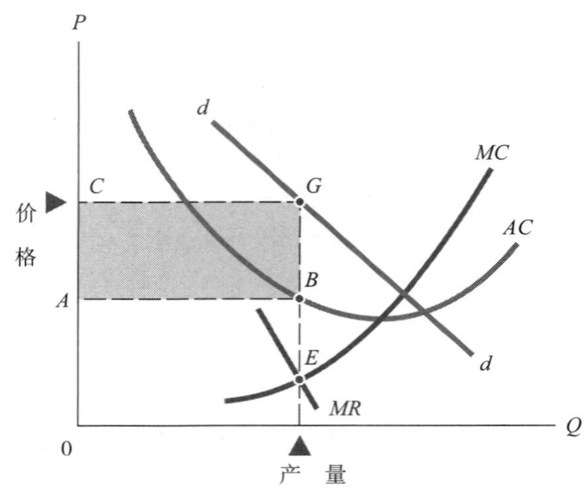

图 10–3 垄断竞争者生产许多相似的产品

在垄断竞争的条件下，为数众多的企业出售有差别的产品，因此它们拥有向下倾斜的需求曲线。每个企业都将其竞争者的价格视做是既定的。$MR = MC$ 的均衡点位于 E 点，价格处于 G 点。由于价格高于 AC，该企业获得了利润，即 $ABGC$ 的面积。

但是，我们的杂志并没有垄断作者、新闻发布权或电脑上网能力。企业可以通过雇用编辑、采用鲜明的新观点和新标语、购置打印机，以及雇用工人等办法加入该行业。由于电子杂志业是有利可图的，企业家就会将新的电子杂志投放市场。随着新企业的加入，现有垄断竞争的电子杂志的需求曲线向左方移动，因为新的杂志抢走了一部分市场。

最终的结果是电子杂志继续进入该市场，直到所有的经济利润（包含所有者的时间、才能和投入资本的合适的机会成本）下降到零时为止。图 10-4 说明了典型的卖者的长期均衡。在均衡点，需求减少或向左方移动，直到新的需求曲线 $d'd'$ 正好与该企业的 AC 曲线相切为止。G' 点就是该产业的长期均衡点，这是因为利润为零，没有人企图进入或被迫退出该产业。

这一分析结果可以很好地用来解释个人电脑产业。最初，电脑厂商，如苹果公司和康柏公司，赢得了很大的利润。但后来随着个人电脑产业进入壁垒的不断降低，许多小企业也进入了这个市场。今天，这个产业有为数众多的企业，每一家只在市场上占一小部分份额，尽管

进入之后的垄断竞争

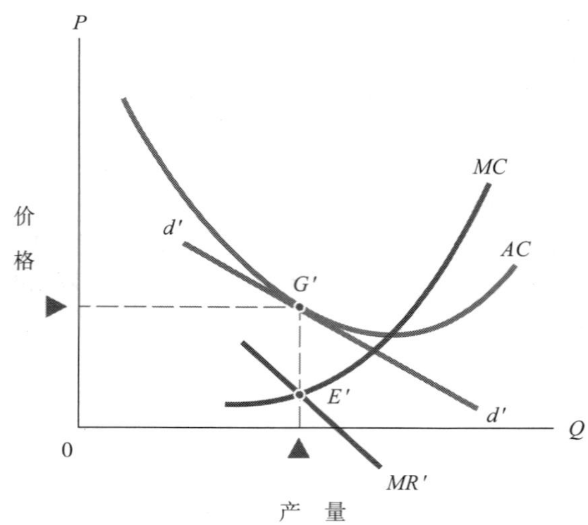

图 10–4 众多垄断竞争者的自由进入消除了利润

图 10-3 中典型出售者最初盈利的 dd 曲线由于新竞争者的进入会向左下方移动到 $d'd'$ 的位置。只有当每个卖者被推到一个长期的、没有利润的相切点，如 G' 点时，进入才会终止。在长期均衡点，价格仍然高于 MC，每个生产者都处于其长期 AC 曲线左边的下降部分。

它们不停努力，但仍然无法赢得与其努力相称的经济利润。

垄断竞争模型提供了认识美国资本主义的重要线索：随着拥有新差异产品的企业的进入，这种不完全竞争行业的长期利润率为零。

> 在垄断竞争的长期均衡点，价格高于边际成本，但经济利润已经下降到零。

一些批评家认为，垄断竞争天生是低效率的。他们指出垄断竞争会导致过多新产品的出现，而如果消除这些不必要的产品差别，就会降低成本，从而降低价格。为了更好地理解他们的理由，我们不妨再看看图 10-4 中的长期均衡价格 G'。在该点，价格高于边际成本。因此，产量降低到理想的竞争水平之下。

批评垄断竞争的论断有它不可忽视的吸引力。它在揭示人类的福利，从苹果、肉桂、麦片到蜂蜜、坚果，再到所有食物的分配方面，的确有独到之处。有时候，我们很难解释为什么十字路口的四个角上会各有一个加油站。

不过，有一个逻辑性很强的观点可以用于解释当代市场经济所生产的差异化的产品和服务。所生产的大量产品满足了不同消费者的品位和需要。减少垄断竞争者的数目可能会降低消费者的福利，因为人们再也不能得到如此多样化的物品了。人们宁愿为自由选择支付较高的代价。

寡头之间的抗争

第三个不完全竞争的例子，是仅有少数企业的竞争市场。这次我们不考虑勾结的问题，而将注意力放在策略互动的现实问题上。策略互动可以在任何竞争者为数较少的市场中发生。正如网球运动员设法看透他的对手一样，每一家企业都必须考虑关键经营策略的改变会引起竞争者什么样的反应。如果通用电气公司生产出一种新型的冰箱，那么它的主要竞争对手惠而浦会有什么举动呢？如果美国航空公司降低横跨大陆的机票价格，联合航空公司又会做出何种反应呢？

考虑纽约到华盛顿的飞机运输市场，目前它是由德尔塔公司和美国航空公司所控制的。由于这个市场只有两家企业，我们将它称为**双寡头垄断**（duopoly）。假设德尔塔公司考虑将收费降低 10%，只要美国航空公司不同样降低收费，则德尔塔公司的利润就肯定会提高。但是，如果对方同样也降低价格，则它的利润就会下降。如果它们不能相互勾结，则德尔塔公司就必须考虑价格的波动会引起对方何种反应。最好的方法是估计每种行为会引起对方的何种反应，然后从被认知的策略互动中找出使利润最大化的做法。这种分析属于我们接下来就要讨论的博弈论问题。

类似的策略互动发生在许多大型产业中：电视、汽车甚至经济学教材。与垄断和完全竞争不同，几乎没有一个简单的理论可以用于解释寡头的行为。成本与需求结构的不同，产业的不同，甚至于企业经营者性格的差异，都会引致不同的策略互动和不同的定价策略。有时，最好的方法是相机抉择，以便在对立之中进行权衡。

> 少数企业之间的竞争将一种全新的特征引入经济生活之中：它迫使企业考虑竞争者对于价格和产量变动的反应，并将策略问题带入市场。

价格歧视

当企业拥有市场力量时，它们就可以通过价格歧视手段去提高它们的利润。**价格歧视**（price discrimination）指的是同样的产品以不同的价格卖给不同的顾客。

考虑下面的例子。你经营一家公司，出售一种叫做 MyMoney 的个人成功理财的软件。你的市场营销经理对你说：

> 老板，你看，我们的市场调查显示我们的客户可以分成两种类型：一直采用本公司软件的老客户，以及之前采用其他软件的新客户。我们何不对老客户提高价格，而对有可能转向竞争对手的新客户给予优惠？我已经算过了，如果我们将价格从 20 美元提高到 30 美元，但是给那些之前采用其他理财软件的客户 15 美元的折扣，我们就可以增加客户的数量。

你很容易被该建议所吸引，并大致画出了如图 10-5 所示的需求曲线。市场营销经理的调查显示老客户的需求价格弹性比潜在客户的小，因为新客户必须支付大量的转移成本。如果你的优惠计划能发生作用，并成功地细分了市场，则你的利润就会从 1 200 美元上升至 1 350 美元。（为确保你已经理解了这个分析，请使用图 10-5 中的数据计算一下：设定两种情况，一个是统一的垄断价格，另一个是细分市场实行价格歧视，然后推算价格和利润。）

价格歧视在今天被广泛使用，特别是针对那些不易

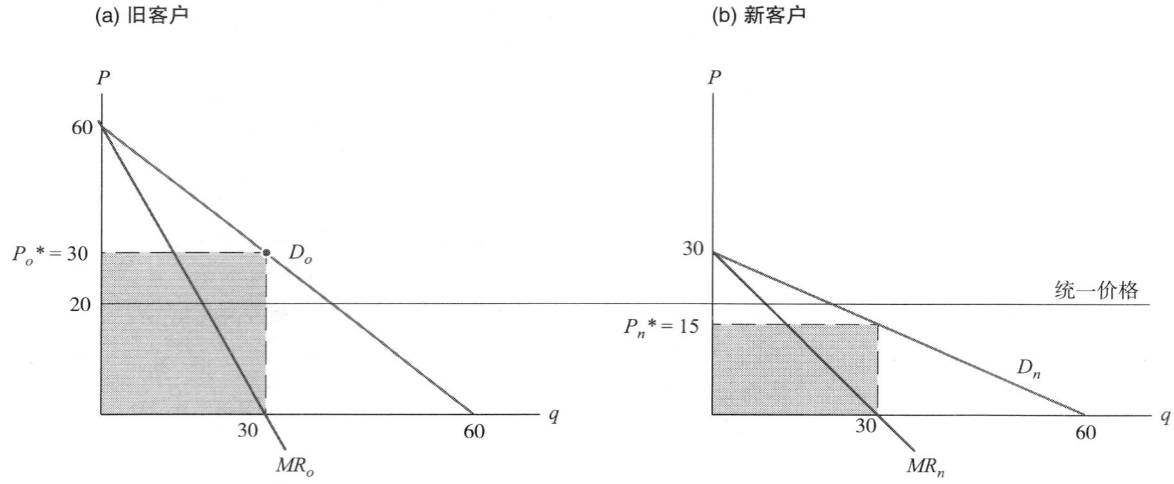

图 10–5 企业可以通过价格歧视提高利润

你是一个追求利润最大化的垄断者，出售边际成本为零的计算机软件。你的市场包括在图（a）中已有的客户和在图（b）中的新客户。老客户的需求弹性较小，因为他们转而使用其他程序的成本较高。

如果你设定一个统一价格，你在价格为 20 美元处实现最大利润 1 200 美元。但是假设你可以把市场细分为坚定的老客户和犹豫不决的新客户，你就能够将利润提高到（30 美元 × 30）+（15 美元 × 30）= 1 350 美元。

从低价市场转移到高价市场的产品。这里有一些例子：

- 同样的教科书在欧洲要比在美国卖得便宜。是什么阻止了批发商从国外大量进口，从而压低国内市场的价格？是保护主义的配额限制了这一行为。然而，作为个人，你也许会通过网上书店从国外购买书籍，从而降低购书成本。
- 航空业善于使用价格歧视（回顾我们在第 4 章关于航空业弹性的讨论）。它们通过对选择旅游高峰和非高峰时间的乘客，商务出行和旅游出行的乘客以及愿意等候的乘客提供不同价格的机票来细分市场。这使得它们无需牺牲收入就可以为航班吸引到足够的乘客。
- 地方公用事业常常使用“两部分定价”（有时也叫做非线性定价）来弥补高出的经费成本。如果你观察一下你的电话或电费账单，你会发现那上面通常都有服务的连接价格和每单位的价格。因为，相对于每单位价格来说，连接缺乏价格弹性，这就使得卖方可以降低每单位的价格，从而提高总的销售量。
- 从事国际贸易的企业常常发现国外的需求比国内的需求更有弹性。因此，它们在国外的售价要低于国内。这种行为也可以叫“倾销”，通常被国际贸易协定所禁止。
- 某些公司有时会降低其顶级产品的级别，生产性能低一些的产品，这样它就可以以较低的价格出售这些产品，从而赢得低端市场。例如，通过加入特殊的命令，IBM 公司让其激光打印机的速度从每分钟 10 页降低到每分钟 5 页，从而可以用较低的价格出售这种产品，而同时又不会影响到顶级产品的销售。

价格歧视的经济效率在哪里？令人惊奇的是，它们常常会提高经济福利。为理解这一点，回顾一下垄断者通过提高价格和降低销量来增加利润。它们这样做会赢得急需其产品的顾客，但同时也会失去那些犹豫不决的顾客。垄断者通过区分愿意支付高价的顾客（向他们收取高价）和只愿意支付低价的顾客（或是向他们收取中等价格，或是以低价向他们出售较次的产品），就可以分别制定不同的价格收费标准，进而能够同时提高企业利润和消费者的满意程度。[1]

[1] 要了解价格其实如何提高效率，可以参考本章的问题3。

B. 博弈论

策略性思维是在不断弄清对手的过程中战胜对手的一门艺术。

——埃维纳什·迪克西
巴里·纳勒巴夫
《策略性思考》(1991 年)

经济生活中充满了国民、企业或国家争夺支配地位的情况。我们在前面章节所分析的寡头垄断有时会引发经济战。在 19 世纪，我们就已经看到了这种竞争，那时范德比尔特（Vanderbilt）和德鲁（Drew）曾在他们相互平行的铁路线上一而再再而三地竞相压低运输收费。近些年来，航空公司发起价格战，以便在价格大战中争夺客户，但其结果往往都是以惨败而告终（见本章开篇的那段引言）。但是，航空公司在降低价格之前应该考虑到它的对手将会对它降价这一举动做出什么样的反应，如何应对这些反应，等等。

一旦企业所想的是，竞争对手所想的是什么？应当如何应对？那么它事实上就已经跨入我们所讨论的博弈论的世界了。博弈论所分析的是，目标相互冲突的两个或更多的决策者的行为及其互动的情况。在不完全竞争的市场结构中，博弈论者若干重要的见解如下：

- 随着不合作寡头数量的增加，一个产业的价格和产量趋向于完全竞争市场的产出情况。
- 如果企业成功勾结，那么，市场价格和产量将接近于垄断所产生的价格和数量。
- 过去的经历表明，随着企业数量的增加，勾结协议更加难以付诸实施，发生欺骗和不合作行为的次数也会增加。
- 在多种情况下，不存在寡头市场的稳定均衡。由于企业威胁、欺骗、发动价格战、处罚较弱的对手、暗示它们的意向或简单地退出市场等原因，策略互动就可能导致不稳定的后果。

博弈论（game theory）所分析的是两个或两个以上的比赛者或参与者选择能够共同影响每一参加者的行动或策略的方式。这一理论的定义听起来也许不那么令人重视，但在实际中却具有非常重要的意义。博弈论主要是由一位出生于匈牙利的名叫约翰·纽曼（John von Neumann，1903~1957 年）的数学天才所开创和发展起来的。经济学家利用博弈论来研究垄断者们的互动、工会与管理层的争议、国家的贸易政策、国际环境协议、名誉以及其他诸多问题。

博弈论还可以用于点拨我们的政治、福利和日常生活。例如，博弈论认为，在某些场合，小心的相机抉择行为是一种最佳的策略。保安的巡逻路线应当随机，而不应当固定。你在玩扑克时偶尔也应当要一点小聪明，不仅要在自己手气差的时候能够赢，而且在手气好的时候也要保证其他对手不会因为输得过多而退出牌局。我们将在本节探讨博弈论的基本理论。

定价策略

我们首先分析动态价格削减。假设你是网上书店 Amazing 公司的总经理，该公司的口号是“我们的售价不会高于别人”。现在，打开你的浏览器，你会发现一家新开的网上书店 EZBooks 公司也在做广告：“我们的卖价总比别人低 10%”。图 11-6 描述了这一动态变化。图中垂直的箭头表示 EZBooks 公司的削价，而水平的箭头表示 Amazing 公司与此相对应的削价。

探寻这种定价行为与对抗方式，我们可以看到，这种竞争的结果势必会以相互毁灭、价格趋零而告终。为什么？因为只有降低到零价格，双方的价格战略才能够做到言行一致，零的 90% 等于零。

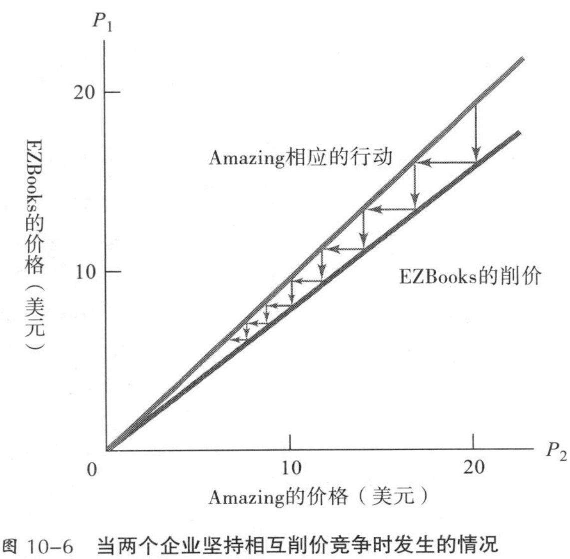

图 10–6　当两个企业坚持相互削价竞争时发生的情况

价格动态下调步骤导致两个对手越来越低的价格。

最终两个公司都将会醒悟：当一个公司削价时，另一个也会采取相应的削价措施。只有那些目光短浅的人才会认为自己的价格可以长期地低于竞争对手。于是，每个市场的参与者都将会自问，如果我降价、提价或是维持不变，我的竞争对手将会怎样应对？*一旦你开始考虑他人会如何对自己的决策做出反应的时候，你便进入了博弈论的领域。*

基本概念

我们将从**双寡头垄断的价格博弈**（duopoly price game）入手来阐明博弈论的基本概念。如果市场上的供给只由两个企业提供，那么就称之为一个双寡头垄断市场。为简化起见，我们假设每一企业都具有相同的成本和需求结构。而且每个企业都可以选择运用正常的价格，或采取低于边际成本的价格，从而迫使对手破产，以占领整个市场。双寡头垄断博弈的新颖之点就是，企业利润的获得既取决于自己的战略，也取决于对手的战略。

体现两个企业或两个人之间相互作用的有用工具是双方的**回报矩阵**（payoff table，也译作“支付矩阵”），这是一种表示双方采取的策略和回报状况的方法。图 10-7 所示的就是我们讨论的这两家公司在双寡头垄断价格博弈中的支付情况。在回报矩阵中，每一个企业都可以在自己的行和列中选择战略。例如，EZBooks 公司可以在它的两列中选择，Amazing 公司则可以在它的两行中选择。在本例中，每个企业有两种选择：是运用正常的价格，还是采取低价格挑起价格战。

将每个竞争者所选择的两种决策组合起来，我们可以得到四种结果，它们被表述在该表中的四个格子内。左上方 A 格是两个企业选择正常价格的结果，D 是双方均选择低价的结果，B 和 C 则是一方采用正常价格，而另一方采取低价的结果。

每个格子中的数字代表了两个企业的**回报**（payoff）情况，即每个企业在四种结果中的获利情况。左下角的数字是对弈者 Amazing 公司的获利，右上角的数字则表示 EZBooks 公司的获利。由于参与企业（的效用感受）是一致的，因而，双方的获利情况势必互为镜像。

策略选择

既然我们已经了解了博弈的基本结构，下面来研究博弈参与者的行动。博弈论的一个新的精神在于：不仅要分析你自己的行动方案，而且还要分析自己的目标和行动与对手的目标和行动二者间的互动关系。而且你必

价格战

Amazing的价格（美元）	EZBooks的价格（美元）：正常价格*	EZBooks的价格（美元）：价格战
正常价格*	A† 10 10	B −100 −10
价格战	C −10 −100	D −50 −50

* 占优策略
† 占优均衡

图 10–7 价格战的回报矩阵

这张回报矩阵表说明，竞争者之间不同的策略会导致不同的获利情况。Amazing 可以选择两种策略，如图中两行所示；而 EZBooks 也可以选择两种策略，如图中两列所示。每一格中的账目表示双方的损益状况。例如在 C 格中，Amazing 进行价格战，EZBooks 却采用正常价格，其结果是 Amazing 的利润为 −100 美元，而 EZBooks 的利润为 −10 美元。每一企业试图采取最优策略将最终导致 A 格中的占优均衡。

须始终记住，你的对手也始终在分析你的战略。

> 博弈论的指导思想是：假设你的对手在研究你的策略，并采取追求自身最大利益的行动，这时你应该如何选择最有效的策略。

我们将这个准则用于双寡头垄断的市场。首先，请注意，这两家公司在图中的 A 格有着共同的最大利益。当双方都运用正常价格战略时，每个企业将各赚 10 美元。而在另一个极端，是双方都采用削价战略，从而都会遭受最大损失的情况。

在上述两种情况之间，存有两种有趣的战略，即只有一方选择发动价格战。例如，在结果 C 中，EZBooks 公司坚持正常的价格战略，而 Amazing 公司却采取降价战略。于是，Amazing 公司拥有了市场，可它却损失了大笔的金钱，因为它的售价低于成本。EZBooks 公司一直以正常价格销售，而不是对 Amazing 公司的策略以牙还牙，其处境反倒要好一些。

占优策略　在选择策略时，最简单的一种选择是**占优策略**（dominant strategy），即无论其他博弈者采用何种战略，该博弈者的策略总是最好的。

例如，在我们价格策略的博弈中，设想一下 Amazing 公司所面临的选择。在 EZBooks 公司采用正常价格时，Amazing 公司如果按正常价格经营，则会得到 10 美元的盈利；而如果它进行削价竞争，就会亏损 100 美元。另一方面，如果 EZBooks 公司发动价格战，而 Amazing 公司按正常价格售卖，则 Amazing 公司会损失 10 美元；而如果 Amazing 公司也进行价格战，则会损失更多（达 50 美元）。同理，EZBooks 公司的战略也可以此类推。因此，一个企业无论采用什么战略，与之博弈的企业的最佳战略就是仍按正常价格销售。在这个特定的价格博弈中，正常价格对两个企业来说都是一种占优策略。

在两个（或全部）博弈者都采用占优策略时，我们称其结果是一种**占优均衡**（dominant equilibrium）。在图 10-7 中 A 的结果就是占优均衡。因为进行博弈的两个企业都采用了占优策略，从而造成了这样一种均衡状态。

纳什均衡　多数令人感兴趣的情况并不是占优均衡，为此我们还需要进一步加以研究。我们可以用上述双寡头垄断的例子来探讨这种情况。在这个我们称之为对抗博弈（rivalry game）的例子中，每个企业都将考虑是采用正常价格，还是抬高价格形成垄断并尽力获取垄断利润。

图 10-8 所示的就是这种对抗博弈，企业可以处于其正常价格的均衡状态，像我们在价格战中所看到的。或者，它们还可以力图抬高价格赚取垄断利润。有趣的是，这两家公司在单元格 A 中有最大的联合利润；如果每一方都采用高价战略的话，则双方共计可赚 300 美元利润。只要企业之间存在合谋并共同设置垄断价格，A 这种情况就会出现。而在另一个极端，则是双方都采用正常价格的竞争策略，于是每个企业仅能够盈利 10 美元。

在这里还有两种有趣的情况，即一个企业采用正常价格策略，而另一个则采取高价格策略。例如在 C 格中，EZBooks 公司采用高价策略，而 Amazing 公司则采取正常价格。于是，Amazing 公司会占领大部分市场，并赚取了最高收益，而此时 EZBooks 出现亏损。在单元格 B 中，Amazing 公司以高价策略为赌注，而 EZBooks 公司则采取正常价格，这势必意味着 Amazing 公司的亏损。

在这一对抗博弈的例子中，由于 Amazing 公司选择了正常价格的占优策略，无论 EZBooks 公司怎样做，它都会获利较多。另一方面，EZBooks 公司则没有采用占

对抗博弈

Amazing的价格（美元） \ EZBooks的价格（美元）	高价格	正常价格*
高价格	A　EZBooks: 200　Amazing: **100**	B　EZBooks: 150　Amazing: **−20**
正常价格*	C　EZBooks: −30　Amazing: **150**	D*　EZBooks: 10　Amazing: **10**

* 纳什均衡

图 10-8　双寡头垄断者应该采用垄断价格吗

对抗博弈中，每个企业按正常价格都可盈利 10 美元。如果双方抬高价格以达到垄断水平，则共同利润最大。然而，由于每一企业都想“欺骗”对手并通过降价获取更多利润，因而确保了在无合谋的情况下，正常价格的纳什均衡将成为一个普遍的事实。

优策略。这是因为，如果 Amazing 公司采用正常价格策略，EZBooks 公司也会采用正常价格；如果 Amazing 公司实行高价，EZBooks 公司也会实行高价。

EZBooks 公司处在一种有趣的两难困境之中：它是否应该采用高价策略，并希望 Amazing 公司也紧随其后呢？还是为了安全而采用正常价格出售呢？通过对这种回报矩阵的思考，我们可以清楚地看到：EZBooks 公司还是应以正常价格销售。这个道理并不复杂，EZBooks 会站在 Amazing 公司的立场上来考虑。无论 EZBooks 公司采用何种策略，Amazing 公司都会采用正常价格策略，因为这是 Amazing 公司的占优策略。因此，EZBooks 公司应该假定 Amazing 公司势必将采取占优策略方式，并据此找出自己的最佳行动方式。这会立即促使它按正常价格销售。*这表明了博弈论的一条基本准则：把自己的战略建立在假定对手会按其最佳利益行动的基础上。*

我们现在已经发现了解决问题的方法，称之为**纳什均衡**（Nash equilibrium），以数学家约翰·纳什命名，他曾因在博弈论方面的贡献而获得诺贝尔经济学奖。纳什均衡是一个在其他博弈者的策略给定时，没有一方还能改善自己的获利的境况。纳什均衡有时也被称作**非合作性均衡**（noncooperative equilibrium）。这是因为，每一方选择策略时都没有共谋，他们只是选择对自身最有利的策略，而不考虑社会福利或任何其他群体的利益。

不妨举个简单的例子：假定人们驾车一律靠右行驶，那么你的最佳策略是什么？显然你也应该靠右，除非你想丧于非命。更值得注意的是，每个人都靠右行的情况是一种纳什均衡，即只要其他每个人靠右行驶，则不会有人对靠左行驶产生兴趣。

[这里不妨给学习好的同学一个更精准的纳什均衡定义：假设 A 选择的策略是 S_A^*，而 B 选择的是 S_B^*。在对手都维持既定的策略，而自己又没有更好的策略的条件下，两人所选定的这一对策略（S_A^*，S_B^*），就被称之为纳什均衡。当然，这里所讨论的还只是两人之间的纳什均衡问题。实际分析中，这个重要的范畴可以被拓展到多人或曰 n 人博弈中去。]

你应该可以确认，图 10-8 中的策略所构成的是一个纳什均衡。也就是说，只要对手不改变策略，任何一方的回报都不可能增进。同样，我们还可以看出，图 10-7 中所讨论的占优均衡也是一种纳什均衡。

> 纳什均衡（也被称作非合作均衡），是博弈论最重要的概念之一，在经济学和社会科学的许多领域都已经被广泛地采用。假定每个博弈参与者都选择其（能得最高回报的）最优决策，而又都认定其对手都不会改变他们的策略，则照此博弈的结果势必是一种纳什均衡。博弈论学者已经指出，竞争性均衡都是一种纳什均衡。

博弈，博弈，无处不在……

博弈论的精辟见解如今已渗透到经济学、社会科学、工商业活动以及日常生活等各个领域。比如，在经济学中，博弈论可以解释贸易战和价格战。

博弈论还表明，外国的竞争为什么会引起更激烈的价格竞争。当一个行业中美国的企业出现默契的合谋，并形成很高的寡头垄断市场价格时，中国或日本企业进入会出现什么样的情况呢？外国企业或许“拒绝玩那样的游戏”，它们可能不参与合谋，因为它们可能通过削价而获取市场份额，这样勾结机制就会瓦解。

许多博弈的关键问题之一是建立信誉。如果你能遵守诺言，说到做到，则你是可以信任的。但是你不能仅仅通过许诺而获得信誉。信誉必须与博弈的动机保持一致。

你如何才能得到信誉呢？下面是一些例子：中央银行通过在通货膨胀问题上采取不向政治妥协的强硬立场而获得信誉。更大的信誉来自于中央银行与政府分支机构的相互独立。商业上可通过签订承担法律责任的合同来建立信誉。一个更有争议的方法是，军队在前进中破釜沉舟——因为没有退路，只能以死相拼，才能赢取信誉。

以上这些例子，只是对半个世纪以来博弈理论家们的研究成果的粗浅介绍。这个领域对于经济学家和社会学家非常有用，可以帮助他们分析充分拥有信息并想以智慧取胜的少数人的处境。经济学、工商管理学甚至国家安全学的同学们都将会发现，博弈论可以帮助他们更好地进行策略性的思考。

C. 公共政策如何应对市场力量

经济学分析表明，垄断会导致经济资源浪费。这些非效率何等重要？公共政策应怎样应对才能减轻垄断的危害？我们将在最后这一节中讨论这两个问题。

不完全竞争的经济成本

提高价格和产出不足的代价

我们的分析已经表明，垄断者减少产量和提高价格，因此它们的产量低于应有的像在完全竞争行业中的那种水平。在不完全竞争的极端情况即垄断中这一点尤为明显。为了说明垄断如何以及为什么要保持如此低的产量，我们假设所有其他产业都是有效率地组织在一起的。在这样的经济中，价格是稀缺性的正确的经济标准或指标：衡量的是居民户消费的边际效用和企业提供产品的边际成本。

现在，垄断公司加入到该经济之中。一个垄断者并不必然是一个邪恶的企业，它并没有抢劫别人或强迫消费者接受它的产品。垄断公司所利用的仅仅是：它是某一产品或服务的惟一出售者这个事实。通过保持产品的稀缺性，垄断公司将其价格提高到边际成本之上（$P > MC$）。经济效率要求 $P = MC$，但垄断公司的产量低于最有效率的产量，产品给消费者带来的边际产品价值也高于给厂商带来的边际成本。在寡头和垄断竞争的情形下，只要厂商能够把价格提高到边际成本之上，这种情况同样存在。

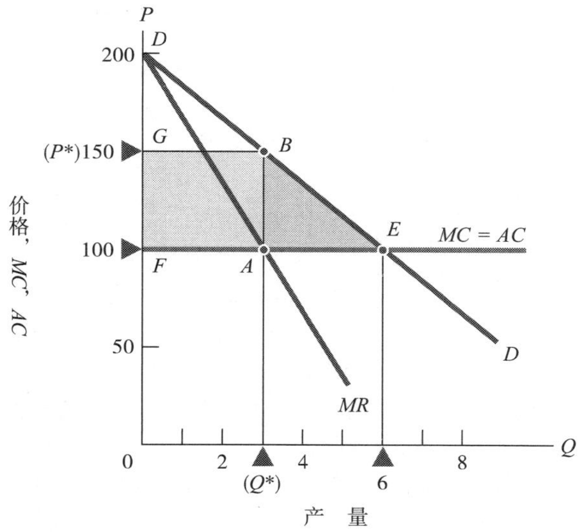

图 10–9　垄断者限制产量导致经济损失

垄断者限制其产量，因而提高价格，增加利润。如果该产业是竞争产业，那么，均衡会处于 E 点，此时，福利达到最大化。

垄断者的产量处于 B 点（此时，$Q = 3$，$P = 150$）时，价格高于 MC，消费者剩余遭受损失。把消费者剩余在 $Q = 3$ 和 $Q = 6$ 之间所遭受的全部损失加在一起，就得到了垄断所引起的经济浪费，等于阴影部分的面积 ABE。垄断者拥有的垄断利润（原本该是消费者剩余）等于 $GBAF$ 的面积。

不完全竞争静态成本

我们这里利用分析垄断的图（如图 10-9）来讨论不完全竞争所造成的效率损失。如果这个产业是竞争性的，那么，在 $P = MC$，即 E 点将会出现均衡。在一般的完全竞争条件下，这一产业的产量为 6，而价格为 100。

现在，让一个垄断者进入该图，该垄断者或许得到了关税、外贸配额，或是受益于政府设立的产业进入的法规，允许工会垄断某一产业的劳工等。不管是出于哪一种原因，垄断者都会确定 MC 等于 MR（而不是等于产业的 P），将均衡点移动到图 10-9 中的 $Q = 3$ 和 $P = 150$ 的点上。与零利润的竞争均衡相比，$GBAF$ 的面积就是垄断者的利润。

经济学家用**净损失**（deadweight loss）这一术语来衡量缺乏效率所造成的经济危害。这一术语表示经济福利的损失，这种损失是由于垄断、税收、关税或配额等一系列对价格和产量决策造成扭曲的经济行为带来的。一种新上市的止痛药以边际成本出售，消费者可以获得大量的消费者剩余。但是，如果这种产品为某一家企业所垄断，比如说由于专利保护，因而把价格抬高到垄断价格水平，则由此带来的消费者剩余的损失就会大于垄断者获得的垄断利润，这种经济福利的纯耗费我们称之为无谓损失。

我们可以利用图 10-9 来说明垄断造成的净损失。E 点是有效率的产出水平，这里 $MC = P$。低于 E 点的每 1 单位产量下降，福利损失或消费者剩余的损失就是需求曲线与 MC 曲线之间的垂直距离。垄断者限制产量所造成的总福利损失就是所有这些损失之和，用三角形 ABE 来表示。

如图 10-9 中，用这种小三角形衡量不完全竞争市场的代价的方法，同样也用于其他大多数产出和价格偏离竞争水平的场合。

这样计算的成本有时被经济学家称为垄断的“静态成本”。它假设产出技术不变，因而可以说是静态的。还有一些经济学家则认为，如果不完全竞争市场比完全竞争市场以更快的速度进行技术变革，那么不完全竞争者将会拥有"动态收益"。下一章我们将会讨论这类关于创新的问题。

应对不完全竞争的公共政策

国家如何降低垄断带来的破坏性影响？经济学家和法学家通常有三种对策建议。

1. 历史上看，各国政府用于控制垄断行为的第一个工具是经济管制。鉴于这种做法已历时一个多世纪，今天各国的经济管制已经普遍设有专门机构，管理监督着各个有关的产业，包括其产品的价格和产量，企业的市场准入和退出，还有公共事业和交通运输业等。这事实上仅仅是有限的管制而并非国有化。
2. 应对市场势力的主要办法是实施反托拉斯政策。反托拉斯政策可用以禁止某些种行为（如企业联合起来固定价格），也可以是指那些控制某些市场结构（如纯粹垄断和高度集中的寡头）的法规。
3. 较普遍用于遏制垄断弊端的更重要的方法，是尽可能多地鼓励竞争。即使是在大公司之间，政府也有许多政策可以促进良性的竞争。这对降低不同层次企业的进入门槛起着非常关键的作用。这意味着一种对于幼稚企业发展的鼓励，还意味着从国际市场向国内市场引入竞争。

在本章中我们将讨论前两种对策。

经济活动监管

美国产业中的经济管制可以追溯到一个多世纪之前。1887年，铁路成为美国第一个受到联邦全面管制的产业，政府成立了州际商务委员会（ICC）。州际商务委员会的目标是尽可能防止价格战，尽可能保证小城镇的服务质量以防止垄断。随后在1913年，联邦政府将监管扩大到银行业。1920年，美国政府的经济监管又进一步扩展至电力行业。到20世纪30年代，政府监管已经扩张到通信、证券市场、劳工、运输和航空等领域。

经济监管包括控制价格、市场准入与退出条件，以及控制服务标准。在自然垄断产业中，这样的监管是非常重要的。（不妨回想一下，若一行业的产量可由该行业中单一厂商独家有效生产，则该产业就是我们所说的自然垄断产业。）今天，最明显的被管制的自然垄断产业包括公共基础服务（供电、天然气和自来水）和电信产业（电话、广播、有线电视以及更普及的无线电频道）。20世纪30年代，美国的金融业也曾被列入政府监管的范围，特别是对银行、经纪公司和保险公司，都有严格的监管条例。但1977年以来，美国的许多产业的政府管制已经有所放松甚至解除，如航空业、运输业以及证券业。

为何监管行业

监管可以抑制企业所面对的那些不受约束的市场力量。政府为什么要去否定市场做出的选择呢？主要原因有三：首先，*防止寡头和垄断的市场力量滥用*。其次，*矫正信息不灵*，例如在消费者信息不充分的场合。第三，*正视外部性*，如环境保护等问题。这涉及到社会监管，将在环境经济学那一章讨论。以下，我们将讨论前两大原因。

平抑市场力量

传统上认为，采取监管措施的目的是减少市场力量的过度使用。更具体地说，各国政府只应对很难保证企业充分竞争的产业进行监管。极端的例子是自然垄断。

由前面几章讨论可知，在完全竞争条件下，企业成本下降与实际经济规模扩大并不相悖；在这种市场结构中我们看到的通常都是寡头或垄断。这里一个更极端的要点是：*在一个产业中，如果其规模经济或范围经济能够如此之强，以至于只允许其中某一个企业能够在竞争中最后存活下来，则这样的产业可谓自然垄断。*

政府为什么有时要管制自然垄断产业？原因在于，自然垄断者相对其潜在的竞争对手拥有强大的成本优势，而且面对的是缺乏价格弹性的需求，因此它可以大幅度地抬高价格，获取巨额垄断利润，导致严重的国民经济非效率。因此，政府监管在不影响全社会享受自然垄断所带来好处的同时，还可以防止无管制条件下垄断所势必导致的超高价格。常见的一个例子是地方上的水资源分配。无论是在取水加工、配水机制，还是在将自来水管道接入千家万户等环节，水资源分配的成本都是相当之高，以至于它只适合由某一大企业来提供服务，否则成本只会更高。这当然是一种自然垄断。在实行经济监管条件下，政府专门机构将授权某个公司在特定区域内拥有供水专营权。这样，该公司承诺给该地区所有用户供水，而政府则审批该公司供水价格水平和其他服务条款。

另一种自然垄断，在网络产业中特别常见。它之所以应运而生，是适应网络系统有效运作对于标准化和兼容化的要求。铁路需要标准轨距，电力传输需要负载平衡，通信系统则要求标准规范，否则不同的局域网将无法相互“交谈”。

历史上早些时候，政府管制通常都是针对那些恶性竞争或破坏性竞争的行业而设置的。这是历史上政府一直对铁路、货运、航运、客运，以及对农业生产进行监管的一个原因。今天经济学家对这种政府管制理由已经很少表示理解和赞同。归根到底，竞争势必能提高效率，而一个有效率的市场体系应该能提供一个足够低的“摧毁性”价格（可以让竞争对手无法抗拒的价格——译者注）。

矫正信息不灵

在没有监管的情况下，消费者通常都没有足够的产品信息。如药品，测试起来都是昂贵的、专业的和复杂的。一方面，政府监管药品，只允许销售那些通过了检验的“安全和有效”的药品。另一方面，政府还禁止虚假的和误导性的广告。在这两种情况下，政府所试图做的工作，都是在提供一种自身有效的信息，以矫正市场不灵。

监管金融市场的信息可谓尤其重要。人们在购买私人公司的股票或债券时，事实上是将自己的财富交给那些他们几乎一无所知的人。在购买 ZYX.com 公司的股票之前，我会审视该公司的财务报表，以把握其销售、利润和股息等情况。但我又怎能知道它们是如何统计其收入的呢？我怎么才能相信它们是在诚实地报告这些信息呢？

这正是政府监管金融市场的切入点。金融监管的目的绝大多数都在于增进信息的数量和质量，以便市场能更好地运作。在美国，某公司出售股票或债券之前，都需要正式公开披露其当前的财务状况，还有预测其经营前景的文件。公司的会计账目，都必须经由独立会计师和审计师的认可。

有时，特别是投机疯狂之际，公司有可能扭曲甚至是破坏规则。这种情况的大规模发生，是在 20 世纪 90 年代中后期和 21 世纪初，尤其是那些电信产业和许多“高科技”公司。2002 年，这些非法行为都被公之于众，美国国会还通过了一项新法规明确规定：欺骗审计人员属于非法，企业成立独立董事会以监督会计师，并赋予美国证券交易委员会（SEC）若干新的监管权。一些人士认为，这种法规应该为那些最规矩的企业所欢迎。严格的财务报表准则，可以减少买卖双方的信息不对称，增进相互信任，鼓励金融投资，因而有利于金融市场的发展。

斯坦福大学的约翰·麦克米兰曾用一个有趣的比喻来谈论政府监管的作用。体育运动可视为一种竞赛，其中个人和团队都会倾其所能以击败其对手。然而，这一竞赛的参加者必须遵守一套详细的规则，而裁判则需要以敏锐的眼光对其加以监督，并通过对违规行为的适时、适度的处罚，来确保参赛者切实地遵守这套规则。若没有这种精心设计的规则，则体育比赛将变成一场血腥的斗殴。同理，政府监管，伴以强有力的司法制度，对于现代经济显然也是必不可少的，因为它能确保过度狂热的竞争者不会垄断、污染、欺诈、误导、致残或以其他方式虐待工人和消费者。这一体育运动的比喻提醒我们，对于监督经济的运行，并为其设置相应的规则而言，政府仍然起着重要的作用。

反托拉斯法与经济学

政府促进竞争的第二个重要工具是反托拉斯法。反垄断政策的目的在于，使消费者得以享用激烈的市场竞争带来的经济利益。反垄断法通过两种不同的方式打击有碍竞争的不当行为：首先，反垄断法禁止某些类型的商业行为，比如抑制竞争的价格固定行为。其次，反垄断法限制某些类型的市场结构，比如垄断，因为垄断厂商很可能通过限制贸易或其他方式，来滥用其经济势力。几个关键性的法律条例，以及一个多世纪以来的法庭判例，奠定了美国反垄断政策的体系框架。

法规框架

反垄断法就像是由一把种子逐渐长成的巨大森林。反垄断法所依据的基本法律是如此简洁明了，以至于我们能将其原则完全引述于表 10-1 之中。寥寥数语，就能衍生出纷繁周到的法律条文，不得不令人拍案称奇。

《谢尔曼法》（1890 年） 在基于习惯和法庭判例的英美法体系中，垄断显然一直是违法的。但是，在 19 世纪 80 年代，兼并、卡特尔和托拉斯在美国经济生活中滋生蔓

延之后，当时的法律本身却并不能够有效地阻止它们。（回顾第9章对于镀金时代的描述，体味一下那个时代惨烈无情的斗争策略。）

1890年，平民党民生情绪的高涨导致了《谢尔曼法》的颁布。该法为美国反垄断法体系奠定了基石。《谢尔曼法》的第一条就规定：禁止“限制贸易”或商业的任何合约、联合和共谋行为。第二条则规定禁止“垄断”和意欲垄断的阴谋。但是，无论是该法的正文还是附件，都没有给出“垄断”的确切含义，或逐条指明哪些行为是被禁止的。其具体的含义只是在随后多年的法庭判例中才逐渐得以充实和明确。

《克莱顿法》（1914年） 《克莱顿法》的颁布，旨在进一步澄清和强化《谢尔曼法》。该法取缔了搭售合同（若消费者想购买商品A，则不得不购买商品B）；该法明文规定价格歧视和排他性交易为非法，还禁止相互兼任董事（一人在同一行业的多家公司中任董事），以及通过购买竞争对手的股票而实行兼并的行为。这些行为本身一般情况下并不违法，除非在其可能显著地削弱竞争的场合。在《克莱顿法》中，预防与惩罚是并重的。

《克莱顿法》的另一要点是：特别规定了工会组织可以不受反托拉斯法的约束。

《联邦贸易委员会法》 （1914年年），为禁止“不公平的竞争手段”，以及警示削弱竞争的垄断，美国联邦贸易委员会（Federal Trade Commission，FTC）得以建立。1938年，美国联邦贸易委员会得到授权，以禁止虚假和欺骗性的广告。为增强其执法力度，美国联邦贸易委员会被授权可以调查企业，举行听证会，并有权对企业发布“停止终止”的命令。

反托拉斯法讨论的基本问题：行为和结构

尽管反托拉斯法具有简明直接的条款，但在实践中，根据具体的企业行为和市场结构对其加以运用，却并非易事。反托拉斯法是在经济学和判例法的交互作用下得以不断地演进和发展的。

许多案例中都凸显出这样一个问题：如何恰当地定义“市场”？举例来说，在新墨西哥州的阿尔布开克，什么是“电话”市场？它是指所有的信息产业，还是仅指通信产业，或者仅指有线通信产业，抑或新墨西哥州的有线电话产业，甚至仅仅局限于某个特定的通话区域？在美国最近的判例中，市场的定义已经囊括了各种合理的高度替代品。如果固定电话费上升而转向手机通话的人足够多的话，那么这两种服务品就可以被视为同处一个行业。若电话费上升而又几乎没有人转而购买更多报纸，那么报纸就可以说不处于电话市场之上。

反托拉斯法
《谢尔曼法》（1890年修订）
§1. 任何意在或阴谋组建托拉斯或类似托拉斯的安排，以限制州际贸易或国际商务活动的合同，均属非法。
§2. 凡垄断或企图垄断，或与其他任何人联合或勾结，以垄断州际贸易或国际商务任何个人，均可作为犯罪。……
《克莱顿法》（1914年修订）
§2. 若对于等级和质量类似的商品的不同买者实施价格歧视，而这种歧视可能显著地削弱竞争，或在任何行业形成垄断，则该类价格歧视为非法行为。……当然，上述情形不包括因合理的成本差异所造成的价格差别……
§3. 当承租人或购买者不使用或交易其竞争对手的商品，而这将显著地削弱竞争，或在任何行业形成垄断时，若租赁人或出售者以此为条件，或者同意或知悉上述情形，则租赁人或出售者的行为被视为非法。
§7. 任何企业不得收购……另一企业……的整体或其一部分，如果这将显著地削弱竞争，或在任何行业形成垄断。
《联邦贸易委员会法》（1914年修订）
§5. 不公平的竞争方法……不公平或欺诈的行为或实施……都属于非法。

表10–1 简明实用的美国反托拉斯法

《谢尔曼法》、《克莱顿法》和《联邦贸易委员会法》奠定了美国反托拉斯法的基础。由这几个法的主要条文的解读可见，现代反托拉斯法的基本原则非常简单明了。

非法行为

最早期的反托拉斯法关注于非法行为。联邦法院做出裁决，某些种类的串通行为本身是违法的；根本没有任何理由，能够证明这些行为的合理性。违法者不能通过援引一些有价值的目标（如产品质量）或是能够减轻处罚的情形（如低利润水平）来加以申辩。

在本身即违法的行为中，最重要的一类，是相互竞争的企业之间锁定价格的协定。即便是对反托拉斯法最严厉的批评者，也不能为固定价格的行为找到任何补偿性益处。还有以下两类行为在任何情形下也属非法：

- 串通投标，不同的公司达成协议，使一家公司通常以抬高的价格赢得拍卖，这始终是非法行为。
- 市场分配方案，竞争者按照地区和用户瓜分市场，这是反竞争的，因而本身也是违法的。

许多其他的做法是否违法则是不明确的，需要具体情况具体分析：

- 价格歧视，即一家公司对同样的产品，以不同的价格销售给不同的买主。这样的做法是不受欢迎的，但通常说来却并不违法（请回顾本章前面的部分对价格歧视的讨论）。如果价格歧视并非基于成本差异，并且已削弱竞争，那么这种价格歧视就是违法的。
- 搭售合同，即只有买方同时购买商品 B 时，企业才会出售商品 A，这种做法一般说来是违法的，除非卖方拥有很高水平的市场力量。
- 摧毁性低价是否违法呢？假设沃尔玛公司由于高效的运营和低廉的价格，使得帕博杂货店倒闭。沃尔玛的这种做法是违法行为吗？不是的。沃尔玛由于其高效的运营而使其竞争对手倒闭，这种行为本身并不违法，除非沃尔玛存在其他的违法行为。

请注意，上述情况所针对的是一家企业的行为。违法的是这些行为本身，而不是其所在的行业结构。电器设备厂商的巨大阴谋，可能是最广为人知的一个例子。1961 年，电器设备行业的厂商曾由于串通协定操纵价格而被裁定有罪。该行业的几大巨头（如通用电气和西屋电器），曾通过合谋来抬高它们的产品价格。它们相互之间使用代号，并通过电话亭进行联络（就像间谍小说中在狩猎木屋中碰头的人物一样），以便遮掩其不法行径。对其过高收费的行为，这些公司后来都同意向消费者支付巨额的赔偿，此外，一些高管也由于违反了托拉斯法而被判入狱。

结构：越大越坏吗

最明显的反托拉斯案例，所针对的是行业的结构，而不是企业的行为。这些案例涉及各种中断或限制主导厂商行为的企图。

《谢尔曼法》所掀起的反托拉斯第一个小高潮的所向是拆除现存垄断结构等问题。1911 年，最高法院下令，将美国烟草公司和标准石油公司分解成若干个独立的公司。通过谴责这些明目张胆的垄断，最高法院阐明了若干重要的“合理法则”（rule of reason）。只有不合理的贸易限制（兼并、协议或类似行为）才归属《谢尔曼法》的管辖范围，并被判定为非法行为。

美国钢铁公司（1920）的案例表明，“合理法则”的使用，使得反托拉斯法几乎失去了管控垄断兼并的效力。J.P. 摩根通过兼并的方式打造出美国钢铁公司这一行业巨头。在其全盛时期，该公司掌控着 60% 的市场份额。然而，最高法院认为，企业规模或是垄断本身，并不违反反垄断法。在那个时期，也像今天一样，这些影响当时经济的案例所强调的是非法的垄断结构，而不是反竞争行为。

近几年，两个重要的案件为垄断结构和垄断行为确立了一个基本准则。在 AT&T 案件中，司法部提交了一份影响深远的诉讼。在 20 世纪的大部分时间里，美国电话电报服务（AT&T，有时被称作贝尔系统）通过纵向和横向的整合，成为受管制的电信服务行业中的垄断供应商。1974 年，美国司法部提起反托拉斯诉讼，称 AT&T 公司通过反竞争的手段，垄断了受管制的长途电话市场。例如，该公司阻止 MCI 或者其他运营商连接到本地制造商，并通过拒绝购买非贝尔供应商的设备，从而垄断了电信设备市场。

面对反托拉斯诉讼和输掉官司的前景，AT&T 于 1982 年同意了接受司法部的裁决方案。地方性的贝尔运营公司从 AT&T 公司中剥离（合法剥离）出来，重组为 7 个大型的区域性电话控股公司。而 AT&T 则保留了其长途电话业务，以及贝尔实验室（研究机构）和西电公司（设备制造商）。最终结果是，贝尔系统的规模和销售额均被削减了 80%。

贝尔系统的解体，在电信行业掀起了一场激动人心的革命。新技术正在改变着电信行业的面貌：手机通信系统，在不断削弱亚历山大—格雷厄姆—贝尔系统基于有线通信的自然垄断；电话公司在齐心协力，把电视信号送进了千家万户；光导纤维犹如数据传输的高速公路，在美国和全世界范围内传送着海量的信息；互联网把不同的人和地区连为一体。而这些在10年之前是根本无法想象的。贝尔系统的解体，向人们清楚地揭示了这样一个真理：迅猛发展的技术革新，并不需要依赖于垄断的力量。

最近的重大反托拉斯案件，涉及到软件业巨头微软公司。1998年，联邦政府和十九个州联合提出了一项影响深远的诉讼，指控微软公司非法把持其在操作系统软件市场上的主导地位，并利用自己在该市场上的优势，为其在其他市场（如互联网浏览器市场）上进一步谋取更大的利益。政府宣称，"微软公司涉及一系列范围广泛的违法活动，其目的和结果在于，遏制竞争对手进入操作软件系统这一市场，而微软在这一市场上已然形成了强劲有力、根深蒂固的垄断地位。"尽管通过公平手段获取的垄断地位是合法的，但采取行动遏制竞争却是非法的。

杰克逊法官在其"事实调查结果"中宣布，微软公司是一家垄断企业。自1990年以来，它控制了个人计算机操作系统市场上90%的份额，并滥用其市场力量，来"扭曲竞争，从而对消费者利益造成了侵害"。杰克逊法官发现，微软公司违反《谢尔曼法》的第一条款和第二条款。他发现，微软通过阻碍竞争的手段，来把持其垄断力量，并企图垄断网络浏览器市场。微软将其网络浏览器非法捆绑于操作系统之内，从而违反了《谢尔曼法》。

司法部提出了按照职能解构微软公司的激进措施。这种"分离"需要将微软公司分离成两个单独的、独立的公司。其中一家公司（WinCo）拥有微软公司的Windows和其他操作系统，而另一家公司（AppCo）则拥有应用软件和其他业务。杰克逊法官未加任何改动地全盘接受了司法部的改进建议。

然而，该案件的审理随后出现了离奇的转折：有证据表明，杰克逊法官私下里与记者进行了密切的交谈，并对案件的审理直言不讳，即便当时该案件仍在审理过程中。对于这种不道德行为，杰克逊法官受到了严厉的谴责，并因此被排除在该案件的审理过程之外。此后不久，布什政府决定不再试图分拆微软公司，而是采取了针对"行为"的改进方案。这些举措将有步骤地限制微软公司的行为，例如禁止搭售和价格歧视，以及确保Windows软件与非Windows软件的兼容性。经过进一步的详尽深入的聆讯，该案件于2002年11月结案。微软最终仍然完好如初，但已经处于政府和法院的严密监督之下。

反托拉斯法与效率

在过去的30年里，对于反垄断和相应的法规，经济上和法律上的理解都经历了巨大的转变。经济法规和反垄断法日益着眼于提高经济效率的目标，而不是因为企业本身规模庞大或是利润丰厚，就对其进行打击。

对反托拉斯政策的态度发生转变的原因何在？首先，经济学家发现，集中度高的行业有时会有出色的表现。也就是说，尽管静态地看，集中度高的行业的效率较低；然而动态地看，这些行业却具有较高的效率，并且其动态的高效率要远远超过静态的低效率。考虑英特尔、微软和波音公司，它们拥有可观的市场份额，但是它们仍保有高度的创新性，并在商业上取得了巨大的成功。

推动反托拉斯及相应法规的新方式产生的第二股力量，源自对竞争本质的新认识。对于经验证据和观察结果的思考，使得许多经济学家认为，即便在寡头垄断市场，只要严格地禁止勾结，激烈的竞争也会随之迅速地形成。事实上，正如曾担任法学教授，现任联邦法官的理查德·波斯纳所说：

> 企业谋取或保持垄断力量的真正的单边行为，是欺骗专利局或是炸毁竞争对手的工厂。而欺诈和暴力一般而言又会受到其他法规的充分惩罚。

根据这种观点，反托拉斯法唯一合理的目的在于，以一种简单的禁令来代替现有的法规，这种禁令能够抵制那些明确或默许的不合理限制竞争的协定。

关于反托拉斯的积极性衰减的最后一个原因是：在集中度高的行业中已呈现日益深入的全球化趋势。随着越来越多的外国公司在美国经济中占得一席之地，它们都倾向于进行激烈的竞争以争夺市场份额，而这常常会扰乱原本的销售模式和定价规则。举例来说，随着日本汽车制造商在美国的汽车销量增加，美国三大汽车公司相安共存的局面已经逐渐土崩瓦解。许多经济学家都认为，就强化市场纪律而言，来自外国竞争的威胁，要远胜过反托拉斯法这一工具的威力。

总结提要

A. 不完全竞争者的行为

1. 回顾四种主要的市场结构：（*a*）没有一个企业可以大到足以影响市场价格的完全竞争市场；（*b*）许多企业生产略有差别产品的垄断竞争市场；（*c*）行业为少数几家企业所主宰的、作为不完全竞争中间形式的寡头市场；（*d*）只有一家企业生产整个产业所有产品的垄断市场。
2. 用集中率衡量不完全竞争产业的市场力量。集中程度较高的产业的研究与开发费用往往也比较高，但通常它们的利润率却不一定比较高。
3. 进入壁垒很高，而且又存在着完全的勾结，就会产生勾结的寡头。这种市场结构产生的价格和产量与垄断产业中的情况很相似。
4. 另一种常见的市场结构是垄断竞争，它是许多零售业的特点。这里，我们看到了许多小企业，它们出售略有差别的产品（例如位于不同地点的加油站）。产品差别的存在使每个企业面临着一条向下倾斜的需求曲线。在长期内，自由进入使利润消失，此时，这些行业的均衡点是在企业的 *AC* 曲线与其 *dd* 需求曲线的相切之点。在这个相切的均衡点上，价格高于边际成本，但该产业在服务和质量方面比在完全竞争下的行为具有更大的多样性。
5. 最后一种情况是当一个行业只有少数企业时策略的相互作用。少数企业在某一市场上相互竞争时，必然会认识到它们之间的策略互动问题。少数企业之间的竞争将一种全新的特征引入经济生活之中：它迫使企业考虑到竞争者对于价格和产量变动的反应，并把策略性的考虑带入这些市场。
6. 价格歧视是指以不同的价格将相同的产品卖给不同的顾客。这种行为经常发生在卖方能够细分市场的场合。

B. 博弈论

7. 在企业、家庭、政府或其他场合，经济生活中涉及许多策略互动问题。博弈论研究的是：两个或更多的参与者，在像市场这样的竞技场上如何相互作用，如何选择策略和采取行动以影响全局。
8. 博弈论的基本结构包括：具有不同策略、行动的竞争者，以及描述这些竞争者在每一种可能结果下所获得的利润和其他收益的支付结果。关键的新概念就是博弈里的回报矩阵，它指出了对弈者的策略、利润的分配和不同博弈者的利益。
9. 博弈论选择策略的关键在于，博弈者要对自身和对手的目标进行思考，绝不应当忘记对手有可能采用与你相同的策略。在经济领域或其他方面的博弈中，都假定对手总是按照他的最优选择进行行动。然后，找出使你自己利润最大化的策略。应当时时假设你的竞争对手也以相同的方式分析你有可能做出的决策。
10. 有时候，可能存在一种占优策略，即无论对手如何行动，这一策略对自己而言总是最优的。而在更多的场合，我们发现的还是纳什均衡（或非合作性均衡），即在博弈另一方的策略已经确定的情况下，没有一方还能提高其自身的回报水平。

C. 公共政策权衡市场力量

11. 垄断权力的履行导致经济的低效率，这导致价格上升到高于边际成本的水平，成本由于缺乏竞争压力而上升，质量会受到损害。
12. 经济监管包括在某一特定行业控制价格、产量、市场准入与退出条件，以及控制服务标准。从规范性角度来看经济监管，它是在主要的市场不灵发生的场合给予适当的政府干预。这些市场不灵包括在一个产业中过度使用的市场力量，向消费者和工人提供的信息不足，以及外部性如污染问题。力度最大的经济监管是对自然垄断。自然垄断发生时，每增加一单位的产出水平时平均成本都会下降，故最有效率的行业组织形式只能是要求由某一个企业去单独进行生产。
13. 反托拉斯政策，禁止反竞争行为并防止垄断结构，是禁止大企业滥用市场力量的主要公共政策方式。这个政策起源于若干重要的立法，如 1890 年的《谢尔曼法》和 1914 年的《克莱顿法》。反托拉斯法主要的目标是：（*a*）禁止反竞争活动（包括固定价格或瓜分市场的协议、价格歧视和搭售协议）；（*b*）粉碎非法垄断结构。现存法律理论中，这种结构如那些拥有过度市场力量的机构（一个庞大的市场份额）也可以归属为反竞争对象之列。

14. 法律上的反托拉斯政策，受过去 30 年经济思想的影响很深。其结果就是，现在反托拉斯政策几乎完全致力于提高效率，而忽略了早期的平民党对企业过于壮大这个问题自身的担忧。

概念复习

不完全竞争的类型

集中：集中率，HHI

市场力量

策略互动

暗中的和公开的勾结

不完全竞争：

  勾结寡头

  垄断竞争

  少数寡头

垄断竞争中的无利润均衡

缺乏效率的 $P > MC$

博弈论

博弈者，策略，回报

回报矩阵

占优策略和占优均衡

纳什均衡或曰非合作性均衡

不完全竞争政策

无谓损失

监管的原因：

  市场力量

  外部性

  信息失灵

反托拉斯政策

《谢尔曼法》、《克莱顿法》和《联邦交易委员会法》

自然垄断

禁令本身与“合理法则”

效率导向的反托拉斯政策

补充阅读和互联网站

补充阅读

An excellent review of industrial organization is Dennis W. Carlton and Jeffrey M. Perloff, *Modern Industrial Organization* (Addison-Wesley, New York, 2005).

Game theory was developed in 1944 by John von Neumann and Oscar Morgenstern and published in *Theory of Games and Economic Behavior* (Princeton University Press, Princeton, N.J., 1980). An entertaining review of game theory by two leading microeconomists is Avinash K. Dixit and Barry J. Nalebuff, *Thinking Strategically: The Competitive Edge in Business, Politics, and Everyday* (Norton, New York, 1993). A nontechnical biography of John Nash by journalist Silvia Nasar, *A Beautiful Mind: A Biography of John Forbes Nash Jr*. (Touchstone Books, New York, 1999), is a vivid history of game theory and of one of its most brilliant theorists.

Law and economics advanced greatly under the influence of scholars like Richard Posner, now a circuit court judge. His book, *Antitrust Law: An Economic Perspective* (University of Chicago Press, 1976), is a classic.

互联网站

Game theorists have set up a number of sites. See particularly those by David Levine of UCLA at *levine.sscnet.ucla.edu* and Al Roth of Harvard at *www.economics.harvard.edu/~aroth/alroth.html*.

OPEC has its site at *www.opec.org*. This site makes interesting reading from the point of view of oil producers, many of which are Arab countries.

Data and methods pertaining to concentration ratios can be found in a Bureau of the Census publication at *www.census.gov/epcd/www/concentration.html*.

An excellent website with links to many issues on antitrust is *www.antitrust.org*. The homepage for the Antitrust Division of the Department of Justice, at *www.usdoj.gov/atr/public/div_stats/211491.htm*, contains an overview of antitrust issues.

问题讨论

1. 复习本章所分析的不完全竞争的前两种理论——勾结寡头与垄断竞争。列一张表，比较完全竞争、垄断以及这两种理论在下列几方面的特征：(*a*) 企业人数；(*b*) 勾结程度；(*c*) 价格与边际成本；(*d*) 价格与长期平均成本；(*e*) 效率。
2. 考虑一个计算机行业，其中各企业及销售额具体如下：

企 业	销售额
A 计算机公司	1000
B 计算机公司	800
C 计算机公司	600
D 计算机公司	400
E 计算机公司	300
F 计算机公司	200
G 计算机公司	150
H 计算机公司	100
I 计算机公司	50
J 计算机公司	1

赫芬达尔—赫希曼指数 (HHI) 计算公式如下：

HHI = 第 1 大企业所占市场份额比重 ^{2}

+ 第 2 大企业所占市场份额比重 ^{2} + ……

+ 最后 1 个企业所占市场份额比重 ^{2}

   a. 计算四企业和六企业集中率。
   b. 计算行业 HHI 值。
   c. 假设 A 计算机公司和 B 计算机公司合并，各企业的销售额保持不变。计算新的行业 HHI 值。
3. “完全价格歧视”是指向所有消费者收取的价格为他们所愿意支付的最大价格。在完全价格歧视的情况下，垄断者可以获得全部的消费者剩余。画出 6 个消费者的个人需求曲线，并比较 (*a*) 所有消费者面临统一价格的情况和 (*b*) 完全价格歧视的情况，指明其差别。解释完全价格歧视导致垄断具有效率这一矛盾的结果。
4. 政府决定对一个垄断者征收每单位 *x* 美元的固定税率的税收。请说明该税收对产量和价格的影响。税后均衡是接近于还是进一步背离 $P = MC$ 的理想均衡呢？
5. 说明一个利润最大化的、不受管制的垄断者，绝不会在需求曲线上无价格弹性的区域内行动。说明监管如何迫使垄断者进入需求曲线的无弹性部分。在 (*a*) 需求曲线的弹性部分，(*b*) 需求曲线的非弹性部分，(*c*) 需求曲线的单位弹性部分，当提高管制价格时，对垄断者收入和利润的影响是什么？
6. 做一个标题为“自然垄断”的行业名单，列上你心目中的候选人。然后，回顾不同阻止垄断权力行使的干预策略。在你的名单上，针对每一个行业，你会怎么做？
7. 企业常常为关税或配额进行游说，以便减轻进口竞争的压力。
   a. 假设图 10-9 中所示的垄断者面临着一个国外竞争者，该竞争者在价格略高于垄断者的 $AC = MC$ 但低于 P 时以完全弹性价格提供产品。说明这一国外竞争者进入该市场的影响。
   b. 如果对国外商品征收一种禁止性关税，对价格和产量会产生何种影响？（禁止性关税是指高到可以有效地阻止全部进口的关税。）小额关税有何影响？解释这句话：“关税是托拉斯之母。”
8. 用语言和图形解释：相对于完全竞争者而言，为什么垄断均衡导致了经济非效率，为什么第 8 章中的条件 $MC = P = MU$ 对于这一分析如此重要？
9. 考虑最经典的博弈问题之一——囚徒困境。莫莉和纳克斯是一个犯罪行动中的搭档。地方检察官分别对两犯人进行侦讯，说：“我有足够的证据，足以让你入狱一年。但我会和你做个交易：只要你先完全坦白，你就会免于牢狱之苦，只需要服 3 个月的刑期，而你的搭档将会在狱中待上 10 年。而如果你们同时坦白，则你们都将在狱中待上 5 年。”莫莉应该怎样做呢？她应该主动坦白以获得一个较短的刑期？ 3 个月的刑期显然比她拒不交代的结果要轻松很多。但是，等等。还有一个更好的理由去同时坦白。假设莫莉不供认罪行，而且在她不知情时，纳克斯却供认了罪行，那么结果将是莫莉得获 10 年的刑期！很显然，在这种情况下，莫莉承认罪行并获得 5 年的刑期比 10 年的刑期更好。建立一个如图 10-8 的回报矩阵。说明参与博弈的每个人拥有的占优策略就是供认。然而双方都将获得长期的牢狱。并说明如果他们能够串通均不供认其罪行，接下来将发生什么。

10. 在微软案件审理过程中，杰克逊法官指出："微软垄断权力表现在，自认为有足够的自由裁量权去设置Windows98升级产品的价格（这个操作系统出售给那些正在使用Windows95的用户）。1997年11月，微软的一项研究表明，该公司本可收取49美元以升级到Windows 98（无证据显示这个价格不盈利）。而后来的研究显示，使收益最大化的价格应该是89美元。因此，微软选择了较高的对自己更有利的价格。"请说明，为什么这一证据解释了微软公司并不是一个完全的竞争者。还需要什么样信息才能证明微软是垄断者呢？
11. 在长期均衡中，完全竞争和垄断竞争都达到了企业的 *dd* 需求曲线与它的 *AC* 平均成本曲线的相切点。图10-4说明了垄断竞争者的均衡，而图10-10描绘了完全竞争者的均衡。讨论这两种情况在下列方面的相同点和不同点：
    a. 企业产品需求曲线的弹性。
    b. 价格与边际成本的偏离程度。
    c. 利润。
    d. 经济效率。

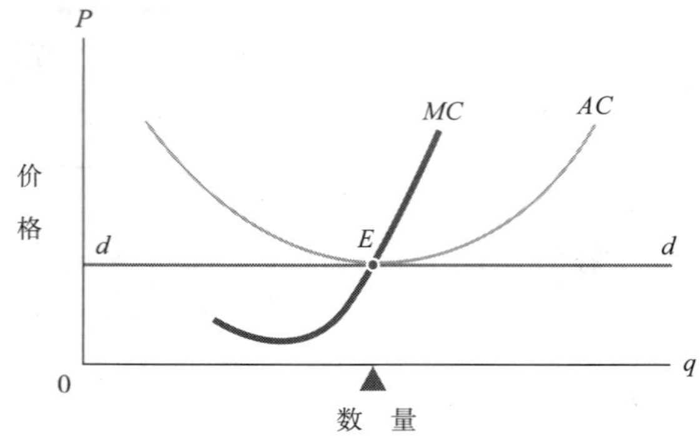

图 10–10 完全竞争

12. 重新阅读OPEC的历史。画出一组供给和需求曲线，其中供给曲线完全没有价格弹性。说明当存在一个设定产量目标的卡特尔（即供给曲线完全无弹性）时，如果需求无弹性，则在下面的情况中，价格波动将会更加剧烈：
    a. 需求曲线水平固定在某一产量（由预期错误导致）。
    b. 供给曲线移动（由卡特尔成员违反配额产量导致）。

不确定性经济学

第11章

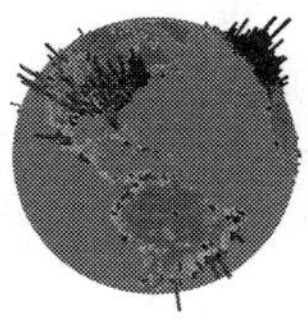

珍珠并不露在海滩上。如果你想要一颗，那就必须潜到水底去。

——中国谚语

生活充满了不确定性。不妨假设你在做石油生意，管理着某个在西伯利亚的合资项目，那么你将会面临什么困难呢？当然，你会面对令所有石油开采商都烦恼的油价下跌和石油禁运，或者还有来自敌对政权的袭击等问题。除此之外，在一个新地区开工生产还会面临许多的不确定性：不熟悉地质构成、石油运输路况、钻井成功率和工人的技术熟练程度。

除了上述不确定性，还涉及政治风险，诸如与日益集权主义和国家主义的莫斯科政府打交道，同时还有一系列其他随时可能出现的风险，例如突发冲突与局部战争等，那些地方贿赂盛行、法律形同虚设。甚至，你的合作伙伴也可能变得不道德，利用其东道国地利优势索取额外的回报。

你合资项目中所遭遇的上述棘手的社会问题，初级原理教科书中不能全面讨论。这些问题涉及到风险、不确定性和信息等经济学命题。我们的石油企业必须处理钻探、价格以及市场等方面的各种不确定性。同理，居民还要警惕未来的工资和就业中存在的不确定性，要为教育投资或金融资产的回报风险等一系列问题大伤脑筋。另外，人们还会遭受飓风、地震或疾病等灾害。本章的第一节将讨论不确定性经济学的基本问题。

个人和社会怎样处理不确定性问题呢？一个重要的方法就是保险。第二节拟讨论保险的基本知识，包括社会保险这一重要领域。在第三节，我们将社会保险原理应用到医疗保障中，这是美国一个日益重要的政治和社会难题。最后我们还将研究信息经济学，并用以分析互联网的崛起。

不认真研究关于不确定性下的决策和信息经济学的奇妙问题，就不可能完整地把握经济生活的现实。

A. 风险和不确定性经济学

在分析市场时，我们所假定的是成本和需求已知。但在现实生活中，商业活动都充满了风险与不确定性。我们曾介绍了一些西伯利亚石油合资项目中的不确定性问题，但是这些问题不仅限于石油生意。实际上，所有的企业都面临其投入和产出价格的不确定性。它们可能会发现经济衰退势必带来市场收缩，或者金融危机势必导致信用危机。而且，竞争者的行为也无法提前预知。企业的实质是今天投资以便明天获利，现在积攒财富以备未来不测。经济生活就是这样一场充满风险的交易。

现代经济学已经找到一些有用的工具，将不确定性引入对企业和家庭行为的分析当中。这里，我们将要考查市场在空间和时间上如何扩散风险的机制，提出在不确定性因素发生作用的条件下的个人行为理论。相对于纷繁的风险世界和现实的经济生活，这些内容当然只是一种简明扼要的探讨。

投机：资产或商品的跨时空调配

首先我们来考虑一下投机市场的作用。**投机**（speculation）包括对有价值物品或商品的买和卖，是从市场价格的波动中谋取利益的一种活动。投机者希望能够低价买入，高价卖出。买卖的商品可能是谷物、石油、鸡蛋、股票或者外汇。投资者购买这些商品并不是为了自用。他们最不愿意看到的就是满载鸡蛋的卡车开到自己家的大门口。相反，他们希望的是能从价格的变动中谋取利润。

很多人认为，投机是一种不太好的行为，尤其是在利用财务造假或刺探内部信息进行投机的时候。但就整个社会而言投机却不无益处。在经济学上，投机者起到了将商品从丰收年成“调运”到欠收年成的作用。尽管投机者从来没有亲眼见到一桶石油或一张巴西债券，但是他们有助于熨平这些商品在不同地区和不同时期的价格，最终能消除各种价格差异。他们在商品充裕、价格低廉的时期买进，而在商品紧俏、价格高昂的时期卖出。投机者就是经由这种方式去消除价格在时间和空间上的差异，从而在事实上提高了整个市场的效率。

套利和价格地理格局

最简单的投机活动是通过买卖同一商品降低或消除地区差价。这种活动被称为**套利**（arbitrage），即在一个市场上买入一种商品或资产，然后马上在另一个市场上卖出，通过一买一卖的价差获取利润。

举例来说，假定小麦在芝加哥的销售价格每蒲式耳比堪萨斯城高 50 美分；再假定，保险和运输成本是每蒲式耳 10 美分。那么，一个套利者（从事套利活动的人）就会在堪萨斯城买进小麦，再运到芝加哥卖出，这样每蒲式耳小麦就可以获利 40 美分。市场套利的结果是，每蒲式耳小麦在芝加哥和堪萨斯城之间的价格差绝不会超过 10 美分。*由于套利的结果，市场之间的价格差通常不会超过商品在市场之间的转移成本。*

套利者同时与几个城市的经纪人通话，以找出微小的差价，力图通过低价购买和高价售出来逐渐累积利润。套利活动有助于拉平完全相同的产品在不同市场上的价格差别。在此，我们又一次感受到“看不见的手”的作用，即在获取利润的动机的诱惑下，消除不同市场的价格差异，促进市场功能更加有效地发挥作用。

不同时间的投机与价格行为

投机致力于确立某种不同的时间和空间上的价格范式。但未来难以预测，从而使这种价格范式不那么完美，即总是处在一种不断受到破坏而自身又不断地重新构建的均衡之中，很像被风吹动的湖面那样。

不妨以一种最普通的谷物玉米为例，它一年收获一次，且可以仓储起来以备将来使用。为避免缺货，玉米需要保持能够消费一年的储量。既然并没有人制定法律来保证玉米的储量，那么市场又怎么能形成有效的定价形式并且使其能够维持一整年呢？这就需要依靠投机者赚取利润的活动了。

消息灵通的玉米投机商知道，如果在秋季把所有收获的玉米马上全部抛向市场，则售价就会很低，因为此时玉米市场处于饱和状态。几个月之后，当玉米开始短缺时，价格就会上涨。投机商便可以通过（1）在秋季价低时买进玉米；（2）将其储藏起来；（3）当价格上扬时再把玉米卖掉，从而赚取利润。

投机商所进行的这一系列活动的结果是：将秋季的玉米价格提高了，而春季的供给量增加，从而使春季的玉米价格下降了。他们的买卖过程平衡了玉米的供给量，从而也使一年内的玉米价格趋向于平稳。图 11-1 说明了一个理想年份中价格的周期行为。

有趣的是，如果消息灵通的投机商之间存在着激烈的竞争，他们当中就不会有人获得超额利润。投机者的收益包括投入资本的利息、投机时间的适当报酬，以及一笔风险酬金，用以补偿投机人所承担的未投保的风险（noninsurable risk）。

> 投机揭示了看不见的手的法则在起作用。通过拉平供给量和价格，投机实际上在提高经济效率。通过将商品从数量颇丰的时期转移到数量稀缺的时期，投机商在价格和边际效用低的市场购进商品，又在价格和边际效用高的地方卖出。投机商们在追求他们私人利益（利润）的同时，提高了公共的经济福利（总效用）。

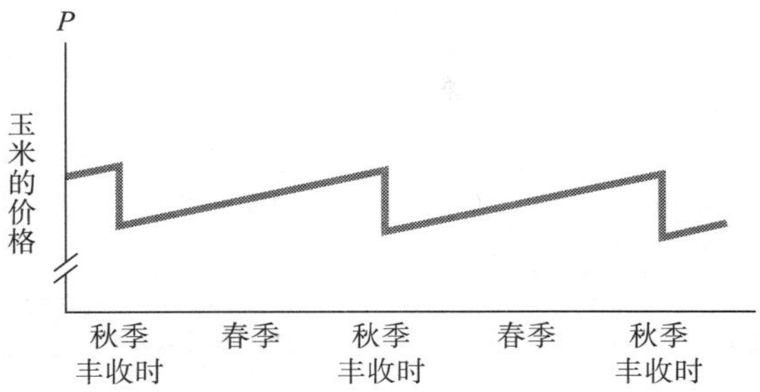

图 11-1 投机者拉平商品不同时节的价格

只有当预计某种商品价格上涨的幅度与储存成本相当时，投机者才会选择储藏这种商品。在均衡状态下，商品价格在丰收时期达到最低水平，然后随着储存量、保险和利息成本的增加逐步上涨，直到下一个丰收时期。这种灵活的价格模式有助于拉平不同季节间的消费。否则，丰收时节充斥过多商品，会造成秋季价格过低，而春季价格太高。

通过套期保值分摊风险

投机市场的一个重要功能是让人们通过套期保值分摊风险。**套期保值**（hedging）是通过对所拥有的一种商品做对冲交易来降低风险。让我们看看它是如何操作的。假设一位女士拥有一座谷物仓库。她秋季在堪萨斯买进200万蒲式耳玉米，存储6个月，在第二年春天卖出，每1蒲式耳的溢价为10美分，正好抵偿所有的成本。

问题在于谷物的价格很可能波动。如果谷物的价格上涨，她将大赚一笔。但如果谷物的价格严重下跌，会赔尽她的所有利润。如何使仓库拥有者在以仅储存谷物为生的同时，规避谷物价格波动的风险呢？

对其投资进行套期保值，她便可以避免一切有关玉米价格的风险。这位仓库拥有者的套期保值就是：在从农民手中买进玉米的同时立即卖出，而不是等到6个月以后交货的时候。当她在9月份买进200万蒲式耳玉米时，立即进行远期交易卖出，协议的未来交易价格使得她恰好能得到每蒲式耳10美分的存储费用。这就避免了因玉米价格波动可能产生的风险。套期保值通过做对冲交易来回避价格波动的风险。

投机的经济影响

但是，谁来购买谷物？为什么要买？某些人现在同意购买谷仓中的谷物以备将来出售。买者可能是一个已经签订了今后6个月卖面包的合同的面包师，想要锁定这期间谷物的价格。或者，买家还可能是一群相信谷物价格一定会上涨的投机者，希望借投资获取超额利润。总之，会有某个人在某个地方有经济动力去承担谷物价格波动的风险。

> 投机市场不仅从时间上和空间上促进了价格及配置形式的改善，还有助于风险的转移。这些任务都是由那些想从价格变动中获利的投机商所完成的。透过货币的面纱，我们发现，完美的投机行为实现了商品从其数量颇丰（价格低）时期向数量稀缺（价格高）时期的重新配置。

我们的讨论表明，理想的投机市场可以提高经济效率。让我们看看这一点是怎样做到的。比方说，某一群偏好相同的消费者所具有的效用序列，其满足程度在年度之间是相互独立的。现在我们假设在两年当中的第一年获得了好收成，比如，每人得到了3单位粮食；而在第二年，由于收获量少了，每人只得到1单位粮食。如果这种短缺是可以预见到的，那么应如何分配这两年的总共4单位的粮食呢？假如不考虑储存、利息和保险成本，那么只有当每一年的消费量相等时，两年合计的总效用和经济效率才会达到最大。

为什么相等的消费量比其他的总量分配比例的消费量的效用都要大呢？这是因为边际效用递减规律的作用。我们可以这样推理：假如我第一年的消费量大于第二年，则我第一年的边际效用（*MU*）就比较低，而第二年的边际效用就比较高。因此，如果我把第一年的一部分粮食转到下一年，就会把消费从边际效用较低的时期转向边际效用较高的时期。在消费水平相等时，边际效用就会相同，从而我的总效用就会达到最大。

我们可用图来说明这一点。如果以美元来衡量效用，由于每1美元总是表示同一数量的边际效用，那么风险商品的需求曲线看起来就会正如图5-1的边际效用曲线一样。图11-2（*a*）中的两条曲线表明的是没有供给量转移、年度之间消费量不均等的情况。这时第一年的价格由较高的 S_1S_1 线与 *DD* 相交的 A_1 点确定，而第二年的价格则由位于较低的供给曲线 S_2S_2 与 *DD* 相交的 A_2 点确定。由阴影区域相加的总效用将只能是（4 + 3 + 2）+ 4，即13美元。

但是，由于投机商将1单位的消费量转移到了第二年，如图11-2(*b*)中所示，因此 *Ps* 和 *Qs* 将会在 E_1 和 E_2 点相等。而阴影区域所示的总效用将会增加到（4 + 3）+（4 + 3），

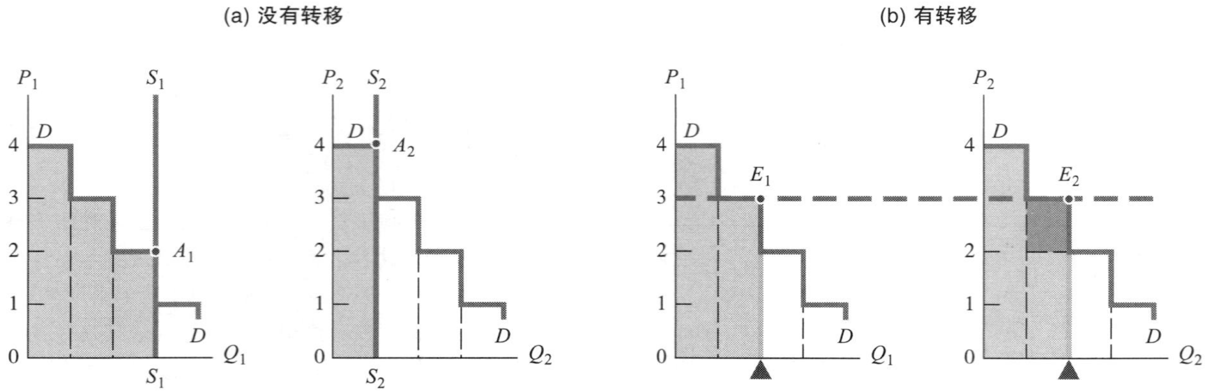

图 11-2 投机储藏可提高效率

灰色的区域代表每年的总效用。将一个单位转移到第二年使 Q 和 P 及 MU 相等，并且使总效用增加了深色阴影部分。

这个图示也适用于一些其他的情况。可以将（a）的标注改为“地区市场没有套利行为”，把（b）改为“在市场上有套利行为”的情况。我们还可以用这个图示表明风险规避，只需将（a）的标注改为“有风险赌博”，以及（b）改为“无风险赌博”。保险通过将风险分散到许多相互独立的潜在赌博中，就可以将人们从（a）状况移到（b）状况。

即为 14 美元。稍加分析就可以看出，1 美元效用的增加是由图 11-2（b）中的深色区域来体现的，它表明的是：第二单位的边际效用超出第三单位的边际效用的超出额。因此，通过理想的投机行为实现的边际效用相等条件下，其消费量分配才是最优的。

虽然这些讨论只集中于实物产品，但今天更多的投机所涉及的是金融资产，例如股票、债券、抵押贷款以及外汇。每天，价值数万亿美元的资产在投机者、套期保值者以及投资者之间转手。尽管金融投机、套期保值和套利所涉及的资产价值要远大于商品投机活动的规模，但前者的基本原理和后者是完全一样的。

> 理想的投机对于减少消费的不利波动有重要的作用。在一个人人都厌恶风险的现实世界中，投机可以提高总体效用和分配效率。

风险和不确定性

人们是如何看待风险的？为什么人们尽量回避风险？市场机制（例如保险）如何帮助个人回避主要的风险？为什么市场在一些情况下不能提供保险？下面我们转入讨论这些问题。

无论你开车、拥有住房、参军、在股票市场进行投资，还是从事冒险性的职业，你都是在冒着生命、财产或危难的风险。一般说来，人们总是想要避免各种收入、消费和健康的不确定性。当我们想要避开风险时，我们就是一个“风险规避者”。

> 若一个人为损失一定量的收入而产生的痛苦感大于他为得到同等数量的收入而产生的满足感，则他就是一个**风险规避者**（risk-averse）。

举例来说，假定我们抛硬币打赌，若硬币出现正面，可赢得 1 000 美元；而若出现反面，则失去 1 000 美元。这种赌博的期望值为零（即赢得 1 000 美元或输掉 1 000 美元的概率均为 ½）。一种期望值为零的赌博我们可以称为公平的赌博。现在的问题是，如果我们拒绝所有的公平赌博，那我们就是风险规避者。

根据我们在第 5 章所讨论的效用概念，风险规避与收入的边际效用递减在效用概念上是一致的。风险规避意味着，某一数量的额外收入所增加的效用比失去同样数量的收入所减少的效用要小。在像抛硬币这种成败机会均等的情况下，其期望值为零。然而，如果根据效用原理，则效用的期望值为负，因为获胜的满足要小于失败的痛苦。

图 11-2 说明了风险规避概念。假设图（b）为初始状况，我们可以在状态 1 和状态 2 下消费同样数量，即两个单位。一个人走过来对你说："让我们扔硬币来决定一个单位。"这个这个人实际上在给你一个回到图（a）状况的机会。如果硬币出现正面你就赢了，你将会得到 3 个单位,如果输了你只能得到 1 个单位。经过仔细的计算，如果你拒绝赌博而保持状况（b），则效用的期望值为 7 单位（= ½ × 7 尤特尔 + ½ × 7 尤特尔）；然而，如果你接受赌博，效用期望值为 6.5 单位（= ½ × 9 尤特尔 + ½ × 4 尤特尔）。这个例子表明，如果你是风险规避者，在边际效用递减的情况下，你会避免那些使不确定性增加而又不能提高收入期望的行为。

例如，倘若我是一个种玉米的农民。虽然我必然要与天气作斗争，但我宁愿回避玉米价格的风险。假定每蒲式耳 3 美元和 5 美元这两种价格以相同的可能性出现，那么玉米的预期价格就为每蒲式耳 4 美元。除非我能摆脱价格风险，否则，我就被迫面对一场赌博。按抛硬币的玉米价格的结果，或者以 3 万美元，或者以 5 万美元的价格售出 1 万蒲式耳的玉米。

因为我是一个风险规避者，我宁愿选择有把握的事。损失掉 1 万美元的前景所造成的痛苦比得到 1 万美元收益的前景所带来的快乐更加令人难以接受。如果我的收入降低到只有 3 万美元，那么，就会不得不削减一些重要的消费，如更换一台过时的拖拉机。而另一方面，额外增加的 1 万美元的重要性可能不大，很可能只是用来度个奢侈的寒假。因此我决定通过以每蒲式耳 4 美元的预期价格来出售我的玉米，并经由套期保值来分摊价格风险。

一般来说，人们都不愿冒风险。在其他条件相同的情况下，相对于不确定的消费水平来说，人们更喜欢做有把握的事情。也就是说，在同样的平均值条件下，人们宁愿要不确定性小的结果。由于这个原因，降低消费不确定性的活动能够导致经济福利的改善。

赌博产生的问题

一直以来，赌博被人们视为一种恶习，无异于吸毒、卖淫、酗酒和抽烟，因而是不受国家鼓励的消费行为。然而，随着时间的推移，人们对这类活动的态度已经有所改变。在过去的 20 年中，赌博已经得到许可，虽然对于毒品和烟草的限制已经日益严厉。总之，赌博是最近 20 年间发展得最快的（合法的）产业之一。

赌博与投机是完全不同的。理想的投机行为可以提高经济福利，而赌博却会带来严重的经济问题。首先，除了娱乐刺激，赌博不产生任何新的商品和服务。按本章后面的博弈论术语，应称之为一种"负和博弈"（negative-sum game）。因为从长远看几乎所有的当事人都要输钱，因为赌场总要从赌注中拿走一份。另外，根据其特点,赌博会加剧收入差距的扩大。人们坐近赌桌之前，口袋里的钱没有太大差别，而离开赌桌时却变得天上地下。一个赌徒及其全家都有可能一步登天，然而，若命运急转直下的话，则他们只能靠面包渣和后悔度过余生。许多观察家都相信，赌博对社会的确存有负面的影响。这包括赌博成瘾、社区犯罪、政治腐败，以及有组织的犯罪团伙的参与，等等。

在给出了这么多实实在在反对赌博的经济理由之后，我们又如何理解近年来赌博合法化趋势和发行政府彩票的行为呢？其中一个重要的原因是，国家对财政收入的渴望。它们饥不择食地寻找财源；通过收取这些活动的部分收益来投资一些公共项目，使赌博和抽奖也能合法化，从而使私人恶习也能转而促进公众的利益。此外，赌博合法化还会减少不法活动的干扰，降低那些有组织的犯罪活动的暴利。尽管赌博合法化不无合理之处，但是对于国家将这种非理性行为推广到毫无支付能力的人群中来获利的行径，还是有许多观察家提出了质疑。

B. 保险经济学

绝大多数人都希望回避失去生命、肢体或房屋的风险，但风险却并不能简单地被掩埋起来。当房屋失火，有人在汽车事故中丧生，或者飓风席卷了新奥尔良之时，某个人在某地必然要因此付出某种代价。

市场机制通过**风险分摊**（risk spreading）来应付各种风险。这一过程就是将对一个人来说可能是很大的风险分摊给许多人，从而使每个人所承担的风险很小。风险分摊的主要形式是一种方向相反的赌博形式——**保险**（insurance）。

例如，在购买住房火灾保险时，房主就好像是就其房屋被烧的可能性与保险公司打赌：如果不发生火灾，则房主只需要付出一小笔保险费；而如果真的着起火来，则保险公司必须按合同规定的价格赔偿房主的惨重损失。火灾保险的道理同样适用于人寿、事故、汽车或其他种类的保险。

保险公司通过集中各种不同的风险来分摊风险。就是说，它为数以百万计的住宅、生命或汽车提供保险。保险公司的优势在于，对个人来说是难以预料的事件，对整个人群来说则具有很强的可预见性。比方说英兰德火灾保险公司（Inland Fire Insurance Company），它为100万所住房承担保险，每一所住房的价值为10万美元。一年当中，每所房屋发生火灾的概率为千分之一，于是该公司每所房屋的年预期损失值为0.001×100 000美元，即每年1所住房的保险费用为100美元。因而，保险公司向每个房主收取100美元保险费，再加100美元的管理费用，并将其储蓄起来。

每个房主所面对的问题是，要么每年失去200美元的固定损失，要么承担有千分之一可能性的10万美元的火灾损失。由于是风险规避者，房主会选择购买保险，以避免那种可能性很小但却惨重的损失，尽管他所付出的保费还是要高于不发生问题时的成本。就保险公司而言，它收取保费以便为公司赢得利润，同时也提高了个人的预期效用水平。但是，这种经济收益究竟从何而来呢？答案是，它产生于边际效用递减规律。

> 保险将较大的风险切分成小块，并零星地出售它们以换取小额的风险酬金。虽然保险可谓另一种形式的赌博，实际上却能正好发挥出一种（与赌博）相反的作用。尽管自然界会造成风险，但保险却能够帮助我们减轻和分散这些风险。

资本市场与风险分担

另一种分散风险的方式是经由资本市场来进行。这是因为，有形资本的资金所有权可以通过企业财务所有权这个媒介，将风险在很多所有者之间进行分摊。

投资生产一种新型商业飞机就是一个例子。这种飞机是全新设计的，包括研究与开发，可能需要50亿美元的投资，为期10年。然而，这并不能确保这架飞机将具有足够的商业市场前景以补偿其投资。几乎没有人有这样的资金实力或意愿来承担如此巨大的风险。

市场经济可以通过公众拥有公司的办法来完成这一巨大的任务。像波音公司那样，成百上千万的人都拥有其股份，其中几乎没有一个人能拥有很大的份额。在这个例子中，我们假设，将波音公司的股权平均分给1 000万人，那么，50亿美元的投资对每个人来说只需承担500美元。于是，倘若该公司的股票收益有吸引力的话，则社会上恐怕会有许多人愿意承担这种风险。

> 通过将风险性资产的所有权分散到众多的所有者身上，资本市场便可以分散风险，并且能够鼓励人们进行规模大得多的投资，而这样的投资及其风险，对于单个所有者来说也是可以接受的。

信息经济中的市场不灵

到目前为止，我们的分析都假设投资者和消费者对自己所面临的风险非常了解，并且投机和保险市场都能够有效率地运行。然而，由于市场不灵，在现实中会出现许多不确定性和风险。市场不灵的两个重要因素是：逆向选择和道德风险。当这些因素存在时，市场就可能给出错误的信号，从而扭曲激励机制，甚至有时还会让市场机制名存实亡。在这样一些场合，政府很可能会决定介入和干预，并提供社会保险等机制。

道德风险和逆向选择

虽然保险无疑是分散风险的一种有用手段，但在事实上，我们却不能对生活中所有的风险都进行投保。原因是，有效的保险市场只能在特定的条件下才能存在和发展。

保险市场正常运转的条件是什么呢？首先，必须存在大量的随机事件。只有这样，保险公司才能将各种不同的随机事件合并起来，并将风险分散，从而使那些对个人来说是很大的风险，能够变成对许多人来说是很小的风险。

其次，各随机事件还必须是相对独立的。任何一家谨慎的保险公司，都不会只对一所建筑物出售保险单，或只为迈阿密的飓风进行保险，而是尽力使其承保的范围分散到各种各样并相对独立的存在风险的对象上。

再者，保险公司对于这样的随机事件必须具有足够的经验，这样，才能准确地预测和估计损失。例如，在9·11恐怖袭击之后，为私人提供的恐怖袭击保险就被取消了，因为保险公司不能对未来发生恐怖活动的可能性做出可靠的预计（见本章末的问题 3）。

最后，保险必须相对地排除**道德风险**（moral hazard）。保险增加了冒险行为，进而人为地改变了原本的损失概率时，便会发生道德风险问题。很多情况下，道德风险并不那么重要。很少有人会因为投了保险金丰厚的人身保险便拿自己的生命当儿戏。但在有的时候，道德风险问题却显得比较突出。研究表明，保险的存在会增加接受整容手术的数量，因此，大多数医疗保险机构都不将此类服务纳入它们承保的范围。

如果能满足上述理想条件：存在多种投保情况，所投保的风险程度或多或少地具有独立性，随机事件的概率也可以准确地做出估计，且个人利益还未能腐蚀掉人们的基本道德，那么，私人保险市场就能够有效率地运转。

有时候，**逆向选择**（adverse selection）会导致私人保险机制的缺失。当风险最大者成为最有可能购买保险的人群的时候，就会发生逆向选择问题。逆向选择会导致这样一个市场，其中只有面临最高风险的人才最有可能买保险，甚至还会导致该市场根本无法存在的情形。

当一家公司为由吸烟者和不吸烟者所组成的人群提供人寿保险时，一个很好的例子将会出现。假设这家公司不能确定某个人是否吸烟，或者政府可能有一项政策要求公司不能基于个人行为而对个人区别对待。但是，人们知道自己是否吸烟。我们可以在这里看到买方和卖方间的信息是不对称的。当买卖双方在重要的事实上所了解的信息不同，例如个人的健康状况或者一个正在出售商品的质量，就会发生**信息不对称**（asymmetric information）问题。

假设这家公司起初是基于人口的平均死亡率定价。在这个价格下，许多吸烟者会购买保险，而不吸烟者就不会买。这说明人群在以一种对公司不利的方式分类——这就是逆向选择。久而久之，当吸烟与否的数据尽知之时，该公司就会发现它的境况要比事前预计的糟糕得多。

接下来公司可能会提高保费。当价格上升时，更多的不吸烟者退出，使公司的境况更差。最后，可能由于价格太高，甚至连吸烟者也停止购买该公司的保险。在最极端的情形下，该保险市场势必会完全枯竭。

我们可以看到，统一的市场定价会导致一种逆向选择——价格提高，覆盖面受到限制，从而会产生不完全性的市场。另一个例子是“柠檬”市场（如二手车），在那里被出售的都是最差的汽车，而且二手车的均衡价格被降低。当买卖双方间存在信息不对称时，类似的市场不灵尤其严重。

你愿意投资一家提供学习成绩保险的公司吗

你的一个朋友提出了这样一个方案：他希望你投资一家叫做“G 保险”的新公司，它向学生提供“成绩保险”。作为一般保费的回报，该公司保证在投保人因为成绩不好导致收入损失之时给予补偿。这种服务似乎很不错，因为大多数人的收入风险都很高。

认真思考一下，为什么这家保险公司几乎注定是出了一个馊主意？原因是，成绩与个人的努力直接相关，该市场会受到道德风险和逆向选择的影响。学生们将被诱惑着更少地学习（道德风险），而且预计会得低分的学生更易于购买学习成绩保险（逆向选择）。这些问题会导致市场的缺失，供给曲线和需求曲线会在零的保险水平处相交。因此公司要不将没有业务，要不就将遭受巨大的损失。

社会保险

当市场不灵严重以致私人保险不能提供足够的保险项目时，很可能需要政府提供**社会保险**（social insurance）。它包括覆盖大部分或全部地区的各种强制性项目，由税收和社会保险收费来筹资。这些项目之所以称为保险，是因为所针对的都是风险问题，例如失业、疾病和退休后的低收入。政府具有税收和调节权力，加上有能力通过扩大保险的覆盖面以避免逆向选择，因而政府的保险能够成为增进社会福利的举措。社会保险的基本原理可以由以下语句来解释，它们来自著名公共政策经济学家马丁·费尔德斯坦（Martin Feldstein）：[1]

> 提供社会保险有两个明显不同的原因，两者都体现了信息不对称问题。其一是信息不对称势必削弱私人保险市场的作用，其二是政府无法区分以下两类人：一类是穷困的老人，或者由于坏运气或缺乏远见的非理性行为而失业的人，另一类是通过不储蓄而获得转移支付、故意钻空子的人。

[1] 参见本章末附加阅读部分。

关键在于，当私人保险市场所需要的前提条件无法被满足时，社会保险将会被提供。可能其风险并不独立：例如，当经济衰退时，大量人同时失业。又如，逆向选择问题很严重，一旦人们意识到自己病重，就会立即购买灾祸性医疗保险。再如，风险并不能被轻易地评估清楚，如针对恐怖袭击的保险。在上述每个例子中，私人市场机制都很少或几乎不能发挥作用，所以政府必须设置和引入社会保险。

让我们花些时间来看看失业保险的例子。这是一个私人保险市场无效的例子，因为私人保险所必需的诸多前提条件均不能满足：道德风险（如果保险金很高的话，人们会选择主动失业）、逆向选择（经常失业的人最愿意参加）、失业风险不存在独立性（它们将会伴随经济衰退出现），经济周期又无法预测，所以失业风险不能被精确地度量。同时，一些政权当局都认为，当人们失业时，势必需要有一张社会安全网。因此，政府通常都介入和提供失业保险。

下面一节将讨论政府提供医疗保障的重要性，在很多国家它都是社会保险中最大的项目。

> 当私人保险市场不能有效发挥作用，而且社会相信个人应该有社会安全网，以应对严重的风险（如失业、疾病和低收入）时，政府就会出面提供社会保险。

C. 医疗保障：不会消失的问题

医疗保障是美国联邦政府计划中最大的项目。2008年美国医疗总支出将近 7 000 亿美元—— 甚至比巨额军费预算还要庞大。这些花费大部分用于称为医疗保险的社会保障项目，此外还用于为老年人提供的医疗津贴。剩下的部分是为穷人、残疾人和退伍军人提供医疗保障。

美国的医疗保障项目一直是广泛争议的，不仅是因为它开支巨大，而且也因为有一大部分人并未涵盖在其保险范围之内。医疗保障支出在 GDP 中所占比例，已经由 1940 年的 4%，上升到 1970 年的 7%，在 2008 年竟上升到了 16%。尽管如此，还是大约有 16% 的非老年人口未被涵盖。因此医疗保险被称为不可能解决和不会消失的问题。

医疗保健经济学

为什么对医疗保健的争议如此之大？在美国，医疗保障体系是政府与市场合作的结果。近年来，这一体系获得了一系列显著的成就。许多可怕的疾病被根除了，例如天花、脊髓灰质炎。自从 1900 年以来，发展中国家的人寿预期（一个重要的健康指标）的改善程度，已明显大于有史记载以来的所有时期。医疗技术的进步（从膝关节内窥镜手术到成熟的抗癌药物），使得很多人可以过上没有痛苦且丰富多彩的生活。

尽管取得了如此大的成就，但美国重大的健康问题依旧未能解决：婴儿死亡率高于其他很多收入较低的国家，许多人未被医疗保险覆盖，穷人和富人的护理情况差距很大，此外传染病（例如艾滋病和肺结核）仍在传播。

一个最受公众、商业圈和政治领导人关注的问题是医疗保障支出的膨胀问题。实际上，每个人都赞同美国的医疗体系已经为国民健康做出了很大的贡献，但很多人还是担心，它将会变得日益不堪重负。

医疗保障制度的经济学特征

近年来，医疗保障体系存有三大特征，对美国医疗行业的发展至关重要：收入弹性大，技术进步快，以及消费者被日益隔离在价格之外。

医疗保障具有高收入弹性，说明当人们有能力支付其基本需求时，确保长寿而健康的生活就会变得越来越重要。而当其他情况不变时，伴随着收入的增加，具有高收入弹性的物品在消费中所占的比例也将会越来越大。

在上个世纪，由于医疗技术的进步，医疗保障也获得了迅速的提高。基础生物医学的发展，多种疫苗和药物的发明和使用，对传染病知识的进一步了解，以及公众对个人行为（如吸烟和酒后驾车）意识的觉醒，所有这些，都显著改善了美国人的健康状况。新发明的或改进了的科技创造了新的市场，并在医疗行业刺激了消费。

此外，由于近几十年来医疗津贴的增加，在医疗保健上的花费也迅速增多。美国的医疗保障覆盖率大部分是由用人单位提供的，其开支可作为公司机构享受免税的额外福利。实际上，免税待遇是政府的一种补助。1960 年，60% 的医疗费由消费者直接支付，而在 2007 年，仅有 15% 出自他们自己的口袋。这种现象有时被称为“第三方支付效应”，即当第三方支付账单时，消费者通常会容易忽略其成本。

所有这些因素（高收入弹性、技术进步和第三方支付的规模增加）导致了医疗费用的迅速增加。

作为社会保险项目的医疗保障

为什么医疗保障是一项社会保险？健康经济学专家给出了这样三个原因：

1. 许多医疗保障体系，例如预防传染病和基础科学的发展，都是市场无法有效提供的*公共品*。消灭天花造福了几十亿潜在的受害者，然而没有一家厂商会因此直接受益于根绝天花的项目。当某人因了解吸烟危险而戒烟，当另一人因知晓艾滋病如何传播而使用安全套，其行为对他人带来的益处丝毫不少于他本人。这个现象在公共医疗改善方面将会导致市场投资不足。
2. 市场不灵的第二种情形是私人保险市场不灵。这种不灵的最大原因之一是病人、医生和保险公司之间存在*信息不对称*。治疗条件好坏对于病人来说经常是孤立的偶然的事件。为此，医生和病人之间的信息不对称就意味着，患者对于医生建议是完全依赖的，而医生的建议只取决于他所认为的适当的治疗水平。有时，当病人被推进急救室时，他们可能没有能力为自己选择治疗方式，所有要求甚至都可能取决于供应商的推荐。因此，必须设定特别的保护措施，来保证消费者免于在不知情时购买不必要的、质量差的或者价格昂贵的服务。

   病人和保险提供者之间也存在着信息不对称。人们对自己的健康状况比保险公司可能了解得更多。低风险的个人可能选择不购买保险，这会导致*逆向选择*，它会扩大人群的平均风险，因此也加大投保者的成本。司空见惯，二十多岁的健康青年通常都是最少购买保险的人。
3. 政府政策的第三个考虑因素是*公平*，即应当为所有人都提供最低标准的医疗服务。局部地看，富有国家已经越来越多地将提供优质的医疗服务作为一种基本权利。然而，优质的健康服务同样意味着可观的社会投资。医疗保障不充分对于穷人尤其有害。这不仅是因为，他们与富人相比可能更容易生病，而且也是因为，他们的收入基本上是完全依靠劳动所得。更健康的人通常都更具生产力。因为，健康的人收入更多，而且所需医疗服务更少。

   医疗服务不充分对于儿童也是最有害的。近年来，美国穷人的孩子和少数民族人群的孩子的医疗条件在某些程度上的确有所恶化。有病的孩子从一开始就有缺陷：他们上学的可能性更小，上学后表现得较差，容易辍学，还有，长大后很难找到高薪的好工作。若大部分儿童都不具有充分的医疗保障，则没有国家能够标榜自己繁荣。

分配医疗

不论一个国家是否能为所有居民提供平等的医护服务，医疗保障都需要实行分配，因为供给总是有限的。除非我们的条件好到了这样的程度，以至于每个忧郁症患者都能被彻底检查、探测和治疗，否则，留下若干只被感知而却不被满足的医疗需求就是必需的。没有更好的办法，只能实行医疗配给。

尽管如此，*如何*分配医疗服务品的方法却并非显而易见。许多商品和服务的限量供应都由钱包决定。价格将有限的炫目的汽车和大厦，以及不那么炫目的食品和鞋，按定量分配给想要获得并有支付能力的人。而在许多医疗领域，我们却不能允许价格机制将医疗服务分配给出价最高的人。比方说，我们不会将肝移植、血液和急救室拍卖给某个出价最高的人。恰恰相反，我们只希望这些医疗服务品能够被公正地分配。

医疗服务补助会导致短缺，对这种需求必须通过其他方式限制。这一现象被称为“*非价格配给*”。在排队等待商品或服务时，我们中的很多人可能体验过这种配给。当价格无法升至供求均衡点时，必须找到一些其他方法来实现“市场出清”。

图 11-3 演示的是医疗市场的非价格配给。假设只有 Q_0 单位的可用医疗服务，消费者的需求曲线为 DD。市场出清的价格将在 C 处实现，在这里供给量和需求量相等。但是，由于消费者仅支付 20% 的花费，其需求量为 Q_1。线段 AB 就表示未被满足的需求，它因非价格配给而产生。当医疗补助越多，非价格配给的作用就越大。

> 像鞋和汽油一样，医疗保障也是一种经济品。医生的服务、护士的照料、医院的收容和其他服务的供给都是有限的。而消费者的需求，包括所有重要的和合理的，也包括不重要的和无意义的，却超

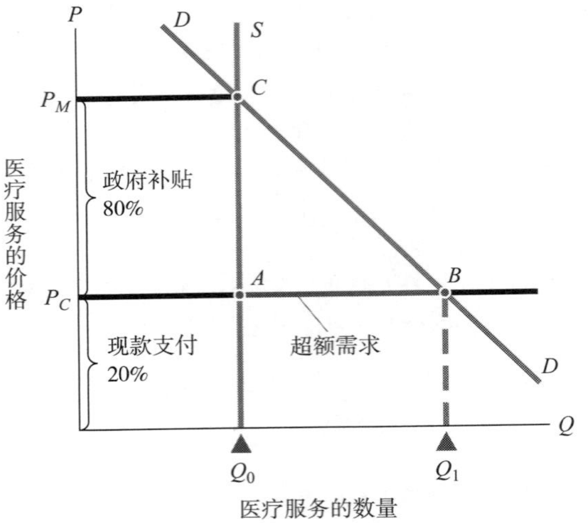

图 11-3 免费的医疗保障导致非价格配给

政府提供免费医疗或医疗补助时，必须经由某种机制来配给有限的服务。在政府补助的例子中，当需求量超过了供给量，过度的需求 *AB* 需要经由非价格机制出清消除。更多的情况是，人们需要为非急需的服务等待几小时，甚至几个月。

出可得到的医疗资源的数量。然而医疗服务资源又必须以某种方式分配出清。按价格机制分配医疗服务是不合理的，因为它势必严重损害公众健康，置重要的需求于不顾，而且使很多人因病致贫。医疗服务市场的规模应该多大？非市场机制取代市场后应该如何因势利导？这些都是讨论医疗保障的核心问题。

D. 创新与信息

经济学最重要的命题之一是信息经济学。信息包括多种事物，例如电子邮件、歌曲、新疫苗和你正在阅读的教科书。信息与一般商品（如比萨饼和鞋）的差异很大，因为它生产起来花费巨大，但复制起来却成本很小。正是由于信息的这种不同寻常的特性，导致很易受市场不灵的影响，因此我们需要制定不同的政策来管理信息，如关于“知识产权”的各种法规。

熊彼特的突破性创新

为准备本节的讨论，我们先回到前两章所讨论的不完全竞争经济学。我们了解到不完全竞争者把价格定得太高，赚取超额的利润，并不顾产品的质量。

这种关于垄断的悲观观点受到 20 世纪最伟大的经济学家之一约瑟夫 · 熊彼特的挑战。他指出：经济发展的本质在于创新，而实际上垄断是资本主义经济技术创新的源泉。

约瑟夫 · 熊彼特：浪漫主义的经济学家

约瑟夫 · 熊彼特（Joseph Schumpeter，1883~1950）出生于奥地利王国，是一位对社会科学各领域进行过广泛的研究、个人生活极其浪漫多彩的传奇式学者。

他早先在维也纳大学从事法律、经济学和政治学的研究，然后转到世界的经济学中心——奥地利学院，今天这所学院仍然推崇资本主义的自由制度。作为一个教授，对学生来说，他经常是一名侠士。在告别 6 个月的执教生涯之后，他开始负责图书馆的工作。因为一个图书管理员不肯让他的学生随便用书，他便挺身而出公开指责。图书管理员受到侮辱之后提出要和熊彼特进行决斗。幸好他受过贵族的训练，最后终于以刺中了对方的肩膀而取胜。自那以后，他的学生用书就再也用不着受限制了。

那个时代许多平庸的教职员们经常在一起聚会和作乐。而熊彼特却潜心投入他的经济学，建立了经济计量学的框架，致力于将它推广到整个欧洲大陆。后来，他去了英国和美国。后来，他又辗转到了哈佛大学，在那里他成了他最大的竞争对手凯恩斯理论的排斥对象，他的专业被废除。

熊彼特在经济学、社会学和历史学方面著述很多，不过他最喜欢的还是经济学理论。熊彼特早期的经典作品《经济发展理论》（1911 年），打破了当时传统的静态分析方法，强调企业家和创新者的重要性，是他们将“新的组合”引入到新产品或新工艺中。创新在短期内会产生超额利润，在长期内却由于被模仿，这些利润最终会消失。即使是浪漫的熊彼特也看到，作为资本主义英雄的企业家们“具有超人的智慧和意志”，并为占有欲和创造中的喜悦所激励和驱使。

他的权威著作《经济史分析》(他死后的 1954 年出版),是对现代经济学起源的出色考查。他的"流行"作品《资本主义、社会主义和民主》(1942 年),阐述了关于垄断在技术上优势的令人吃惊的假说,并发展了竞争的民主理论,后来这个理论又发展成公共选择理论。(见本章末的问题 7。)他不祥地预见到,随着精英分子的不断觉醒,资本主义将最终灭亡。虽然这个预言还没有能够变成现实,但今天的保守派也的确已经在抱怨:福利国家将最终会耗尽市场经济的全部活力。

信息经济学

现代经济学强调**信息经济学**(economics of information)中存在的一系列特殊的经济问题。信息是一种与一般物品有着本质区别的商品。因为信息的生产成本很高,而再生产的成本却极低,信息市场常常遭受惨重的失败。

不妨讨论一下软件系统的生产,例如 Windows Vista。微软公司花了几年的时间和超过几十亿美元的资金才开发出了这套系统。而你用 220 美元左右就可以买到一张正版的软件,或者是花 5 美元买张盗版光盘。在医药、娱乐以及其他价值来源于信息含量的商品领域也是这种情况。在每一领域,产品的构思与开发可能是一个花费数年的昂贵过程。但是,一旦结果被写到一张纸、一台计算机、一盘磁带或是一张 CD 中,在那个时刻,它实际上就可以毫无成本地被第二个人加以再生产和使用了。

公司不能占有其发明者的全部货币价值的情况称为**不可划拨性**(inappropriability)。发明不能被完全划拨是因为,其他公司可能会模仿或非法翻印一项创造品。在这种情况下,其他公司获取了部分创造性投资的收益,有时,模仿者可能会压低价格,此时消费者也会得到部分好处。案例研究表明,发明的*社会收益*(也就是发明对于所有消费者和生产者的价值)是发明者*私人收益*(也就是发明对于发明者的货币价值)的许多倍。

> 信息的生产成本很高,而复制成本却很低。就发明者报酬的不可划拨性的作用范围而言,我们可以预计私人的研发资助是不足的,基础研究中的投资尤为不足,因为这是一种最不可划拨的信息。研究成果的不可划拨性和巨大的社会收益,导致大多数政府在健康和科学领域都要对基础研究进行补助,并为这种创造性的行为设置许多特殊的激励机制。

知识产权

政府很早就意识到需要对创造性活动给予特别的支持,因为,诸如发明等信息生产的价值会由于被模仿而大大降低。美国宪法授权国会"为了促进科学和艺术的进步,应当确保作者和发明者在有限的时间内对其作品和发现享有独占权。"政府还设置了**知识产权**(intellectual property rights),制定了许多具体的法规,用以保护专利、版权、商业秘密以及最近的电子传媒等。知识产权的目的是保护所有者的资源,以免他人在不对所有者或最初发明者进行补偿的情况下进行复制和使用。

知识产权最早的形式之一是**专利**(patent),即由政府授权在有限的时间内,目前是 20 年,排他地(有效地,有限垄断地)使用一项"新颖、并非很起眼但很有用"的发明成果。版权法则可以提供法律保护,禁止对各种文字音像媒体(如教科书、音乐、视频、软件、艺术和信息品等)的原创作品在未经授权的情况下进行复制和利用。

为什么政府要鼓励垄断呢? 专利和版权在图书、音乐和思想领域创造了知识产权。通过创造知识产权,政府可以鼓励艺术家和发明家将时间、精力和金钱投入到创造活动中。换句话说,通过允许对知识产权的垄断,政府可以提高发明的可划拨程度,从而激发人们去开发有用的产品,著书立说、填词谱曲,以及开发电脑软件。但是,专利保护并不意味着完全不公开,保护期限结束后,就应该对发明的技术性细节进行披露,以鼓励进一步的模仿和创造。成功地使用专利权的案例包括轧棉机、电话、施乐静电复印机和许多有利润的药品等。

互联网的两难境地

促进交流的发明在现代很少受到限制。但是,电子存储、处理以及信息传输技术的发展,导致那些为创造新信息提供激励的机制陷入了一种左右为难的境地。很多新的信息技术,其前期的沉没成本较大,但边际成本则几乎为零。随着如互联网等电子信息系统成本的不断下降,多数信息在技术上可以用零成本提供给每个地方和每个人。必须注意的一点是,完全竞争在这里是无法存在的,因为若价格等于边际成本,即价格为零,则企业的收入为零,从而无法生存。

新的信息经济将更加激化效率要求与激励机制之间的矛盾。一方面,所有的信息都应该无偿地被提供,诸如免费的经济学教科书、免费的电影、免费的歌曲等。因为从经济学所论述的效率方面讲，价格原本应该定在边际成本的水平上，而信息的边际成本的确等于零。另一方面，知识产权的零回报率机制，必将减少或消除“生产”新书籍、电影和歌曲的利润激励，因为发明者从创造性劳动中几乎得不到补偿。过去，社会就已经试图摆脱这种尴尬的境地。然而，由于电子信息的再生产成本又要比传统的低得很多（生产成本更高，而再生产成本却更低），要寻找一种更有效的政策来保护知识产权，已经变得越来越困难。

专家们强调知识产权保护是不完善的，特别是跨越国界之后。

> 当今世界日益致力于开发新知识（其中很多是无形的，例如音乐、电影、新的药物和软件），政府必须为知识产权的流通找到一个中介平台。若知识产权保护过强，则会导致高价格和垄断损失；而若保护过弱，则又会阻碍发明和创新。

总结提要

A. 风险和不确定性经济学

1. 经济生活充满了不确定性。消费者面对不确定的收入和工作，以及灾难性损失的威胁；企业则面临不确定的成本，其收入中也包含了价格和产出的不确定性。
2. 在运转良好的市场中，套利、投机和保险可以帮助人们消除难以避免的损失。投机者是着眼于不同市场的价格差异、买卖商品并从中赚取利润的人。他们把商品从价格低的地区转移到价格高的地区，从商品丰富的时期转移到商品匮乏的时期，甚至将自然的不确定性的局面转变为有机会人为造成商品稀缺的状态。
3. 投机者和套利者追逐利润的活动倾向于从空间上和时间上造成确定的均衡价格形式。当边际成本和不同地区、不同时间或不确定自然状态下的边际效用达到平衡时，市场均衡点就是零利润的结果。在一定程度上，投机者调节着价格和消费的不稳定性，他们是“看不见的手”的机制的一部分，发挥着从产品旺季（商品价格偏低）到淡季（相应价格偏高）重新配置商品的有效的社会功能。
4. 投机市场允许个人进行套期保值交易，以对抗令人不快的风险。风险规避的经济原则由边际效用递减规律衍生而来，意味着个人不愿意接受期望值为零的风险形势。风险规避意味的是，人们要购买保险以减轻火灾、死亡或其他灾害的打击。

B. 保险经济学

5. 保险与风险分摊有助于消费水平在不同情况下维持稳定。保险是接受个人的大的风险，并将这种风险分摊到众多人的身上。对大多数个人来说，这就变成了可以接受的小的风险。保险对社会有益的原因是，它有助于促使不同的非确定性状态下的消费变得相等，可以提高效用的预期水平。
6. 有效的保险市场必需的经营条件是严格的：必须存在大量的独立事件，以及没有道德风险或逆向选择。如果由于逆向选择的出现导致市场不灵，则价格就会被扭曲或者市场就会出现缺失。
7. 如果私人保险市场不灵，政府可以介入提供社会保险。当私人保险市场不能有效发挥作用，而且社会相信个人应该有社会安全网，以应对严重的风险（例如失业、疾病和低收入）时，政府将提供社会保险。即使是在当今发达的市场经济的最为自由放任的条件下，政府也要提供失业保险和老人的养老保险。

C. 医疗保障：不会停止的问题

8. 医疗保障是社会保险项目中最大的一个组成部分。医疗市场有多重市场不灵的特征，因此需要政府的干预。医疗系统存有较多的外部性。另外，医生和病人之间的信息不对称会导致恰当的治疗和护理水平的不确定性，病人和保险公司的信息不对称带来了购买保险的逆向选择。最后，由于医疗保障对人类福利和劳动生产率如此重要，以至于大多数政府都必须致力于为国民提供最低标准的医疗保障。
9. 当政府对医疗服务进行补助，并试图覆盖所有人群时，对医疗服务将会出现超额需求。所带来的挑战之一，就是为非价格配给设置兼顾效率和公平的机制。

D. 创新与信息

10. 熊彼特强调将“新的组合”用于新产品和新工艺的创新者的重要作用，认为他们有权得到暂时的额外利润。
11. 今天，信息经济引起了效率生产和新知识分配之间的矛盾。由于信息的生产成本很大，而再生产成本非常小，因此它与一般的商品有本质的差别。企业不能获得其发明的全部货币价值的情况称为不可划拨性。为了提高可划拨性，政府设立了知识产权来保护专利、版权、商业机密及电子传媒。互联网等电子信息系统的兴起，使信息服务的有效定价陷入了一种更加两难困境。

概念复习

风险与不确定性

拉平地区价格的套利
理想的季节性价格形式
投机、套利、套期保值
风险规避者和边际效用递减
消费的稳定性与不稳定性
保险和风险分摊
信息经济的市场不灵
道德风险，逆向选择
社会保险
非价格配给

信息经济学

信息经济学
　不可划拨性
　知识产权的保护
　信息有效生产的两难困境
信息的市场失灵

补充读物和互联网站

补充读物

The concept of social insurance was described by Martin Feldstein in "Rethinking Social Insurance," *American Economic Review,* March 2005 and available at *www.nber.org/feldstein/aeajan8.pdf.*

For an analysis of gambling, see William R. Eadington, "The Economics of Casino Gambling," *Journal of Economic Perspectives,* Summer 1999.

The Schumpeterian hypothesis was developed in Joseph Schumpeter, *Capitalism, Socialism, and Democracy* (Harper & Row, New York, 1942).

Many of the economic, business, and policy issues involved in the new information economy are covered in a nontechnical book by two eminent economists, Carl Shapiro and Hal R. Varian, *Information Rules* (Harvard Business School Press, Cambridge, Mass., 1998). A discussion of the economics of the Internet is contained in Jeffrey K. MacKie-Mason and Hal Varian, "Economic FAQs about the Internet," *Journal of Economic Perspectives*, Summer 1994, p. 92.

A discussion by the U.S. government of Chinese infringement of intellectual property rights can be found at *www.ustr.gov/Document_Library/Reports_Publications/Section_Index.html.*

互联网站

One of the most interesting websites about the Internet and intellectual property rights is compiled by Hal R. Varian, chief economist of Google and former dean of the School of Information Management and Systems at the University of California at Berkeley. This site, called "The Economics of the Internet, Information Goods, Intellectual Property and Related Issues," is at *www.sims.berkeley.edu/resources/infoecon.*

Information on the American health-care system is usefully compiled by the National Center on Health Statistics at *www.cdc.gov/nchs/.*

问题讨论

1. 假设你的一个朋友要和你玩一个公平的掷币游戏，若硬币出现正面，你给朋友 100 美元，而若出现反面，则朋友付给你 100 美元。解释为什么赢钱的期望值为零。然后解释，如果你是一个风险规避者，为什么期望效用值会为负数。
2. 考虑成绩保险的例子。假设在成绩保险下，如果学生的平均成绩比最高等级每低一分，则可获得一年 5 000 美元的补偿（这一数字可能是成绩对未来收入影响的估计）。解释为什么成绩保险的存在会导致道德风险和逆向选择。为什么道德风险和逆向选择会使保险公司不愿经营成绩保险业务？你是否对不能购买成绩保险感到奇怪？
3. 2001 年 9 · 11 恐怖袭击之后，大部分保险公司都不再承保恐怖袭击险。用布什总统的话来讲，“超过 150 亿美元的房地产交易因为无法获得保险的保护而被取消或搁置”。联邦政府因此开始介入，提供了价值达 900 亿美元的保险。请应用保险理论，解释为什么保险公司不愿意提供防止恐怖袭击的财产险。你认为联邦政府提供的此项保险是不是一种社会保险形式，为什么？
4. 在 19 世纪初，国家的农产品几乎不在市场上销售，而且运输成本很高。你能否预计出不同地区的价格与今天相比会有多大的变动？
5. 假如某企业进行了一种风险投资（比如说，投资 20 亿美元开发可与 Windows 竞争的操作系统），你能否说明该企业广泛分散的股份所有权是如何允许几乎全部的风险都分摊在软件的投资上的？
6. 在 20 世纪 80 年代末期，靠非法使用内部信息暴富的套利者们败坏了投机和套利行为的名声。假定投机和套利行为构成犯罪（如最近俄罗斯所发生的例子），试解释经济所受到的损害。
7. 约瑟夫 · 熊彼特写道：

   > 民众生活的现代标准在相对不受束缚的“大工业”时代有所提高。如果我们列出进入现代工人日常生活预算的物品清单，并从 1899 年开始观察其价格水平走势线。考虑到产品质量的突飞猛进，我们不能不对其生活水平的提高的速度表示惊讶。这一速度看起来不是小于而是大于历史上的任何时期。但这还不是全部。只要考察到那些最能明显体现进步的个人物品，则我们就会发现，进步的足印并非徘徊在相对自由竞争条件下的厂商的门前，而是更明确地停留在大公司的门口。在农业机械化的例子中，竞争企业的进步同样是大部分地归功于大企业。于是，我们忽然震撼于此前的一种怀疑，大工业可能更多地是创造了而不是降低了劳工的生活水平。(《资本主义、社会主义与民主》)

   用这段话说明“静止的”垄断非效率和“动态的”科技进步有效率之间的权衡取舍。
8. 长期对年老者的护理包括帮助他们完成自己不能完成的活动，（如洗澡、穿衣、上厕所）。那一百年前这些需求是如何被满足的呢？解释为什么道德风险和逆向选择使今天的长期护理保险发展滞后，以至于几乎没有人选择去购买它。
9. 经济学研究发现，发明创造典型的私人回报仅相当于社会回报的三分之一。用创新经济学的术语解释这种现象。

第三编

要素市场：劳动、土地和资本

第 12 章 市场如何决定收入

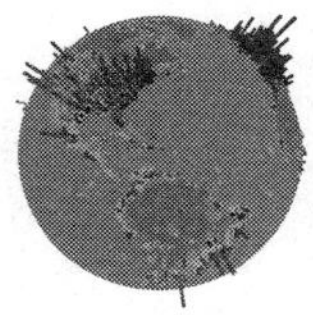

欧内斯特，你知道，富人和我们不一样。

——司各特·菲茨杰拉德

是的，我知道。他们的钱比我们要多。

——欧内斯特·海明威

A. 收入与财富

前面几章，我们讨论了小型厂商和大型公司所提供的产品和劳务的产量和价格。但是我们所享用的这些种类繁多的产品并不会突然地从地底下涌现出来——它们是由装备着机器的工人们所生产的，那些机器需要放在厂房里，厂房又需要坐落在某一块土地上。生产过程中的这些投入会得到如下要素收入——工资、利润、利息和租金。下面，我们将开始讨论要素价格的决定和影响国民收入分配的因素。

美国是一个收入和财富两级分化的国家。如果你是最富有的 400 个美国人中的一员，那么你可能是一位 60 岁的白人男子，拥有一流大学的学位，净资产达 40 亿美元。美国社会的这一小部分人拥有了这个国家财富总量的 3%。过去，你是靠制造业或房地产发家致富的，而最新出现的亿万富豪则主要来自于信息技术和金融产业。通常，你之所以能够跻身高层，是与你的出身和头脑都有关，因为家庭给你的教育的可观投资很可能会给予你一个相当领先的起步机会。不过，与 10 年前相比，现在，更多的成功人士都是白手起家的。

另一个极端，是那些名不见《福布斯》或《人物》等经典杂志封面、几乎被社会所遗忘了的人们。不妨让我们听一听无家可归的失业者罗伯特·克拉克的故事。他是一个参加过越南战争的老兵，从底特律来到迈阿密寻找工作。他睡在街边的一张硬纸板上，盖的是一条偷来的床单。每天，他和其他的无家可归者从下水道里爬出来，为那些临时雇用他们的企业老板做工。这些企业每小时可以向其客户收费 8~10 美元，但老板却按“最低工资”向克拉克这类人支付。他们将所剩余的大部分钱用于自己的交通费和购置其他工具。克拉克的工资单表明，他工作 31 小时所得到的报酬仅仅为 31.28 美元。

我们怎样才能理解这种收入和财富的两级分化呢？为什么有些人一年收入 1 000 万美元，而另一些人 1 小时却只挣 1 个美金？为什么东京或曼哈顿的房地产每平方英尺价值成千上万美元，而沙漠中的土地每英亩却只卖几个美元？像微软或者通用电气这样的巨型企业，它们几十亿美元的利润究竟从何而来？

收入分配问题是经济学中最富争议的领域之一。一些人认为高收入是继承权和运气等因素所带来的不平等的后果，贫穷不过是来自于歧视和缺少机会；另一些人则认为，每个人都已经得到了他们应得的报酬，对收入的市场分配进行干预会损害一国经济的效率，并几乎能使得每个人的状况都要比原先更加糟糕。今天，美国政府各种干预经济的计划可谓是方方面面舆论相互妥协的产物。美国舆论一般都认为，收入应该主要由市场报酬机制决定，而政府则应该提供一个“安全网”，使得那些处于贫困线以下的人们能够得到接济。

收 入

在衡量一个人或一个国家的经济状况时，最常用的两个指标是收入和财富。**收入**（income）指的是一定时期内（通常为一年）的工资、利息、股息和其他有价物品的流入。所有收入的总和是国民收入，其内容见表 12-1。国民收入中最大的部分是劳动收入，其形式为工资、薪金和附加福利。剩余部分是各种形式的财产收入：租金、净利息、公司利润和业主收入；这部分基本上包括了作为小企业主的收入。[1]

[1] 经济学家和会计师核算“收入”的方法通常是不同的，在第7章我们曾讨论过收入和财富的会计核算问题。

市场经济中的收入以工资、利润、租金和利息等形式分配给生产要素的所有者。

要素收入和个人收入

理解要素收入和个人收入的差别很重要。表 12-1 列举了要素收入的分配，即在劳动收入和财产收入之间的分配。但同一个人往往可以拥有多种收入。例如，某人有工资，能从储蓄中得到利息，从持有共同基金的股份中取得股息，还能从房地产中收取租金，等等。用经济学语言来表述，一个人的市场收入，等于他所出售的生产要素的数量乘以每种要素的价格。

美国国民收入中大约有 2/3 是劳动收入，其余的是各种形式的资本收益。过去的 25 年是一个非常动荡的时期。石油危机、计算机革命、全球化、公司规模收缩和经济长期扩张等，对劳动收入在全部收入中所占份额会有什么样的影响呢？从图 12-1 中我们可以看出，自 1970 年以来，劳动收入在国民收入中所占份额的变动很小。这是美国国民收入分配的一个重要特征。

收入种类	数额（10 亿美元）	份额（%）	例 子
劳动收入			
工资和薪金	6 356	51.8	汽车工人的工资；教师的薪金
津贴和其他劳动收入	1 457	11.9	公司为职工缴纳的养老基金
财产收入			
所有权收入	1 056	8.6	所有者经营企业的收入；律师作为合伙人的净收入
租金收入	40	0.3	房东出租公寓所得的租金，除去费用和折旧
公司利润	1 642	13.4	微软的利润
净利息	664	5.4	存款账户的利息
产品税及其他	1 056	8.6	
合计	12 271	100.0	

表 12-1 2007 年美国国民收入的分配

国民收入包括付给所有生产要素的收入。其中 3/4 是工资和其他种类的劳动补偿，其余的 1/4 是租金、公司利润和业主收入。

资料来源：U. S. Department of Commerce，Bureau of Economic Analysis，at the Web page www.bea.gov.

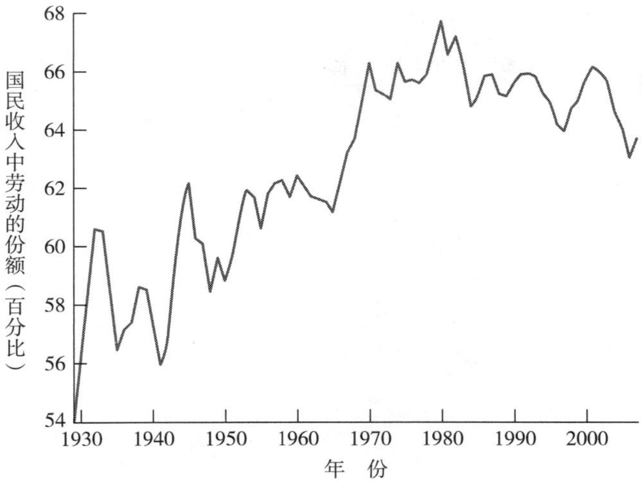

图 12–1　劳动收入在国民收入中的份额

自二战到 1970 年，劳动收入在国民收入中的份额逐步上升。自 1970 年以来，它一直稳定在 2/3 左右。国民收入的其余部分是租金、利息、公司利润、所有权收入和产品税的各个项目。

政府的作用

政府在收入分配中起什么作用呢？各级政府是工资、租金、利息收入的主要来源。表 12-1 中对生产要素的支付包括了政府购买支出。

政府在国民收入分配中还发挥着表 12-1 未能反映出来的作用。首先，政府通过税收和其他收费征收了国民收入的很大一部分。2008 年大约 30% 的国内生产总值被联邦、州和地方政府以各种形式的税收所课征，包括个人所得税、公司利润税和社会保险税。

不过，不管是征收什么税，政府还是要花费掉或者转移出去。各级政府以**转移支付**（transfer payment）的形式向社会提供收入。转移支付是政府向个人提供的一种不需要用商品或服务加以回报的支付。转移支付中最大的一项是对老年人的社会保险，此外还包括失业保险、农业补贴和福利开支。早在 1929 年以前，美国人几乎不曾从政府那里取得过什么收入；而到了 2008 年，竟然大约有 15% 的个人收入都是来自于政府的转移支付。

> 个人收入等于市场收入加上转移支付。市场收入大部分来自工资和薪金；少数富人的市场收入来自于财产权益。政府转移支付主要是用于支付老年人的社会保险。

财　富

以上我们看到，人们的收入中有一部分是来自于他们所持有的债券或股票，即利息或红利。这类收入要求我们引入第二个重要的经济概念：**财富**（wealth）。财富是人们在某一时点所拥有的资产的货币净值。注意，财富是一个存量（如同湖中的水量），而收入是单位时间中的流量（如同河中的水流）。家庭的财富包括有形财产（房屋、汽车、其他耐用消费品及土地），还有金融资产（如现金、储蓄、债券和股票）。所有有价值的东西都叫做资产，而所有欠他人的东西都称为负债。总资产和总负债的差额称为财富或净财富。

由表 12-2 可见，1989~2004 年美国家庭所拥有财产的构成情况。大部分家庭最重要的一项资产是住宅：如今美国已经有 68% 的家庭拥有自己的住房，而上一代人只有 55%。大多数家庭都以储蓄的形式持有一定数量的金融资产，1/5 的家庭直接拥有公司股票。但实际上，美国的金融资产的大部分还是集中在一小部分人的手中，大约 1/3 的总财富是由 1% 的最富有的美国家庭所拥有。

B. 边际生产率决定投入的价格

收入分配理论（theory of income distribution) 或**分配理论**（distribution theory）研究的是经济中收入的决定问题。人们常会对家庭收入差距巨大这一点感到迷惑。这种差异是由于天分的差异，还是由于垄断势力？抑或是由于政府的干预？为什么比尔·盖茨身价 600 亿美元，而一半黑人家庭的净财富却不到 2 万美元？为什么都市的

1989~2004 年美国家庭各种资产占总资产的比例			
	占总资产的百分比		
	1989 年	1995 年	2004 年
金融资产			
银行和其他各种储蓄	9.4	7.7	6.2
债　券	3.1	2.3	1.9
股　票	6.2	10.4	11.5
退休金账户	6.6	10.3	11.4
其　他	5.3	6.0	4.7
有形资产和其他资产			
自有住房	31.9	30.0	32.3
其他不动产和财产	13.4	10.0	11.1
车　辆	3.9	4.5	3.3
公司股权	18.6	17.2	16.7
其　他	1.7	1.5	1.0
	千美元，按 2004 年美元计		
家庭净值			
中位数值	68.9	70.8	93.1
平均数值	272.3	260.8	448.2

表 12-2　美国家庭的资产结构的变动趋势

家庭拥有有形资产（如房屋和汽车）和金融资产（如储蓄和股票）。但绝大多数美国家庭的最大一项资产仍是房屋。财富分布的中位数值要远远小于其平均数值，反映了人们拥有财富的极大不平等。

资料来源：Federal Reserve Board，Survey of Consumer Finances，available in *Federal Reserve Bulletin or at www.federalreserve.gov/pubs/oss/oss2/2004/bull0206.pdf.*

地价要大大高于沙漠地带?

对于这些问题，我们的回答首先是：收入分配理论是一般价格理论的一种特例。工资不过是劳动的价格；同理，地租是使用土地的价格。生产要素的价格是由不同要素的需求和供给之间的相互作用所决定的，就像商品的价格主要是由商品的供给和需求所决定的一样。

但是，供给和需求只是理解竞争性市场经济中收入分配问题的第一步。我们将会看到，收入的关键在于不同生产要素的*边际产出*。在本节，我们可以看到工资取决于*劳动的边际产出*或者说是劳动的边际收益产品的价值，其他要素也是如此。我们首先讨论这个新概念，然后看它是如何解决收入决定问题的。

要素需求的性质

要素需求与消费品需求的主要差别有二：(1) 要素需求是派生需求；(2) 要素需求是相互依赖的需求。

要素需求是派生需求

让我们讨论一下计算机软件企业对于办公楼面积的需求问题。软件公司需要为其编程人员、客户服务人员和其他雇员租用办公室。同理，其他诸如比萨饼店或银行等也需要经营活动的空间。在每一地区，都有一条斜率为负的办公面积的需求曲线，它将土地所有者所要求的租金与公司想要的办公面积的数量联系起来——价格越低，公司愿意租用的面积就越大。

但普通消费者的需求和企业对投入品的需求之间却有着本质的差别：消费者需要计算机游戏和比萨饼等最终产品，是因为这些消费品都能直接地提供快乐或效用。而像企业购买办公场地这类投入，却并不是因为它们能直接地提供满足；企业购买投入品是因为它能够通过使用这些要素而得到最终产品和相应收入。

消费者满意偏好决定着厂商要素投入的格局，不过这种偏好可谓一个阶段一个样。消费者从玩电子游戏中获得的满足决定了软件公司能卖出多少游戏软件，需要多少销售商，必须租用多少办公场地。其游戏软件越是成功，对办公场地的需求也就越大。因此，要准确地分析投入需求，必须认识到：是消费者的需求最终决定了企业对办公场地的需求。

认识这一点的意义，不仅限于分析办公面积的需求。事实上，消费者需求决定所有的投入需求，包括耕地、石油，还有比萨饼烤炉。你能看出对经济学教授的需求是如何由学生对经济学课程的需求最终决定的吗？

> 企业的投入需求由消费者对其最终产品的需求间接地派生而来。

于是，经济学家将生产要素需求称为**派生需求**（derived demand）。这意味着当企业需要一种投入时，是因为那种投入使他们能生产一种消费者现在或将来想要得到的商品。由图 12-2 可见，某一种投入需求，例如肥沃的玉米地，是如何由消费者对玉米的需求曲线派生而来的。同样，对办公场地的需求也是由消费者对欲租办公室的公司所生产的软件或者其他产品和服务的需求派生而来的。

要素需求相互依赖

生产要靠集体努力。要想锯倒一棵树，只有一把锯子是没有用的，而两手空空的工人也同样不能生产价值。只有将锯子交给工人使用才能很容易地将树锯倒。换句话说，某种要素的生产率，如劳动生产率，取决于能够与之相匹配的要素的数量。

这意味着在一般情况下，我们不应该说某一种投入独自创造了多少产出。说哪种要素更重要就好比说生孩子是父亲重要还是母亲重要一样。

正是由于土地、劳动和资本品在生产中是相互依赖

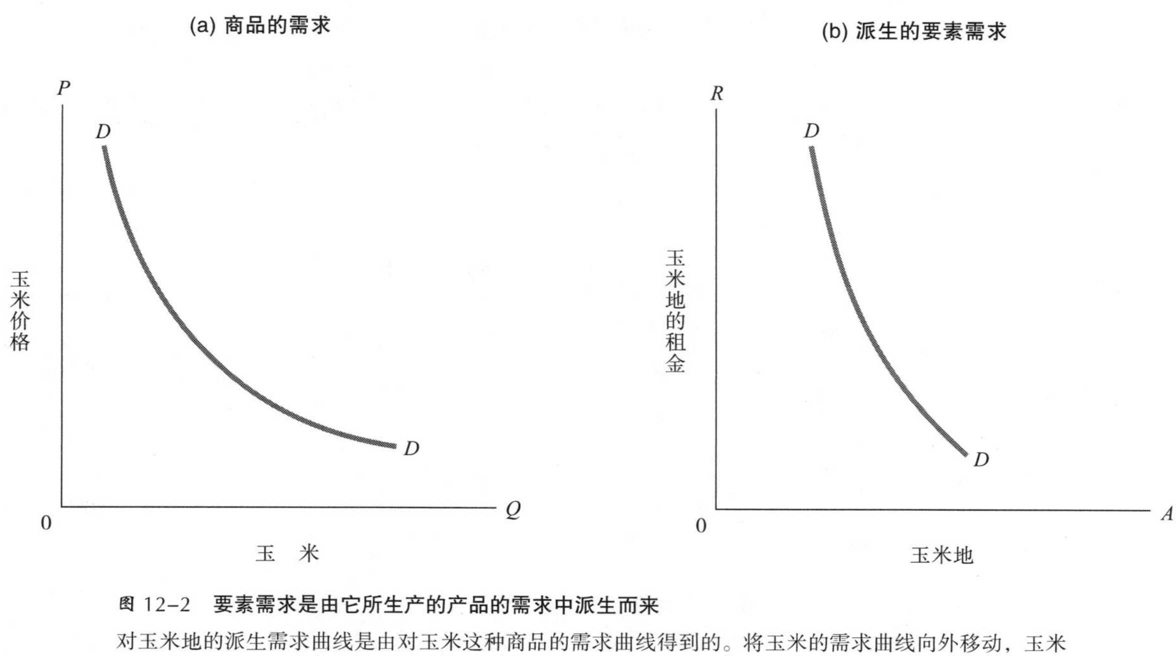

图 12-2　要素需求是由它所生产的产品的需求中派生而来

对玉米地的派生需求曲线是由对玉米这种商品的需求曲线得到的。将玉米的需求曲线向外移动，玉米地的需求曲线也会向外移动。如果商品的需求曲线变得没有弹性，投入的需求曲线也变得没有弹性。

的，才使得收入的分配成为一个非常复杂的问题。设想你负责分配一个国家的所有产出，如果我们能够判定“土地”独立生产这么多，“劳动”独立生产那么多，而“机器”又单独生产了其余部分，那么分配就会非常容易。在供给需求分析框架中，如果每种要素可以独自生产一定数量的产品，那么它当然就能够独享自己的劳动果实。

但是，请将上面那段话再读一遍，并标出“独立生产”等关键词。这些词指的是一个虚幻的世界，即各要素的生产率可以相互独立，而这在现实中却是根本不存在的。煎蛋卷是由厨师的劳动、鸡蛋、牛油和天然气等要素投入共同作用而成的，你怎么可能将其中的每种投入单独的贡献从整体中分离出来呢？

为了寻求答案，我们需要考查要素的边际生产率（它影响需求）和要素的供给之间的相互作用关系。这二者决定要素的市场价格和交易数量。

生产理论回顾

在展示要素价格和边际产出的关系之前，我们来回顾一下第 6 章中生产理论的要点。

生产理论首先讨论了生产函数的概念。生产函数表示在给定的技术知识条件下，各种要素组合所能生产的最大产量。生产函数概念提供了边际产品的一个严格定义。一种投入品的边际产品是指：在其他投入品不变时，增加一单位某种投入品后所能带来的产品或产出的增加量。[1]表 12-3 中前 3 栏复习了边际产品的计算方法。

最后，让我们复习一下“收益递减定律”。表 12-3 的第（3）栏说明，每一单位的新增劳动所能带来的边际产品呈递减状态。“边际产品递减”是收益递减的另一种说法。我们还可以把劳动换成土地，使劳动和其他投入保持不变，而仅仅改变土地的数量，我们会看到收益递减定律对于土地也同样适用。

1 注意，要素的边际产品是以每单位额外投入带来的产量的实物单位的增加来表示的。于是，有些时候，特别是这个词和我们即将遇到的“边际收益产品”这一概念可能发生混淆时，为了避免混淆，经济学家宁肯使用“边际实物产品”来代替“边际产品”。为简化起见，我们将边际产品缩写为 *MP*。

边际收益产品				
（1） 劳动单位 （工人）	（2） 总产品 （蒲式耳）	（3） 劳动的边际产品 （蒲式耳 / 工人）	（4） 产品价格 （美元 / 蒲式耳）	（5） 劳动的边际收益产品 （美元 / 工人）
0	0			
		20 000	3	60 000
1	20 000			
		10 000	3	30 000
2	30 000			
		5 000	3	15 000
3	35 000			
		3 000	3	9 000
4	38 000			
		1 000	3	3 000
5	39 000			

表 12-3 完全竞争厂商的边际收益产品的计算法

第（3）栏标明了劳动的边际产品，劳动的边际收益说明增加单位劳动投入时，厂商得到了多少新增收入。它等于第（3）栏中的边际产品乘以第（4）栏中的竞争性产品价格。

分配理论和边际收益产品

分配理论的基本观点是，对各种要素产品的需求来自每种要素通过其边际产品所产生的收入。在说明这个结论之前，我们先定义一些新的概念。

边际收益产品

应用生产理论我们可以在分配理论中提出一个核心的概念：边际收益产品（*MRP*）。假设我们经营一个大型的衬衫企业，并了解每一个新增的工人能生产多少件衬衫。不过该企业所追求的是货币利润的最大化，因为它是用货币而不是衬衫去支付工资和红利。于是我们需要一个概念来衡量每一单位新增投入品所能增加的货币收入。经济学家将增加一单位投入所能增加的产出的货币价值叫做“边际收益产品”。

> 投入品 A 的**边际收益产品**（marginal revenue product）是追加一单位投入 A 所能产生的货币收益。

完全竞争的情况 当产品市场是完全竞争时，很容易计算出边际收益产品。在这种情况下，每一单位的工人生产的边际产品（MP_L）可以按产品的市场竞争价格（*P*）出售。而且，因为我们考虑的是完全竞争的情况，产品价格不受企业产出的影响，所以价格等于边际收益（*MR*）。如果我们的边际产品为 10 000 蒲式耳，价格和边际收益为 3 美元，那么最后一个工人的产出的货币价值（劳动的边际收益产品）为 30 000 美元（10 000 × 3 美元），见表 12-3 中的第（5）栏。于是在完全竞争条件下，每一个工人对于企业的价值都等于最后一个工人边际产品的价值；每一英亩土地的价值等于土地的边际产品乘以产出的价格；对于其他各种要素可以依此类推。

表 12-3 展示了生产理论和要素需求理论之间的基本联系，学习时应予以注意。前（3）栏分别是劳动的投入量、产出和边际产品，再利用第（4）栏中的产品价格，我们可以在第 5 列计算出劳动的边际收益产品（以美元 / 工人计）。在本章，稍后我们可以看到第（5）栏是决定劳动需求的关键。一旦知道工资率，我们就可以利用第（5）栏计算出对劳动的需求。

不完全竞争的情况 在不完全竞争条件下，每个企业所面对的需求曲线是向下倾斜的，这时会发生什么情况呢？此时，从出售的每一单位新增产出上获得的边际收益低于价格，因为企业为卖出 1 单位新增产出必须能降低此前所有产品的价格。对于企业来说每单位边际产品的价值 $MR < P$。

我们继续研究上面的例子，假设边际收益（*MR*）为 2 美元，而价格是 3 美元，那么表 12-3 中第二个工人的边际收益产品 *MRP* 为 20 000 美元（$= MP_L \times MR = 10\ 000 \times 2$ 美元），而不是竞争情况下的 30 000 美元。

小结：

> 边际收益产品表示在其他投入不变时，企业新增一单位某种投入所增加的收益。它用投入的边际产品乘以出售一单位新增产出所获得的边际收入来计算。这对于劳动（L）、土地（A）和其他投入要素都适用。用符号表示：
>
> 劳动的边际收益产品（MRP_L）$= MR \times MP_L$
>
> 土地的边际收益产品（MRP_A）$= MR \times MP_A$
>
> 其他情况类推。
>
> 在完全竞争条件下，因为 $P = MR$，所以对于每一种投入 *i* 来说：
>
> 边际收益产品（MRP_i）$= P \times MP_i$

生产要素的需求

在界定了相关的基本概念之后，现在我们来看追求利润最大化的厂商如何决定要素的最优组合，并从中导出对要素投入的需求。

追求利润最大化的厂商的要素需求

对某一生产要素的需求是由什么来决定的？为了理解这些问题，我们需要先讨论旨在追求利润的厂商如何选择其最优的投入组合。

假设你是一个追求利润最大化的农场主。在你所处的地区，可以用每年 2 万美元的价格雇到你所想要的全部农场工人。你的会计会交给你一张表，其中数据如表 12-3 所示。在这些条件下，你会怎么办呢？

你会试验各种各样的可能性。雇用一个工人时，额外的收入（*MRP*）为 6 万美元，而工人的边际成本为 2 万美元，所以你的额外利润为 4 万美元；雇用第二个工人，会给你带来 3 万美元的边际收益产品，带来的额外利润为 1 万美元；雇第三个工人，所增加的生产只能带来 1.5 万美元的边际收益产品，而成本为 2 万美元，所以雇用第三个工人已经无利可图。表 12-3 说明，雇用两个工人所能获得的利润最大。

通过这种推理，我们能够找到选择最优投入组合的原则：

> 要达到利润最大化，企业应当增加投入，直到投入的边际收益产品与投入的边际成本或价格相等。

在完全竞争的要素市场上规则更为简单。在完全竞争条件下，边际收益产品等于价格乘以边际产品（$MRP = P \times MP$）。

> 在完全竞争条件下，当边际产品乘以产出价格等于投入价格时，厂商就得到了利润最大化的要素组合：
>
> 劳动的边际产品 × 产出价格 = 劳动的价格 = 工资
>
> 土地的边际产品 × 产出价格 = 土地的价格 = 地租
>
> 其他情况依此类推。

我们可以通过以下推理来进一步理解这一规则：假定每种投入都被打包成价值 1 美元的单位，即投入 1 美元的劳动，1 美元的土地，等等。为追求最大利润，企业将购买各种要素投入，直至每一个"1 美元投入组合"的产出都恰好价值 1 美元。换句话说，就是每一个"1 美元投入包"都将生产 *MP* 单位的玉米，使得 $MP \times P$ 恰好等于 1 美元。那么，在利润最大化时，这些 1 美元的要素单位的 *MRP* 都恰好是 1 美元。

最低成本法则 我们可以将以上推理的前提推而广之，使它既可以适用于完全竞争的产品市场，也可以适应不完全竞争的市场（只要要素市场是竞争的）。重新整理上面所说的基本前提，利润最大化意味着：

$$\frac{\text{劳动的边际产品}}{\text{劳动的价格}} = \frac{\text{土地的边际产品}}{\text{土地的价格}} = \cdots\cdots \frac{1}{\text{边际收益}}$$

假设你有一家垄断的闭路电视公司。如果你要使利润最大化，你会对工人、铺设电缆的土地、卡车和检测设备等投入要素进行最优组合以使成本最小。如果卡车每月的租金为 8 000 美元，每个工人的每月工资为 800 美元，当每 1 美元投入的边际产品相等时，成本就达到了最小。因为卡车的成本是劳动成本的 10 倍，卡车的边际产品必须是劳动的边际产品的 10 倍。

> **最低成本法则**（least-cost rule）：当每一美元投入的边际产品都相等时，成本就达到了最小。这对于完全竞争和不完全竞争条件下的产品市场上的厂商都同样适用。

边际收益产品和要素需求

在得出不同要素的边际收益产品（*MRP*）后，我们现在就可以理解对生产要素的需求了。我们已经看到：一个追求利润最大化的厂商在选择各种投入的数量组合时，会使每种投入的价格等于其边际收益产品。这意味着从一种投入的边际收益产品表上，我们可以立刻得到投入价格和对该种投入的需求量之间的关系，这种关系就是需求曲线。

请回顾一下表 12-3。表中最后一栏是我们这个玉米农场劳动的边际收益产品。根据利润最大化条件，我们可以知道，当工资为 6 万美元时，会雇用 1 单位劳动；工资为 3 万美元时，就会雇用 2 单位劳动；依此类推。

> 由每一种投入的边际收益产品表可以推导出企业对该种投入的需求表。

我们已经用表 12-3 中的数据来勾画我们这个玉米农场对劳动的需求曲线，如图 12-3 所示。我们再将这些点用平滑的曲线连接起来，以便看到每增加一个很小单位的劳动时需求曲线的性状。

从厂商到市场需求 不同厂商需求曲线的加总是决定劳动和其他要素需求的最后一步，是将各厂商的需求曲线水平加总。同其他需求曲线一样，竞争市场需求曲线也是所有厂商需求曲线水平的加总。因此，如果存在 1 000 家不同的厂商，那么对劳动的市场需求恰像图 12-3 所显示的那样（横轴所表示数字要乘以 1 000）。我们可以看到，对生产要素的竞争性需求由不同厂商的边际收益产品加总而得。

替代法则 最小成本法则的一个推论是**替代法则**（substitution rule）：当一种投入要素价格上升而其他投入要素价格不变时，更多地使用其他要素以替代那个价格上升的要素，企业将会从中获利。当劳动的价格 P_L 上升时，会导致 MP_L / P_L 的下降。这时企业将会减少雇用劳工的数量，而增加土地要素的投入，直到每 1 美元这两种投

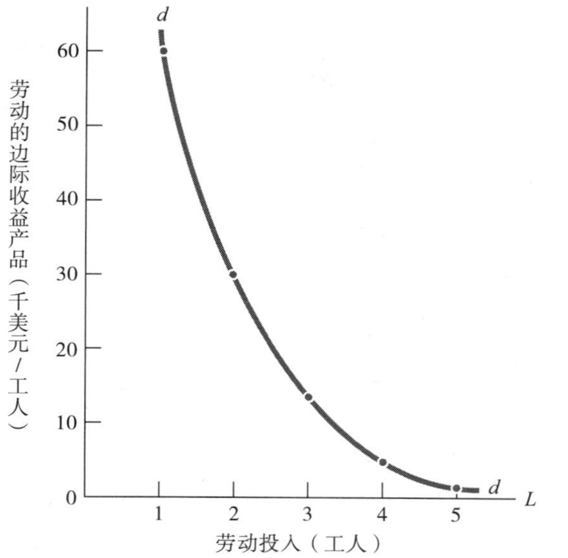

图 12-3　从边际收益产品导出的投入需求

对劳动的需求是由劳动的边际收益产品派生出来的，本图所用数据来自表 12-3 中竞争性厂商的数据。

入的边际产品再次相等为止。这样就降低了对劳动的需求而提高了对土地的需求。同样，土地价格 P_A 的上升也会使得企业更多地使用劳动来替代土地。与最小成本法则一样，替代法则和对要素的派生需求对于完全竞争和不完全竞争的产品市场均适用。

生产要素的供给

关于要素价格和收入的决定因素的完整分析，须将上述的投入需求和生产要素的供给结合在一起。供给的一般原则因各种投入而异，以下两章中我们将进一步深入探讨。现在我们仅做一点介绍和简评。

在市场经济中，大多数生产要素是私人拥有的。人们“拥有”他们的劳动是指他们能控制劳动的使用；但在今天，这种关键的“人力资本”已经只能租借而不能买卖了。资本和土地一般都由家庭和企业所拥有。

劳动供给是由许多经济因素和非经济因素所共同决定的，重要的决定因素有劳动的价格（即工资率）和人口特征，如年龄、性别、教育和家庭结构。土地和其他自然资源的数量是由地理条件决定的，不可能有大的改变，虽然土地的数量也受水土保持、开垦方式和改良措施等因素的影响。资本的供给依赖于企业、家庭和政府过去的投资。短期内的资本存量像土地一样是固定的，但长期内的资本供给会受风险、税收和回报率这样的经济因素的影响。

投入的供给弹性是怎样的呢？实际上，供给曲线可以向上倾斜或垂直，甚至可能斜率为负。对于大多数要素，我们可以认为在长期内供给和要素价格是一种正相关关系，此时供给曲线向右上倾斜。土地的总供给一般认为是不受价格影响的。这种情况下，土地的总供给完全没有弹性，供给曲线是垂直的。在某些特殊情况下，当一种要素的收益增加时，所有者向市场提供的该种要素的数量反而更少。例如，当工资上升时，人们感觉他们可以工作更少的时间，所以在工资率高的时候，劳动的供给曲线就有可能向后弯曲，而不是继续向上倾斜。

图 12-4 显示了几种具有不同弹性的要素供给曲线。

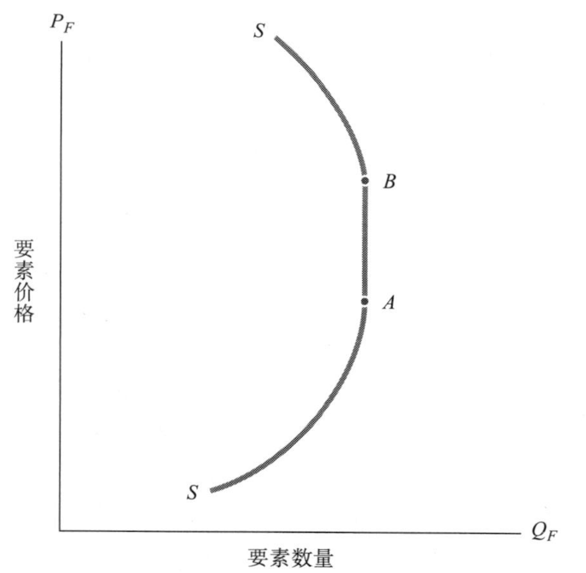

图 12-4　生产要素的供给曲线

生产要素的供给依赖于要素的特性和所有者的偏好。一般地说，供给与价格呈正相关关系，如图中 A 点以下区域所示。对于供给固定的要素，如土地，供给曲线是完全没有弹性的，如图中从 A 到 B 部分所示。在特殊情况下，要素价格上升会大大增加所有者收入，如劳动或石油，这些要素的供给曲线可能会向后弯曲，如图中 B 点以上部分所示。

供给和需求决定要素价格

一个完整的收入分配分析必须结合生产要素的供给和需求。本章前面我们已经提供了分析需求的基础，并简要描述了供给。我们已经指出，在给定的要素价格下，追求利润最大化的厂商将按各种投入的边际收益产品选择投入组合。当土地的价格下降时，每个农场主都会用土地去替代其他投入，如劳动、机器和肥料，于是每个农场主对玉米地投入的需求如图 12-2（*b*）所示。

我们怎样得到对要素（不论是玉米地，还是非熟练工人或计算机）的市场需求呢？我们将每个厂商的单个需求加总，于是，在土地价格给定时，我们将给定价格下所有企业对土地的需求加总；在土地的每个价格水平下我们都这样做。换句话说，我们将所有的单个厂商对土地的需求曲线进行水平加总，得到市场对土地的需求曲线。对于所有投入，我们都这样将所有厂商的所有派生需求加总，从而得到每种投入的市场需求。在每种情况下，投入的派生需求都是根据该种投入的边际收益产品而得出的。[1]图 12-5 的 *DD* 曲线是某种生产要素的总需求曲线。

[1] 注意，这里要素需求曲线的水平加总过程与第5章我们导出的产品市场需求曲线的过程是一致的。

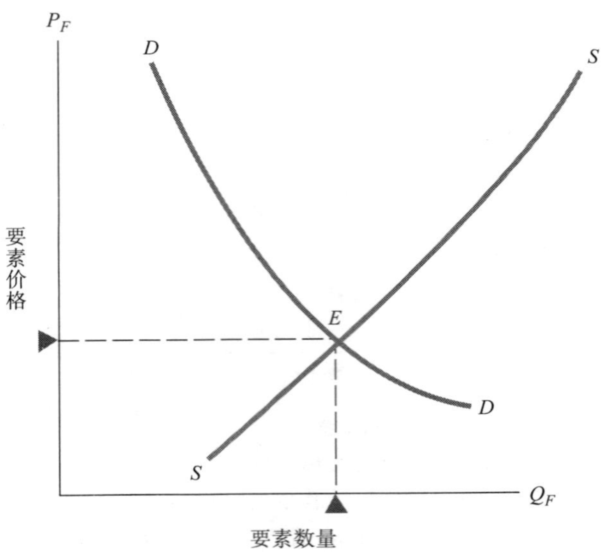

图 12–5 要素供给和派生需求的相互作用决定要素价格和收入分配

要素价格由要素供给与需求的相互作用决定。

我们怎么找到整个市场的均衡呢？完全竞争市场中投入的均衡价格，即是供给量和需求量相等时的那个价格水平。如图 12-5 所示，一种要素的派生需求曲线与其供给曲线在 *E* 点相交，只有在这种价格时，要素所有者愿意供给的数量与买方愿意购买的数量才平衡。

竖直型和扁平型

用以上概念我们可以分析一个只有两种要素的市场，以便看出为什么收入差异会这么大。图 12-6 是两种劳动（外科医生和快餐工人）的要素市场。由于行医需要执照，且成为一名外科医生所需接受的教育和训练时间长、成本高，因而外科医生的供给相当有限。而对外科医疗的需求却与其他医疗服务的需求一起迅速增长，结果就是外科医生每年平均收入达 30 万美元。此外，需求的增长将导致医生收入的急剧增长和产出的低增长。

收入模式的另一个极端是快餐工人。这些工作对于技术或教育没有多少要求，几乎每个人都能做。劳动供给很有弹性。近年来对快餐需求的增长，导致快餐工人雇员数量也急剧增长。因为进入这个市场很容易，全职快餐工人的年平均工资为 1.9 万美元，接近于最低工资。外科医生和快餐工人收入悬殊的原因何在？关键是劳动质量的差别，而不是工作时间问题。

富人和其他人

如果你是美国最富有的人之一，那么每年你可能有 5 000 万美元的利息、红利或其他财产收入。而中等家庭每年来自其所拥有的金融财产的收入还不到 1 000 美元。图 12-7 解释了这个差别。富人的股票或债券的回报率不比中产阶级高多少。

然而，富人的财富基数却大得多。图 12-7 中阴影矩形的面积显示了这两种人的资本收入的差别。切记：是财富的多少而不是回报率的高低导致巨富财产收入的矩形面积如此之大。

这两个例子解释了要素价格和个人收入是如何由市场潜在力量决定的。供求的力量会使供给有限或需求很大的要素，通过较高的边际收益产品的形式产生很高的收益。如果一种要素（如外科医生），因训练素养要求提高而变得更为紧缺，那么这种要素的价格就会上升，医生就会享受到更高的收入。然而，如果某些领域（如精

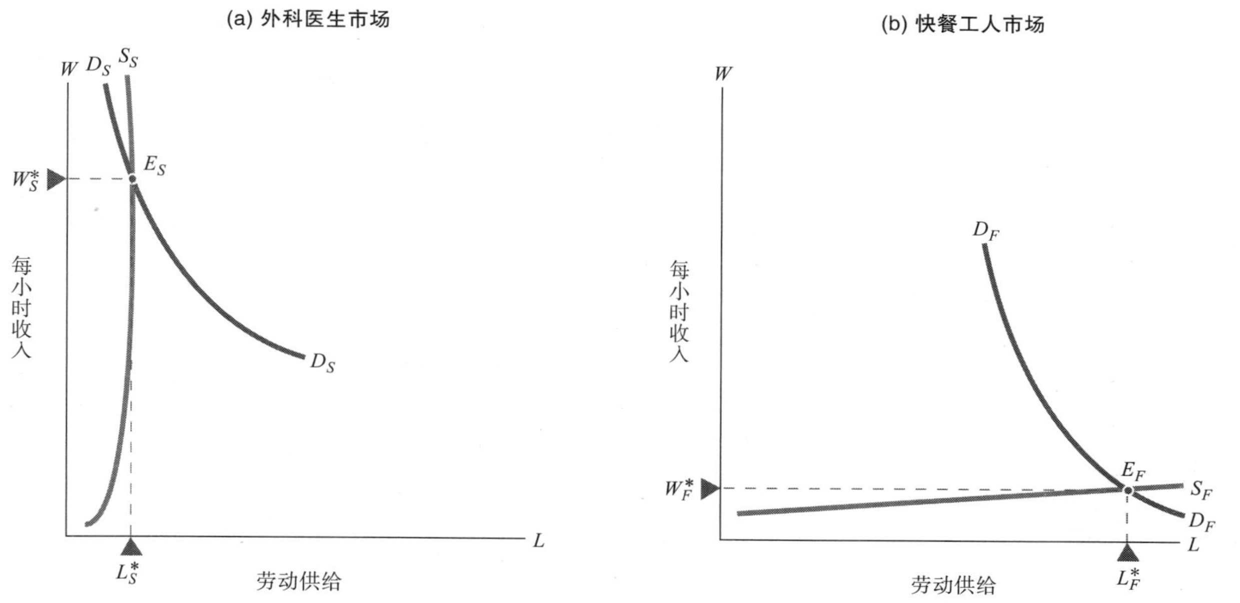

图 12-6　外科医生市场和快餐工人市场

在（a）图中，我们看到了外科医生有限的供给产生的影响：产出很少，每个医生收入很高。如果老年人口比重上升，对外科医生的需求增加，会对医生的总收入和手术的价格产生什么影响呢？

在（b）图中，自由进入和低技术要求说明快餐工人的供给是具有弹性的，工资很低而就业量大。如果更多的青少年要找工作，这对快餐业的工资和就业有何影响？

神病学领域）的需求减少（或许是因为保险公司缩减了精神病的承保范围，或者由于像社会工作者和心理学家一类的人拉走了一些病人，或者是人们需要更多的药物治疗而非心理治疗等），精神病医生的收入就会降低。竞争会给予一切，也会带走一切。

国民收入的分配

学习了边际生产率理论之后，我们现在可以回到本章开头时所提出的问题。在一个激烈竞争的世界里，市场如何在这么多的生产要素中分配国民收入？

这一节提出了新古典要素收入分配理论。该理论可以应用于任意数量的最终产品和要素投入的竞争市场中。如果我们考虑一个只有一种产品的简化的经济世界，而且在这个世界里所有的账目均按“实际的”单位记录，那么该理论就会变得易于掌握。这种产品可能是玉米，或是一篮子各种物品和服务的组合，而我们称它为 Q。另外，设定价格为 1，整个讨论在实际条件下进行，那么产出的价值就是 Q，工资率则是以货物或 Q 表示的实际工资。在此情形下，生产函数表明在每单位劳动小时（L），在每单位面积的同质土地（A）上生产多少 Q。注意因为 $P = 1$，在完全竞争条件下，$MRP = MP \times P = MP \times 1 = MP$。因此，工资为 MP_L。

新古典模型的推导如下：工人 1 因可供耕种的土地很多而获得较多的边际产品。工人 2 获得的边际产品略少。但这两个工人的素质是相同的，因此他们应该获得相同的工资。问题在于由哪一个工人决定工资？是工人 1 的边际产品还是工人 2 的边际产品？或是二者的平均？

在完全竞争条件下，答案是清楚的。如果市场上工人工资已经超过工人的边际产品，土地所有者就不会再雇工人。因此，竞争会确保所有的工人获得的工资率与最后一个被雇的工人的边际产品相等。

但现在，由于早先的工人比最后一个工人的 MP_S 高，这就产生了总产出与工资额之间的剩余。所有早先的工人创造的超过 MP_S 的部分哪里去了？这个超出部分留给

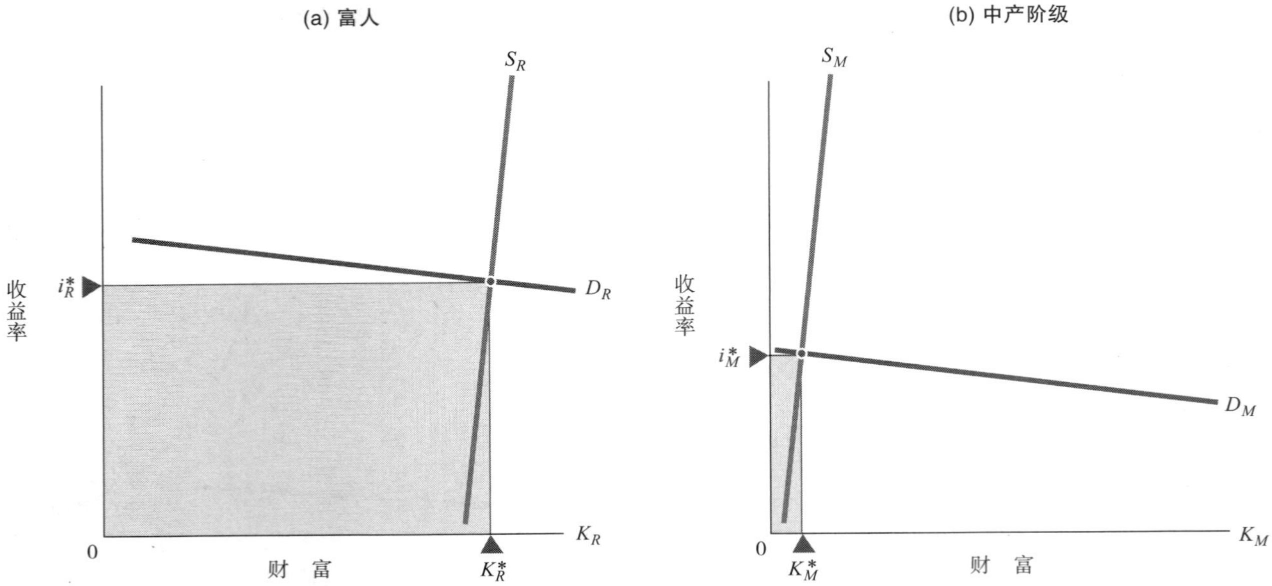

图 12–7 财富收入的差异

本图展示出富人与中产阶级所持有财富的供给和需求。横轴代表总财富，纵轴代表收益率，阴影部分为 $r \times W$，或者说是财富带来的收入。为什么富人的阴影区矩形面积要远远大于中产阶级的阴影区矩形面积呢？富人的资产收入比较高，主要是因为富人的财富（K_R）要比中产阶级多很多（K_M）。

土地所有者作为了他们的剩余收入，将来我们会称之为租金。你可能会问，为什么土地所有者在千里之外坐着他们的游艇，却能从土地上获得收入？原因在于：每块土地的所有者都是竞争性土地市场的参与者，并以最优的价格出租土地。就像工人之间为工作而进行竞争一样，土地所有者之间为雇用工人而展开竞争。可见，在这个竞争世界里，没有工会来争取涨工资，也没有雇主联合起来剥削工人，在工资和地租上也不存在什么特别的公平，只有供给和需求之间的运动。

于是我们决定了付给工人的总工资。图 12-8 说明劳动的边际产品曲线以实际工资的形式决定了所有雇员的需求曲线。劳动供给要素决定了劳动的供给（图中为 *SS*）。均衡工资在 *E* 点，付给劳工的全部工资为 $W \times L$（例如，如果 $W = 5$，$L = 100$ 万，则总工资 $= 500$ 万）；图中为矩形区域 *0SEN*。

令人惊讶的是，我们也可以计算土地的租金收入。图 12-8 中的浅色三角形 *NDE* 为所有已生产出来但没有作为工资支付出去的剩余产出，租金三角形的大小由追加劳动时劳动的边际产品的递减程度决定，即由收益递减的程度决定。如果高质量的土地有限，追加的劳动收益递减就会很显著，租金的份额就会很大。如果有大量需要开垦的同质的边远地带的土地，收益递减的倾向就会很弱，土地的租金三角形就会很小。

图 12-8 中工人的工资大约是财产所收租金的 3 倍，这种 3:1 的关系反映了劳动收入在国民收入中约占 3/4 这一事实。

这里讨论的边际生产率理论在经济学中的应用非常广泛。一个很重要的应用就是移民对于工资和利润的影响，这在本章最后第 8 题中会涉及。

多种投入的边际生产率理论

在理解不同投入的定价方面，边际生产率理论向前跨了一大步。另外需要注意，可通过土地和劳动的位置互换来取得一个完整的分配理论。要转换二者的位置，就要使劳动固定，对固定的劳动追加不同单位的土地，计算每英亩追加土地的边际产品。

然后画出一条需求曲线，表明在每一租金水平上，劳动所有者需要多少亩土地。在你重画的图 12-8 中，找到新的均衡点 *E′*。找出由租金乘以土地数量而得到的地

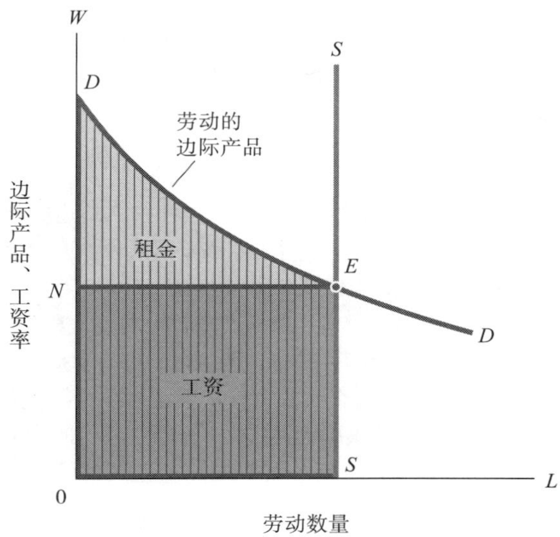

图 12-8　边际产品原则决定收入的要素分配

每一竖条都代表了那一单位劳动的边际产品。将所有劳动供给的边际产品 MP 的竖条加总，至劳动总供给量 S 为止，就得到全部产出 0DES。

产出的分配是由边际产品原则决定的，全部工资是下面的矩形（等于工资率 0N 乘以劳动数量 0S），土地租金获得了剩余的产出，图中为上面的三角形 NDE。

租矩形，再找出剩下的工人工资三角形。最后注意这些要素是完全对称的。这个新图表将说明：我们应该认为每种生产要素的分配比例是由其互相依赖的边际产品同时决定的。

但这还不是全部。假设仅有两种要素：劳动和另一种多用途的资本品，而不是劳动和土地。假设有一个平滑的生产函数，将产量 Q 与劳动和资本联系起来，其基本特征如同图 12-8 所示。在这种情况下，你可以重新画图 12-8，得到一个完全相同的劳动和土地之间的收入分配图。事实上，对于 3 种、4 种或更多种要素，我们都可以用相同的方法进行分析。

> 在竞争市场中，投入的需求是由要素的边际产品决定的，在要素只由一种产出支付的简化情形下，我们有：
>
> 工资 = 劳动的边际产品
>
> 租金 = 土地的边际产品
>
> 其他要素可依此类推。这样就将 100% 的产出，恰好在所有生产要素之间进行了分配。

于是我们看到，收入分配的总体理论与多种要素生产的多种商品的竞争性定价是相容的。这个简单有力的理论说明：在一个竞争市场经济中，收入分配是如何与生产率相关联的。

收入分配中是否也存在看不见的手

我们已经描述了在一个简化的世界里，完全竞争经济是如何将国民产出分配给不同的投入要素的。

人们自然会问，在资本主义市场中，劳动者得到的报酬是否公平？从某种意义上讲，这等于问丛林中的动物他们所获得的食物是否公平。正如丛林中食物分配法则无所谓对错一样，竞争性市场也是根据劳动者的生产率来分派工资和利润的，而不是根据某个道德标准。

市场中是否有一只看不见的手，使得最有价值的人得到其应得的报酬？或者使那些长时间工作的人、在夜里或周末加班的人，以及从事沉闷的或危险的工作的人能够体面地生活？或者使发展中国家那些长年从事辛苦工作的人过上舒适的生活？

不，事实上竞争的市场并不能保证收入和报酬必然会分配到那些最需要或最应得的人的手中。自由主义的竞争会带来严重的不平等，营养不良的孩子长大成人之后又养育出更多的营养不良的孩子，收入和财富的不平等代代相传。并不存在一个保证非洲贫穷国家赶上北美富裕国家的经济规律。富人越来越富，穷人越来越穷。在市场经济下，收入和消费的分配不仅反映了劳动者的工作努力、聪明才智和技术娴熟等因素，同时也反映出其初始继承的财富和其他各种因素，如种族、性别、地点、健康和运气等问题。

> 在最有效地提供种类不断丰富的产品和服务方面，市场能够发挥强大的作用，然而并不存在一只看不见的手来保证自由主义经济能够公平地分配收入和财产。

了解了投入要素价格和收入分配决定的基本原理之后，我们不妨转向对三大要素——土地、劳动和资本市场展开详细的讨论。

总结提要

A. 收入与财富

1. 分配理论关心的是经济品为谁生产这一基本问题。通过考查各种不同的生产要素（土地、劳动和资本）如何在市场中被定价，分配理论研究了这些要素的供给和需求如何联系在一起，以及它们是如何决定工资、租金、利率和利润的。
2. 收入指的是一个人或一个家庭在一个给定的时期内（通常为一年）所赚取的全部的进账和现金，收入包括劳动所得、财产收入以及政府转移支付。
3. 国民收入包括一年内经济中所产生的劳动所得和财产收入。政府以税收的形式取得国民收入的一部分，并以转移支付的形式向公民返还一部分税收。个人税后收入包括他所拥有的所有生产要素（劳动和财产）的收益，加上政府的转移支付，再减去税收。
4. 财富是指某一时点人们所拥有的资产的净货币价值。财富是存量，而收入是每个时间单位的流量。家庭资产包括不动产（如房屋）和金融资产（如债券）。有价值的物品称为资产，而那些欠别人的东西称为负债。总资产和总负债的差额叫做财富或净财富。

B. 边际生产率决定投入的价格

5. 要理解不同生产要素的定价，我们必须分析生产理论和要素派生需求理论。要素需求是一种派生需求：我们需要比萨饼烤炉，并不是需要这些东西本身，而是因为它们能为消费者生产出比萨饼。要素需求曲线是由商品需求曲线派生而来，最终需求曲线的向上移动会引起派生要素需求曲线的类似移动；商品需求越缺乏弹性，派生要素需求也就越缺乏弹性。
6. 在前几章中我们遇到了生产函数和边际产品的概念。对要素的需求是由其边际收益产品（*MRP*）得出的，而边际收益产品是追加一单位要素所增加的收入。在任何一种市场上，某种要素的 *MRP* 都等于出售一单位新增产品的边际收益乘以一种投入的边际产品（$MRP = MR \times MP$）。对于竞争厂商来说，因为价格等于边际收益，上式就简化为 $MRP = P \times MP$。
7. 当一个企业各种投入的边际收益产品（*MRP*）等于其边际成本即要素的价格时，则达到了利润最大化（或成本最小化）。这个条件也可以表述为：当各种要素每 1 美元投入的边际收益产品（*MRP*）相等时，利润就达到了最大化（成本最小化）。在均衡时这个条件必须成立，因为追求利润最大化的厂商会增加任何要素的投入，直至其边际产品带来的边际收益等于要素成本。
8. 为得出某一要素的市场需求，我们将所有企业的需求曲线水平加总，然后与该要素的供给曲线一起决定供求的均衡。在生产要素的市场价格下，需求和供给的数量将会恰好相等，也即，在均衡时要素价格才没有变动的倾向。
9. 收入分配的边际生产率理论分析了全部国民收入在各种不同要素之间分配的方式。众多土地所有者和劳工之间的竞争使得要素价格与其边际产品相等。这一过程会严格地将产品 100% 地进行分配。任何一种要素，不仅是劳动，都是可以不断变动的要素。因为每 1 单位的要素仅按雇用的最后一单位的边际产品进行支付，以前投入的要素的边际产品中就有一些产出的剩余。这些剩余恰好等于边际生产率定价下其他要素的收入。所以，要素分配的边际生产率理论虽然很简单，但它却说明了完全竞争条件下收入分配的全部情况。
10. 尽管竞争的经济能够从现有资源中获取最大的产出，市场经济还是留存了一个大的问题。我们没有理由认为在自由主义的资本主义经济下，收入会得到公平的分配。市场收入可能给收入和财产带来可接受的或悬殊的差距，而这种差距可以代代相传。

概念复习

收入分配

收入（流量），财富（存量）

国民收入

转移支付

个人收入

边际产品，边际收益产品，派生需求

竞争厂商 i 投入品的边际收益产品

$= MRP_i = MR \times MP_i = P \times MP_i$

新古典收入分配理论

边际产品矩形，剩余租金三角形

竞争条件下的要素需求：

$MP_i \times P = i$ 的要素价格，据此得出

最低成本法则：

$$\frac{MP_L}{P_L} = \frac{MP_A}{P_A} = \cdots\cdots = \frac{1}{\text{边际收益}}$$

市场收入的公平性

补充读物和互联网站

补充读物

The neoclassical theory of income distribution was developed by one of the pioneers of American economics, John Bates Clark. You can get a flavor of his major ideas in *The Distribution of Wealth: A Theory of Wages, Interest and Profits* (1899) in an online publication at *www.econlib.org/library/Clark/clkDW0.html*.

互联网站

Information on the distribution of income is gathered by the Census Bureau at *www.census.gov/hhes/www/income.html*. The most comprehensive data on the population is gathered in the decennial census, available at *www.census.gov*.

If you want to examine data on income dynamics, an exemplary site for data is that on the Panel Study on Income Dynamics at *www.isr.umich.edu/src/psid*.

The most comprehensive data on the wealth of Americans is collected by the Federal Reserve Board; see *www.federalreserve.gov/PUBS/oss/oss2/scfindex.html*.

问题讨论

1. 对于以下要素，列出以其作为派生需求的最终产品：麦地、汽油、理发师、制作篮球的机器、榨汁机、经济学教科书。
2. 表 12-4 反映的是其他要素不变的情况下，劳动力要素变化，比萨饼数量变化。
   a. 将第（3）、第（5）列补充完整。
   b. 画一个 12-3 那样的图，说明劳动力投入要素的边际收益产品。
   c. 如果比萨饼工人的人均工资是 30 美元，那么将有多少比萨饼工人被雇用？
   d. 假定比萨饼的价格增长一倍，画出新的边际收益产品曲线。并估计其对雇用比萨饼工人数量的影响，这里假定其他条件保持不变。
3. 过去一个世纪以来，劳动者一生的工作时间降低了大约一半，而实际工资却上升了约 8 倍。假定这主要是由于劳动的边际生产率的上升所致，画出可以解释这一趋势的 1900 年和 2000 年劳动的供求图。在图中，用横轴表示一生的工作时间，纵轴表示实际工资，你必须借助劳动供给的哪个关键因素来解释这一历史趋势？
4. 为什么下列说法是错误的？给出正确的说法。
   a. 边际收益产品即为每个工人挣得的全部收入。
   b. 分配理论很简单，你只要算出每一要素生产了多少，然后将其在产出中所占份额分配给它即可。
   c. 在竞争条件下，工人的工资是其生产的全部产出减去原材料的成本。

边际收益产品				
（1） 劳动单位 （工人）	（2） 总产品 （比萨）	（3） 劳动的边际产品 （比萨 / 工人）	（4） 产品价格 （美元 / 比萨）	（5） 劳动的边际收益产品 （美元 / 工人）
0	0			
		____	5	____
1	30			
		____	5	____
2	50			
		____	5	____
3	60			
		____	5	____
4	65			
		____	5	____
5	68			
		____	5	
6	68			

表 12-4

5. 图 12-1 说明：尽管 1970~2007 年实际国内生产总值上升了 3 倍，但劳动在国民收入中所占份额的变化却很小，画出如图 12-8 的一组经济曲线来解释这两个事实。
6. 工会领导人过去常说："没有劳动就没有产品，所以劳动应取得全部产品。"为资本辩护的人会说："拿走全部资本产品，劳动只能从土地上得到一点糊口的东西，实际上所有的产品都属于资本。"

   分析这些论点的错误之处。如果你接受这些观点，请说明他们需要 200% 或 300% 产品分配给两种或三种要素，而事实上他们只有 100% 的产品可供分配。新古典边际生产率理论是如何解决这个难题的呢？
7. 请画出石油市场的供给和需求曲线。现在假设有一种可行的电动汽车，使需求从石油处转移，请画出新的需求曲线和新的均衡。以石油的价格、消费的数量和石油生产者的全部收入来说明其结果。
8. 我们可以利用新古典分配理论来分析移民对国民收入分配的影响。假定有两种生产要素，同质劳动和资本，报酬分别是工资和利润。比较图 12-9 和图 12-8，两图中的变量是相同的。我们从供给曲线 S 上的均衡点 A 开始。

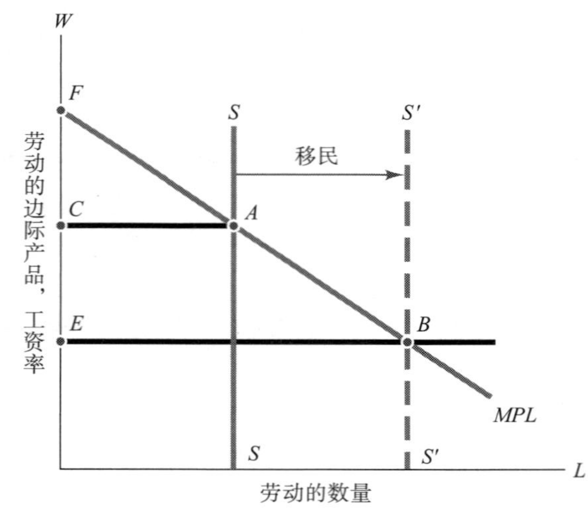

图 12-9

现在假定，由于移民，劳动力供给有一个大的增长，使得劳动力供给曲线由 S 移动到 S'，如箭头方向所示。假定其他投入均保持不变，请回答下列问题：

a. 描述并画出移民后的新均衡点。

b. 解释工资水平将会发生什么变化。
c. 解释总利润和利润率会发生什么变化。
d. 解释一下，为什么你不能判断总工资或劳动收入在国民收入中比例的变化。
e. 注意，这里考察的是移民对国民收入的影响。这和我们在第 3 章中关于墨西哥移民对不同城市的影响的供给—需求分析不同。在那里，墨西哥移民会影响美国的整体工资水平，而不会影响迈阿密和底特律的工资差别。请说明理由。

9. 在图 12-8 所示的边际生产率理论中，以土地而不是劳动作为变动的投入，画出一个新图，并用这个新图解释边际生产率理论。剩余要素的收入又是什么？

第 13 章 劳动市场

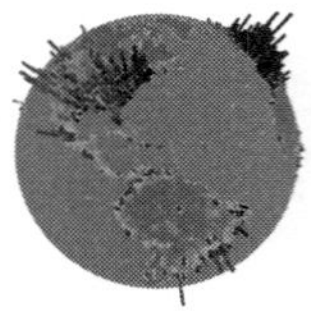

干活是酒鬼们所诅咒的事儿。

——奥斯卡・王尔德

劳动不仅是抽象的生产要素。工人们想得到高薪职位，是为了购买他们需要和向往的东西。本章探讨在市场经济中工资是如何决定的。第一部分研究竞争条件下劳动的供给和工资的决定。继而讨论劳动市场上的一些非竞争性因素，包括工会和劳工市场上令人挠头的歧视问题。

A. 工资决定的基本理论

一般工资水平

在分析劳动的收入时，经济学家经常要观察平均**实际工资**（real wage），它代表 1 小时工作所能得到的实际购买力，或是除以生活费用的货币工资。[1]用这个标准来看，美国劳工今天比 100 多年前的生活要好得多。由图 13-1 可见扣除通货膨胀因素后的平均每小时工资和相应的平均工作时间。

劳工生活水平显著改善的成就几乎在每一个工业国都可以看到。西欧、日本和东亚新兴工业国的劳工在食品、服装、房屋等方面的购买力，以及健康水平和寿命等，长期以来都在稳步地提高。在欧洲和美国，这种增长始于 19 世纪初，伴随着工业革命和社会的技术变革。而在那以前，实际工资虽然不时升降，但长期看并没有显著的增长。

这并不是说工业革命给工人带来了非常大的利益，特别是在 19 世纪的自由放任时期。事实上，一部狄更斯的小说绝不能改变童工的悲惨境地和危险的工作环境，以及 19 世纪早期工厂里的那种糟糕的卫生条件。当时通行的标准是 1 周工作 84 小时，还不包括早饭时间，甚至不包括晚饭时间；一个 6 岁的儿童可能要干很多的活；如果一个妇女被纺织机切掉两个手指的话，她还得要用剩下的 8 个手指继续干活。

人们离开农场来到工厂工作难道是一个错误？也许不是。现代历史学家强调说，虽然工厂的条件很艰苦，但工人的生活水平，比起在几个世纪前封建的农业社会中的状况，还是有了非常大的改善。对于工人阶级来说，工业革命是巨大的进步而绝不是退步。那些描写早先健康而欢快的乡村农民（壮实的自耕农和快活的农民）田园诗般的景象，毕竟是一种历史的神话，并未曾有过统计数据支持。

[1] 在本章，我们把工资、薪水和其他形式的补偿都称做“工资”。

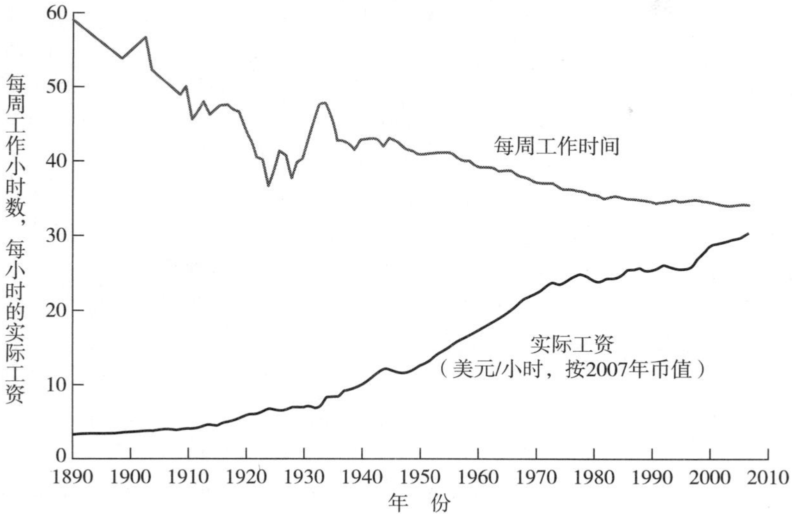

图 13-1　工作时间缩短的同时工资不断上升

随着技术进步和资本品质量的提高，美国劳工的工作时间缩短，但工资却上升了。这是长期经济发展的结果。

对劳动的需求

边际生产率差异

开始考查一般的工资水平时，我们不妨先分析一下劳动需求的决定因素。所用的基本分析工具在上一章都已经介绍过，即对于一种生产要素的需求反映了那种投入的边际生产率。

图 13-2 说明了边际生产率理论。在给定的时间和给定的技术条件下，在劳动的投入与产出之间有一种联系。根据收益递减定律，每 1 单位追加的劳动投入所带来的产出越来越少。在图 13-2 的例子中，投入的劳动为 10 单位时，由竞争决定的一般工资水平为每单位 20 美元。

但我们要进一步探究边际产品的背后是什么。首先，如果劳工有更多或更好的资本品与之配合，劳动的边际生产率就会提高。比较一下一个使用挖掘机的挖道工和一个使用手铲的挖道工的劳动效率，或者比较一下中世纪的通信员与当今电子邮件的传递信息能力。其次，训练有素或受过良好教育的劳工，其边际生产率一般要高于那些拥有较少“人力资本”的工人。

这些因素在很大程度上解释了近一个世纪以来，为什么工资和生活水平上升了很多。美国和其他发达国家的工资水平较高，是因为这些国家积累了大量的资本：密集的公路、铁路和通信网，众多的工厂和设备，充足的存货。更重要的原因是，技术比以前有了巨大进步。

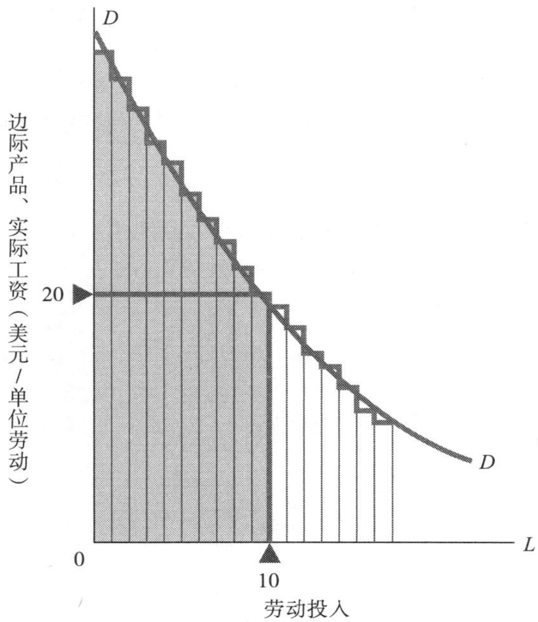

图 13-2　对劳动的需求反映的是劳动的边际生产率

对劳动的需求由其增加国民产出时的边际生产率所决定。图中浅灰色的竖条代表第 1、2……个单位劳动生产的新增产出。在投入 10 单位劳动时，竞争决定的一般工资水平是每单位劳动 20 美元，等于第 10 单位劳动的边际生产率。随着时间的推移，资本积累、技术进步和劳动质量都会提高，因此劳动需求曲线会向右上方移动。

我们已经看到，电灯代替了油灯，飞机代替了马车，复印技术代替了羽毛笔和墨水笔，计算机代替了算盘，电子商务闯入了传统的做生意方式。想像一下如果美国普通的劳工还在使用 1900 年以前的技术，那么今天的生产率会是什么样子。

劳动投入的质量是决定一般工资水平的另一个因素。不管用什么标准（读写能力、教育或培训时间），现在的美国的劳动力都要比 1900 年强得多。培养能设计精密仪器的工程师需要许多年的教育；要有能力成功地做脑部手术则必须接受 10 年的训练。这种人力资源的积累对劳动的生产率有极大的推动作用。

国际比较

同样的推理解释了世界各地工资水平差异如此巨大的原因。表 13-1 列出了 8 个国家的制造业每小时的平均工资和福利。请注意，美国的小时工资低于欧洲，但是几乎是菲律宾小时工资的 23 倍。

这些巨大的差异是由什么引起的呢？并不是中国和墨西哥的政府想压制工资上升，虽然政府政策对于最低工资及劳工市场的其他方面确实发挥了一些作用。事实上，不同国家之间的工资差异是由于劳动的供给和需求的作用而形成的。请看图 13-3。假设图（*a*）代表的是美国的情况，图（*b*）代表的是墨西哥的情况。在图（*a*）中，美国劳工的供给由曲线 $S_{US}S_{US}$ 表示，对美国劳工的需求由 $D_{US}D_{US}$ 表示，均衡工资决定在 E_{US} 水平上。如果工资低于 E_{US}，就会出现劳工短缺，雇主就会将工资提到 E_{US}，重新回到均衡。同样的力量决定了墨西哥的工资率 E_M。

由图可见，墨西哥的工资比美国要低。从根本上说，是因为在墨西哥，劳动的边际生产率很低，所以墨西哥的劳动需求曲线比美国的要低得多。其中，最主要的原因是劳工的质量。墨西哥平均的教育水平与美国相差很远，很大一部分人口仍是文盲。并且，与美国相比，一个像墨西哥这样的国家可供使用的资本比较少：很多道路没有修整，计算机和传真机很少使用，很多设备陈旧而且缺乏保养。所有这些因素都造成了边际生产率比较低，进而造成工资水平较低。

这个分析也可以帮助解释，为什么像中国香港、韩国和中国台湾这样的亚洲国家和地区的工资上升得很快。这些国家和地区将其产出的很大一部分用于教育、新资本品的投资和最先进技术的进口上。这些国家的 *MP* 和 *DD* 曲线大幅向上方和向右方移动。结果，这些国家和地区的实际工资在过去 20 年中增加了 1 倍，而在其他一些相对封闭的国家，由于对教育、公共卫生和有形资本的投资不足，其工资水平就一直处于停滞状态。

区域	2006 年制造业工资和附加福利（美元 / 小时）
德国	34.21
意大利	25.07
美国	23.82
日本	20.20
韩国	14.72
墨西哥	2.75
中国	1.37
菲律宾	1.07

表 13-1 各国一般工资水平差异巨大

西欧国家、日本和美国是高收入国家，而菲律宾的每小时工资水平是美国的极小一部分。一般的工资水平是由对劳动的供求决定的，但资本、教育水平、技术水平和国内竞争等其他一些因素对供求曲线有巨大的影响。

资料来源：U.S. Bureau of Labor Statistics at *ftp://ftp.bls.gov/pub/special.requests/ForeignLabor/ichccpwsuppl02.txt* and estimates by the authors. Note these estimates use market exchange rates and not purchasing-power-parity exchange rates.

劳动的供给

供给的决定因素

到目前为止，我们主要集中讨论劳动市场的需求，现在我们转向劳动市场的供给。*劳动供给*指的是人们愿意在有收益的活动中工作的小时数。决定劳动供给的三个主要因素是：每个劳工的工作时间、劳动力参与程度和移民状况。

工作时间 尽管一些人工作时间灵活，大多数美国人每周工作时间仍为 35~40 个小时，没有多少增加或减少的余地。但是，大多数人对其一生的工作时间仍有很多的安排办法。上大学、早退休、部分时间工作而不是全天工作，这些选择都能减少人一生工作时间的总时数。相反，加夜班、从事第二职业等，则会增加人一生的工作时间。

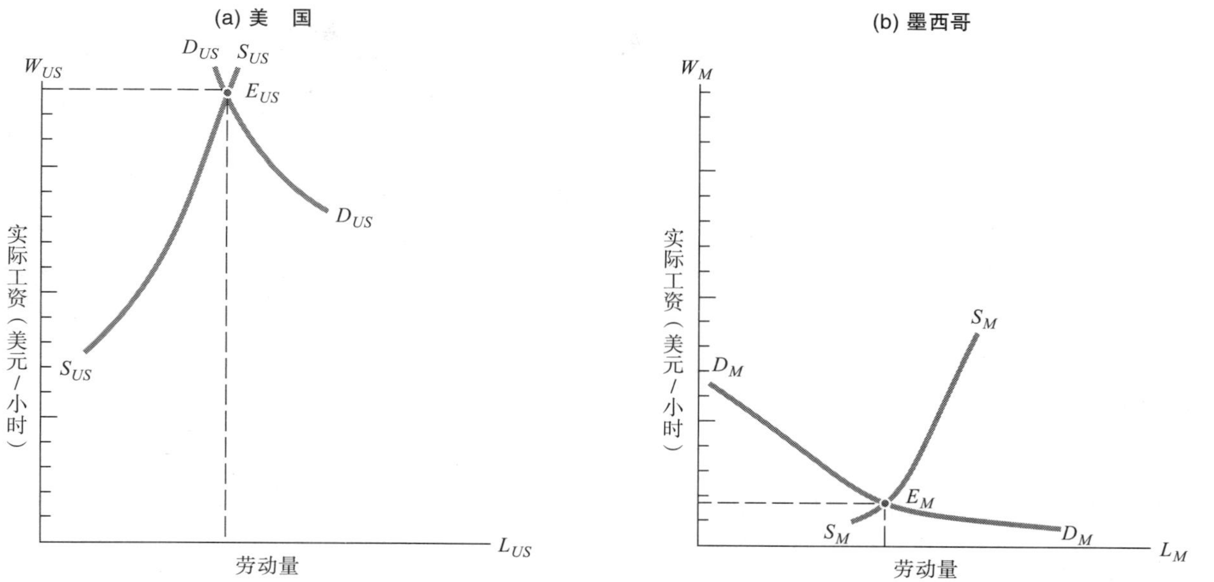

图 13–3　有利的资源、技能、管理、资本和技术条件解释了美国工资高的原因

供给和需求决定了美国的竞争工资比墨西哥高。导致美国高工资的主要原因是美国劳动力受过更好的教育，工作技能更加熟练，供每个劳工利用的资本更多，技术更加现代化。

假定工资水平上升，这会增加还是会减少人一生的工作小时数呢？见图 13-4 中的劳动供给曲线。注意，供给曲线开始是向右上方倾斜的，然后在临界点 C 之后开始向后弯曲，向左上方倾斜。我们如何解释工资的提高在前一阶段增加了劳动供给，而在后一阶段又减少了劳动供给呢？

假设你是一个工人，雇主给你提供了更高的工资率，你可以自由选择工作的时数。这时，你就会同时被拉向两个不同的方向。一方面是替代效应（第 5 章解释过替代效应的原理，即当一种商品的相对价格下降时，人们会增加此种商品的消费或者说用此种商品替代其他产品；而当一种商品的相对价格上升时，人们就会减少对它的消费）。因为每小时工作的工资比以前更多，这样每小时的闲暇就变得比以前更昂贵，于是你会受到一种激励，想用额外工作去替代闲暇。

与替代效应相反的是收入效应。工资更高时，你的收入更多。有了更多的收入，你就会想购买更多的商品和服务，此外你还想有更多的闲暇时间。你能够享有更长的假期或更早退休，而在以前你却不能做这些事。

哪一种效应更大，是替代效应还是收入效应？没有惟一正确的答案，这取决于个人。在图 13-4 的例子中，

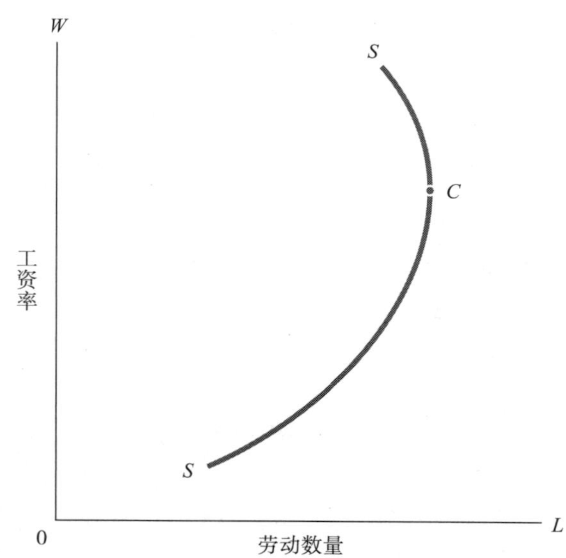

图 13–4　随着工资的增长，工人的工作时间有可能减少

在临界点 C 以上，提高工资率会减少劳动的供给量，因为收入效应超过了替代效应。这是为什么呢？因为在更高的工资水平下，工人负担得起更多的闲暇，尽管所放弃的以工资计的每小时闲暇变得更加昂贵。

在 C 点以下的所有工资水平上，劳动供给随工资上升而增加：替代效应大于收入效应；但从 C 点往上，收入效应大于替代效应，随着工资的上升劳动供给反而下降。

劳动力参与程度 近几十年来最重要的变化之一就是妇女开始大量地加入到劳动大军中来，妇女的劳动参与率（即 15 岁以上妇女中被雇用的和积极寻找工作的人口的比重）由 1950 年的 34% 跃升到现在的 60%。这种上升一部分是由于实际工资的上升使得工作对妇女更有吸引力。但如此巨大的变化不能仅仅通过经济因素来解释。要完全理解就业模式如此重大的变动，我们有必要将目光投向经济领域以外，考虑社会对于妇女充当母亲、家庭主妇和工人等角色的态度的变化。

移　民 移民在美国劳工供给中的作用向来重要。1970 年只有 5% 的美国人是在国外出生的，到 2008 年这一数字已上升到了 12%。

合法移民的流入是由一个复杂的配额系统所控制的，它比较倾向于欢迎熟练劳工及其家庭、美国公民及永久居民的近亲。此外，对于政治避难者也设有特殊配额。现在，大多数移民都是非法的，他们来美国追寻自己的美国梦。近年来，合法移民中的最大部分来自墨西哥、菲律宾、越南及一些中美洲和加勒比海国家。

近几十年来，移民的主要变化是移入人口特征的变化。在 20 世纪 50 年代，德国和加拿大是移民的主要来源地，而在 20 世纪 80 年代和 90 年代，墨西哥和菲律宾则是移民的主要来源地。其结果就是，近年的移民与早期移民相比，工作的熟练程度和教育程度要低很多。

从劳动供给角度看，近年移民的总体效应是：美国非熟练劳工的供给比重比熟练劳工的供给比重上升得要快。有关研究估计，劳动供给的这种变化使得教育程度低的人口的工资水平，相对于有大学教育程度的人口的工资水平已经大幅度地下降。

实证发现

理论并没有告诉我们某一群体的劳动供给是否会对工资水平的变化作出正的或负的反应。高收入者的所得税的提高（这会减少他们的税后收入），会使他们降低工作的努力程度吗？对贫穷的劳工的工资进行补贴，会减少还是增加他们工作的时间？在政策制定者权衡公平和效率的问题时，这些重要的问题都必须予以考虑。我们经常需要了解劳动供给曲线的确切形状和弹性。

表 13-2 总结了大量关于这个问题的研究意见。研究表明，成年男性的劳动供给曲线稍向后弯曲，而其他人

劳动供给模式			
	劳动力参与率（占人口百分比）		
劳动者群体	1960	2007	劳动供给对实际工资增加的反应
成年男性（25~54 周岁）	97	91	在大多数研究中，供给曲线向后弯曲。收入效应大于替代效应。供给弹性大约 −0.1。
成年女性（25~54 周岁）	43	76	劳动供给与工资增加一般呈显著正相关。
青少年	48	40	劳动供给对工资增加的反应明显差异较大。
老年人（65 及以上）	21	16	劳动供给与相应于工资的退休福利项目的力度相关
全部人口（16 周岁及以上）	60	66	全部劳动供给的弹性接近于零，收入效应与替代效应大体相等。所评估的全部人口的劳动供给弹性大致在 0~0.2 之间

表 13-2 劳动供给反应的实证估计

经济学家就劳动供给对实际工资的反应做了细致的研究。对男性（25~54 周岁男性）而言，劳动供给曲线向后弯曲（这意味着弹性是负的），而青少年和成年女性的供给一般与工资是正相关的。对于经济整体来说，劳动供给曲线接近于完全无弹性或垂直。

数据来源：U. S. Department of Labor，*Employment and Earnings*，March 2008.

口的反应看起来更像通常的向上倾斜的供给曲线。对于作为一个整体的人口而言，劳动供给对实际工资变化的反应似乎非常小。

工资差异

尽管对于一般工资水平的分析对比较不同国家和不同时期的工资水平很重要，但是我们还是经常希望了解**工资差异**问题。实际上人们的工资差别很大，平均工资就像普通人一样难以定义。对冲基金经理一年赚到 4 000 万美元，办事员每周仅赚到 400 美元。医生的收入是救生员的 20 倍，虽然两者的工作都是拯救生命。

另外，工资差别悬殊还表现在各种不同的产业中。如表 13-3 所示，小型的非工会化部门（如农业、零售业、家政业）工资偏低；而制造业中的大企业所支付的工资是前者的 2 倍。即使就是在主要产业各部门之间，工资差异也很大，这取决于劳工的熟练程度和市场条件等因素——快餐工人的收入比医生少得多，虽然他们都提供服务。

各行业工资水平

行业	全职雇员平均年薪，2006 年*（美元 / 年）
所有产业平均	**47 000**
农业	30 400
采矿业	79 200
制造业	52 300
零售业	29 400
金融和保险	82 800
证券及相关职关	205 600
住宿和餐饮服务业	20 800
餐饮服务业	18 900

* 全职雇员或相当于全职雇员的总薪酬

表 13-3　不同产业部门的工资差异

各产业部门之间的平均年薪有很大差别。高的如金融业可达到 82 800 美元，低的如住宿餐饮服务仅为 20 800 美元。在更细分的各行业中的工种职业之间，我们会看到证券分析师与食品服务业人员之间也存在巨大的工资差异。

资料来源：U.S. Bureau of Economic Analysis at *www.bea.gov*. Table 6.6D in the complete NIPA tables.

如何才能解释工资的这些差异呢？让我们先考虑完**全竞争的劳工市场**，在这个市场上有大量的劳工和雇主，谁也没有力量能有效地影响工资水平。现实中几乎没有完全竞争的市场，一些市场（如一些大城市中少年工人和神职人员的市场）最多也只是接近完全竞争。如果在一个完全竞争的劳工市场上，所有的工作和所有的人都是一样的，竞争会使每小时工资水平完全相等，没有一个雇主会为一个劳工的工作支付比与他相同的劳工或具有相同技巧的劳工更高的工资。

这就意味着：为了解释产业之间和个人之间普遍存在的工资差异，我们必须考虑到工作之间的差别、人与人之间的差别以及劳工市场上的不完全竞争。

工种之间的差别：补偿性工资差异

日常生活中看到的工资之间的巨大差别，有一些是由工种本身的性质差别所引起的。各种工种的吸引力不同，因此必须提高工资以诱导人们进入那些吸引力较小的工种。

> 为补偿相对吸引力或非货币因素的差别而产生的各工种之间的工资差别，称为**补偿性差异**（compensating differentials）。

玻璃清洁工的工资必须比看门人的高，因为需要冒险爬摩天大楼。工人们常从下午 4 点到凌晨 12 点的晚班中得到 5% 的额外收入；从凌晨 12 点到早晨 8 点的夜班中得到 10% 的额外收入。每周工作超过 40 小时的部分、周末或假期的工作，习惯上可按基本小时工资的 1.5~2 倍支付工资。高强度体力劳动、单调的工作、社会地位低的工作、临时性工作、有季节性停工和有人身危险的工作，吸引力都会比较小。无怪乎为了招聘人员到海上石油平台或阿拉斯加北部去做危险而孤独的工作，公司每年要付 5 万 ~8 万美元的工资。而那些令人愉快和心理收益比较大的工作，如公园管理者和游泳场救生员，工资水平一般处于中等。

为检验两种工作之间的报酬差异是不是补偿性的，可以问那些同时从事过这两种工作的人：“与低工资的工作相比，你是否更喜欢高工资的工作呢？”如果他们不是急切地想选择较高收入的工作，那么工作报酬的差异很可能就是反映两种工作之间的非货币差别的补偿性差异。

劳工之间的差异：劳动质量

我们已经看到某些工资差异是为了补偿不同工作之间的吸引力的差别。但是，看一下你的周围，垃圾清洁工挣的钱要比律师少很多，而律师的工作还更有声望，工作条件更优越；很多高收入的工作比低收入的工作本身更令人愉快，这样的例子可以说数不胜数。为此，我们还需要进一步寻找补偿性差异以外的因素，来解释大部分工资差异存在的原因。

工资差异的一个关键原因，在于人们的劳动质量存在着巨大的差别。生物学家可能将我们全部归为人类这一物种，但人事管理人员则会坚持认为，人们在对企业产出的贡献能力上存在着很大的差别。

尽管劳动质量的很多差异是由非经济因素所决定，但积累**人力资本**（human capital）的决策还是可以用经济标准来加以衡量。人力资本这一概念指的是，人们在其接受教育和培训过程中积累起来的有用的和有价值的技术和知识。医生、律师和工程师将多年时间投资于接受正规教育和在职培训，他们以付学费和放弃工资等形式投资，并且经常长时间地工作。这些专业人员的高工资中的一部分可以被认为是对其人力资本投资的一种回报，即对使这些受过高度训练的工作者成为特殊类型劳工的教育的回报。

对收入和教育的经济学研究表明，人力资本一般说来是一项好的投资。图 13-5 反映的是大学毕业生的小时工资与高中毕业生的小时工资之比。20 世纪 80 年代之后，随着“技能价格”上升，相对收入大幅度上升。

你是否应当投资于“人力资本”

学生们可能会对以下事实感到惊讶：上大学的每一天，都是对人力资本的投资。学生上大学期间，一个学生每年要交几千美元的学费，所付出机会成本，即是所放弃的收入。这笔支出相当于一项购买债券或房产的投资。

上大学真的划算吗？有证据表明它是划算的。如图 13-5 所示，假设对大学的全部投资为 20 万美元，高中

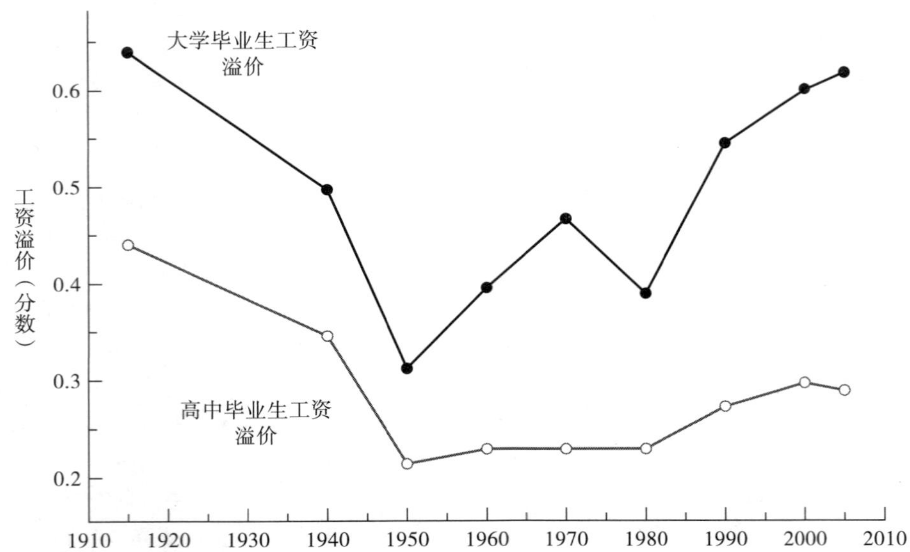

图 13-5 大学毕业生相对工资收入水平急剧上升

近些年，大学和高中毕业生的教育溢价已经急剧上升。

与高中毕业生相比，大学毕业生的工资有优势；而高中毕业生又比仅读完八年级的学生有优势。请注意，1980 年以后，大学生和高中生的收入差距急剧扩大。

资料来源：Claudia Goldin and Lawrence F. Katz, *The Race between Education and Technology* (Harvard University Press, Cambridge, Mass., 2008).

毕业生每年的收入为 4 万美元。如果大学学历工资溢价为 60%，那么大学毕业生的年收入可为 6.4 万美元。这代表着 2.4 万美元的回报，或者每年 12% 的收益。这种情况并不适用于所有学校，因而学生们应当更努力地学习，以进入更好的大学。

上与不上大学的收入差距如此之大的原因是什么？在今天的服务经济中，公司们处理的更多是信息，而不是原始材料。在信息时代，大学教育中所获得的知识是获取高收入工作的先决条件。高中肄业生在劳动力市场中处于很不利的地位。即使你不得不借钱受教育，推迟挣钱时间，离家在外，自己支付租金和购买书籍，等等，你在那些只招聘大学毕业生的工作岗位上所赚取的一生的收入，也将有可能超出对这些成本的补偿。

人们经常提到运气在决定经济环境中的作用。但正如路易斯·巴斯德所指出的，"机会只偏爱有准备的头脑。"在一个技术日新月异的世界中，教育能教人理解新的环境并从中获利。

人们的差异：独特个人的"租金"

就少数幸运者而言，他们的名气使其收入达到天文数字。软件领袖比尔·盖茨，投资天才沃伦·巴菲特，篮球明星沙奎尔·奥尼尔，甚至那些为公司做顾问的经济学者，都从他们的服务中赚取了惊人的收入。

这些天才人士都拥有一种在当今经济中很有价值的技能。在其拥有特殊才能的领域之外，他们可能只能挣到其高收入的一小部分。而且，对于工资 20% 甚至 50% 的上升或下降，他们的劳动供给也不可能作出多大反应。经济学家将工资高于他们在次优职业中取得的收入的部分称为纯经济租金；这些收入在逻辑上等于固定数量的土地获得的租金。

有些经济学家指出：技术变革使得少数优秀个人能更加容易地占据市场的更大份额。体育、娱乐及金融竞赛中的冠军所得大大超过亚军。顶尖的娱乐明星或体育明星的表演能通过电视和录音机被几十亿人看到和听到，而这在仅仅几年前都不可能。如果这种趋势继续下去，租金将会继续上升，未来冠军和亚军们之间的收入差距也会变得更大。

分割的市场和非竞争性群体

即使在一个人们可以很容易变换其职业的完全竞争的世界，工资之间的巨大差异仍会出现。这些差异可能反映出教育和训练成本之间的差异，或者某些职业不吸引人，或者对于特殊才能的报酬。

但即使考虑了所有这些导致工资差异的原因，我们仍会发现在工资之间还存在很大差距，其主要原因是劳工市场被分割，形成了一些非竞争性群体。

只要略加思考就能看出，劳动并不是一种单一的生产要素，而是众多相互区别而又密切相关的生产要素。例如，医生和经济学家是两个非竞争性群体，因为一种职业的成员进入另外一种职业很困难，成本很高。就像许多种不同的房子要价各不相同一样，许多种不同的职业和技能的价格也各不相同，而竞争却只能以一种一般性的方式进行。只要我们认识到劳工市场中存在许多亚市场，我们就能明白为什么不同群体之间的工资差异会很大。

为什么市场会分成这么多非竞争性群体呢？主要原因是，对于专业性的和技术性的行业来说，比如医生和律师，需要花费大量金钱和时间才能成为熟练劳动者。而如果由于环境约束导致采煤业衰落，矿工们很难指望一夜之间就能开始从事讲授环境经济学的工作。当人们专门从事某一特定职业时，他们就成为一个特定劳工亚市场的一部分。于是他们就处于该市场对这种技术的供求影响之下，他们会发现自己工资的升降依赖于本行业和本职业所发生的事件。由于这种市场分割，某种职业的工资会与其他职业的工资相差很大。

新移民的工作选择问题是非竞争性群体的一个经典例子。来自某个国家的新移民，往往并非是由于偶然发现了正式招工广告才前来寻找工作的，而是事先已经倾向于集中在某些职业。例如，在许多城市，像洛杉矶和纽约，很多水果杂货店是韩国人开的，其原因是，韩国人能从他们那些开水果杂货店的亲戚朋友那里得到许多建议和支持。当移民在美国取得了更多的经验和教育、英语说得更流利时，他们的工作选择范围才能变宽，才有可能逐渐成为整体劳工市场的一部分。

除此之外，非竞争性群体理论还能帮助我们理解劳工市场上的各种歧视。在本章下一部分，我们会看到很多歧视的产生，是由于劳工按性别、种族或其他个人因素被分割成各种非竞争性群体。这种分割的原因离不开习俗、法律或偏见。

竞争性工资的决定因素	
劳动条件	工资结果
1. 人员相同——工作同质	没有工资差异
2. 人员相同——工作的吸引力有别	补偿性工资差异
3. 人员不相同，但每种劳动的供给不变（非竞争性群体）	反映分割的市场上供求的工资差异
4. 人员不相同，但各竞争群体之间有若干流动性（局部竞争性群体）	一般供求决定的工资差异的一般均衡范式（1~3 是其特例）

表 13–4 市场工资结构由于竞争而表现出多种模式

非竞争性群体理论揭示了劳工市场的一个重要方面，但我们必须认识到，在长期内，劳动在各个市场之间的进入和退出会降低工资差异。确实，当计算机和光导纤维代替拔号盘和铜线时，铜矿采掘工不可能成为电脑编程人员，于是我们看到，这两类群体的工资差异出现了。但在更长的时期内，由于更多的年轻人学习计算机科学而不是在铜矿工作，竞争会使这些非竞争性群体的工资差异有所下降。

表 13-4 总结了在竞争条件下决定工资水平的几个主要因素。

B. 劳工市场的问题与政策

迄今为止，我们所考查的一直是竞争性的劳工市场。但是，一些问题会扭曲和阻碍完全竞争的劳工市场的运行。不完全竞争的原因之一就是工会，它代表了很大一部分劳工，尽管该比重在下降。劳工市场的一大问题是劳工歧视，虽然现在已经比几十年前有了改善，但其仍然是一个值得关注的重要问题。作用于劳工市场的另一个问题是政府政策，通过设定最低工资（这已在第 4 章讨论过）、或鼓励或限制工会、宣布歧视非法等举措，政府可以对劳工市场施加有力的影响。

美国工会的历史和实践

2007 年，有 1 600 万美国人（相当于全部计酬劳动力的 12%）是工会的成员。工会对于劳工市场无疑具有很大的影响力，它甚至可以成为劳动供给的垄断者。工会通过集体谈判达成协议，决定什么人做什么工作、如何付酬以及怎样制定工作规章。工会还能决定发起罢工（完全撤回其劳动供给，导致工厂停工），以便从雇主那里争取到更好的条件。研究工会是理解美国劳工市场变动的一个重要环节。

工会成员的工资和福利是由**集体协议**（collective bargaining）决定的。集体协议是劳资双方的代表为达成双方都能接受的雇用条件而进行交涉和商谈的过程。核心部分当然是一揽子经济协议，包括各工种的基本工资以及休假和工间休息等规定。此外，协议还包括有关福利，如养老金计划、医疗保健的范围以及类似项目的条款。

第二个重要且争议较多的主题是工作制度，包括工作安排、工作任务、工作安全及工作量等。特别是在那些走下坡路的产业中，由于劳动需求下降，雇工量就成了一个重要的问题。例如，在铁路产业中，一列火车需要多少工作人员，几十年来一直是个有争议的问题。

集体协议是一项复杂的工作，双方在"给"和"取"二者之间讨价还价。很多精力都花在纯粹经济问题的谈判上，协商如何在工资和利润之间分割经济馅饼。有时协议会因资方的特权问题而搁浅，如资方在重新安排工人或改变工作制度上的权力等。最终，无论如何，保证工人满意并以高效率进行工作，对劳资双方都有很大的好处。

政府和集体协议

工会的历史提醒我们，法律制度是经济组织的一个重要决定因素。200 年前，当英国和美国的工人刚刚试图组织起来时，习惯法中反对"联合产业限制"的条款就曾经被用来阻挠工会。20 世纪初期，工会及其成员还常被法院定罪、罚款、监禁并受到其他各种各样的命令的困扰。改善妇女和儿童的工作条件及其他改革工作时间和工资的立法，就曾屡次被最高法院推翻。

随着社会对工会和集体协议的支持力度的增加，工会开始大规模发展起来。一个重要的里程碑是《克莱顿法案》(1914 年)，被称颂为“劳工大宪章”，其目的是使劳工免受反托拉斯法的迫害。《公平劳动标准法案》(1938 年)禁止使用童工，要求对每周 40 小时以上的工作付给原工资 1.5 倍的报酬，同时规定了大多数非农业劳工的联邦最低工资。

有关劳动的最重要立法是 1935 年的《国家劳资关系法》(即瓦格纳法)。它规定：“雇员有权……参加……劳工组织，进行集体协议……和参与统一行动。”受这些劳动立法的鼓舞，美国工会成员占劳动力总数的比例由 20 世纪 20 年代的不足 1/10 迅速上升到二战结束时的 1/4。美国工会的衰落开始于 20 世纪 70 年代初。实质上，随着许多产业的管制被解除，国际竞争加剧，政府对工会的态度日趋保守，工会的垄断作用被削弱了。

工会如何提高工资

工会如何提高其成员的工资，改善其工作条件呢？**工会通过取得对某一企业或产业劳动供给的合法垄断，从而拥有了市场力量。**利用这一垄断，他们迫使企业提供高于竞争性水平的工资、福利和工作条件。例如，在阿拉巴马州，非工会成员的管道工每小时工资为 20 美元，而一个工会经与大建筑企业协商，可以将该企业的管道工工资定在每小时 30 美元。

只有企业的劳动替代渠道受到限制时，这类劳动供给协议对工会才有价值。所以在典型的集体协议合同中，企业会承诺不雇用那些并不属于工会的管道工，不向外承包管道服务，不向非工会企业转包合同。这些条款都在保护工会在管道工供给方面的垄断地位不受削弱。在有些产业，像钢铁业和汽车业，工会甚至试图将企业联合起来，这样 A 企业的工会成员就不必与 B 企业的非工会成员竞争。所有这些步骤对于保护工会的高工资率都是必要的。

图 13-6 说明了经由协议达成高标准工资的影响。工会迫使雇主支付 *rr* 水平的工资，均衡点在 *E′*，在该点 *rr* 线与雇主的需求曲线相交。注意，当工会将工资标准定得很高时，它并没有直接减少劳动供给。而当工资被定在高于市场出清水平之上时，市场又将怎样运作呢？在高工资水平下，雇用量受到了企业对劳动需求的限制。寻求就业的工人数量超过需求量，超过额为 *E′F*。这些过剩工人可能处于失业状态，等待高工资的有工会的部门中的工作空缺；或者，他们很可能因为失望而到其他部门去寻找工作了。这些从 *E′* 到 *F* 的工人被有效地排除在工作之外，其效果与工会直接限制劳动力进入市场一样。

防止非工会竞争的需要，也解释了美国许多工人运动的政治目标。它解释了为什么工会想要限制移民的进入；为什么工会支持限制外国商品进口的保护主义法规——这些商品是由非美国工会成员的劳工制造的；为什么像医生联合会这样的准工会组织为限制其他团体参与行医而进行斗争；为什么工会有时会反对在运输、通信和航空等产业中放松管制。

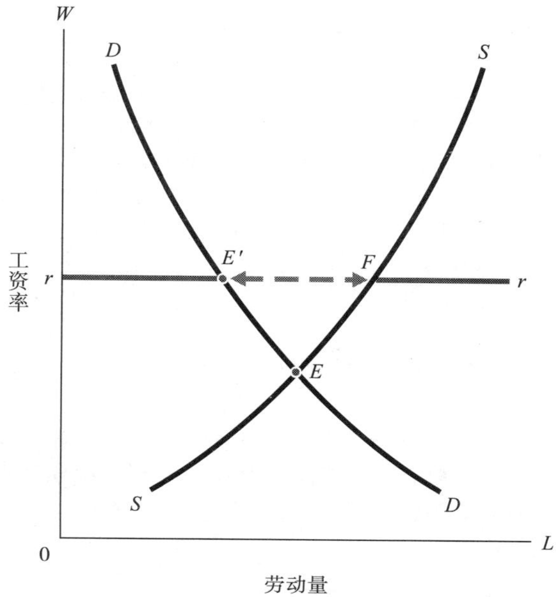

图 13–6　工会制定高标准工资并限制就业

在工会化的劳工市场上将工资提高到 *rr* 水平会减少就业。由于供求的不平衡，从 *E′* 到 *F* 的劳工在这个市场中就找不到工作。

如果工会将整个经济的实际工资推得过高，企业的劳动需求将为 *E′*，而工人的劳动供给为 *F*。从 *E′* 到 *F* 的黑箭头代表古典的失业数量。当一国不能影响其价格水平或汇率时，这种失业特别重要，而且它不同于总需求不足所造成的失业。

集体协议在理论上的含糊之处

在大多数集体协议谈判中，工会向雇主施加压力，要求更高的工资，而资方则坚持较低的补偿成本。这是一种被称为**双边垄断**（bilateral monopoly）的情况——只有一个买者和一个卖者。预测双边垄断的结果无法仅依据成本和需求等经济因素，它还取决于心理、政治和许多其他无形因素。

对工资和就业的影响

工会倡导者宣称工会提高了实际工资，从而使工人受益。而批评者则认为提高工资会导致失业和通货膨胀，并扭曲资源配置。事实究竟如何呢？

工会化提高了工资吗

让我们先看看工会对相对工资的影响。考虑所有的私人产业工人，2006 年工会工人的总报酬比非工会工人高出 15%。然而，这个粗略的数据并未能反映这样一个问题：工会工人和非工会工人在技术、教育程度和行业组成等方面究竟有什么差别。

考虑了工人本身差距的情况下，经济学家得出如下结论：工会工人的工资比非工会工人的工资平均高出 10%~15%。差异程度因产业而异，饭店工人和理发师当中的工资差异非常小，甚至可以忽略；而熟练的建筑工人或矿工的工资差别则可达到 25%~30%。这说明，当工会可以有效地垄断一个产业的劳动供给和控制进入时，他们能够有效地提高工资。下面有一些证据可以证明近年来工会的影响有所减弱。

整体影响 即使我们已经得出工会能提高成员工资的结论，我们或许还会问，工会是否能提高整个经济的实际工资呢？大多数经济学家现在认为，工会并不是将收入从资本方面向劳动方面进行再分配，而是从非工会成员方面向工会成员方面进行再分配。换句话说，如果工会将其工资提高到竞争性水平以上，那么，他们的收益则是以非工会成员工资的损失为代价的。

这种分析得到经验数据的支持。这些证据显示，国民收入中属于劳动的部分在过去的 60 年中并没有发生什么变化。在剔除了经济周期对劳动所占份额的影响之后，我们看到工会化对于美国工资占国民收入的份额没有什么显著的影响（见图 12-1）。而在工会化程度较高的欧洲国家，这些数据表明：当工会提高了货币工资率时，有时会触发通货膨胀性的工资和价格的螺旋式上升，而对于实际的工资却没有什么长久的影响。

工会与古典失业

如果工会对整体实际工资水平没有影响，则意味着其主要影响是在相对工资方面。即工会化产业的工资相对于非工会化产业的工资会上升；同时工会化产业的就业会下降，非工会化产业的就业会上升。

当力量强大的工会将实际工资推进到人为的高水平时，就会出现劳动的供给过度，这称为古典失业，图 13-6 也说明了这种情况。假定工会将工资由市场出清水平 E 提高到更高的实际工资率 *rr* 水平，如果对劳动的供给和需求总体上没有什么变化的话，*E'* 与 *F* 之间的箭头就代表想在 *rr* 工资水平上寻找工作但却不能找到工作的人的数量。之所以称为古典失业，是因为它是由于实际工资高于竞争性水平而造成的。

经济学家经常将古典失业与经济周期中出现的失业（常称为“凯恩斯失业”）进行对比。凯恩斯失业来自于总需求不足。1990 年德国经济统一之后，我们曾看到过高的实际工资的影响。经济的统一使东德的工资相对于由劳动边际收益产品决定的工资水平至少高出两倍，结果造成统一后的东德就业率急剧下降。

这个分析表明：陷入实际工资过高状态的时候，一个国家或地区就会出现高失业率。这种失业对旨在增加总支出的传统宏观经济政策不会作出反应，因而需要通过降低实际工资来解决问题。

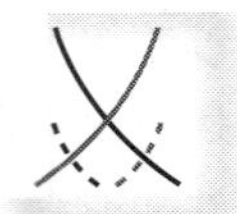

美国工会的衰落

美国劳工市场的一个主要的变动趋势是二战后工会的逐步衰落。尽管在 1955 年，工会曾组织了全国劳工的 1/4，但自 1980 年以来，这一比例急剧下降。在过去的 20 年中，制造业中工会成员所占比例已经大幅度下降；只有在服务业中，工会力量仍然十分强大。

工会衰落的一个原因是罢工的作用下降。罢工是集体协议过程中最后的威胁手段。20 世纪 70 年代，美国工会经常使用这个工具，每年举行的罢工多达 300 次。尽管近年来的罢工越来越不寻常，但实际上，罢工在美国劳工市场中已经消失。其原因在于，罢工经常给工人带来适得其反的后果。1981 年举行罢工的机场调度员全部被里根总统解雇。1987 年，职业橄榄球运动员曾举行罢工，但后来不得不回去工作，因为老板要使用替补队员。1992 年，制造重型设备的大公司——卡特彼勒公司的工人举行了罢工，但 6 个月后，当公司威胁永远不再雇用他们时，这些工人不得不结束罢工。罢工并未能损害企业这一点，使得在过去 20 年中工会的整体实力大大削弱。

你或许想了解工会力量的削弱是否会降低劳动报酬。经济学家一般认为，工会力量的削弱会降低工会成员的相对工资，但不会降低劳动收入在国民收入中的份额。请看图 12-1 中劳动在国民收中所占的份额。你认为 1980 年以后工会影响力的下降对劳动所占份额产生了什么影响？大多数经济学家都认为这没有什么影响。

歧 视

有史以来，种族、民族和性别歧视一直是人类社会普遍的特征。从一个极端来看，在美国内战以前，黑奴生活贫困，没有任何权利，并遭受虐待。在其他时期，或其他地方，如在美国的种族隔离时期，或在 20 世纪 90 年代之前的南非的种族隔离政策之下，黑人在很多场合都仍然是被隔离的，如住房、消费、交通等，他们还被禁止跨种族通婚，以及被禁止得到那些最有吸引力的工作。甚至在歧视已经被宣布违法的今天，在一些非正式市场、准市场、刑事审判和统计等方面也还存在着各种微妙的歧视行为。这导致男性和女性所得到的待遇仍存在差别，而在不同的种族和不同的民族之间这种性别差异往往表现得更为明显。

那些研究或体验过歧视的人会知道，歧视的存在远远超出了市场的范围。而我们的讨论将只涉及经济歧视，且主要集中在就业方面。我们想知道，为什么在歧视被定为违法的几十年以后，群体性差异仍然存在。我们需要研究白人男性和其他群体之间的工资差异的来源。为什么美国黑人和西班牙裔人的收入和财富水平长期以来一直大大低于其他群体？为什么妇女会被许多好工作拒之门外？这是一些需要我们解答的难题。

歧视的经济学解释

歧视的定义

当收入差距的产生仅仅是由于不相关的个人特征，如种族、性别、性倾向或宗教等原因时，我们称之为**歧视**（discrimination）。通常，歧视可以有两种含义：（*a*）对不同的人依据个人特征而给予不同的待遇；（*b*）对某一特定群体设置不利的规则（如考试）。

最早研究歧视的经济学家，如芝加哥大学的加里·贝克尔，意识到这里存在一个根本性的难题：如果有两组工人，他们有相同的劳动生产率，而其中一组工资较低，那么，追求利润最大化的厂商为什么不雇用低工资的那组工人来增加他们的利润呢？例如，假设竞争性市场上的一组管理者决定给蓝眼睛的工人支付较高的工资，而给有同样劳动生产率的棕色眼睛工人支付较低的工资。不搞歧视的厂商可以进入市场，通过主要雇用棕色眼睛的工人来降低成本，从而降低搞歧视的厂商的产品价格，最后把它们赶出这个行业。因此，即使有一些厂商对某一群体抱有偏见，这种偏见也不足以减少这一群体的收入。从而，贝克尔的研究表明，是强权而非歧视因素造成了同质群体之间的收入差距。

排斥性歧视

最普遍的一种歧视形式是在就业和居住方面对某些群体进行排斥。美国黑人史展示了社会进步如何压低他们的工资和社会地位。奴隶制废除以后，美国南部的黑人落入了《吉姆·克劳法》的劳工分级制度。尽管黑人在法律上是自由的，劳动也按供求规律进行，但黑人工人的工资比白人工人要低得多。为什么呢？因为他们所受的教育不好，并被工会、地方法律和习惯势力等排斥在最好的工作之外，因而只能从事一些卑微的、技能要求低的职业，这些当然也属于非竞争性群体。隔离政策导致就业歧视存在了几十年。

供给需求分析可以说明这些排斥行为如何降低被歧视群体的收入。在存在歧视的条件下，一些工作被保留给有特权的群体。如图 13-7（*a*）所示，在这个劳工市场中，有特权工人的供给为 S_pS_p，而对这种劳动的需求为 D_pD_p，均衡工资出现在 E_p 这一高水平上。

图 13-7（*b*）所显示的是发生在少数民族劳工中的情况。由于他们居住在学校条件较差的地区，而且负担不

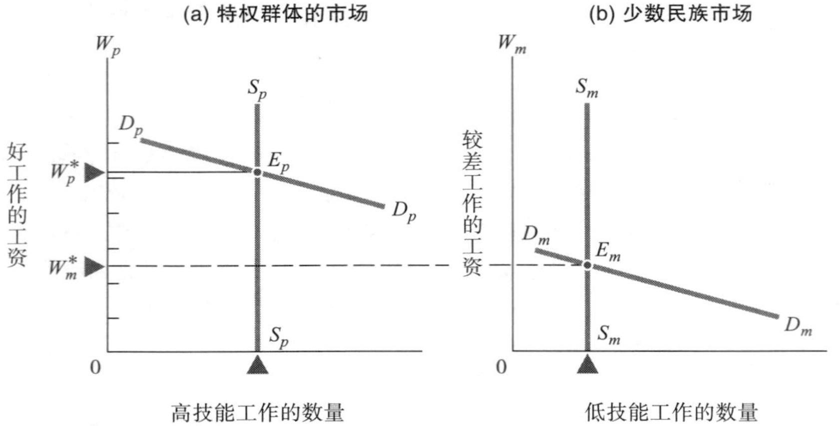

图 13–7 排斥性歧视降低了被排斥的少数民族群体的工资

将某些群体排斥在特权工作之外，常常会强化歧视。如果少数民族被排斥在市场（a）中的好工作之外，他们必须从事市场（b）中的较差的工作。特权群体享受 E_p 的高工资率，而少数民族的工资率则为市场（b）中的 E_m。

起私人教育的学费，所以无法获得高报酬工作所需要的教育和培训。因为技能水平低，他们只能从事那些技能要求不高的工作，生产的边际收益产品较少，因此工资被压到低于工资均衡点 E_m 的水平。

请注意这两个市场的差别。因为少数民族被排斥在好的工作之外，市场力量导致他们的工资比那些特权劳工低得多。也许有人会争辩说少数民族劳工工资低是应该的，因为他们的竞争性边际收益产品比特权劳工少。但这种观点忽视了工资差异的根源。工资差异的产生是由于某些群体无法获得较好的教育和培训，并由于习俗、法律或勾结等因素的共同作用而被排斥在好的工作之外。

歧视的偏好

排斥性歧视的例子又提出了这样一个问题：为什么没有一些追求利润最大化的厂商规避法律或习俗的规定，来削弱他们的竞争对手呢？贝克尔提出了一个解释：无论是厂商还是它们的顾客都有一种“歧视的偏好”。或许有些管理者就是不喜欢雇用黑人；或许有些销售人员就是有偏见，不想把货卖给西班牙裔的顾客。批评者认为这是同义反复，说白了就是：“事情之所以这样，是因为人们想让它这样。”

统计性歧视

在不完全信息和不正当激励的相互作用下，产生了一种最有趣的歧视的变形。这种现象称为**统计性歧视**（statistical discrimination），即个体的情况都被按其所属群体的平均情况而非其个人特征来加以处理。

一个常见的例子是雇主筛选雇员的依据是他们所上的大学。雇主可能发现从更好的学校毕业的人平均生产率比较高；而且，由于各校评分标准不同，很难对各校学生的学习成绩进行评估和比较。因此，雇主更多地是根据他们毕业的学校而不是成绩来选择雇员。但如果进行一种更为细致的筛选就会发现，不太有名的学校的毕业生中也有许多优秀的工作者。在这个例子中，我们看到了一个常见的基于学校平均质量的统计性歧视。

因为统计性歧视能够强化人们的成见，并能减弱某一群体中成员提高技能和积累经验的激励，所以它会导致经济的无效率。不妨分析一个上了一所不太知名的大学的学生的情况。她知道在很大程度上雇主将根据其学校的质量对她进行判断，而学习成绩、所学课程难易程度、真正学到的东西以及工作经验都可能会被忽视。结果，在面临统计性歧视时，个人会减少投资于那些能提高劳动技能、使自己成为更好的雇员的活动。

当统计性歧视涉及到种族、性别和民族时，其危害更大。如果雇主由雇用黑人青年的平均经验出发，把所有黑人青年当做“游手好闲”的人，那么，那些有才能的个体不仅会被当做平均水平的工人对待，而且他们自身也没有热情去提高他们的技能水平。

统计性歧视在社会许多领域都可以看到。人寿保险和汽车保险，往往将稳健谨慎的人的风险同那些冒失莽撞的人的风险平均起来，从而会降低人们在小心行事方面的激励，并导致人口的平均谨慎程度下降。传统上妇女被排除在工程师等数学能力要求高的职业之外。结果，妇女在报考学校和择业时容易倾向于人文社会科学，这个结果反过来又会强化人们认为妇女对工程不感兴趣的成见。

统计性歧视不仅能将个人的群体特征类型化，而且还能减弱个人对教育和培训进行投资的激励，从而反过来又强化关于原有群体特征的成见。

对妇女的经济歧视

受经济歧视最大的群体是妇女。在上一代，妇女的工资仅是男子工资的 70%。这种情况的产生，部分源于教育、工作经验和其他因素的不同。今天，这种性别差距已经大大地缩短了。现存的绝大多数差距是“家庭差距”——有小孩妇女的一种工资损失。

男女收入差异背后的原因是什么呢？原因很复杂，它植根于社会习俗和期望、统计性歧视以及教育和工作经验等经济因素之中。一般地说，在同一份工作中，妇女的报酬不比男子少很多。妇女收入较低是因为妇女被排斥在工程、建筑和采煤等高收入职业之外。此外，由于妇女生儿育女，承担家庭义务，她们不得不中断其职业生涯，这种情况一直存在于“家庭差距”之中。经济中的性别不平等还表现在：直到近期还几乎没有几位妇女被选进大公司的董事会，或在大的律师事务所中取得高级合伙人的资格，或在顶尖的大学里取得终身教职。

经验证据

我们已经分析了歧视被强化的机制，现在让我们来分析收入差距的程度。平均而言，在美国，妇女和少数民族的收入低于白人男性。比如说，在 1967 年全职工作的妇女只能得到男性收入的 60%，到 2007 年这一数字上升到了 80%。

劳动经济学家强调，收入差别不同于歧视。工资差异往往体现技术和生产率上的差异。许多西班牙裔工人（尤其是移民）历史上所接受的教育一直比白人少；习惯上妇女在工作之外所花的时间都要比男子多。既然教育和连续工作经验是高报酬所要求的条件，那么存在上述工资差异就应当说不足为奇了。

收入差异在多大程度上是由于歧视而非生产率的原因呢？这里有一些最新的发现。

- 近年来，对妇女的歧视程度显著下降。除了家庭差距（有小孩的妇女将会损失收入）以外，妇女的收入与同样水平的男子的收入基本相同。
- 在美国历史上绝大多数时期，黑人和白人之间的收入差距都非常之大。黑人劳工在 20 世纪的前 70 年中取得了很大的进步。20 世纪 80 年代和 90 年代的数据表明，由于劳工市场上存在歧视，黑人男子所承受的损失达 12%~15%。
- 一个令人鼓舞的趋势是，妇女和少数民族进入高薪职业的障碍正在破除。在 1950~2000 年间，医师、工程师、律师、经济学家这些职业中女性的比重增长很快。对于受过专业教育的女性来说，这个比重以更为惊人的速率在增加。1963 年，法学院中女生比率仅为 4%，到 2006 年，这个比率增加到 44%，医学院中女性比例也从 1960 年的 5% 增加到 2006 年的 50%。在其他一些传统上对性别、种族存在限制的领域中，也能发现相似的趋势。

减少劳工市场歧视

在过去半个多世纪中，政府采取了很多措施来制止歧视行为。主要的措施是强化立法，如 1964 年的《民权法》（该法将基于种族、肤色、宗教、性别、原国籍的歧视列为非法）和 1963 年的《同工同酬法》（该法规要求对从事同样工作的男性和女性支付相同的报酬）。

这些立法有助于消除明目张胆的歧视行为，但比较隐蔽的歧视仍然存在。为了反对这些歧视，政府采取了更为大胆也更有争议的政策，如*平权措施*。它要求雇主证明：他正采取特别措施以安置和雇用那些少数群体。研究表明，这种方式对妇女和少数民族的就业及工资产生了一定的积极作用。然而，确保承诺行动近年来已经被广泛地批评为一种“反向歧视”，一些州已经禁止它在就业和教育中加以使用。

不平坦的进步

歧视是一种复杂的社会和经济过程，并为那些剥夺弱势群体的平等的工作、住房与教育机会的法律所强化。即使法律重新确定权利平等之后，种族和性别隔阂仍然会使得社会和经济中的阶层分化长期存在。

在过去的30多年里，减小不同群体之间收入差距的进程变得缓慢了。传统的小家庭的解体、政府社会计划的削减、严厉的毒品法律和入狱率、对许多反歧视计划的敌对反应，以及非熟练工人相对工资的下降，这些因素都使得许多弱势群体的生活水平趋于下降。前方的路是不平坦的，在收入、财富、职业等方面所存在的差别仍然很大。

总结提要

A. 工资决定的基本理论

1. 对劳动和其他任何一种生产要素的需求由其边际产品决定。因此，如果一个国家劳工受教育程度较高、所受培训较多、与之配合的资本更多更好，以及所用的生产技术更先进，那么，它的一般工资水平就会趋于上升。
2. 在某一特定人口条件下，劳动的供给依赖于三个主要的因素：人口规模、平均工作小时数和劳动力参与程度。对美国来说，近年来，移民成为新劳工的主要来源，提高了相对非熟练劳工的比例。
3. 工资上升对劳动供给产生了两种相反方向的影响。替代效应吸引劳工工作更长的时间，因为每1小时的工作可以得到更高的报酬。收入效应的作用相反，因为更高的工资意味着劳工现在可以更多地享受闲暇和生活中其他美好的东西。在某个临界工资水平上，供给曲线可能会向后弯曲。有天赋的特殊人才的劳动供给非常缺乏弹性：他们的工资大部分是纯经济租金收入。
4. 在完全竞争条件下，如果所有的人和工作都是完全相同的，就不会有工资差异，由供给和需求决定的均衡工资率会是全部相等的。但当我们放弃不太现实的“关于劳动者和工作的同质假定”时就会发现，即使在一个完全竞争的劳工市场上，也存在很大的工资差异。补偿工种的非货币性差别的补偿性工资，解释了工资差异的一部分原因。劳动质量的差别解释了许多其他的工资差异。此外，劳工市场上存在无数类非竞争群体和部分竞争群体。

B. 劳工市场的问题和政策

5. 工会在其成员和影响两个方面都在美国经济中发挥着重要的作用，但这种作用正在减弱。劳资双方的代表在一起谈判，达成集体协议。这种协议一般包括工资、福利和工作制度等条款。工会通过协议标准工资率来影响工资。但是，为了将实际工资提高到普遍通行的由市场决定的水平之上，工会常常限制非工会成员的进入和竞争。
6. 尽管工会能提高其成员的工资，但他们并未能提高一国的实际工资或劳动收入在国民收入中的份额。他们可能会引起工会成员的失业，这些劳工更愿意等待，直到回到原来的高工资工作，而不是离开原先的岗位，转而接受其他产业中的低报酬工作。在一个价格不灵活的国家中，太高的实际工资可能会引起古典失业。
7. 出于一个历史的偶然，世界上的少数白人男性拥有了最多的财富。即使在奴隶制度已被废除了一个世纪之后，机会的不平等，经济的、种族的和性别的歧视仍导致了少数弱势群体收入的损失。
8. 歧视的原因很多。非竞争性群体的产生和维持是一个重要的机制。通过分割劳工市场，把管理和专业职位留给白人男子，驱使妇女和少数民族去从事卑贱、没有前途的工作，一个经济会使收入的不平等持续几十年。此外，当一个人被按照其所属群体成员的一般行为进行对待时，就会出现统计性歧视。这种形式微妙的歧视将个人按其所属群体的特征设定为某种类型，降低了个人进行自我提高的积极性，从而更强化了社会对原有类型持有的偏见。
9. 政府在很多方面都采取了减少劳工市场歧视的措施，早期主要是宣布歧视为非法，后来则采用了“平权措施”等政策。

概念回顾

完全竞争下的工资决定
劳动需求的因素：
劳动质量
技术
其他投入的质量
劳动供给的因素：
小时数
劳动力参与程度
移民
收入效应和替代效应
工资中的补偿性差异
工资中的租金因素
分割市场和非竞争性群体
劳工市场问题
集体协议
作为垄断者的工会
古典失业
歧视
收入差异：质量差异和歧视
统计性歧视
反歧视政策

补充读物和互联网站

补充读物

The elements of the theory of human capital are given in Gary S. Becker, *Human Capital: A Theoretical and Empirical Analysis, with Special Reference to Education,* 3rd ed. (University of Chicago Press, 1993).

Labor economics is an active area. Many important topics are covered in advanced surveys, such as Ronald G. Ehrenberg and Robert S. Smith, *Modern Labor Economics: Theory and Public Policy,* 9th ed. (Addison-Wesley, Reading, Mass., 2005).

An excellent overview of the economics of discrimination is contained in the symposium on discrimination in product, credit, and labor markets in *Journal of Economic Perspectives,* Spring 1998.

An important source on the impact of immigration is George Borjas, Richard Freeman, and Lawrence Katz, "How Much Do Immigration and Trade Affect Labor Market Outcomes?" *Brookings Papers on Economic Activity,* vol. 1, 1997, pp. 1–90.

互联网站

Analysis of the labor market data for the United States comes from the Bureau of Labor Statistics, at *www.bls.gov.* This site also has an online version of *The Monthly Labor Review,* which is an excellent source for studies about wages and employment.

An excellent review of trends in labor markets with special reference to new technologies and discrimination is in *Economic Report of the President, 2000,* chap. 4, "Work and Learning in the 21st Century," available online at *w3.access.gpo.gov/eop/.*

For an international perspective, visit the site of the International Labour Organization at *www.ilo.org.* If you want a detailed reading list on labor economics, visit the MIT open course website at *ocw.mit.edu/OcwWeb/Economics/14-64Spring-2006/Readings/index.htm.*

问题讨论

1. 采取什么措施可以消除图 13-7 中所示的市场分割？
2. 用文字和供求图解释下列事件对于受到相关影响的劳工市场中的工资和就业的冲击：
   a. 关于参加了工会的泥瓦匠：泥瓦匠工会通过谈判，争取到一个低标准工作规则，每小时砌的砖由 60 块降低到 50 块；这对是工会成员的泥瓦匠有何影响？
   b. 关于航空人员：放松对航空公司的管制后，没有工会组织的航空公司（像大陆航空公司）的市场份额上升了 20%，这对飞机驾驶员有何影响？
   c. 关于医生：许多州开始允许护士更多地承担一些医生的职责，这对医生有什么影响？

d. 关于美国汽车工人：日本答应限制其对美国的汽车出口，这对美国的汽车工人有何影响？

3. 解释下列现象会引起工资差异的何种变化：
   a. 上大学的成本增加；
   b. 欧洲国家之间可以自由移民；
   c. 教育由私人提供且费用昂贵的国家，现在引入了免费的公共教育；
   d. 由于技术进步，更多的人能接收到流行的体育和娱乐节目。
4. 当妇女、黑人这样的弱势群体被分割到低工资市场中时，就产生了歧视。解释下列这些不久前在某些情况下还很流行的做法，是怎样助长歧视性劳工市场的分割的：
   a. 很多州的学校不允许妇女主修工程学；
   b. 很多顶尖大学不招收女生；
   c. 白人和非白人在隔离的学校系统中接受教育；
   d. 社会精英俱乐部不接纳妇女、黑人或天主教徒；
   e. 雇主拒绝雇用在贫民区学校接受教育的人，因为从那里来的劳工平均的劳动生产率很低。
5. 近年来移民增加了低技能劳工的供给，而这对受过高级培训的劳工的供给几乎没有任何影响。据乔治·鲍扎斯、理查德·弗里曼和劳伦斯·卡茨近期做的一项研究判断，在20世纪80年代，由于移民和贸易的影响，高中肄业者的工资相对于大学毕业生的工资下降了4%。本题将说明如何理解其中的原因。
   a. 要看清移民的影响，请回顾一下图12-6。重新画这一组图，将（a）标为“熟练劳工的劳动市场”，（b）标为“非熟练劳工的劳动市场”。由于移民的进入，非熟练劳工的供给曲线向右下方移动，而熟练劳工的供给保持不变。请说明移民对于熟练劳工和非熟练劳工的相对工资和相对雇用率有何影响？
   b. 然后再分析国际贸易对工资和就业的影响。假设贸易壁垒减少，对（a）中熟练劳工的需求上升，同时降低了对（b）中非熟练劳工的需求。请说明这种趋势会加大熟练劳工和非熟练劳工之间的不平等。
6. 人们经常担心高税率会减少劳动的供给。考虑在供给曲线向后弯曲的情况中提高税率的影响：定义税前工资为 W，税后工资为 W_p，税率为 t，解释关系式 $W_p = (1 - t)W$。画一张表，列出当税前工资为20美元/小时，税率分别为0、15%、25%和40%时的税前工资和税后工资。

   下面翻回到图13-4，说明在 C 点以上和 C 点以下的区域，降低税率对劳动供给的影响。在表中，列出税率和政府税收收入的关系。

土地、自然资源和环境　第14章

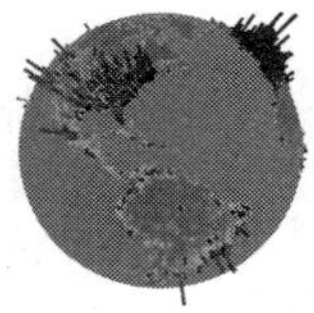

土地是一宗好投资，因为人们再也不可能将它多增长一点。

——威尔·罗杰斯

若你去观察任何一个经济过程，则会发现它都是由土地、劳动和资本这三种基本要素的有机组合所驱动的。在第1章，我们已经知道：土地和自然资源可以为我们的经济提供基础和燃料；在生产过程中，耐用资本品和无形资本结合在一起使用；而人类的劳动则是耕种土地、经营资本股票和管理生产过程。

前面的章节已经探讨了关于价格和要素的边际生产率的经济理论，以及劳动在经济中的作用。本章将继续分析生产要素，探讨市场机制在土地、自然资源和环境等方面如何发挥作用。我们首先从土地和自然资源这类不可再生的投入要素着手。接着我们将转向环境经济学中的热门课题。这些课题涉及到重要的市场失灵问题，还包括关于全球气候变暖问题及其对策的讨论。

A. 自然资源经济学

数万年以前，当蒙昧的人类开始生产活动的时候，其经济是以狩猎、捕鱼和采集为基础的，有丰富的自然资源，但很少有资本品，除了一些锋利的石头和树枝。今天，我们也许都会认为，享有清新的空气、丰富的水、未污染的土地，似乎是理所当然的。而如果我们无视自己所处的自然环境的限制，则人类又将会处于一种什么样的威胁之中呢？

强调多加限制并对危险忧心忡忡的环保人士认为，人类活动会造成这样的威胁：土地遭到污染，自然资源耗尽，复杂的自然生态系统被破坏，灾难性的气候变化势必发生。哈佛大学杰出的生物学家威尔逊曾有以下一个沉痛的警告，淋漓尽致地表达了环保人士的观点：

> 环境保护主义……将人类视为一种紧密地依存于自然界的生物物种……地球上许多重要的资源正在枯竭，大气的质量正在恶化，世界的人口正在膨胀到危险的程度。自然生态系统这一健康环境的源泉正在不可逆转地退化……每当这个严峻的现实及其后果困扰于心的时候，我的困惑就禁不住会激进得无以复加：人类是不是想要自我毁灭？

相信这一灾难性景象的人们指出，人类必须实行经济的“可持续”增长，并学会在稀缺的自然资源的约束下生存，否则我们将不得不吞食各种悲惨而又无可挽回的恶果。

上述问题的另一个极端则是“富足论者”或技术乐观主义者。他们认为，无论是自然资源还是技术能力，其枯竭都是极为遥远的事情。这种乐观的观点表明，我们能够实现持久的经济增长和生活水平的提高，人类的智慧足以应付任何资源限制或环境问题。如果石油耗尽了，还有大量的煤。如果这还不够的话，不断上涨的能源价格会引发太阳能、风能和核能方面的开发。在他们看来，技术、经济增长和市场力量就是人类的救世主，而绝不是祸根。朱利安·西蒙就是技术乐观主义者的杰出代表，他曾这样写道：

> 不妨随便问问满屋子的人，我们的环境是变得越来越脏，还是越来越干净？大多数人必答曰“越来越脏”。然而一个不争的事实却是，美国（和其他富裕的国家）现在的空气呼吸起来要比过去几十年更安全。污染物数量，特别是作为主要污染物的颗粒已经下降。就拿水资源来说吧，自从1961年开始有数据统计以来，美国所检测地区中的可饮用水的比例一直是在增加。我们的环境正变得越来越健康。而且不管从哪个角度看，这种趋势都将持续下去。

一般说来，主流经济学家们总是试图站在环保人士和富足论者这两个极端之间。他们承认人类利用地球上的资源已经很多年了。经济学家们一般都强调这一点，即经济的有效管理需要自然资源和环境资源的合理定价。在本章我们将简要地介绍对稀缺的自然资源进行定价和对环境进行管理的若干观点。

资源种类

什么是重要的自然资源？它们包括土地、水和大气。肥沃的土壤为我们提供了粮食和美酒；地表下蕴藏着石油和矿藏。水为我们提供鱼、娱乐，以及非常有效的的运输方式。宝贵的大气层不但为我们提供可供呼吸的空气、日落的美景，还提供飞机的飞行空间。自然资源（包括土地）与劳动、资本一样，也是一种生产要素。它们之所以是生产要素，是因为我们从它们的服务中能够获得产出或满足。

在分析自然资源时，经济学家常从两个角度区分它们。其中最重要的区分是资源是可分拨的还是不可分拨的。当厂商或消费者能够获得商品的全部经济价值时，商品被称为**可分拨资源**（appropriable）。可分拨的自然资源包括土地（当农夫出售土地上生产的小麦和酒时，土壤肥力的经济价值为农夫所得）、像石油和天然气那样的矿产资源（所有者可以在市场上出售矿产品获得其经济价值），以及森林（所有者可以向出价最高的人出售土地或树木）。在一个运行良好的竞争性市场，可分拨的自然资源会被有效地定价和分配。

第二种自然资源，即**不可分拨资源**（inappropriable），是其成本或收益不能完全归属其拥有者的资源。换句话说，不可分拨的资源是一种具有外部性的资源。（回忆一下，外部性是指那些生产或消费对其他团体强征了不可补偿的成本或给予了无需补偿的收益的情形。）

不可分拨的资源的例子在地球的每一个角落都可以找到。让我们举一个像鲸鱼、金枪鱼、青鱼、鲟鱼等重要鱼类存量下降的例子。一群金枪鱼不仅能作为晚餐的食物，而且是繁殖下一代金枪鱼的母体。然而，这种繁殖潜力没有反映在市场价格之中。于是，当一只捕鱼船捕捞一条黄色尾巴的金枪鱼时，它没有因消耗未来生殖潜力的行为而向社会提供补偿。这就是在没有对捕鱼行为加以管理的情况下会有过度捕捞倾向的原因。

这就导出了自然资源和环境经济学中的一个中心结论：

> 当市场参与者不能完全获得使用自然资源的成本或收益时，外部性就会发生，市场就会提供错误的信号和扭曲的价格。一般说来，对于外部不经济的产品，市场会生产过度；而对于外部经济的产品，市场又会生产不足。

运用资源的方式，取决于资源本身是可再生的还是不可再生的。**不可再生资源**（nonrenewable resources）是指那些供给量基本固定的资源。一个明显的例子是矿物燃料，它们在几百万年前沉入地层，相对于人类文明的时间规模来说，它们可以视为不可再生的。另外还有非燃料矿物资源，例如铜、银、金、石头和沙子。

第二类是**可再生资源**（renewable resources），它们的效用能够被有规律地补充，而且只要管理得当，它们就能产生无穷无尽的效用。太阳能、耕地、河水、森林以及鱼群都是很重要的可再生资源。

有效利用这两种资源的原则表现为非常不同的要求。不可再生资源的有效利用，要求数量有限的资源在使用时间上能够安排得合理有序：是应该现在就使用低成本的天然气，还是保存起来供今后再用？相反，对于可再生资源来说，明智的做法是通过合理的方式保证能够不断地获得这种资源的效用，例如，适当地管理森林，保护生殖期的鱼群，监管河流湖泊的污染状况。

本章讨论的是自然资源经济学。这一节我们首先集中探讨土地资源，力图把握这种数量固定的资源的背后的定价原则和机制。第二节（B 节）我们将转向环境经济学，讨论若干针对空气、水和土地的污染等问题重要的公共政策，还有气候变暖等全球性问题。

固定的土地和租金

土地是最有价值的自然资源。在法律上，“土地”的所有权包括一系列的权利与义务，例如占有的权利、耕种的权利、拒绝使用的权利，以及进行建筑的权利。除非你计划在气球上经营你的公司，否则土地对任何商业活动都是一种基本的生产要素。土地的一个不寻常的特征是：数量固定，对价格完全缺乏弹性。[1]

作为固定要素收入的租金

固定要素的价格称为**租金**（rent），或**纯经济租金**（pure economic rent）。经济学家所说的“租金”，不仅是就土地要素而言，而且还用它来讨论所有供给固定的要素。如果你每年支付阿莱克斯·罗德里格斯 300 万美元，以使他为你的棒球队效力，那么这笔钱就可视作为使用他这种独特的要素而支付的租金。

租金以单位时间和单位固定要素的美元数计价。亚利桑那的荒漠土地的租金每年每英亩可能只要 50 美分，而纽约或东京中心的土地的租金每年每英亩可能就是 100 万美元。一定要记住“租金”一词在经济学中特殊而具体的含义，即租金是对使用供给固定的生产要素的支付。日常生活中的“租金”通常包括其他的意思，如对租用公寓或建筑所支付的费用。

> 租金（或纯经济租金）是对使用供给固定的生产要素所支付的报酬。

市场均衡　因为土地的供给是固定的，所以土地的供给曲线是完全没有弹性的，即是垂直的。在图 14-1 中，需求和供给曲线相交于点 E 点。土地的租金必须趋近这个均衡价格。为什么呢？

如果租金高于均衡价格，所有厂商需要的土地数量就会少于所能供给的现存的土地数量。有些土地所有者就不能将其土地租出去；他们不得不以较低的租金出租自己的土地，于是土地租金就会降下来。同理，租金也不会长时间停留在均衡水平以下。只有在土地的需求量正好等于固定供给时（此时为竞争性价格），市场才会处于均衡。

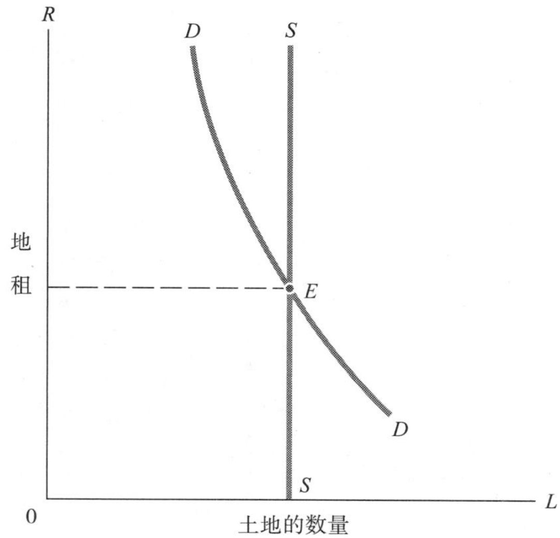

图 14–1　数量固定的土地无论得到多少租金都会同样发生作用

完全没有供给弹性是租金（有时也叫做纯经济租金）的特征。我们沿供给曲线 SS 上移到与要素需求曲线相交处就可以决定租金。除土地外，我们可将租金分析运用到金矿、7 英尺高的篮球运动员，以及任何一种供给固定的物品中去。

假定土地只能被用来种植玉米，如果对玉米的需求上升了，玉米地的需求曲线就会向右上方移动，租金就会上升。这说明了土地的一个重要特征：土地价值高是因为玉米价格高。这也是要素需求作为一种派生需求的很好的例子——对要素的需求是由对要素所生产的产品的需求所派生出来的。

> 因为土地的供给没有弹性，且土地总是为了它能生产的产品而发挥作用，所以土地的价值完全是由其能够生产的产品的价值派生而来，反之则不成立。

对土地征税

土地供给数量固定这一事实引出了一个很重要的结

[1] 这句话是有局限的。因为有时可以排掉湿地中的水使之成为土地，也可以对浅海湾进行填土而“生产”土地。从1630年到1900年，波士顿的土地面积增加了两倍。而且，土地可被用于不同的目的，在世界上许多农业用地已经转变为城市用地了。

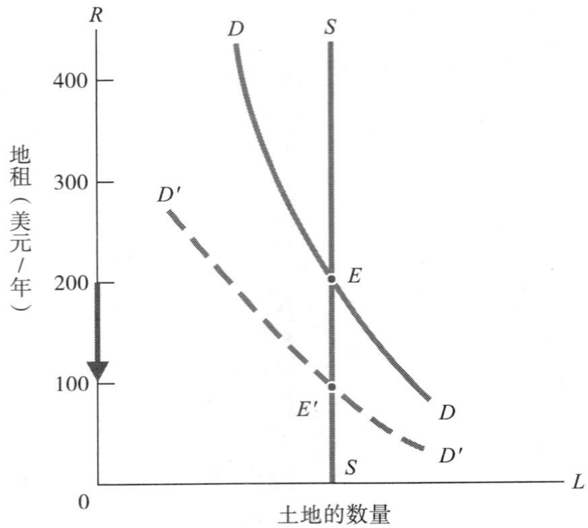

图 14–2 对固定数量的土地征税完全由土地所有者承担，政府取得纯经济租金

对土地征税并没有改变使用者在 E 点所支付的价格，但使土地所有者的租金降到了 E'。土地所有者除了接受更低的报酬之外还能做什么呢？这为亨利·乔治的单一税运动提供了合理性。亨利·乔治的单一税运动旨在不扭曲资源分配的基础上，使社会得到土地价值增值的好处。

论。考虑图 14-2 中的土地市场。假设政府对所有的土地租金开始征收 50% 的税，注意对建筑或新增设施不征税。

征税后人们对土地的总体需求并没有改变。在图 14-2 中，当价格（含税）为 200 美元时，人们对土地的需求仍然等于土地的固定供给数量。于是，由于土地供给固定，土地服务的市场租金（含税）也就完全不会变动，仍在初始的市场均衡点 E。

那么，土地所有者得到的租金将会有何变化？由于需求和供给的数量并没有变化，所以市场价格不会受税收影响。于是税收完全是从土地所有者的收入中扣除的。

我们可以在图 14-2 看到这种情况。农场主付的钱和土地所有者收到的钱现在完全是两码事了。对土地所有者来说，当政府介入拿走 50% 的租金时，其效应同所有者的净需求从 DD 降到 $D'D'$ 的影响一样。土地所有者税后的均衡收入现在只是 E'。*税收全部由供给完全无弹性的要素的所有者承担。*

土地所有者肯定会抱怨。但在完全竞争条件下，他们对此无能为力。因为他们不能改变土地的总供给，而且土地总要被用来获得些什么，得到半个面包总比没有面包要好。

此时，你可能想了解这种税收对经济效率的影响。令人吃惊的结果是，*对租金征税不会引起扭曲或经济的无效率*。这一惊人结果出现的原因是，对纯经济租金征税不会改变任何人的经济行为。需求者没有受到影响，因为他们的意愿价格没有改变；供给者的行为也没有受到影响，因为土地的供给是固定的，不可能作出反应。于是，税后的经济会同税前完全一样地运行，土地税没有带来扭曲或无效率。

> *对纯经济租金征税不会导致扭曲或无效率。*

亨利·乔治的单一税运动

纯经济租金理论是 19 世纪后期单一税运动的基础。当时，由于世界各地的人向美国移民，美国的人口迅速增长。随着人口的增长和铁路延伸到美国西部，地租飞涨，为那些预先购买了土地的幸运的或有远见的人带来了丰厚的利润。

有人问，为什么允许这些土地所有者获得那么多的非劳动所得的土地增值呢？一位对经济学进行过很多思考的记者亨利·乔治 (1839~1897)，在其畅销书《贫困和进步》(1879 年) 里集中表达了这种情绪。他在书中建议，应当把对土地征收财产税作为政府融资的主要途径，同时削减或免除其他所有的对资本、劳动以及土地新增设施的税收。乔治认为，这种单一税收能够在不损害经济生产效率的情况下，改善收入分配。

尽管美国经济显然没有向单一税理念的方向走得太远，但乔治的许多见解得到了后来几代经济学家的重视。在 20 世纪 20 年代，英国经济学家弗兰克·拉姆塞通过分析不同种类税收的效率，发展了乔治的方法。这带来了效率原理（或拉姆塞原理）的发展。这种分析表明，当一个部门的供给或需求的价格弹性非常小的时候，对其征税所导致的扭曲最小。

拉姆塞税收背后的推理与图 14-2 中所示基本一样，如果一种商品的供给或需求高度缺乏弹性，对该部门征税将不会对于生产和消费产生什么影响，所导致的扭曲将会非常小。

B. 环境经济学

在本章的导论部分，我们就了解到一些关于环境问题的争论。一则严厉的警告来自保罗·埃尔利希和安·埃尔利希。2008 年这两位环境保护主义者曾这样表达了他们的担忧：

> 我们人类已经摘完了低处的果实，使用完了最丰饶的土地。为了养活不断增长的人口，所冶炼的金属必须来自更贫瘠的矿石，而天然气和水资源将需要从更深的地井中才能获得，而且还需要运输得更加遥远。所谓的“临界”土地，即通常我们赖以生存的和保持基本的生态系统生物多样性的最后大本营，将日益需要生长更多的庄稼，以维持人和牲畜的生存，还有各种运动休闲车（SUVs）的驾用……全球气候变暖势必是一个主要的威胁，尽管它可能还不是最大的一个环境问题。土地用途的变化、地球中毒、流行病大范围蔓延的可能性的增加，还有关于稀缺资源的冲突，以及冲突中有可能的核武器使用，乃至所有与人口有关的隐患，都将会日益显示它们对于人类的威胁。

然而，许多技术乐观主义者却认为，这些担忧未免显得有些夸张。我们的任务是努力获悉那些能够控制环境恶化的经济力量。在这一节中，我们将揭示环境的外部性特征，说明为什么它们会造成经济的无效率，并分析可能的解决方式。

外部性

我们已经接触过外部性这个概念，其含义是一种向他人施加不被感知的成本或效益的行为，或者说是一种其影响无法完全体现在它的市场价格上的行为。

外部性表现为多种形式：有些外部性是正的，有些则是负的。当一个厂商将有毒的废水排放到溪流中时，鱼和植物会被杀死，溪流的景观价值也会降低。因为该厂商并不需要就其对溪流的损害向人们进行补偿，所以这是一种负的或有害的外部性。当你接种了一种新的流感疫苗时，那些并没有接种新疫苗的人们也将因你而获益，因为他们能够感染流感病毒的概率减少了。这就是一种正的或者说有益的外部性。

有些外部性具有普遍的影响，而有些只涉及到很少的人。在中世纪，如有淋巴腺鼠疫病毒携带者进了城，那么城里所有的人可能会患黑死病而死亡；而在有风的日子里，如果你在足球场上嚼洋葱，外部性的影响就不容易被人注意到。

公共品和私人品

为了说明外部性概念，让我们看看公共品这个极端的例子，公共品是这样一种产品或服务，其向所有的人提供和向某一个人提供的难度是相同的。

公共品的典型例子是国防。对社会来说，没有什么比国家安全更重要了。但国防作为一种经济品，与面包等私人品完全不同。10 块面包可以按人头分成许多份，而且我吃过的面包别人就不可能再吃一遍。而国防一旦被提供，就会对所有人产生相同的影响。无论你是鹰派还是鸽派，是和平主义者还是好战主义者，是老人还是青年，是文盲还是饱学之士，你都会和该国所有其他居民一样获得军队所提供的相同的安全保护。

一个明显的对比是：提供像国防这样的公共品的生产水平的决策，会涉及到保护我们每个人的潜艇、巡航导弹和坦克等。相比之下，消费私人品（如面包）的决策则完全是一种私人行为。你可以吃 4 片、2 片或者不吃，总之，这完全是你个人决定的事，而无需确保其他人都有一定量的面包可以消费。

国防是公共品中一个引人关注的极端例子。但是，如果你再想想天花疫苗、哈勃望远镜、干净的饮用水以及许多类似的政府项目，那么你就会发现公共品的基本特征。可归纳如下：

> **公共品**（public goods，也译“公共物品”或“公共产品”——译者注）是指那种不论个人是否愿意消费，都能使整个社会每一成员获益的物品。**私人品**（private goods）恰恰相反，是那些可以分割、可以供不同人消费，并且对他人没有外部收益或外部成本的物品。公共品的有效提供通常需要政府行为，而私人品则可由市场进行有效地分配。

全球公共品

也许最棘手的市场失灵就是全球公共品了。全球公共品指的是其影响不可分割地蔓延到整个地球的一种外部性。重要的例子包括减缓全球变暖（本章后面将进行讨论）、防止臭氧的消耗、为防止禽流感进行的研发。全球公共品的问题之所以特别难以处理，是因为缺乏有效的市场或政治机制进行有效地配置。市场失灵是因为个人没有适当的积极性进行生产，而各个国家又无法独享全球公共品投资的收益。

全球公共品与其他物品有何不同？如果一场大风暴毁了美国的玉米收成，价格体系会引导消费者和农民重新达到供需平衡。如果美国的公路系统需要现代化，选民将游说政府开发更有效率的运输系统。但如果全球公共品问题出现，例如全球变暖或抗生素的研发，则市场参与者和单一国家将都没有适当的积极性去寻找有效率的结果。任何个人或国家的投资的边际成本都会远远低于全球居民的边际收益，因此投资不足是必然的结果。

外部性引起的市场无效率

亚伯拉罕·林肯曾经说过，政府应当“为人们做那些他们想做，但仅凭个人力量又根本无法做到或做好的事情”。控制污染合乎这一标准，因为市场机制无法对污染者进行适当的限制。厂商们既不会自愿地减少有毒化学物质的排放，也不会改变将有毒的废物倒入垃圾场的行为。控制污染一向被认为是政府的合法职能。

对无效率的分析

为什么像污染这样的外部不经济会导致经济的无效率？假定有一个以煤为原料的火力发电厂（黑亮电厂）排出大量含二氧化硫的有毒烟雾，从而造成外部不经济。部分硫化物当然也会影响厂家本身，厂房因此需要经常重新粉刷，同时员工医疗费用也会增加。尽管如此，损害的主要影响对该厂来说还是“外部的”，它影响的是整个地区：给植被和建筑物带来问题，导致附近居民患上多种呼吸道疾病，甚至还会出现孕妇流产和婴儿夭折等一系列问题。

作为一家以利润最大化为目标的厂家，黑亮电厂必须决定它应该排放多少污染物。若对污染置之不理，它的工人、厂房和利润都将会受到损害。另一方面，如果对所排放的气体都加以净化的话，则需要付出昂贵的成本。完全彻底的净化费用肯定太大，会使黑亮电厂无法在竞争市场上生存。

因此该厂家管理者会选择一个利润最大化的水平减少污染。在该水平，电厂从多净化 1 单位污染或“污染减少 1 单位”中所获得的效益（私人的边际收益），正好等于多“减少 1 单位污染”所增加的成本（净化的边际成本）。根据经济和工程核算，当电厂净化污染物的数量是 50 吨时，厂商的私人利润最大化。在这个水平上，厂家的私人边际收益正好等于净化污染物的私人边际成本，即每吨 10 美元。换言之，当黑亮发电厂只从私人成本收益角度考虑问题并以最小成本进行发电时，它就会排出 350 吨的污染物，而只净化 50 吨。

然而，现假定一组环境学家和经济学家要检测整个社会而不仅是一个黑亮电厂的净化效益。在检测总的影响时，审计员们发现，控制污染的社会边际收益（包括增进健康和提高邻近地区的资产价值）是上述私人边际收益的 10 倍。黑亮电厂每净化 1 吨额外的排放量所带来的私人收益是 10 美元，还有 90 美元的附加外部收益是造福社会的。为什么黑亮电厂不将附加的 90 美元社会收益统计入账呢？因为那对厂商来说是外部的，对利润毫无影响。

我们现在了解了污染和其他外部性如何导致了经济无效率的产生：在没有管制的情况下，厂商会采用使净化污染的私人边际收益等于净化污染的私人边际成本的方法，来决定利润最大化条件下的污染水平。当污染外溢的影响很严重时，私人均衡水平势必缺乏效率，从而导致高程度的污染和低水平的净化行为。

符合社会效率标准的污染 在私人控污决策缺乏效率的条件下，能否找出更好的解决办法呢？通常，经济学家们通过平衡社会成本和收益的办法来确定符合社会效率标准的污染水平。更明确地说，达到社会效率标准需要控污的社会边际收益等于控污的社会边际成本。

那么有效的污染水平该怎样确定呢？经济学家提供了一种方法叫做成本—收益分析，效率水平由一种行为的边际成本和边际收益的均衡来决定。在黑亮电厂的例子中，假定专家们研究了减少污染和影响环境的成本数据后发现：当控污量从 50 吨上升到 250 吨时，社会边际成本会等于社会边际收益。在这个有效率的污染水平，他们发现控污的边际成本是每吨 40 美元，此时，控制最后 1 单位污染所带来的社会边际收益也是每吨 40 美元。

上述的排放水平是符合社会效率标准的，因为在这一排放水平上产生的社会净效益最大。只有在这个排放水平上，控污的社会边际成本才等于社会边际收益。再重复一下，在许多场合，我们发现当一种行为的边际成本等于边际收益的时候，该行为的结果是最有效率的。

成本—收益分析说明了为什么“无风险”或“零排放”政策通常是很浪费的。将污染降低到零排放通常会使控污成本上升为一个天文数字，而减少最后几克的污染物所带来的边际收益却少得可怜。并且在有些情况下，要达到持续零排放几乎是不可能的。按照零风险原则，计算机工业就应当关闭，所有的汽车交通也应当被禁止。现实中通常的情况是，经济效率要求达成一个折中方案，即产业的额外产出的价值正好同额外污染的损失相均衡。

> 没有管制的市场经济会产生一定水平的污染（或其他外部性），在这个水平上，控污的私人边际收益等于私人边际成本。效率要求控污的社会边际收益等于其社会边际成本。在一个没有管制的经济中，会产生过少的控污行为和过多的污染。

对危害的估价

制定有效的环境政策所遇到的一个主要困难是，我们需要去估计污染控制和其他政策的价值。如果受影响的只是市场产品和服务的话，那么相应的测量就会比较简单明了。例如，如果气候变暖导致小麦减产，我们可以通过观察小麦的净产值变动来测量。同样，如果新建一条马路需要拆掉某些人的房子，则我们可以计算这些住所替代品的市场价值。

然而不幸地是，对于许多类型的环境危害，我们很难对其损失进行价值估计。举例来说，环保人士最近呼吁政府出台一项停止在太平洋西北部伐木的禁令，以保护斑点猫头鹰的栖息地。这意味着将会牺牲掉数以千计的伐木工人的就业机会，并且木材的价格会因此提高。但在另一方面，考虑到斑点猫头鹰的逐渐消失，我们又如何计量斑点猫头鹰持续生存下去的价值呢？再举个例子，在阿拉斯加的威廉王子海峡，埃克森公司的瓦尔代兹号油轮的泄漏污染了海滩，危害了野生动植物。那么海獭的生命究竟值多少钱？

经济学家们已经找出了许多种方法来估算那些无法直接用市场价格来表示的某种行为及其影响（比如上述猫头鹰和海獭的例子）的价值。最可靠的方法是首先检查环境污染对不同活动的影响，然后再计算这些活动变化的市场价值。例如，在估计二氧化硫排放量的影响时，环境经济学家首先估计高排放量对健康的影响，然后根据调查或根据人们实际行为来估计健康状况的变化，最后确定这些变化的价值。

估计涉及生态系统和不同物种生存的价值往往是最困难的情况。为了保证斑点猫头鹰幸存下来，社会应该支付多少价值呢？大多数人从未见过斑点猫头鹰，就像从未见过引吭高歌的仙鹤或威廉王子海峡一样。尽管如此，他们还是愿意对这些自然资源的价值进行估量。有些环境经济学家用或发价值的概念来表示人们愿为假定的情形（例如保护某些自然资源不受伤害）所支付的价格。这种方法能得到需要的答案，但这些答案并不总是可靠的。

> 几乎没有人会怀疑健康和洁净的环境会有很高的价值这一命题，但计量环境的真实价值，尤其是非市场部分的价值确实是一个难题。

污染的图形分析

我们可以通过图 14-3 来说明这些观点。具有正斜率的 *MC* 是控污的边际成本曲线，具有负斜率的曲线是减少污染的边际收益曲线。上面的 *MSB* 线是减少污染的社会边际收益曲线，下面的 *MPB* 线是减少污染的私人边际收益曲线。

污染的图形分析提示

在分析污染时将控污或净化视为“益品”是很有用的。在图上，我们在纵轴上衡量边际成本和收益，在横轴上衡量控污或污染清除量。这里的技巧在于记住控污是一种“益品”，因此它在横轴上是正值。同样，你也可以用距原点很远的 400 单位作为新的原点，而将污染作为一种（害品）并用负值去计量。可见，零控污量就是 400 单位的污染，而控污 400 单位则意味着污染为零。

没有管制的市场均衡点为 *I*，在 *I* 点私人边际成本和收益相等。在这一点，只有 50 吨污染被控制，每吨的私人边际成本和边际收益是 10 美元。但是，没有管制的市场是缺乏效率的。通过一个实验将控污量提高 10 吨，我们将看到 *I* 点是缺乏效率的：边际收益和成本如 *I* 点右侧的条状部分表示；对于增加的净化量，边际收益是 *MSB*

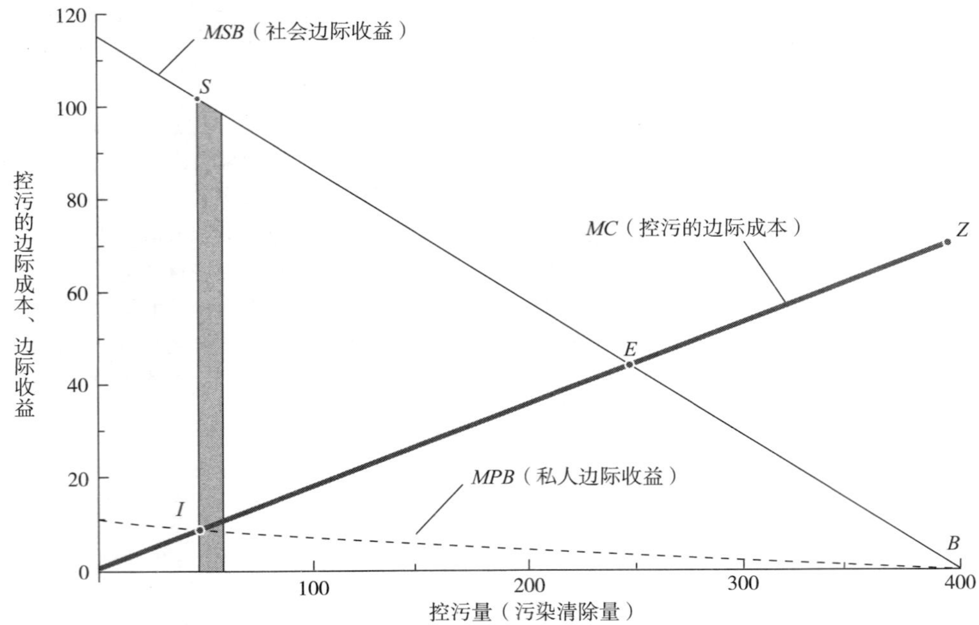

图 14–3 外部性导致无效率

当社会边际收益（*MSB*）与私人边际收益（*MPB*）两曲线分叉时，市场的非管制均衡点在 *I*，*I* 点的控污量，或者说污染清除量非常小。有效的控污量应该在 *E* 点，在该点的 *MSB* 等于 *MC*。

曲线下的整个条状区域，而边际成本是 *MC* 曲线下的区域；净收益是两条曲线之间的条形阴影部分。

在 *E* 点则实现了有效率的污染水平，在该点，控污的社会边际收益等于边际成本，且 *MSB* 和 *MC* 均为每吨 40 美元。同时，因为 *MSB* 和 *MC* 相等，增加微量的控污量在两条曲线之间并无差异，因此对额外的污染控制来说没有净收益。相对于无管制的情形，我们还可以把从阴影部分到 *E* 点的所有代表净收益的小条块加总，计算有效解决方式下的净收益。这一计算表明，区域 *ISE* 代表了有效控污后增加的收益。

矫正外部性问题的政策

对付由外部性造成的无效率的武器是什么呢？最常见的方法是政府的反污染计划，即通过直接控制或经济激励来引导厂商矫正外部性。更细致的办法是明确并加强产权管理，以促成私人部门之间通过协商达成更加有效的解决办法。本部分我们将讨论这些办法。

政府计划

直接控制 几乎所有的污染和其他影响健康与安全的外部效应，政府均依靠直接的管制加以控制；这通常被称为社会管制。例如，1970 年的《空气洁净法》将三种主要污染物的规定排放量降低了 90%。1977 年，要求新的厂家必须减少 90% 的硫化物排放量。根据过去几十年公布的一系列管制条例，厂商们必须逐步停止使用破坏臭氧层的化学物质。这就是管制的作用。

政府怎样实施污染管制呢？我们继续讨论黑亮电厂的例子。国家的环境保护局可能会要求黑亮电厂将净化量提高到 250 吨。在命令—控制型管制下，管制者只需给出所要求的控污技术和施工场地的详细规定，命令厂商执行即可，该厂商或所有厂商几乎没有什么想点新招或者讨价还价的余地。如果标准被合理地确定下来（一个很重要的“如果”），结果就可能达到本节前面所谈的有效率的污染水平。

理论上管制者可以选择控污法令保证经济效率，但在现实中这一点却不大可能。事实上，许多污染管制苦于越来越多的政府失灵。例如，污染管制经常在未对边际成本和边际收益进行比较之前就拍板定夺了，而没有这种比较就根本无法确定有效率的控污水平。

此外，标准天生就是一种笨拙的东西。有效率的控污水平要求各种污染源的控污边际成本都相等。命令—控制型管制通常不考虑厂商、区域和产业之间存在的差别。因此，管制对大企业和小企业、城市和农村、高污染和低污染的产业都是"一刀切"的。即便 A 厂商一吨净化量的成本仅为 B 厂商的一小部分，但两个厂都被要求达到同样的标准。结果低成本的厂商得不到任何激励将污染降至污染标准以下，即使这样做会更经济。进一步的研究还表明，由于使用命令—控制管制法，实现环保目标产生了不必要的成本。

市场办法：排放费　为避免直接控制存在的缺陷，许多经济学家建议环境政策应更多依靠市场机制。方法之一就是收取排放费，即要求厂商为它们的污染支付等于其外部危害的税款。如果黑亮电厂对该社区造成的外部边际成本是每吨 35 美元，那么合适的排放费就应为每吨 35 美元。这实际上是为了让厂商支付其行为的社会成本，而将外部效应的影响内部化。黑亮电厂计算它的私人成本后会发现，在图 14-3 的 *E* 点，再增加 1 吨污染会花费它 5 美元的内部成本和 35 美元的排放费，边际污染成本总共是每吨 40 美元。通过比较新的私人边际收益（私人收益加排放费）和边际控污成本，厂商将会把它的污染水平控制到效率水平。如果排放费是通过精确计算的（又一个很重要的"如果"），那么，追求最大利润的厂商就会被一只修正过的"看不见的手"引导至有效率的水平，在该点污染的社会边际成本和社会边际收益是相等的。

另一种分析方法如图 14-4 所示，它与图 14-3 相似。运用直接控制法，政府命令厂商减少 250 吨污染物（或排放不超过 150 吨）。这将使排放标准落在粗的垂直线上。如果该标准设置正确，厂商就将会接受控污的社会效率水平。因此，由于有效率的管制，厂商将会选择 *E* 点，该点的社会边际收益 *MSB* 等于边际成本 *MC*。

我们也可以通过图 14-4 看到排放费是怎样起作用的。假定政府要对厂商每吨污染物收取 35 美元的排放费。加上排污费，控污的私人边际收益将会从每吨 5 美元上升到 40 美元。在图 14-4 中总的私人边际收益表示为加总的边际收益曲线。面临这种新的激励，厂商当然会选择图 14-4 中的有效率点 *E*。

市场办法：可交易的排放许可证　发放排放许可证是无需政府征税的一种新办法。采用这种办法，政府确定污染水平并将排放额度适当地在厂商中间分配，而不再是告诉厂商必须为每吨污染物缴纳多少税款，然后允许厂商自己选择污染水平。许可证的价格由许可证市场的供给和需求来决定，数额上相当于排放费。假设厂商知道它们的生产和控污成本，交易许可证将产生与排放费一样的结果。

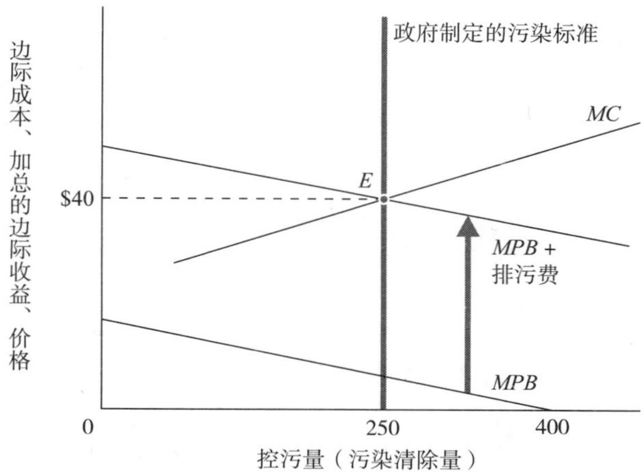

图 14-4　污染标准和排放费

当政府当污染限制在 150 吨或要求净化 250 吨时，这一标准将导致 *E* 点的有效率的控污。

同样的结果可以通过向污染收取每吨 35 美元污染费达到：在净化 250 吨时，5 美元的私人边际收益加上 35 美元的排放费等于总的边际收益 40 美元。因此，在有效率的 *E* 点，加总的边际收益曲线（*MPB* + 排放费）等于边际成本。

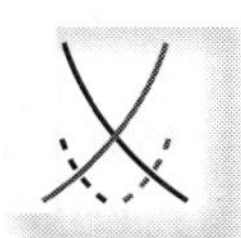

经济创新：污染许可证交易

大多数环境管制利用命令—控制的办法限制个体（如能源制造厂或汽车厂）排放污染物。但这种方法并不适合于所有的污染物排放。更重要的是，它实际上使得所有的计划都会产生无效率，因为它不满足所有排放都有相同的边际成本这个条件。

1990 年，美国政府在它的环境控制计划中，宣布了一种用以控制二氧化硫这一最有害的环境污染物的全新方法。在 1990 年《空气洁净法》修正案中，政府发行了一定数量的污染物排放许可证。从 1990 年起，全国允许的总排放量已经逐年减少。这一计划的创新之处就在于许可证可以自由交易。电力产业得到污染许可证，并被允许它像猪肉或小麦一样进行买卖。那些能以较低成本降低硫化物排放的厂商会这样做——卖出它们的许可证；另外一些需要为新工厂争取更多额度许可证的，或没有减少排放余地的厂商会发现，比起安装昂贵的控污设备或是倒闭来说，购买许可证或许更经济一些。

环境经济学家相信，激励的增强有助于实现雄心勃勃的目标，而且其成本比传统的命令—控制型管制要低。缅因州科尔比学院的经济学家汤姆·泰坦伯格（Tom Tietenberg）的研究表明：传统方法的成本要比有成本效益的管制（如买卖排污许可证）高出 2~10 倍。

排污许可证市场的运行产生了令人惊奇的结果。最初，政府预计在开始几年许可证的价格应在每吨二氧化硫 300 美元左右，但实际上，市场价格下降到每吨 100 美元以下。成功的原因之一是这一计划给了厂商足够的创新激励，厂商发现使用低硫煤比早先预想的要容易，而且更便宜。对于那些主张环境政策应以市场手段为基础的经济学家们来说，这个重要的实验可以提供一个强有力的论据。

私人方式

人们通常认为某种形式的政府干预在克服污染和其他外部性导致的市场失灵问题时是必不可少的。实际上，在有些情况下，明确清晰的产权可以取代政府管制或税收，从而解决外部性问题。

私人部门克服外部性的一种方法是依靠责任规则，而不是直接的政府管制。在这种方法下，外部性问题的制造者有法律责任向受害人进行赔偿。事实上，建立一个恰当的责任系统，外部性就被内部化了。

在某些领域，这类规则已经确立和颁布。例如，在大多数州，如果你被一个冒失的司机撞伤，你可以依法索赔。或者，你因不合格的产品而受伤或生病，公司都将负担产品责任。

责任规则从理论上讲，是将生产非市场化的成本进行内部化的一个很好的方法，但是在现实中，责任规则的应用却十分有限。它通常需要高昂的诉讼成本，这增加了原有的外部性成本。而且，由于产权并不完全（例如，涉及清新的空气时），或者外部性牵涉到大量的企业（例如，将化学物质倒入溪流中），许多受害方很难或根本无法起诉。

私人部门所采用的第二种方法依赖于明晰的产权和不同利益集团的谈判。这种方法是由芝加哥大学的罗纳德·科斯（Ronald Coase）发现的，他指出：有关当事人自愿协商常常可以得到一种有效率的结果。

例如，假设我是一个农民，我用的化肥流到了下游，毒死了你鱼塘的鱼。并且进一步假设你无法起诉我毒死了你的鱼。如果你的养鱼业足够赚钱的话，即使你无法起诉我，你也会努力地促使我减少化肥的用量。换句话说，如果将我们两家的业务重组并能产生净利润的话，则我们两人都会有足够的动力坐到一起，就有效率的化肥流出水平达成一致的意见。而且，即使没有任何政府的控污计划，这种动力都会存在。

> 只要产权清晰，交易成本很低，尤其是当只有很少的利益相关方时，健全的责任规则或谈判有时也能保证在存在外部性的情况下产生有效率的结果。

气候变化：减缓抑或不减缓

在所有的环境问题中，没有什么比温室效应所引起的全球变暖的威胁更让科学家们感到焦虑了。气象学家和其他科学家警告说，由于燃烧矿物燃料所产生的大量诸如二氧化碳一类气体的累积，在下一个世纪将会引发全球气温变暖以及其他重大的气候变化。通过气象模型，科学家指出，如果目前的趋势持续下去，到下一个世纪，全球气温将会升高 4~8 华氏度。这将是人类文明史上从未有过的高温。

温室效应是很早就存在的公共品问题；今天的行为将影响下几个世纪全球人类的生存气候。近期，我们开始面临着控制二氧化碳排放的成本：许多国家已经开始节能和使用替代能源（太阳能或核能）来减少矿物燃料的使用，此外还有植树造林和其他一些方法。这些都意味着在短期内，我们不得不选用较高成本的能源、保持较低生活标准和较低消费水平。我们降低排放量的效益在未来很多年后势必得以实现。到那时，较低的排放水平会减轻未来的气候灾害——对农业、海滩和生态系统的破坏力会减弱。

经济学家研究气候变化的经济影响，为的是寻找可供政府采用的对策。经济研究表明，发达国家，如美国的市场经济可能在未来的数十年内相对不受气候变化的影响；而农业、森林、渔场以及像珊瑚礁一样难以管理的生态系统，很可能是受影响的主要对象。

制定控制气候变化的有效战略需要测定减少 CO_2 排放量的边际成本和边际收益。图 14-5 的 *MC* 曲线显示了减少污染的边际成本，*MSB* 表示社会边际收益。纵轴衡量的是成本和收益，单位是美元，横轴则衡量 CO_2 排放的减少量。图中的点 *E* 代表有效率的点，在该点，减缓气候变化的社会边际收益等于减少排放的边际成本。这一点使减少排放的净收益最大化。相反，纯粹的市场解决方案会使得排放减少量在原点，此时 *MSB* 远远高于取值为零的 *MC*。而极端的环境主义者的解决方式，即试图使排放量减少到 0，则会在图右侧的边缘部分，此时 *MC* 远远超过 *MSB*。

如何才能达到代表有效率的 CO_2 排放减少水平点 *E* 呢？既然 CO_2 来源于含碳燃料的燃烧，于是就有人提出对含碳燃料征收“碳税”。含碳较多的燃料（如煤）要比含碳少的燃料（如天然气）负担更重的税。经济学家已经发明了有效估计碳税的一些模型——这些模型能够使高税率带来的经济成本与降低全球变暖引起的损害所获得的收益相平衡。它们能在政策制定者们制定制止全球变暖的政策时起到指导作用。

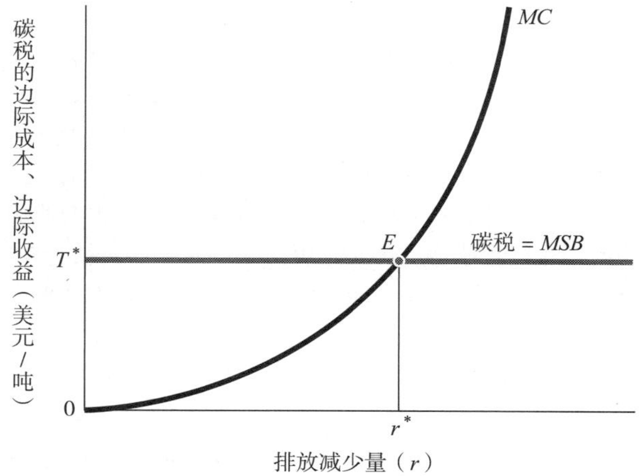

图 14-5　碳税能减缓气候变坏

有效减缓气候变化危害，要求征收 T^* 水平的“碳税”，或者限制二氧化碳的排放水平为 r^*，以使减少排放的边际成本等于减少气候变化危害所获得的收益。

全球公共品与《京都议定书》

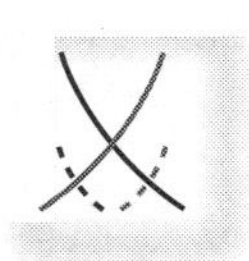

在本章前面我们讨论了全球公共品。国家间应对全球公共品的方法是签订条约式的国际协议。这些协议的目的是，在污染博弈中从无效率的不合作转向有效率的合作。但是达成有效率的协议往往很困难，缓和全球变暖的努力就是一个很好的例子。尽管科学家提出气候变化的警告已经有 30 多年，但一直到 1992 年才有了第一个主要的关于气候变化的国际性协议：《气候变化协议备忘录》（FCCC）。FCCC 包含了这样一些非约束性的条款：高收入国家承诺限制 CO_2 等温室气体的排放。

当自愿措施失效时，一些国家在 1997 年又对关于气候变化这一主题进行了谈判并签订了《京都议定书》。在这一协定中，高收入国家和前社会主义国家都做出了有约束力的承诺，即在 2010 年以前将温室气体的总排放量减少 5%（与 1990 年相比），且每一国家都有一个具体的目标。以美国二氧化硫交易制度的经济学理论和经验为基础（上面讨论过），《京都议定书》还包括了允许国家间买卖排放权的条款。而当布什政府在 2001 年宣布美国退出《京都议定书》时，该协议便开始变得扑朔迷离起来。

经济学家们已经对关于全球变暖等问题的解决方法进行了详细的讨论。一个分析结论认为问题的关键在于能否确保市场当事人承担他们行为的全部成本。当前，环境变化的外部性在大多数国家还没有“内部化”，因为 CO_2 的排放价格为 0。在没有合适的价格信号情况下，让数以万计的厂商和消费者作出减少含碳燃料使用的决定是不现实的。经济学家的讨论还指出，在经济全球化潮流中，世界各国参与，而不仅仅是高收入国家参与这一点，对减缓气候变暖是至关重要的。若将像中国和印度这样能源密集型的发展中国家的排放列在减排约定之外，则达成全球排放目标的成本势必大大增加，当然这是就相对于一个符合成本效益原则的全球协议而言。

《京都议定书》第一回合已在 2008 年实施，但它的有效期只到 2012 年。许多关心全球未来的人正在观望奥巴马新一届政府是否会加入到这方面的努力之中；此外还有长期解决方案是否能被设计出来，并能加以实施和生效等问题。

“争吵和污染”，还是“推理和计算”

我们已经看到许多环境主义者正在询问一些令人沮

丧的关于人类未来的问题。考查过这个领域之后，我们能得出什么样的结论呢？就个人来说，他们很容易对人类理解和处理全球环境威胁的能力产生乐观或悲观的看法。另一方面，很显然，我们正在驶向一个未知的海域；在耗尽许多资源的同时，我们正以一种无法逆转的方式改变着其他资源；我们正以一种不甚了了的方式与我们的世界进行着赌博。正如有历史记载的早期人类一样，今天的人们也喜好争论，他们制造了极其有效的武器来对争论者进行反击。与此同时，我们的观察和分析能力也是重要的、更令人生畏的武器。

一方面是我们不断的争论与污染的行为，另一方面则是我们推理与计算的能力，在这二者的竞赛中，哪一方将会占上风呢？是否有足够的资源能让今天的穷人也享受到高收入国家那样的消费水平呢？或者说富人会向他们提供向上爬的阶梯吗？这些深奥的问题，我们迄今还没有得到最后的答案。但是许多经济学家相信，答案的核心在于利用市场机制，努力减少污染以及其他影响经济增长的环境因素。明智的决策，加上适当的动力，一定能保证人类不仅可以继续生存，而且还会迎来长远的发展和繁荣。

总结提要

A. 自然资源经济学

1. 当自然资源不能很快再生，从而其供给量基本固定时，它就属于不可再生资源。而可再生资源是指它的供给能有规律地补充，并且只要恰当管理就能产生无限的效用。
2. 当自然资源的效用的收益可以被厂商或消费者完全获得时，它就是可以分拨的。例如葡萄园和油田。而当其成本或收益不能由所有者完全地承担或获得时，自然资源就是不可分拨的。换句话说，它们产生了外部性。
3. 像土地这样的固定要素的收益被称做纯经济租金，或简称租金。由于土地的供给曲线是垂直的且完全无弹性，所以租金是价格给定型的，而不是价格决定型的。
4. 像土地这种供给无弹性的要素，即使在其要素回报减少的时候也会继续提供相同的数量。正是因为这个原因，亨利·乔治曾经指出，租金的本质是剩余，而不是用以引导要素努力作用的必需的报酬。这为他提出的对土地的自然增加值征收单一税的建议提供了依据。这种税收增加税收收入的同时，不会转嫁给消费者，也不会扭曲生产。现代税收理论进一步拓展了这一见解，认为对供给或需求弹性比较小的物品征税，可以实现效率损失的最小化，其原因在于这些税收对经济行为的扭曲较少。

B. 环境经济学

5. 环境问题是由生产或消费的外部性引起的。外部性是一种向他人施加不被感知的成本或效益的行为，因而其影响无法完全体现在它的市场价格上。
6. 外部性最极端的情况是公共品，如国防。对于公共品，一个群体中所有的消费者都享有同样的消费，而且不能被排除在该群体之外。公共健康、发明、公园和堤坝都具有公共品的特征。它们和私人品(如面包)不同，私人品可以被分割并提供给单独的个人。
7. 未受管制的市场经济将会产生过多的污染和过少的控污行为。未受管制的厂商通过比较私人边际收益和私人边际成本来决定控污和其他公共品的数量。但是，效率则要求社会边际收益等于社会边际成本。
8. 经济学家强调有效管理外部性需要合理地对自然资源和环境资源进行定价。这包括确保市场参与者承担他们行为的全部成本。
9. 政府可以使用多种方式将外部性问题所引发的无效率进行内部化或加以修正。解决的办法包括分权或私人方式（如谈判或责任规则）和政府强制（如污染排放标准或排放税）。经验表明没有一种方法能够包治百病，但许多经济学家相信：更多地使用市场手段能提高管制系统的效率。
10. 全球公共品是非常棘手的问题，因为无法简单地通过市场或国家政府来解决。当诸如全球变暖之类的问题威胁到生态系统和我们的生活水平的时候，各国必须通过合作设计出新的工具以敦促国际协议的达成。

概 念 复 习

土地和自然资源
可再生资源和不可再生资源
可分拨资源和不可分拨资源
租金、纯经济租金
土地的无弹性供给
固定要素的税收

环境经济学
外部性和公共品
私人品和公共品
外部性引起的无效率
内部成本和外部成本，社会收益和私人收益

矫正外部性：标准，税收，责任，交易
可交易的排放许可证
全球公共品

补充读物和互联网站

补充读物

Environmental economics is a rapidly growing field. You can explore advanced topics in a textbook such as Thomas H. Tietenberg, *Environmental Economics and Policy,* 7th ed. (Addison-Wesley, New York, 2006). An excellent book of readings is Robert Stavins, ed., *Economics of the Environment: Selected Readings*, 5th ed. (Norton, New York, 2005).

The quote from Wilson is from Edward O. Wilson, "Is Humanity Suicidal?" *New York Times Magazine,* May 30, 1993, p. 27. The quotation from Julian Simon is from *Scarcity or Abundance? A Debate on the Environment* (Norton, New York, 1994), available at *www.juliansimon.com/writings/Norton/NORTON01.txt*. The quotation from Ehrlich and Ehrlich is from *The New York Review of Books,* February 14, 2008.

互联网站

One of the best websites on resources and the environment is maintained by the nonprofit organization Resources for the Future at *www.rff.org*. You can consult this site for information on a wide range of issues.

Energy data are available at the Energy Information Agency's comprehensive site at *www.eia.doe.gov*.

You can learn more about environmental policy at the U.S. Environmental Protection Agency's website at *www.epa.gov*. International environmental policy is found at the United Nations Environmental Program's site at *www.unep.org*. Information on the Kyoto Protocol and other programs to address climate change can be found at *www.ipcc.ch* and *www.unfccc.de*.

问 题 讨 论

1. 可再生资源和不可再生资源的区别是什么？举例说明。
2. 什么是不可分拨的自然资源？举个例子，解释为什么对这种资源进行市场分配是无效率的。为了提高市场产出，你更愿意采取哪种方式？
3. 定义“纯经济租金”。
   a. 说明能取得租金收入的要素的供给增加，会减少其租金，并降低使用该要素生产的商品的价格。
   b. 用租金理论解释下面的论点：“玉米的价格高并不是因为玉米地的价格高。反过来却更接近事实：玉米地的价格高是因为玉米的价格高。”请用图示说明。
   c. 考虑 b 引用的论点，为什么对于作为一个整体的市场来说它是正确的，但对于单个农场主却并不正确，请解释这里的合成谬误。
4. 假设超级棒球选手的供给相对于他们的工资而言是完全没有弹性的。
   a. 试解释就比赛的次数而言，完全无弹性意味着什么？
   b. 进一步假设由于电视的出现，对职业棒球选手的需求增加了。那么他们的工资会发生什么变化？在其他条件不变的情况下，他们的击球率有什么变化？这种理论分析结果与历史趋势相符吗？

5. 解释为什么对土地征税是有效率的？试比较对土地征税和对土地上的房屋征税这两种情况。
6. “本地公共品”是指主要使本城或本州的居民受益的物品。例如，海滩和只向本镇居民开放的学校。是否有理由认为，城镇应采取竞争手段为它们的居民提供恰当数量的本地公共品呢？如果是，是否意味着在“财政联邦制”的理论中本地公共品就应当由本地提供呢？
7. 判断下列外部性问题哪些情形已经严重到必须采取“集体行动”的程度。如果是，则本章介绍的4种对策中，哪一种最有效？
   a. 钢铁厂将含硫的氧化物排到伯明翰的空气中；
   b. 在餐馆吸烟；
   c. 学生在没有室友的宿舍里吸烟；
   d. 酒后驾车；
   e. 21岁以下的人酒后驾车。
8. 把你的同学聚在一起对下列现象作一个或发价值分析：禁止对美国野生生物地区进行开采；保护斑点猫头鹰在1万年内不灭绝；保证在今后的1万年内至少有100万只斑点猫头鹰；把每年的汽车事故死亡率从1/1 000降到1/2 000。你认为这种方法在收集人们偏好信息的可信度如何？
9. 唐·富勒顿和罗勃特·斯塔文斯认为以下观点是经济学家在看待环境问题时的常见误区（见第1章补充读物中斯塔文斯的著述）。就每一观点解释它为什么是误区，而正确的观点又应该是什么？
   a. 经济学家认为市场能够解决所有的环境问题。
   b. 经济学家总是建议用市场的办法来解决环境问题。
   c. 经济学家总是用市场价格来评估环境问题。
   d. 经济学家只强调效率而从不关心收入分配的问题。
10. 有难度的问题：全球公共品带来了特殊的问题，因为没有一个单一的国家能够获得它控制污染的全部收益。为说明这一点，让我们重画图14-5，标上“美国排放减少量”。将所有的曲线都标上“US”，以表示这是美国的成本和收益。然后，画一条新的MSB曲线，它比MSB_{US}高3倍，说明世界的收益是美国收益的3倍。考虑点E的“国内”均衡，此时美国的净收益最大化。你能否说明为什么对世界来说，这一点是缺乏效率的吗？（提示：请参阅图14-3的分析。）

    用博弈论来看这一问题。如果每一个国家都采取你刚才分析的国内均衡政策，就会出现纳什均衡。说明为什么这与第10章所描述的污染博弈所形成的纳什均衡相似。只不过这里的博弈，参与者是国家而不是厂商。现在考虑合作博弈，即国家聚在一起寻找有效的均衡。说明全球MC和MSB曲线的有效均衡。你要说明，为什么这一有效均衡的实现需要向每一个国家征收统一的碳税呢？

资本、利息和利润

第 15 章

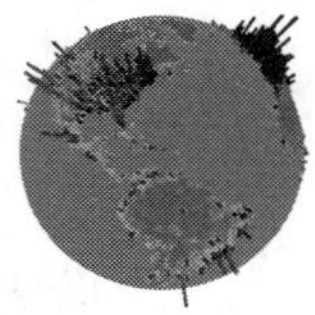

你的蛋糕完全可以既保留下来而又不影响食用：将它出借并收取利息即可。

——佚名

美国是“资本主义”私有制经济，这样说的意思是这个国家的资本和其他资产主要都归私人所有。到 2008 年，美国的人均净资本的存量超过了 15 万美元。其中 67% 由私人公司拥有，14% 由私人拥有，19% 属于政府。此外，美国财富的所有权主要集中在那些最富有的美国人手中。在资本主义制度下，个人和私人企业拥有大部分的储蓄，拥有大部分的财富，获取这些投资的大部分利润。

本章主要研究资本。我们首先讨论资本理论的基本概念，包括“迂回性”概念和投资收益率的各种测算方法。然后我们将转向资本供求这个重要问题。这将会加深我们对于自由市场经济的某些重要特征的了解。

A. 利息和资本的基本概念

什么是资本

首先，我们对本章将要讨论的资本和金融的重要概念做一个简约的界定。**资本**（capital）包括那些生产出来的耐用品，它们在进一步的生产中被作为生产性投入。有些资本能连续使用几年，有些则可能持续使用一个世纪或更长。但资本的基本特征是：它既是一种投入又是一种产出。

在早期，资本主要包括有形资产。三种重要的有形资本是：建筑（如工厂和住宅）、设备（耐用消费品，如汽车；耐用生产设备，如机床和卡车）以及投入和产出的存货（如经销商的汽车存货）。

现今，无形资本已经越来越重要。例如软件（如计算机操作系统）、专利（如微处理器）和品牌（如可口可乐）等。斯坦福大学的罗伯特·霍尔称其为“e 资本”，以区分传统的有形资本和越来越重要的知识资本。

投资的价格和租费

资本在资本市场上交易。例如，波音公司将飞机卖给航空公司，航空公司再用这些特殊的资本品，加上软件、熟练劳动、土地和其他投入品，进行“航空旅行”这个服务品的生产和销售。

大多数资本归使用它们的企业所有，但有些资本是由其所有者租借出去的。为暂时使用资本品进行的支付叫做租费。房东可能将一套公寓租给一个学生使用一年——每月 800 美元的支付就构成了一项租费收入。我们要将固定要素（如土地）的租金（rent）收入与耐用要素（如资本）的租费（rentals）区别开来。

资本和金融资产

个人和公司都拥有各种不同种类的资产。一种就是我们上面讨论的生产性投入资本，如用来生产其他产品和服务的计算机、汽车和厂房等。但是我们必须把这些有形资产和金融资产区分开来，后者本质上就是一些纸张或电子记录。更准确地说，金融资产是一方对另一方的货币要求权。例如，房屋抵押贷款就是银行对房屋所有者按月支付本金和利息的要求权，这些支付的钱款将用来偿还为买房所借的原始贷款。

通常，在抵押贷款的情况下，有形资产将作为一项金融资产的根据（或作为抵押品）。而在其他情况下，如学生贷款，金融资产的价值则可以来自于以个人未来收入能力为基础的还款承诺。

人们都很清楚，有形资产是经济的重要组成部分，因为它们可以提高其他要素的生产率。而金融资产的作用又是什么呢？它们的重要性产生于储蓄者和投资者之间的不匹配。学生们需要钱来上大学，但他们现在没有收入或存款来支付这笔费用。而那些正在工作并为退休存钱的成年人，会有一些超过消费需要的收入可以提供给学生。金融体系机构众多，有银行、共同基金、保险公司和养老基金等，通常还有政府贷款和政府担保作为补充。通过它们可以把储蓄者的资金引向投资者。如果没有这种金融系统，企业就不能进行开发新产品所必需的大规模投资；人们不存够全部房款，就不能买到房子；学生如果事先不存够必需的大笔学费，就不能上大学。

投资收益率

假设你拥有一些资本并将它投放了出去，或者，你拥有若干现金并将它借给了一家银行或者一家小企业。或者你可能想通过抵押贷款去购买一座房子。你一定很自然地想知道借款的成本或贷款的报酬。这个付出去或收进来的数量，称为**投资收益率**（rate of return on investments）。在按固定利息计算金融资产的收益的情况下，这些收益称为**利率**（interest rate）。从经济学角度看，利率或投资收益是借款或贷款的价格。由于期限、风险、税收情况和其他投资属性的不同，投资的收益也往往大不相同。

本章我们将用较多的篇幅来阐释和理解这些概念。以下是一个提要：

1. 资本包括生产出来的耐用品，它们在其他产品的生产中被作为生产性投入。资本包括有形资产和无形资产。
2. 资本在资本市场上交易。为暂时使用资本品所做的支付叫做租费。
3. 我们必须能区分金融资产，它本质上就是一些纸张，其价值源于对其他有形或无形资产的所有权。
4. 投资收益率和特殊情况下的利率是借款和贷款的价格。我们通常以百分比/年为单位计算资金的收益率。

收益率和利率

现在我们更加详细地考察资本和金融理论的主要概念。我们先给投资收益率下个定义，它是最一般的概念。然后我们将该定义应用于金融资产。

资本的收益率

任何经济体最重要的任务之一，就是将其资本在各种可能的投资之间进行分配。一国应将其资本投入到像钢铁这样的重型制造业，还是投入到像互联网这样的信息技术产业？英特尔应该建造一个价值40亿美元的工厂来生产下一代的微处理器吗？这些问题都涉及到昂贵的投资——今天付出货币以取得未来的收益。

为了作出最佳投资决策，我们需要一种衡量资本报酬的标准。一个重要的指标是**投资收益率**（rate of return on investment），即每1美元资本投入在1年中能够获取的净收益。

我们以某汽车出租公司为例。丑小鸭出租公司以20 000美元的价格购买了一辆二手汽车，并将其租出去。减去所有费用（收入减去工资、办公用品和能源消耗等费用）并忽略汽车价格变化，丑小鸭公司每年的净租费收入为2 400美元。其年收益率为12%（2 400美元 ÷ 20 000美元）。请注意，收益率是单位时间的一个纯粹的或无单位的数字，也就是说它的计算方法是：（每一时期的美元）/（美元），通常按每年的百分比计算。

上述概念对比较各种投资非常有用。假设你正在考虑各种不同的投资机会：出租汽车、油井、公寓、教育等等。那么你怎么决定进行哪些投资呢？

一个有效的方法就是比较各种投资的收益率。对每一种投资，你先要计算该资本品的成本，然后估算该资产能够带来的年净收益或这项资产的租费收入。年净租费收入与成本的比率就是投资收益率。它告诉你投资的每 1 美元给你带来的收益，这是根据每 1 美元投资每年能得到的美元数或百分比来衡量的。

> 投资收益率是每 1 美元投资的年净收益（租费收入减去费用）。它是一个纯粹的或无单位的数字——年百分比。

关于酒、树和钻井设备　这是几个投资收益率的例子。

- 我以 100 000 美元买了一块地，一年之后以 110 000 美元卖出。如果没有其他费用，这次投资的收益率就是 10 000 美元 /100 000 美元，或年收益率为 10%。
- 我以 100 美元的劳动成本种了 1 棵松树，25 年后，长成的树以 430 美元出售，这项资本投资 25 年的收益率为 330%，这相当于年收益率为 6%；即总收益等于 100 美元 ×（1.06）^{25} = 430 美元。
- 我购买了一套价值 20 000 美元的石油钻井设备，10 年中它每年的租费收入为 30 000 美元。但每年我的燃料、保险和维修支出的费用为 26 000 美元。4 000 美元的净收益用于支付利息和对 20 000 美元原始支付分期 10 年的偿还。钻井设备的收益率是多少？从统计数据表上看：年收益率是 15%。

金融资产和利率

对于金融资产，我们使用一系列不同的术语来衡量收益率。当你购买一份债券或者将钱存入储蓄账户时，这项投资的金融收益称为利率。例如，如果你在 2008 年购买了一份 1 年期债券，那么你每年将会得到大约 3% 的收益。这意味着，如果你在 2008 年 1 月购买 1 000 美元债券，那么在 2009 年 1 月你的债券将价值 1 030 美元。

通常你可以看到，利率是以每年 x% 表示，这是一笔资金借入（或贷出）一整年能够得到的利息；对于更短或更长的时期，利息支付会相应地按比例调整。

资产的现值

大多数资产能在一定时期内产生一种租费流或收入流。例如，如果你拥有一幢公寓楼，你会在其使用年限内收取租费，就像果园的主人每年都会从树上采摘果实一样。

假设你对拥有并管理一幢楼感到厌倦，并已经决定出售它。为了给楼确定一个合理的价格，你需要决定该楼的全部的未来收入流的现在价值。这些收入流的价值称为该项资本资产的现值。

> **现值**（present value）是未来收入流的现在的货币价值。它是这样计算的：在当前的利率下，计算出现在需要投资多少货币才能产生该项资产的未来的收入流。

让我们从一个非常简单的例子开始。假设有人要卖给你一瓶酒，酒味要在一年后才能变得纯正，那时你可以按 11 美元的价格出售。假定市场利率是每年 10%，这瓶酒的现值是多少呢？即现在你必须为这瓶酒付多少钱？你要付 10 美元，因为在今天市场利率为 10% 的情况下，投资 10 美元在一年后价值将为 11 美元。所以，下一年 11 美元的酒在今天的价值是 10 美元。

永久性资产的现值

我们通过考查永久性资产的情况，给出现值的第一种计算方法。永久性资产是一种像土地一样的资产，可以一直存在下去，每年支付 N 美元，直到永远。我们现在要找出现值 V，如果年利率是 i，那么现值就是每年收益恰为 N 美元的现在的投资的货币量。计算公式很简单：

$$V = \frac{\$N}{i}$$

其中：V = 土地的现值（美元）

N = 永久性资产的年收入（美元 / 年）

i = 以小数表示的利率（比如，每年 0.05 或 5/100）

这就是说，如果利率永远是每年 5%，一个产生不变收入流的资产将以其年收入的 20（= 1 ÷ 5/100）倍出售。在这种情况下，一个每年带来 100 美元收益的永久性资产的现值是多少？在 5% 的利率下，其现值为 2 000 美元（= 100 美元 ÷ 0.05）。

这个计算永久性资产现值的公式也可以用来对股票进行估值。假定在未来无限期内，泉水公司可以为公司股东每股分配 1 美元的股利，股票的折现率为每年 5%。股票的价格就应该为每股 20 美元，即 P = 1 美元 /0.05 = 20 美元（这些数字已经过通货膨胀调整，所以分子为“实际股利”，分母为“实际利率”或“实际折现率”）。

折现的一般公式

在考查了永久性资产这一简单例子后，我们现在转入更一般的情形，研究未来收入随时间变化的资产的现值。关于现值的一个要点是：未来的支付没有现在的支付值钱，所以相对现在来说它们应当被折现，就像远处的目标看起来比近处的目标要小一样。从时间的角度来看，利率也造成了类似的收缩。

让我们举个有点怪异的例子。[1] 假设有人建议在 100 年后你要支付给你的继承人 1 亿美元，那么你今天要支付多少？根据现值的一般规则，要算出从现在起 t 年之后支付的 P 美元的现值，就得问问你自己，今天必须投资多少美元，在 t 年后才能生成 P 美元。假设利率为每年 6%，据此计算每年的增长量，开始的 V 美元在 t 年后将生成 $V\times(1+0.06)^t$ 美元。于是，我们只需将这个表达式反过来找出现值：从现在起 t 年后支付的 P 美元的现值只有 $P/(1+0.06)^t$ 美元。用这个公式，我们算出 100 年后支付的 1 亿美元的现值是 294 723 美元。

在大多数情况下，资产的收入流量中包括好几项内容。在现值计量中，每 1 美元都要按时间排好，首先，对未来收入流量的每一部分根据支付日期进行必要的贴现，计算出其现值，然后将各个现值加在一起，总额就是该项资产的现值。

现值 V 的准确公式如下：

$$V=\frac{N_1}{1+i}+\frac{N_2}{(1+i)^2}+\cdots+\frac{N_t}{(1+i)^t}+\cdots$$

在这个等式中，i 是单期市场利率（假定为常数），N_1 是第 1 期的净收入（可为正数也可为负数），N_2 是第 2 期的净收入，N_t 是第 t 期的净收入，依此类推。支付流量（N_1，N_2，$\cdots$，N_t，$\cdots$）根据上面给出的公式计算出的现值就是 V。

例如，假设年利率为 10%，我明年将得到 1 100 美元，3 年后将得到 2 662 美元，这个流量的现值就是：

$$V=\frac{1100}{(1.10)^1}+\frac{2\,662}{(1.10)^3}=3\,000$$

[1] 本章后面的习题9就提出现实生活中这样一个问题，如果曼哈顿这块地被荷兰人购买，它的现值是多少？

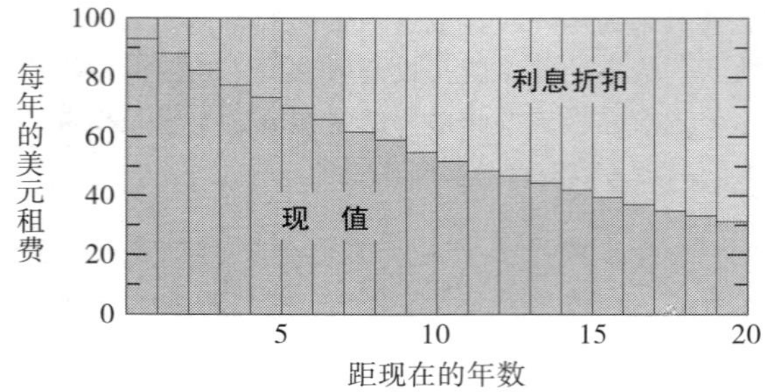

图 15–1 一项资产的现值

图中下面的部分表示的是：在利率为每年 6% 时，一部 20 年中每年支付 100 美元净租费的机器的现值。上面灰色的部分被折扣掉了。解释为什么提高利率会使上面部分面积增大而资产的市场价格减少。

图 15-1 说明了一部机器的现值的计算。这部机器在 20 年内每年净租费固定为 100 美元，最后没有残值，它的现值不是 2 000 美元而是 1 157 美元。注意，由于时间因素，较晚年份的美元的币值是逐级递减或者说是被折现了的。折现后的全部面积（下面部分面积）代表了机器的总现值，即所有的未来收入流量的现时价值。

使现值最大化

折现公式告诉我们，知道某项资产的未来收入之后，如何计算出该资产的现时价值。但是不要忘记，一项资产的未来收入通常取决于经营决策：一辆卡车我们用 8 年还是用 9 年？是一年还是一个月彻底检修一次？是用一辆便宜的不耐用的卡车，还是用一辆价格昂贵的耐用车？

有一条规则可以给所有的投资决策一个正确的答案：计算各种可能的决策所能带来的现值，然后依照使现值最大化的原则进行权衡。用这种方法，你将会有更多的财富，随便你以任何时间任何方式花费。

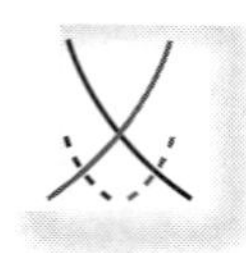

利率和资产价格

当利率上升时，许多资产的价格会下降。例如，如果联邦储备委员会突然采取了紧缩的货币政策，并提高了利率，你一般都会发现债券和股票的价格将会出现下降。我们可以用现值概念来说明其中原由。

我们先前的讨论表明：一项资产的现值取决于未来的收益流和利率。随着利率变化，现值进而资产的市场价值都会变化。举例如下：

- 有一张 1 年期债券，初始年利率为 5%。如果债券从现在开始每年收益 1 000 美元，那么它的现值为：1 000 美元 /1.05=952.38 美元。现在假定年利率上升为 10%。那么债券的现值只有 1 000 美元 /1.1=909.09 美元。资产的价格随着利率上升而下降。
- 考虑永久性资产的情况，它每年收益 100 美元。在年利率为 5% 时，永久性资产的现值为：100 美元 /0.05=2 000 美元。现在，如果年利率上升为 10%，那么现值就会下降到 1 000 美元。

可见，资产的价格与利率呈反向变动，因为资产的现值是随着利率的上升而下降的。而且，长期资产价格的变化大于短期资产价格的变化。这是因为，大多数收益都产生于未来，因此利率变化对长期资产价格的影响更大。

资产价格对利率的依赖性是金融资产的一般属性。股票、债券、不动产和许多其他长期资产的价格，都是随着利率的上升而下降的。

利率的神秘世界

教科书通常只是说“该利率 (*the* interest rate)”，好像利率只有一个似的，但在实际中，现今复杂的金融体系中有着许许多多的利率。如果你翻看《华尔街日报》，你就会发现一页接一页的全都是金融利率。利率主要取决于贷款人或借款人的具体情况。我们不妨讨论一下它们的主要差别。

贷款的期限或到期日不同，即距离它们必须被清偿的时日的时间长度不同。贷款期限最短的只是一个晚上。短期证券的期限一般不超过 1 年。公司经常发行期限为 10 年到 30 年的债券和期限不超过 30 年的抵押贷款。长期证券的利率通常要高于短期证券，因为只有当借款者能够增加收益时才愿意放弃对其资金的快速存取。

贷款的风险也不同。一些贷款几乎没有风险，而其他的一些则极具风险性。当投资者投资于有风险的企业时，他们要求获得风险溢价。世界上最安全的资产就是美国政府债券。这些债券以政府的十足信用和征税能力为保证。风险中等的债券是有信誉的公司、州政府和居住地的借款。风险性投资，面临相当大的违约或无力支付的可能性，它包括那些濒临破产的公司、紧缩税基的城市，或者像阿根廷那样，背负大量外债且政局又不稳定的国家。

美国政府支付的是“无风险”利率，在过去的 20 年中，短期债券的利率从 0 变动到每年 15%。风险较大的证券的利率可能高于无风险利率 1%、2% 甚至 10%。这个溢价所体现的是由于可能存有违约损失而需要向借款者提供补偿的数额。

资产的流动性不同。如果一项资产在其价值只有很小减耗的情况下能够迅速转变为现金，则称该资产具有流动性。大多数有价证券（包括普通股票、公司债券和政府债券）都能够以接近它们当前价值的价格迅速地转变为现金。非流动性资产包括不存在完善市场条件下的独特的资产。例如，如果你在某个小城镇拥有一座别具一格的维多利亚大厦，你会发现很难迅速地或者很难以接近它的实际市场价值的价格将它卖掉。也就是说，你的房子是一项非流动性的资产。由于迅速实现资产价值的风险和困难比较大，非流动性的资产或贷款往往需要比流动性、无风险的资产或贷款支付更高的利率。

了解了资产的上述三大属性（此外还有税收情况、管理成本等其他因素等）之后，看到这么多不同的金融资产和利率我们也就不会觉得奇怪了。图 15-2 和表 15-1 显示的是过去 50 年中美国的一些重要利率的变动情况。在下面的讨论中，请注意当我们说到“利率”时，我们一般都是指的短期的政府债券的利率，如 90 天的国债利率。由图 15-2 可见，其他利率的上升和下降，绝大多数都与短期利率相一致。

实际利率和名义利率

利息是以美元支付，而不是以一般的房屋、汽车或产品支付。名义利率是以每 1 美元投资每年所得到的美元收入来衡量的。但是，美元有时会成为扭曲的标准。房屋、汽车和产品的价格通常会随时间变化而变化，而现今价格水平通常会由于通货膨胀而上升。也就是说，以美元支付的利率不能衡量借款者实际以产品和服务形式获得的收益。假定今天你以每年 5% 的利率借出 100 美元。一年后你将会得到 105 美元。但是，由于价格随时

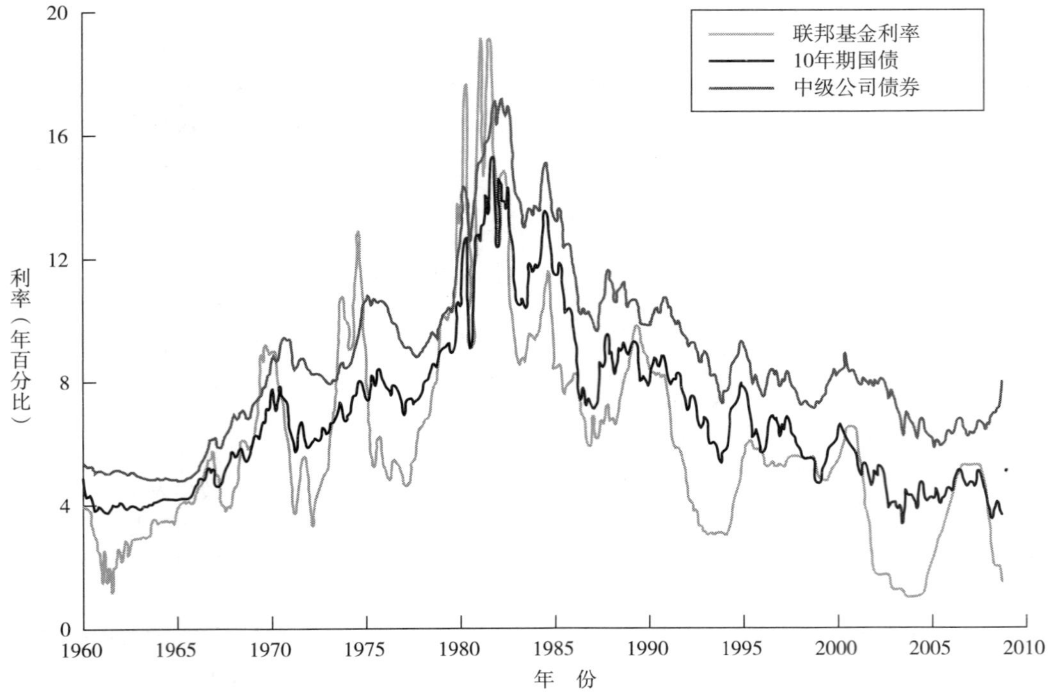

图 15-2 大多数利率同方向变动

该图表明了美国经济中主要利率的变动情况。联邦基金利率通常最低，它由联邦储备委员会在货币政策中设定。长期的、风险较高的利率通常高于安全的短期利率。

资料来源：Federal Reserve System, available at *www.federalreserve.gov/releases/*.

资 产	时 期	名义收益率（%/ 年）	实际收益率（%/ 年）
政府债券			
3 个月	1960~2008	5.2	1.0
10 年	1960~2008	6.9	2.7
公司债券			
安全的（Aaa）	1960~2008	7.7	3.4
有风险的（Baa）	1960~2008	8.7	4.4
公司股票	1960~2008	9.9	5.6
消费信贷			
抵押贷款（固定利率）	1971~2008	9.2	4.9
信用卡	1972~2008	16.4	11.8
汽车贷款	1972~2008	10.4	6.0

表 15-1 主要金融资产的利率

安全的政府债券的收益率最低。注意：消费者要为信用卡债务支付大量罚金（学生更要当心）。实际利率是名义利率减去通货膨胀之后的利率。Aaa 债券是最安全的公司债券，而 Baa 具有较大的破产风险。

资料来源：Federal Reserve Board, available at *www.federalreserve.gov/releases/*, and Department of Commerce.

间变化，你拥有的 105 美元不能使你买到与年初你所能买到的同样数量的产品。

很明显，我们需要另一个概念来衡量以实际产品和服务表示的投资收益，而不是以美元来表示。这个概念就是实际利率，用于衡量我们放弃现在的商品能得到的未来的商品数量。实际利率是由名义或货币利率对通货膨胀率进行修正后得到的。

名义利率（nominal interest rate，有时也称为货币利率）是以货币形式衡量的货币的利率。阅读报纸时看到利率或者图 15-2 中的利率，都是名义利率。它给出了每美元投资的美元收益。

相反，**实际利率**（real interest rate）则对通货膨胀进行了修正，其计算公式为：名义利率减去通货膨胀率。例如，假设名义利率是每年 8%，通货膨胀率是每年 3%，则我们可以计算实际利率为：8% − 3% = 5 %/ 年。

举一个简单的例子，假设你所生活的某个经济体中惟一的产品是面包；进一步假设面包第一期的价格为 1 美元 1 个，面包的通货膨胀率是每年 3%。如果你以每年 8% 的利率借出 100 美元，一年后你会有 108 美元。然而，由于存在通货膨胀，下一年你只能购买 105（而不是 108）个面包。实际（或面包的）利率是 8% − 3% = 5%。[1]

> 在通货膨胀时期，我们务必用实际利率而不是用名义利率或货币利率来计算投资收益，该投资收益以每年能够获得的产品的多少来表示。实际利率近似等于名义利率减去通货膨胀率。

世界上最安全的投资

美国国债通常被认为是一项无风险投资。它的缺点之一是支付美元固定利率。这意味着，如果通货膨胀上升，实际利率很容易变成负值。

1997 年，美国政府引入通胀保值债券（TIPS）来解决这一问题。通胀保值债券将利息和本金与通货膨胀联系起来，可以在存续期内支付固定的实际利率。

这种特殊债券运作如下：每年本金价值都会根据消费者价格指数（CPI）的增加进行调整。举一个具体的例子：在 2000 年 1 月，财政部发行了一个利率为 4.25%、10 年期的通胀保值债券。在 2000 年 1 月和 2003 年 6 月之间，消费者价格指数增加了 12%。因此，在 2000 年购买的同一个 1 000 美元的债券在 2003 年 6 月价值 1 120 美元。如果财政部在 2003 年 6 月支付利息，利息将为 1 120 美元 ×4.25%，而不再是标准债券情况下的 1 000 美元 ×4.25%。不妨进一步假设 2000~2010 年年均通货膨胀率为 3%。这意味着，债券的赎回本金价值为 1 343.92 美元［=1 000 美元 ×（1.03）^{10}］，而常规的债券只有 1 000 美元。

只要人们预期下一年会有通货膨胀，通胀保值债券的利率就会小于标准国债的利率。例如，2008 年 4 月，标准 10 年期国债的名义利率为 3.6%，而 10 年期的通胀保值债券的实际利率为 1.2%。这表明普通投资者预期 10 年的年均通货膨胀率为 3.6% − 1.2% = 2.4%。

长期债券的名义利率和实际利率的差异如图 15-3 所示。上面的线表示名义利率，而下面的线表示所计算出的长期实际利率。另外，从 2003 年开始的点（的轨迹）表示通胀保值债券的实际利率。由图可知：1960~1980 年名义利率的上升纯粹是幻觉，因为在这些年间，名义利率与通货膨胀率同时上升。而 1980 年后，实际利率急剧上升并且在随后 10 年中保持着较高水平。通胀保值债券的数据表明，在 2007~2008 年的次贷危机期间，实际利率曾急剧下降。

经济学家长期以来一直是物价指数债券的偏好者。领取退休金的人更可以购买这种债券，以保证他们的退休金不会因为通货膨胀而贬值。同理，为孩子教育着想的父母们也可以将部分储蓄以这种方式进行投资，因为这能与一般的价格水平保持同步的变化。甚至货币政策制定者也发现了物价指数债券的价值，因为常规债券和通胀保值债券的利息之间的差异表明了预期通货膨胀的变化。许多经济学家的莫大困惑在于：政府引进这项意义重大的创新为什么需要花费如此之长的时间？

B. 资本、利润和利息理论

以上我们已经界定了基本概念，下面我们讨论关于

[1] 实际利率的准确代数描述如下：令 π 为通货膨胀率，i 为名义利率，r 为实际利率。如果你今天投资 1 美元，1 年后你会得到（$1+i$）美元。然而，价格升高了，所以 1 年后你需要用（$1+\pi$）美元购买今天用 1 美元就能买到的同样的产品数量。放弃今天购买 1 单位产品，你可以在未来购买（$1+r$）单位产品，其中，$(1+r)=(1+i)/(1+\pi)$。当 i 和 π 很小时，$r=i-\pi$。

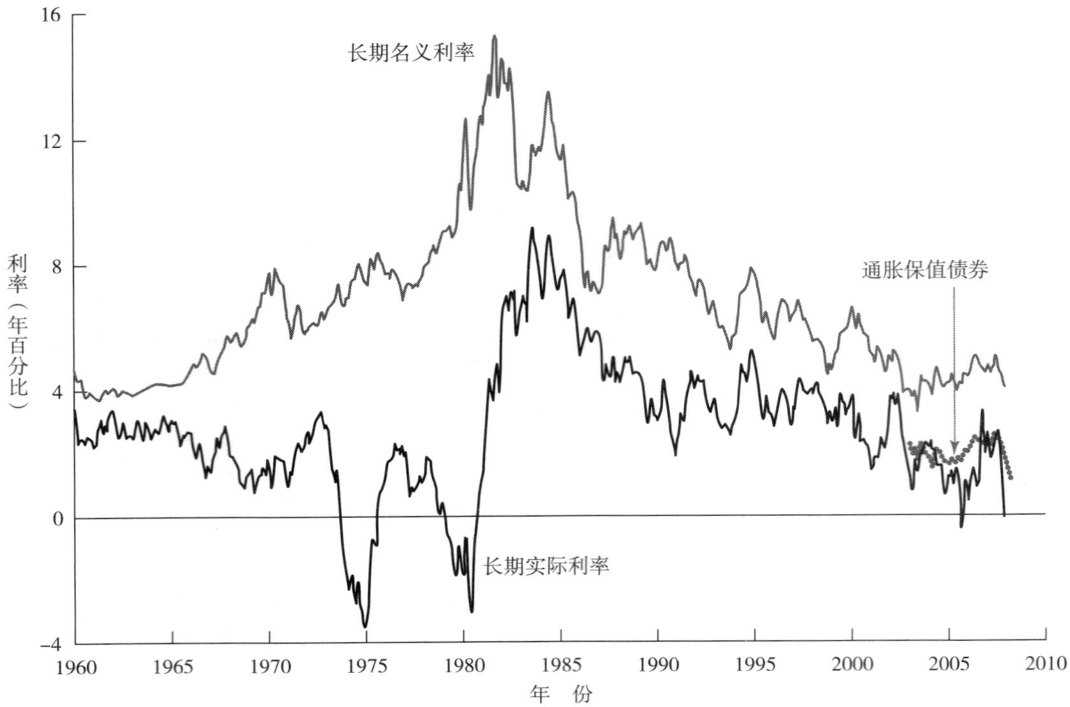

图 15–3 名义利率和实际利率

上面的线表示长期国债的名义利率。下面的线表示计算出的实际利率，它等于名义利率减去前一年已实现的通货膨胀率。可以看出，1980 年以前，实际利率呈下降趋势，而 1980 年以后，实际利率急剧上升。从 2003 年开始的点线表示长期通货膨胀指数证券的实际利率。

资料来源：Federal Reserve Board, Department of Labor.

资本和利息的理论，解释资本的供给和需求是如何决定收益的，诸如实际利率和利润等。

资本的基本理论

迂回性

在第 2 章，我们注意到对资本品的投资会导致间接的或迂回的生产。开始我们用手抓鱼，但最终我们发现，先造渔船和编织渔网、再用渔船和渔网来捕鱼会更加划算，因为那样比用手能捕到更多的鱼。

换言之，投资于资本品涉及到牺牲现在的消费以增加今后的消费。减少今天的消费可以释放现在的劳动用来编织渔网，以便今后能捕到更多的鱼。就最一般的意义而言，资本是生产性的，因为所放弃的今天的消费能在未来获得更多的消费。

为理解这一点，我们假设有两个完全相同的小岛，每个岛都拥有相同数量的劳动和自然资源。A 岛直接用原始的基本要素生产食物和衣着等消费品，不使用任何生产出来的资本品。而 B 岛就比较节省，它牺牲了现在的消费，用节省下来的资源和劳动生产了一些资本品，如犁、锹和织布机。在这样暂时牺牲了现在的消费之后，B 岛就有了大量的资本品。

图 15-4 说明了 B 岛的经济如何走在 A 岛的前面。计算每个岛在维持现有资本存量的条件下享有的消费量。B 岛由于节省并使用了迂回的资本密集型的生产方式，享有的未来消费量就要比 A 岛多。B 岛由于其初始牺牲的 100 单位现时消费，而可以获得多于 100 单位的未来消费。

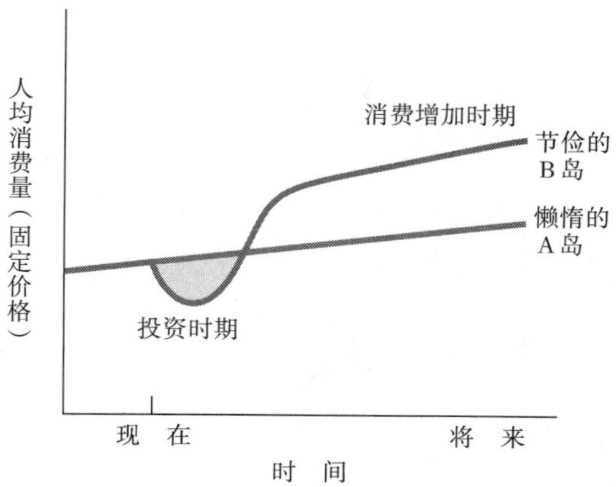

图 15-4　今天的投资产生未来的消费

两个岛屿最初劳动和自然资源的禀赋相同。A 岛比较懒惰，不进行任何投资，其人均消费增长缓慢。节俭的 B 岛在开始的一段时期放弃了一些消费进行投资，而在未来享有了更多的消费。

通过牺牲现在消费并生产资本品，社会可以提高其未来的消费量。

收益递减和对资本的需求

当一个国家越来越多地牺牲其消费以积累资本，生产变得越来越迂回或间接时，会发生什么样的情况呢？我们发现：收益递减规律将会起作用。以计算机为例，最初的计算机很昂贵，使用强度很高。40 年前，科学家们都曾致力于提高计算机主板的耐用程度，当时那些大型主机的功能还比不上现在的个人电脑。到 2009 年，全美国计算机的计算和存储能力比那时增长了百万倍以上。因此，由于计算机投资相对快于劳动、土地和其他投资的增长，计算机功能的边际产品（存储器的最后一次运算或最后一个字节的价值）大幅下降。推而广之，随着资本积累的增加，收益的递减规律就会开始起作用，投资的收益率就会开始下降。

令人惊讶地是，在过去的两个世纪，尽管我们的资本存量增长了许多倍，但资本的收益率却并没有大幅下降，它一直保持在较高的水平。这是因为，创新和技术变革创造新盈利机会的速度，与旧有投资抹杀新机会的速度同样快捷。尽管计算机比许多年以前功能强大了成千上万倍，但它在社会的每个角落的新用途（从医疗诊断到电子商务）都使得继续对计算机投资仍然有利可图。

欧文·费雪：锐意改革的经济学家

欧文·费雪（Irving Fisher，1867~1947 年）是一位多才多艺的天才和改革者。他的开创性的经济学研究，既包括关于效用基础理论的研究，又包括对商业周期、物价指数和货币改革方面的资本理论和现实问题的探讨。

他的基本贡献之一，是在《资本和收入的性质》（1906）和《利息理论》（1907）中提出了关于资本和利息的一套完整的理论。费雪描述了利率和其他不可量化的经济要素之间的相互作用。然而，费雪说明了决定利率的两个支点：表现为“时间贴现”的尽早消费偏好和表现为“边际成本收益率”的投资机会。费雪还首先揭示了利息、资本和经济之间的内在关系，他在《利息理论》的综述中这样写道：

> 事实上，利率不仅只是用在商业合同上，它还渗透在所有的经济关系中。它是将人们与未来联系起来的纽带，是人们作出长远决策的依据。利息通常会影响证券、土地和资本品的价格，也会影响租金、工资和所有的“相对”价格。利息还对财富的分配有着深远的影响。简言之，所有关于交换和分配的合约的公平性都有赖于利率作精确的调整。

费雪的研究一直致力于实证应用。他的追求经由计量经济学学会而得以实现。该学会是在他的倡导下创建的，旨在促进“经济理论与统计学和数学进一步密切结合，理论数量方法和实证数量方法进一步结合”。

除了纯经济学方面的研究，费雪在日常生活中也是一个改革者。他曾游说国会用“补偿美元”取代金本位制。他曾因自己感染了肺结核而成了一名健康促进人士，并竟然成了“个人卫生 15 条准则”的热情倡导者。其中包括许多硬性规定和特殊要求，例如，必须咀嚼 100 下之后方可吞咽。据传闻，由于既没有酒而又要求客人细嚼慢咽，结果是，费雪家的宴会在纽黑文市是很难活跃气氛的。

1929 年，费雪作出了他最著名的一次预测，他认为股票市场已经进了“繁荣后的持久平稳期”。他按照自己的预测来运作自己的资金，结果在大萧条期间他损失了自己大量的财产。

尽管费雪的金融才干颇受质疑，但他的经济学遗产却为后人发扬光大，使他成了美国有史以来公认的最伟大的经济学家之一。

利息决定和资本收益

我们可以用古典的资本理论来理解利率是如何决定的。家庭通过在一定时期内抑制消费和积累储蓄为投资供给资金。同时，企业需要资本品与劳动、土地和其他投入要素相配合。从根本上说，企业的资本需求是受其生产商品从而获得利润的欲望驱使的。

我们也可以看看欧文·费雪在一个世纪以前所做的解释：

> 资本的数量和收益率由以下两个相互作用的因素来决定：(1)人们没有耐心为了等待将来的消费(也许是因为退休，或俗语所说的未雨绸缪之类)而去节约和积累更多的资本品，而是很容易趋向于即时消费；(2)给所积累的资本带来或高或低收益的各种投资机会。

为理解利率和资本收益，我们现在考虑完全竞争的、没有风险和通货膨胀的、理想的封闭经济。为决定是否投资，追求利润最大化的企业总会将其资金的成本与资本收益率进行比较。如果收益率高于企业能借到的资金的市场利率，它就会从事这项投资；如果利率高于投资的收益率，企业就不会投资。

这种过程会持续到什么时候呢？企业逐渐会就所有收益率高于市场利率的机会进行投资。在现有的利率水平上，当企业意愿投资的量等于此利率可以引致的储蓄的量的时候，就会达到均衡状态。

> 在没有风险和通货膨胀的竞争经济中，资本的市场收益率会等于市场利率。市场利率起到两个作用：它将稀缺的资本品分配到具有最高收益率的用途中去；它还引导人们牺牲当前消费以提高资本存量。

资本收益图表分析

我们可以分析一个简单的例子来说明资本理论，在该例中，所有的实物资本品都相同。此外，我们还假设经济处于一个没有人口增长或技术变革的稳定状态中。

如图 15-5 所示，*DD* 是资本存量需求曲线；它表示资本的需求数量与收益率之间的关系。请回忆第 12 章介绍过的内容，像资本这样的要素需求是一种派生需求——需求来自于资本的边际产品，即追加资本所能带来的那种新增产出。

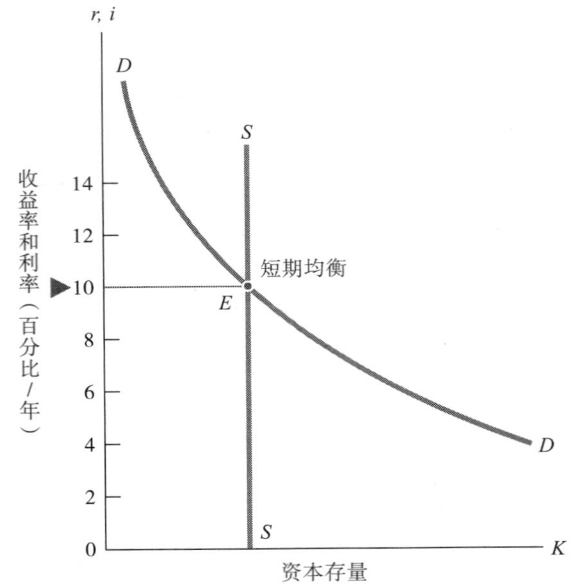

图 15-5 利息和收益的短期决定

短期内经济从过去继承了一定的资本存量，图中表示为垂直的 *SS* 资本供给曲线。短期供给曲线与资本需求曲线的交点决定了短期资本收益及短期实际利率，每年 10%。

投资的收益递减规律可由图 15-5 中资本需求曲线向右下倾斜来体现。当资本非常稀缺时，最有利可图的项目的收益率很高。逐渐地，人们就会积累资本以便从所有这些高收益项目中获利，在总劳动和土地固定的情况下，收益逐渐递减。于是人们开始不得不投资于收益较低的项目，在图中这种行为表现为沿着需求曲线逐渐下滑。

短期均衡 我们现在可以看出供给和需求如何相互作用。在图 15-5 中，过去的投资产生了一个既定的资本存量，在图中为垂直的短期供给曲线 *SS*。企业对资本品的需求，如图中向右下倾斜的需求曲线 *DD* 所示。

在供给和需求的交点 *E* 上，资本正好全部分配给有需求的企业。在这种短期均衡下，企业愿意按年利率 10% 借款以购置资本品。在该点，资金贷出人也正好满足于按照 10% 的年利率来供应资金。

这样，在我们这个简单、无风险的世界里，资本的收益率正好等于市场利率。任何较高的利率都会使企业不愿借钱进行投资；任何较低的利率会使企业抢购过于

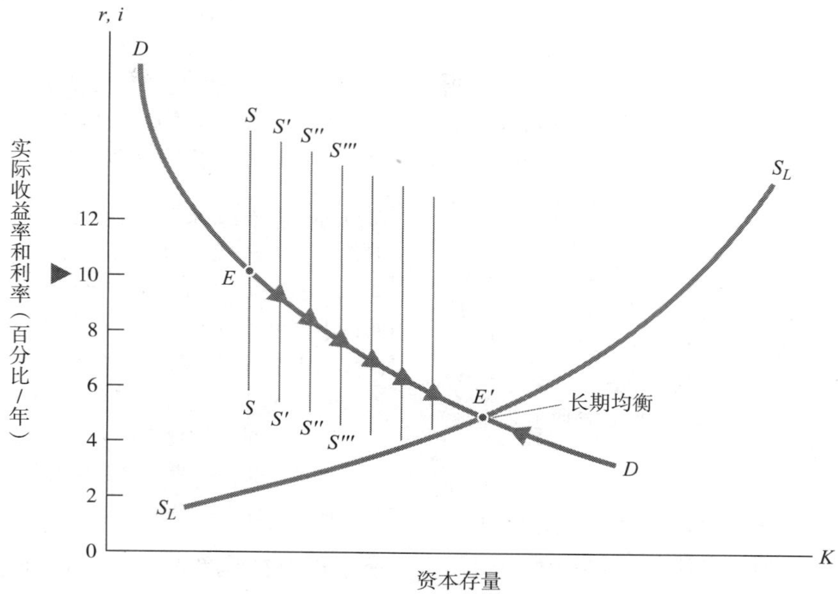

图 15–6 资本供求的长期均衡

在长期中社会积聚了资本，所以供给曲线不再是垂直的了。如图所示，财富和资本的供给对于更高的利率作出反应。在初始的短期均衡点 E，存在净投资，所以经济按图中箭头方向沿需求曲线 DD 移动。在 E' 点，净储蓄为零，达到了长期均衡。

短缺的资本；只有在 10% 的均衡利率下，供给和需求才是均衡的（这正好是实际利率，因为这里没有通货膨胀）。

但是在 E 点达到的均衡只在短期内是持续的，在这个高利率上，人们愿意积累更多财富，即继续储蓄和投资。这意味着资本存量会增加。但由于边际收益递减规律，收益率和利率会下降。当资本增加而其他投入（如劳动、土地和技术）不变时，增加的资本品存量的收益率就会降低。

这一过程见图 15-6。注意资本的形成是从 E 点开始的。所以，由于每一年都有净投资，资本存量都比上一年多一点。随着时间推移，人们逐渐沿着 DD 曲线向下移动，如图 15-6 中箭头所示。图中可见到一系列非常细的短期资本供给曲线 S，S'，S''，S''' ……这些曲线表示短期资本的供给如何随资本的累积而增加。

长期均衡 均衡逐渐出现在图 15-6 中的 E' 点，正好是资本的长期供给曲线（图中为 S_LS_L）与资本需求曲线的交点。当实际利率降到企业拥有的意愿存量与人们所愿提供的财富数量相当时，就达到了长期均衡。在长期均衡点上，净储蓄停止了，净资本积累为零，资本存量不再增加。

随着所有投资机会被用完，投资是否会逐渐降为零？一些经济学家（如约瑟夫·熊彼特）将投资过程比作拉小提琴：在技术不变的情况下，随着资本积累降低资本收益，琴弦会逐渐停止下来。但是在经济达到稳定之前，一个外部事件或发明拉动了琴弦，会使投资再次运作起来。

> 当人们愿意持有的资产价值与企业生产所需的资本量恰好相等时，在这一实际利率上，资本存量就达到了长期均衡。

利润作为资本的收益

我们已经分析了资本收益的决定因素，现在我们转到利润分析。除工资、利息和租金之外，经济学家经常提到的第四种收入称为利润。什么是利润？一般来说，它们与利息和资本收益有什么不同呢？

申报利润统计

在提出经济学的概念之前，我们先介绍会计中的计量方法。会计将利润定义为总收入和总成本之间的差额。要计算利润，先计算总销售收入，然后减去所有费用（工资、薪金、租金、材料、利息、消费税和其他支出），剩余的部分就称为利润。

然而，在分析利润时，区分会计利润和经济利润很重要。会计利润（也称为营业收入）是会计在财务报表中计算的剩余收入。经济利润是减去所有成本之后的收入，包括货币成本和隐含或机会成本。这些利润概念之所以不同，是因为会计利润忽略了一些隐含收益。企业所拥有的要素的机会成本称为*隐含收益*。

例如，大多数企业都只拥有其资本的大部分，因为公司的全部资本所应有的机会成本或隐含收益并不能在会计帐面上得到反映。因此，会计利润包括企业所拥有的全部资本的隐含收益。大公司的经济利润等于营业利润减去企业拥有的资本的隐含收益和其他没有完全由市场价格补偿的成本。经济利润一般小于营业利润。

利润的决定因素

在市场经济中是什么因素决定公司的利润率？利润实际上是各种不同收益的组合，包括所有者的资本隐含收益、承担风险的回报和创新利润。

作为隐含收益的利润 大多数所申报的企业利润，基本上是企业所有者所提供的资本和劳动等生产要素的报酬。例如，有些利润是企业所有者提供的个人工作的收入——如在小型事务所工作的医生或律师。另一部分是企业所拥有的土地的租金收入。在大公司里，大多数利润都是投入的资本的机会成本。

这样，在平常我们称为利润的东西中，有一些实质上不过是“隐含租费”、“隐含租金”和“隐含工资”，它们是企业自有要素的收益。

作为承担风险回报的利润 利润也包括对承担投资风险的回报。大多数企业都要承担违约风险，这种风险在某项贷款或投资不能得到执行时发生，比如因为借款人破产。此外，还有许多可投保风险，如火灾和飓风。这些

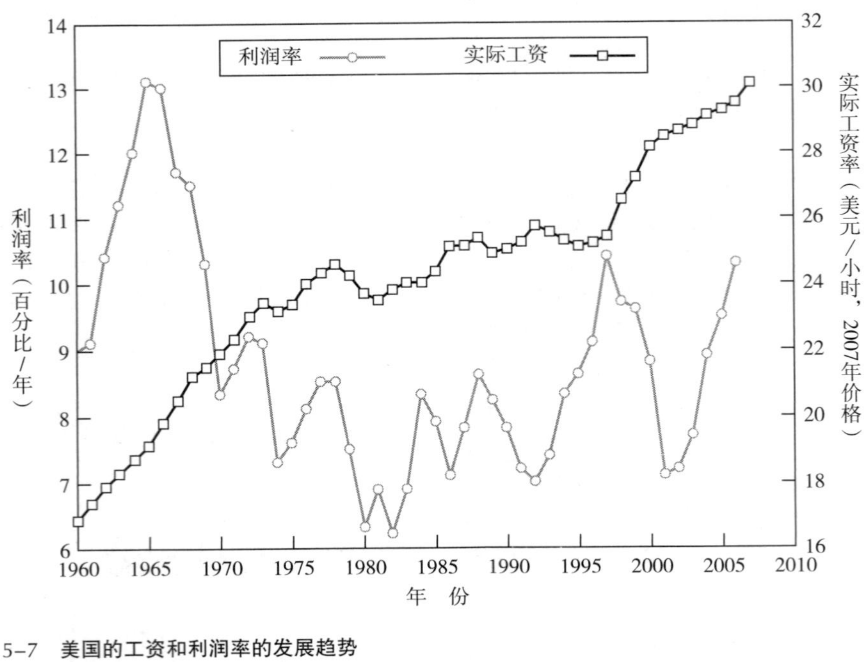

图 15–7 美国的工资和利润率的发展趋势

劳动和资本的收益近年来是如何变化的？平均实际工资一直在增长。美国企业资本的税前利润率在 20 世纪 60 年代中期达到顶峰之后，就开始急剧下滑，在接下来的 30 年基本保持在平均每年 8% 左右。

资料来源：U.S. Departments of Commerce and Labor.

可以通过购买保险来加以解决。另一种风险是投资的不可投保风险或系统风险。一个公司可能对商业周期高度敏感，这意味着它的收入会随着总产出的波动而起伏。所有这些风险必须要么通过购买保险来预防，要么在利润中获得风险溢价。

作为创新报酬的利润　第三种利润是创新和发明的收益。不断增长的经济会不断创造出新的产品和服务——从 19 世纪的电话到 20 世纪初的汽车，再到现代的计算机软件。这些新产品是研究、开发和市场营销的产物，我们称那些将新产品、新工艺带入市场的人为*创新者*或*企业家*。

所谓的“创新者”是指什么？创新者是那些有远见、有创意、敢于引进新思想的人。亚历山大·格雷厄姆·贝尔（电话）、杰克·凯尔比（集成电路）和凯瑞·穆里斯（聚合酶链反应）等，这些伟大发明家的发明给我们的经济带来了巨大的变革。

每一项成功的创新都造成了暂时性的垄断。我们可将创新利润（有时称为熊彼特利润）视为创新者或企业家的暂时性超额收入。这些利润是暂时性的，很快就会由于竞争者和模仿者的出现而消失。而在一种创新利润的源泉消失之时，另一种创新又将诞生。只要经济不断创新，创新利润总是会存在。

公司利润是国民收入中一个最不稳定的组成部分。因此，获得公司利润的权利（由公司股票或股权来表示）就需要一个可观的风险溢价才能吸引规避风险的投资者。这一用以抵补投资风险的股权的额外回报，称为*股权溢价*。经验研究表明，在 20 世纪，平均每年的股权溢价大约在 5% 左右（参见表 15-1）。

> 利润是一种剩余收入，等于总收入减去总成本。利润包括隐含收益（如所有者的资本的收益）、承担风险的回报和创新利润。

劳动和资本收益的实证发现

最后，我们看一看在过去的 40 年中，美国的劳动和资本的收益的实际变动趋势，如图 15-7 所示。实际工资（指根据消费者价格指数变化进行调整后的平均每小时收入）一直在上涨。资本的税前利润率在 20 世纪 60 年代中期达到顶峰，之后就一直在下降，在过去的 30 年资本的税前利润率保持在每年平均 8% 左右。

总结提要

A. 利息和资本的基本概念

1. 回忆下列定义：
   - *资本*：用于进一步生产的耐用产成品。
   - *租费*：资本品的年净货币收益。
   - *投资收益率*：资本的年净收益与资本的货币价值之比（以每年的百分比衡量）。
   - *利率*：金融资产的收益，以每年的百分比衡量。
   - *实际利率*：剔除通货膨胀因素后的资金收益，也以每年的百分比衡量。
   - *现值*：由某项资本产生的未来收入流的当前价值。
2. 利率是金融资产的收益率，以每年的百分比衡量。人们愿意支付利息，因为借来的资金使他们能够购买产品和服务，以满足当前的消费需求或进行有利可图的投资。
3. 我们能观察到各种各样的利率。这些利率由于许多因素的存在而不同，如贷款期限或到期日、投资的风险和流动性以及利息税等。
4. 名义或货币利率一般在通货膨胀期间会上升，这反映了货币的购买力会随着价格的上升而下降这一事实。我们使用实际利率来计算以实际产品或服务表示的利息收益，它等于名义利率减去通货膨胀率。
5. 资产在未来会产生收入流。通过折现，我们可以把未来收入流转换为今天的货币价值。转换的方法是，找出愿意按既定市场利率进行投资的货币的数量，该数量的货币可以在未来产生同样的收入流。
6. 精确的折现公式如下：t 年后可得到的每 1 单位货币收入的现值 V 是 1 美元 /（$1+i$）^{t}，因此，对任何净收入流（N_1，N_2，…，N_t），我们有：

$$V = \frac{N_1}{1+i} + \frac{N_2}{(1+i)^2} + \cdots + \frac{N_t}{(1+i)^t} + \cdots$$

其中 N_t 是未来 t 年收入的货币价值。

B. 资本、利润和利息理论

7. 第三种生产要素是资本，即能进一步用于生产过程的耐用产成品。最为一般地讲，进行资本投资意味着推迟消费。社会通过推迟当前消费来建造厂房或设备，以增加未来的消费。一个经济事实是，迂回生产能产生一个正的收益率。
8. 利率这一因素在经济中可以起到两个方面的作用。作为驱动因素，它刺激人们储蓄和积累财富。作为配给因素，它使社会仅选择那些收益率最高的投资项目。然而，随着资本越来越多地积累起来，在收益递减规律的作用下，资本的收益率和利率都会因竞争而降低。对社会来说，下降的利率是其采用了更多收益率较低的资本密集型项目的信号。
9. 储蓄和投资所涉及的是等待未来消费，而非今天的消费。这种节省与资本的净生产率相互作用，决定着利率、资本的收益率和资本存量。用来购买资本的资金或金融资产，是由那些愿意牺牲当前消费以换取未来更多消费的居民户所提供的。资本需求来自那些有多种迂回投资项目的公司。在长期均衡中，利率是由资本的净生产率和居民户为未来消费而牺牲当前消费的意愿这二者之间的互动情况所决定的。
10. 利润是收入与成本之差。记住：经济利润与会计利润不同。经济学区分三类利润：(*a*) 利润的一个重要来源是隐含收益。公司通常拥有许多自己的非劳动生产要素——资本、自然资源和专利。在这种情形下，自己拥有的投入的隐含收益就构成利润的一个部分。(*b*) 另一个决定利润的因素是无法规避的风险，尤其与商业周期有关的风险。(*c*) 最后，引入新产品或创新的企业家可以获得创新利润。

概念复习

资本，资本品
有形资产和金融资产
租费，资本收益率，利率，利润
现 值
实际利率和名义利率

期限、风险、非流动性导致的利率溢价
通货膨胀指数债券
抑制当前消费以进行投资
现 值

利率决定中的两个因素：
 迂回性收益和尽早消费偏好
利润的来源：隐含收益，风险，创新

补充读物和互联网站

补充读物

The foundations of capital theory were laid by Irving Fisher, *The Theory of Interest* (Macmillan, New York, 1930). You can pursue advanced topics in finance theory in an intermediate textbook such as Lawrence S. Ritter, William L. Silber, and Gregory F. Udell, *Principles of Money, Banking, and Financial Markets,* 11th ed. (Addison Wesley Longman, New York, 2003). The standard reference on U.S. monetary history is Milton Friedman and Anna Jacobson Schwartz, *Monetary History of the United States 1867–1960* (Princeton University Press, Princeton, N.J., 1963).

Modern capital and finance theories are very popular subjects and are often covered in the macroeconomics part of an introductory course or in special courses. A good book on the subject is Burton Malkiel, *A Random Walk down Wall Street* (Norton, New York, 2003). A recent book surveying financial history and theory and arguing that the stock market was extraordinarily overvalued in the bull market of 1981–2000 is Robert Shiller, *Irrational Exuberance,* 2nd ed. (Princeton University Press, Princeton, N.J., 2005). A recent summary of evidence on the efficient-market theory by Burton Malkiel and Robert Shiller is found in *Journal of Economic Perspectives,* Winter 2003.

互联网站

Data on financial markets are plentiful. See *finance.yahoo.com* for an entry point into stock and bond markets as well as information on individual companies. Also see *www.bloomberg.com* for up-to-date financial information.

Data on financial markets are also produced by the Federal Reserve System at *www.federalreserve.gov.*

问题讨论

1. 计算下列收入的现值，其中 I_t = 未来 t 年的收入，i 为年固定利率，用百分比来表示。如果计算结果不是整数请精确到小数点后两位。
   a. $I_0 = 10$，$I_1 = 110$，$I_3 = 133.1$；$i = 10$
   b. $I_0 = 17$，$I_1 = 21$，$I_2 = 33.08$，$I_3 = 23.15$；$i = 5$
   c. $I_0 = 0$，$I_1 = 12$，$I_2 = 12$，$I_3 = 12$；……；$i = 5$
2. 比较耐用资产的四种收入：(*a*) 土地租金；(*b*) 资本品的租费；(*c*) 资本品的收益率；(*d*) 实际利率。各举一例。
3. 利率问题（可能需要计算）：
   a. 你以每年 13.5% 的利率投资 2 000 美元。6 个月后你的总余额是多少？
   b. 当你从已经兑现的利息收入中继续获取利息时，则该利息是复合的。今天我们所说的大多数利率应该都属复合利率。现在，如果你以 10% 的复合年利率投资 10 000 美元，期限为 3 年，那么每年年末该投资连本带利的总价值是多少？
   c. 考虑如下数据：1977 年的消费者价格指数为 60.6，1981 年为 90.9。1978~1981 年，政府债券的利率为（以每年的百分比表示）：7.2、10.0、11.5 和 14.0。计算 1978~1981 年 4 年的平均名义利率和实际利率。
   d. 短期国债通常折价销售，比如，一个期限为 90 天、面值为 10 000 美元的短期国债，以这样一种价格出售：在到期日募集 10 000 美元会产生一个市场利率。如果市场利率为每年 6.6%，那么期限为 90 天、面值为 10 000 美元的短期国债的价格是多少？
4. 现值问题：
   a. 考虑 1 年期债券的现值问题。在利率为 1%、5%、10% 和 20% 的情况下，分别计算债券的现值。
   b. 在年利率为 1%、5%、10% 和 20% 的情况下，每年收益 16 美元的永久性资产的现值是多少？
   c. 比较 a 和 b 的答案。哪一种资产对利率变化更敏感？定量分析其差异。
5. 应用利息的供给和需求的分析，解释在资本理论中下列事件将如何影响利率？
   a. 一项创新使资本在每一级水平的边际产品都增加。
   b. 居民户想要持有的财富量减少。
   c. 对资本报酬征收 50% 的税（在短期和长期）。
6. 请看图 15-5 和图 15-6，回忆经济如何从每年 10% 的短期均衡利率移向长期的均衡。解释如果技术变革导致资本需求曲线上移，在长期和短期内会发生什么情况。如果政府的债务变得非常巨大，人们资本供给的很大一部分被吸收到政府债务中去，又会出现什么情况？画出两种情况下的新的曲线。
7. 解释一项永久性收入流的折现公式。贴现率为 5% 时，一项每年带来 100 美元的永久性收入价值多少？每年带来 200 美元的呢？每年带来 N 美元的呢？贴现率为 10% 或 8% 时，一项每年带来 100 美元的永久性收入价值多少？利率翻倍对于一项永久性收入（比如永久性债券）的资本价值有何影响？
8. 请回忆收敛几何级数的代数公式：

$$1 + K + K^2 + \cdots = \frac{1}{1 - K}$$

   在任何时候 K 都小于 1。如果设 $K = 1 / (1 + i)$，你能否证明永久性收入的折现公式：$V = N$ 美元 $/i$？请运用常识给出另一种证明。如果一张彩票以 6% 的利率每年向你和你的继承人支付 5 000 美元，则它的现值是多少？
9. 曼哈顿的土地在 2008 年价值约 1 500 亿美元，假设现在是 1626 年，你是想购买曼哈顿土地的荷兰人的经济顾问，并假设计算现值时，相应的利率是每年 4%。你认为 24 美元的购买价是一笔好交易吗？如果利率是 6%、8%，你的答案会如何变化？（提示：对每一利率，按 2008 年的地价推算土地在 1626 年的现值，然后将它与 1626 年的购买价相比较。对这个例子进行简化，假定土地所有者对土地不收取租金。更进一步，假定每年的租金等于土地价值的 2%。）

10. 利率的提高往往会带来资产价值的下跌。为了证明这个结论，请计算下面两项资产的现值，令年利率分别为 5%、10%、20%：

a. 每年 100 美元的永久性收入。

b. 一年以后一棵圣诞树可以卖 50 美元。

请解释为什么长期资产的价格对利率变动的敏感性要高于短期资产。

第四编

应用微观经济学

政府税收和支出　第16章

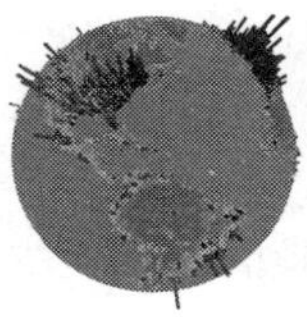

一个民族的精神风貌、文化水平、社会结构以及政策可能塑造的行为方式，所有这些甚至更多，都记录在它的财政史上。那些明白怎样读懂这个历史所蕴涵的信息的人们，比从其他任何地方都能更清醒地预感到震撼世界的惊雷。

——约瑟夫·熊彼特

当我们留意一个市场经济——它能够提供苹果、船只、X 光透视机乃至齐特拉琴（一种古代乐器）等应有尽有的东西——时，一个很容易闪现的想法便是：除了熟练的劳工和大量的资本之外，市场的运作似乎不再需要动用更多的东西。然而历史已经证明，市场绝不可能独自有效地运行。至少，一个有效的市场一定需要各种能够确保人身安全的安保部门，保证合同执行的独立司法体系，防止垄断泛滥和污染成灾的监管机制，培育年轻一代的各类学校，杜绝传染病的公共卫生保健系统，等等。要在私人行为和政府活动之间隔出一条精确的界线是非常困难的，事实上这一直是个争论不休的难题。即使到了今天，人们也还是在喋喋不休地争论着政府在教育、医疗保健和收入支持等领域究竟应当起什么作用的问题。

作为经济学家，我们试图超脱党派纷争来分析政府的职能——政府在混合经济中的比较优势。本章考查发达工业化经济中政府的作用。市场经济中合适的经济政策目标是什么，用什么工具可以实现这些目标？一个有效率的税收体系应遵循哪些原则？把握这些问题的症结是制定有效的公共政策的关键之所在。

A. 政府对经济的控制

关于政府作用的争论往往发端于民众的请愿，诸如“不要新税”或“平衡预算”之类。然而这些过于简单化的词语并没能抓住政府经济政策的要害。比如说公众希望将更多的资源用在改善公众健康上；或者，更多的资源应该用于年轻人的教育；或者，在一个严重萧条时期，应该减少失业。市场不能自动解决这些问题，只有当政府改变其税收、支出或管制政策时，这些目标才可能实现。通过对财政政策的考查，我们可以听到世界历史的惊雷，因为税收政策和预算政策是社会变革的有力工具。

政府的政策工具

在现代工业经济中，经济生活中已经没有不受政府所影响的领域，我们可以列出政府用来影响私人经济活动的三种主要的工具。它们是：

1. 对收入、商品和服务的税收。这些税收减少了私人收入，从而减少了私人支出（如购买汽车或去餐厅吃饭），同时为公共支出（如购买导弹和提供校园午餐）提供了来源。税收制度还对某些经济活动（如吸烟）征收重税以对其进行抑制，同时对那些需要扶持发展的活动（如卫生保健）征收较轻的税收，甚至进行补贴。

2. 在某些商品或服务（如道路、教育或治安）领域中的支出，以及为个人提供资源的转移支付（像社会保障和食品券）。
3. 管制或控制措施，用以指导人们从事或减少某些经济活动。比如，对企业污染的限制，确定射频频谱标准，或是强制检验新药安全性等措施。

政府规模的变动趋势

一个多世纪以来，所有经济体的国民收入和产出都一直在提高。同时，大多数国家的政府支出上升得更快。在每一紧急时期（萧条、战争或事关贫困和污染等严重的社会问题时），政府的活动范围都会扩张，但危机过后，政府的控制和支出却再也没有回到原来的水平上。

一战前，联邦政府、州政府和地方政府的支出或税收加起来，只占美国全部国民收入的1/10强；二战期间，战争使得政府消费有了很大增长，约占极度扩张的总产出的1/2；截至2007年，美国各级政府的支出约占GDP的33%。

由图16-1可见美国各级政府的税收和支出的发展趋势。上升的曲线表明，在最近几十年里，政府的税收和支出在GDP中所占的份额是稳步上升的。

政府的扩张并非没有遭到反对。事实上，每一项新的支出和税收计划都遭到了严厉的反对。例如，在1935年刚刚开始实行社会保障时，反对的人们指责它是不祥之兆。但随着时间的流逝，人们的政治态度转变了。今天，无论是哪一派别的政客，都已经视社会保障体系为代际"社会契约"的一个基本组成部分了。曾经的"激进教条"也成了广为接受的"福音书"。

图16-2显示的是各国政府支出占GDP的百分比。高收入国家的税收和支出占GDP的份额比贫困国家要大。我们能否找出一个富国的支出模式？在高收入国家内部，

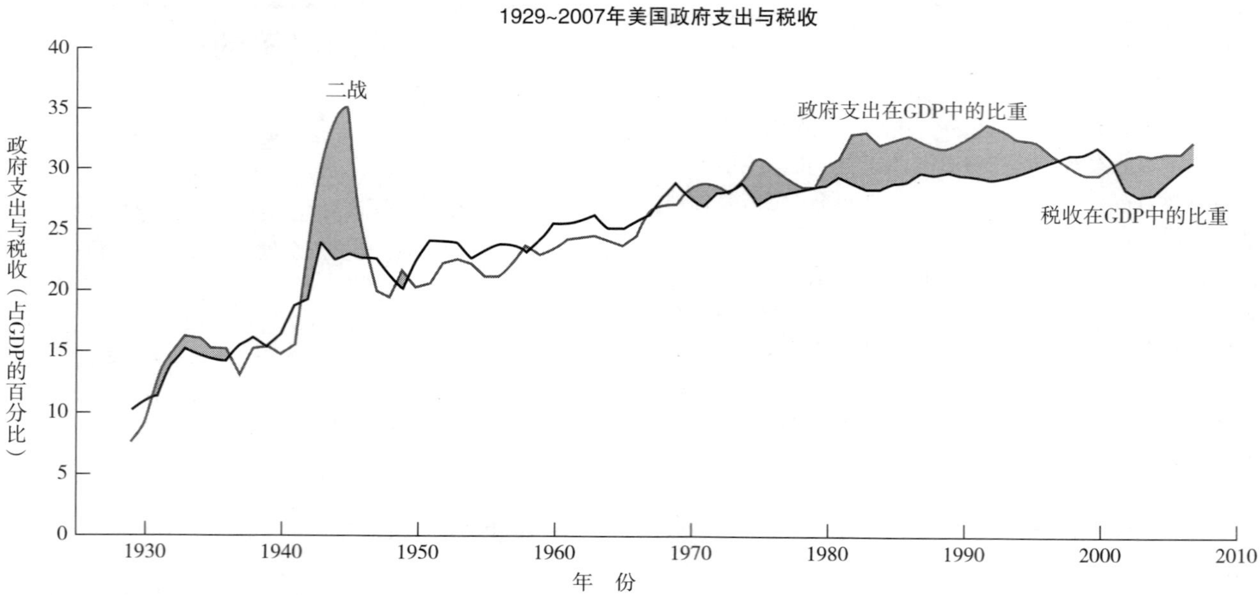

图16-1 政府支出在国内生产总值中所占份额大幅度上升

政府支出包括联邦、州和地方各级政府在商品与服务上的支出和转移支付的支出。注意，支出在战争期间迅速增加，但过后却并没有回到战前水平。支出与税收之间的差额是政府的赤字或盈余。

资料来源：U. S. Department of Commerce.

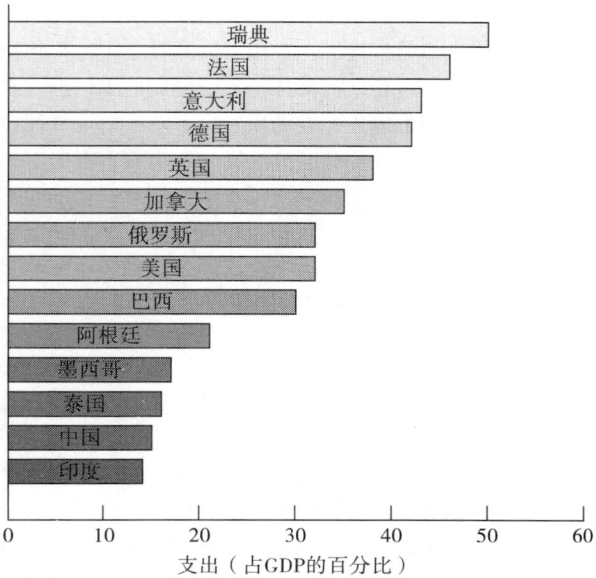

图 16-2　高收入国家的政府支出最高

贫困国家政府的税收和支出在国民收入中所占的比例相对较小。随着财富的增加，对公共品的需求增加，援助低收入家庭的再分配性的税收也增加了。

资料来源：United Nations for period 2000-2002,at *unpan1.un.org/ilradoc/groups/public/documents/un/unpan014052.pdf.*

没有一个联系税收负担与公民福利水平的简单规律，各国的财政状况呈现出一种多样性。例如，各国为教育和医疗保健计划（政府支出最大的两个组成部分）筹资所采取的组织方式就非常不同。

图 16-1 和图 16-2 所示为美国和其他有关国家的政府支出。这些支出包括“商品和服务采购”（如导弹和教育）和“转移支付”（如社会保险支出和政府公债利息）。政府对商品和服务的采购可以说是“耗费性”的，因为它直接从国民产品中扣除。而转移支付却既能增加人们的收入，使人们购买所需的商品和服务，又不会直接减少可供私人消费和投资的商品和服务的数量。

政府管制的发展

除了支出和税收的增长，政府对支配经济事务的法律和管制也大大加强了。

19 世纪的美国，十分接近于自由放任的社会。这一纯粹的自由放任制度曾被英国历史学家卡莱尔称为“无政府主义加警察”。这种哲学为人们追求和实现其经济抱负提供了极大的自由，推动了一个世纪以来物质财富的迅速增长。但批评家看到了这种自由放任理想的许多缺陷。历史学家记录了周期性的经济危机、极端的贫困和不平等、根深蒂固的种族歧视以及污染所造成的水源、土地和空气的恶化。仗义执言的记者和进步运动的斗士疾呼要给资本主义的野马套上缰绳，以便人们可以更好地牵引它沿着人性的方向前进。

从 19 世纪 90 年代开始，美国逐渐偏离了“管制最少的政府是统治最好的政府”的教条。西奥多·罗斯福、伍德罗·威尔逊、富兰克林·罗斯福以及林登·约翰逊等几位总统，都扩大了联邦政府对经济的控制，尽管他们面对着强烈的反对。他们曾设计过许多新的管制手段和财政工具，与当时的经济病魔进行斗争。

宪法赋予政府的权限被做了宽泛的解释，以便用来“保证公共利益”和“督查”经济体系。1887 年，美国政府设立了联邦州际商业委员会（ICC），以管理跨州的铁路运输。接着又制定和颁布了《谢尔曼反托拉斯法》和其他法律，以打击限制贸易的垄断行径。

在 20 世纪 30 年代，美国许多行业都处于经济管制之下，价格、市场进出条件、安全标准等都由政府确定。从那时起，受管制的产业包括航空、公路货运、水运、电力、汽油、公用电话事业、金融市场、石油、天然气和管道运输。

除了管理价格和企业标准外，国家还试图通过越来越严格的社会管制保护公民的健康和安全。20 世纪初，继仗义执言的记者对一些问题揭露之后，有关食品卫生和药品的法案得以通过。在 20 世纪 60~70 年代，国会又通过了一系列法律，包括加强矿山安全和劳工安全；控制空气和水的污染；制定汽车和消费品的安全标准；控制矿山开采、核动力发展及有毒废物的排放。

近 30 年来，政府的管制有所放松。经济学家们已经令人信服地说明，许多经济管制限制了竞争，使得价格上升而不是下降。在社会管制领域，经济学家们开始强调：管制的边际收益必须大于边际成本。今天，“应得权益计划”（已覆盖所有达到了严格界定标准的人），如养老金和卫生保健，成了绝大多数高收入国家政府主要的支出项目。

但是，仍然不可能回到自由放任的时代。政府的管制改变了资本主义的性质，私有财产越来越不能完全地由私人控制；企业的自由逐渐减少。历史的发展是不可逆转的。

政府的职能

接下来我们将看到政府是如何指导经济并与之发生相互作用的。在一个现代混合经济中，什么是政府行动的合适的经济目标？让我们考查一下政府的四个主要职能：

1. 提高经济效率；
2. 减少经济不公平；
3. 通过宏观经济政策稳定经济；
4. 执行国际经济政策。

提高经济效率

政府的核心经济目标是帮助社会按其意愿配置资源。这是政府政策的微观经济方面，它集中于经济生活中的生产什么和如何生产这两个问题。各国微观经济政策由于风俗习惯和政治哲学的差异而各不相同。有些国家强调一种政府放手、自由放任的方式，让市场作出大多数的决策；另外一些国家倾向于广泛的政府管制，甚至控制所有权，生产决策要由政府计划者作出。

美国基本上是市场经济，在任何微观经济问题上，大多数人认为市场会解决现时的经济问题。但有时，政府也有充足理由凌驾于市场供求之上而作出配置决策。

"看不见的手"的局限 前面的章节讨论了完全竞争下"看不见的手"如何带来资源的有效配置的问题。而这种看不见的手的作用只有在非常有限的条件下才能成立。所有商品必须是由完全竞争的厂商有效率地生产出来。所有的商品必须是像面包那样的私人商品，并可以被分为许多独立的部分供不同的个人消费。这里也没有像空气污染这样的外部性问题。消费者和厂商必须对于他们买卖的商品的价格和特征有充分的信息。

如果所有这些理想的条件都能满足，"看不见的手"就能带来完全有效率的国民产出的生产和分配，于是也就没有必要让政府介入来推进经济效率。

但即使在这种理想情况下，如果要在人们和地区之间进行劳动分工，且价格机制要能够运转，依然需要政府发挥其重要作用。社会经济的运转也需要有法庭和警察来保证社会契约的履行，防止欺诈和暴力行为，保障财产不被盗窃和外来侵犯，并保护财产的合法权益。

不能避免的相互依赖 如果上面列出的理想社会化条件确实存在，政府干预程度最小的自由放任制度可能就是一个好的制度。但事实上，在所有人类社会中，上述每一条件都受到不同程度的破坏。不受管制的工厂经常要污染空气、水和土地；传染病爆发后，私人市场往往没有积极性去实行有效的公共健康计划；消费者有时对自己购买的商品的性能和质量并没有多少了解。市场并不是理想的，它存在市场失灵。

换句话说，政府经常运用自己的工具来矫正那些显著的市场失灵，其中最重要的是：

- 完全竞争的破坏。当垄断或寡头厂商合谋操纵价格或将其他厂商驱逐出市场时，政府可以采取反托拉斯政策或进行管制。
- 外部性和公共品。不受管制的市场可能产生过多的空气污染，并使公众健康或基础科学方面的投资不足。政府可以运用其影响控制有害的外部性，或者资助建立一些科学及公共健康项目；政府可以对那些产生外部成本的活动（如吸烟）征税，还可以为那些对社会有益的活动（如教育或产前保健）提供补助。
- 不完全信息。不受管制的市场为消费者提供的信息往往太少，使消费者不能基于完善的信息来进行决策。以前，有的小贩沿街叫卖蛇油药。这种药有可能治好病，但同时也有可能致人死亡。于是有了对食品和药品的管制，要求制药公司在销售新药之前提供有关其安全性和有效性的大量数据。而且，政府还要求厂商提供有关电冰箱和热水器等主要家用电器的节能效率的信息。此外，政府还可以通过公共支出，自己收集和向市场提供这方面所需要的信息，就像它收集交通事故和汽车安全数据的情况一样。

显然，政府要处理的有关分配的问题是很多的。

减少经济不公平

即使"看不见的手"能够发挥作用并且效率极高，它也会带来收入分配的不公平问题。在自由放任经济下，人们最后是富有还是贫穷，取决于他们的出生地，他们所继承的财富，他们的才智和努力程度，他们发现石油的运气，以及他们的性别或肤色。对有些人来说，无管制竞争所带来的收入的分配，就像丛林中的动物依靠暴力来捕获食物的达尔文式分配一样，充满着随意性。

在最贫困的社会中，境况稍好的人没有什么多余的收入可以提供给那些不幸的人。但是，当社会变得更加富裕时，就能有更多的资源为所有成员提供基本的必需品和社会保险。这种活动是“福利国家”的角色，在这些国家，政府保障全体公民的最低生活水平，这些在下一章中有详细的讨论。北美和西欧的福利国家现在拿出国民收入的很大一部分用于维持医疗保健、营养和收入的最低标准。

收入的再分配一般是通过税收和支出政策来进行的，有时管制也起到一定的作用。大多数发达国家现在规定：儿童不应因其父母的经济状况而忍受饥饿；穷人不应因没有足够的钱支付必要的医疗费用而死去；年轻人应该免费接受公共教育；老年人应有最低水平以上的收入安度余生。在美国，这些规定主要是通过转移支付计划去落实的，如食品券、医疗保健和社会保险。

但政府对于再分配的态度也是有变化的。随着税收负担加重，政府预算赤字增加，以及收入支持计划成本的上升，纳税人越来越强烈地抵制再分配计划和累进税。

通过宏观经济政策稳定经济

早期的资本主义经常发生金融恐慌、通货膨胀和萧条。现在，政府有义务正确地运用货币政策和财政政策，并严格管制金融体系，以制止这种灾难性的经济萧条。此外，政府还努力熨平经济的周期性波动，以防经济衰退时出现大规模的失业；经济扩张时出现严重的通货膨胀。最近，政府开始努力寻求能够促进长期经济增长的经济政策。这些问题将在宏观经济学有关章节中详加讨论。

执行国际经济政策

正如我们将在第 18 章“国际贸易”中所要讨论的，近年来，美国与全球经济的联系越来越密切。政府现在在国际舞台上代表的是国家的利益，与其他国家就广泛的问题进行谈判，签署对美国有利的协定。我们可以将国际经济政策主要分为四个方面：

- *减少贸易壁垒*。国际经济政策的一个重要方面是协调有关法规，减少贸易壁垒，以提高劳动分工和国际生产专业化的水平。近年来，各国经过谈判，达成了一系列贸易协定，降低了农产品、工业制造品和服务的关税，减少了贸易壁垒。

  这些协定通常是充满争议的。它们有时会损害某些群体的利益，如取消纺织品关税会减少该产业的就业。此外，国际协定有时会要求各国放弃一些主权，以作为增加收入的代价。假设一国法律保护专利和版权等知识产权，而另一国的法律允许书籍、录像带和软件自由复制，哪一国的法律会在竞争中占优势呢？
- *执行援助计划*。富国有很多旨在帮助穷国改善其境况的计划，这些计划包括直接对外援助、灾难救济和技术援助、建立类似世界银行这样的机构向贫穷国家提供低息贷款，以及对穷国出口给予优惠政策等。
- *协调宏观经济政策*。各国都已发现，其他国家的财政政策和货币政策会影响本国的通货膨胀、失业和金融形势。国际货币体系不可能依靠自身来运转，稳定运行的汇率体系是有效率的国际贸易体系的先决条件之一。2008 年美国次贷危机爆发后，迅速蔓延到欧洲，威胁到欧洲的几家大银行。在危机中，各国中央银行应当携手合作，以确保某一国的某一家银行的倒闭，甚至仅仅是担心其倒闭的恐慌情绪，不会像野火那样蔓延到整个的国际金融体系。特别是在那些联系紧密的地区，如西欧，各国都努力协调其财政、货币和汇率政策，甚至采用统一货币。这样，一国的通货膨胀、失业或金融危机就不再外溢，从而避免损害整个地区。
- *保护全球环境*。近年来，绝大多数国际经济政策都在某个方面强调：在那些由某些国家引起外溢效应而另一些国家深受其影响的领域，展开国家间合作，以保护全球环境。历史上，在这方面最为积极的领域是渔场与河流水质的保护。当南极臭氧层空洞威胁到公众健康时，各国曾达成协议，共同限制破坏臭氧层物质的排放。世界各国还在酝酿其他的协议，以应对森林退化、全球变暖和物种灭绝等问题，各国家已经开始研究保护全球资源的方案。很显然，全球的环境问题只能通过许多国家的合作才能解决。

即使是最坚定的保守主义者也同意，在国际间的无政府状态下，各国政府在代表国家利益方面发挥着重要的作用。

公共选择理论

我们将绝大部分的讨论集中在规范性的政府理论上，即政府为提高人民的福利应该采取哪些适当的政策。但是经济学家对于政府行为的明察秋毫的能力，并不比他们对于市场的理解能力更强。政府往往也会作出错误的决定，或将很好的计划执行得非常糟糕。正如存在垄断和污染等问题时会出现市场失灵一样，政府的干预导致浪费和收入分配的不公平这类政府失灵也同样存在。

这些问题属于**公共选择理论**（public-choice theory）范畴。这种理论是一种研究政府决策方式的经济学和政治学。公共选择理论考查不同选举机制的运作方式，指出没有一种理想的机制能够将所有的个人偏好综合为一种社会选择；研究当国家干预不能提高经济效率或收入再分配存在不公平时所产生的政府失灵；还研究国会议员的短视，严格预算约束的缺乏，以及为竞选提供资金所导致的政府失灵等问题。有关政府失灵的深入研究，对于我们理解政府的局限性和确保政府计划适度或不造成浪费十分关键。

研究政治的经济学

经济学家将他们的大部分精力用于理解市场的运作上，但严肃的思想家们也对政府在社会中的作用进行了思考。约瑟夫·熊彼特在《资本主义、社会主义和民主》（1942 年）一书中开创了公共选择理论。诺贝尔经济学奖得主肯尼思·阿罗（Kenneth Arrow）将数学的严密性引入了社会选择的研究领域。安东尼·唐斯（Anthony Downs）在研究中提供了里程碑式的成果《民主的经济理论》（1957 年），该书提出了一种很有说服力的新理论。该理论认为政治家们是为了重新当选而提出某些经济政策的。唐斯指出，这些理论说明了由于选举竞争，政党会向政治光谱的中心移动。

公共选择理论最重要的应用之一是关于经济管制。乔治·斯蒂格勒（George Stigler）认为，监管机构已经被监管对象所“俘获”，并经常服务于他们较多监管的企业。詹姆斯·布坎南（James M. Buchanan）和戈登·塔洛克（Gordon Tullock）在《赞同的计算》（1959 年）中的进一步研究，对权力制衡机制进行了论证，并剖析了在政治决策中所使用的一致同意原则。他们认为一致同意的原则不会强加于任何人。公共选择经济学的成果被应用到了农业政策、政府管制和法庭审判等领域，并且为一项旨在平衡预算的宪法修正案提议奠定了理论基础。

B. 政 府 支 出

在政府支出领域最能看出政府作用的变化。请回顾一下图 16-1，它显示了国民收入中用于政府支出的份额。这些支出包括商品采购、政府雇员工资、社会保险和其他转移支付以及政府债务的利息。你可以看出，在 20 世纪政府支出的份额总的来说是上升的，在战争时期上升的速度更快，但近年来已经保持平稳。

财政联邦制

我们在谈及政府时，一直将它当做一个整体来看待。但现实中，美国公民所面临的却是三个级别的政府：联邦政府、州政府和地方政府。这个格局体现着财政责任在各级政府之间如何划分的模式，称为*财政联邦制*。美国各级政府的职能界限并不总是很明确的，但在整体上，联邦政府负责那些与全国有关的活动——支付国防、太空探索和外交事务的费用；地方政府负责儿童教育、街道治安和城市卫生等；州政府负责修建公路、管理大学教育系统，并实行福利计划。

各级政府的支出项目和数额如表 16-1 所示。联邦政府的作用成为主导是近几年才出现的一种现象。20 世纪以前，地方政府是各级政府中最重要的。联邦政府的工

政府支出	总支出（2007 年，10 亿美元）	占总支出的百分比
各级政府	4 429	100.0
联邦政府	2 515	56.8
州政府	857	19.3
地方政府	1 058	23.9

表 16-1　当前联邦、州和地方政府的支出

美国建国早期，大部分支出都发生在州和地方政府，但今天，联邦政府支出占总支出的比例已超过一半。

资料来源：U.S.Bureau of Economic Analysis.

作主要是维持军队，支付国债利息以及为一些公共项目融资。其税收主要来自烟酒销售税和进口关税。但两次世界大战及福利国家的兴起（连同社会保险和医疗保健等转移支付计划的发展）使支出上升，1913 年由联邦政府开征的所得税所提供的资金在规模上是州和地方政府无法比拟的。

为理解财政联邦制，经济学家强调，支出决策应按政府计划的外溢效应在各级政府之间分配。总的说来，地方政府负责*地方公共品*，即那些受益人主要限于地方居民的活动。因为图书馆是由城内居民使用的，路灯为城市街道照明，因此这些物品的供应决策由地方居民作出比较合适。联邦政府职能主要是在*全国性公共品*方面，这种公共品能使国家所有的公民受益。例如，艾滋病疫苗能使各州的人民都受益，而不仅是那些居住在发现疫苗的实验室附近的人们；像保护臭氧层和控制温室效应这样的*全球性公共品*又会怎样呢？这些是国际公共品，因为它们超越了单个国家的边界。

有效的财政联邦制会考虑公共项目的效益溢出行政边界的途径。最有效的对策是配置税收和支出以便让项目受益者提供税金和权衡利弊。

联邦支出

现在让我们来看一下各级政府的支出情况。美国政府是世界上最大的“企业”，和任何地方的其他组织相比，它所购买的汽车和钢材、所支付的薪金和经手的款项都更多。联邦政府的财务数据都是天文数字——以十亿或万亿美元计算。2009 年的联邦预算支出为 31 070 亿美元，

2009 年财政年度的联邦支出（10 亿美元）

支出种类	支出（10 亿美元）	占总支出的百分比
总支出	**3 107.4**	**100.0**
国　防	675.1	21.7
社会保障	649.3	20.9
医　疗	413.3	13.3
收入保险	401.7	12.9
卫　生	299.4	9.5
净利息	260.2	9.4
退伍军人福利及服务	91.9	3.0
教育、培训、就业和社会服务	88.3	2.8
运　输	83.9	2.7
执　法	51.1	2.7
国际事务	38.0	1.2
自然资源与环境	35.5	1.1
基础科学、航天与技术	29.2	0.9
社区和区域发展	23.3	0.8
一般政府支出	21.5	0.7
农　业	19.1	0.6
商业和住房信贷	4.2	0.1
能　源	3.1	0.1

表 16-2　联邦政府开支主要用于国防和福利计划

联邦开支中，1/5 是用于国防和支付与过去战争相关的抚恤金和养老金，现在一半以上用于快速增长的福利计划——收入保险、社会保障和卫生等。注意，一般政府支出是很小的。

资料来源：Office of Management and Budget，Budget of the U. S. Government，Fiscal Year 2009, available at *www.whitehouse.gov/omb/budget/fy2009/hist.html.*

约为 3.1 万亿美元。这一巨额数字相当于平均每个美国家庭约 27 000 美元。

表 16-2 列出了 2009 财政年度联邦支出的主要种类（2009 联邦财政年度从 2008 年 10 月 1 日起到 2009 年 9 月 30 日止）。

过去 30 年中增长最快的项目是福利计划。这些计划向符合法定要求的人提供津贴和支付。主要的福利计划是社会保障（老人、遗属和残疾人）、卫生保健计划（包括对 65 岁以上老人的医疗计划和贫困家庭的医疗补助），以及收入保险计划（包括食品券和失业保险）。近年来，实际上几乎联邦支出的所有增长都是由福利计划引起的，它在预算中所占的比例由 1960 年的 28% 上升到 2009 年的 60%。

州政府和地方政府的开支

尽管关于联邦预算的争论占据了报纸的头条，但是州政府和地方政府还是执行了当今美国经济中的许多基本职能。图 16-3 表明了州政府和地方政府的支出结构。最大的支出项目是教育，因为全国绝大多数儿童就读于主要由地方政府资助的学校。公共教育致力于使儿童得到平等的教育机会，这有助于消除由于教育资源不公平而带来的经济机会的巨大差异。

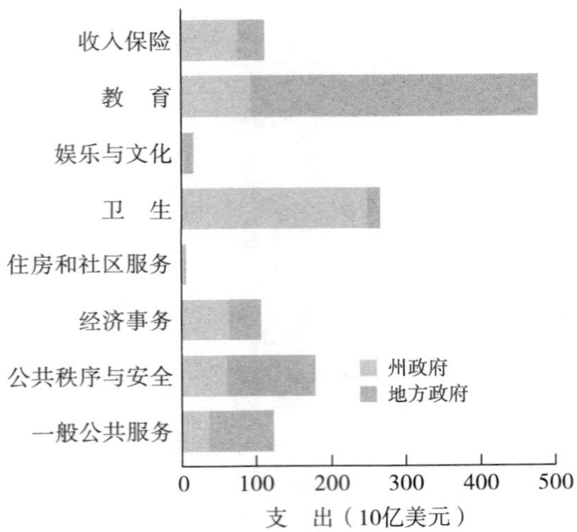

图 16-3 州和地方政府的支出分布，2006 年

州和地方政府的计划包括提供教育、筹建医院、维修道路。在州和地方政府支出中，教育和卫生支出在增长。

资料来源：Bureau of Economic Analysis.

近年来，增长最快的州政府和地方政府的支出项目是卫生保健和监狱费用。过去 20 年来，各州在押犯人增加了 3 倍。这是由于这一时期美国打击犯罪的措施之一是延长刑期（尤其是对贩毒者）。同时，州政府和地方政府还不得不自己承担所增加的卫生保健成本。

文化和技术影响

除了支出金钱，政府计划还能对全国产生许多微妙的影响。通过修建州际高速公路系统，联邦政府可以改变美国的景观。高速公路网使行车更为迅速，降低了运输成本，代替了铁路，并将货物运送到全国的每一角落；它还加速了城市的扩展和郊区的文化繁荣。

政府支出还使美国在许多科学和技术领域声名远扬。政府的支持使得处于萌芽状态的美国电子工业蓬勃发展起来。例如，贝尔实验室所研制的晶体管，部分资助就是由美国军方提供的。因为军方当时急需更好的雷达和通信设备。今天蓬勃发展的计算机产业和飞机制造业，早期也曾得到政府的大力支持。互联网就是因国防部为建立一个在核战争中能继续有效运行的通信网络逐步发展而成的。

今天政府支出在基础科学的发展中的作用举足轻重。美国所有的基础科学研究中，85% 是由政府或像大学这样的非盈利机构资助的。如果你对一项成功的发明追根溯源，那么你会经常发现发明者的教育经费中有政府的补贴，大学基础研究得到了政府的支持。经济研究表明这些资金利用得都很好。不仅如此，据估计教育研究经费的收益率比其他领域的投资收益率还要高一些。

C. 税收的经济学问题

税是我们为文明社会所支付的代价。

——**奥利佛·温德尔·霍姆斯大法官**

政府必须为其计划拨款。这些资金主要来自于税收，任何短缺都需要通过向公众借款来弥补，这些缺口形成财政赤字。

但在经济学中我们有必要揭开货币流动的面纱，以理解实际资源的流动。在税收所造成的货币流动的背后，政府实际需要的是经济中稀缺的土地、劳动和资本。当国家进行一场战争时，国会要辩论如何支付战争所需要的费用。但实际发生的却是：人力资源从其原先所在的民用部门被转移出来；飞机运输的是部队而不再是游客；石油被加到了飞机里而不是小轿车中。当政府拨出一笔生物技术研究经费时，它实际意味着原来用做办公场地的土地现在也可能会被用做实验室了。

通过税收，政府实际上是在决定如何从公民和企业的手中取得资源以用于公共目标。通过税收所筹集的货币实际上只是一种载体，经由它才能将那些现实的经济资源由私人品转化成公共品。

税收原则

受益原则和支付能力原则

政府决定征收一定数量税收的时候，总有许多可供选择的方式。它可以对收入、利润、销售额征收；可以向富人征收，也可以向穷人征收；可以向老年人征收，也可以向年轻人征收。是否存在能帮助建立一种公平而有效的税收制度的一般原则呢？

实际上是有的。经济学家和政治思想家已经提出了制定税收制度的两个主要原则：

- **受益原则**（benefit principle）认为，个人所缴纳的税额应与他们从政府计划中得到的利益成比例。如同人们根据自己消费的面包数量按比例向卖者支付货币一样，个人纳税也应与其能够从公共品（如公路或公园）中获得利益的情况相对应。
- **支付能力原则**（ability-to-pay principle）认为，人们纳税的数额应与其收入或财富相对应。财富或收入越多，所纳的税就应当越高。通常按支付能力原则设计的税收制度同时也具有再分配性。这意味着它们从高收入的人们那里取得资金，用以增加穷人的收入和消费。

例如，若建造一座新桥的资金要靠过桥费来偿付，则这里所体现的就是受益原则。因为只有你使用它时才支付费用。但若建桥资金来自于所得税，则它所依据的就是支付能力原则。

横向公平和纵向公平

不管按以上哪种原则进行组织，大多数的现代税收体系都试图吸收有关公正与公平的现代观点。一个重要的原则是**横向公平**（horizontal equity）。这个原则指出，那些在实质上没有差别的人在纳税上也应该没有差别。

对同等者同等对待的观念在西方政治学和哲学中有深厚的根源。如果你和我除了眼睛的颜色不同而在其他所有方面都完全一样，那么所有的税收规则都应当要求我们缴纳相同的税额。在受益型税收的情况下，如果我们从公路或公园得到了同样的服务，横向公平原则就会指出，我们的纳税额也应该是一样的。或者，某税收制度遵从的是支付能力原则，横向公平就会指出，所有收入相同的人都应当缴纳相同的税额。

更有争议的一个原则是**纵向公平**（vertical equity）。它是关于如何确定不同收入水平的人们的纳税待遇的。在这里，抽象的哲学原则不能为公正地解决问题提供指导。假设 A 和 B 在其他方面都一样，但 B 的收入和财产是 A 的 10 倍。在这种情况下，B 为治安维护等政府服务的绝对缴税额是否应该与 A 相同，还是应该按与 A 相同的税收－收入比例去纳税呢？或者，由于警察花费了更多的时间保护 B 的财产，B 缴纳的税额应当占其收入的更大份额，而这又是否公平呢？

重要的是，一般的抽象原则并不能决定一国的税收结构。里根减税时，是因为他认为高税收对那些努力工作和为将来储蓄的人是不公平的。而10年之后，克林顿说："现在我们新增税收的 80% 以上是由年收入 20 万美元以上的人所承担的。在这种税收模式中我们会得到真正的公平。"可见，在某些人看来很公平的做法，在另外一些人看来可能就很不公平。

横向公平指的是每个人都有权得到平等待遇的原则。而纵向公平指的是，地位不同的人有权公平地享有不尽相同的待遇。不过，关于纵向公平到底应该如何应用，始终没有达成共识。

税收中的实用主义折中

社会怎样解决这些棘手的哲学问题呢？政府一般都采用实用主义的办法，将受益原则和支付能力原则进行折中。政治代表们都知道征税不得人心。在美国独立前，"不民主不纳税"（taxation without representation）的呼声曾引爆了美国革命。现代税收体系是在崇高的原则和实用主义政治之间的一种不那么令人舒服的折中。正如3个世纪前精明的法国财政部长柯勒贝尔所写的那样，“征税就像从鹅身上拔毛：你要拔最多的毛，但又最好不要让鹅叫。”

实践是怎样的呢？通常情况下，公共服务的受益对象主要是那些可以认定的团体，而这些团体并不要求根据其收入或其他特性而加以区别对待。在这种情况下，现代政府所依靠的一般都是受益税。

所以，地方公路通常由地方居民支付；供水和污水处理像私人品一样收取使用费；汽油的税收可能用于建设公路。

累进税和累退税 受益税在政府收入中的份额正在下降。现在，发达国家更多地依赖于**累进所得税**（progressive income taxes）。在累进税下，一个收入5万美元的家庭的纳税额要高于一个收入2万美元的家庭。高收入家庭不仅要交更多的所得税，而且其纳税占收入的份额实际上也更高。

这种累进税不同于严格的**比例税**（proportional tax）。比例税要求所有纳税人按其收入的相同比例进行纳税。而**累退税**（regressive taxes）则使低收入家庭的纳税占收入的份额要高于高收入家庭。

> 税收可被划分为比例的、累进的还是累退的，取决于高收入者所纳税额占收入的比例是等于、大于还是小于低收入者所纳税额占其收入的比例。

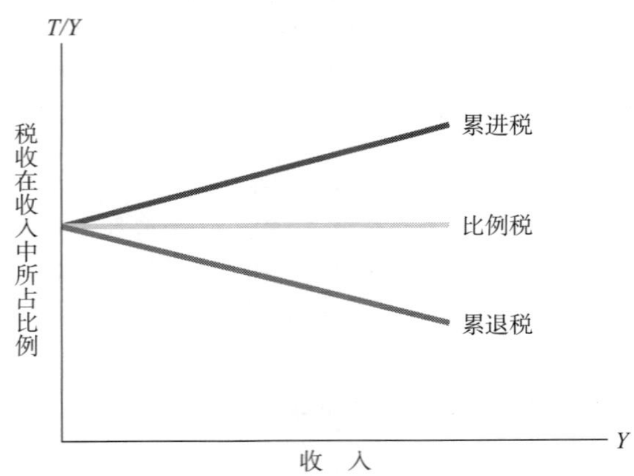

图 16-4 累进税、比例税和累退税

如果随收入增加，税额占收入的份额上升，税收就是累进的；如果税收占收入的一个固定份额，这种税就是比例税；如果低收入家庭的税收负担相对于高收入家庭，则这种税收就是累退的。

图16-4解释了各种类型的税收。有哪些例子呢？若对某个人每1美元新增收入所征收的税越来越多的话，则这种个人所得税就是累进的。经济学家还发现，香烟税是累退的。因为香烟购买量上升的速度要比收入上升的速度慢。有些研究表明，香烟消费的收入弹性大约是0.6。这意味着，收入增长10%时，所导致的香烟消费支出增加6个百分点，吸烟税的增长率是6个百分点。由此可知，高收入人群缴纳吸烟税在收入总额中所占的比例，势必要比低收入的人群要小。

直接税和间接税 税收还可以被分为直接税和间接税，**间接税**（indirect taxes）是对商品和服务征收的，所以是“间接地”对个人征收。例如货物税和销售税，烟草税和汽油税，进口关税以及财产税等。而**直接税**（direct taxes）是直接对个人或企业征收的。例如个人所得税、社会保险或其他工薪税，以及遗产税和赠予税等。直接税的优点是更容易进行调整，以适应不同人的不同情况，如家庭规模、收入、年龄和一般支付能力。与此相比，间接税的优点是征收成本比较低，征管上也比较方便，因为它们可以在零售和批发环节上征收。

2009年财政年度联邦税收收入	
	收入（占总计的%）
累进税：	
个人所得税	46.6
遗产和赠予税	1.0
公司所得税	12.6
比例税：	
工薪税	35.2
累退税：	
货物税	2.6
关 税	1.1
其他税收及收入	1.0
总 计	**100.0**

表 16-3 所得税和工薪税是联邦收入的主要来源

累进税仍然是联邦收入的最主要的来源，但比例工薪税所占份额正在迅速跟进，而消费税这样的累退税在联邦这一级大幅下降。

资料来源：参见表16-2。

联邦税

现在我们来考查联邦税收体系的组织原则。表 16-3 列出的是由联邦政府课征的主要税种，并指明这些税是累进的、比例的或是累退的。

个人所得税

这里的讨论将集中在个人所得税上，它是税收体系中最复杂的部分。所得税是直接税，最能清楚地体现支付能力原则。

个人所得税在美国历史上出现得比较晚，宪法禁止任何不按人口比例在各州之间进行摊派的直接税，直到 1913 年这种情况才发生了变化。宪法第 16 条修正案写明："国会有权对任何来源的收入规定和征收所得税。"

联邦所得税是怎样运作的呢？尽管形式很复杂，但原理却很简单。首先你计算自己的收入；继而按规定减去某些费用和税收减免，便得到应税收入；然后在应税收入的基础上计算自己需要缴纳的税款。

假定你刚大学毕业，并在加利福尼亚州找到一份工作，2009 年薪水为 60 000 美元。表 16-4 显示的是你应该缴纳的所有的直接税的计算方法。因此，有必要逐行了解一下不同科目所包含的内容。

开始的第 1 行是你的薪水。第一类应交纳的是社会保险税，这方面内容的讨论将放到下一节。第 5 行给出的是你调整后的总收入，即工薪、利息、股息及所获得的其他收入。如果你是单身，那么你还有 3 500 美元的个税免除；若你没有住房，则你有可能得到 5 450 美元的标

1	年薪	$60 000
2	社会保险税	
3	年（退休）金	3 720
4	医疗保险	870
5	经联邦调整的毛收入 =（1）	60 000
6	扣减去：	
7	个人豁免	3 500
8	标准扣除	5 450
9	联邦应税收入 =（5）-（7）-（8）	51 050
10	所得税：	
11	联邦	9 106
12	州（加利福尼亚）	2 672
13	总税收 ＝（3）+（4）+（11）+（12）	16 368
14	税后收入 =（1）-（13）	43 632
15	税率	
16	平均 =（13）/（1）	27.3%
17	边际*	42.0%

* 边际税率是每增加 1 美元收入而需要多交纳的税。计算方法是：按追加 1 000 美元收入，经由表中每一道步骤，就能得到因增加 1 000 美元而应当多交纳的税。

表 16-4　2009 年个人所得税的计算

这个表格详细计算了 2009 年一位生活在加州的单身工人所需要缴纳的总税收，他的总收入为 60 000 美元。社会保险税为的是获取未来社会保险收益，而这些税将被用于已经退休的工人的医疗开支等。目前，美国联邦政府和大部分州都征收个人所得税。

经计算，平均税率为 27.3%。经济学家更为关注边际税率，即多增加 1 美元收入而需要多缴纳的税款。对于这个工人，边际税率经计算为 42%。

资料来源：Internal Revenue Service and State of California (preliminary tax tables)

准扣除。扣除所有这些后，就可以得到你的联邦应税收入 51 050 美元。

下一步，我们来看应纳税额表格。见所得税一项，你的联邦所得税为 9 106 美元，另外，你还应缴纳的州所得税，为 2 672 美元。

将上述税项加总，你会发现你的应缴纳税额为 16 368 美元，这相当于你收入的 27.3%。这个税率被称为**有效税率**（effective tax rate）或**平均税率**（average tax rate），它等于总纳税额除以总收入。

最后一行是一个重要的新概念，**边际税率**（marginal tax rate），是因为多增加 1 美元收入而需要多缴纳的税款。我们从前文见过“边际”这个概念，它总是意味着“新增的”。如果对于每 1 000 美元新增收入，你都必须多付出 420 美元的税收，那么你的边际税率就是 420 美元/1 000 美元，或 42%。在税收分析中边际税率是个很关键的指标，因为个人和公司都总是倾向于注重他们的边际税率而不是平均税率。进一步说，当边际税率特别高的时候，人们的积极性将会严重受挫。

边际税率是税收分析的核心概念。该税率指的是，对于新增的每 1 美元的收入所增加征收的税款。对于理解税收的激励效应，边际税率可谓至关重要。

图 16-5 估算了收入不超过 100 000 美元的家庭的边际税率。低收入家庭得到的是一个负的所得税，这是因为他们能得到所得税抵免。

边际税率概念在现代经济学中非常重要。记住“边际原则”：人们应该关心的是所发生的新增成本或新增收益；而“过去的就（应该）让它过去”。就此而言，任何税收对激励的影响都主要来自于边际税率。

激进的税收改革：统一税

对于增加财政税收收入来说，个人所得税是一个非常实用的税种。但它自设立一个世纪以来已经变得异常复杂，并充满了许多漏洞或者说“税收偏好”，可能有利于某些特殊形式的收入或支出，甚至有利于某些个别的纳税人群体。例如，住房抵押贷款利息和老年人医疗保健等，都可以从收入中有所抵扣，从而在实际上变成了一种税收补贴。

经济学家们一直不懈地努力倡导一个更高效的税制：它不但能扩大税基，从而能通过取消不必要的免税门槛来课征税收，而且还能**降低边际税率**。一项关于税收彻底改革的最激进的和有创意的建议是设立**统一税**。它由

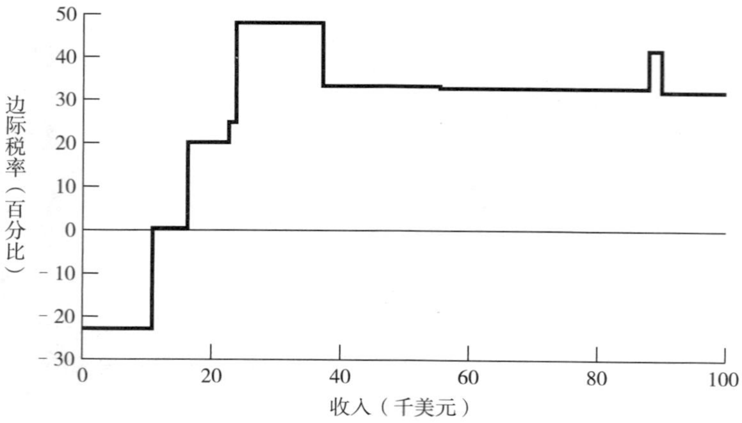

图 16-5　2005 年美国不同收入类型家庭的边际税率

边际税率是指多增加 1 美元收入而需要多缴纳的税款。由图可见 2005 年美国家庭边际税率，估算中考虑了社会保险税和联邦所得税和各州平均所得税。因为有所得税抵免，低收入工人能得到一笔税收返还，相当于负的所得税。注意：由于加州税率较高，同时国会预算局（CBO）又使用了不同的所得税抵免额和扣除额，因此这里的税率不同于表 16-4。

资料来源：Congressional Budget Office，*Effective Marginal Tax Rates on Labor Income*, November 2005, available at *www.cbo.gov.*

斯坦福大学的罗伯特·霍尔（Robert Hall）和阿尔文·拉布什卡（Alvin Rabushka）等专家详细地提出。[1] 他们的建议包括以下几个要点（本章结尾的讨论题 9 中有个例子）。

- 统一税的税基是消费而不是收入。我们稍后将会讨论，对消费征税可以提高储蓄的意愿，并提高国家不断下降的储蓄率。
- 统一税可以将公司所得税和个人所得税整合在一起，这样将可以切除美国税制中最为扭曲的一块。
- 统一税几乎可以消除所有的税收漏洞或税收偏好。对老年人的医疗保健、业主自住房屋和慈善捐款的税收补贴将一去不返。
- 统一税为每个家庭提供 2 万美元的基本免税额，在此水平之上将实行 19% 的单一边际税率。

统一税的经济影响将是非常深远的。税负沉重的实体（如企业）将发现它们的赋税大大减少，从而增加资本收入；高收入者会发现他们的赋税会减少一半。与此同时，业主自住房屋和医疗保健支出的数量都将缩减，而慈善捐款将会大幅度下降。

霍尔和拉布什卡强调统一税最为关键的一点在于能降低边际税率，"通过显著强化对人们在工作、储蓄、投资及风险创业等方面的激励，统一税可以在很大程度上加速美国经济的发展。统一税还可以帮助纳税人降低数千亿美元的直接成本和间接成本。"

批评者则指出，该计划将导致以牺牲中低收入者为代价，将收入向高收入者转移。利益受损的人将会质疑：为什么富人在过去 30 年里财富已经大大增加的情况下，还要再发一笔横财？在这里，我们又一次看到在诸多最受争议的经济政策议题中常见的权衡公平与效率的例子。

社会保险税

如今几乎所有的产业都得遵守《社会保险法》。雇员根据其收入记录和过去的社会保险税缴纳情况得到退休金。社会保险还设有残疾人计划和穷人、老年人的医疗保险。

为得到这些好处，雇主和雇员双方都需要缴纳工薪税。如图 16-4 所示，2008 年，这个税对所有雇员年工薪收入中 10.2 万美元以下的部分征收 15.3% 的税，对于 10.2 万美元以上的年收入再多征 2.9%。这项税收由雇主和雇员各承担一半。

由表 16-3 可见工薪税是一种比例税，因为它征收的是雇员收入的一个固定份额。但税收的影响比较复杂，因为工薪税仅对工薪收入征税（这使它具有累退性），同时它又主要为低收入人群提供退休金（这使它具有累进性）。

公司税

联邦政府还征收许多其他的税，其中一些在表 16-3 中已经列出。公司所得税是对公司利润征收的税。

公司所得税受到了经济学家的严厉批评。一些经济学家反对这种税，认为公司不过是一种法律形式，不应被征税。首先对公司利润征税，然后对由公司付给个人的红利再行征税，政府实际上对公司进行了双重征税。

消费税

美国非常倚重的是所得税，而一个角度十分不同的税种却是消费税，它针对商品和服务的购买环节而不是对收入征税。其理由是：人们应该为其所使用的东西而不是所生产的东西纳税。销售税是消费税中最常见的一种。美国没有国家销售税，但对某些商品，如烟、酒和汽油等征收联邦货物税。销售税和货物税通常都是累退的，因为这些物品的消费在贫困家庭的收入中所占的比例要大于在富裕家庭中所占的比例。

许多人认为，美国应该比现在更多地依赖销售税或消费税。一种在美国之外的其他国家被普遍采用的是增值税（VAT）。增值税很像销售税，但它在生产的每一阶段都进行课征。如果对面包征收增值税，那么它将对生产小麦的农民、生产面粉的磨坊、烘烤生面团的师傅和交货阶段的食品杂货店都进行征税。

消费税的倡导者认为，国家现在的储蓄和投资对于未来的需要是不够的。如果用消费税替代所得税，则国家的储蓄率就会上升。但是，消费税的批评者则认为这种改变是不合适的，因为消费税比目前的收入税更具有累退的性质。事实上，前面提到的统一税就相当于一项高度简化的个人消费税体系。（见讨论题 9）。

[1] 参见 *The Flat Tax*, ed. Hoover Institute Press, Palo Alto, Calif., 2007.

州和地方政府的税收

在美国财政联邦制的税收体系中，州和地方政府所依赖的税收与联邦政府大不相同，图 16-6 列出了州和地方政府收入的主要来源。

财产税

财产税主要对土地和建筑等不动产征收。每一地区会规定一个年税率，并根据对土地和建筑物的评估价值征税。在许多地方，对不动产的估价比其实际市场价值要低一些。财产税大约占州和地方政府全部收入的 30%。由图 16-6 可见，地方政府是财产税的主要接收者。

因为大约 1/4 的财产价值来自于土地，因此财产税既有资本税因素，也有亨利·乔治型的土地税因素。经济学家相信，财产税的土地因素不会造成什么扭曲，但其资本因素会使投资由税收较高的中心城市迁到税收较低的郊区。

其他税收

州和地方政府的其他税收大多与类似的联邦税有密切关系。各州的收入大部分来自对商品和服务征收的一般销售税。在百货公司或餐厅购买的每一样东西都会带来某个百分比的销售税（在某些州食品和其他必需品是免税的）。各州还对公司的净利润征税。43 个州仿效联邦政府，对个人按其收入状况征税，但税额要少得多。

州和地方政府还有各种其他的收入来源。许多州对汽油征收“公路使用税”。州和地方政府的一个正在增长的收入来源是对彩票和合法赌博征缴的税收。州政府的收入竟然来自于那些鼓励“老百姓糟践自己的活动”！

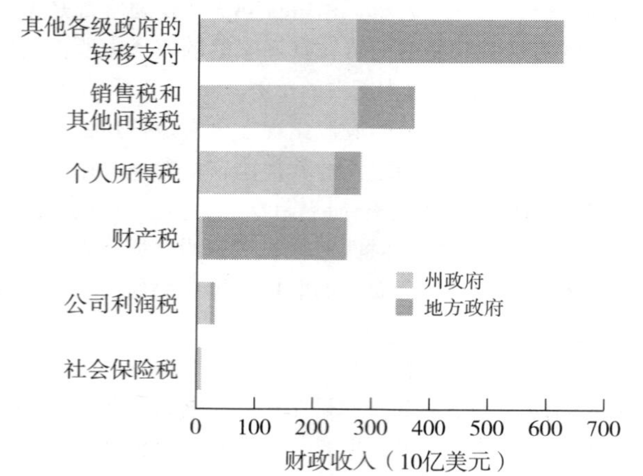

图 16-6 州和地方政府的财政收入依赖于转移支付和间接税

城市十分依赖于财产税，因为房屋和土地难以转移到郊外以逃避税收。州政府还从销售税和所得税中获得更多收入。

资料来源：Bureau of Economic Analysis.

税收的效率与公平

有效征税的目标

近几年，经济学家越来越关注不同税收的效率问题。关于这一问题，首先应当想到的是效率主要取决于纳税者所面临的边际税率。请回顾图 16-5，看看边际税率在不同收入群体中有何不同。

对劳动所得的课税 高税率如何影响经济行为？在劳动供给领域，其影响是混合的，正如我们在第 13 章中所看到的那样。税率对于工作时间的影响是不明确的，因为工资变化的收入效应和替代效应的作用方向是相反的。由于所得税是累进的，有些人会选择更多的闲暇而不是工作。另外的一些人则会更加努力地工作以期变得更富有。许多收入很高的医生、艺术家、名星和企业高管，都很喜欢自己的职业及其带给他们的权利感和成就感。税后收入在 80 万美元和在 100 万美元时相比，他们的工作努力程度实际上差不多。

图 16-7 反映了劳动税率的增加如何影响劳动供给。注意，如果劳动供给曲线是向后弯曲的，则会产生劳动随税率下降而减少的悖论。

对资本所得的课税 在储蓄和投资领域，税收显然对经济活动有很大影响。当一个部门的税收很高时，资源就会流向征税较轻的部门。例如，由于企业的资本会被双重征税，人们的储蓄就会从企业部门流出，并转向那些税负较轻的产业。如果对风险投资征税较高，则投资者可能就宁愿进行安全的投资。

全球化的影响 随着经济体开放程度的提高，一国需要保证本国生产要素如资本和高技术劳工不会被吸引和流动到低税收国家。这方面的考虑在公司所得税上显得尤为重要，因为公司可以轻易地将总部转移到某些离岸的

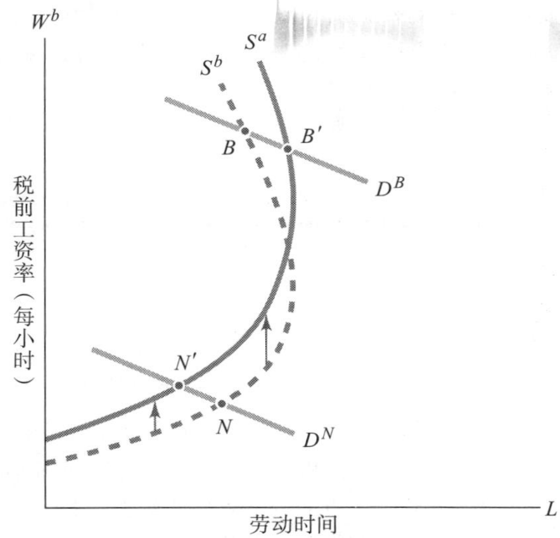

图 16–7　劳动对税收的反应取决于供给曲线的形状

供给和需求决定了税前工资水平下的劳动供给。在对劳动收入征收了 25% 的所得税后，税前劳动供给曲线 S^b 垂直上移到税后供给曲线 S^a 的位置。如果对劳动的需求与供给在底部的通常领域相交，我们可以看到预期的劳动供给下降，图中为从 N 移到 N′。如果劳动供给是向后弯曲的，如图顶端所示，劳动供给就随税收增加而上升，从 B 移到 B′。

群岛等避税天堂。

效率和公平

经济学家一直非常关心税收对经济效率的影响。请回忆第 14 章，亨利・乔治曾说过：对土地征税对效率不会有什么影响，因为土地的供给是完全无弹性的。有效税收的现代理论提出了拉姆齐税收原则（Ramsey tax rule）。它认为政府应对那些供给和需求最没有价格弹性的投入和产出征收最重的税。[1]拉姆齐税收原则的理论基础是：如果一种产品在供给或需求上非常缺乏价格弹性，那么对这种产品征税对其消费和生产的影响就十分有限。在某些情况下，拉姆齐税收可以说是以最小的经济效率损失增进收入的一种办法。

但经济和政治关心的并不只是效率，对土地租金或粮食征收重税可能是有效率的，但许多人会认为这是不公平的。1990 年英国一项要求实行人头税的建议提醒我们，这是一个两难问题。人头税是一种一次性总付税，或是对每个人征收的固定税收。这种税收的优点是像土地税一样，它不会导致低效率，毕竟人们不会逃到俄罗斯，或剖腹自杀以逃避税收，所以对经济的扭曲会最小。

但是，英国政府低估了人们对这种不公平的反对。人头税是高度累退的，因为低收入者的税收比例大大高于高收入者。在使当权 11 年的撒切尔政府倒台的过程中，对人头税的批评曾起到关键的作用。这个例子说明：在税收及其他经济政策领域中，效率和公平两者很难取舍。

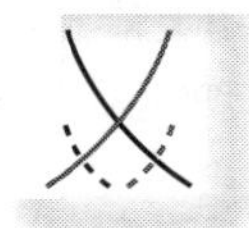

对“害品”而非“益品”征税：绿色税

经济学家不怎么倡导人头税，他们更喜欢另外一种对“害品”而不是“益品”征收重税的税收制度。低效率的主要原因在于政府往往对那些“益品”——像工作、资本投资、储蓄或风险承担等经济活动——进行征税，所以挫伤了这些活动。一种替代办法是对“害品”征税。传统的害品税包括“罪恶税”：对于烟、酒及其他对健康有害的物品所征的税。

一种新型税收是对污染和其他有害的外部效应征税。这些税被称为**绿色税**（green taxes），因为它们旨在改善环境，同时增加收入。假设国家决定为减缓全球变暖过程而征收“二氧化碳税”，即对发电厂及其他地方排放的二氧化碳征税。根据一般的经济学推理，我们知道这种税会使得企业降低其二氧化碳排放量，从而改善环境。另外，绿色税当然也能带来收入，政府可用它资助某些活动或降低诸如工作、储蓄这类有益活动的税率。所以绿色税的益处是双重的：国家得到收入，同时环境得到改善，因为这些税抑制了有害的外部性。

最后的话

我们对于政府在经济中作用的简要考查，提醒我们应该注意集体行动的责任和不利之处。一方面，政府必须保卫国家的边疆，稳定经济，保护公众健康，并对污染加以管制。另一方面，许多政策也体现了一种将收入从消费者手中转移到政治力量强大的利益集团手中的倾向。

1　请回顾第14章关于亨利・乔治的单一税问题，还有延伸的税收效率问题和关于“拉姆齐税收”的讨论。

这意味着我们应该放弃政府这只“看得见的手”，而换成市场那只“看不见的手”吗？经济学不能回答这么深刻的政治问题。它能做的只是考查政府选择和市场选择的优势与劣势，并设计出某些机制（如绿色税或研究开发资助）来弥补“看不见的手”的缺陷，使得这只手可以比在完全放任或无节制的官僚体制这两种极端条件下来得更有效率，也更公平。

总结提要

A. 政府对经济的控制

1. 在过去一个世纪中，政府在经济中的作用大幅上升。政府通过运用税收、支出和直接管制来影响和控制个体经济活动。
2. 一个现代福利国家执行四项经济职能：(*a*) 医治市场不灵；(*b*) 对收入和资源进行再分配；(*c*) 制定财政和货币政策以稳定经济周期和促进长期经济增长；(*d*) 管理国际经济事务。
3. 公共选择理论分析了政府实际上是如何行动的。正如“看不见的手”会失灵一样，政府也存在失灵的问题，政府的干预也会导致浪费或以一种不合适的方式对收入进行再分配。

B. 政府支出

4. 美国公共财政体系是财政联邦制。联邦政府的支出集中于与全国有关的事件——如国防和太空探索等公共品上。州和地方政府的支出一般集中在地方公共品上，其受益大多局限在州和城市范围内。
5. 现在，政府的支出和税收约占全部国民产出的 1/3，其中约 55% 的支出是在联邦政府一级进行，剩余的在州和地方政府之间分配，政府支出中只有很少的一部分用于警察和法庭等传统职能。

C. 税收的经济学问题

6. “受益原则”和“支付能力原则”是两个基本的税收命题。当税收在富裕家庭收入中所占份额与其在贫困家庭收入中所占份额相比依次为较大、相等或较小时，它就相应地成为累进的、比例的或累退的税种。直接的累进的所得税与间接的累退的销售税和货物税，从这个角度看性质正好相反。
7. 一半以上的联邦收入来自于个人所得税和公司所得税，其余部分来自工薪税和消费税。地方政府的收入主要来自财产税。而对州来说，销售税是最重要的。
8. 个人所得税对“各种来源的收入”征税，但要根据税收减免与扣除减掉某些收入。边际税率，即每 1 美元新增收入中税收支出所占的份额，对于决定税收在激励工作与储蓄方面的影响是十分重要的。
9. 增加最快的联邦税是工薪税，它被用来支持社会保险。这是一项“专项资金”的征税，用来提供公共养老金以及医疗保健和伤残福利。由于这种支出流最终都有看得见的收益，所以工薪税有受益税的成分。
10. 经济学家提出了拉姆齐税收原则。这种原则强调：当对那些价格弹性相对较低的经济活动征收重税时，效率能够得到提高。一种新的方法是绿色税，它对环境外部性影响征收费用，减少有害的活动，同时增加收入。如果不征收绿色税，这部分收入可能就得通过对商品或对生产投入进行征税而获得。但就所有的税的开征而言，公平和政治上的可接受性，都是严格的约束条件。

概念复习

政府的职能

政府控制经济的三个工具：

税收

支出

管制

市场失灵和政府失灵

公共选择理论

政府的四项职能：

（提高经济）效率

（增进）分配（公平）

（维持经济）稳定

（在）国际（上）代表（国家利益）

政府支出和税收

财政联邦制及地方的和全国性公共品

政府支出的经济影响

受益原则和支付能力原则

纵向公平和横向公平

直接税和间接税

应得权益计划

累进税、比例税和累退税

拉姆齐税收原则和绿色税

补充读物和互联网站

补充读物

An excellent review of tax issues is contained in the symposium on tax reform in *Journal of Economic Perspectives*, Summer 1987. The classic study of the flat tax referred to in the text is also online, at *www.hoover.org/publications/books/3602666.html*.

互联网站

Data on government budget and tax trends can be found at government sites. For example, overall trends are presented by the Bureau of Economic Analysis at *www.bea.gov*. Budget information for the federal government comes from the Office of Management and Budget at *www.whitehouse.gov/omb*.

The Internal Revenue Service (IRS) has a lively site with a plethora of tax statistics at *www.irs.gov* and *www.irs.gov/taxstats/index.html*.

Two organizations which study taxation and have good websites are the National Tax Association at *www.ntanet.org* and the Brookings Institution at *www.brookings.org*. Policy papers by a British research institute that focuses on social security and taxation can be found at *www.ifs.org.uk*.

问题讨论

1. 回忆奥利佛·温德尔·霍姆斯大法官所说的话："税是我们为文明社会所支付的代价。"解释这句话，记住在经济当中，我们总是需要透过货币流动的面纱来理解实际资源的流动。
2. 在考虑你是想要一个纯粹自由放任的经济还是政府管制的经济时，讨论对于卖淫、吸毒、心脏移植、攻击性武器和酒精是否应由政府控制，讨论对这些物品征收高额税收或实行禁止的相对有利之处（回忆第 5 章中关于禁毒的讨论）。
3. 美国税收制度的批评者认为，税收会挫伤工作、储蓄和创新的积极性，所以会降低长期的经济增长。你能看出为什么"绿色税"能促进经济效率和经济增长吗？考虑对硫酸和二氧化碳排放或泄漏的油轮的征税。列出你认为能提高效率的税收，并将它们的影响与税收对劳动或资本收入的影响进行比较。
4. 税收经济学家经常谈到一次性总付税（像人头税），这种税对个人征收，而不考虑其经济活动。一次性总付税是有效率的，因为它们对所有收入和产出征收的边际税率都为零。

   假设政府对每个人征收 200 美元的一次性总付税，用图说明这对劳动的需求和供给的影响。在均衡时，劳动的边际收益产品还等于工资吗？

   在一个包含一生时间的分析框架中，我们可将一次总付税看做"禀赋税"，以潜在劳动收入为基础对个人征税。你会赞同这样一个变动吗？说明在执行一项禀赋税时会遇到的困难。

5. 将不同的联邦税按其累进程度列一张表。如果联邦政府想取消所得税，代之以消费税或销售税，这对于税收体系的总体累进程度有何影响？
6. 有些公共品是地方性的，外溢到小范围的居民中；另一些则是全国性的，使整个国家都受益；有一些是全球性的，影响所有的国家。私人品的外溢是可以忽略不计的。给出一些纯粹私人品和地方性、全国性或全球性公共品及其外部性的例子。对于每种情况，指出哪一级政府能制定最有效率的政策，并举出一两个可以解决外部性问题的适当的政府举措。
7. 回顾我们讨论的税收归宿问题。税收归宿体现的是税赋被最终负担的方式，及其对价格、产出和其他经济变量所构成的最终影响。下面是一些能运用供求分析回答的税收归宿问题，用图解释你的分析。
   a. 在 1993 预算法案中，国会将每加仑联邦汽油税提高了 4.3 美分。假设汽油的批发价是由世界市场决定的，汽油税对美国生产者和消费者的相对影响如何？
   b. 社会保险税主要针对劳动收入征税，如果劳动供给完全没有价格弹性，税收的归宿在哪里？如果劳动供给曲线是向后弯曲的呢？
   c. 如果企业必须得到一个在世界资本市场上决定的税后投资收益率，那么，在一个小的开放经济中，公司所得税的归宿在哪里？
8. 关于以加利福尼亚经济学家和参议员候选人阿瑟·拉弗的名字命名的*拉弗曲线*，有一个有趣的问题。在图 16-8 中，拉弗曲线显示出税收收入如何随税率上升而增加，在 L 点达到最高，然后在 100% 的税率时降为零，因为此时经济活动已经被完全抑制了。不同税收的拉弗曲线的确切形状是有争议的。

   在讨论税收时经常犯的一个错误是后此谬误（见第 1 章关于这个问题的讨论）。要求减税的人经常在争论中借助于拉弗曲线。他们认为 20 世纪 60 年代减税时，经济处于拉弗曲线顶端的右侧，比如说在 B 点。他们说，“在 1964 年肯尼迪—约翰逊减税后，联邦收入由 1963 年的 1 100 亿美元上升到 1966 年的 1 330 亿美元，所以减税能提高收入。”请解释这为什么不能说明经济处于 L 点的右侧，再请进一步解释为什么这是一个后此谬误。给出一个正确的分析。

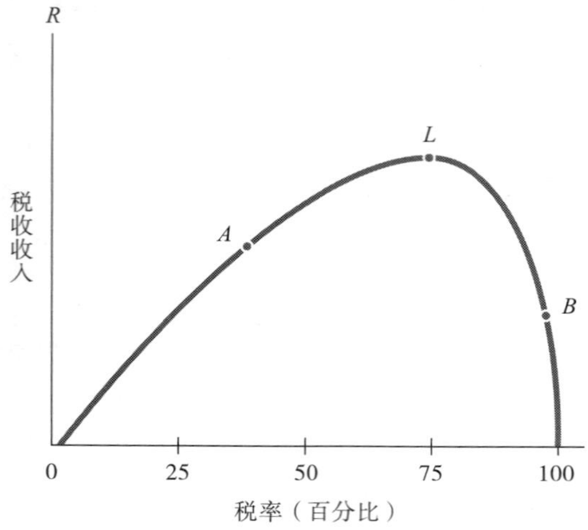

图 16-8 拉弗曲线

9. 在统一税的税制下，对所有个人和公司收入只征一次低固定比率的税收。表 16-5 说明了这样的一个统一税是如何起作用的。比较统一税和表 16-4 中所列税收的平均税率和边际税率，列出两种税的优点和缺点，并说明哪种累进程度更高？

(1) 调整后的总收入 （美元）	(2) 扣除和减免 （美元）	(3) 应税收入 （美元）	(4) 个人所得税 （美元）
5 000	20 000	0	0
10 000	20 000	0	0
20 000	20 000	0	0
50 000	20 000	30 000	6 000
100 000	20 000	80 000	16 000
1 000 000	20 000	980 000	196 000

表 16-5

效率与公平：重大权衡 第17章

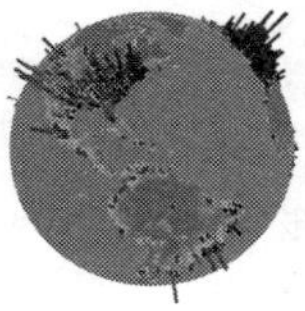

公平和效率（的冲突）是最需要加以慎重权衡的社会经济问题，它在很多的社会政策领域一直困扰着我们。我们无法在按市场效率生产馅饼的同时又完全按公平的原则去进行分配。

——阿瑟·奥肯（1975 年）

大约一个世纪以前，许多西方国家开始对市场经济进行干预，并编织了一张社会安全网，作为与社会主义国家竞争的堡垒。这种新的模式被称为"福利国家"。走向福利国家的潮流逐步酿成了我们今天在北美和欧洲可以见到的混合型市场经济。在这些国家，市场要对绝大多数的产品和服务的生产和定价负责，而政府则维持经济体系的正常运行并向穷人、失业者以及老年人提供社会安全保障。

政府政策中最具争议的是针对穷人的社会保障计划。家庭是否应该得到有保障的收入？或者只应该提供最低水平的食品、住房和医疗保健？税制应该激进到能在富人和穷人之间进行收入再分配？抑或主要是促进经济有效率地增长？

令人惊讶的一点是，随着社会越来越丰裕，这些问题也日益引起更多的争议。你可能会认为，当一个国家变得更繁荣时，它一定会将其收入中更大的一部分用于救助国内外的贫困者。然而事实并非如此。半个世纪以来，随着税收负担的加重，人们总是在进行着反抗，不断地要求降低税率。同期，人们也逐渐地意识到，追求收入公平的尝试往往都会损害应有的激励力度和效率水平。今天，人们会问：为了把经济这块馅饼分得更加平均，我们究竟需要牺牲这块馅饼的多大一部分？如何在国家不破产的前提下通过重新设计收入支持计划以减少贫困和不公平？

本章旨在考查收入分配和减少不公平的两难政策抉择。保证收入公平分配是当今最具争议的经济话题之一。请回忆，在本书第一章我们就曾指出，经济学服务于公共利益的最佳途径就是：以自己冷静的思考去实现人们热切的期望。本章拟探究分配不公平的发展趋势和有关对策的利弊，并指明头脑冷静的经济学分析将如何能够促进混合经济的持续增长和公平分配。

A. 不公平的根源

要衡量人们控制经济资源能力的不公平，我们需要弄清收入与财富的区别。请记住，**个人收入**（personal income）这一概念指的是某人或某家庭在某个时期（通常是一年）所获得的总的款项或现金。个人收入主要包括劳动报酬、财产收入（如租金、利息和红利）以及政府的转移支付。**个人可支配收入**（disposable personal income）指的是个人收入减去所有的税赋。**财富**（wealth）或"净价值"则是某个时点上所拥有的有形资产和金融资产的货币价值，减去对银行和其他信用机构的欠款。不妨回顾一下前面章节中的表 12-1 和表 12-2，以增强你对收入和财富的来源和构成的理解。

收入和财富的分布

统计资料表明，2006 年美国家庭收入的中位数是 48 200 美元，即有一半家庭的收入少于这个数，同时有一半家庭的收入超过它。这个数字关系到收入分配，也即收入的变动态势和离中趋势。为理解收入分布，我们不妨做一个实验：假定每个家庭都有一个成员在编序卡片上填写他或她的家庭年收入。根据这些卡片，我们可以按收入水平将其分为若干个收入档次。部分卡片归入收入最低的 20% 的组群，即 11 551 美元以下的那一组，另一部分划归相邻的其他组群。只有少数归入最高的 5% 的组群，他们的家庭年收入超过了 362 514 美元。

表 17-1 显示的是 2006 年美国家庭的实际收入分布。第（1）栏显示的是 5 个收入档次，或者说五分法，再加上收入最高的 5% 的家庭；第（2）栏显示各收入档次的区间；第（3）栏显示属于各收入档次的家庭所占的百分比；第（4）栏显示在各收入档次中的人的全部收入占总收入的百分比。

表 17-1 使我们可以大致了解到美国经济中收入的基本分布情况。大约一半的人口每年所赚的钱少于 50 000。但越靠近收入金字塔的顶端，人数就越少。假如我们在街区外建造一座收入金字塔并以 500 美元为一层，那么它的最高层会比珠穆朗玛峰还要高，而大多数人都处在仅高出地面几英尺的那一层。

如何衡量各收入阶层之间的不公平

接下来的问题是如何衡量收入分配不公平的程度？在一个极端，如果收入绝对公平地加以分配，那么收入最低的 20% 人口将会接受恰好 20% 的总收入，收入最高的 20% 的人口也接受 20% 的总收入，两者毫无差异。这是绝对公平的定义。

然而事实远非如此。2006 年，最低收入的 20% 的家庭只得到少于 4% 的总收入，而收入最高的 5% 的家庭的情况则刚好相反，他们占有 22% 的总收入。

我们能将不公平程度用一个图来表示。这个图被称为**洛伦茨曲线**（Lorenz curve），它被广泛地用于对收入和财富不公平状况的分析。图 17-1 显示了列在表 19-2 各栏中的数据的不公平程度。也即，该图对照了（1）绝对公平；（2）绝对不公平；（3）美国 2006 年的实际不公平的程度。

表 17-2 第（4）栏描述的是绝对公平的情况。将该栏数字画在图上，它们就成了图 17-1 中洛伦茨曲线图中的对角线（以虚线表示）。

在另一个极端，也有假设的绝对不公平的情况。这时，只有一个人得到了全部的收入。绝对不公平显示在表 17-2 中第（5）栏中，即洛伦茨曲线图中右下方那条呈直角的虚线。

（1） 家庭收入档次	（2） 平均收入	（3） 占家庭总数的百分比	（4） 占家庭总收入的百分比
最低的 1/5	$ 11 551	20	3.4
次低 1/5	$ 29 442	20	8.7
第 3 低 1/5	$ 49 968	20	14.8
第 4 低 1/5	$ 79 111	20	23.4
最高的 1/5	$169 791	20	49.7
最高的 5%	$362 514	5	21.2

表 17–1 2006 年美国家庭货币收入分布情况

2006 年的家庭收入分布的总体状况如何？我们将家庭分为五档：最低收入的 1/5，次低收入的 1/5 等。

资料来源：U.S. Bureau of the Census, Current Population Report, *Income, Poverty, and Health Insurance Coverage in the United States: 2007*, available at *www.census.gov/hhes/www/income/income.html.*

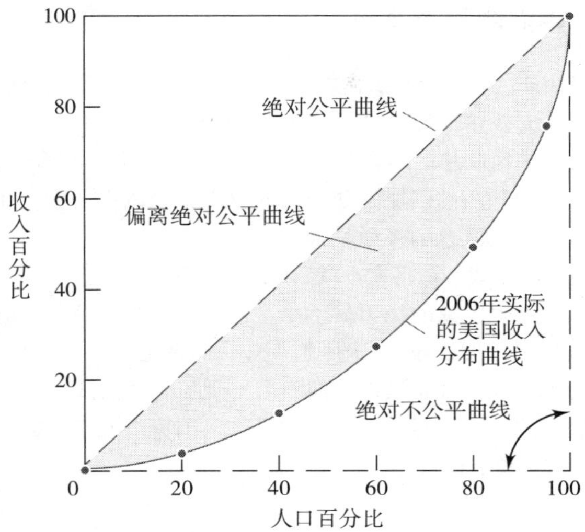

图 17–1　洛伦茨曲线显示了收入不公平

根据表 17-2 的第（6）栏画出相应图形，我们看到实际的收入分布曲线处在绝对公平和绝对不公平这两个极端之间。这一洛伦茨曲线的阴影部分（作为三角形面积的百分比）衡量收入的相对不公平。（在群情激愤、社会不公平严重的 20 世纪 20 年代，洛伦茨曲线会是什么形状？在所有人都有相同遗产和机会的乌托邦社会又如何呢？）

任何实际的收入分配，比如上述 2006 年的情况，都会落在绝对公平和绝对不公平这两个极端之间。根据表 17-2 中第（6）栏的数据可以画成图 17-2 中的实际洛伦茨曲线（由第（1）、第（2）栏派生）。这一实际的洛伦茨曲线在图 17-1 中以粗黑线来表示。阴影区域表示对绝对公平的偏离，从而为我们衡量出收入分配不公平程度。

基尼系数

经济学家常常需要将不公平的程度进行量化。常用的量化指标是**基尼系数** (Gini coefficient)。通过计算图 17-1 中洛伦茨曲线阴影部分的面积再乘以 2 可以得出基尼系数。在绝对不公平下，基尼系数等于 1，而在绝对公平时基尼系数等于 0。为了理解这一点，不妨回顾一下，一个收入分配绝对公平的社会的洛伦茨曲线刚好就是 45 度线，所以这块阴影部分的面积为 0。相反，当洛伦茨曲线沿着那条直角虚线时，这块面积刚好是 0.5，将其乘以 2 便得到了基尼系数为 1。

人口普查工作署采用基尼系数的方法计算发现，从 1967~1980 年（基尼系数从 0.399 上升为 0.403）收入分布的不公平性并没有发生什么变化，而 1980~2006 年却稳步上升（从 0.403 上升为 0.469）。

财富的分布

收入不公平的根源之一是财富所有权的不公平。财富指的是金融资产和有形资产的完全所有权。那些极为

（1）家庭收入档次	（2）占家庭总收入的百分比	（3）累计的家庭百分比	（4）累计的收入百分比：绝对公平	（5）累计的收入百分比：绝对不公平	（6）累计的收入百分比：实际分布
最低的 1/5	3.4	20	**20**	**0**	3.4
次低的 1/5	8.7	40	**40**	**0**	12.1
第 3 低的 1/5	14.8	60	**60**	**0**	26.9
第 4 低的 1/5	23.4	80	**80**	**0**	50.3
最高的 1/5	49.7	100	**100**	**100**	100.0

表 17–2　不公平的现实及其极端情况

通过将第（2）栏的每 1/5 的家庭收入累加，我们可以得到第（6）栏的实际分布情况，并将它与绝对公平和绝对不公平的情况加以比较。

资料来源：表 17-1。

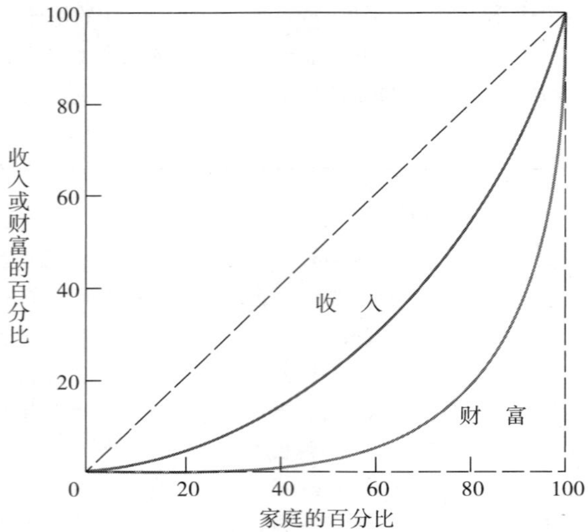

图 17-2 财富分布的不公平大于收入分布的不公平

财富持有往往比年收入更为集中。

资料来源：For income, see Table 17-1. Source for wealth is Federal Reserve Board, *Survey of Consumer Finances, 2004*, available at *www.federalreserve.gov/Pubs/oss/oss2/2004/scf2004home_modify.html.*

富有的人（无论由于继承、技能、运气或其他什么原因）享受着远远高于一般家庭的丰厚收入。而那些没有财富的人其收入却少得可怜。

在市场经济中，财富分布的不公平远远大于收入分布的不公平，这一点可参见图 17-2。在美国，2004 年财富最多的 10% 的家庭拥有全部财富的 70%，财富最多的 1% 的家庭占有大约全部财富的 35%。纽约大学爱德华·伍尔夫（Edward Wolff）的研究表明，财富的分配变得越来越不公平。

社会和国家对于个人可持有巨额财富的心态是矛盾的。一个世纪以前，老罗斯福总统曾经猛烈抨击“为富不仁”（malefactors of great wealth）的现实，并提议对收入和遗产征收严厉的累进税。然而，一个世纪以后的今天，美国竟然通过了这样的税收法案：到 2010 年，美国将开始取消所谓的“死亡税”，也即遗产税和赠予税。如果这项立法能够一直顶得住舆论的压力，那么，它将会在 2010 年之后掀起新一波财富不公平的社会浪潮。

国家间的不公平

由于经济和社会结构的不同，各个国家的收入分配存有巨大差异。表 17-3 显示了财富最多的 10% 和最少的 10% 的国家和地区的收入分配的差异。在高收入国家中，以市场为导向的国家，如美国的收入分配最不公平，而北欧福利国家总的来说是最公平的。关于美国收入不公平的原因，我们还将在本章后面进行讨论。

发展中国家的经历显示出一种有趣的相似性：工业化进程开始时，不公平程度加剧；工业化进程完成后，不公平程度下降。最极端的不公平现象（即极度的富裕与极度的贫困共存）出现在中等收入国家，尤其是拉丁美洲的秘鲁、巴西及委内瑞拉。

美国的贫困问题

《圣经》说：“贫困将永远伴随着你。”贫困是美国社

	最富 10% 与最穷 10% 的收入比
日本	4.5
捷克共和国	5.2
瑞典	6.2
德国	6.9
韩国	7.8
法国	9.0
西班牙	9.0
加拿大	10.0
意大利	11.7
奥地利	12.7
英国	13.6
美国	**15.7**
南非	31.9
阿根廷	38.9
巴西	67.0
纳米比亚	129.0

表 17-3 不同国家收入不平等的比较

由表可见总人口中最富 10% 与最穷 10% 的收入的比率。各国的不平等情况差异很大。日本和西欧的不平等状况最为轻微，而南美国家不平等状况最为严重。

资料来源：World Bank, *World Development Indicators*, 2005, available at *devdata.worldbank.org/wdi2005/index2.htm.*

会及全世界范围内一直备受关注的问题。在讨论反贫困计划以前，我们必须考查贫困的定义。

贫困定义的微妙之处

“贫困”一词对不同的人有不同的含义。显然，贫困是一种人们没有足够收入的状况。但是，要在穷人与富人之间划一条明确的界线却很困难。经济学家因此设计了一些具体标准以供官方定义贫困。

20 世纪 60 年代，美国将贫困正式定义为一种收入水平，它低于所估算的维持生存的基本生活水平所需的费用。其计算依据家庭的预算，还有家庭食品花费在支出中的比例。自那时起，随着政府消费者价格指数的更新，这种计算所反映的是生活费用的变化。按照标准定义，2004 年四口之家的年最低生活费用是 18 850 美元。这个数据被当做“贫困线”，用于区分贫困家庭和非贫困家庭。贫困线的数值随着家庭规模大小而变化。

尽管确定贫困的具体数字是有帮助的，但专家们认识到“贫困”是个相对概念。生活预算中包括了偏好和社会习俗等主观因素。今天，标准以下的住房通常也包括家用设施和管道设备，这些在早期，即使在百万富翁家庭中也是不可能拥有的。

鉴于此，国家科学院的专家小组在 1995 年建议，将贫困的概念变为**相对收入**。专家组建议当某家庭的消费还不到平均家庭在食品、服装、住房上的消费水平的 50% 时，该家庭即可被定义为贫困。相对收入意义上的贫困在不公平现象缓解时会减少；当经济增长而收入和消费的分配没有变化时，贫困现象也不会有变化。在这个新的世界里，涨潮会让所有的小船升高，但不会改变仍有一部分人口被认为是穷人这一事实。政府正在审慎地考虑这一新的方法。

谁是穷人

某些群体出现贫困的机率比另一些群体高。表 17-4 表明了 2006 年贫困在不同群体中的发生概率。白人家庭的贫困率低于黑人和西班牙裔的家庭。老年人的贫困率不再高于平均水平的贫困率。

2006 年主要人群的贫困率

人　群	贫困率
总人口	12.3
按种族和民族划分：	
白人	8.2
黑人	24.3
西班牙裔人	20.6
按年龄划分：	
18 岁以下	17.4
18~64 岁	10.8
65 岁及以上	9.4
按家庭类型划分：	
有配偶者	5.7
女性户主现无配偶	30.5
男性户主现无配偶	13.8

表 17–4　2006 年不同人群的贫困率

白人和有配偶的人的贫困率低于平均值。黑人、西班牙裔人和女性户主的单亲家庭的贫困率高于平均的贫困率。

资料来源：U.S. Bureau of the Census, *Poverty in the United States: 2006*, CPS 2007 Annual Social and Economic Supplement, downloaded from *pubdb3.census.gov/macro/032007/pov/toc.htm.*

也许最为不祥的趋势是，以女性为户主的单亲家庭在贫困家庭中的比率上升。1959 年，只有 18% 的贫困家庭属于女性户主的单亲家庭。而到 2006 年，这个比例增加到 30%。社会学家担心，这些家庭中的儿童不能得到足够的营养和教育，而且当他们长大成人后也难以摆脱贫困的折磨。

为什么有如此多的女性户主家庭和少数族群家庭陷入贫困呢？歧视在其中扮演了什么角色？有经验的观察家坚持认为，尽管厂商对少数族群劳工或妇女劳工少付报酬这类野蛮的种族歧视和性别歧视今天正在消失，但妇女和黑人的相对贫困却仍然日渐严重。我们如何调和这两种明显矛盾的趋势呢？一个重要因素是：受过高等教育和有技术的劳工与教育程度较低的非熟练劳工之间的收入的鸿沟越来越宽。近 25 年来，正如我们在下一个部分要看到的，这两组劳工的工资差异迅速增大，对少数族群劳工的冲击尤其严重。

谁是富人

另一个极端是高收入人群。许多最富的人的高收入主要来源于财产性收入，由股票、债券和不动产所带来的收入所组成。就前几代人而言，美国许多富翁都是通过遗产继承获得财富。而今天，成为成功的企业家才是更多美国人致富的主要路径。绝大多数最富有的美国人都经由承担风险、经营有方和获取丰厚利润而发家致富，例如电脑软件公司、电视网络和连锁店等。新产品和服务的发明人和公司创始人，依靠他们的“创新”经由“熊彼特利润”而获得巨额财富。这些富人包括民间英雄如比尔·盖茨（微软首脑）、沃尔顿（沃尔玛百货超市的开创者）、还有沃伦·巴菲特（股神）。而在早些年代，富人都是靠股票债券的收益和土地的租金而享受豪华生活的。

富人的高收入的另一个主要变化是（包括独资企业的）工资收入比重，占到了美国最富 1% 人群收入的 85%，而这个比重在 20 世纪初只有 50%。这些高收入者中，越来越多的人都任职于金融等商业领域。哪些职业赚钱最多？近些年应数金融市场中的投资银行家及其专业技术人员。2006 年，证券业全部员工的平均收入高达 206 000 美元左右，其中高级管理者和分析师的收入又是平均数的好几倍。

为什么不同工作的收入差距能如此之大？一些差距来源自人力资本投入，比如要成为一名高级医生，必须经过很多年的训练。个人能力在差距形成中也扮演着重要的角色，例如，金融界有限的工作岗位往往都需要数字感觉极其敏锐的人。还有一些工作之所以工资高，是由于其存有危险或是让人不愉快（回顾第 13 章中关于报酬差异的讨论）。此外，各种职业所需要的劳动供给也并非无限（如工会限制和职业证照等原因）。这些供给限制也都能推高这些工种的工薪水平。

不公平趋势

上个世纪，美国收入不公平的状况已经历了一个完整的周期。由图 17-3 可见美国贫富差距的历史变动情况。该图显示了美国 1/5 最高收入家庭和 1/5 最低收入家庭的收入比率的历史变动。由图可见三个明显不同的时期：首先不公平程度逐渐下降，直到第二次世界大战；然后直到 20 世纪 70 年代，是一段贫富差距较小的稳定时期；接下来的 30 年中，贫富差距又迅速地拉大。自 1980 年以来，最高收入群体与最低收入群体的收入比率几乎增加了 50%。而且，由图 17-4 中四个群体的收入变动情况可见，金字塔顶端 0.1% 富人的收入上升得最快。2006 年，该组群 13.3 万户家庭的平均收入高达 6 300 000 美元。

不公平程度缩小。收入不公平程度在 1929 年达到顶峰，后随着股市的崩溃和长期大萧条的出现，减少了上等收入群体的资本收入，美国的不公平程度也急剧下降。战后经济长期扩张带给中产阶级繁荣，导致最高收入组群的收入比重在 60 年代后期下降到低谷。最低收入家庭的收入占总收入的份额在 1929~1975 年间也从 3. 8% 增长到了 5%。

这一时期贫富差距缩小的原因是什么？部分是由于工资差距的缩小。随着贫困人口受教育程度的提高和劳

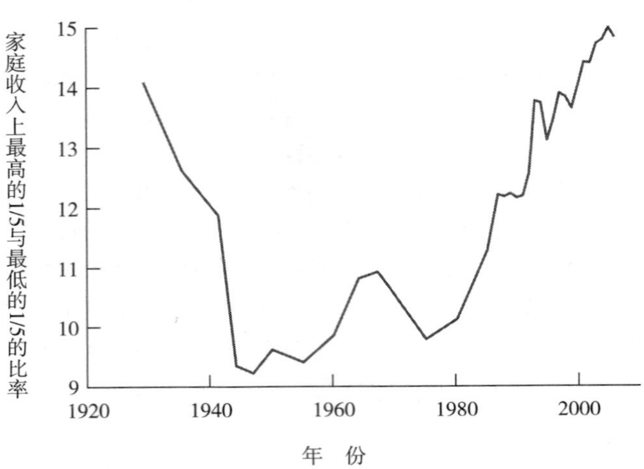

图 17-3 1929~2006 年美国收入分布的不公平趋势

一个实用的衡量不平等的方法是家庭收入上最高的 1/5 人口的收入与收入最低的 1/5 人口的收入的比率。最高的 1/5 人口的收入在全部家庭总收入中的比重有过三次下降：1929 年股市崩溃之后；二战后的低失业率和减少妇女、少数民族的就业障碍的时期；人口由农村流向城市的时期。自从 1980 年以后，随着较多移民的进入和非熟练工人的工资的下降，美国的收入不公平的状况正急剧恶化。

资料来源：Bureau of the census, with historical seris spliced together by authors.

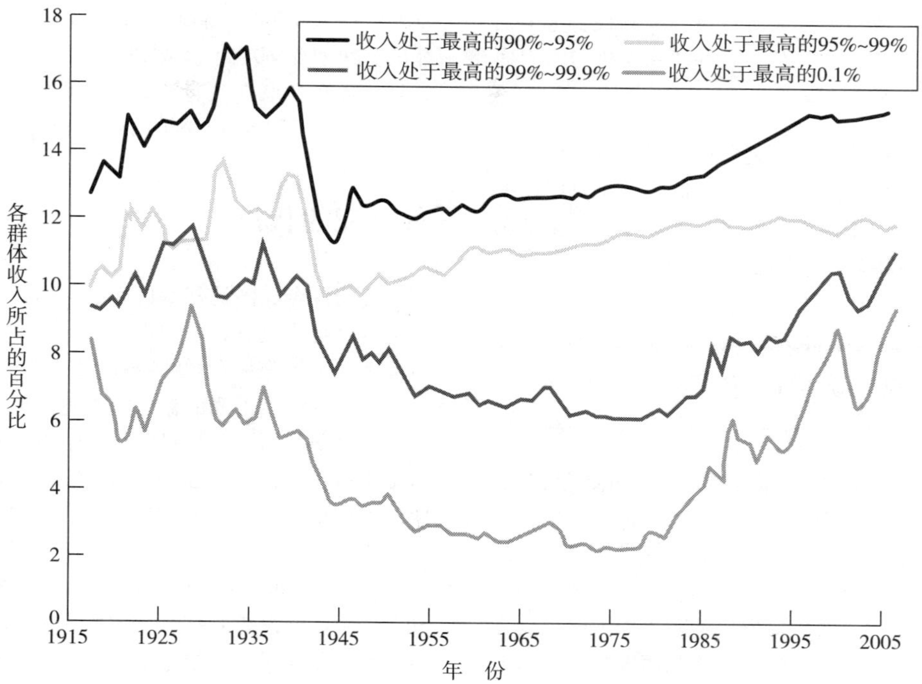

图 17-4 美国最高收入组群在总收入中的比重：1917~2006 年

收入不公平程度在 20 世纪大部分时间呈下降趋势，而在 1970 年左右开始上升。最明显的收益属于高收入群体——收入处于最高的 0.1% 的家庭。他们的收入占总收入的份额在 1975 年为 2%，而在最近一年却达到 9%。

资料来源：The methods were developed in Thomas Piketty and Emmanuel Saez, "Income Inequality in the United States, 1913–1998," *Quarterly Journal of Economics*, 2003. The data here are from their update of March 2008, downloaded from *elsa.berkeley.edu/~saez/*.

工队伍的团结、联合，工资差距逐步缩小。诸如社会保障等政府政策向老年人大幅倾斜，而对于贫困者和失业者给予现金援助或发放食品券的做法也提高了其他群体的收入。同时，累进税制的实施（即收入越高所得税税率越高）也降低了不公平程度。

差距扩大：在过去四分之一个世纪中，情况已完全改变。20 世纪 80 年代，低收入家庭收入占总收入的份额大幅下降，从 1975 年的 5.4% 下降到 2006 年的 3.4%，收入最低的 20% 的家庭的平均实际收入也低于其高峰时期。

为什么贫富差距在近几十年又一次被拉大？经过多年激烈的辩论之后，罗伯特·戈登和伊恩·杜贝克在近期一篇调研中总算得出了以下几点共识：

- 事实上，不公平的扩大不是来自劳动收入在国民收入中比重的变化。这些劳动收入比率在 1970 年后就一直基本持平。
- 工会运动的衰落会导致对男性的不公平程度的有些许增加。
- 国际贸易对工资水平几乎没有什么冲击，而移民则对国外出生的美国人产生不利影响，他们本应是移民的“替代品”。
- 技术进步主要是降低中产阶级的工资和推高高技能员工的工资，而对没有熟练技能的服务人员则几乎没有什么影响。
- 最高收入群体的收入比重急剧上升的原因有三：第一，技术进步使文体娱乐活动的观众增多，超级明星的酬金也随之猛增。第二，随着美国经济日益全球化，顶级专业技术人员的收入也在增长，尤其是在金融领域。第三，分离所有权和控制权，这个预先注入的（期权）“意识”，允许“首席执行官们拥有超高的薪酬和收益”。

以上是对美国收入不公平现象的描述及其原因的探讨。下一部分，我们将进一步讨论政府为缩小贫困比率所做的种种努力。每个高收入的民主国家在它们重新定义政府职能的时候都需要反思这个问题。

B. 反贫困政策

所有的社会都会采取措施向其贫困的公民提供帮助。但是所能给予穷人的东西需要从其他群体那里获取，这无疑是再分配计划的主要阻力之所在。此外，经济学家还担心再分配会影响全国上下的效率和士气。这些问题在国家预算赤字扩大以及反对增税的阻力加大时尤其显得重要。在这一部分，我们将回顾福利国家的兴起，考查收入再分配的代价及现行的收入维持体系。

福利国家的兴起

早期古典经济学家认为收入分配是不可改变的。他们认为，用政府干预减轻贫困的任何企图，都是只会导致整个国民收入下降的愚蠢的努力。这个观点曾受到英国经济学家、哲学家约翰·斯图亚特·穆勒的质疑。尽管他也注意到政府干预与市场机制的冲突，但是他仍然雄辩地认为政府的政策可以减少不公平。

半个世纪以后的19世纪末，西欧的政治领袖们采取了一些新措施，标志着政府在经济职能方面的历史性转折。德国的俾斯麦、英国的格拉斯通和迪斯累利，后来还有美国的富兰克林·罗斯福等，都引入了政府对人民福利负有责任的新观念。

这就是**福利国家**（welfare state）兴起的标志。在福利国家中，政府调节市场力量以保护个人能应付某些偶然事件，并保证人民有最起码的生活水平。

福利国家的政策主要包括公共养老金、意外伤残保险、失业保险、医疗保险、食品和住房计划、家庭补贴以及对某些群体的收入补助。这些政策从1880年到当今时代逐渐地被引入。福利国家引入美国则稍晚一些，是从20世纪30年代“新政”中的失业保险和社会保障开始的。20世纪60年代美国建立了老人和穷人的医疗保健计划。1996年联邦政府甚至还开了倒车，取消了最低收入保证。关于收入再分配的争论，也许永不会结束。

再分配的代价

现代混合经济的基本目标是向那些暂时或永久地不能为自己提供足够收入的人提供一把保护伞。这样做的目标之一是要增进社会更大程度的公平。

公平有哪些不同的概念？首先，民主社会注重*政治权利的平等*，通常包括投票权、陪审团制度、言论自由和集会自由。进而在20世纪60年代，自由主义哲学家赞同人们应享有*公平的经济机会*的观点。换言之，所有的人都应该在同一赛场上按同样的规则比赛，所有的人都应该有同等的机会进入最好的学校，获得最好的训练和工作。这样，基于种族、性别和宗教的歧视就会消失。尽管政府采取了许多措施来增进公平，但事实证明“机会不公平”的确是非常顽固的。

公平的第三个，也是最流行的概念——*经济结果的公平*。在这个理想的世界里，不论是杰出还是平庸，是勤奋还是懒惰，是幸运还是不幸，人们都应该享有同等的消费水平。医生和护士的工资应该相同，律师和秘书的工资也应该相同，“各尽所能、按需分配”是卡尔·马克思哲学的模式。

今天，即使是最激进的社会主义者也认识到，如果经济要有效率地运行，经济结果存在某些差别是必然的。对不同种类的工作如果在报酬上没有某种差别，如何能保证人们像做令人愉快的工作那样去做令人不愉快的工作呢？又如何能保证人们像愿意在漂亮的公园里工作那样乐意在危险的海上石油钻台上工作呢？一味地坚持结果的公平会严重阻碍经济机制发挥作用。

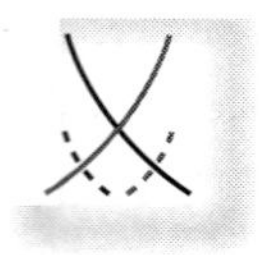

漏 桶

在采取各种步骤将收入从富人向穷人那里进行再分配的过程中，政府可能损害经济效率并减少可以用来进行分配的国民收入的数量。但在另一方面，如果公平是一种社会商品的话，那么它是值得购买的。

问题是我们到底愿意以多少效率为代价来换取更多

的公平？阿瑟·奥肯在他的“漏桶”实验中提出过这样的问题：如果我们重视公平，那么将 1 美元从富人的桶里拿到穷人的桶里时，我们将表示赞同。但设想在再分配之桶上有一个漏洞。设想富人所交的税只有一部分（可能是一半）实际到了穷人的手里。那么以公平的名义所进行的再分配就是以损失经济效率为代价的。[1]

奥肯提出了一个基本的两难问题。再分配措施，如第 16 章分析过的累进税等，由于降低工作和储蓄的积极性，将可能使实际产出减少。当一个国家考虑其收入分配政策时，它所要权衡的是，更大程度公平的收益和有关的政策会对国民收入产生多大的影响。

再分配成本的图解

让我们用图 17-5 中的收入可能性曲线来阐释上述奥肯的基本观点。从图中我们可以看到当政府计划对收入进行再分配时，各群体可能得到的收入。

我们首先将人口分成两组。低收入组的实际收入在图 17-5 上用纵轴表示，而高收入组用横轴表示。在再分配开始以前的 *A* 点，没有税收，也没有转移支付，人们简单地靠他们的市场收入生活。在一个竞争的经济中，*A* 点将是有效率的，并且没有应用再分配政策使国民总收入最大化。

遗憾地是，在自由放任的 *A* 点，高收入组得到的收入大大超过低收入组。于是人们也许会致力于税收和转移支付以增进公平，希望到达收入公平的 *E* 点。若采取这样的步骤不会降低国民收入，则经济将会从 *A* 点移向 *E* 点。*AE* 线的斜率是 –45°，体现了关于效率的这样一种假设：从富人那里拿去的每 1 美元正好使穷人的收入增加了 1 美元。沿着 –45° 线，总的国民收入是固定的。它表示再分配计划对国民收入的总规模没有影响。

大多数再分配计划事实上都对效率有影响。如果一个国家以对最富者实施高税率的办法进行收入再分配，那么他们储蓄和工作的热情就可能会受到挫伤或误导，并导致国民总产出减少。他们可能在税收律师身上花更多的钱，可能减少退休储蓄，也可能少参加一些高回报但有风险的创新投资。同样，如果社会为穷人设置了最低收入保障，贫困的刺痛就会降低，穷人就可能会因此减少工作。对这种再分配计划的上述所有反应，都会降低实际国民总收入的规模。

在奥肯的实验中，我们可以发现：从富人那里征收来的每 100 美元税收，实际上只能使穷人的收入增长 50 美元，其余都因勤奋程度的下降和管理成本的上升而消失和消耗了。再分配这个桶上出现了一个大漏洞。这种费用高昂的再分配可表示为图 17-5 中的 *ABZ* 曲线。在图中，由于税收和转移支付所造成的无效率，使假定的实际收入边界从斜率为 –45° 的线上弯曲下来。

一些社会主义国家的经历表明，那种试图通过剥夺富人财产使收入平等的方式，最终使每一个人都受到了伤害。通过禁止企业的私人所有权，政府降低了由于财产收入多而引起的不公平，但工作、资本积累以及创新的积极性被降低，破坏了这个“按需分配”的激进实验，并使得整个国家贫困化。到 1990 年，东西方生活水平的对比向他们证实，企业的私人所有制既有利于提高资本所有者的生活水平，也有利于提高工薪阶层的生活水平。

[1] 阿瑟·奥肯：《公平与效率：重大权衡》（*Arthur M. Okun, Equality and Efficiency: The Big Tradeoff*）, Brookings Institution, Washington, D.C., 1975.

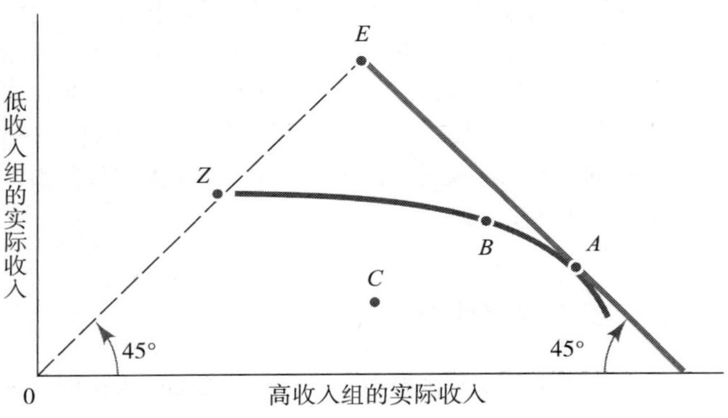

图 17–5 收入再分配会损害经济效率

A 点标志最有效率的结果：国民产出最大化。如果社会能在避免效率损失的条件下进行再分配，则经济将移向 *E* 点。因为再分配计划一般要引起扭曲和效率损失，再分配的路径可能是曲线 *ABZ*。社会必须决定牺牲多少效率来换得较大的公平。为什么每个人都希望避免将经济从 *B* 点引向 *C* 点的非效率的再分配计划？

漏洞有多大

奥肯用一只漏桶来刻画我们的税收和转移支付再分配体系的特征。但就美国经济而言，这个漏洞有多大？是靠近图 17-5 中的漏洞可忽略不计的 *A* 点？或者是靠近漏洞比较大的 *B* 点？或者是靠近再分配的漏桶事实上已经变成筛子的 *Z* 点？要回答这个问题，我们必须考察由于高税率和慷慨的收入支持计划而造成的主要的无效率：管理成本的增加、工作和储蓄积极性的挫伤，以及社会经济为此付出的代价。

- 政府必须雇用税务人员征税，必须雇用社会保障人员去分配这些收入。这显然是无效率的行为，或是无奈之举。不过这方面的花费并不多，国家税务局在所征每 1 美元税收中只用掉半分钱。
- 随着税务人员咬去的那一口馅饼越来越大，我是否感到积极性受挫从而最终减少工作呢？当税率明显过高时，税收的总收入反而会比在较低税率条件下要少。但实际证据表明，税收对工作努力程度的损害还是有限的。对某些群体来说，劳动供给曲线可能会向后弯曲，表明对工资的征税将会增加而不是降低工作的努力程度。大多数研究发现，税率对中等收入和高收入群体的工作努力程度只有很小的影响。然而，福利和转移支付体系对穷人的行为方式可能影响巨大。
- 也许，税收收入之桶最重要的潜在漏泄是储蓄。有人认为现有的政府计划阻碍了储蓄和投资。一些经济研究表明,是税收而不是消费抑制了总储蓄。此外，经济学家们担心政府慷慨的社会计划会导致储蓄率急剧下降，尤其是社会保障和医疗保险计划，它减少了人们为养老和保健进行储蓄的动力。
- 一些人断言，在经济学家的成本统计中是不会发现漏洞的，因为公平的成本体现在态度上，而不是货币上。商业伦理是否在滑坡？人们是否因为高税率而去吸毒或游手好闲？福利制度是否造成了一个掉在“依赖他人”的陷阱里的永久的社会底层？
- 一些人批评整个再分配代价高昂的观点。他们认为，贫穷根源于早年的营养不良、家庭破裂、缺乏家庭教育、教育水平低和缺乏工作培训。贫困繁衍贫困；营养不良恶性循环、教育差、吸毒、低生产率、低收入等，又孕育着下一代的贫困家庭。为贫困家庭提供医疗保健和充足食品的计划将增进生产率和效率，而不是减少产出。打破今天的贫困恶性循环，我们明天就能改进贫困家庭儿童的技能、人力资本和生产率。打破贫困循环的计划是一项用今天的资源去提高明天的生产率的投资。

漏泄的加总

将所有的漏泄量加在一起，它们会有多大呢？奥肯认为，漏泄量是很小的，特别是当再分配计划的资金来自基础广泛的收入所得税时尤其如此。其他人对此持强烈的反对意见，认为居高的边际税率和慷慨的转移支付计划是一场混乱，是对经济效率的破坏。

事实如何呢？尽管对再分配的代价做了大量研究，但真相仍显得捉摸不定。一个谨慎的结论是，就今天在美国所实行的这些再分配性计划来说，由它所引起的经济效率的损失是非常微小的。对很多人而言，同营养不良、糟糕的健康状况、丧失工作技能、人生苦难等经济代价相比，再分配的效率代价是可以接受的。但是比美国走得更远的一些福利国家就面临着更多的效率损失。奉行平等主义的国家，如瑞典和荷兰，对其公民提供了“从摇篮到坟墓”的福利保护，因此出现了劳动参与率下降、失业增加和预算赤字扩大等一系列问题。这些国家已经采取了一系列措施以减轻福利政策的负担。

国家需要仔细设计其政策，以避免不可接受的不公平或重大的效率损失等极端状况。

反贫困政策：计划和批评

所有社会都得接济老人、儿童和生病的人。有时候，资助来源于家庭或宗教组织。近一个世纪以来，各国将对贫困进行收入支持的职能日益转移到中央政府。当政府对更多的人承担起更多的责任时，政府转移支付的财政负担也逐步趋于增长。今天，大多数高收入国家都在面临着增税以支持医疗保险、退休金及贫困家庭收入支持等公共计划。尤其是在美国，增税已经引起人们对“福利计划”的强烈反对。让我们回顾一下主要的反贫困计划和近年的改革。

收入保障计划

在今天的福利国家中，什么是主要的收入保障计划呢？不妨先看看美国实施的计划。

大多数收入保障计划所针对的是老人而不是穷人；主要的项目是社会保障计划（联邦退休计划）和医疗计划（对 65 岁以上人口的保健提供补贴）。这两个计划是美国和其他高收入国家的最大的转移支付项目，而且，预计在未来几十年中其花费还会不断增长。

针对贫困家庭的计划是联邦、州、地方项目的混合体：有些是现金援助；有些是补贴某项支出或医疗辅助计划，如食品券计划或向贫困家庭提供免费治疗的医疗救助。大多数针对贫困家庭的计划近 20 年来已经大幅度缩减。

最受非议的是对有小孩的贫困父母的现金援助。这一计划在 1996 年有了重大变革，下文我们将予以讨论。

从预算支出上看，所有联邦计划共支出多少？今天所有的联邦贫困计划支出加在一起，可占到联邦总预算的 20%。

穷人的激励问题

贫困家庭面临的一个主要问题是，当今的福利制度严重损害了低收入的成年人寻找工作的积极性。如果一个享受福利待遇的穷人得到一份工作，政府就会取消他的食品券、福利支付和房租补贴。这个人甚至会失去医疗福利。在这种情况下，我们可以说，穷人面对的是高的边际工作“税率”（更准确地说是“福利减少率”）。因为当收入上升时，福利补贴急剧地下降。

福利改革之战

很少有人为现行的福利制度辩护。有些人想改变它，有些人想加强它。一些人希望州政府、市政府和家庭对收入支持计划负起更多的责任，一些人则希望加强联邦政府的作用。这些不同的观点体现着对于贫困的不同认识，同时也导致了不同的政策提案。

两种贫困观

为医治或减轻贫困，社会学家提出了许多建议。这些不同的建议往往体现了对于贫困的根源的不同看法。主张强化政府干预的人将贫困视为社会状况和经济状况的结果，对此穷人很难控制。他们强调营养不良、学校不佳、家庭破裂、歧视、缺乏工作机会以及危险的环境是决定穷人命运的关键性因素。如果持这种观点，你也可能会认为，政府负有减轻贫困的责任，或是向穷人提供收入保障，或是改善产生贫困的条件。

第二种观点认为，贫困产生于不良的个人行为——这些行为是个人的责任，理所当然应由这些穷人自行矫正。在前几个世纪，主张自由放任主义的人坚持说，穷人是不勤俭持家的人，是懒汉，是酒鬼；恰如一个慈善工作人员在一个世纪以前所写的：“什么时候不喝酒，什么时候就想起了需要有一份工作。”有时政府还被指责：培养了人们对拼凑起来的政府计划的依赖性，而这些计划是破坏人们的开创精神的。持这种批评观点的人认为，政府应当削减其福利计划，让人们去挖掘和开发自身的资源。

关于贫困的辩论，著名的社会学家威廉·威尔逊（William Wilson）做过简练的总结：

> 自由主义者在传统上一直强调怎样将弱势群体的困境同更广泛的社会问题——如歧视、社会阶级界限——紧密联系起来…… 与此相反，保守主义者则强调，不同群体的价值观和竞争性资源，对于解释处境不利的阶层的经历非常重要。[1]

如果这两种观点及其所含因子能够被分解在政治方程中，那么今天的大多数的辩论都可能得到更好的理解。

美国现行的收入补助计划

大多数高收入国家都为有小孩的贫困家庭提供收入保障补助，而美国直到 1996 年才开始实行这个计划。当年，美国采取了多种较激进的措施，以增加穷人的收入。首先，设立了一项对有工作的家庭给予工资补助的计划；其次，取消了以“联邦政府”的名义对贫困家庭给以补贴，从而从根本上改变了现金援助计划。

劳动所得税抵免

工资补助计划也被认为是一种*劳动所得税抵免*，或简称 *EITC*。该抵免适于劳动收入和补助性工资收入。2008 年，这项补助金占到了劳动收入的 40%，对于两个

---

[1] William Julius Wilson, “Cycles of Deprivation and the Underclass Debate,” *Social Service Review*, December 1985, pp. 541–559.

子女的家庭来说，最高的抵免额度达 4 824 美元，单亲家庭的收入约在 3.9 万美元的都能得到若干抵免。劳动所得税抵免被认为是一项“可兑现的”的举措，因为它确实是向某个人进行了支付，而这个人又并不因此而欠税。

传统的现金援助计划和劳动所得税抵免的区别是什么？现金援助给予贫困家庭最基本的好处，同时又减少了市场收入增加带来的好处。相比之下，劳动所得税抵免却是不补贴那些不工作的人，而只是补贴那些有工作的人。本质上讲，EITC 的原则是“不工作的人不能从政府那里得到钞票。”

1996 年美国福利改革

从 20 世纪 30 年代一直到 1996 年，贫困家庭都可以从联邦现金援助系统——“有子女家庭的援助项目”中获益。这项以联邦政府名义冠名的援助计划，意味着任何符合条件的家庭，都有依据法律程序获得该项目的权益。

克林顿总统曾经提出并致力于一项“福利改革”计划。1996 年，他与共和党占多数席位的国会达成了一项妥协，彻底地改革了联邦现金援助的办法。旧的法规开始为新的法案，也即《贫困家庭临时援助法案》（TANF）所取代。新法案将原先由联邦政府掌管的现金援助的权力全部下放移交给了全国的 50 个州。

新法案主要条款如下：

- 对穷人来说，现金援助计划最主要由各州的联邦基金和州政府负责。这项规定取代了早先由政府挑出收入最多的州实施福利政策的规定。
- 在 TANF 下，原先的联邦现金援助计划已被取消。
- 联邦支持的福利基金项目援助每个家庭的最长年限是 5 年。5 年以后，即使该家庭搬到另一个州或者已经许多年得不到福利支持，支持资金也将被撤销。
- 受项目支持的成年人在接受援助 2 年以后必须从事某项工作。
- 合法移民可能被排除在 TANF 条款之外。
- 其他主要的对低收入家庭的支持条款大部分都没有改变。

评 价 1996 年的福利改革是社会政策方面一种激进的试验。它首先对劳动市场产生了影响。原有福利的失去将迫使一部分人去找工作，这会导致文化程度低的、没有技能的劳工大量增加。劳动供给增加将会降低最低工资水平和增加收入的不公平性（可以说，移民的猛增也是导致近 30 年来没有技能劳工工资水平下降的原因）。如果某些劳工的均衡工资降到了最低工资线以下，那么有可能会导致这类劳工失业率的增加。

新法案为社会经济保守主义者所强调的一个新的原则是：在贫困家庭收入支持方面，联邦政府向州政府下放了职责。这个规定同中央集权化的收入支持计划所体现的原则形成了鲜明的对照。许多经济学家认为，改革举措，如向各州提供“块状授权”或一次性定额拨款，并要求各州担负起保障流动人口福利的责任等，会促使州政府有强烈的动机去调整开支，降低成本，减轻低收入人口所带来的财政负担。这种机制一直被叫做“向底线赛跑”，最后均衡的结果将是每个州都提供最低限度的福利并使全国各地低收入家庭受益。

ETIC 的影响和 1996 年的福利改革使得大多数的分析家为之一惊。主要的影响有如下几点：

- 福利申请数量的下降幅度是空前的、广泛的和持续的。从 1995~2008 年，享受福利的家庭数目下降幅度超过了 70%。虽然下降为人们所预期，但是下降的幅度和持续时间如此之长却是惊人的。
- 有子女抚养的单身母亲的劳动参与率得到大幅度的提高。经济体制内部的激励和劳动力市场的繁荣使得妇女们放弃了福利而投身于工作之中。

新世纪初期的经济政策

当我们跨入新的世纪，应该怎样重新定义政府在经济中的角色呢？在本章结束之际，我们就此提出以下三点反思：

1. 我们已经考查了政府的主要职能：矫正市场失灵，对收入进行再分配，稳定经济并促进长期经济增长。每一项职能都至关重要。今天，没有一个有责任感的人会提议废除政府，允许核废料的弃置，让可怜的孤儿在街头饥寒交迫，中央银行私有化，或者开放边界让人、货物和毒品随意流入。现在的问题不在于政府是否应该管制，而在于怎样管制和管制什么。
2. 虽然政府在文明社会中扮演着一个核心的角色，但我们必须不断地重新评估政府政策的目标和手段。政府对政治权力的垄断，使得政府应当肩负特殊的责任以保证效率。公共基金中，浪费在一些项目上的每一美元，原本都可以用来促进科学研究和减少饥饿。由于税收无效率而浪费掉的每一美元，势必都会减少人们改善住房或上大学的机会。经济学的基本前提在于资源的稀缺性，这一点既适用于私人部门，也适用于政府。

3. 尽管经济学可以用来分析公共政策的焦点问题，但却不能得出最终的答案。因为在所有这些问题的背后都存在一个“怎样才正当与公平”的规范性假设和价值判断。因此，经济学的作用就在于尽最大的努力使实证的科学与规范的判断相分离，也即在大脑的经济计算和心灵的人文情感之间划清界限。但这并不意味着职业经济学家就应该是冷血的计算机，在政治观点方面，经济学家之间也存在着分歧，这同普通大众并没有什么两样。保守派的经济学家竭力地要求减少政府职责范围和停止转移支付计划，而开明的经济学家则是积极地鼓吹减少贫困和用宏观经济政策减少失业。经济科学不能说哪一种政治观点是正确的或错误的，但是它能为这种大辩论提供武器和弹药。

总结提要

A. 不公平的根源

1. 上个世纪，古典经济学家认为，不公平是一个普通的常态，不能为公共政策所改变。这一观点经受不住仔细的推敲。贫困在 20 世纪早期出现了像冰川运动那样的缓慢后退，在收入分配底层的那些人的绝对收入有了急剧的增长。从 1980 年开始，这种趋势发生了逆转，不公平现象加剧了。
2. 洛伦茨曲线是一种简便的衡量收入分配不公平的工具。它显示出总收入中有多少到了最穷的 1% 的人的手里，有多少到了最穷的 10% 的人的手里，又有多少到了最穷的 95% 的人的手里，如此等等。基尼系数是衡量不公平的程度的量化指标。
3. 贫困本质上是一个相对的概念。在美国，贫困是在 20 世纪 60 年代早期根据是否有足够的支付能力而定义的。按收入衡量的这种标准，近 10 年来在减少贫困方面没有什么改善。
4. 今天美国收入分配的不公平已经不像 20 世纪初那样明显了。然后，大约从 1975 年开始，贫富差距加大。最多的报酬已经落在收入分布中最高的阶层，也即最富的 0.1% 的群体。分析师们相信在 2007~2009 年（次贷危机）期间，最“富有的男人的破产”将会压缩最富群体的收入优势。财富的分配比收入的分配更不公平，这在美国或其他资本主义经济中都是如此。

B. 反贫困政策

5. 政治哲学家提出了三种类型的公平：(*a*) 政治权力的公平，如选举权；(*b*) 机会公平，提供相同的进入工作、教育和其他社会体系的途径；(*c*) 结果的公平，它保证人们得到相同的收入和消费水平。前两种类型的公平在发达的民主国家，如美国，越来越多地为人们所接受。而结果的公平则引起了极大的争议，因为它无法实施且损害经济效率，许多人都不能接受。
6. 公平既会有收益也会有代价，代价就是奥肯“漏桶”上的漏洞。也就是说，通过累进税或转移支付来降低收入不公平的企图，可能伤害到工作或储蓄的积极性，因而可能缩小国民产出的规模。
7. 减轻贫困的主要计划包括福利支付、食品券、医疗保健计划，还有一些力度和范围比较小的项目。总体上说，这些计划受到了批评。因为当低收入家庭开始有工资收入或其他报酬时，这些计划便对他们实施很高的津贴削减率（或边际“税”率）。

概 念 复 习

收入分布的趋势
收入和财富的洛伦茨曲线
基尼系数
贫 困
福利国家
奥肯“漏桶”
公平：政治的公平、机会的公平、结果的公平
公平与效率
收入可能性曲线：理想情况与现实情况

补充读物与互联网站

补充读物

An influential book on equality versus efficiency is Arthur Okun, *Equality and Efficiency: The Big Tradeoff* (Brookings Institution, Washington, D.C., 1975).

For a nontechnical review of issues in health-care reform, see the symposium in *Journal of Economic Perspectives,* Summer 1994.

互联网站

The Census Department collects poverty data. See *www.census.gov/hhes/www/poverty.html*. For information on welfare and poverty, see *www.welfareinfo.org*. The site *www.doleta.gov* describes the results of welfare reform from the perspective of individuals.

The Urban Institute (*www.urban.org*) and the Joint Center for Poverty Research (*www.jcpr.org*) are organizations devoted to analyzing trends in poverty and income distribution.

问 题 讨 论

1. 让班上每一个同学在一张纸上不记名地写下对他或她家年收入的估计。用这些数据资料列出收入分布频率表，并指出哪里是中位数收入？平均收入是多少？
2. 下述情况会对税后收入的洛伦茨曲线产生什么影响？（假定政府用税收购买一部分 GDP。）
   a. 比例所得税（即对所有收入按同样税率征税）。
   b. 累进的所得税（即对高收入的征税重于对低收入的征税）。
   c. 对于香烟和食品的税收急剧上升。

   画出 4 条洛伦茨曲线来表示原始的收入分配情况以及采取上述 3 种行动之后的收入分配情况。
3. 回顾奥肯的“漏桶”实验。召集一群人并让每人写下当政府从最富的 20% 的人手中转移 100 美元给最穷的 20% 的人时，多大的漏洞是可以承受的？ 99%？50%？还是零？每个人应该写出简短的理由并予以讨论。
4. 考虑补贴穷人收入的两种方式：(*a*) 现金资助（比如每月 500 美元）和（*b*）具体资助，如食品津贴、医疗保健。列出使用每种方式的优势和劣势。你能解释为什么美国主要倾向于使用方式（*b*）吗？你是否赞同？
5. 一个称为伊科诺兰（Econoland）的国家有 10 个人。他们的收入（以千美元计）分别是 3、6、2、8、4、9、1、5、7 和 5。列一个像表 17-2 那样的分 5 个档次的收入分布表，绘制出一条洛伦茨曲线，并计算按本章中定义的基尼系数的大小。
6. 许多人继续在应该采取什么形式补助穷人的问题上进行争论。一派认为，“把钱交给人们并让他们购买自己所需要的保健服务和食品。”另一派认为，“如果你把购买牛奶的钱交给穷人，他们将把钱花在买啤酒上。如果你以实物形式提供服务则你的钱对减轻营养不良和疾病就更为有效（意思是直接给商品与服务，而不要给他们钱）。你挣的钱可以由你随意花费，但是对于社会的收入支持款项，社会有权将它直接用于社会目标。”

第一派的争论也许是依据需求理论：让每一个家庭在其有限的预算下决定如何使其效用最大化。第 5 章表明为什么这种意见也许是对的。但是，如果家长的效用主要包括啤酒和彩票而不是给孩子的牛奶和衣服，则情况将会如何？你是否会同意第二种观点？根据你个人的经验和学习理解的情况，你认为哪一种观点更正确？说明你的理由。

第18章 国际贸易

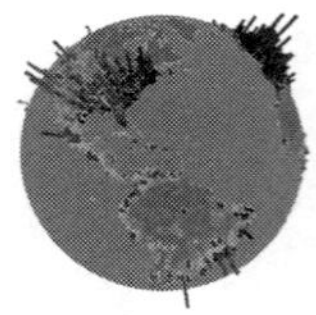

致国民议会：我们正在同国外对手进行一场令人难以忍受的竞争。这个对手生产光线的条件十分优越，可以用很低的价格占领我们的市场。这个对手不是别人，而是太阳。为此我们请求通过一项法律，关闭和堵塞所有可以透光的窗户、通道和缝隙，使它无法损害我们这个为国民谋福利的产业。签名：蜡烛制造商

——巴斯夏

A. 国际贸易的实质

在日常生活中，我们很容易忽视国际贸易的重要性。美国向其他国家输出大量的食品、飞机、计算机和机器；作为回报，我们得到大量的石油、鞋子、汽车、咖啡以及其他的商品和服务。尽管美国人为自己的创造才干而自豪，但冷静反省一下，自己所消费的很多东西，包括火药、古典音乐、钟表、铁路、青霉素以及雷达等，都是出自于久远那些也许已被遗忘了的人们的聪明才智。

推动国际贸易发展的经济力量究竟何在？简单地讲，就是贸易能够促进专业化，而专业化则能够提高劳动生产率。在长期内，扩大的贸易和更高的劳动生产率能使所有国家人们的生活水平都得以提高。于是各国都逐渐意识到，向全球贸易体系开放自己的市场，是经济通向繁荣的最佳途径。

在本章中，我们将讨论决定国际贸易的基本原则，以拓展先前的分析。国际贸易是一个制度体系，各国都经由它来出口和进口商品、服务及资本。国际经济学中包含许多当今最有争议的问题：一个国家有如此多的消费品产自外国，该国应否为此忧虑呢？我们能否从自由贸易中获利，或者说，我们应否限制与墨西哥和中国的贸易呢？在与“廉价的海外劳动力”的国际竞争中，美国工人是否蒙受了损失呢？应该怎样把主宰国际贸易的原则延伸到知识产权，如版权和专利权的保护上？找到解决这些问题的答案，具有重大的经济意义。

国际贸易与国内贸易

从根本上讲，贸易就是贸易，而无需考虑从事它的人是在国内还是国外。尽管如此，国内贸易和国际贸易之间还是存有三大差异，这些差异在实际操作中和经济学意义上都会产生重要的影响：

1. 扩展了的贸易机会。国际贸易的主要好处是它拓宽了贸易的范围。如果我们只能消费本国生产的东西，那么世界在物质上和精神上都会变得贫乏单调。加拿大人会没有酒喝，美国人会吃不到香蕉，世界上大部分地区的人将欣赏不到爵士乐和好莱坞电影。

2. 主权国家。跨国界的贸易涉及到不同国家的公民和厂商。每个国家都是一个主权实体，都对跨越国界的人口、商品和资金流动进行管制，这与国内贸易明显不同。在国内贸易中，只有一种货币，商品和货币可在境内自由流动，人口很容易搬迁以寻求新的机会。国家有时会通过关税或配额，对国际贸易设置壁垒，以“保护”会受影响的工人或企业，使其免遭国外竞争的冲击。
3. 国际金融。大多数国家都有自己的货币。我想用美元购买一辆日本汽车，但丰田公司可能希望我用日元支付。汇率是不同货币之间的相对价格（如以美元换算的日元价格），美元与日元的兑换必须按照汇率来进行。国际金融体系必须保证美元、日元以及其他货币能够顺利流通和兑换，否则贸易便将面临搁浅。有关国际贸易的金融方面的问题，我们将在宏观经济部分的有关章节中进行分析。

美国对外贸易发展趋势

美国国际贸易的主要内容有哪些呢？表 18-1 列出了美国 2007 年对外贸易的商品构成情况。尽管服务业贸易增长迅速，商品尤其是制成品仍是贸易的主要部分。这些数据显示，美国出口数量惊人的初级产品（如食品），进口大量的精密的和资本密集型的制成品（如汽车和计算机设备）。而且，我们还可以发现大规模的双向的或产业内部的贸易。在一个特定的行业中，美国在同一时期内往往既需要进口也需要出口，因为产品的高差异性已经导致不同的国家都可以在该产品市场上占有一席之地。

商品和服务的国际贸易，2007 年（10 亿美元）		
	出口	进口
商品	**1 149**	**1 965**
粮食和饮料	84	50
工业制成品	316	269
资本品	446	284
汽车	121	204
消费品	146	308
其他商品	36	49
服务	**479**	**372**
旅游	97	76
客运	25	29
其他运输	52	67
版税与牌照费	71	28
其他私人服务	217	135
军火销售和政府采购	17	37
商品和服务总计	**1 628**	**2 337**

表 18–1　商品和服务的国际贸易

美国出口从粮食到知识产权等五花八门的商品和服务。2007 年，美国的进口额约超过出口额 700 亿美元。美国主要出口一些专业化的资本品，如机器设备。同时美国进口许多制成品，像小汽车和照相机，这是因为其他国家在某些市场上具有专业化优势，并享有规模经济效益。

资料来源：美国经济分析局（U.S Bureau of Economic Analysis），可通过网址 *www.bea.gov/international/* 访问。

商品和服务的国际贸易原因

国际贸易模式背后的经济因素是什么？基于以下三种原因，各国都发现参与国际贸易是有利可图的：生产条件的多样性，各国偏好不同，生产成本随规模递减。

自然资源多样性

由于生产可能性的多样化，各国之间才会发生贸易。事实上，生产条件的差异在一定程度上所反映的还是各国自然资源和要素禀赋的差异。一国可能拥有石油，而另一国则有大量肥沃的土地；一个多山的国家可以大量用水力发电再卖给邻国，而一个拥有深水港的国家可以成为一个国际船运中心。

偏好不同

贸易的第二个原因在于偏好。即使所有国家和地区的生产条件是相同的，但如果它们对商品的偏好不同，则国与国之间也还是需要进行贸易的。

举例来讲，假设挪威和瑞典两国从海里捕的鱼和在陆地上生产的肉类食品在数量上差不多，但瑞典人非常喜欢吃肉，而挪威人则偏爱吃鱼。那么，对双方都有利的贸易——挪威出口肉到瑞典，瑞典出口鱼到挪威——就会发生，两国都将从这种贸易中获利，国民的满足程度会提高，就像童话中杰克·斯普拉特（儿歌里的小矮人，很胖——译者注）用自身的肥肉交换他老婆的瘦肉一样。

成本差异

也许，进行贸易的最重要原因是各国在生产成本上存在差异。在不同国家之间，劳动力成本存在着巨大的差异。举例来说，2006 年中国的每小时工资为 1 美元，相当于西欧国家的 1/30。国际企业为更加有效地竞争，纷纷寻找其产业链的某些环节落户到中国，利用中国的非熟练劳动力来获取利润。当一个音乐播放器或手机上标明“中国制造”时，这很可能只意味着它是在中国组装的，而设计专利、市场营销和硬件驱动等则很可能是在其他国家完成的。

当今世界的一个重要特征是：一些企业或国家享有规模经济的优势；也就是说，当产出扩张时，生产中的平均成本将会降低。当某个国家在某一产业上具有先发优势时，它就可以成为该产业的高产量、低成本的制造商。规模经济使得它比其他国家占有明显的成本和技术优势。其他国家会发现，从领先的厂商那里购买，比自己动手制造要更加便宜。

在需要投入大量的研发经费的产业中，规模大通常是一项重要的优势。作为世界上领先的飞机制造商，波音公司可将设计、开发和测试新飞机的巨额成本分摊到它所出售的大量产品之上。这意味着，它可以比那些销售量小的竞争者以更低的价格出售飞机。波音惟一真正的竞争对手是欧洲的空中客车公司。由于从几个欧洲国家获得了研发经费，空中客车公司才得以创建和运营。

成本递减的例证可以帮助我们解释表 18-1 中大量的产业内贸易这一重要问题。为什么美国同时进口和出口计算机及相关设备？不妨看一下英特尔这样的生产高端半导体的公司。英特尔公司不仅在美国，而且在中国、马来西亚和菲律宾设有制造厂。公司时常从一个国家将生产出来的零部件运送到另一个国家进行组装和测试。此外，在汽车、钢铁、纺织及许多其他制造业产品上，我们也都可以看到类似的一个产业内的国际分工格局。

B. 国家间的比较优势

比较优势原则

各国应该生产和出口具有独特优势的商品，这一点已经是一个常识。但在常识之外，还有一个更深刻的能适合所有贸易（在家庭内部、国家内部或国家之间）的基本原理。比较优势原则认为，即使一国在每种商品的生产上比其他国家都绝对地更有效率（或绝对地更缺少效率），该国也仍然能够从国际贸易中获益。事实上，按比较优势原则进行的国际贸易对所有的国家都有利。

似乎有悖常识

设想一个世界上只有两种产品——计算机和服装。假设在计算机和服装的生产上，美国每个劳工的产出（或每单位投入的产出）比其他国家都高；但假设美国在计算机的生产上比它在服装的生产上要更有效率。以数字为例，其计算机的劳动生产率要比其他国家高 50%，而服装的劳动生产率只比其他国家高 10%。在这种情况下，通过出口其生产效率相对更高的产品（计算机），进口其生产效率相对较低的产品（服装），美国将从国际贸易中获得利益。

或者，看一下像马里那样的小国。在马里，工人使用手工织机，其劳动生产率比工业化国家的低很多。在这种情况下，它如何指望出口纺织品呢？令人惊讶的是，根据比较优势原则，马里通过出口其生产效率相对较高的商品（如纺织品），而进口生产效率相对较低的商品（如涡轮机和汽车），也能够从贸易中获利。

> **比较优势**（comparative advantage，也译作“相对优势”或“比较利益”——译者注）原则认为，如果各国专门生产和出口其生产成本相对低的产品，就会从贸易中获益。或者反过来说，如果各国进口其生产成本相对高的产品，也将从贸易中得利。

这一简单的原理为国际贸易提供了坚固的基础。

李嘉图的比较优势说

不妨以两个世纪以前的美国和欧洲为例，来解释国

美国和欧洲从事生产的劳动需求		
	生产所需求的劳动（劳动—小时）	
产　品	美　国	欧　洲
1 单位粮食	1	3
1 单位服装	2	4

表 18–2　比较优势只取决于相对成本

在上述例子中，美国生产粮食和服装的劳动成本都比欧洲低。美国的劳动生产率是欧洲的 2~3 倍（在服装生产上是 2 倍，粮食生产上是 3 倍）。

际贸易的基本原理。如果美国的劳动生产率（或者更一般地说，资源的生产效率）比欧洲高，这是否意味着美国就不需要进口任何东西呢？反过来，如果欧洲因此利用关税或配额来保护其市场，这种做法在经济上是否就明智呢？

1817 年，英国经济学家大卫·李嘉图首先回答了这个问题。他揭示了国际分工对一国是有利的，并称它的这一结果为比较优势原则。

为简单起见，李嘉图只分析了有两个地区和两种产品的情况，并选用劳动小时数来衡量所有的生产成本。我们现在依照他的方式，讨论欧洲和美国的粮食和服装的贸易情况。[1]

由表 18-2 可见有关数据。在美国，生产 1 单位粮食需要 1 小时劳动，生产 1 单位服装需要 2 小时劳动；在欧洲，生产粮食的成本是 3 小时劳动，生产服装的成本是 4 小时劳动。我们看到，美国在这两种商品上都拥有**绝对优势**，它生产两种商品的绝对生产效率都要比欧洲高。但是，美国在粮食生产上有**相对优势**，而欧洲在服装生产上有**相对优势**，因为美国的粮食**相对便宜**，而欧洲的服装相对便宜。

从这个事实出发，李嘉图证明了，如果两国都专门生产其具有比较优势的商品，即美国专门生产粮食，欧洲专门生产服装，那么它们就都会获得利益。由此，美国会向欧洲出口粮食以换取欧洲的服装，而欧洲也会向美国出口服装换取美国的粮食。

为分析贸易效果，我们必须衡量两种情况下，两国生产和消费的粮食和服装的数量：(1) 没有国际贸易时的情况；(2) 两国专门生产自己具有比较优势的产品并进行自由贸易时的情况。

贸易前　先考虑一下没有任何国际贸易时的情况。没有贸易的原因可能是因为贸易非法，或存在禁止性关税等。表 18-2 所列的是美国工人 1 小时的实际工资，它相当于 1 单位的粮食和 1/2 单位的服装；而欧洲工人工作 1 小时只能挣得 1/3 单位的粮食或 1/4 单位的服装。

如果两个孤立的国家的市场都是完全竞争的，则显然，两国的粮食和服装的价格会由于生产成本的不同而不同。在美国，因为生产 1 单位的服装要花费两倍于生产 1 单位粮食的劳动，所以服装的价格将是粮食的两倍。在欧洲，服装价格则为粮食价格的 4/3。

贸易后　现在设想所有的关税都取消了，自由贸易可以进行。为简便起见，我们进一步假设不存在运输成本。当贸易开放后商品将怎样流动呢？在美国，服装的相对价格较高（价格比是 2，欧洲则是 4/3）；而在欧洲，粮食相对较贵（价格比是 3/4，美国则是 1/2）。假设这些相对价格，同时没有关税和运输成本，于是，粮食会很快由美国运到欧洲，而服装则由欧洲运到美国。

当欧洲服装进入美国市场之后，美国的服装制造商会发现，服装价格下降从而利润减少，于是他们开始关闭自己的工厂。相应地，当美国粮食冲击欧洲市场时，欧洲的农场主发现粮食的价格开始下降，他们将遭受损失，有些甚至面临破产，于是各种资源就会从农业中抽走。

当所有的国际贸易调整都完成之后，欧洲和美国的服装和粮食价格就会变得相等（就如同一旦你将两个相连的水管之间的障碍物清除了之后，两个管子中的水就会达到同一水平高度）。由于没有供给和需求的进一步详细的材料，我们不知道价格会达到什么水平，但可以确定，新的相对价格一定是在欧洲的价格比率（粮食对服装的价格比为 3/4）和美国的价格比率（1/2）之间。让我们假设最终比率为 2/3，即 2 单位的服装可以换得 3 单位的粮食。为简便起见，我们以美元衡量价格，并假设自由贸易时粮食的价格为 2 美元，这意味着服装的自由贸易价格为 3 美元。

在自由贸易条件下，不同地区的生产活动发生了改变。美国将资源从服装业撤出，专门生产粮食。而欧洲则缩小了农业部门，扩大了服装制造产业。**在自由贸易条件下，各国将其生产转向自己具有比较优势的领域。**

[1] 多个国家和商品的比较优势分析将在本章后面展开。

贸易的经济利益

两个地区对国际贸易开放的经济影响是什么？整体上讲，美国会从服装的进口成本比自己生产成本要低这一事实中受益。同理，欧洲也从专门生产服装和消费比国内生产成本低的进口粮食中获利。

估算贸易利得的一个最简便的方法，是计算贸易对工人实际工资的影响，实际工资以工人每小时工资可购买的商品数来衡量。由表 18-2 我们可以推知，欧洲和美国的工人贸易后的实际工资都比贸易前要高。为简明起见，假设每个工人买 1 单位服装和 1 单位粮食。贸易前这一商品组合要花去美国工人 3 小时的工资，花去欧洲工人 7 小时的工资。

如同我们已经看到的，开放后服装的价格是 1 单位 3 美元，粮食的价格是 1 单位 2 美元。一个美国工人仍需工作 1 小时才能买到 1 单位粮食，因为粮食是国内生产的；但在 2/3 的价格比率下，美国工人只需工作 1.5 个小时就能买到 1 单位的欧洲服装。于是在允许贸易后，这一商品组合只需花费一个美国工人 2.5 小时的工资——这表明美国工人的实际工资上升了 20%。

对于欧洲工人来说，在自由贸易的情况下，生产 1 单位服装仍需花去 4 小时的工时。但为取得 1 单位粮食，欧洲工人只需生产 2/3 单位的服装（这需要工作 2/3 × 4 个小时），然后按 2/3 单位服装换 1 单位美国粮食的比率进行贸易。于是为取得这一消费组合，欧洲工人所需工作的小时数为 $4 + 2\frac{2}{3} = 6\frac{2}{3}$ 个小时，这表明实际工资相对于没有贸易的情形提高了大约 5%。

> 在自由贸易条件下，当各国集中在自己具有比较优势的领域进行生产和贸易时，每个国家的情况都会变得比原先要好。与没有贸易的情况相比，当各国的劳工专门生产自己具有比较优势的产品，并用以交换比较劣势的产品时，他们工作同样的时间就能获得更多的消费品。

外包作为另一种贸易形式

近年来，美国人开始关注外包（outsourcing，有时也称 offshoring）。这究竟是怎么一回事呢？外包是指将服务业务或生产加工等分派到海外去进行。电话营销、医疗诊断、出版业务、网络开发和工程设计，都是外包的成功范例。曾几何时国际贸易主要是以交易货物为主，而境外服务一直价格昂贵。但现在，依靠便捷高效和价格低廉的网络电信服务，境外服务可以到成本更低的地方去完成。19 世纪，成本低廉的远洋运输曾使得国际谷物贸易的规模显著扩大；如今，成本低廉的通信服务，也使得印度建筑设计师有可能为纽约的公司完成设计等工作。

许多经济学家认为，外包贸易可视为比较优势原则在更多领域中的推广。举例来说，格里高利·曼昆在担任 G.W. 布什总统的首席经济顾问期间曾指出："我认为外包将是一种不断继续增长的贸易现象。然而应当看到，长期内它对我们的经济应当是有利的。"曼昆的评论在共和党和民主党中都引发了一场激烈的争论，一位政客称其为"爱丽丝梦游仙境的经济学"。

大多数经济学家都倾向于同意曼昆的观点，即认为外包是比较优势原则进一步应用的范例。这当然会影响美国政策当局的立场。普林斯顿大学的一位经济学家（也是民主党总统的顾问）艾伦·布林德曾对此作了详尽的分析，并对美国（或许也是对当今的学生们）提出了如下的建议：

> 发达国家尤其是像美国这样的富国，将不得不重新认识"工作"的本质，以拓展其在非贸易的服务领域中的巨大优势：离"摇钱树"最近！这将在一定程度上意味着，服务的"生产"将会进一步实行专业化分工，个人服务势必将既是自主的也是高回报的。可见，美国未来的劳动力中，势必将出现更多的高级离婚律师和更少的例行合同事务的律师；势必将有更多的内科医生和更少的放射科医生；势必将有更多的营销员和更少的打字员。美国市场体系对这场调整看来反应良好，尽管所涉及的面的确非常之宽。以前如此，今后亦然。尽管如此，这场调整仍然需要时间，且可能朝着某些还不确定的方向发展。

比较优势图解

我们可以用生产可能性边界（*PPF*）对比较优势作进一步的分析。尽管在这里依然是使用以劳动成本为基础的简单的数值例子，但分析结论在一个拥有多种不同投入品的竞争世界中也同样是有效的。

没有国际贸易时的美国

在第 1 章，我们曾介绍了生产可能性边界（*PPF*），它表示的是在既定的资源和技术水平下，一个社会所能生产的商品的组合。利用表 18-2 中的生产数据，并假设美国和欧洲都有 600 单位劳动，我们可以很容易地得出各自的生产可能性边界。图 18-1 中列示的是美国在既定的要素投入和技术水平下，生产粮食和服装时可能达到的水平。图 18-1 显示了各种生产可能性，图中 *DA* 线是美国的生产可能性边界，它的斜率为 -1/2。这表明粮食和服装在生产中的替代条件。在没有国际贸易的竞争市场上，粮食对服装的价格比率是 1/2。

到目前为止，我们集中讨论的是生产，而一直忽视了消费。请注意，如果美国孤立于所有的国际贸易之外，那么，它只能消费由自己生产的东西。假设，按其收入和市场需求，图 18-1 中的 *B* 点代表美国在没有国际贸易时的生产和消费。此时，美国生产并消费 400 单位粮食和 100 单位服装。

同样我们可以分析欧洲。欧洲的生产可能性边界看起来与美国不同，因为它在粮食和服装生产上具有不同的效率。欧洲两种商品的价格比率是 3/4，代表了欧洲在粮食和服装上的相对生产率。

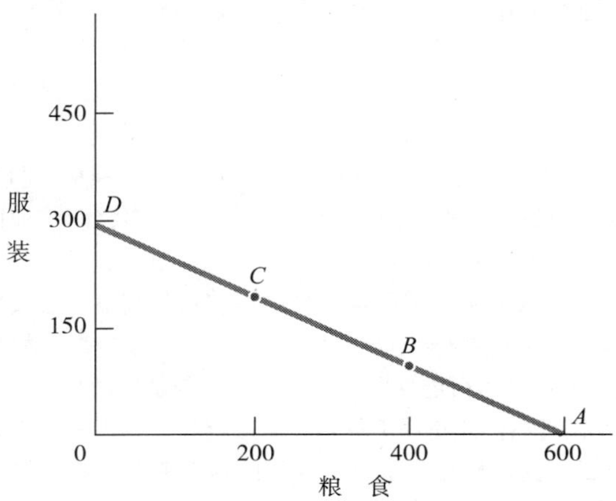

美国的生产可能性表（1:2固定成本比率）

可能性	粮食（单位）	服装（单位）
A	600	0
B	400	100
C	200	200
D	0	300

图 18–1 美国的生产数据

固定成本线 *DA* 代表美国国内的生产可能性边界。在没有贸易时，美国将在 *B* 点生产和消费。

开放市场进行贸易

现在两个地区之间可以进行贸易了。粮食可按某种价格比率与服装进行交换。我们将出口价格与进口价格的比率称为**贸易条件**（terms of trade）。为说明贸易可能性，我们在图 18-2 中将两条生产可能性边界放在一起。美国的 *PPF* 线是国内生产可能性边界，欧洲的 *PPF* 线亦体现了欧洲粮食与服装的替代条件。请注意，欧洲的 *PPF* 线比美国的 *PPF* 线更靠近原点，因为在这两个产业内，欧洲的劳动生产率比美国都要低。换句话说，在粮食和服装的生产上它都处于绝对劣势。

不过，欧洲不必因为自己的绝对劣势而灰心丧气，因为相对劳动生产率或比较优势使得贸易对于它们同样是有利可图的。图 18-2 中外边的线代表贸易利得。如果美国能按欧洲的相对价格进行贸易，它可以生产 600 单位的粮食，并按图 18-2（*a*）中外面的曲线向左上方移动。这条曲线代表由欧洲的 *PPF* 形成的价格比率或贸易条件。同理，如果欧洲按美国的价格进行贸易，欧洲会专门生产服装，并沿图 18-2（*b*）中的 *PPF* 线向右下方移动，该线代表的是美国在贸易前的价格比。

于是我们可以得出一个重要而令人惊讶的结论：小国从贸易中获得的利益较多。这是因为它们对世界价格的影响力小，所以能按与国内价格非常不同的世界价格进行贸易。由此你可以看出，为什么与其他国家非常不同的国家从贸易中获利最多，而大国的贸易获利则很少。（"问题讨论"第 3 题谈的也是这个问题。）

均衡价格比率 贸易一旦开始，世界市场必将根据整个市场的需求和供给形成价格体系。没有进一步的信息时，我们不能确定价格比率，但可以确定这些价格所在的区间。这些价格必定在两国的价格之间，即我们知道，粮食和服装的相对价格一定在 1/2 ~ 3/4 这一范围之内。

最终价格比率取决于粮食和服装的相对需求。如果粮食的需求很强劲，粮食价格就会相对高一些。如果粮食的需求非常旺盛，以至于欧洲不仅生产服装，也生产粮食，那么价格比将是欧洲的相对价格，即 3/4。另一方面，如果服装的需求非常大，致使美国不仅生产粮食也生产服装，那么，贸易条件就将等于美国的价格比率 1/2。如

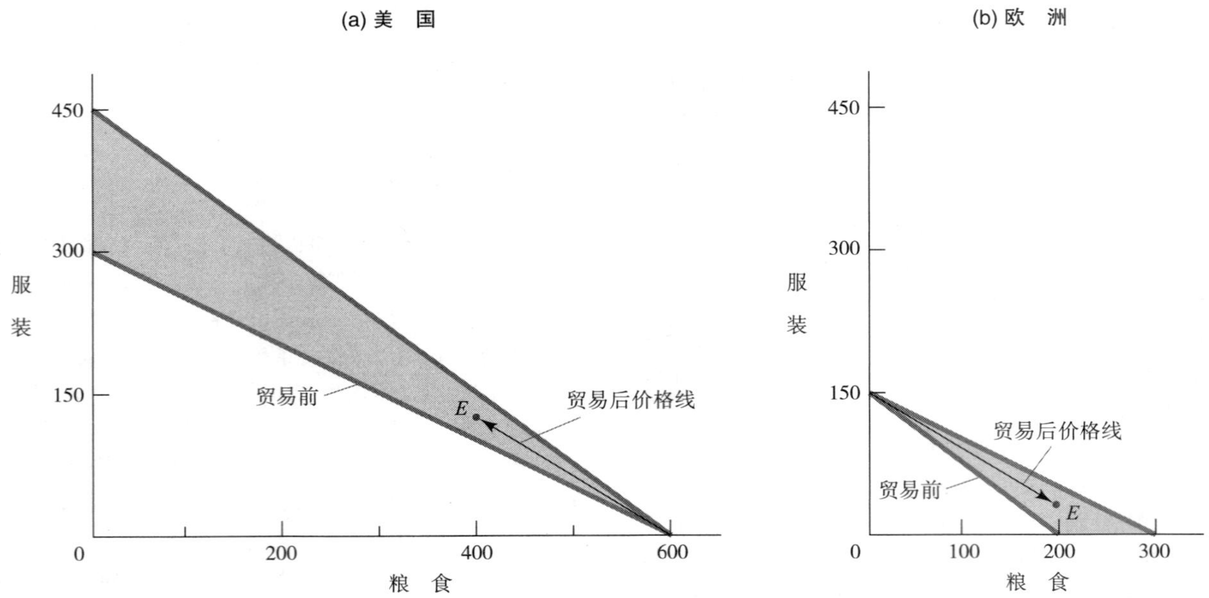

图 18-2 比较优势图示

通过贸易，欧洲和美国都提高了其可能的消费量。如果不允许贸易，各地区只能满足于它们自己生产的商品，于是就局限于各自的生产可能性曲线之上，在本图中为标有“贸易前”的两条线。对贸易开放后，竞争使得两种商品的相对价格相等，相对价格线就会如图中箭头所示。如果每个地区面临箭头所示的价格，你能看出为什么其消费可能性一定会改善吗？

果各地区完全按其比较优势进行专业分工，即欧洲只生产服装，而美国只生产粮食，那么价格比率将在 1/2 和 3/4 之间，具体的比率取决于需求的力量。

现在假设需求使得最终的价格比率是 2/3，即 3 单位的粮食可换 2 单位服装。在这种价格比率下，各地区将专门生产（美国生产粮食、欧洲生产服装）和出口自己具有比较优势的商品，并按 2/3 的世界价格比率换得另一种产品的进口。

由图 18-2 可见贸易将如何发生。每个地区都面临一个消费可能性曲线，它们按照这个曲线生产、贸易和消费。消费可能性曲线始于该地区的完全专业分工点，到 2/3 的世界价格比率处结束。图 18-2（*a*）中箭头所示是美国的消费可能性曲线，斜率为 –2/3，由其完全专业化分工点（生产 600 单位粮食，不生产服装）出发。同理，图 18-2（*b*）中箭头所示为欧洲贸易后的消费可能性曲线，斜率为 –2/3，由其完全专业化分工点向右下方倾斜。

图 18-2 中的 *E* 点表示最终结果。在这个自由贸易的均衡点上，欧洲专门生产服装，美国专门生产粮食，欧洲出口 $133\frac{1}{3}$ 单位的服装换取美国 200 单位的粮食。两个地区消费的商品都比由它们自己生产时要多，两个地区都能从国际贸易中受益。

图 18-3 显示了美国从贸易中所获得的利益。靠近原点的那条线是生产可能性边界，外面的线是世界价格比为 2/3 时的消费可能性曲线，箭头表示的是出口和进口的数量。美国在 *B′* 处停止贸易。通过贸易，它沿着 *D′A* 移动到 *B′*，其效果与一个卓有成效的新发明一样将生产可能性边界外推。

图 18-4 总结了上述分析。由图可见世界的生产可能性边界。世界的生产可能性边界代表了当商品以最有效率的方式（即最有效率的劳动分工和地区专业化）生产时，既定的世界资源可能取得的最大产出。

世界的生产可能性边界是由图 18-2 中两个地区的生产可能性边界所组成的，它代表两个地区的 *PPF* 线可能得出的世界产出的最大水平。例如，在图 18-2 中可以看出，能够生产的粮食的最大产量（不生产服装）在美国是 600 单位，在欧洲是 200 单位，加起来得到世界的最

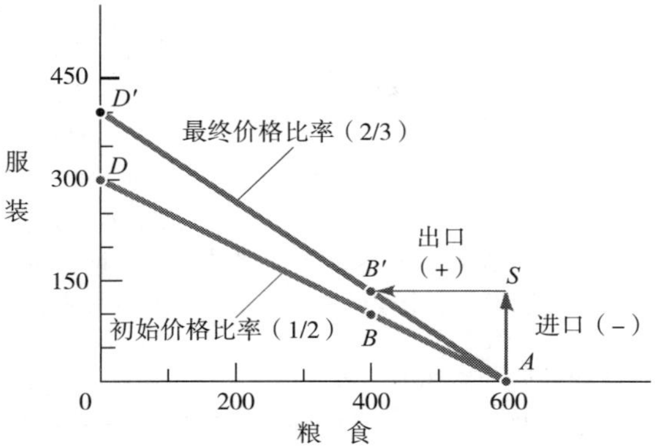

图 18-3 贸易前后的美国

自由贸易扩大了美国的消费选择。*DA* 代表美国的生产可能性曲线，*D′A* 代表美国以 2/3 的价格比率进行自由贸易并完全专业化分工于粮食的生产（在 *A* 点）时，美国的消费可能性曲线。*S* 到 *B′* 和 *A* 到 *S* 的箭头是美国出口（+）和进口（-）商品的数量。自由贸易的结果是美国最终停在 *B′* 点，消费的两种商品都比它沿 *DA* 生产时要多。

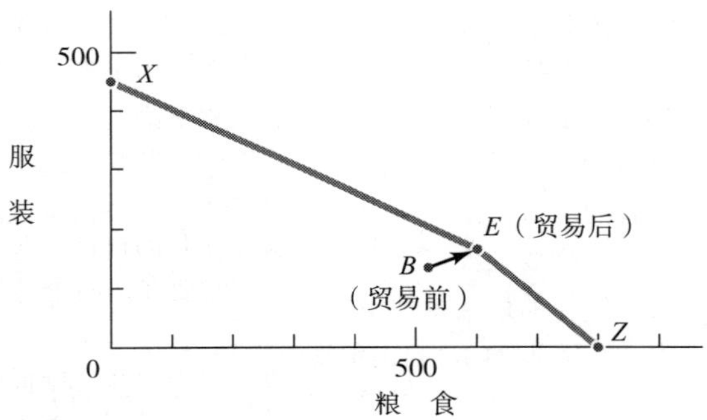

图 18-4 自由贸易使得世界能移到其生产可能性边界上

在这里，我们将世界作为一个整体来说明自由贸易的作用。允许进行贸易前，每个地区处在自己国家的生产可能性边界上。由于没有贸易的均衡是无效率的均衡，因而世界处于其生产可能性边界内部 *B* 点。

自由贸易使得每个地区按其比较优势生产专业化的商品。由于有效率的专业化分工的存在，世界生产向外移到其效率边界上的 *E* 点。

大量 800 单位。将这一点（800 单位粮食，0 单位服装）在图 18-4 中标出，再通过两地区的 *PPF* 线画出世界 *PPF* 线上的另一点（0 单位粮食，450 单位服装），这样，通过仔细计算两个地区有效率地分工于两种商品生产时的世界最高产出，我们可以画出上述两点之间的所有的点。

在开放贸易之前，世界的产出处于 *B* 点，这一点是低效率的（在世界 *PPF* 线之内），因为不同地区生产不同商品相对效率不同。开放贸易之后，世界产出移到贸易均衡点 *E*，此时各国集中力量在其具有比较优势的领域进行生产。

> 竞争市场中的自由贸易使得世界生产能够上移到其生产可能性边界上。

扩展到多种商品和多个国家

现实生活中，国际贸易所涉及的国家不只是两个，商品也不只局限于两种。但上面我们所讨论的原理却不会因此而有实质性的改变。

多种商品

当两个国家或地区以不变成本生产多种商品时，就可以按比较优势或比较成本对这些商品进行排序。举例说明，这些商品可能是微处理器、计算机、飞机、汽车、葡萄酒、羊角面包，并全部按照比较优势排序，见图 18-5。从图中你可以看出，在所有这些商品中，相对欧洲的成本而言，微处理器在美国最便宜。欧洲则在羊角面包的生产上拥有最大的比较优势。20 年前，美国在商务飞机市场上占有主导地位；但现在，欧洲已经取得了相当可观的市场份额，所以“飞机”在比较优势序列上右移了。

我们实际上可以肯定，贸易的引入会使美国生产和出口微处理器，而欧洲将生产和出口羊角面包。但分界线会落在哪里呢？在飞机和汽车之间？或者在葡萄酒和羊角面包之间？还是将落在某种商品上而不是在两种商品之间——或许汽车在两处都可以生产。

你会毫不惊讶地发现，答案取决于对不同商品的需求和供给。我们可以将这些商品想像成按其比较优势串在一根线上的珠子，供给和需求的力量将决定美国和欧洲生产的分界线落在何处。举例来说，对微处理器和计算机需求的增加会使价格向美国商品的方向移动，这种移动使美国将其力量集中于更有比较优势的领域进行生产，以至于它在比较劣势领域（如汽车）的生产不再是有利可图的。

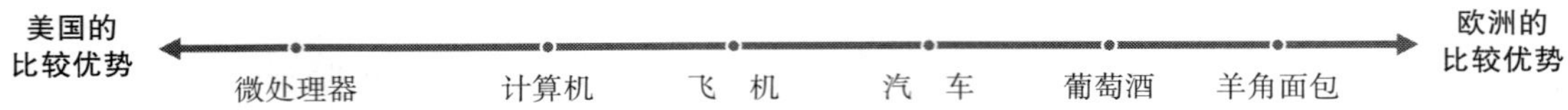

图 18-5 有多种商品时，存在一个比较优势序列

多个国家

多个国家时情形会怎样呢？引入多个国家并不改变我们的分析。当只考虑一个国家时，其他所有的国家可以合成一组被视为“世界其他国家”。贸易的优势与国界并无特殊联系，上面分析的原理适用于不同的国家组以及同一国家内的不同地区。实际上，它适用于美国北部和南部各州的贸易，正如它适用于美国和加拿大的贸易一样。

三角贸易和多边贸易

当有许多国家时，参与*三角贸易*或*多边贸易*一般来说是有益的，因为两个国家之间的双边贸易通常是不平衡的。

考虑一下图 18-6 中三角贸易的简单例子。图中箭头表明了出口的方向。美国从日本购买消费类电子产品，日本从发展中国家购买石油和初级产品，发展中国家从美国购买计算机。现实中的贸易比这个三角贸易的例子当然还要复杂得多。

限制条件和结论

现在我们已经比较系统地学习了比较优势理论，它的结论适用于任何数量的国家和商品，而且可以被一般化以解决多种投入、要素比例变化及收益递减等问题。但我们必须强调，这个理论有两个重要的限制条件：

1. *古典假定*。从理论上讲，比较优势理论的主要缺陷在于它的古典假定，即假定经济是一种平稳运行的竞争经济。当存在本地或全球公共品的时候，贸易可能导致环境问题的恶化（进一步的讨论见第 14 章）。而且，非弹性价格和工资、商业周期以及非自愿失业可能会导致低效率。当宏观或微观经济出现市场失灵的时候，贸易会将一国推到它的生产可能性边界*以内*。如果由于环境或其他问题使经济处于衰退或价格体系不能正常运行时，我们便不能肯定各国能从贸易中获利。

   考虑到这种局限，比较优势理论在经济不景气时可能大打折扣就不足为奇了。在 20 世纪 30 年代的萧条时期，由于失业猛增，实际产出下降，各国都实行了高关税，对外贸易额大幅下降。此外，在繁荣的 20 世纪 90 年代，自由贸易愈发受到环保主义者的攻击，他们认为自由贸易使一些公司可以将污染物排放到大海或那些管制宽松的国家中。在对自由贸易的最新批评中，环保主义者一马当先（见本章结尾部分的“自由贸易谈判”）。
2. *收入分配*。第二个限制条件与对某些特定的人、部门或生产要素所产生的影响有关。我们在前面已经说明，一国开放贸易会增加国民收入，能消费到比不进行贸易时更多的商品和服务。

   但正如斯托珀－萨缪尔森定理所表明的那样，这并不意味着每个个人、企业、部门或生产要素都能从贸易中获益。我们能通过一个例子来说明上述定理。假设美国拥有相对熟练的劳动力，而中国拥有相对不熟练的劳动力。进而，假设飞机制造业更密集地使用熟练劳动力，而服装生产中更密集地使用非熟练劳动力。现在考虑从无贸易到自由贸易的变动情况。在这个例子中，我们预期美国将出口飞机，并进口服装。在美国，飞机的价格将上升，而服装的价格将下降。

   有趣的是上述过程对劳动所造成的影响。国内

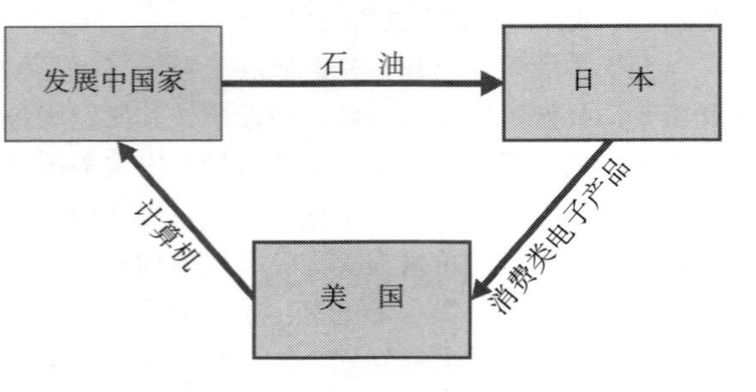

图 18-6 三角贸易对各方都有利

在现实中，国际贸易和国内贸易一样，是多边的。

生产转移的结果是，服装的价格和生产下降，从而导致对不熟练劳动力需求的下降；而飞机的价格和生产将上升，从而使得对熟练劳动力的需求上升。在工资可以灵活调整的情况下，这将导致美国不熟练劳动力工资的下降，以及熟练劳动力工资的上升。由此可知，自由贸易倾向于提高出口品中密集使用的要素的价格，同时降低进口品中密集使用的要素的价格。（在工资不能灵活调整的情况下，正如我们在宏观经济学的讨论中所表明的那样，这将导致不熟练劳动力的失业。）

最近的研究显示：在过去 30 年中，高收入国家非技能型劳动力的实际工资下降了，原因在于从低工资的发展中国家进口的商品增加了。工资之所以下降，是因为像服装这样的进口品，由发展中国家的非熟练劳动力生产。从某种程度上讲，这些工人与高收入国家服装产业中非熟练劳动力之间，具有高度的替代关系。服装业增长的国际贸易降低了服装的价格，从而降低了高收入国家不熟练劳动力的工资。

比较优势理论表明：一些其他部门的收益量要大于受损部门遭受的损失，而且从长期看，那些从低收入部门被赶出来的劳动力会逐渐转向高工资的工作。但那些暂时被国际贸易损害的人们确实受到了伤害，因此他们是贸易保护和贸易壁垒的支持者。

尽管比较优势理论有其局限性，但它是经济学中最深刻的真理之一。那些忽视比较优势的国家，在生活水平和经济增长方面，会因此而付出沉重的代价。

C. 贸易保护主义

回到本章的开头，重新阅读“蜡烛制造商请愿书”。法国经济学家弗雷德里克·巴斯夏在文中讽刺了那些旨在排斥与国货相竞争的外国产品的要求。今天，人们往往也对来自国外的竞争心存疑虑，“购买国货”听起来似乎是一场爱国运动。

但自亚当·斯密以来，经济学家对此却有不同的看法。他们认为贸易能推进对各国都有利的国际劳动分工，自由和开放的贸易使得每个国家都能扩大其生产和消费的可能性，从而提高全世界的生活水平。而贸易保护主义则阻碍了比较优势发挥最大的作用。

本节将从经济学的角度回顾贸易保护主义的论点。

贸易和关税的供求分析

自由贸易和无贸易

我们可以通过分析贸易商品的供求来说明比较优势理论。以美国的服装市场为例，为简单起见，假设美国只是全球市场的一小部分，所以不能影响服装的世界价格。（这个假设可以使我们很容易地分析供给和需求，之后我们将讨论一国能影响世界价格这一更现实的情形。）

图 18-7 是美国服装的供给和需求曲线，美国消费者的需求曲线是 *DD*，美国国内厂商的供给曲线是 *SS*。我们假设服装的价格由世界市场决定，为 1 单位 4 美元。尽管国际贸易是以多种货币进行的，为简便起见，我们按现行汇率把国外供给曲线转换成以美元为计量单位的供给曲线。

无贸易均衡 假设服装的运输成本或关税是禁止性的（比如说，1 单位服装要付 100 美元的运输成本或关税），那么，无贸易均衡点在哪里呢？美国服装市场的均衡位于国内供给曲线和需求曲线的交点，即图 18-7 中的点 *N*。此时为每单位 8 美元，比世界价格要高，国内生产能满足所有的国内需求。

自由贸易 现在开放服装的贸易。在没有运输成本、关税和配额时，美国的价格应等于世界价格。为什么呢？因为，如果美国的价格比中国高，目光敏锐的企业家们就会从价格低的地方（中国）购买服装到价格高的地方（美国）去卖；于是中国将向美国出口服装。一旦贸易活动完全适应了美国的供求关系，美国的价格就会变得与世界价格相等。（如果存在运输和关税成本，美国的价格就会等于按这些成本进行调整后的世界价格。）

图 18-7 表明在自由贸易条件下，本例中的服装价格、数量和贸易是如何决定的。价格为 4 美元时的水平线代表的是进口的供给曲线，它是水平的，或者说具有完全的价格弹性，因为假定美国的需求量非常小，不能够影响服装的世界价格。

开放贸易后，进口服装流入美国，使美国的服装价格降到每单位 4 美元的世界价格水平。在这个价格下，

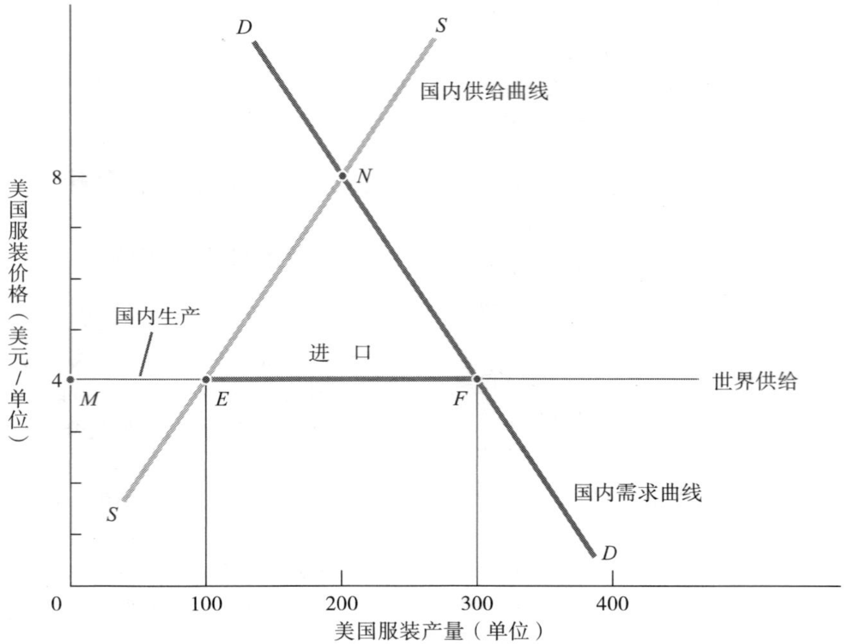

图 18–7 自由贸易条件下美国的生产、进口和消费

这里我们看到服装市场的自由贸易均衡。美国在服装上没有比较优势，于是在没有贸易的均衡点 *N*，美国的服装价格为 8 美元，而世界的价格是 4 美元。

假设美国的需求不影响每单位 4 美元的世界价格，当美国生产 *ME*（100 单位），并且进口国内需求与供给的差额 *EF*（200 单位）时，就达到了自由贸易的均衡。

国内生产者的供应量为 *ME*，即 100 单位，而此时消费者希望消费 300 单位。这个差额（图中为 *EF*）就是进口的数量。谁决定了我们要进口这么多的服装，而国内生产者只提供 100 单位的服装呢？是中国的一个计划部门，还是一个服装制造商的卡特尔？都不是，贸易的数量正是由供给和需求所决定的。

此外，无贸易均衡时的价格水平决定贸易流的方向。美国无贸易均衡时的价格比中国高，所以商品流入美国。请记住这条规则：*在自由贸易下，或更一般地说在市场上，商品总是从价格低的地区流向价格高的地区*。当市场进行自由贸易后，服装由价格较低的中国市场流向价格较高的美国市场，直到两处价格相等为止。

贸易壁垒

几个世纪以来，政府一直在利用关税和配额来提高收入和影响某些产业的发展。自 18 世纪英国议会试图对来自美国殖民地的茶叶、食用糖和其他商品征收关税以来，关税政策就一直被证明是一块酝酿革命和政治斗争的沃土。

我们可以通过供求分析来理解关税和配额的经济影响。请注意，**关税**（tariff）是对进口商品课征的一种税。**配额**（quota）是一种对进口商品的数量限制，美国对许多商品实行配额，如花生、纺织品和牛肉。

表 18-3 列出了 2003 年主要国家的平均关税率。请注意，在大部分国家中，不同商品的关税水平差别很大。也许需要较为深入的讨论才能揭示，为什么美国进口马的关税为 0，而进口驴的关税却为 6.8%。但在另一方面，我们却很容易理解为什么美国对纺织品和钢铁都设有严厉的配额或者较高的关税。因为这些产品所涉及的产业，对国会或白宫都具有政治上的影响。

禁止性关税 最容易分析的例子是禁止性关税——一种税率非常高的关税，可以完全阻止任何商品的进口。回

国家或地区	平均关税率，2003（%）
中国香港	0.0
瑞　士	0.0
日　本	3.3
美　国	3.9
加拿大	4.2
欧　盟	4.4
俄罗斯	11.3
中国大陆	12.0
墨西哥	17.3
巴基斯坦	17.2
印　度	33.0
伊　朗	30.0
主要组别的平均值	
低收入国家	5.9
中等收入国家	14.1

表 18-3　**各个国家或地区的平均关税率，2003 年**

在不同地区之间，关税的差异很大。现在美国与新加坡、中国香港这样的地区关税税率很低，尽管存在纺织和钢铁行业这样的例外。印度和伊朗这样的国家则继续保持着保护主义的贸易壁垒。

资料来源：World Trade Organization and government organizations.

过头来看一下图 18-7，如果服装的关税多于每单位 4 美元（即比 8 美元的美国无贸易均衡价格和 4 美元的世界价格之间的差额还要大），那么会发生什么呢？这将是一种禁止性关税，它会使所有的服装贸易都停止下来。一个进口商以 4 美元的世界价格购买服装，然后以 8 美元的无贸易价格水平在美国国内出售，显然这个价格并不能弥补商品的成本加关税。禁止性关税就是这样扼杀所有贸易的。

非禁止性关税　较低一些的关税（1 单位服装征收不到 4 美元的关税）会损害但不会消除贸易。图 18-8 表明了当关税为 2 美元时服装市场的均衡。我们再次假定没有运输成本，2 美元的关税意味着外国服装在美国将按 1 单位 6 美元的价格出售（相当于 4 美元的世界价格加上 2 美元关税）。

征收 2 美元关税后的均衡，使得国内消费（或需求量）由自由贸易时的 300 单位下降到征收关税后的 250 单位，国内生产的数量增加了 50 单位，进口数量下降了 100 单位。这个例子总结出关税的经济影响是：

> 关税会提高商品价格，减少消费和进口的数量，增加国内生产。

配　额　配额与关税的影响在性质上是相同的，一个禁止性配额（阻止所有进口的配额）相当于一项禁止性关税。在图 18-8 中，价格和数量将回到无贸易均衡点 N 上。一个不那么严厉的配额可能将进口量限制为 100 单位，这个配额相当于图 18-8 上的 HJ。100 单位配额下的均衡价格与产出和征收 2 美元关税后的均衡结果一样。

尽管关税和配额之间没有本质的差别，但仍存在一些微妙的区别。关税能给政府带来收入，或许使某些其他税收的降低成为可能，从而部分抵消其对进口国消费者所造成的损害。而配额，则将由其造成的价格差异所带来的利润，放入那些能够幸运地得到进口许可证的进口商或出口商的口袋。他们可以用这些收益来挥霍，甚至贿赂那些发放进口许可证的官员。

由于这些区别，经济学家一般认为关税的危害相比之下要小一些。尽管如此，如果一国政府已决定实行配额，那么它就应该拍卖那些稀缺的进口配额的许可证。通过拍卖可以保证是政府而不是进口商得到了由稀缺的进口权而带来的收益。而且这样做官员们也就不可能按照贿赂、交情或裙带关系去发放配额了。

运输成本　运输成本的影响是怎样的呢？运送体积大、易腐烂商品的成本具有与关税同样的影响，它减少了地区性专业分工所带来的好处。例如，如果从中国向美国运送服装每单位运输成本为 2 美元，供给和需求的均衡就会与图 18-8 显示的那样，美国的价格会比中国价格高 2 美元。

但在保护性措施和运输成本之间有一个区别：运输成本是由自然条件，如海洋、高山和河流等造成的，而限制性关税却应由国家负全部责任。实际上，有一位经济学家曾将关税称为“起负作用的铁路”。征收关税对经济的影响，如同将沙子洒进那艘将货物从别国运到本国的船舶的发动机里。

关税的经济成本

当美国对进口服装征收关税，所征关税为图 18-8 中所示的 2 美元时，会发生什么情况呢？它会产生三种影响：（1）国内厂商可以在关税所提供的价格保护伞下扩大生产；（2）消费者面临更高的价格，因而减少消费；（3）

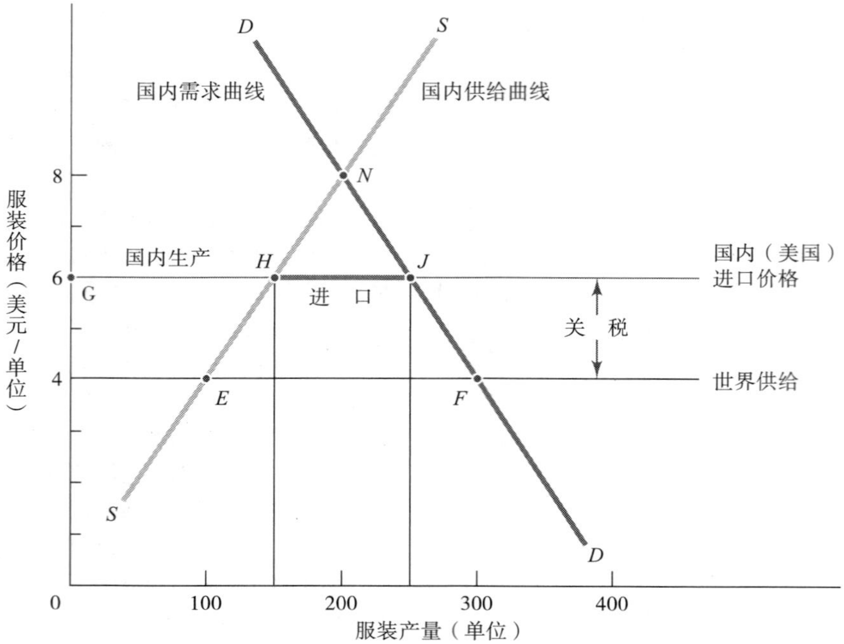

图 18-8 关税的效应

关税降低进口和消费，提高国内的产量和价格。从图 18-7 中的均衡自由贸易出发，美国现在对进口服装征收 2 美元的关税，从而进口的中国服装的价格上升到 6 美元（含关税）。

市场价格由 4 美元上升到 6 美元，导致总需求下降。于是进口由 200 单位缩减到 100 单位，而国内生产由 100 单位上升到 150 单位。

政府获得关税收入。

> 关税会造成经济无效率。征收关税时，消费者的经济损失超过政府的收入与厂商所得的额外利润的总和。

图示分析 图 18-9 所示为关税的经济成本。图中的供给曲线和需求曲线与图 18-8 中的一样，但有三个区域被重点标出。（1）区域 *B* 是政府征收关税的收入。它等于关税率乘以进口数量，总额是 200 美元。（2）关税将国内市场价格由 4 美元提高到 6 美元，生产者将其产量提高到 150 单位，于是总利润上升到 250 美元，体现在图中为 *LEHM* 的面积，即原先生产产量的利润 200 美元，加上多生产 50 单位而增加的利润 50 美元。（3）最后，请注意关税给消费者带来一项高额的成本，消费者剩余损失总额为 550 美元，图中为 *LMJF* 区域。

于是对社会的总影响是厂商获利 250 美元，政府收入 200 美元，消费者损失 550 美元。社会净成本（假设每 1 美元是相等的）为 100 美元。这相当于图中 *A* 和 *C* 两个区域，弄清这两部分的含义是很重要的：

- 区域 *A* 是国内生产成本高于国外生产成本带来的净损失。当国内价格上升时，厂商们就开始使用那些成本相对高的国内能力，其产量达到边际成本为 6 美元的那一点，而自由贸易下的边际成本为 4 美元。无效率的老工厂重新开工，现有的企业加班加点。从经济的角度来看，这些企业是有比较劣势的，因为由这些工厂生产出的新服装在国外可以用更低的成本生产。这种无效率生产带来的新的社会损失是区域 *A*，数额为 50 美元。
- 此外，价格的上升还给该国带来另一个净损失，图中为区域 *C*。这一部分损失是无法由商业利润或关税收入来加以弥补的消费者剩余的损失。这一区域代表消费者由购买低成本的进口品转向购买高成本的国内产品时而产生的经济成本，数额也是 50 美元。

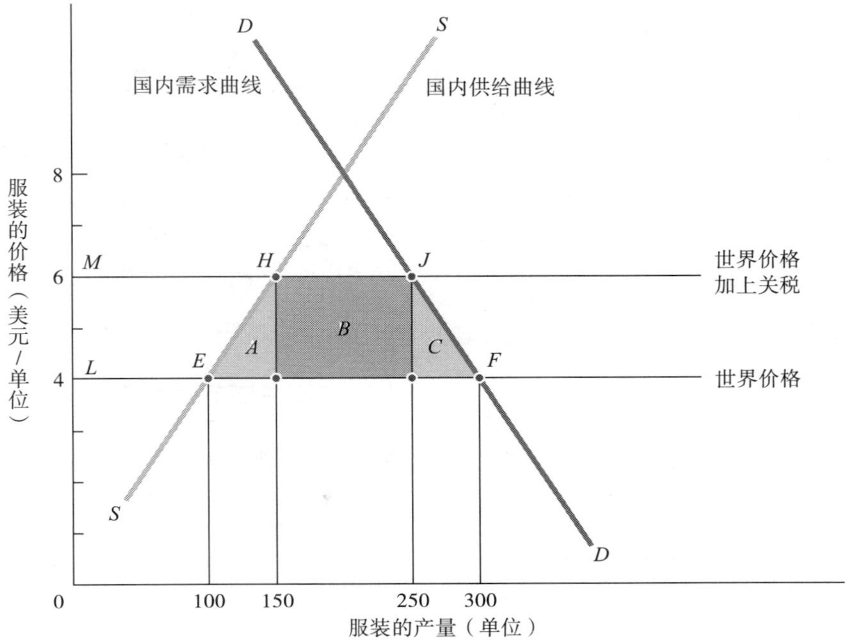

图 18–9　关税的经济成本

征收关税增加收入，同时带来无效率。我们从三个方面探讨关税的影响。矩形 *B* 是政府得到的关税收入，三角形 *A* 是在关税保护伞下厂商产生的额外生产成本，三角形 *C* 是由于非效率的高价格带来的消费者剩余的净损失。*A* 与 *C* 区域是由关税导致的不可避免的无效率后果。

因此，不管用哪一种方法计算，社会总损失都是 100 美元。

图 18-9 的含义对于我们理解关税的政治和历史都非常重要。征收关税时，部分经济影响是由于关税对收入的再分配造成的，它将一部分收入从消费者那里转移到被保护的国内生产者和劳工手中。在图 18-9 中，区域 *A* 和 *C* 分别代表国内高成本生产的无效率和价格上升而减少消费所带来的效率损失。在上面所做的简单假定下，效率损失总计 100 美元。但再分配所涉及的数额要大得多，通过征收由商品消费者承担的关税可得到 200 美元的税收收入，此外厂商的新增利润为 250 美元。消费者对于产品成本上升很不满意，而国内这些产品的生产者和劳工则会受益。我们可以看出，为什么对于进口限制的争论，一般更容易集中在损益再分配问题上，而不是经济效率问题上。

征收关税会带来三种影响：它鼓励了无效率的国内生产；它提高了价格，从而导致消费者对征税商品的购买量低于有效率的水平；它增加了政府收入。其中前两项都给经济带来了效率成本。

保护纺织品贸易的成本

让我们考查一下某一关税的影响，以便使我们以上的分析更加详实。不妨以纺织品关税为例。现在，对进口的纺织品和服装所征收的关税是美国所征收的最高关税的一种。那么，这些高关税是如何影响消费者和生产者的呢？

首先，关税提高了国内服装的价格。由于价格较高，许多原本要破产倒闭的工厂会继续开工，虽然它们在纺织品方面的比较优势一直在下降。尽管它们盈利很少，但会尽力扩大销售以便能继续在国内进行生产；纺织业所雇用的工人，比在自由贸易时要多，虽然来自国外竞争的压力使得纺织业的工资处于制造业各部门中最低的一档。

从经济角度来看，支撑纺织业意味着在浪费资源。这些工人、原材料和资本在其他部门原本可以被更加有效率地利用，或许可以去制造飞机或提供金融服务和网上交易。由于使生产要素留在已丧失比较优势的产业中，国家的生产潜力会降低。

消费者当然会因为对纺织业的保护而付出高价格。他们从其收入中得到的满意程度，低于本可以用不包含高关税的价格去购买韩国、中国或印尼的纺织品时的满意程度。消费者于是减少了服装的消费，而把钱花在食品、交通和娱乐上，因为这些商品的价格由于对纺织品征收关税而被相对地降低了。

最后，政府从纺织品关税中得到了收益。这些收益可以用来购买公共品或是降低其他税收。所以（与消费者损失或生产的无效率不同）这种影响对社会倒并不是一个负担。

保护主义经济学

考查了关税对价格和数量的影响之后，让我们转向对赞成与反对贸易保护主义的分析。要求以关税或配额保护本国不受外国进口品竞争损害的主张，往往表现为多种形式，以下是主要的几类：（1）非经济观点，这种观点认为牺牲一些经济福利以支持国家其他目标是必要的；（2）若干误解经济逻辑的观点；（3）基于市场力量或宏观经济的不完善而进行的若干分析。

非经济目标

如果你要参加一个辩论小组，为自由贸易辩护，那么，一开始你可以先做个让步，承认经济福利不是生活的惟一目标，这样可能会使你的辩论更有说服力。一个国家当然不应该只为了几美元的额外收入而牺牲它的自由、文化和人权。

美国的半导体产业就是个很好的例子。20 世纪 80 年代，国防部声称，如果美国没有一个独立的半导体产业，那么在高科技武器的芯片方面，军方就会过于依赖日本和其他国外供应商。于是人们都认为应该保护半导体工业，但经济学家对这种做法的价值表示怀疑。他们并不是对国家安全目标提出怀疑，而是质疑集中于实现该目标的方式的效率。他们认为，可以为该产业制定一项政策（也许是一个购买最小数目的高质量芯片的计划）。因为，相比之下保护措施的代价肯定要昂贵得多。

在贸易政策中，国家安全不是惟一的非经济目标，各国可能非常想保留自己的文化传统或保护本国环境。法国最近认为，应该保护本国公民不受美国那些“不文明的”影片的毒害。他们害怕法国的电影产业会淹没在多特技、高预算的好莱坞影片浪潮之中。结果，法国对从美国进口的电影和电视节目的数量一直实行严格的配额。

站不住脚的关税观

重商主义 据说亚伯拉罕·林肯曾经说过以下的话：“对关税我知道的不多，但我确实知道当我从英格兰买一件上衣时，我得到上衣，英格兰得到了钱；当我在美国买上衣时，我得到上衣，而美国得到了钱。”

这种推理代表了一个历史久远的错误，即 17、18 世纪重商主义者所犯的一个典型错误。他们认为，如果一国卖的比买的要多，那么这个国家是很幸运的。因为这种贸易顺差意味着出口盈余，从而使黄金流进本国。

重商主义者的论断混淆了手段和目的。积聚黄金或其他货币并不能提高一国的生活水平，货币的价值不在于它本身，而在于它能从其他国家买到些什么。因此，今天大多数经济学家不再会认为提高关税、取得贸易盈余肯定能改善一国的经济福利。

为特殊利益集团征收关税 要求实行保护性关税的压力，最重要的来源是那些强有力的特殊利益集团。企业和工人都很明白，如果对与他们相同的某些进口商品征收关税，尽管增加了他人的成本，但对他们自身总是有利的。亚当·斯密也很清楚这一点，他写道：

> 期待贸易自由像期待乌托邦一样的荒谬。因为不仅公众的偏见会反对，而且更无法克服的是存在许多个人的私利，它们会不可遏制地出来阻挡和反对自由贸易。

如果自由贸易总体上对一国如此有利，那么为什么贸易保护主义的鼓吹者仍能在议会中发挥那种大得与之不相称的影响呢？其原因就在于，这一小部分人可以从某些保护措施中获利，进而为那些到处游说的政治家们提供大量的经费。相反，单个消费者只是在某种商品上受到关税的轻微影响，而由于这些损失很小而且影响很分散，所以个人没有什么动力去花费资源对每项关税发表意见。一个世纪以前，人们直接用行贿的办法来获得赞成关税立法所需的选票。现在，那些由工会或企业资助的力量强大的政治行动委员会（PACs），已经雇用了许多律师，不断地鼓吹对纺织品、木材、钢铁、食糖和其他商品征收关税或实行配额等各种主张。

如果政治投票完全遵循整体经济利益的分布比例，则各国就会废除现在实行的大部分关税。但是，所有的利益集团的美元总是不足以"买"够所需要的政治声音。组织广大的消费者和生产者倡导自由贸易的好处，比组织几个公司或工会反对"中国的廉价劳动力"要困难得多。在每个国家，自由贸易的那些永远不知疲倦的敌人，都是那些由受到保护的企业和工人所组成的特殊利益集团。

> 一个富有戏剧性的例子是美国对食用糖实行配额，这一措施对少数几个厂商有利，但却使美国的消费者每年多支付 10 亿美元。普通的消费者可能并不知道食用糖配额使得每人每天要多付出 1 美分，所以人们游说自由贸易的动力就小得微乎其微。

国外廉价劳动力的竞争 在所有提倡贸易保护主义的观点中，最有韧性的一种观点是：自由贸易会将美国劳动力置于国外廉价劳动力的竞争压力之下。这种观点认为，保持美国高工资的惟一方法是将由低工资国家生产的产品排斥出去，或者对其施加高关税。将这一观点极端化的人们认为，在自由贸易下，美国的高工资将与外国的低工资趋同。总统候选人罗斯·佩罗特在关于北美自由贸易协定的辩论中就曾鼓吹过这个观点，他争辩说：

> 从理论上讲，北美自由贸易协定是非常好的，但在现实中它对我国是不利的。在我们这个需要工作机会流入而非流出的时期，该协定会为美国制造一个无底洞，墨西哥的工资将上升到每小时 7.5 美元，而我们的工资将下降到每小时 7.5 美元。

这种论点听起来似乎有理，但却是完全错误的，因为它无视比较优势原则。美国工人的工资较高是因为他们的劳动生产率普遍较高。如果美国的均衡工资是墨西哥的 5 倍，那是因为美国工人的边际产品是墨西哥工人的 5 倍。贸易按照比较优势进行，而不是按工资水平或绝对优势进行。

我们已经说明，一国进口本国不具比较优势而由"外国廉价劳动力"生产的产品，可以从中受益，但也不能忽视贸易给特定的企业和工人所带来的影响。请回忆上文中斯托珀－萨缪尔森定理所给出的解释。如果美国在纺织或玩具这样的行业具有比较劣势，并且这些行业密集使用非熟练劳动力，那么削弱贸易壁垒将会降低美国非熟练劳动力的工资水平。同时，这也会对那些因工资下降而寻找其他工作的人带来临时性的影响。当整个经济不景气或当地的劳动市场上失业率很高时，被解雇的工人的困难会加剧。长期看，劳动市场会将这些工人从衰退的产业重新安置到发展的产业中去，但这个过渡对于许多人来说可能是非常痛苦的。

小结：

> 国外廉价劳动力说的缺陷在于，它忽视了比较优势理论。即使一国的工资远比其贸易伙伴高，该国也能从贸易中受益。高工资来自于高效率，而不是保护性关税。

报复性关税 很多人都承认自由贸易的世界是最好的世界，但他们同时意识到这并不是自身所生活的现实世界。他们会说："只要其他国家对我们的产品加以限制或以其他方式加以歧视，我们就别无选择，为了自我防卫只能玩贸易保护主义的游戏。只有在进行公平贸易的时候，我们才会按自由贸易原则行事，我们强调应该在公平的基础上进行。" 20 世纪 90 年代，美国有好几次都走到了与日本和中国爆发贸易战的边缘。美国曾威胁说，如果对方不停止某些令人不愉快的贸易行为，美国就将施加高关税。

那些支持这种做法的人会争辩说，实行报复会粉碎其他国家的贸易保护壁垒，《总统经济报告》中对贸易保护的分析就是这种逻辑的一个例子：

> 即使短期内美国经济会付出一定代价，但只要国际贸易干预有利于实现增加那些推行干预政策的外国政府的代价这一战略目标，它就是值得的。因此，精心制定的政策在使其他国家减少其贸易扭曲方面有一种潜在的作用。

尽管这种论点有着潜在的正确性，但应用时却必须十分小心。正如战争威胁可能会导致军备竞赛和军事冲突一样，用贸易保护政策去威胁他人，最终也可能会使威胁者自己及其对手都受到损害。历史研究发现，实行报复性关税通常导致其他国家将关税提得更高，而很少能够成为一种有效降低多边关税的讨价还价的筹码。

进口援助 在美国和其他国家，被来自外国的竞争所伤害的企业和工人总是致力于取得关税和配额等形式的保护。现在，在国会中几乎已经不再直接进行有关关税问题的讨论了，国会已经意识到关税的政治性太强，不好处理，所以建立起一些处理各产业诉讼的专门机构。一般说来，要求援助的报告由美国商务部和美国国际贸易委员会负责处理。援助措施包括以下几种：

- *例外条款*。这在早期比较流行。当某一产业被进口品损害时，可以采取临时的进口援助（与他国谈判决定关税、进口配额或出口配额等）。当某种商品进口上升，该产业的国内产出、就业和利润下降时，我们就认为发生了进口损害。
- *反倾销关税*。当某种外国商品以低于其平均成本或国内市场价格在美国出售时，就要对其征收反倾销关税。一旦发现有倾销行为时，就要对该进口商品加征"倾销税"。
- *抵消关税*。当外国对出口到美国的产品进行补贴时，就要对该种产品征收抵消关税。它已成为进口援助的一种最普遍的形式，适用的案例多达几百起。

那么，制定这些报复性措施到底有多少合理之处呢？进口援助听起来是合理的，但实际上它与比较优势原则背道而驰。该原则认为，不能与外国企业竞争的产业本应该受到进口品的伤害。*从经济优势角度看，缺少生产效率的产业在国内更有生产效率的产业的竞争下，实际上正在被淘汰出局。*

这一点听起来的确很无情，没有一个产业会心甘情愿地消失，也没有一个地区会乐于遭遇经济转型而转向新的产业。旧产业向新产业的转移往往会伴随大量的失业和阵痛，那些弱势产业和落后地区会感到，它们正在被社会挑选出来去承担经济进步的代价。

有潜在正确性的贸易保护主义

最后，我们评价三个有实际经济学价值的贸易保护主义论点：

- 关税可能使贸易条件变得对一国有利；
- 对于有增长潜力的"幼稚产业"实行临时性关税保护，从长期看可能是有效率的；
- 在某些条件下，关税有助于减少失业。

贸易条件或最优关税的论点 一种可能正确的观点认为，施加关税会使贸易条件向有利于一国而不利于他国的方向变化。*贸易条件*即出口价格与进口价格的比率。这种观点认为，当一个大国对其进口商品征收关税时，世界市场需求的减少会使均衡价格下降，进而该国该产品的税前成本就会降低。这种变化将改善该国的贸易条件，提高该国的实际收入。能够最大化国内实际收入的关税称为*最优关税*。

贸易条件理论可以追溯到150年前的自由贸易鼓吹者约翰·斯图亚特·穆勒那里。它是在充分就业和完全竞争条件下惟一可能正确的关税理论。假设美国对进口石油按最优关税征税，则导致国内石油价格上升，世界对石油的需求下降，世界市场的石油价格也将下降。因此关税的一部分实际上会落到石油生产者的身上。（可以推知小国就不能运用这个理论，因为它不能影响世界价格。）

这是否说明，我们已经找到一个理论上经得起推敲的支持关税的论点呢？如果不在乎它是一种"损人利己"的政策，并且不考虑其他国家的反应，那么答案就是肯定的。但是其他国家很有可能会作出反应。毕竟，如果美国对其进口商品征收30%的最优关税，那么，欧盟和日本为什么不对它们的进口商品征收30%或40%的关税呢？最后，每个国家都计算并征收对本国国内市场最优的关税，关税的总体水平就可能会螺旋式上升，同军备竞赛的情形无异。

最终，这种情况肯定不能表明世界或单个国家的经济福利有了改善。当所有的国家都征收最优关税时，自由贸易的障碍会更大，很可能每个国家的经济福利都会下降。相反，如果所有的国家都废除贸易壁垒，那么全世界都可能从中受益。

保护"幼稚产业"的关税 亚历山大·汉密尔顿在其著名的《关于制造业的报告》（1791年）中，建议保护"幼稚产业"使之不受国外竞争的损害，从而促进制造业的增长。主张自由贸易的经济学家，如穆勒和阿尔弗雷德·马歇尔，都对这种观点持谨慎的支持态度。根据这种理论，有一些产业只要确立起来，就能形成该国的比较优势。

如果直接面对国际市场上"大鳄"的激烈竞争，某些"幼稚产业"是很难生存的，而如果对其进行一些临时性保护，它们就可能成长起来，从而获得批量生产的经济效益、大量的技术工人、适合当地经济的发明创造以及许多成熟产业特有的技术效率。尽管实行保护在最初会使消费者承担价格上涨所带来的负担，但产业发展成熟后就会富有效率，产品的成本和价格也都会下降。如果一项关税使得消费者在后来的收益远远大于在保护期内价格上升所承担的损失，那么这项关税就是合理的。

但对这种观点，我们也必须加以谨慎的权衡。研究历史可以发现，确有一些幼稚产业经过保护之后发展成了独立和成熟的产业。对那些成功了的新兴工业国或地区（如新加坡和中国台湾）的研究表明，在其工业化早期阶段，它们经常保护本土的制造业，使其免受进口商品的损害。但对于扶持幼稚产业而言，补贴将是更有效率和更加透明的做法。实际上，关税的历史也向我们提供了许多相反的例子。例如在钢铁、食用糖和纺织品等产业，许多企业在受到多年的保护之后，仍然没能成熟起来。

巴西保护本国计算机产业的悲剧

巴西为我们提供了一个令人印象深刻的贸易保护主义悲剧的案例。1984 年，巴西通过一项法令，实际上禁止了大部分外国计算机的进口，其宗旨就是为处于初级阶段的巴西计算机产业的发展提供保护。法令得到了严格的执行，专门的“计算机警察”在公司的办公室和学校的教室中搜查非法进口的计算机。

但其结果却是令人震惊的。巴西生产的计算机在技术上比迅速发展的世界水平落后许多年，而其消费者却要支付 2 倍或 3 倍于世界市场的价格。同时，由于巴西的计算机价格太高，它们在国际市场上没有竞争力，所以巴西的计算机公司不能通过向其他国家出售产品而获得规模经济效益。计算机的高价也损害了其他经济部门的竞争力。1990 年，巴西经济部长泽里亚·卡多索·德·麦罗说：“由于这一不理智的国家主义，我们变得更加落后，计算机产业的问题严重阻碍了巴西工业的现代化发展。”

来自巴西消费者和企业界的压力以及美国对开放市场的要求，迫使巴西在 1992 年放弃了计算机进口禁令。在不到一年的时间里，圣保罗和里约热内卢的电器商店里便摆满了进口的笔记本电脑、激光打印机和移动电话，巴西的公司开始从计算机革命中获益。每个国家、每一代人以自己的方式重温了比较优势理论。

关税和失业 历史上，实行贸易保护主义的一个强有力的动机是，这样做在经济衰退或滞胀时期有助于增加就业机会。实行保护措施可以提高进口品的价格，使得需求转向国内生产，从而就可以创造就业机会，图 18-8 解释了这一效应。当国内需求上升时，企业会雇用更多工人，失业率就会下降。但这也是一项“以邻为壑”的政策，因为它是以其他国家的产出和就业的下降为代价来增加本国需求的。

然而，尽管经济保护会增加就业，但并不能将它作为一个追求高就业率、高效率和稳定的价格水平的有效计划。宏观经济分析表明，并不是没有比实行进口保护更加有效的降低失业的方法。通过恰当地运用货币政策和财政政策，一国就可以增加产出和降低失业。而且，应用一般的宏观经济政策，也可以使工人从已经失去比较优势的产业的低生产率的工作岗位上，转移到具有比较优势的产业的高生产率的工作中去。

20 世纪 90 年代的情况充分证明了这一点。1991~1999 年，美国在维持市场开放和低关税的同时，净创 1 600 万个新的工作岗位；与此同时，贸易赤字大幅上升。相反，欧洲国家开始转向贸易盈余，但却基本上没有创造出新的工作岗位。

> 对于增加工作机会和降低失业来说，关税和进口保护都不是有效率的做法。一种更有效的增加就业的途径是运用国内的货币政策和财政政策。

其他贸易壁垒

尽管本章主要讨论关税，但大多数论点对分析其他贸易壁垒也同样适用。配额的影响与关税大致相同，它们都使得市场中的价格和产量不能按各国的比较优势来决定。近年来，国家之间就配额问题进行了谈判。例如，美国已经成功地使日本对其汽车出口实行了自愿出口配额，并就电视机、鞋和钢铁实行类似出口配额的问题与他国进行了谈判。

我们也应该注意那些所谓的非关税壁垒（NTB）。这些非正式的限制和管制使得一国很难在外国市场上出售自己的商品。举例来说，美国厂商抱怨说，日本的管制将他们排斥在电信、烟草和建筑业市场之外。

与关税相比，非关税壁垒的重要性如何呢？经济研究表明，在 20 世纪 60 年代，非关税壁垒实际上要比关税壁垒重要。近年来，非关税壁垒的保护程度约为关税壁垒的两倍。由于传统关税不断削减，非关税壁垒从某

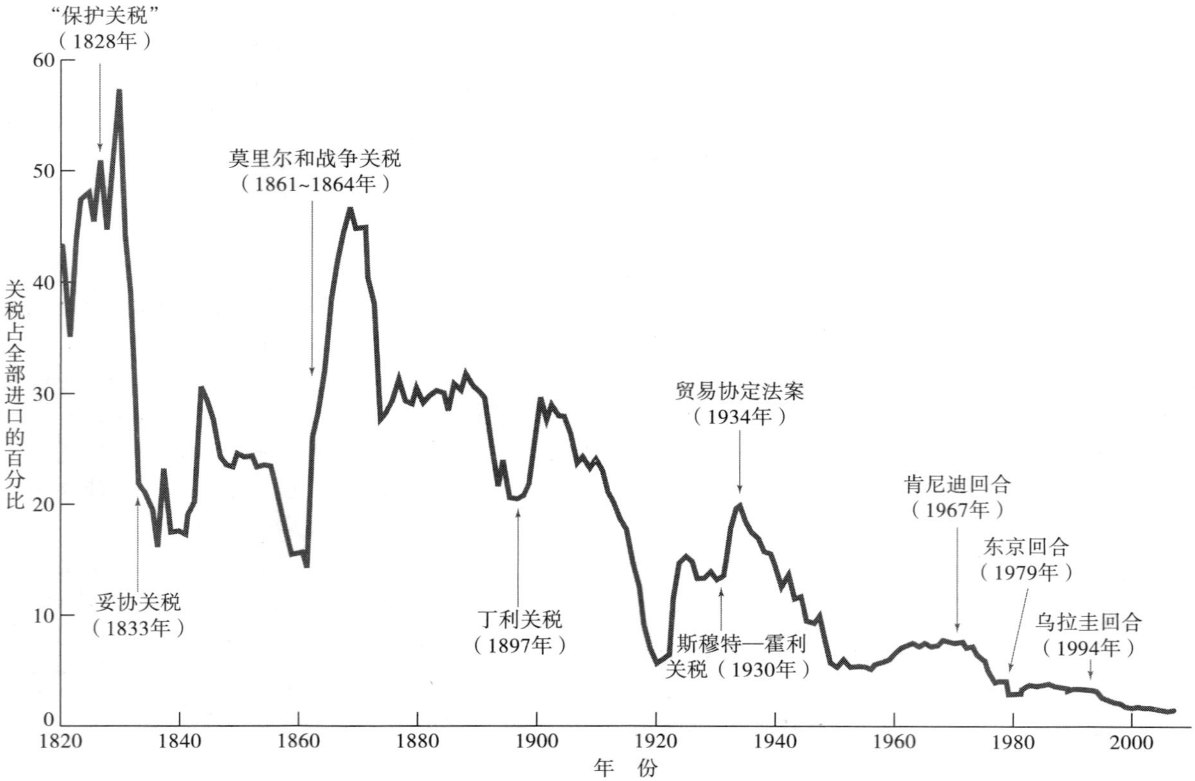

图 18-10 美国历史上是一个高关税的国家

美国历史上大部分时期关税很高，但 20 世纪 30 年代以来的贸易谈判大幅度降低了关税。

种意义上已经成为关税的替代物。

多边贸易谈判

在"自由贸易对经济有益"的论点和实行贸易保护主义的要求二者的拔河比赛中，究竟是谁取得了胜利呢？图 18-10 显示出美国的关税史一直是跌宕起伏的。在大多数时期，美国是一个高关税国家。1930 年臭名昭著的斯穆特—霍利（Smoot-Hawley）关税法通过后，美国的贸易保护主义达到了顶点。这项关税几乎遭到所有经济学家的反对，但在国会却获得了通过。

在大萧条时期，美国树起的贸易壁垒加剧了价格上涨，使经济状况进一步恶化。在 20 世纪 30 年代的贸易战中，许多国家试图提高贸易壁垒，以牺牲邻国的利益为代价来增加就业和产出，但是它们很快就认识到：在关税报复游戏的结局中，所有的人都是输家。

自由贸易谈判

二战结束后，国际社会建立了许多机构，通过合作性的政策来促进和平和经济繁荣。

多边协议 最成功的多边协议之一是关税和贸易总协定（GATT），它于 1995 年初改为世界贸易组织（WTO）。它的宪章宣称，通过"有效地降低关税和减少其他贸易壁垒，以及取消国际商业中的歧视待遇"，提高生活水平。2008 年，世界贸易组织共有 153 个成员国，其贸易量占国际贸易的 90%。

世界贸易组织的基本原则包括：（1）各国应努力减少贸易壁垒；（2）所有贸易壁垒都应该以非歧视为基础（即所有国家都应享有"最惠国"待遇）；（3）当一国将关税

提高到协议水平之上时，它必须补偿对贸易伙伴造成的经济损失；(4) 应通过磋商和仲裁的方式来解决贸易冲突。

在二战之后半个多世纪中，多边贸易谈判在降低贸易壁垒方面取得了重大进展。最近成功的谈判是于 1994 年结束的由 123 个国家参加的乌拉圭回合。2001 年，世界各国开始了新一轮的贸易谈判——多哈回合。多哈回合谈判的主要议程包括农业、知识产权以及环境问题等。发展中国家认为发达国家对于农业所实行的保护过于严格，而反对"全球化"的利益集团指责日益扩大的国际贸易在破坏环境。截止到 2008 年，面对着深刻分歧的多哈回合毫无进展。

区域性措施　在过去的几年中，各国政府采取了一系列措施以促进自由贸易或扩大区域性市场，其中最重要的措施有以下几个。

最有争议的降低关税壁垒的动议是《北美自由贸易协定》(NAFTA)，关于它的争论非常激烈，1993 年在美国国会仅以微弱的多数通过。墨西哥是美国的第三大贸易伙伴国，美国和墨西哥贸易的绝大部分是制造业产品。NAFTA 不仅对贸易商品不征收关税，而且美国和加拿大都放松了对在墨西哥投资的管制。支持这项计划的人认为，它会带来更有效率的分工格局，使美国企业能更有效率地与其他国家的企业竞争。反对者(特别是劳工集团)认为这项协定会增加技能低下的劳工所提供的产品，从而降低那些受影响产业中工人的工资。

经济学家则告诫，如果排斥其他的潜在贸易伙伴的话，像 NAFTA 这样的区域性贸易协定则会导致无效率。他们以 NAFTA 通过之后未进入 NAFTA 协定的加勒比海地区国家经济停滞为例，试图说明这种区域性协定的危险性。

影响最为深远的贸易协议是主要的欧洲国家所致力形成的统一市场。二次大战后，欧盟成员国在欧洲地区建立了一个对国际贸易或生产要素流动有最低壁垒的统一的市场。第一步包括消除所有的限制贸易、劳动力和资本流动的内部关税和管制壁垒；最近的进展是在欧盟大多数成员国中引入统一的货币(欧元)。欧洲货币的统一可能是人类思想具有伟力的最好说明，这个思想就是自由与开放的贸易能够提高经济效率和推动科技进步。

评　价

二战后，世界各国的政策制定者都坚信自由贸易对世界繁荣是必不可少的，这种信念转化为几个成功的降低关税的协定，见图 18-10。经济学家和以市场为导向的政策制定者对自由贸易的信念，在高失业和世界汇率动荡的时期经受了严峻的考验，最近又面临着来自反全球化势力的挑战，不过，大多数国家还是提高了对外开放程度，发展外向型经济的趋势仍在继续。

经济学研究表明，各国从更加开放的贸易中得到了利益，因为它带来了贸易量的增加和更高的生活水平。但是，因为政策和经济环境不断变化，保护开放市场所进行的努力常常要接受各种检验。

总结提要

A. 国际贸易的实质

1. 专业化、劳动分工和贸易提高了生产率和消费的可能性。不管是国内还是国际，都可以从国际贸易中获益。从事国际贸易比只依赖于国内生产更有效率。国际贸易与国内贸易的重要差别在于：国际贸易拓宽了市场，贸易在主权国家之间进行，以及各国一般都有自己的货币，需要根据汇率进行兑换。
2. 多样性是国家间进行贸易的根本原因。在这个一般的原则之下，我们看到贸易的发生是因为：(*a*) 生产条件不同；(*b*) 成本递减(或规模经济)；(*c*) 偏好不同。

B. 国家间的比较优势

3. 回忆一下，由于生产条件的不同或偏好的多样性，贸易就会产生。国际贸易的基础是李嘉图的比较优势原则。比较优势原则认为，如果专业生产并出口它能以相对低成本生产的商品，则每个国家都能从中获益。同理，如果进口那些本国生产成本相对高的产品，则每个国家也将从贸易中获益。即使一个地区在所有商品上的绝对生产率都比另一国更高或更低，比较优势原则也仍然成立。只要国家间在相对效率上存在差异，各个国家就会在某些商品生产上具有比较优势或比较劣势。

4. 比较优势原则不仅指出了专业分工的地理格局和贸易方向，而且也说明了：贸易及其引致的世界生产的扩大，使得各国的情况较之原先已经得到改善，实际工资（或更一般地说，全部国民收入）也有所提高。旨在“保护”工人或产业的配额或关税，将会减少一国的总收入和消费的可能性。
5. 比较优势原则适用于多种商品和多个国家的情形。在多种商品的情况上，我们可以根据其比较优势，将商品按其相对效率从高到低的顺序进行排列。在存在多个国家时，贸易可能是三角形或多边的，国与国之间可以有大量的双边贸易盈余或赤字。

C. 贸易保护主义

6. 完全的自由贸易会使贸易品的国内价格等于世界价格。自由贸易下的商品由价格低的市场流向价格高的市场。
7. 关税提高了进口品的国内价格，使得消费和进口下降，国内生产上升。配额的作用与关税相似，但同时会降低政府的收入。
8. 关税带来经济浪费。国内消费下降和把资源浪费在没有比较优势的商品的生产上，会使经济遭受损失。这种损失一般都超过政府从关税中得到的收入。
9. 大多数支持关税的论点只是将某些特殊利益集团的特殊利益合理化，但经不起经济学的分析。三种能经得起仔细研究的观点是：(*a*) 贸易条件或最优关税在原则上能以牺牲其贸易伙伴的利益为代价来提高大国的实际收入。(*b*) 在就业低于充分就业水平时，关税可以增加就业，但货币政策和财政政策也能达到同样的就业目标，而同时所带来的无效率损失要少于关税这种“以邻为壑”的政策。(*c*) 有时，幼稚产业需要临时性保护，以实现它们真正的长期的比较优势。
10. 如果由于失业和外汇市场的扰动，市场不能正常运行，那么比较优势原则就要加以修正。而且，如果进口品降低了某些部门和要素的收益，那么这些部门或要素就会因贸易而受到损害。

概念复习

国际贸易原理

绝对优势（劣势）和比较优势（劣势）
比较优势原则
从贸易中获得的经济收益
三角贸易和多边贸易
世界的和一国的生产可能性边界
贸易条件下的消费可能性和生产可能性
斯托珀－萨缪尔森定理

保护主义经济学

无贸易和有贸易时的价格均衡
关税，配额，非关税壁垒
关税对价格、进口和国内生产的影响
重商主义者，廉价外国劳动力和报复性关税的论点
最优关税，失业和幼稚产业例外

补充读物和互联网站

补充读物

The theory of comparative advantage was discovered and discussed by David Ricardo in *Principles of Political Economy and Taxation* (1819, various publishers).

This is online at several sites, including *www.econlib.org/library/Ricardo/ricP.html*. A classic review of the debate about free trade is Jagdish Bhagwati, *Protectionism* (MIT Press, Cambridge, Mass., 1990). Some of the best popular writing on international economics is found in *The Economist,* which is also available at *www.economist.com*.

Mankiw's remarks on outsourcing, as well as some reactions, can be found at *www.cnn.com/2004/US/02/12/*

bush.outsourcing/. Blinder's article, "Offshoring: The Next Industrial Revolution?" appeared in *Foreign Affairs,* March–April 2006, and is available at *www.foreignaffairs.org/*.

互联网站

The World Bank (*www.worldbank.org*) has information on its programs and publications at its site, as does the International Monetary Fund, or IMF (*www.imf.org*). The United Nations website has links to most international institutions and their databases (*www.unsystem.org*). Another good source of information about high-income countries is the Organisation for Economic Cooperation and Development, or OECD (*www.oecd.org*). U.S. trade data are available at *www.census.gov*.

You can find information on many countries through their statistical offices. A compendium of national agencies is available at *www.census.gov/main/www/stat_int.html*.

One of the best sources for policy writing on international economics is *www.iie.com/homepage.htm,* the website of the Peterson Institute for International Economics.

问 题 讨 论

1. 判断下列说法的对错并说明原因，并对错误的说法加以改正。
   a. “我们墨西哥在与美国的竞争中得不到什么好处，美国工厂的生产效率太高了，它有那么多计算机和机床，它的工程技术也十分发达。我们需要关税，要么我们只能什么也不出口！”
   b. 如果美国工人处于墨西哥廉价劳工的无限制的竞争之下，则其实际工资一定会大幅度下降。
   c. 如同适用于不同国家和地区之间的贸易往来一样，比较优势原则也适用于不同的家庭、城市和州之间。
   d. 前文所引用的罗斯・佩罗特的话。
2. 将图 18-1 及附表的数据用于欧洲的情况，假定欧洲有 600 单位的劳动，劳动生产率如表 18-2 所示。
3. 如果表 18-2 中的数据由（1，2；3，4）变为（1，2；2，4），会发生什么？说明这时所有的贸易都会被扼杀，用这个例子解释“多样性万岁”这句话。为什么那些贸易前价格与世界价格差别很大的小国从贸易中获利最多？
4. 接问题 3：假设表 18-2 中的数据是一个新兴工业国和美国的相关数据，则两国之间的贸易利得会怎样？现在假定此新兴工业国采用美国技术，其生产可能性与表 18-2 中美国的生产可能性相同。这对国际贸易会产生什么影响？ 新兴工业国的生活水平和实际工资会发生什么变化？ 美国的生活水平会发生什么变化？ 从中我们能否得到国家间经济发展水平相近对贸易及福利影响的某种教训？
5. 一位美国参议员写了下面一段话：“贸易被认为是能够提高所有参与国的收入的，或者，至少亚当・斯密或大卫・李嘉图都曾这样教导过我们。如果我们的经济是由于竞争对手的经济增长而下降，那么这些思想家以及他们的这套经济学信条，岂不就骗了我们整整 200 年。”

   请解释为什么第一句话是正确的，而第二句话与第一句并没有什么联系。你能否给出一个例子，说明 J 国的经济增长降低了 A 国的生产水平？（提示：第 4 题的答案有助于找出这段话的错误之处。）
6. 现代国际贸易保护主义者曾应用下列观点来保护国内产业和避免外国的竞争：
   a. 在某些条件下，如果其他国家不实行报复，一国可以通过实行贸易保护政策提高本国的生活水平。
   b. 中国的工资仅仅相当于美国工资的很小一部分，除非我们限制中国制造业产品的进口，否则我们将来的贸易赤字会由于来自低工资劳动者的竞争而持续恶化。
   c. 一国或许愿意接受生活水平的轻微下降，以保护它认为对国家安全很重要的产业，如超级计算机或石油，免受外国竞争的损害。
   d.（此题针对学过宏观经济学的学生）如果刚性的工资和价格或不合适的汇率导致了经济衰退或高失业率，那么关税或许会增加产出和降低失业率。

   将以上每种论点与一种传统的贸易保护主义相联系；说明这些论点成立的条件，并说明你是否赞同这些论点。
7. 美国实行配额的产品有钢铁、造船、汽车、纺织品及其他诸多产品，经过经济学家们的估算，通过拍卖配额权财政部每年至少可以获得 100 亿美元的收入。请用图 18-9 对配额进行分析：假定政府的进口配额为 100，并将配额权按上一年的进口量分配给各进口国。那么服装的均衡价格和数量将是多少？配额导致的效率损失是多少？谁得到了矩形 B 的收入？拍卖配额权会带来什么影响？

专业术语表[1]

A

Ability to pay principle (of taxation)
(税收的)**支付能力原则**
按照纳税人支付能力确定纳税负担的原则。纳税人支付能力依据其收入或财富来衡量。这一原则并不说明某经济状况较好的人到底该比别人多负担多少。

Absolute advantage (in international trade)
(国际贸易中的)**绝对优势**
A 国所具有的比 B 国能更加有效地(即单位投入的产出水平比较高等)生产某种商品的能力。这种优势并不意味着 A 国必然能将该商品成功地出口到 B 国,因为 B 国还可能有一种我们所说的比较优势。

Actual, cyclical, and structural budget
实际预算、周期性预算和结构性预算
实际预算的赤字或盈余指的是某年实际记录的赤字或盈余。实际预算可划分为结构性预算和周期性预算。结构性预算假定经济在潜在产出水平上运行,并据此测算该经济条件下的政府收入、支出和赤字等指标。周期性预算衡量商业周期对预算的影响。

Adaptive expectations
适应性预期
见**预期**(expectations)。

Adverse selection
逆向选择
一种市场不灵。指的是这样一种情况,即那些遭遇风险机会最多的人,最可能购买保险。推而广之,逆向选择指的是这样一种情况:就某产品而言,买方和卖方所掌握的信息不同,比如旧车市场。

Aggregate demand
总需求
某一时期经济所计划或需要支出的总数。它取决于总的价格水平,并受到国内投资、净出口、政府支出、消费水平、消费函数和货币供给等因素的影响。

Aggregate demand (*AD*) curve
总需求曲线(*AD*)
在其他条件不变的情况下,体现人们所愿意购买的商品和服务的总量与价格总水平之间的关系的曲线。同其他需求曲线一样,总需求曲线背后也存在着一系列重要的经济变量,如政府支出、出口和货币供应等。

Aggregate supply
总供给
某一时期经济中各企业所愿意生产的商品与服务的价值总和。总供给是可利用的投入、技术和价格水平的函数。

Aggregate supply (*AS*) curve
总供给曲线(*AS*)
在其他条件不变的情况下,体现企业愿意提供的总产出与价格总水平之间的关系的曲线。总供给曲线在很长时期内,在潜在产出水平上一般是垂直的;而在短期内,则是向上倾斜的。

Allocative efficiency
配置效率
见**帕累托效率**。

Appreciation (of a currency)
(通货)**升值**
见(通货)**贬值**[depreciation(of a currency)]。

Appropriable
可分拨的
对某些资源属性的一种描述。有此属性资源的所有者可以获得该资源的全部经济价值。在运行良好的竞争市场中,可分拨资源往往能得到合理的定价和有效的配置。见"不可分拨的"(inappropriable)。

---

1 在解释术语时用到的术语,用黑体字标出,在本表中有独立词条。就某些专业术语而言,本书正文部分有更详细的解释。更加全面完整的解释可参阅:Douglas Greenwald, ed., *The McGraw-Hill Encyclopedia of Economics* (McGraw-Hill, New York, 1994), and David W. Pearce, *The MIT Dictionary of Modern Economics*, 4th ed. (Macmillan, London, 1992). For a comprehensive encyclopedia, see Steven N. Durlauf and Lawrence E. Blume, *The New Palgrave Dictionary of Economics*, 8 vols. (Macmillan, London, 2008). A reasonably accurate online dictionary by *The Economist is at www.economist.com/research/economics/.*

Arbitrage

套　利

在一个市场上即期买进某种商品或资产，而在另一市场卖出该商品或资产，以期在价差中赚取利润的经济行为。套利是消除价差的重要力量，因此它市场功能更有效。

Asset

资　产

实物财产或具有经济价值的非实物性的权利。例如工厂、设备、土地、专利、版权，以及货币、债券等金融工具。

Asymmetric information

信息不对称

指交易一方比另一方具有更多的信息。这经常导致市场不灵甚至非市场行为。

Automatic (or **built-in**) **stabilizers**

自动（或**内在**）**稳定器**

政府税收和支出体系所具有的一种性质，有缓冲私人部门收入变动的作用。例如，失业津贴和累进所得税等都有助于稳定经济。

Average cost

平均成本

参见**平均成本**（cost，average）。

Average cost curve, long run (*LRAC* or *LAC*)

长期平均成本曲线（*LRAC* 或 *LAC*）

表示在技术、投入品的价格不变，但生产者可自由选择企业最优规模的条件下，某一产品的各种产量水平所对应的最低平均成本的几何图形。

Average cost curve, short run (*SRAC* or *SAC*)

短期平均成本曲线（*SRAC* 或 *SAC*）

表示在技术投入品的价格不变，且企业规模为既定的条件下，某一产品的各种产量水平所对应的最低平均成本的几何图形。

Average fixed cost

平均固定成本

参见**平均固定成本**（cost，average fixed）。

Average product

平均产量

总产量或总产出除以一种投入品的数量所得的值。由此，劳动的平均产量定义为总产量除以劳动的投入量。其他投入品的平均产量以此类推。

Average revenue

平均收入

总收入除以总销售量，即单位收入。平均收入一般与价格相等。

Average tax rate

平均税率

总税收除以总收入，也称*有效税率*。

Average variable cost

平均可变成本

参见**平均可变成本**（cost，average variable）。

B

Balance of international payment

国际收支平衡表

反映某时期一国同外部世界交易状况的报表，包括商品和服务的买卖、赠与、政府交易和资本流动。

Balance of trade

贸易余额

国际收支中有关商品（或有形物品）进出口的部分，包括汽油、资本品和汽车。如果包括服务和其他经常项目，则称为*经常项目余额*。在收支账户中，经常账户由*金融账户*负担经费。

Balance on current account

经常账户余额

见**贸易余额**（balance of trade）。

Balance sheet

资产负债表

某时点一个实体（个人、企业、政府）的财务状况报表。其中**资产**列为一栏，**负债**加**净值**在另一栏。每一项都以其实际的或估计的货币价值列出。由于净资产由资产减负债来定义，因此两栏的合计必须平衡。

Balanced budget

平衡预算

参见**平衡预算**（budget，balanced）。

Bank, commercial

商业银行

一种金融中介。到目前为止，其突出的特点是接受支票存款。所有接受储蓄和支票存款的金融机构统称为储蓄机构。

Bank money

银行货币

由银行创造的货币，特别是指银行依据其准备金而成倍地扩大其支票账户（M_1 的组成部分）。

Bank reserves

银行准备金

参见**银行准备金**（reserves，bank）。

Barriers to entry

进入壁垒

能够阻碍进入市场、导致竞争减弱或者行业内厂商数量减少的那些因素。例如，法律规定、管制和产品差异等。

Barter

以物易物

商品直接交换，而不需要使用任何物品充当货币或交易媒介。

Benefit principle (of taxation)

（税收的）**收益原则**

认为税收与人们从政府计划中的收益应当成比例的原则。

Bond
债　券
由政府或企业发行的附息证券，保证在未来特定日期还本付息。

Break even point (in macroeconomics)
（宏观经济学中的）**盈亏平衡点**
个人、家庭或社会团体的收入水平，在该水平，所有的收入正好被用来消费（既没有正储蓄也没有负储蓄）。只有在更高的收入水平上才会有正储蓄。

Broad money (M_2)
广义货币 (M_2)
货币供给的一种形式或口径（也称 M_2），包括交易货币（M_1）、银行储蓄账户，还有其他类似交易货币的替代性资产。

Budget
预　算
计划支出与预期收入的账户，通常以一年为期。对政府而言，其收入应为税收。参见**实际、周期性、结构性预算**（actual, cyclical and structual budget）。

Budget, balanced
预算平衡
总支出和总收入（不包括借款收入）正好持平的预算。

Budget constraint
预算约束
见**预算线**（budget line）。

Budget deficit
预算赤字
政府总支出超出总收入（不包括借款收入）的部分。这一差额（赤字）通常靠借款弥补。

Budget line
预算线
在既定价格水平下，消费者用给定的收入能够购买的各种商品组合点的轨迹。有时称预算约束。

Budget surplus
预算盈余
政府收入超过支出的部分；与预算赤字相对应。

Business cycles
商业周期
国民总产出、总收入和总就业的波动。这种波动以经济中许多部门普遍而同期地扩张和收缩为特征，持续时间通常为 2~10 年。

C

***C + I + G + NX* schedule**
说明对应 GDP 水平的计划的或合意的总需求水平表，或由该表所生成的图形。表中包括消费（C）、投资（I）、政府对商品和劳务的支出（G）以及净出口（X）。

Capital (capital goods, capital equipment)
资本（资本品，资本设备）
（1）在经济理论中，指的是三种生产投入要素（土地、劳动、资本）中的任意一种。资本由用于生产过程中的耐用品构成。（2）在财务和会计方面，“资本”代表公司股东已经认购的资金总量，股东因此相应地获得了该公司的股份。

Capital consumption allowance
资本消耗补偿
见**折旧**（depreciation of an asset）。

Capital deepening
资本深化
在经济增长理论中，指的是资本与劳动的比率上升。（与**资本广化**对应。）

Capital gains
资本利得
资本资产（例如土地和普通股）价值的上升，是资产购买价格和出售价格之间的差额。

Capital markets
资本市场（也称**金融市场**）
金融资产（货币、债券、股票）进行交易的场所。经济中的储蓄经由它和**金融中介**而得以转化成投资。

Capital-output ratio
资本－产出比率
在经济增长理论中，资本—产出比率代表资本总量和年度 GDP 的比率。

Capital widening
资本广化
实际资本的增长率与劳动力（或人口）的增长率相等，从而总资本和总劳动的比率得以保持不变。（与**资本深化**相对应。）

Capitalism
资本主义
一种经济系统，其中大部分财产（土地和资本）属于私人所有。在这种经济中，私人市场是配置资源和创造收入的主要手段。

Cardinal utility
基数效用
见**序数效用**（ordinal utility）。

Cartel
卡特尔
由一系列生产类似产品的独立企业构成的组织，目的是提高该类产品价格和限制其产量。根据美国反托拉斯法，卡特尔属于非法。

Central bank
中央银行
一个由政府组建的机构（在美国是联

邦储备体系），负责控制国家货币供给、信贷条件，监管金融体系，特别是商业银行和其他储蓄机构。

Change in demand vs. change in quantity demanded
需求变化与需求量的变化
需求变化指由商品价格以外的其他因素（例如，收入上升和偏好改变等）所导致的购买者的购买数量变化。在图形上表现为整个需求曲线的移动。相反，由于价格变动引起的购买决策变动称为需求量的变化。在图形上表现为需求量沿着无变动的需求曲线移动。

Change in supply vs. supply in quantity supplied
供给变化与供给量的变化
在供给方面二者的区别与其在需求方面相同，因此请见上述**需求变化与需求量变化**的区别。

Checking accounts (also **checkable deposits** and **bank money**)
支票账户（或**支票存款，银行货币**）
在商业银行或其他金融机构中的存款，允许以支票方式提款，故属交易货币（或称 M_1）。也称支票存款，它是 M_1 的最大组成部分。

Chicago School of Economics
（经济学）芝加哥学派
以亨利·西蒙斯、冯·哈耶克和米尔顿·弗里德曼等为主要代表的一群经济学家。他们认为没有政府干预的竞争市场能使经济最有效地运行。

Classical approach
古典理论
见**古典经济学**（classical economics）。

Classical economics
古典经济学
凯恩斯理论出现以前的经济思想主流学派，由亚当·斯密在1776年开创。主要追随者包括大卫·李嘉图、托马斯·马尔萨斯和约翰·斯图尔特·米尔。一般说来，该学派相信经济规律（特别是个人利益、竞争）决定着价格和要素报酬，并且相信价格体系是最好的资源配置办法。

Classical macroeconomics
古典宏观经济学
也可参见**古典理论**（classical theories）。

Classical theories (in **macroeconomics**)
（宏观经济学中的）古典理论
强调经济体系具有自我矫正能力的理论。在古典理论中，经济一般处在充分就业状态，各种刺激总需求的政策对产出没有影响。

Clearing market
市场出清
商品价格具有充分的灵活性，并使需求和供给能迅速达到均衡的市场。在出清的市场上，没有定量配给、闲置资源，也没有超额供给或超额需求。在实际中，这一理论适用于许多商品市场和金融市场，但不适用于劳动市场或许多产品市场。

Closed economy
封闭经济
见**开放经济**（open economy）。

Collective bargaining
集体协议
一组工人（通常是一个工会）与其雇主间的谈判过程。目的是达成关于工资、附加福利和工作条件等方面的协议。

Collusion
相互勾结
企业之间为抬高价格、瓜分市场或限制竞争等而达成的共谋协议。

Collusive oligopoly
勾结寡头
一种市场结构，在该市场结构条件下，一小批企业（即少数寡头）勾结起来共谋决策。当所企及的共同利润达到最大化时，市场上的价格和交易量与垄断条件下的价格和交易量将非常接近。

Command economy
指令经济
一种经济组织方式，按照这种方式，关键的经济职能，诸如生产什么、如何生产、为谁生产等，都主要由政府直接决定。有时也称为中央计划经济。

Commodity money
商品货币
有**内在价值**的货币；也指作为货币使用的商品（如家畜、珍珠等）。

Common currency
共同货币
一种由几个国家组成货币联盟，拥有单一货币和联盟中央银行的情况。例如，欧洲货币联盟(EMU)及1999年欧元的出现。

Common stock
普通股票
表明在一公司中拥有所有权和投票权的金融工具。所持有的份额体现相应的投票权和对公司资产、净收益的所有权。

Communism
共产主义
共产主义经济体制（也称苏式中央计划型经济），国家拥有并控制着生产方式，特别是工业资本。这种经济都普遍带有中央计划性，国家规定许多产品的价格、产量和其他重要经济变量。

Comparative advantage (in international trade)
（国际贸易中的）比较优势
比较优势法则指出，一国应专门生产和出口那些该国能以相对低的成本生产的商品，并进口那些自己生产成本相对高的商品。由此可见，是比较优势而不是绝对优势在影响贸易格局。

Compensating differentials
补偿性差异
用于抵消或补偿工作的非货币性差异的工资水平的差别。例如，同样的工作，在阿拉斯加环境恶劣，因而其工资要比在发达地区支付得高得多。

Competition, imperfect
不完全竞争
指这样一些市场：完全竞争不能保持，因为至少有一个大到足以影响市场价格的卖者（或买者），并因此面对向下倾斜的需求（或供给）曲线。不完全竞争包括各种不完全竞争市场，诸如完全**垄断**、**寡头**或**垄断竞争**等。

Competition, perfect
完全竞争
指那些不存在足以影响市场价格的企业或消费者的市场。这种情况在下述条件下发生：（1）买者和卖者的数目都非常大；（2）卖者提供的产品是同质的（或无区别的）。在这样的条件下，所有企业面对的是一条水平的或完全弹性的需求曲线。

Competitive equilibrium
竞争均衡
以**完全竞争**为特征的市场或经济中供给和需求的平衡。由于完全竞争中单独的买者和卖者都没有力量（支配性地）影响市场，价格将趋向等于边际成本和边际效用的水平。

Competitive market
竞争性市场
见**完全竞争**（competition，perfect）。

Complements
互补品
在消费者眼里是“搭配”的两种商品（如左脚的鞋和右脚的鞋）。相互竞争的商品则属于替代品（如五指分开的手套和连指手套）。

Compound interest
复　利
根据累计的利息和本金来计算利息的方法。例如，年复利利率为 10%，存入 100 美元本金。在第一年年底，得到 10 美元利息；而在第二年年底，得到的利息是 11 美元，其中 10 美元是来自原始本金，另外 1 美元则来自第一年的 10 美元的利息。以后以此类推。

Concentration ratio
集中率，集中度
在一个行业中，若干最大企业的产出占该行业总产出的百分比。一种典型的衡量方法是*四企业集中率*，即最大的四家企业的产出占总产出的百分比。

Constant returns to scale
规模报酬不变
见**规模报酬**（returns to scale）。

Consumer price index
消费者价格指数（CPI）
衡量所选定的一篮子消费品成本的价格指数。计算指数时，每种商品的权数依据基年消费者在该商品的支出份额来确定。

Consumer surplus
消费者剩余
消费者为取得一种商品所愿意支付的价格与实际支付的价格之间的差额。产生差额的原因在于，除最后 1 单位外，该商品用货币表示的边际效用（以美元表示）都大于其价格。在一定条件下（利用需求曲线图），消费者剩余的货币价值可以用需求曲线以下、价格线以上的面积来衡量。

Consumption
消　费
宏观经济学中，指某时期一人或一国用于消费品的总支出。严格地说，消费应仅指这一时期中那些完全用掉了的（享用的或“吃掉了的”）消费品。但在实际上，消费支出包括所有已购买的商品，而这其中许多商品的使用时间要远远超出考察时期，如家具、衣物和汽车等。

Consumption function
消费函数
总消费与**个人可支配收入**（*DI*）的数值对应关系。总财富和其他变量也常被认为会对消费产生影响。

Consumption possibility line
消费可能线
见**预算线**（budget line）。

Cooperative equilibrium
合作性均衡
在博弈论中，指各方协调行动，以求共同支付最优化的策略的结果。

Core rate of inflation
核心通货膨胀率
指的是不包含诸如食品和能源价格等易变因素的通货膨胀率。中央银行在确定通货膨胀目标时经常用到这个概念。

Corporate income tax
公司所得税
对公司年净收入课征的税收。

Corporation
公　司
现代经济中企业组织的主要形式。它

是由个人或其他公司所拥有的企业，具有与个人一样的购买、销售和签定合同的权利。公司和对公司负“有限责任”的所有者，二者在法律上是不同的概念。

Correlation
相 关
两种变量系统地相互联系在一起的程度。

Cost, average
平均成本
等于总成本［参见**总成本**（cost, total）］除以产出的单位数。

Cost, average fixed
平均固定成本
等于固定成本［参见**固定成本**（cost, fixed）］除以产出的单位数。

Cost, average variable
平均可变成本
等于可变成本［参见**可变成本**（cost, variable）］除以产出的单位数。

Cost, fixed
固定成本
一企业在某时段即使在产量为零时也会发生的成本。总固定成本由诸如利息支出、抵押支出、管理者费用等契约性开支所组成。

Cost, marginal
边际成本
多生产1单位产品所增加的成本（或总成本的增加额），或少生产1单位产品总成本的减少额。

Cost, minimum
最低成本
单位产出可以达到的最低成本（无论平均成本、可变成本或边际成本）。就平均成本曲线上的每一点所代表的产出水平而言，都是该企业所能做到的最好情况。就此而言，平均成本曲线上的每一点都是最低平均成本点。

Cost, total
总成本
在某技术水平和要素价格既定的条件下，可以得到的最低成本总额。现有工厂和其他不变成本既定的条件下，所发生的成本为*短期总成本*。而厂商在投入和决策方面一直有完全弹性的条件下所发生的成本则为*长期总成本*。

Cost, variable
可变成本
随产出水平变化而变化的成本，如原料、劳动力、燃料成本。可变成本等于总成本减固定成本。

Cost push inflation
成本推动型通货膨胀
见**供给冲击型通货膨胀**（supply-shock inflation）

Credit
信 贷
（1）在货币理论中，以承诺在未来某时期偿还（通常带有利息）为条件，使用他人资金的情况。主要包括银行短期贷款、卖方信贷或商业票据。（2）国际收支账户中能获得外国货币的项目，如出口等。

Cross elasticity of demand
需求的交叉弹性
衡量一种商品价格变动对另一种商品需求产生影响的概念。更精确地说，在其他变量保持不变时，需求的交叉弹性等于商品B价格变动1%时，商品A需求量变动的百分比。

Currency
通 货
铸币和纸币。

Currency appreciation (or **depreciation**)
通货升值（或**贬值**）
见（通货）**贬值**［depreciation（of a currency）］。

Currency board
货币委员会
类似于国家中央银行的货币机构，只负责发行货币，以主要外国货币命名的资产为支撑，经常是美元。

Current account
经常账户
见**贸易余额**（balance of trade）。

Cyclical budget
周期性预算
见**实际、周期性和结构性预算**（actual, cyclical and structural budget）。

Cyclical unemployment
周期性失业
见**摩擦性失业**（frictional unemployment）。

D

Deadweight loss
净损失
由于垄断、关税、配额、税收或其他扭曲所引起的实际收入损失，或消费者剩余和生产者剩余损失。例如，当垄断企业抬高价格时，消费者满足方面的损失大于垄断企业收益方面的收获，其差额即垄断引起的社会净损失。

Debit
借 方
（1）一种会计科目，显示资产方的增加或负债方的减少；（2）在国际收支账户中，借方指减少外汇存量的项目，例如进口。

Decreasing returns to scale
规模报酬递减
见**规模报酬**（returns to scale）。

Deficit spending
赤字性支出
政府的商品、服务支出和转移支付等超出它的税收和其他收入。收支差额必须通过向公众借款来筹措。

Deflating (of economic data)
（经济数据）**紧缩**
将“名义”的或现值的美元变量等换算成“实际”变量的过程，用现值美元变量除以**价格指数**即可。

Deflation
通货紧缩
总体价格水平的下降。

Demand curve (or **demand schedule**)
需求曲线（或**需求表**）
其他条件相同时，在每一价格水平上买主愿意购买的商品量的表或曲线。需求曲线。通常以价格为纵轴（Y 轴），以需求量为横轴（X 轴）。见**需求变化与需求量变化**（change in demand vs. change in quantity demanded）。

Demand for money
货币需求
经济学家使用的简明术语，用以解释个人和企业为什么要持有货币余额。持有货币的主要动机是：（1）交易需求，表示人们需要用货币去购买物品；以及（2）资产需求，即人们需要持有一种流动性强、无风险的资产。

Demand pull inflation
需求拉动型通货膨胀
由过度的商品需求引起的价格膨胀，如总需求大幅度增加时的情况。相应的概念是**成本推动型通货膨胀**。

Demography
人口统计学
研究人口规律的科学。

Depreciation (of an asset)
（资产）**折旧**
资产价值的下降。无论在企业核算还是在国民经济核算中折旧都指在所考察的时期中，资本所消耗掉的价值的货币估计值。在国民收入账户中也称为*资本消耗补偿*。

Depreciation (of a currency)
（通货）**贬值**
当一国货币相对外币价格下降时，称该货币发生贬值。例如，当美元汇率从 1 美元兑换 200 日元下降到 1 美元兑换 100 日元时，美元就发生了贬值。与贬值相对的是*升值*，它在一种货币汇率上升时出现。

Depression
萧　条
长时期的高失业率、低产出、低投资使企业信心降低，价格下跌和企业普遍破产。工商业衰败的一个温和的形式是**衰退**，它同萧条有许多共同点，但在程度上较弱。

Derived demand
派生需求
对一种生产要素的需求来自（派生自）对最终产品的需求。其中该生产要素对这一最终产品会作贡献，如对轮胎的需求派生自对汽车运输的需求。

Devaluation
货币降值
一国货币官方价格下降，这里的价格是用外币（如美元）或黄金表示的。相对的概念是*货币增值*，它发生在一国宣布该国货币相对于其他货币的官方汇率提高的时候。

Developing country
发展中国家
该国的人均收入远低于发达国家（包括北美和西欧的大多数国家）。见**欠发达国家**（less developed country）。

Differentiated products
差异化产品
相互竞争且具有强替代性但又不完全相同的产品，其不同之处可能表现在产品的性能、外观、位置、质量或是其他属性。

Diminishing marginal utility, law of
边际效用递减规律
当一种商品消费得越来越多的时候，其边际效用下降的规律。

Diminishing returns, law of
收益递减规律
其他投入固定不变时，连续地增加某一种投入，所新增的产出最终会减少的规律。该规律另一种等价的说法是：投入超过某一水平之后边际产出下降。

Direct taxes
直接税
直接向个人或企业开征的税，包括对收入、劳动报酬和利润的征税。直接税与*间接税*相对应，间接税是对商品和服务征收的，从而只是间接地以公众为征税对象。间接税包括销售税，还有对财产、酒类、进口品和汽油等所征的税。

Discount rate
贴现率
（1）联邦储备银行（中央银行）向商业银行提供贷款时所收取的利率。（2）计算某些资产的现值时所使用的利率。

Discounting (of future income)
（未来收入）**折现**
将未来收入折算成等价的现值的过程。该过程将一个未来值以一个折现率加以缩减，折现率应恰当地体现利率。例如，如果某人许诺 2 年后给你 121 美元。当时，正常的利率或贴现率是年率 10%，据此我们可以计算这 121 美元的现值。所用的折扣因子是 $(1.10)^2$。用以折现未来收入的比率称为**贴现率**。

Discrimination
歧 视
与工作表现无关的由个人特征造成的劳动报酬差别，特别是由于性别、种族宗教等有关特征。

Disequilibrium
非均衡
经济处于不**均衡**的状态。可能是因为（对收入或价格的）冲击使需求表（曲线）或供给表（曲线）发生移动，而市场价格（或交易量）又没有做出充分的调整。在宏观经济学中，失业常被认为是根源于市场的非均衡状态。

Disinflation
反通货膨胀
降低高通货膨胀率的过程。例如，1980~1983 年的大衰退就导致了该时期通货膨胀率的急剧下降。

Disposable income (*DI*)
可支配收入 (*DI*)
通俗地说，指可以拿回家里的收入，也就是国民收入中可以由家庭用做消费或储蓄的部分。精确地说，它等于 GNP 减去所有税收、企业储蓄和折旧，加上支出和其他的转移支付，还有政府利息支付。

Disposable personal income
个人可支配收入
等同于**可支配收入**。

Dissaving
负储蓄
负的储蓄，某时期消费支出超过该时期可支配收入的部分（差额要通过借款或使用存款来弥补）。

Distribution
分 配
在经济学中，指总产出和总收入在个人或要素中进行分配的方法（如收入在劳动和资本之间的分配）。

Distribution theory
分配理论
见**收入分配理论**（theory of income distribution）。

Division of labor
劳动分工
组织生产的一种方法，让每个劳动力专门从事生产过程的某一部分。劳动专业化能导致更高的总产出，因为劳动者可以更熟练地完成某些任务，而且还能引入更专业化的机器设备来完成精度更高的工作。

Dominant equilibrium
占优均衡
见**占优策略**（dominant strategy）。

Dominant strategy
占优策略
在博弈论中指不论其他博弈者采取什么策略，某博弈者都有一个最佳策略。当所有博弈者都有一个占优策略时，其结果将是占优均衡。

Downward sloping demand, law of
需求向下倾斜规律
其他条件保持不变时，某种商品价格的下降会导致消费者多购买该种商品的规律。

Duopoly
双寡头垄断的市场
一种市场结构。在该市场结构中只有两个卖者［参见**寡头**（oligopoly）］。

E

Econometrics
经济计量学
经济学的一个分支。利用统计方法衡量和估计经济中的数量关系。

Economic efficiency
经济效率
见**效率**（efficiency）

Economic good
经济品
就总需求量而言，总是稀缺的那些商品。通常必须通过收取一个正的价格来进行配给。

Economic growth
经济增长
一国一定时期内总产出的增长经济增长。通常用一国实际 GDP（或潜在 GDP）的年增长率进行衡量。

Economic regulation
经济管制
见**管制**（regulation）。

Economic rent
经济租金
参见**经济租金**（rent，economic）。

Economic surplus
经济剩余
一种术语，指产出的总体的令人满意程度或效用水平超过其生产成本的部分。等于消费者剩余（消费者满意度超过总购买价值的部分）和生产者剩余（生产者收入超过成本的部分）之和。

Economics
经济学
研究社会如何利用稀缺资源生产出有价值的商品，并将其在不同人之间进行分配的学科。

Economics of information
信息经济学
将信息也视为一种商品的经济形势分析。因为信息的生产成本较高而复制却很便宜，因此存在信息的商品和服务（如发明、出版、软件等）市场，经常会出现市场不灵。

Economies of scale
规模经济
劳动生产率的提高或平均生产成本的

降低，都源于全部生产要素投入的同比例增加。

Effective tax rate

有效税率

所征税收占总收入或其他税基的一个百分比，也称作平均税率。

Efficiency

效　率

给定投入和技术的条件下，经济资源没有浪费，或对经济资源作了能带来最大满足程度的利用。也是**帕累托效率**的一个简化表达。

Efficiency wage theory

有效工资理论

根据这一理论，较高的工资会带来较高的生产率。这是因为较高的工资会使工人更健康、士气更高，且可以维持较低的人员流动率。

Efficient financial market

有效的金融市场

体现**有效市场**所有特征的金融市场。

Efficient market (also **efficient market theory)**

有效市场（或**有效市场理论**）

在一个市场上，所有的新信息都能迅速地被市场中的参与者知晓，并能够立即融入到市场价格之中。在经济学中，有效市场理论指当前所有可以得到的信息都已被考虑在普通股（或其他资产）的价格里。

Elasticity

弹　性

经济学广泛采用的一个术语，表示一个变量对另一个变量的变化所作出的反应。商品 X 对于商品 Y 的弹性表示：Y 每变化百分之一时 X 变动的百分比。参见**需求的价格弹性**和**供给的价格弹性**。

Employed

就业

根据美国官方定义，人们从事任何支付报酬的工作，或有工作但因生病罢工或休假而缺勤的，都属于就业。

Equal cost line

等成本线

图形中表示给定资金所能购买投入要素的各种可能组合的轨迹。

Equal product curve (or **isoquant)**

等产量曲线

图形中表示生产既定产量而需要投入的要素的各种可能组合的轨迹。

Equation of exchange

交易方程式

以 $MV \equiv PQ$ 定义的等式，即货币存量乘以货币周转速度等于价格水平乘以产出。该等式是**货币主义**的核心。

Equilibrium

均　衡

一种经济状态，其中经济实体处于静止状态，或者说，作用于经济实体的各种力量处于均势或平衡，所以没有发生变动的倾向。

Equilibrium (for a business firm)

（**厂商**）**均衡**

指一个厂商在其所面临的各种约束下，利润达到最大化时的产出水平或状态。此时厂商没有改变其产出或价格水平的动机。在标准的厂商理论中，这意味着厂商选择了一个边际收益恰好等于边际成本的产出水平。

Equilibrium (for the individual consumer)

（**单个消费者的**）**均衡**

消费者效用达到最大化时的状态。在给定的收入和价格水平下，消费者选择了能够最大程度地满足其需要的商品组合。

Equilibrium, competitive

竞争均衡

参见**竞争均衡**（competitive equilibrium）。

Equilibrium, general

一般均衡

参见**一般均衡分析**（general equilibrium analysis）。

Equilibrium, macroeconomic

宏观经济均衡

意愿总需求等于意愿总供给的 GDP 水平。在均衡时，意愿的消费（C）、政府支出（G）、投资（I）和净出口（X）的总量正好等于在当前价格水平下企业所愿意出售的总量。

Equilibrium unemployment

均衡失业

由于劳工市场一时不能出清，人们自愿选择的是失业而不是就业，这种情况下的失业就是均衡失业。摩擦性失业是均衡失业的一例，也即，当人们自愿从一个工作跳槽到另一个工作，或者一会属于劳动力一会儿又不属于劳动力时的情况。

Equimarginal principle

等边际法则

决定收入在不同消费品之间分配的法则。消费者可按此法则选择消费组合，使花费在所有商品和服务上的每 1 美元的边际效用都相等，就能保证消费者所获得的效用最大化。

Exchange rate

汇　率

见**外汇汇率**（foreign exchange rate）。

Exchange rate system

汇率制度

国家之间进行支付时所依据的一组规则、安排和制度。历史上最重要的汇率制度是金本位制、布雷顿森林体系和现在的浮动汇率制。

Excise tax vs. sales tax
消费税和销售税
消费税是对某种或某组商品，如酒和烟草的购买所课征的税。*销售税*是对除少数特定商品（如食品）以外的所有商品所课征的税。

Exclusion principle
排他原则
私人品区别于公共品的一个标准。当生产者将一种商品卖给A后，若能很容易地排除B、C、D等人享用该商品收益，则排他原则就在发生作用，因此该商品是私人品。若不能轻易地排除其他人享用该商品收益，如公共卫生或国防，则我们称该商品具有公共品的特征。

Exogenous vs. induced variables
外生变量和引致变量
外生变量是那些由经济体系以外的因素来决定的变量。与外生变量相对应的是*引致变量*，后者是由经济体系的内在运行所决定的。例如，天气变化是外生变量，而消费的变化则常常由收入变动所引致。

Expectations
预　期
对于不确定变量（如未来利率、价格或税率）的看法或意见。如果预期没有系统性错误（或偏差），并应用了所有可能获得的信息，则称为*理性的*预期。如果人们根据过去的行为来形成他们的预期，则这种预期称为是*适应性的*。

Expected rate of inflation
预期的通货膨胀率
一种旨在稳定通货膨胀预期的指标。当人们预期通货膨胀势必持续下去时，一个上行的通货膨胀率就会被写进合同，或进入人们的前景预期。

Expenditure multiplier
支出乘数
参见**乘数**（multiplier）。

Exports
出　口
在本国生产而卖给别国的商品或服务。包括商品贸易（如汽车）、服务（如运输）和贷款及投资的利息。*进口*正好是一种反方向的流动——商品和服务从别国流入本国。

External diseconomies
外部不经济
指生产或消费给其他人造成损失，而其他人却不能得到补偿的情况。例如，钢铁厂排放的烟雾及含硫气体损害当地人的财产和健康，但受害者并不能得到补偿。污染是一种外部不经济。

External economies
外部经济
指生产和消费能给其他人带来正的收益，而其他人却不必进行支付的情况。一个企业雇用了安全保卫，使得小偷不敢在附近社区活动，这就为居民提供了外部的安全服务。外部经济与外部不经济通常被统称为**外部性**。

External variables
外部变量
同**外生变量**（exogenous variables）。

Externalities
外部性
对他人产生有利的或不利的影响，但不需要他人对此支付报酬或进行补偿的活动。当私人成本或收益不等于社会成本或收益时，就会产生外部性。外部性的两种主要类型是外部经济和外部不经济。

F

Factors of production
生产要素
生产性投入，如劳动、土地和资本。生产商品和服务所需的资源，也称投入。

Fallacy of composition
合成谬误
一种认识错误，认为对个体成立的情形，对于群组或整个系统也同样成立。

Federal funds rate
联邦基金利率
指银行互相支付用于银行储备隔夜用途的利率。

Federal Reserve System
联邦储备系统
是美国的**中央银行**。由联邦储备委员会和12个联邦储备区银行构成。

Fiat money
法定货币
没有**内在价值**，但被政府法定为有效的货币，如当今的纸币。只有在公众相信它会被接受时，法定货币才会生效。

Final goods
最终产品
旨在最终使用而非转卖或进一步加工的商品［参见**中间产品**（intermediate goods）］。

Finance
融　资
指为了进行储蓄或支出，经济代理人从其他代理人处借进或贷出资金的过程。

Financial account
金融账户，资本账户
见**贸易余额**（balance of trade）。

Financial assets
金融资产
一个团体对另一个团体的货币权利和义务。比如，债券、抵押、银行信贷和普通股。

Financial economics
金融经济学
经济学的一个分支。分析理性投资者如何通过最有效的方式进行投资以期达到目标。

Financial intermediaries
金融中介
提供金融服务和金融产品的机构。包括存款机构（如商业银行和储蓄银行）和非存款机构（如货币市场共同基金、经纪人商行、保险公司或养老基金）。

Financial markets
金融市场
该市场中的产品和服务主要由股票、债券等金融工具构成。

Financial system
金融体系
保证居民户、企业、政府等的金融决策顺利执行的一系列市场、企业和机构。其重要的组成部分包括货币市场，固定利息资产（如债券、抵押品等）市场，企业所有权交易的股票市场，以及供各国货币进行交易的外汇市场。

Firm (business firm)
厂商（企业）
经济体系中基本的私人生产单位。它雇用劳动，出租并拥有资本和土地，以及购买其他投入品，以制造和销售商品和服务。

Fiscal monetary mix
财政—货币政策组合
用以影响宏观经济活动的财政政策和货币政策组合。紧缩的货币政策和宽松的财政政策，倾向于鼓励消费和抑制投资。而宽松的货币政策和紧缩的财政政策，则具有相反的功效。

Fiscal policy
财政政策
一种政府计划。内容包括：（1）商品和服务的购买及转移支付等支出；（2）税收的数量和种类。

Fixed cost
固定成本
参见**固定成本**（cost，fixed）。

Fixed exchange rate
固定汇率
见**外汇汇率**（foreign exchange rate）。

Flexible exchange rates
弹性汇率制
一种国际汇率制度。在该制度条件下，汇率主要由市场力量（即供给和需求）决定，政府不设定及维持某种特定的汇率。有时也称为*浮动汇率制*。当政府对外汇市场不加干预时，该制度称为纯粹的浮动汇率制。

Floating exchange rates
浮动汇率制
见**弹性汇率制**（flexible exchange rates）。

Flow of funds
资金流量
追踪货币和其他金融工具如何在经济体中流动的账户。

Flow vs. stock
流量与存量
*流量*是指，带有时间跨度或曰在一个时段上所累积变动的量（好比通过一个河段的水流）。*存量*则指，在某一个时点上某一变量的量值（如同湖中所盛的水）。收入代表每一年的美元流入数，因此是一个流量。而到2005年12月为止某人的财富则是一个存量。

Foreign exchange
外　汇
各国用以偿付对他国所欠债务的通货（或其他金融工具）。

Foreign exchange market
外汇市场
不同国家的通货进行交易的市场。

Foreign exchange rate
外汇汇率
一国通货与他国通货的交换比率或曰价格。例如，如果你可以用1美元购买10墨西哥比索，那么比索的汇率就是10。如果一国通货钉住某一汇率水平，并准备随时捍卫这一汇率，则称该国实行的是*固定汇率制*。而由市场供求力量来决定的汇率称为**弹性汇率制**。

Four firm concentration ratio
四企业集中率，四企业集中度
见**集中率**（concentration ratio）。

Fractional reserve banking
部分准备金银行制度
现代银行体系的一种管制形式。依法要求有关金融机构将其吸收存款的一定比例，以中央银行存款（或库存现金）的形式留作准备金。

Free goods
免费品
不属于**经济品**的物品。如空气或海水，它们大量存在于全世界，无需在需求者中间进行配给。因此，这些物品的市场价格为零。

Free trade
自由贸易
政府不采用关税、配额或其他形式来干预国际贸易的政策。

Frictional unemployment
摩擦性失业
由个别市场变化所引起的暂时性失

业。例如，无经验的工人需要花费时间比较和寻找不同的工作机会；甚至有经验的工人往往也需花费少量时间进行工作转换。摩擦性失业有别于周期性失业，后者是在工资和价格呈粘性的条件下，由于总需求水平低下造成的。

Full employment
充分就业
一个有多重含义的术语。历史上曾用于描述不存在（或仅存在最少量）非自愿失业情况下的就业水平。今天，经济学家用**非加速通货膨胀的失业率**（NAIRU）概念来描述可以长期持续的最高就业水平。

G

Gains from trade
贸易利得
自愿交易所增加的福利总额。等于消费者剩余与生产者剩余之和。

Galloping inflation
急剧的通货膨胀
见**通货膨胀**（inflation）。

Game theory
博弈论
关于至少存在部分利益冲突的两个或多个决策者所处情况的分析。除用于罢工等讨价还价的情况，以及比赛和战争等冲突情况之外，还可以用于寡头垄断市场的互动分析。

GDP deflator
GDP 紧缩指数
GDP 的“价格”。该价格指数用于衡量 GDP 各组成部分相对于基年的平均价格。

General equilibrium analysis
一般均衡分析
经济整体均衡状态的分析，此时所有的商品和服务市场都同时处于均衡。相应的**局部均衡分析**，仅研究单个市场的均衡。

GNP
国民生产总值
见**国民生产总值**（gross national product）。

Gold standard
金本位制
指这样一种制度：一国（1）宣布其货币单位与一定重量的黄金等价；（2）持有黄金储备，并根据所宣布的价格自由买卖黄金；（3）对黄金的进出口不加任何限制。

Government debt
政府债务
以债券和短期借款形式存在的政府债务总额。除由准政府机构（如中央银行）持有的债券以外，政府债务一般由公众持有。

Government expenditure multiplier
政府支出乘数
政府购买支出每增加 1 美元所引起的 GDP 的增量。

Gross domestic product, nominal (or **nominal GDP)**
名义国内生产总值（或名义 GDP）
按当前市场价格计算的一国一年内所生产的全部最终产出的价值。

Gross domestic product, real (or **real GDP)**
实际国内生产总值（或实际 GDP）
一年内一国境内所生产的商品和劳务的数量，是从名义 GDP 中剔除了价格增长因素之后的 GDP。

Gross national product, real (or **real GNP)**
实际国民生产总值（或实际 GNP）
考虑到通货膨胀因素并加以扣除的 GNP，也即，实际 GNP= 名义 GNP 除以 GNP 紧缩指数。实际 GDP 在早先一直是国民经济增长核算的核心概念，不过现在其地位已经被**国内生产总值**所取代。

Growth accounting
增长核算
估计不同要素对经济增长的贡献程度的分析技术。借助边际生产率理论，增长核算将产出增长的源泉分解为劳动、土地、资本、教育、技术知识和其他多种因素。

H

Hedging
套期保值
借助对冲交易回避风险的投资技术。例如，若某农场所种的小麦在秋季收获，则农场主可以在春季或夏季先行出售与产出等量的小麦，从而抵消价格波动的风险。或曰，实现套期保值。

Herfindahl Hirschman Index (HHI)
赫芬达尔—赫希曼指数
经常用于市场结构分析的市场能力测量标准。其通过市场参与者市场份额平方的加总来计算。完全竞争市场条件下 HHI 接近 0，完全垄断市场 HHI 为 10 000。

High powered money
高能货币
见**货币基础**（monetary base）。

Horizontal equity vs. vertical equity
横向公平与纵向公平
横向公平指的是：对境况类似的人给予平等或公平的待遇，强调的是基本情况相同的人应得到相同的待遇。纵向公平指的是：对境况不同的人应给予平等的待遇。

Horizontal integration
横向整合
见**纵向整合与横向整合**(integration, vertical vs. horizontal)。

Horizontal mergers
横向兼并
见**兼并**(merger)。

Human capital
人力资本
一国由劳动力体现的技术知识和技能的存量,源于正式教育和在职培训等方面的投资。

Hyperinflation
恶性通货膨胀
见**通货膨胀**(inflation)。

I

Imperfect competition
不完全竞争
见**不完全竞争**(competition, imperfect)。

Imperfect competitor
不完全竞争者
购买量或销售量足以影响商品价格水平的厂商。

Implicit cost elements
隐性成本要素
虽然不像显性货币成本,但却应像对待显性货币成本那样来加以核算的成本(如小商店店主的劳动成本)。隐性成本有时称**机会成本**,但后者含义更广。

Imports
进　口
见**出口**(exports)。

Inappropriability
不可分拨性
见**不可分拨的**(inappropriable)。

Inappropriable
不可分拨的
用以描述个人使用成本为零,或个人成本低于社会总成本的资源。这些资源的特征是具有外部性。因此,从社会的角度看,市场配置该资源是无效率的。

Incidence (or **tax incidence**)
归宿(或**税收归宿**)
一项税收最终的经济负担者(相应于法定纳税人)。例如,销售税表面上由零售商缴纳,但实际上该税赋极有可能转嫁在消费者身上。税收归宿说到底是取决于供给和需求的价格弹性。

Income
收入,收益
个人或国家在一段时期内(通常为一年)所新增的工资、利息、红利和其他收入。

Income effect (of a price change)
(价格变动的)**收入效应**
商品价格变动会引起消费者的实际收入变动,进而会导致对该商品的需求量的变动。价格变动的收入效应是价格变动的替代效应的一种补充。

Income elasticity of demand
需求的收入弹性
任何给定物品的需求不仅受该物品价格的影响,而且受购买者收入的影响。收入弹性用于衡量物品需求量对于收入的敏感程度。其精确定义是:需求量变动的百分比除以收入变动的百分比[比较**需求的价格弹性**(price elasticity of demand)]。

Income statement
收益表,利润表,损益表
公司的一种报表,报告某时期(通常为一年)的销售收入或所获收益,所售商品的合理的成本,还有剔除成本后所剩的利润(净收入)又称损益表。

Income tax, personal
个人所得税
对个人收入课征的税。收入包括工资、薪金,或租金、红利、利息等资产收入。在美国,个人所得税采取**累进制**,即高收入者的平均税率要高于低收入者。

Income velocity of money
货币的收入周转率
见**货币周转率**(velocity of money)。

Increasing returns to scale
规模报酬递增
见**规模报酬**(returns to scale)。

Independent goods
独立品
需求相互独立的物品。更精确地说,其他条件相同时,如果物品 A 的价格变化对物品 B 的需求没有影响,则称 A、B 是独立品。

Indexing (or indexation)
指数化
一种机制:工资、价格和合同随一般物价水平变动而进行的部分或全部调整,以弥补总体价格水平的变动影响。

Indifference curve
无差异曲线
两轴分别表示不同物品消费量的平面坐标内的一条曲线。该线上每一点(表示两种物品的不同组合)能为所给定的消费者带来完全等同的效用满足程度。

Indifference map
无差异曲线图
绘有某消费者一族无差异曲线的图形。这族曲线通常处于原点的右上方,离原点越远的,满足程度或水平越高。

Indirect taxes
间接税
见**直接税**(direct taxes)。

Induced variables
引致变量
见**外生变量与引致变量**（external vs. induced variables）。

Industry
产　业
生产相似的或相同的产品的一系列企业。

Infant industry
幼稚产业
在对外贸易理论中，指尚未拥有实现规模经济所需的经验或专业技术的产业。要成功地同外国生产同样商品的成熟产业相竞争，这种经验或专业技术是必需的。幼稚产业在其发展过程中，通常认为需要给予关税或配额的保护。

Inferior goods
低档品或劣等品
消费量随收入的上升而下降的物品。

Inflation (or **inflation rate**)
通货膨胀（或通货膨胀率）
通货膨胀率指一般物价水平的年增长百分比。恶性通货膨胀指通货膨胀率极高的情况（例如，每年 1 000%、1 000 000% 甚 至 1 000 000 000%）。急剧的通货膨胀指每年 50%、100% 或 200% 的情况。温和的通货膨胀则指并不严重扭曲相对价格或收入的物价上涨。

Inflation targeting
设定通货膨胀目标
官方确定通货膨胀的目标，宣布通货膨胀率波动的范围，并明确表示货币政策的首要目标是低且稳的通货膨胀。近年许多工业国都采用了强硬或灵活的通货膨胀目标政策。

Innovation
创　新
一个与约瑟夫·熊彼特有密切关系的术语。熊彼特赋予它三种含义：（1）向市场引入一种全新的、明显不同的产品；（2）引进一种新的生产技术；或者（3）开发一个新市场［对比**发明**（invention）］。

Inputs
投　入
投入指企业用于生产过程的商品或劳务，也称生产要素。

Insurance
保　险
一种机制：通过将风险分散于众多人身上的方式，来降低个体所面对的风险、弥补个体可能遭受的巨额损失。

Integration, vertical vs. horizontal
纵向整合和横向整合
生产过程由许多生产阶段组成，如铁矿石加工成钢锭、钢锭加工成钢板、钢板再加工成汽车车体。纵向整合是指将生产过程的两个或更多的阶段结合在单个企业当中（如，铁矿石和钢锭）。横向整合是指将处于同一生产阶段的不同单位结合在单个企业当中。

Intellectual property rights
知识产权
管理专利、版权、商业秘密、电子媒介和其他以信息为主要内容的商品的法律。这些法律通常给予发明者在再生产过程中的控制权和受补偿权。

Interest
利　息
向他人贷款的人所获得的收益。

Interest rate
利　率
一定时期内为所借款项支付的价格，通常以每年占本金的百分比来表示。这样，如果利率是每年 10%，则借期一年的 1 000 美元贷款，需要支付 100 美元的利息。

Intermediate goods
中间产品
经过一些制造或加工过程，但还没有达到最终产品阶段的产品。例如，钢铁和棉纱就是中间产品。

International monetary system
（also **international financial system**）
国际货币制度（国际金融体系）
跨国交易据以进行支付的制度。中心政策问题是安排汇率如何决定、政府如何影响汇率等问题。

Intervention
干　预
政府为影响本币汇率而在外汇市场上买卖本国货币等活动。

Intrinsic value (of money)
（货币的）**内在价值**
作为物品的货币商品价值（如，铜币中所含铜的市场价值）。

Invention
发　明
一种新产品或一项新生产技术的创造性发现。注意与**创新**有别。

Investment
投　资
（1）一种为增加未来产出而放弃当前消费的经济活动。包括有形投资（如房屋）和无形投资（如教育）。净投资是总投资扣除折旧后的价值。总投资是没有扣除折旧的投资。（2）在金融术语中，投资的含义完全不同，它指的是对于股票或债券等证券的购买。

Investment demand
（or **investment demand curve**）
投资需求（或投资需求曲线）
反映投资水平同资本成本（更具体地说是实际利率）之间的对应关系的图表。

Invisible hand
看不见的手
亚当·斯密于1776年提出的概念，揭示自由放任的市场经济中所存在的悖论，认为在每个参与者追求私利的过程中，市场体系会给所有参与者带来利益，就好像有一只与人为善的“看不见的手”，在指导着整个经济的运作过程。

Involuntarily unemployed
非自愿失业
见失业（unemployment）。

Isoquant
等产量
见等产量曲线（equal product curve）。

K

Keynesian economics
凯恩斯经济学
由约翰·梅纳德·凯恩斯开创的一套经济理论。认为市场经济不能自动地趋向充分就业的均衡。根据凯恩斯的观点，运用财政政策或货币政策能够提高总需求，可以医治非充分就业的均衡。

Keynesian macroeconomics
凯恩斯宏观经济学
一套解释商业周期的宏观经济学理论。该理论基于一条向上倾斜的总供给曲线，这样总需求的变化就会影响到产出和就业。

Keynesian school
凯恩斯学派
见凯恩斯经济学（Keynesian economics）。

L

Labor force
劳动力
美国官方统计中，16岁和16岁以上的失业或就业的人口群体。

Labor force participation rate
劳动力参与率
属于劳动力范围的人口占16岁及16岁以上的全体人口的比率。

Labor productivity
劳动生产率
见生产率（productivity）。

Labor supply
劳动供给
一个经济可供使用的工人的数量（或更一般地说是劳动的小时数）。劳动供给的主要决定因素是人口、实际工资和社会传统。

Labor theory of value
劳动价值论
常与卡尔·马克思联系在一起的学说，认为每种商品价值的唯一衡量标准都应是生产它所需要的劳动量。

Laissez faire (“leave us alone”)
自由放任（“别来管我”）
一种观点，认为政府应尽可能少地干预经济活动，而让市场去做决策。按照亚当·斯密等古典经济学家的表述，这一观点明确认为政府的作用应限于下述范围：（1）法律和秩序维持；（2）国防；（3）提供私人企业不愿提供的某些公共品（如公共保健和环境卫生）。

Land
土　地
古典和新古典经济学中，三种基本生产要素中的一种（其他为劳动和资本）。更一般地说，土地不仅包括农业和工业等方面的用地，而且还包括从地上和地下所取得的其他自然资源。

Law of diminishing marginal utility
边际效用递减规律
见**边际效用递减规律**（diminishing marginal utility，law of）。

Law of diminishing returns
边际收益递减规律
见**边际收益递减规律**（diminishing returns，law of）。

Law of downward sloping demand
需求向下倾斜规律
经过普遍的观察可知，在其他条件不变的条件下，当商品的价格上涨，购买者将减少对它的购买。同样的，其他条件不变，当其价格下降，需求数量上升。

Least cost rule (of production)
（生产的）**最低成本法则**
指这样一种法则：当每一种投入要素的边际收益产品对于该种投入要素的价格的比率都相等时，生产某一产量水平的成本就达到最小。

Legal tender
法定清偿物
按照法律规定，在进行债务清偿时必须被接受的货币。美国所有的硬币和通货都是法定清偿物，但支票不是。

Liabilities
负　债
会计学中，指对其他企业或个人的欠款或金融债务。

Limited Liability
有限责任
关于所有者对企业损失应付责任的限制，这种损失仅限于该所有者为该企业所提供资本的范围内。有限责任是大公司兴起的重要因素。而合伙制和个人业主制的所有者一般情况下却需要对债务负有无限责任。

Long run
长　期
用来表示一段时间的术语，在这段时间中，可以针对有关的变化做出充分调整。在微观经济学中，它表示这样一段时间：企业可以进入或退出某一行业，且资本存量可以变化。在宏观经济学中，它经常用来指这样一段时间：所有的价格、工资合同、税率以及预期都能够做出充分的调整。

Long run aggregate supply schedule
长期总供给表
供给表，反映所有价格和工资进行调整以后的产出与价格水平之间的关系。在此，总供给曲线是垂直的。

Lorenz curve
洛伦茨曲线
一个用来显示收入或财富不平等程度的几何图形。

M

M_1
见**货币供给**（money supply）。

Macroeconomic equilibrium
宏观经济均衡
见**宏观经济均衡**（equilibrium, Macroeconomic）。

Macroeconomics
宏观经济学
对经济总体行为的分析，主要研究产出、收入、价格水平、对外贸易、失业和其他总体经济变量（相对于**微观经济学**）。

Malthusian theory of population growth
马尔萨斯人口增长理论
马尔萨斯首次提出的一种假设：认为人口增长的"自然"倾向快于食品供给的增长。因此，随着时间推移，人均食品生产增长率趋于下降，从而给人口增长设置了一种障碍。一般地说，这种观点认为：随着人口的收入水平和生活标准的提高，人口倾向于更快地增长。

Managed exchange rate
管理汇率制
当今最流行的一种汇率体制。在这种体制下，国家会不时地采取一些干预措施以稳定货币，但没有固定的或官方公布的平价。

Marginal cost
边际成本
参见**边际成本**（cost，marginal）。

Marginal principle
边际原则
一个基本概念：当人们活动的边际成本等于边际收益的时候，他们就实现了自己的收入或利润的最大化。

Marginal product (*MP*)
边际产品 (*MP*)
当所有其他投入不变时，追加1单位投入所得到的额外产出。有时称为边际物质产品。

Marginal product theory of distribution
分配的边际产品理论
由约翰·克拉克提出的一种收入分配理论。根据该理论，每一生产性投入依据其**边际产品**获得相应的报酬。

Marginal propensity of consume (*MPC*)
边际消费倾向 (*MPC*)
可支配收入增加1美元时人们消费的增加量。注意，它与平均消费倾向不同，后者是总消费与可支配总收入的比率。

Marginal propensity to import (*MPm*)
边际进口倾向 (*MPm*)
在宏观经济学中，由于GDP每增加1美元而使进口增加的美元数额。

Marginal propensity to save (*MPS*)
边际储蓄倾向 (*MPS*)
所追加的1美元可支配收入中用于储蓄的部分。注意，根据定义，$MPC + MPS = 1$。

Marginal revenue (*MR*)
边际收益 (*MR*)
企业出售额外1单位产品所能得到的收益的增量。在完全竞争条件下，边际收益等于价格。在不完全竞争条件下，边际收益低于价格。原因是为销售所追加的这1单位产品，所有在此单位以前出售的产品的价格都必须有所降低。

Marginal revenue product (of an input), **(*MRP*)**
（一种投入的）**边际收益产品 (*MRP*)**
等于边际收益乘以边际产品。如果厂商追加1单位投入进行生产并出售产品而得到额外收入，那么这个额外收入就是边际收益产品。

Marginal tax rate
边际税率
就所得税而言，收入的最后1美元中用作税收的百分比。在累进税制中，边际税率高于平均税率。

Marginal utility (*MU*)
边际效用 (*MU*)
在假定其他商品的消费量保持不变的条件下，消费额外1单位追加商品时所带来的追加的或额外的满足。

Market
市　场
卖者和买者相互作用以决定商品价格和交易数量的一种安排。有些市场(如股票市场和跳蚤市场）有实在的空间场所；而另一些市场则是由电话或计算机连接起来的。现在，还有一种市场是在互联网络上展开的。

Market clearing price
市场出清价格
供需平衡时的一种价格，在此价格下，所有供给和需求的订单都已完成，账簿上已经出清。

Market economy
市场经济
在这种经济中，“生产什么、如何生产和为谁生产”等有关资源配置的问题，主要通过市场的供给和需求来决定。在市场这种经济组织形式中，企业受利润最大化意愿的驱动，购买原材料进行生产并销售产品。而居民户则拥有要素收入，他们在市场中决定对商品的需求。最后，企业的供给和居民户的需求二者相互作用，共同决定商品的价格和数量。

Market equilibrium
市场均衡
等同于**竞争均衡**（competitive equilibrium）。

Market failure
市场不灵
指价格体系的不完备性，它阻碍资源的有效配置。主要表现为**外部性**和**不完全竞争**。

Market power
市场力量
一个或一组企业对某一行业价格和生产决策的控制程度。在垄断情形下，企业有高度的市场力量，而在完全竞争行业中的企业则没有市场力量。**集中率**是使用得最广泛的市场力量的衡量标准。

Market share
市场份额
一个或一组企业在该行业产出量中所占的比例。

Marxism
马克思主义
由卡尔·马克思在19世纪创建的一套社会、政治和经济思想。作为一个经济理论，马克思预言资本主义将由于其内在矛盾而最终毁灭，尤其是由于其对工人阶级的压榨。

Mean
均　值
统计学术语，与平均意义相同。例如：1、3、6、10、20这5个数字的均值是8。

Median
中位数
统计学术语，特指在一列由低到高依次排列或分级的数字中，那个恰好处在中间的数字（例如在收入和考分的序列中）。因此，在1、3、6、10、20这5个数字的中位数是6。

Mercantilism
重商主义
一种政治学说，强调保持国际收支盈余以积累黄金的重要性，并由此提倡政府严密控制经济政策，认为自由放任的政策可能会导致黄金的流失。

Merchandise trade balance
商品贸易余额
参见**贸易余额**（trade balance）。

Merger
兼　并
一个公司收购另一个公司的行为，通常以一个企业收购另一企业股票的形式发生。主要形式包括：（1）纵向兼并，发生在两个企业处在不同生产过程阶段（如铁矿和钢锭）的时候；（2）横向兼并，发生在两个企业处在同一个市场中的情况下（如两个汽车制造商）；（3）混合兼并，发生在两个企业在非关联市场（如鞋带制造业和炼油业）中各自经营的场合。

Microeconomics
微观经济学
对经济中各单个因素行为的分析，如研究单个商品的价格、单个消费者或单个企业的行为。（对照宏观经济学。）

Minimum cost
最低成本
参见**最低成本**（cost，minimum）。

Mixed economy
混合经济
非共产主义国家中经济组织的主要形式。混合经济主要依靠其经济组织中的价格体系，同时也采用多种形式的政府干预（如税收、支出和管制），来应付宏观经济的不稳定和市场不灵情况。

Model
模　型
一种正式的分析框架。通过少数关键性变量的关系来揭示一个复杂系统的基本特征。模型可采取几何图形、数学方程组和计算机程序等多种形式。

Momentary run
瞬　期
非常短的一段时间，在这段时间里，生产是固定不变的。

Monetarism
货币主义
一个经济学流派，认为货币供给的变化是宏观经济波动的主要原因。

Monetary base
货币基础
由公众持有的政府的净货币性负债。在美国，货币基础等于通货加上银行准备金。有时称高能货币。

Monetary economy
货币经济
一种经济，其贸易经由一种能被共同接受的交易媒介而进行。

Monetary policy
货币政策
中央银行实施控制货币、利率、信贷条件的目标。货币政策的主要工具包括公开市场业务、准备金比率和贴现率。

Monetary rule
货币规则
货币规则是货币主义经济学最重要的原则。它宣称最好的货币政策是将货币供给的增长率固定在一个水平上，不论经济景气与否，都应维持不变。

Monetary transmission mechanism
货币传导机制
在宏观经济学中，货币供给变动转化为产出、就业、价格和通货膨胀的变动的途径。

Monetary union
货币联盟
若干国家采用同一种通用货币作为会计单位和交换媒介的一种制度安排。欧洲货币联盟计划1999年采用欧元作为通用货币。

Money
货　币
支付手段或交换媒介。关于货币的构成，请参见**货币供给**。

Money, velocity of.
货币周转率
参见**货币周转率**（velocity of money）。

Money demand schedule
货币需求表
体现的是货币持有需求和利率水平之间的对应关系。当利率上升时，债券和其他有价证券的吸引力增大，货币的需求量会降低。见**货币需求**（demand for money）。

Money funds
货币资金
灵活性很强的短期金融工具的简称，其利率不是固定的。主要形式包括货币市场互助基金和商业银行货币市场活期存款账户。

Money market
货币市场
金融术语，指一套处理短期信贷工具（如国库券和商业票据）买卖活动的制度安排。

Money supply
货币供给
狭义的货币供给（M_1）包括铸币、纸币、所有的活期存款或支票存款。狭义的货币是交易货币。广义的货币供给（M_2）包括M_1的所有项目，再加上某些灵活性资产或若干准货币，如储蓄存款、货币市场基金和其他类似项目。

Money supply effect
货币供给效应
名义货币供给量不变时，价格上升与相应的货币紧缩、总支出下降之间的关系。

Money supply multiplier
货币供给乘数
货币供给（或存款）增长与银行准备金增长的比率。一般说来，货币供给乘数等于法定准备金率的倒数。例如，法定准备金率是0.125，那么货币供给乘数就是8。

Monopolistic competition
垄断竞争
一种市场结构，其中有许多卖者，他们所提供的产品接近、但不可以完全替代。在这样的市场上，每一厂商对其产品的价格都能施加一定的影响。

Monopoly
垄　断
一种市场结构，在其中，某种商品由单独一家厂商提供。见**自然垄断**。

Monopsony
买方垄断
垄断的镜像：只有一个买者的市场；一个“买方”的垄断。

Moral hazard
道德风险
市场失灵的一种形式。由于针对某种投保风险的保险机制的存在，使风险事故发生的可能性增加。例如，一个对其汽车投了失窃险的车主，可能会在锁车这件事上变得粗心。这是因为保险的存在降低了对防盗的激励。

MPC
见**边际消费倾向**（marginal propensity to consume）。

MPS
见**边际储蓄倾向**（marginal propensity to save）。

Multiplier
乘　数
宏观经济学术语，指每单位外生变量（如政府支出或银行储备）的变化所带来的引致变量的变动情况（如GDP或货币供给）。支出乘数指支出（如投资）增长1美元所引起的GDP的增长。

Multiplier model
乘数模型
在宏观经济学中由凯恩斯所提出的一种理论。它强调自主支出（特别是投资、政府支出和净出口）的变化在决定产出和就业变化中的重要作用。见**乘数**（multiplier）。

N

NAIRU
非加速通货膨胀的失业率
见**非加速通货膨胀的失业率**（nonaccelerating inflation rate of unemployment）。

Nash equilibrium
纳什均衡
博弈论中参与人的一组策略。其他参与人的策略既定时，没有任何一个参与人还能改善他的支付。也就是说，给定参与人 A 的策略，参与人 B 无法做得更好；而给定参与人 B 的策略，A 也不能做得更好。纳什均衡有时也称为非合作均衡。

National debt
国家债务
与政府债务同义。

National income and product accounts (NIPA)
国民收入和生产账户（NIPA）
一套衡量整个国家一个季度中或一年中的支出、收入和产出情况的账户。

National saving rate
国民储蓄率
全部储蓄（私人储蓄和公共储蓄）除以国内净产值。

Natural monopoly
自然垄断
一个厂商或一个行业的产品的平均成本，在其规模扩大的整个过程中都明显下降，例如地方电力传输。因此，该行业若由一个厂商或由一个垄断厂商来经营，就会比多个企业能更有效率地提供全部产出。

Natural rate of unployment
自然失业率
与**非加速通货膨胀的失业率**[nonaccelerating inflation rate of unemployment（NAIRU）]是同一个概念。

Neoclassical model of growth
新古典增长模型
一种用来解释工业化国家经济长期增长趋势的理论或模型。这一模型强调资本深化（即资本 - 劳动比率的增长）和技术变革这一因素在解释潜在实际 GDP 增长中的重要作用。

Net domestic product (NDP)
国内生产净值（NDP）
等于 GDP 减去资本品的折旧补贴。

Net exports
净出口
国民产出账户中的一项，等于商品和服务的出口减去商品和服务的进口。

Net foreign investment
净国外投资
一国的国外净储蓄，数值上约等于净出口。

Net investment
净投资
等于总投资减去资本品折旧。

Net worth
净值，净资产
会计学里，等于总资产减去总负债。

New classical macroeconomics
新古典宏观经济学
这种经济理论认为：（1）价格和工资是灵活的；（2）人们的预期遵循**理性预期假说**。

Nominal GDP
名义 GDP
见**名义国内生产总值**（gross domestic product，nominal）。

Nominal (or money) interest rate
名义（或货币）利率
利率是对各种资产的支付。名义利率代表每 1 美元投资每年所带来的美元收益。而**实际利率**代表的每 1 单位实物投资所带来的实物报酬。

Nonaccelerating inflation rate of unemployment (NAIRU)
非加速通货膨胀的失业率（NAIRU）
失业率与稳定的通货膨胀率相联系。此时，价格和工资上涨和下跌的力量均等，所以通货膨胀率没有变化的趋向。非加速通货膨胀的失业率是长期菲利普斯曲线垂直时的失业率。

Noncooperative equilibrium
非合作性均衡
见**纳什均衡**（Nash equilibrium）。

Nonrenewable resources
不可再生资源
指那些供给基本固定，再生速度达不到经济发展要求的自然资源，如石油和天然气。

Normative vs. positive economics
规范经济学与实证经济学
规范经济学考虑“应该怎样”，诸如公共政策价值判断，或公共政策目标之类的问题。而实证经济学则是关于经济事实和行为的分析，讨论“实际怎样”之类的问题。

Not in the labor force
非劳动力
特指成年人中不工作也不找工作的那部分人。

O

Okun's law
奥肯法则
由亚瑟·奥肯发现的周期波动中的

GDP 和失业之间的经验关系。这一法则指出，当实际 GDP 相对于潜在 GDP 下降 2% 时,失业率上升大约 1%（较早估计的比率是 3:1）。

Oligopoly
寡　头
不完全竞争的一种，在这种情形下，一个行业为少数几个供给者所支配。

Open economy
开放经济
一种经济体系，它与其他国家进行商品和资本的国际贸易活动（即进口和出口）。而一个封闭经济则是没有进出口的经济。

Open economy multiplier
开放经济乘数
乘数分析在存有国际贸易的经济中的应用。开放经济乘数要小于封闭经济乘数，因为会出现漏隙。而经由这个漏隙，支出既可以转为进口，也可以进入储蓄。

Open market operations
公开市场业务
为影响银行准备金、货币供给和利率，中央银行所进行的买卖政府债券的活动。买入证券时，中央银行所支付出去的货币，会增加商业银行的准备金，从而导致货币供给增加；而卖出证券时，货币供给就被减缩。

Opportunity cost
机会成本
经济品的最优使用价值。比如说，用来开采一吨煤的投入，其可供选择的最佳使用是生产 10 蒲式耳的小麦。那么一吨煤的机会成本就是 10 蒲式耳的小麦。这些小麦可能被生产出来但实际上却没有生产。机会成本对于评价非市场性商品，诸如环境卫生和安全等特别有用。

Optimal currency area
理想货币区
一些有高劳动力流动性和共同的集中供给和需求的国家或地区联合。在这种情况下，汇率的明显变动也不一定保证宏观经济的迅速调整，因为这些国家可以将汇率和共同的货币固定起来。

Ordinal utility
序数效用
需求理论所用的一种无标度的效用衡量方法。序数效用可以表明个人在 A 与 B 中更偏好 A，但不能表明他究竟偏好多少。也即，任何两组商品都可以相对排序，但无法衡量其绝对差异。这与*基数效用*（或者说有标度的效用）概念明显不同，基数效用有时用于行为风险分析。基数效用的一个例子是：我们说某物质在 100 K 氏度时比它在 50 K 氏度时热两倍。

Other things constant
其他条件保持不变
一个短语（有时写为“ceteris paribus”），意思是被观察的那个因素发生变化，而其他因素依旧或固定不变。例如，一个向下倾斜的需求曲线表示，在其他条件（如收入）保持不变的情况下，随着价格的上升，需求量会下降。

Outputs
产　出
用于消费或进一步加工生产的各种有用的物品和服务。

P

Paradox of thrift
节约悖论
一个最早由约翰·梅纳德·凯恩斯提出的原则。即一个社会增加其储蓄的企图，可能导致其实际储蓄数量的减少。

Paradox of value
价值悖论
这样一种悖论：许多生活必需品（如水）的“市场”价值很低，而许多奢侈品（如钻石）的“使用”价值很小，但市场价格很高。这一悖论由以下事实解释：价格不反映一件商品的总效用，而是反映它的边际效用。

Pareto efficiency (or **Pareto optimality**)
帕累托效率（或**帕累托最优**）
一种经济状态。经济到达该状态时，已经不可能通过重组或贸易等手段，在既提高某一人的效用或满足程度的同时，而又不降低其他人的效用或满足程度。在某种限制条件下，完全竞争可以导致配置效率。也称*配置效率*。

Partial equilibrium analysis
局部均衡分析
在其他条件不变（如忽略收入变化）的前提条件下，分析各种变量对单个市场的影响。

Partnership
合伙制
两人或多人共同经营的非公司形式的企业，不像公司那样只承担有限的责任。

Patent
专　利
一种赋予发明者的排他性权利，可以在一定时期内（如美国为 20 年）控制其发明的使用权。专利造成暂时垄断，作为对发明活动的报酬。像其他知识产权一样，专利是促进个人或小企业进行发明的一种手段。

Payoff table
回报矩阵（也称**支付矩阵**）
博弈论中，用来描述两个人或多个参与人的策略和回报的矩阵。不同参与人的利润或效用就是*回报*。

Payoffs
回报
见**回报矩阵**（payoff table）。

Perfect competition
完全竞争
参见**完全竞争**（competition，perfect）。

Personal disposable income
个人可支配收入
个人收入减去税收加上转移支付。家庭可支配收入用于消费和储蓄。

Personal income
个人收入
衡量税收抵扣前收入的一个指标，确切地说，等于个人可支配收入加上净税收。

Personal saving
个人储蓄
收入中没有被消费的部分，换言之，是个人可支配收入与消费之间的差额。

Personal saving rate
个人储蓄率
以百分比形式表示的个人储蓄与个人可支配收入的比率。

Phillips curve
菲利普斯曲线
由菲利普斯首先提出的一种几何图形，显示的是失业与通货膨胀的替代关系。在现代主流宏观经济学中，向下倾斜的“替代性”的菲利普斯曲线一般只在短期中成立。在长期中，通常认为菲利普斯曲线是垂直的，而且对应于非加速通货膨胀的失业率（NAIRU）。

Policy ineffectiveness theorem
政策无效性定理
一个定理，认为在理性预期、价格工资灵活的情况下，被预期到的政府货币政策或财政政策实际上不能影响实际产出或失业。

Portfolio theory
投资组合理论
一种经济理论，讨论理性投资者如何将自己的财富分配在不同的金融资产中，也就是说，他们怎样将其财富“组合”成一种最佳搭配状态。

Positive economics
实证经济学
参见**规范经济学与实证经济学**（normative vs. positive economics）。

Post hoc fallacy
前因后果谬误
来自拉丁语 *post hoc，ergo propter hoc*，意为“在这之后发生，所以是因为这”。如果这样推理：“因为 A 先于 B，所以 A 导致 B”，那么，就会发生这种谬误。

Potential GDP
潜在 GDP
高就业的 GDP，或更精确地说，在既定的技术状况和人口规模条件下，可以达到的且不致加速通货膨胀的最高水平的 GDP。现今一般认为它是与**非加速通货膨胀的失业率**相应的产出水平的等价物。潜在产出不一定是最大产出。

Potential output
潜在产出
与**潜在 GDP** 同义。

Poverty
贫　困
今天，美国政府将“贫困线”定义为可维持最低限度的生活标准。

PPF
见**生产可能性边界**（production possibility frontier）。

Present value (of an asset)
（资产的）现值
在一段时间内，能带来一系列收入的资产的当前价值。估价这一系列的收入需要将每一部分收入折现。折现是用折现率（也即一种利率）对未来的收入加以折算。

Price
价　格
商品、服务或资产的货币成本。价格是把每单位的商品用货币单位来衡量。比如说每个汉堡是 3 美元。

Price discrimination
价格歧视
一种将同样的产品以不同的价格出售给不同的消费者的情况。

Price elastic demand (or **elastic demand**)
富有价格弹性的需求（或**有弹性的需求**）
需求价格弹性的绝对值超过 1 的情况。这时，需求量变化的百分比大于价格变化的百分比。另外，有弹性的需求意味着当价格下降时，由于需求量增加得非常之大，以至于总收益（价格 × 数量）会上升（比照**缺乏价格弹性的需求**）。

Price elasticity of demand
需求的价格弹性
表示需求量对价格变动反应程度的指标。弹性系数（需求的价格弹性系数 = Ep）等于需求量变动的百分比除以价格变动的百分比。具体计算百分比时，分子取新老需求量的平均数，分母取新老价格的平均数，不计负号。参见**富有价格弹性的需求**、**缺乏价格弹性的需求**和**单位弹性的需求**。

Price elasticity of supply
供给的价格弹性
在概念上与**需求的价格弹性**相似，只不过它衡量的是供给对价格变动的反应。更精确地说，供给的价格弹性是供给量变化的百分比除以价格变动的百分比。供给弹性在完全竞争条件下最为有用。

Price flexibility

价格灵活性

“拍卖”市场上（如许多原料商品和股票市场）的价格行为。在这些场合，价格对供给或需求的变动立即做出反应。

Price index

价格指数

表示在给定的时段里，一组商品的平均价格如何变化的一种指数。在计算平均数时，不同商品的价格一般要根据其经济重要性作加权处理（例如，在计算**消费者价格指数**时，加权的依据就是每种商品在总消费支出中所占的份额）。

Price inelastic demand (or **inelastic demand**)

缺乏价格弹性的需求（或**缺乏弹性的需求**）

需求价格弹性绝对值小于 1 的情况。在这种情况下，当价格下降时，总收益下降；当价格上升时，总收益上升。缺乏价格弹性的需求的一个极端是完全无价格弹性的需求，这意味着当价格上升或下降时，需求量完全没有变化（参见**富有价格弹性的需求**和**单位弹性的需求**）。

Price of GDP

GDP 的价格

见 **GDP 紧缩指数**（GDP deflator）。

Private goods

私人品

见**公共品**（public goods）。

Producer price index

生产者价格指数

大量批发销售的商品（如钢、小麦、石油）的价格指数。

Producer surplus

生产者剩余

生产者销售收益和生产成本之间的差。生产者剩余可以用供给曲线以上、价格线以下的面积来衡量。

Product, average

平均产量

见**平均产量**（average product）。

Product, marginal

边际产品

见**边际产品**（Marginal product）。

Product differentiation

产品差异化

类似商品之间存在着的使它们不至于成为完全替代品的特征。如，因位置差别使在不同地点出售的同型号汽油成为不完全替代品。具有产品差别的企业面对的是向下倾斜的需求曲线，而不是完全竞争情况下的那种水平的需求曲线。

Production function

生产函数

在技术水平既定的条件下，确定某一组要素投入所能带来的最大产出的关系式（或数学函数）。它用于某个企业，或作为总生产函数用于整体经济。

Production possibility frontier (*PPF*)

生产可能性边界

一种几何图形，显示经济所能生产的商品的各种组合。通常简化地选择两种商品：大炮和黄油。*PPF* 外部点（其右上部）的产品组合不可能得到，而 *PPF* 内部点则缺乏效率，因为资源没有得到充分利用。这或者是因为资源使用不当，或者是所用的生产技术已经过时。

Productive efficiency

有效率的生产

经济如果不减少一种产品的生产就不能再生产更多的另一种产品的情况。这表明此时经济处于生产可能性边界上。

Productivity

生产率

用来表示产出与投入比率的术语（总产出除以劳动投入是*劳动生产率*）。如果相同数量的投入生产了更多的产出，则生产率就增长了。劳动生产率的增长是由于技术进步、劳动技能的改善和资本深化。

Productivity growth

生产率增长

从一个时期到另一个时期**生产率**增长的速率。例如，如果劳动生产率指数 2004 年为 100，而 2005 年为 101.7，则 2004~2005 年生产率增长为每年 1.7%。

Productivity of capital, net

净资本生产率

参见**收益率**（rate of return）。

Profit

利　润

（1）在会计学中，是指所售商品的总收入减去合理确定的成本（参见**收益表**）。（2）在经济理论中，是指总收入与生产这些商品所用资源的全部机会成本之间的差额。

Profit and loss statement

损益表

参见**收益表**（income statement）。

Progressive, proportional, and regressive taxes

累进税、比例税和累退税

累进税对富人征税较重，累退税正好相反。更精确地说，一种税，如果对高收入者的平均税率（即税收除以收入）较高，它就是累进税；如果收入越高的人平均税率越低，就是累退税；如果对各种收入水平的平均税率都相同，就是比例税。

Property rights
产　权
产权定义为个人或企业在市场经济中占有、买卖、使用资本品和其他财产的能力。

Proportional tax
比例税
参见**累进税、比例税**和**累退税**。

Proprietorship, individual
个人业主制企业
由私人所有并经营的企业。

Protectionism
保护主义
一国所采用的目的在于保护国内产业，防止进口品竞争的各种政策（最普通的是对进口征收关税和实行配额管理）。

Public choice (also **public choice theory**)
公共选择（也称**公共选择理论**）
研究政府做出选择和指导经济的方式的经济学和政治学的分支。这一理论不同于市场理论，它强调政治家"选票最大化"行为的影响，而这与企业的利润最大化形成对比。

Public debt
公共债务
见**政府债务**（government debt）。

Public goods
公共品
指这样一种商品，其收益在整个社会不可分割，而不管个人是否愿意消费。例如，一项根除天花的保健措施对所有人都起了保护作用，而决不只是那些付钱接种疫苗的人。相比之下，**私人品**如面包，如果被一个人消费，就不可能被另外的人消费。

Pure economic rent
纯经济租金
见**租金**（rent），**经济**（economic）。

Q

Quantity demanded
需求量
见**需求变化**（change in demand）与**需求量的变化**（change in quantity demanded）。

Quantity equation of exchange
交易数量方程
一个恒真命题：$MV \equiv PQ$，式中 M 是货币供给，V 是货币的收入周转率，PQ（价格乘以数量）是总产出（名义 GDP）的货币价值。这一方程永远成立，因为 V 被定义为 PQ/M。

Quantity supplied
供给量
见**供给变化**（change in supply）和**供给量的变化**（change in quantity supplied）。

Quantity theory of money and prices
货币价格数量理论
产出和总价格水平决定理论认为，价格与货币供给同比例变动。由货币主义者提出的一种更谨慎的理论认为，货币供给是名义 GDP 变动的最重要的决定因素（见**货币主义**）。

Quota
配　额
进口保护主义的一种形式。在这种形式中，对某种商品（如糖或汽车）在一定时期中的总进口量做了限制。

R

Random walk theory (of stock market prices)
（股市价格的）**随机游走理论**
见**有效市场**（efficient market）。

Rate of inflation
通货膨胀率
见**通货膨胀**（inflation）。

Rate of return (or **return**) **on capital**
资本收益率（或**资本收益**）
在一项投资或一件资本品上的收益。比如，一项耗费 100 美元的投资每年带来 12 美元的收益，那么这项投资的收益率就是每年 12%。

Rate of return on investment
投资收益率
每 1 美元投资在 1 年内所带回的美元净额。例如，如果 100 美元投资每年的收益是 12 美元，则每年的投资收益率就是 12%。

Rational expectations
理性预期
见**预期**（expectations）。

Rational expectations hypothesis
理性预期假说
这一假说认为，人们可以对未来做出无偏估计，并且人们是利用了所有可利用的信息和经济理论做出这些预测的。

Rational expectations macroeconomics
理性预期宏观经济学
以罗伯特·卢卡斯、罗伯特·巴罗和托马斯·萨金特为领导的一个经济学派，认为市场能够快速地出清且预期是理性的。在这种条件下，可预测到的宏观经济政策对实际产出或失业没有影响。有时被称为**新古典宏观经济学**。

Real-business-cycle (RBC) theory
实际商业周期理论
该理论解释了商业周期纯粹随总供给变动的（主要由技术扰动造成），与货币或其他需求方面的因素无关。

Real GDP
实际 GDP
见**实际国内生产总值**（gross domestic product，real）。

Real interest rate
实际利率
以商品而不是以货币衡量的利率，所以它等于货币（或名义）利率减去通货膨胀率。

Real wages
实际工资
以商品或劳务计算的工人工资的购买力。它以货币工资率与消费价格指数的比率来衡量。

Recession
衰　退
总产出、收入和就业长时间地下降，一般持续 6 个月到一年，并以经济中多个部门的收缩为标志。参见**萧条**（depression）。

Regressive tax
累退税
参见**累进税、比例税和累退税**（progressive，proportional，and regressive taxes）。

Regulation
管　制
政府用来控制企业行为的法律或规定。主要种类有经济管制（它影响价格、市场准入、单个行业的服务，如电话服务业）和社会管制（它试图矫正影响到许多行业的外部性，如空气或水污染）。

Renewable resources
可再生资源
能够周期性地提供服务的自然资源（如农业用地），并且，如果管理适度，可以无限期使用。

Rent, economic (or **pure economic rent**)
经济租（**或纯经济租金**）
这一概念用于从土地得到的收入。土地的总供给是固定的（对此需略做修正），而给土地所有者的报酬就是地租。这一概念经常推广到付给供给不变的生产要素的报酬，即任何具有完全无弹性或垂直的供给曲线的投入。

Required reserve ratio
法定准备金率
见**银行准备金**（reserves，bank）。

Reserves, bank
银行准备金
银行以库存现金的形式，或在联邦储备银行中以无息存款的形式而保留的一部分存款。在美国，要求银行持有支票存款（或交易账户）10% 的准备金。

Reserves, international
国际储备
一国所持有的外币，目的是稳定或盯住本币的汇率，此外还可在国际收支遭遇困难时提供融资援助。今天，主要的国际储备货币还是美元，其次是欧元、日元及其他货币。

Resource allocation
资源配置
将资源（生产要素）在各种潜在用途上进行分配，以生产出一组特定的最终产品的经济方式。

Returns to scale
规模报酬
所有投入成比例增加时产出的增长率。例如，如果所有投入增加 1 倍而产出恰好也增加 1 倍，则说这一生产过程呈现的是*规模报酬不变*；而如果所有投入增加 1 倍而产出增加却不到 100%，则这种生产过程呈现的就是*规模报酬递减*；如果产出增加了 1 倍以上，那么，该生产过程呈现的就是*规模报酬递增*。

Revaluation
货币增值
一国通货的官方外汇汇率的提高，见**货币降值**（devaluation）。

Ricardian view of fiscal policy
财政政策的李嘉图法则
由哈佛大学的罗伯特·巴罗发展的理论，认为税率的变化对消费支出没有影响。这是因为，居民户能够预见到，政府为满足财政需要，现在的减税必然伴随着未来的增税。

Risk
风　险
在金融经济学中，风险是指投资收益的不确定性。

Risk averse
风险规避
面对不确定因素时，如果一个人认为，损失一定收入的不愉快，大于获得同一数量收入的愉快，那么他就是风险规避的。

Risk spreading
风险分摊
承担大的风险并将这些风险分散的过程，目的是使这些大的风险变成由一大批人承担的小风险。风险分散的主要形式是保险，它是赌博的一种对立面。

Rule of 70
70 法则
一种估计复利的捷径。一个每年以 r% 的速度增长的量大约在第 $70/r$ 年时翻番。

S

Sacrifice ratio
牺牲率
牺牲率是产出的累积损失，以年损失在 GDP 中所占的百分比来衡量，单位是“每持续减少一个百分点的通货膨胀”。

Sales tax
销售税
见**消费税和销售税**（excise tax vs. sales tax）。

Savings function
储蓄函数
显示居民户或国家的每一收入水平上的储蓄量的关系图表。

Say's law of markets
萨伊的市场定律
“供给会自己创造需求”的理论。J.B. 萨伊在 1803 年提出，因为总的购买力恰好等于总收入和总产出，所以超额需求或超额供给是不可能的。凯恩斯对萨伊定律提出了批评。他指出，追加的 1 美元收入并不一定全部花掉（即边际消费倾向不一定为 1）。

Scarcity
稀　缺
稀缺是经济物品的显著特征之一。经济物品的稀缺并不意味着它是稀少的，而是指它不可以免费得到。要得到这样一种物品，必须自己生产或用其他经济品来加以交换。

Scarcity, law of
稀缺规律
大部分人所需要的东西只能得到有限供应（**免费品**除外）的原理。因此，商品一般是稀缺的，必须通过价格或者其他形式进行某种程度的配给。

Schedule (demand, supply, aggregate demand, aggregate supply)
（总）需求表，（总）供给表
一个可以和曲线互换使用的术语，比如需求曲线、供给曲线及其他。

Securities
证　券
用来表示各种金融资产的术语，如股票、债券、期权、票据等。更确切地说，是用来确立这些资产所有权的单据。

Short run
短　期
不能让所有的要素都做出充分调整的一段时间。在微观经济学中，资本存量和其他“固定”要素短期中不能做出调整，进入也不是自由的。在宏观经济学中，价格工资合同、税率和预期等，在短期中也不可能做出充分的调整。

Short run aggregate supply schedule
短期总供给表
表示短期内产出与价格关系的图表。在这样的短期中，总需求的变化能影响产出。它可以由一条向上倾斜的或水平的总供给曲线来代表。

Shutdown price (or point, or rule)
停业价格（或停业点、停业原则）
在厂商理论中，市场价格恰恰可以弥补平均可变成本就是停业点。因此，企业每期的损失恰好等于它的固定成本，与停业关门的后果一样。

Single tax movement
单一税运动
19 世纪由亨利·乔治发起的一场运动，认为在经济不断进步的条件下，贫困仍持续存在的原因在于土地的稀缺和大量的地租流向土地所有者。“单一税”旨在对土地所有者的地租征税。

Slope
斜　率
几何图形中，与横轴上变量的单位变化相对应的纵轴上变量的变化。向右上倾斜的曲线斜率为正，向右下倾斜的曲线斜率为负（如需求曲线），水平线的斜率为零。

Social insurance
社会保险
政府提供的强制性保险。预防道德风险或逆向选择等市场不灵问题，以增进社会福利。

Social overhead capital
社会基础资本
经济发展所依赖的基础性投资。特别指对卫生、饮用水、交通、通信等方面的投资。有时称*基础设施*。

Social regulation
社会管制
见**管制**（regulation）。

Socialism
社会主义
认为除劳动以外的所有的（或几乎所有的）生产资料都应为社会所有的政治理论。社会主义的资本收益分享情况比资本主义平等。

Speculator
投机者
指从事投机的人。也即，那些为了将来能以更高（低）的价格卖出（买入），而于现在就买入（或卖出）商品或金融资产的人。

Spillovers
外　溢
与**外部性**（externalities）同义。

Stagflation
滞　胀
20 世纪 70 年代早期造出的一个词，描述了高失业与经济停滞、持续的通货膨胀相并存的现象。这一现象主要通过通货膨胀过程的惯性性质来加以解释。

Statistical discrimination
统计性歧视
指对待个人的方式以该人所属群体的一般行为或特征为基础。统计歧视可以通过降低个人突破其所属群体特征的积极性而自我实现。

Stock, common
普通股股票
参见**普通股股票**（common stock）。

Stock market
股票市场
进行普通股股票交易的有组织的市场。在美国，最大的股票市场是纽约股票交易所，美国大公司的股票交易都在这里进行。

Stock vs. flow
存量与流量
见**流量与存量**（flow vs. stock）。

Strategic interaction
策略互动
寡头市场上的一种情况。其中，每一企业的经济策略依赖于其竞争对手的计划。**博弈论**给出了对策略互动的较正式的分析。

Structural budget
结构性预算
见**实际预算、周期性预算和结构性预算**（actual，cyclical，and structural budget）。

Structural unemployment
结构性失业
因工作空缺的地区分布或工作类型与工人的类型不同而产生的失业。可能有工作机会存在，但失业工人却不具备这些工作机会所要求的技能；或者有工作机会的地区与失业者所生活的地区不同。

Subsidy
补　贴
政府对提供或消费某种商品的企业或居民户所做的支付。例如，政府经常以支付部分食品开支的形式向低收入家庭发放食品补贴。

Substitutes
替代品
互相竞争的商品（如五指分开和不分开的手套）。相反，按消费者的理解，一起出现、互相搭配的商品则是*互补品*（如左脚穿的鞋和右脚穿的鞋）。

Substitution effect (of a price change)
（价格变动的）**替代效应**
指这样一种倾向：当一商品的相对价格下降时，消费者增加对该种商品的消费（以该种商品作为”替代”）；而当一商品的相对价格上升时，消费者减少对该种商品的消费（该种商品被”替代”）。价格变动的这种替代效应导致向下倾斜的需求曲线（对比**收入效应**）。

Substitution rule
替代法则
如果一种要素价格下降而其他要素价格不变时，那么用这一相对便宜的要素替代所有其他要素，会使企业从中获利。这一原则是**最低成本法则**的推论。

Supply curve (or **supply schedule**)
供给曲线（或**供给表**）
假定其他条件保持不变，表示对应每一价格，既定市场上的供给者愿意出售的商品数量的图表。

Supply shock
供给冲击
在宏观经济学中，对总供给产生意外重大影响的生产成本或生产率的突然变动。作为供给冲击的结果，实际GDP和价格水平会发生预料不到的变动。

Supply-Shock inflation
供给冲击通货膨胀
市场供给方由于成本激增等因素所引发的通货膨胀。根据总供给—总需求框架，成本推动可以体现为总供给曲线的上移。也称*成本推进型通货膨胀*。

Supply side economics
供给学派经济学
强调各种影响总供给或潜在产出的政策措施的观点。这一理论认为，对劳动和资本收入的高边际税率会降低工作和储蓄的积极性。

T

Tangible assets
有形资产
类似于土地或资本品（像计算机、建筑物、汽车），被用来生产未来的产品或服务的资产。

Tariff
关　税
一国对进口商品根据其数量单位所征收的税。

Tax incidence
税收归宿
见**归宿**（incidence）。

Technological change
技术变革
生产工艺的改变或新产品的引入，使同样的一批投入能得到更多的或更进一步的产出。它导致生产可能性曲线的外移。通常也叫*技术进步*。

Technological progress
技术进步
见**技术变革**（technological change）。

Terms of trade (in international trade)
（国际贸易中的）**贸易条件**
一国出售其出口品、购买其进口品的"实际"条件，它等于出口价格指数与进口价格指数的比率。

Theory of income distribution
收入分配理论
该理论用于解释社会中个人的收入和财富的分配方式。

Time deposit
定期存款
存于银行的有最低"提取期"的资金，它包括在广义货币，但不包括在 M_1 中，因为它们不作为支付手段来使用。类似于储蓄存款。

Total cost
总成本
参见**总成本**（cost，total）。

Total factor producitivity
全要素生产率
也叫多要素生产率，是衡量单位总投入的总产出的生产率指标。分子是总产出（即 GDP），分母是资本、劳动和资源的加权平均数。全要素生产率的增长率常常被视为科技进步的指标。

Total product (or **output**)
总产品（或**总产量**）
所生产的商品的总量。物理单位对小麦是蒲式耳，对钢铁是吨，而对理发则是次数。

Total revenue (***TR***)
总收益，总收入
价格与产量的乘积，或称总销售额。

Trade balance or **merchandise trade balance**
贸易余额或**商品贸易余额**
参见**贸易余额**（balance of trade）。

Trade barrier
贸易壁垒
任何一种用以阻碍进口的保护主义措施。关税和配额是最明显的壁垒，但近年来，非关税壁垒（或 NTBs），如费用高昂的管制性程序，代替了传统的措施。

Transactions demand for money
货币的交易需求
见**货币需求**（demand for money）。

Transactions money (M_1)
交易货币
货币供给的一种衡量方法，它由实际用于交易的项目，即通货和支票账户构成。

Transfer payments, government
政府转移支付
政府向个人所做的无需个人以当前的服务回报的支付，如社会保障支付和失业保险等。

Treasury bills (T-bills)
短期国库券
联邦政府所发行的短期债券或证券。

U

Unemployed
失业者
未被雇佣但积极寻找工作或等待重返工作的人。

Unemployment
失　业
（1）在经济术语中，非自愿失业是指愿意在现行的工资水平下工作的工人找不到工作。（2）在官方（美国劳动统计局）定义中，说一个工人是失业的，指他（a）眼下没有工作；（b）正在等待重新被雇佣，或在最近 4 周里主动寻找工作未果。见**摩擦性失业**（frictional unemployment）和**结构性失业** (structural unemployment)。

Unemployment rate
失业率
失业者在劳动力中所占的百分比。

Unit-elastic demand
单位价格弹性需求
介于**有价格弹性的需求**和**缺乏价格弹性的需求**之间的一种情况，价格弹性的绝对值恰好等于 1。也见**需求的价格弹性** (price elasticity of demand)。

Unlimited liability
无限责任
见**有限责任**（limited liability）。

Usury
高利贷
对所借货币索取高于法定最高利率水平的行为。

Utility (also **total utility**)
效用（或**总效用**）
从商品或劳务的消费中获得的所有满足，而边际效用指多消费 1 单位商品而得到的新增加的效用。

V

Value, paradox of
价值悖论
见**价值悖论**（paradox of value）。

Value added
附加价值
所生产的商品的价值与生产它们所使用的材料和供给的成本之间的差额。在一块 1 美元的面包中，可能包含了 0.6 美元的小麦和其他材料的价值，这时其附加值为 0.4 美元。附加价值由一个企业或一个行业加于其产出中的工资、利息和利润构成。

Value added tax (VAT)
增值税（VAT）
按其附加价值的一定百分比对企业所征的税。

Variable
变　量
一个可定义和可衡量的经济量。经济学中重要的变量包括价格、数量、利率、汇率、财富的价值等等。

Variable cost
可变成本
参见**可变成本**（cost，variable）。

Velocity of money
货币周转率
货币执行交易媒介职能时，从买者流向卖者，再到新的买者，如此不断进行。它的“周转率”指的是这种运动的速度。

Vertical equity
纵向公平
见**横向公平与纵向公平**（horizontal equity vs. vertical equity）。

Vertical integration
纵向整合
参见**整合、纵向整合与横向整合**（integration，vertical vs.horizontal）。

Vertical mergers
纵向兼并
见**兼并**（merger）。

W

Wealth
财　富
给定时点上一国或个人所拥有的实物和金融产品的净价值。它等于所有资产减去所有负债。

Welfare economics
福利经济学
对经济体系的规范性分析，即经济运行中什么是“对”、什么是“错”等问题的研究。

Welfare state
福利国家
19 世纪末在欧洲渐有影响的一种混合经济体的概念，20 世纪 30 年代被引入美国。在现代福利国家概念里，市场具体指导日常经济活动，而政府则规范社会环境、提供养老金、医疗保健和社会安全体系等。

What, how and for whom
生产什么、如何生产以及为谁生产
经济组织的三个基本问题。生产什么涉及以社会有限的资源或投入的存量，对每种可能的商品和劳务生产多少的问题。如何生产是对生产每种商品的特定技术的选择；为谁生产指消费品在该社会成员中的分配。

Y

Yield
收　益
与**利率**（interest rate）、**资本收益率**（rate of return）同义。

Z

Zero economic profit
零经济利润
完全竞争行业在其长期均衡点是零经济利润的。这个界定适合于所有的收益减去所有的成本，包括厂商所拥有的要素的隐含成本。

Zero profit point
零利润点
对一个厂商而言，收支相抵时的价格水平，即全部成本得到弥补但利润为零的价格水平。

译后记

萨缪尔森《微观经济学》第19版英文版问世之后，新曲线出版咨询公司的两位老总在最佳时间亲送原著与我商谈中文翻译问题。时值共和国成立60周年大庆假期，且他们所选的那一天恰好是我的生日，令人从内心感谢这些十年如一日的异常敬业的出版人。

鉴于萨缪尔森这部经典教科书的国际影响，每一版从英文原著到中文译本发行，其间所要经历的环节真的远非一般读者所能想象。包括作者、国外出版社、国际版权代理、国内出版社及其代理制书机制，中文翻译团队、编辑团队乃至图表美编等，无不有新的要求和希望。每一环节的新希望和新要求，都意味着新的选择和新的磨合。其结果，第19版的中文翻译合同，直到今年4月才得以签字。按国外出版社和代理机制的要求，我们只能进行倒计时。于是,合同留给译者翻译全书的时间竟然只剩下非常可怜的4个月！好在新曲线两位经验丰富的制书人似乎都有先见之明，英文原著一直“不耽搁”地放在我手中,到签合同前已满18个月！本能和“路径依赖”告诉我,自己早已被萨缪尔森“锁定”。义务与职责、光荣与梦想，都令我“波澜誓起”并未雨绸缪！

事实上，我动手布置翻译是在去年寒假开始前，而在今年春节开学后全部初译稿几近完成。这比合同所签定的“开工时间”要提前4个月！现在想也许不足挂齿，可当时心里还真不是“只有一点发毛”。现今大学生的时间和精力可谓非常稀缺，贸然动用是需要“豁一把”的，而这并不是我的一贯风格。与全国类似，北大硕士生的第一年也是“要和两年的学分较劲”，第二年“再同用人单位过招”，活得真的不算轻松。

参与会战的主力基本上是我在北大指导或授课的世界经济专业的研究生，他们天资聪慧、基础厚实、素养良好、精度较高。初稿收齐后，我不得不深感青春年华之弥足珍贵。英文中 bachelor 一词，不仅指的是 unattached 和 unmarried，也不仅是指一种学位，而且指的是有潜力的、可塑性强的。在上世纪那激扬的90年代（The Roaring Nineties），美国的年轻人曾表现出令人惊叹的建设热情和创业气魄：怀揣着一项专利、饱含着一腔热血，“到西部去！”，“两年，赚足两千万美元！”（本版经济学也已涉及），曾经是美国“新淘金热”（new gold rush）的口头禅。对比之下，中国年轻才俊所甘愿选择的却是另一种更为高尚的“学术淘金”：为中国的知识经济创建和教材建设贡献聪明才智！

有仗于整个团队的献身精神和萨缪尔森的感召力，也得益于我的几个立志学术的研究生弟子，翻译工作可谓应者云集和顺风顺水。分工动员会上，我们播放了萨缪尔森的传记和各版花絮，如师兄师姐翻译团队的照片记录等。而在那以前和以后，我都曾结合新版经济学的内容，提取难句和新句，给同学们系统地讲解翻译技巧和名家经验。翻译过程中，同学们不分中外、不计名利，尽心竭力、相互切磋。少数不能过关的译文，我都要特请“从译文中发现的尖子生”顶上去重译一遍，以免主译人“瓶颈”过窄、精力不济、影响大局。何物羡人，二月杏花八月桂；有谁催我，三更灯火五更鸡！

奋发努力的动力源泉当属充沛。首先是因为大家都有“高处不胜寒”之感。由中国出版科学研究所和《中国图书商报》联合主办的“新中国60年600本最具影响力图书”评选活动中，财经类著作共入选了41本，萨缪尔森《经济学》也荣列在榜，被认为是“以不同的姿态影响和改变了几代中国人，在中国社会产生了重大影响，甚至推动了社会的发展进程。”而在那以前，“改革开放30周年”和“建国50周年”的两次“全国最具影响力图书”评选中，此书也都曾不负众望、连续当选。这个记录虽然远非百尺竿头（事实不过是狐假虎威，毕竟只是译著而已），然而，在心存感激的同时，主译人除了竭尽愚钝、老当益壮，难道还敢有过多的喘息？

其次，读者的错爱与鞭策也难以闪避，“我们都是跟随萨缪尔森学习经济学的一代人！”动笔写这篇后记的当天，我还收到一个手机短信，是湖北土家族苗族自治州的一名自学经济学的乡镇干部。他不仅密切关注第19版哪天出版，而且还热心邀请我们去他的家乡。最特殊、最让我印象深刻的是一封寄自秦城监狱的明信片。信中写道：“请允许我向您及您的助手们表示真诚而深切的敬意！…… 正是由于阁下主译的这本《经济学》（第18版），温暖着我冰冷的每一天，使我在prison的生活更理性更有价值。若有机缘，我愿意资助阁下翻译出更多更好的经济学著作。”该信中英文字都写得非常好。

连续4版的翻译，肯定有不少需要交代的地方。其一是“goods”的翻译。“物品”、“产品”、“财货”，译法很多。我们一直采用“品”。私人品、公共品；益品、害品、劣品、良品、基芬品。其二是“inefficiency”的处理。我们认为这个词比较活，有时是“非效率”，有时是“无效率”和“低效率”，前者包括后两者，抽象层次也稍高一点。其三是“market failures”和“government failures”。读者通常见到的翻译多是“市场失灵”和“政府失灵”，而我们的翻法是“市场不灵”和“政府不灵”。多年这样坚持的理由是，“失灵”的前提是“应灵”，而这显然明显违背原意。“不灵”看似全盘否定，但细究起来则不然。因为“不灵”有单复数，具“可数性”，加之上下文和常识都在强调市场功能强大，因而很难有较大的误导。当然这也只是我们的一种理解和处理，翻译本来就没有标准答案。我们再次声明会始终尊重与认可其他的译法。

困惑与忐忑肯定不少，一个典型的老问题是“payoff table”的翻译。这个术语本应理解和翻译成“回报矩阵”，才不至于让读者黑白反向和明显别扭。但该词长期以来一直被译成“支付矩阵”，约定俗成、根深蒂固，致使我们在此前三版中一直未敢擅动。这一次，在加上了“也称‘支付矩阵’的注释”的同时，我们还是斗胆将被颠倒了的东西再颠倒过来。

错误疏漏或未能到位之处肯定难免，译者在此恳请读者共同留意和不吝赐教。这次翻译编辑中沟通机制有所更新：三审三校，虽然效率高、进度快、省时间，但却难免会失去我先前主张的“划出我改”的好处。经济学翻译比较特殊，对于词、句和语流的把握，往往难免需要超越词典所允许的弹性空间。有些场合，编辑越众多越尽职，“保证流畅光鲜、统一和谐”这一点很有可能就越困难。12 年前第 16 版后记中，译者曾详细记录过我们的那场遭遇。那时出版社“悬赏”找错，结果是译文“遍体鳞伤返来”，尔后又“体无完肤归去”。不过这次看罢最终校样，还是佩服出版社资深编辑的文字水平！尽管如此，译者还是要重复一句感叹：“在经济转型的岁月里，在自由骑士难免的集体行动中，精品总是需要千呼万唤的。限于时间和能力，译者再次恳请各位读者切勿过于厚望。”

第 19 版《微观经济学》翻译的具体执笔分工情况如下：海琳娜、萧剑犁（宣言、前言），胡翠（目录、经济学与互联网），杜月（第 1 章、第 11 章），萧剑犁（第 2 章），王睿（第 3 章、第 13 章），杨镇瑀（第 4 章、第 14 章），翟菲菲（第 5 章、第 15 章），刘博（第 6 章、第 16 章），胡梦若（第 7 章、第 17 章），韩鹏飞（第 8 章、第 18 章、第 10 章 < 协助 >），陈凤平（第 9 章、第 7 章 < 协助 >），韩奕（第 10 章），刘叶（第 12 章），高明星、崔楠楠、李梦遥、刘丁华（专业术语表）。

全书翻译的指导、纠错、审校和润色工作由萧琛教授承担。而在沟通和协调等方面，助理金曦老师和杜月同学则出色地发挥了作用。本系的几位留学生（如德国的杜文凯硕士、泰国的黄雪贞博士、韩国的赵恩娇博士等）和台湾同胞学生（如黄慧玲博士）也一直努力追随这部不朽的著作，自始至终积极参加了围绕翻译工作展开的一系列学术活动。此外，还有经济学院国际经济系主管教学的主任李权副教授，多年来也一直为本书默默奉献，节省了我大量的时间。

本书第 19 版译者团队的照片是今年 6 月在北大未名湖畔的合影。他们中间大多数同学都直接参加了主书的翻译，少数正在参与辅书（如《学习指南》等）的翻译、审校、编辑等工作。遗憾的是部分成员未能到场，团队跨越了两届研究生，其中有一届已经毕业。要想按太阳光线的要求一次聚齐，实在是已经太难太难！即便是在教师节那天，同学们也是有的在天上、有的在国外，大家只能遥相电子问候…… 另外三幅照片分别是第 16 版、第 17 版和第 18 版译者团队的合影。后来者永远有幸站在先行者的肩上，附上这三版译者的照片不仅应该而且必要。翻译萨缪尔森经济学教科书以来，时光不觉已经逝去了 13 年，“当年燕园桃李杏，今日神州竹梅松！”

翻译团队应者云集动力充沛的重要原因还是在于萨缪尔森的学术魅力，尤其是在他留下绝版从容离去的日子里，追思和悼念之情可谓绕梁不绝，北大尤其是我教过的学生们肯定也不会例外。不妨允许我在此提请各位为萨缪尔森默哀片刻！ 12年前他曾在北京翠宫饭店（以其录像发言）出席过我们的萨缪尔森《经济学》第16版中译本的首发式。他那睿智机敏的谈吐和铁骨铮铮的风范，他对于中国市场经济前景的无限憧憬，对于中国"转轨经济学"潜在诺奖得主的由衷呼唤，至今仍然深深地映刻在笔者的脑海中。

责任编辑徐向娟、颜林柯、王涧秋三位女士、美编陶建胜先生和排版制作孙东亭女士的劳动也需要特别地致谢。他们高效率的工作和忘我奉献的精神，应当得到广大读者的认可和敬重。

北京大学今年93岁高寿的胡代光教授，已过88寿辰的范家骧先生，经济学院吴树青教授（前北京大学校长），前院长晏智杰教授，前院长现副校长刘伟教授，前党委书记现校长助理黄桂田教授，院长孙祁祥教授，党委书记章政教授，北京大学前社会科学部部长、现《北京大学学报》主编程郁缀教授，北京大学党委书记朱善璐先生，北京大学校党委常务副校长（原法学院院长）吴志攀教授，北京大学党委副书记光华管理学院教授于鸿君教授，还有国内外著名经济学家厉以宁教授，长期以来一直关心这部经典教科书的翻译工作。范家骧先生近年还老当益壮地出版了一部研究萨缪尔森《经济学》的专著。

校外的经济学教授，如复旦大学的洪文达先生、华民教授，人大的杜厚文先生、方福前教授，北京师范大学的李翀教授和李实教授，南开大学的薛敬孝先生、陈漓高教授，浙江大学的张小蒂教授、肖文教授，中山大学的邹建华教授，上海财经大学的林珏教授、鲁品越教授，长江商学院的王一江教授，美国联邦储备高级研究员斯坦福大学经济学博士王柯女士，此外，北京社会科学联合会副主席陈之昌先生，北京社会科学规划办主任王祥武先生，《广义虚拟经济研究》学术委员会主席林左鸣博士和秘书长李克安先生等，都曾对本书有过特别的指点与关注。

清华、人大、北师大、外经贸大、中财大、北工大、中政法大、首经贸大、北工商大、首师大、外交学院、北外、中央民族大学，复旦、南开、武大、中大、吉大、辽大，南大、浙大、厦大、川大、山大、云大、兰大、苏大、湖北大、湖南大、黑大、藏大，上海财大、南京财大、西南财大、河南财经政法大、安徽财大、贵州财大，广东外语外贸大学、上海交大、同济大学、上海外经贸大、暨南大学、华侨大学，河北大学、海南大学、山东理工大学、华中理工大学、宁波大学、嘉兴学院、嘉华学院、泰达学院、毕节学院、延边科技大学，中央党校、中国浦东干部学院、北京市委党校、新疆阿尔伯达党校等众多高等学府的同仁好友和莘莘学子，多年来海纳百川慷慨错爱，常有难得的高见和友善的鼓励。

中华外国经济学研究会、中国世界经济学会、中国美国经济学会、中国出版科学研究所等，曾多次为本书举行过相应的学术活动。CCTV、CETV、BTV、《人民日报》、《中华工商时报》、《东方早报》、《华夏时报》、《中国证券报》、《21世纪经济报道》、新华社《国际先驱导报》、《每日经济新闻》、《中国社会科学报》、《世界经济》、《世界经济与政治》、《世界经济导刊》、《国际经贸探索》、《经济学动态》、《中国大学生》、《北京大学学报》、《中国图书商报》、《中国经济》、《社会观察》等报刊，新华网、人民网、新浪、搜狐、网易、凤凰网－读书频道等多家网站，都曾有关于萨缪尔森这本不朽著作的正向报道、中肯评论和热切关注。

在新一版萨缪尔森《微观经济学》教科书中译本终于问世的今天，请允许我代表连续四版翻译团队全体成员，向以上所提到的学府、学者、专家、学会、报纸、杂志、网站，乃至其他所有关心过此书的各界机构和朋友们，还有多年来提出各种建议和意见却未能尽列的众多学者和网民，一并表示最诚挚最由衷的谢忱！

萧琛

2011年12月3日凌晨于北京大学

美国独立战争以来的政府债务

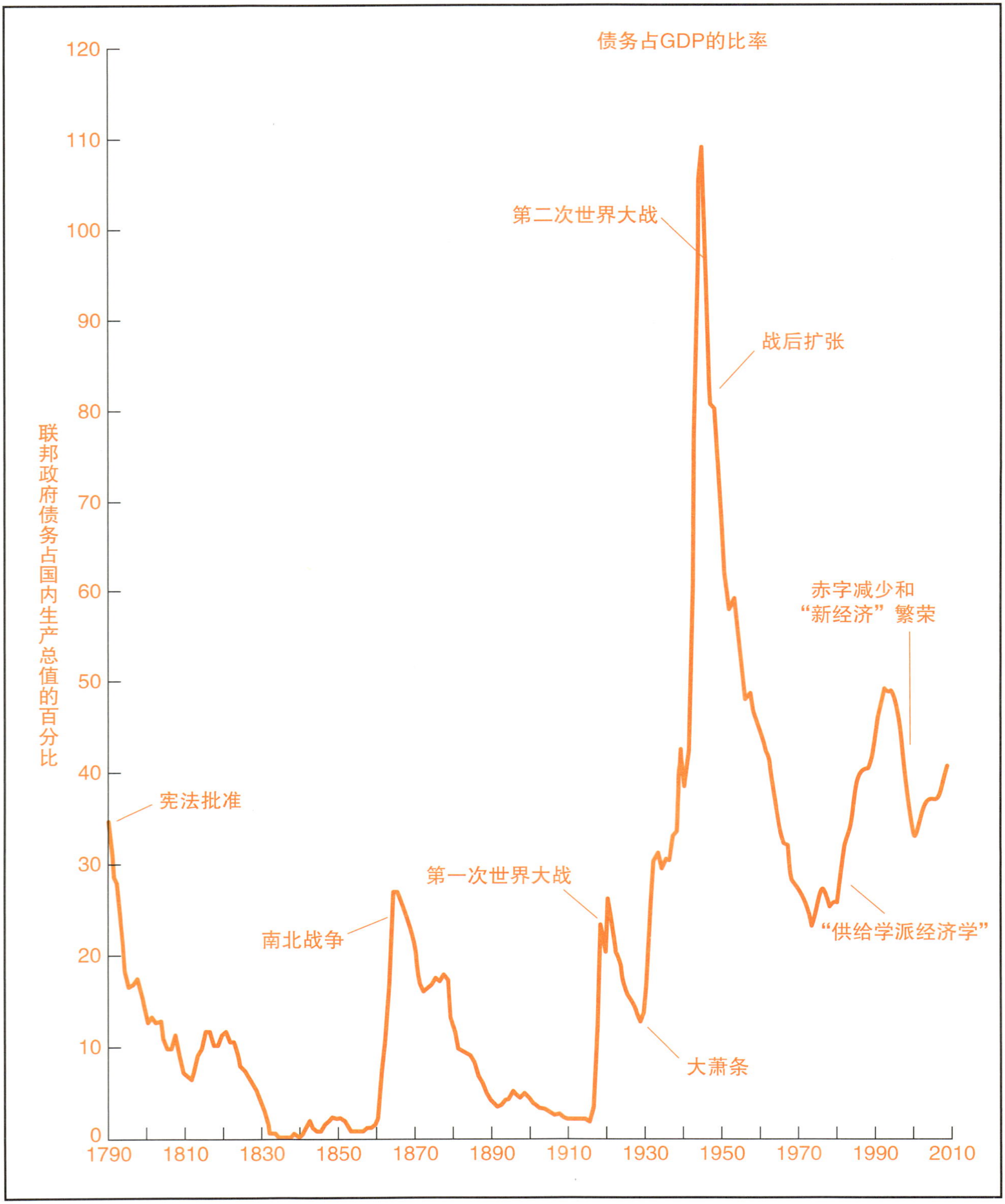

1800年以来美国的价格水平

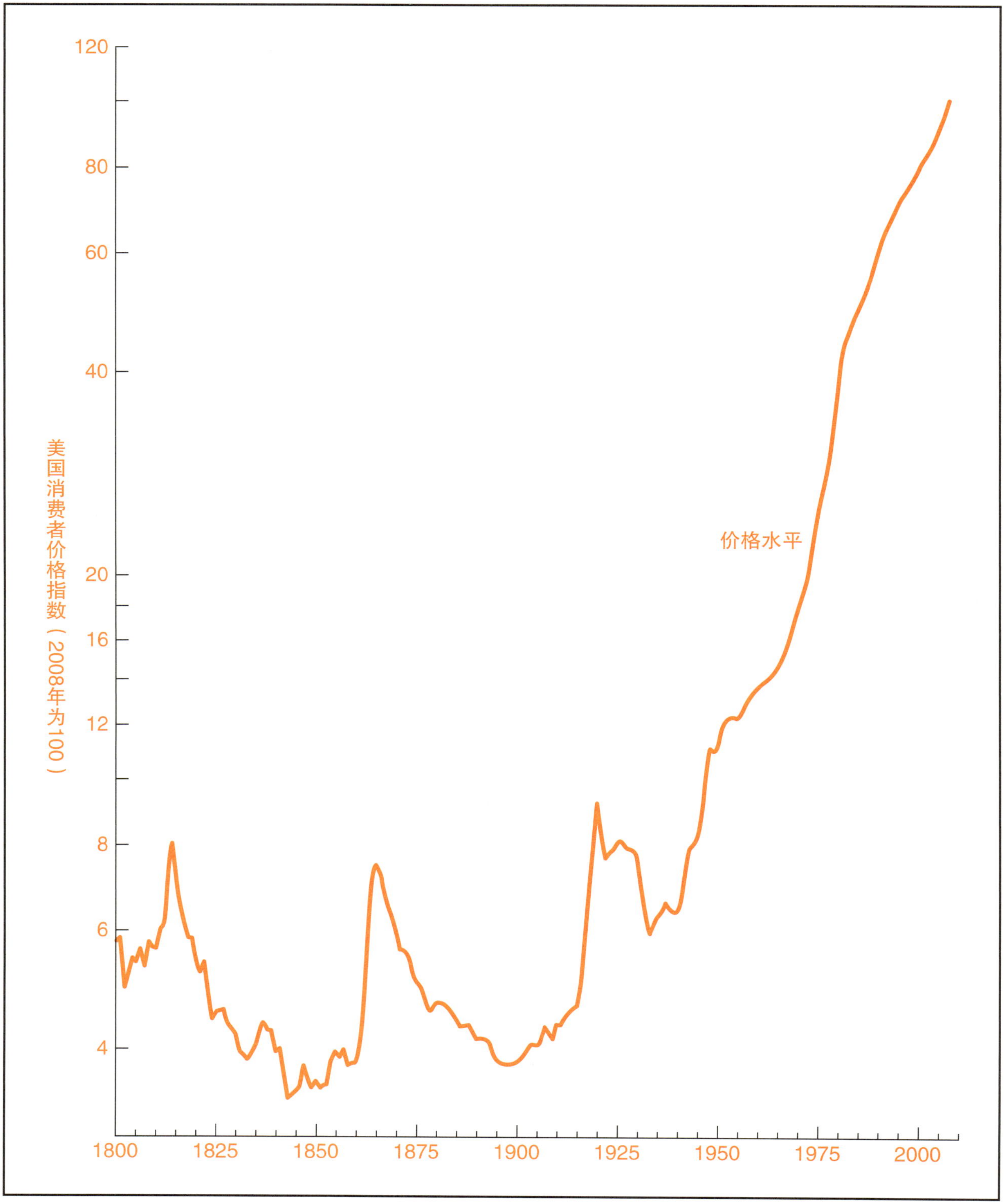

经济学家谱

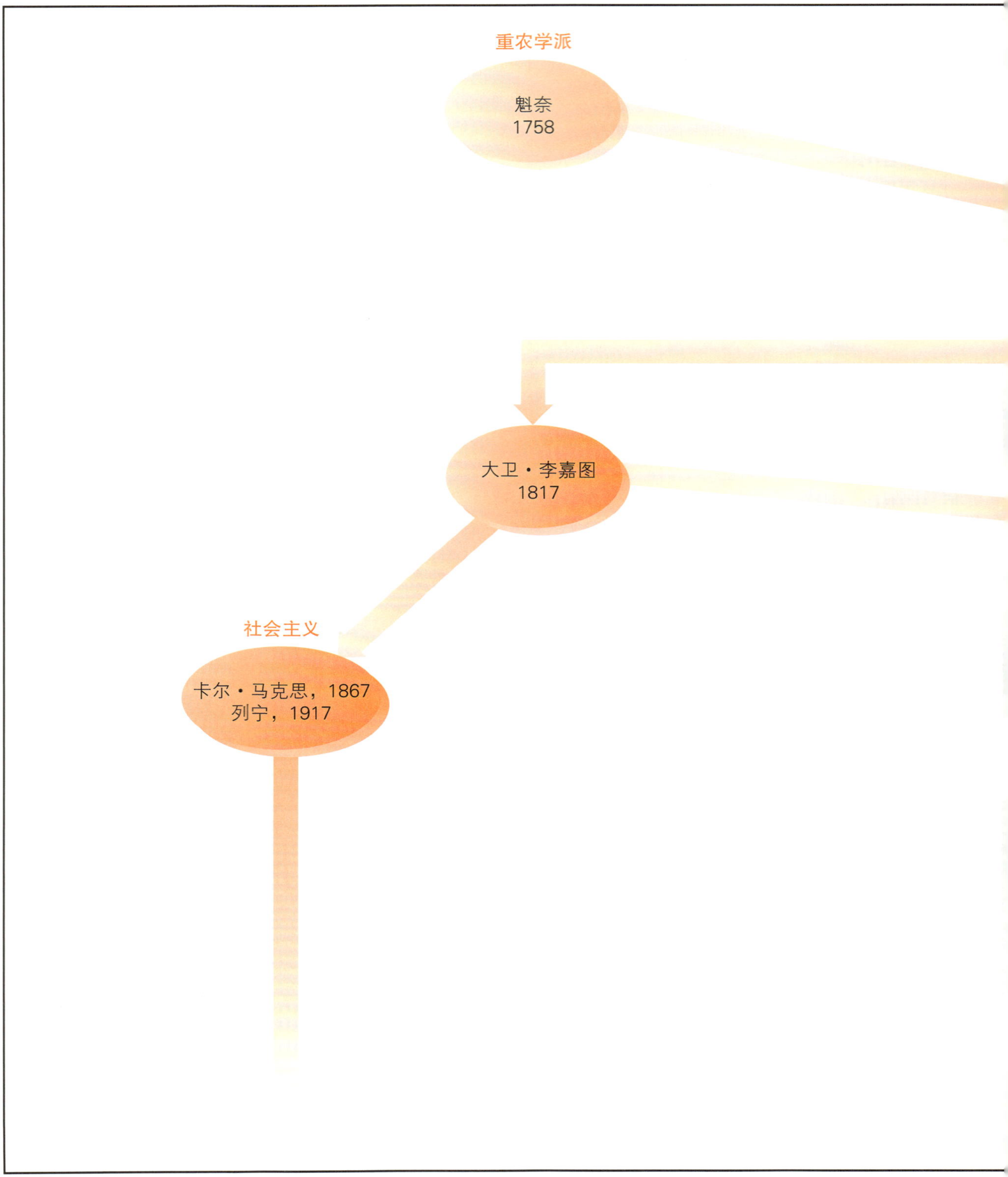

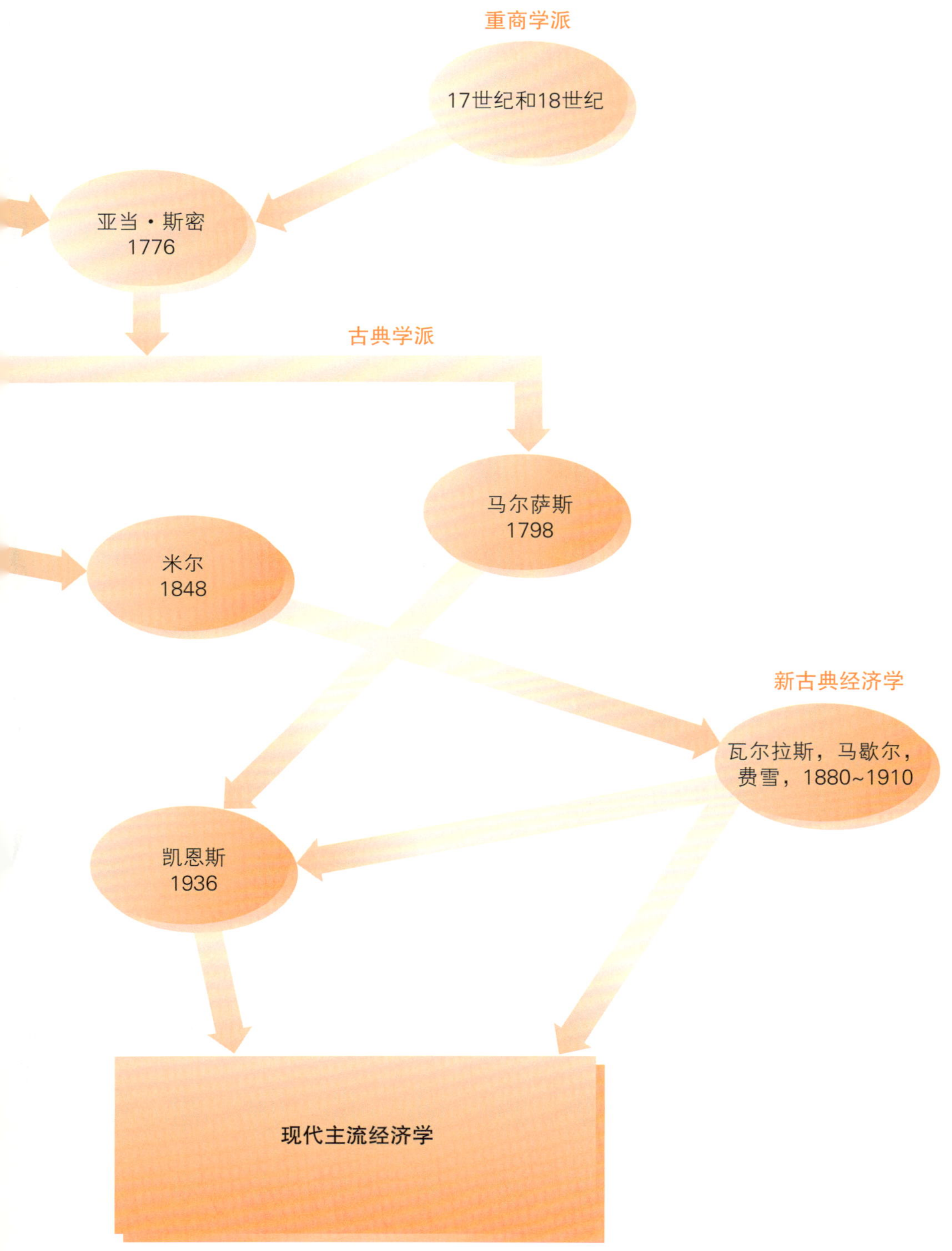
重商学派
17世纪和18世纪
亚当·斯密
1776
古典学派
马尔萨斯
1798
米尔
1848
新古典经济学
瓦尔拉斯，马歇尔，
费雪，1880~1910
凯恩斯
1936
现代主流经济学